Alexander Brand
Medien – Diskurs – Weltpolitik

Für Monika Medick-Krakau (†)

Alexander Brand (Dr. phil.) arbeitet am Lehrstuhl für Internationale Politik der Johannes Gutenberg-Universität Mainz sowie als Lehrbeauftragter am Zentrum für Internationale Studien der Technischen Universität Dresden. Seine Forschungsschwerpunkte sind Mediatisierung internationaler Politik, US-amerikanische Außen- und Weltpolitik, Entwicklungspolitik und Fragen globaler politischer Ökonomie sowie das Verhältnis von Fußball und Politik.

ALEXANDER BRAND

Medien – Diskurs – Weltpolitik

Wie Massenmedien die internationale Politik beeinflussen

[transcript]

Zugl. Diss., Technische Universität Dresden, 2009.

Bibliografische Information der Deutschen Nationalbibliothek
Die Deutsche Nationalbibliothek verzeichnet diese Publikation in der
Deutschen Nationalbibliografie; detaillierte bibliografische Daten
sind im Internet über http://dnb.d-nb.de abrufbar.

© 2012 transcript Verlag, Bielefeld

Umschlagkonzept: Kordula Röckenhaus, Bielefeld
Satz: Alexander Brand
Druck: Majuskel Medienproduktion GmbH, Wetzlar
ISBN 978-3-8376-1831-0

Gedruckt auf alterungsbeständigem Papier mit chlorfrei gebleichtem
Zellstoff.
Besuchen Sie uns im Internet: *http://www.transcript-verlag.de*
Bitte fordern Sie unser Gesamtverzeichnis und andere Broschüren
an unter: *info@transcript-verlag.de*

Inhalt

Vorwort zur Buchausgabe und Danksagung | 9

Einleitung: Erkenntnisinteresse, Forschungsfragen,
Anlage der Studie | 21

I. MASSENMEDIEN UND INTERNATIONALE BEZIEHUNGEN – ÜBERBLICK ÜBER EIN *MÖGLICHES* FORSCHUNGSFELD

1. Massenmedien in den Internationalen Beziehungen – Terra incognita? | 39
1.1 Massenmedien und Politik | 39
1.2 Massenmedien und internationale Politik ...
    oder doch: Außenpolitik? | 45
1.3 Internationale Kommunikation und (internationale) Politik | 50

2. Massenmedien in den internationalen Beziehungen: Divergierende Rollenzuschreibungen und Bilder | 57
2.1 Medien als Instrumente politischer Akteure | 61
2.2 Medien als Vermittler der Realität der
    internationalen Beziehungen | 68
2.3 Medien als Akteure internationaler Politik | 75
2.4 Medientechnologien und ihre Wirkungen | 81
2.5 Medienstrukturen im internationalen Raum: Nachrichtenflüsse,
    Amerikanisierung, Medienglobalisierung? | 90
2.6 Heterogenität und Widersprüchlichkeit der
    Rollenzuschreibungen | 97

3. Vorüberlegungen zu einem Modell der Erfassung massenmedialer Effekte in den internationalen Beziehungen | 103

II. EIN ALTERNATIVES MODELL: DIE DISKURSIVE KONSTRUKTION DER INTERNATIONALEN BEZIEHUNGEN IN UND DURCH MASSENMEDIEN

4. Konstruktivismen als Theorien der Bedeutungsschaffung | 127

5. Die Debatte um den Sozialkonstruktivismus in den Internationalen Beziehungen | 147

5.1   Anfänge: Konstruktivismus als Metatheorie | 148
5.2   Engführungen oder: Wo bleibt das »Soziale«? | 159
5.3   Die Kritik des Sozialkonstruktivismus in den IB | 187

6.   Sozialer Konstruktivismus als Diskursiver Konstruktivismus | 213
6.1   Die Akteurs-Struktur-Problematik: Die Zentralität der Prozessdimension | 213
6.2   Diskurse als bedeutungsstiftende Prozesse | 220
6.3   Der Diskursive Konstruktivismus nach Thomas Diez | 234
6.4   Ein Modell diskursiver Konstruktion | 250
6.5   Diskursive Macht | 256

7.   Massenmedien in einem Modell diskursiver Konstruktion | 263
7.1   Massenmedien als Realitätskonstrukteure? | 263
7.2   Diskursiver Konstruktivismus und Postmoderne Medientheorie: Abgrenzungen | 266
7.3   Mechanismen und Effekte diskursiver Konstruktion durch Massenmedien | 271

III.   PROZESSE DISKURSIVER KONSTRUKTION IN DEN INTERNATIONALEN BEZIEHUNGEN DURCH MASSENMEDIEN

Hinführung zu den Fällen | 277

8.   Massenmedien in gewalthaltigen internationalen Konflikten | 285
8.1   Die Kernfrage der Legitimation | 286
8.2   Fraternisierung versus Vietnam-Syndrom? Oder: Ist die Frage falsch gestellt? | 299
8.3   Die diskursive Transnationalisierung gewalthaltiger Konflikte | 308

9.   »Mediatisierte« Hegemonie | 359
9.1   Amerikanisierung der internationalen Kommunikation? | 362
9.2   Der »Kampf ums Weltbild« | 376
9.3   Hegemonie als diskursive Vorherrschaft | 385

10.   Medien und die gesellschaftliche Dimension internationaler Beziehungen: Transnationaler Konsens/Dissens | 389
10.1   Die »transatlantische Medienkluft« (*trans-atlantic media divide*), 2002/03-2008 | 391

10.2   Der »Karikaturenstreit« (2005-06) | 419

10.3   Die Transnationalität diskursiver Weltpolitik | 430

Zusammenfassung | 435

Literaturverzeichnis | 449

Vorwort zur Buchausgabe und Danksagung

Das vorliegende Buch enthält meine im Dezember 2009 abgeschlossene Dissertationsschrift »Die diskursive Konstruktion internationaler Beziehungen in und durch Massenmedien« in punktuell abgewandelter bzw. ergänzter Form. (Die Dissertation habe ich im September 2010 an der Philosophischen Fakultät der Technischen Universität Dresden verteidigt.) Im Wesentlichen habe ich das Manuskript übernommen, maßgeblich, weil der Fortgang der Forschung zu Massenmedien in den Internationalen Beziehungen (*wo* sie geschieht) keinen Anlass zu einer umfassenden Überarbeitung bot. Auch die fachinterne Debatte zu konstruktivistischen bzw. diskursiv orientierten Ansätzen nötigte mir keine umfängliche Revidierung oder Straffung auf. Einzelne Aspekte habe ich allerdings angepasst, nicht zuletzt, weil die Gutachten zu Recht darauf hinwiesen, dass im ursprünglichen Manuskript nicht alle Gedankengänge mit letzter Konsequenz zu Papier gebracht waren.

Dies betrifft vor allem die Frage etwaiger methodischer Implikationen meines hier vorgelegten Entwurfs; mithin also die Frage, ob aus dem skizzierten Zugang zu der Thematik eine bestimmte Klasse von Forschungsmethoden notwendigerweise folge. Mit anderen Worten: Impliziert die Hinwendung zu Prozessen medialer Bedeutungsprägung ein bestimmtes forschungsmethodisches Vorgehen? (Dies gilt insbesondere, wenn mediale Bedeutungsprägung als zentrale Dimension von Medienwirkung angenommen wird, wobei *tatsächlich geprägte Bedeutungsgehalte* untersucht werden sollten, anstatt Medienwirkung lediglich zu unterstellen.) Erweisen sich bestimmte sozialwissenschaftliche Methoden – und in einem breiteren Verständnis auch: hermeneutische Techniken – als besonders anschlussfähig? Verbieten sich bestimmte Methoden, etwa aufgrund eines im Rahmen des vorgeschlagenen Ansatzes inkommensurablen Wissenschaftsverständnisses?

Die Notwendigkeit, darauf eine strukturierte Antwort zu geben, beruht dabei nicht zuletzt auf dem Umstand, dass die vorliegende Arbeit sich schwerpunktmäßig mit dem Konstruktivismus in den Internationalen Beziehungen beschäftigt. Sie versucht, mit Hilfe eines solchen konstruktivistischen Ansatzes eine konzeptionelle Aufgabe (wie sollten Medienwirkungen *sinnvollerweise* aus Sicht einer am internationalen Politischen interessierten Wissenschaft erfasst werden) zu bewältigen. Auch wenn der gesamte zweite

Teil der Arbeit empirisch orientiert ist, so dient er doch hauptsächlich der Plausibilisierung der im ersten Teil getroffenen Aussagen. Dort sollen die Potenziale eines diskursiv-konstruktivistischen Ansatzes für die Analyse von Massenmedien in grenzüberschreitenden politischen Kontexten aufgezeigt werden. Damit beabsichtigt der empirische Teil zwar durchaus, mehr als lediglich eine Neugruppierung bereits bestehender Forschungsergebnisse zu liefern. Es soll ja gerade verdeutlicht werden, wie unter diskursiv-konstruktivistischer Perspektive bestimmte Aspekte bereits beforschter medialer Dynamiken *als politisch relevante Aspekte* ausgewiesen werden können. Medienwissenschaftliche Analysen beschränken sich hier des Öfteren darauf, interessante Berichtsmuster und Realitätskonstruktionen zu beschreiben, ohne sich um etwaige politische Folgewirkungen näher zu kümmern. Andererseits ist der empirische Teil, der aus vier Fallstudien allgemeineren Zuschnitts besteht, selbst nicht an eine bestimmte Methode gebunden. Mit anderen Worten: Eine konkrete Methodenlehre (ein *how-to-do*, wie es eines der beiden Dissertationsgutachten formulierte) wird folglich nicht mitgeliefert. Dies ist ein berechtigter Einwand, wenn auch methodische Bezüge des Öfteren auftauchen, maßgeblich mit Blick auf diskursanalytische Verfahren und medienwissenschaftliche *Framing*-Analysen. In der Zusammenfassung, ebenso wie in Kapitel 7, habe ich daher meine Darlegungen deutlich methodenbewusster angelegt und die aus dem vorgeschlagenen Ansatz resultierenden methodischen (wie methodologischen) Implikationen schärfer konturiert. Dass dies dennoch nicht in eine strikte Methoden»lehre« mündet, verdankt sich nicht zuletzt dem Umstand, dass eine der Stärken des hier vorgestellten Ansatzes ja gerade darin besteht, anschlussfähig zu sein an verschiedene Techniken der Rekonstruktion bedeutungsstiftender Prozesse. Das Plädoyer fällt demgemäß nicht a priori zugunsten entweder quantitativer oder qualitativer Verfahren aus; es steuert auch nicht zwingend auf eine bestimmte Technik der Materialauswahl und ihrer Aufarbeitung hin.

Die zweite Überarbeitungsnotwendigkeit ergab sich im Hinblick auf die Zusammenfassung und den dort zu leistenden Überblick über die tatsächliche Gestalterkenntnis der wirklichkeitskonstitutiven Rolle von Massenmedien in den internationalen Beziehungen. Deutlicher sollte nun im Sinne der Ergebnissicherung hervortreten, *welche* Einsichten dank des vorgeschlagenen Forschungsansatzes möglich sind. Mehr noch, es sollte klar werden, worin dessen Vorteile gegenüber der bisherigen Befassung mit Massenmedien in den internationalen Beziehungen bestehen. Insbesondere habe ich mich bemüht, die spezifischen Vorzüge (wie auch impliziten Begrenzungen und Erfordernisse) einer Analyse von Medienwirkungen in der *diskursiven* Dimension konzise zusammenzufassen. Der Kontrast zu anderen Vorgehensweisen der Beschreibung und Erklärung (oftmals auch nur: der Unterstellung) von Medienwirkung in internationalen Kontexten erschließt sich dabei vor allem über eine bessere Herausarbeitung der Ergebnisse der Fallstudien. Unter der Perspektive, was an Erkenntnis*gewinn* aus deren Analyse gegenüber einer herkömmlichen Befassung mit den untersuchten Phänomenen herauszuholen ist, habe ich in der Zusammenfassung versucht, noch prägnanter als im ursprünglichen Manuskript aufzuzeigen, dass und worin der Mehrwert der Re-Konzeptionalisierung unter diskursiv-konstruktivistischer Perspektive besteht.

Schließlich habe ich mich darum bemüht, Auswahl und Zuschnitt der Fallstudien differenzierter zu begründen als zunächst in der Dissertationsschrift geschehen (vgl. die Eingangsbemerkungen vor Kap. 8). In der Tat folgte die Fallauswahl einem Muster, ohne dass von einem Fallstudiendesign (in einem strengen methodischen Verständnis von *case studies*) gesprochen werden kann. Durch die eher explorative Anlage bzw. Einbindung der empirischen Fälle im Kontext einer schwerpunktmäßig theoretisch-konzeptionellen Arbeit erscheint dies allerdings gerechtfertigt. Dass die Fallstudien dennoch mehr als illustrativen Charakter haben und in ihren Ergebnissen auf Aspekte zukünftiger weiterführender Theoriebildung hinweisen, habe ich nunmehr in der Zusammenfassung nachdrücklicher herausgestellt. Fall*auswahl* und *Zuschnitt* haben in dieser Hinsicht einen Beitrag geleistet.

Unverändert habe ich hingegen die in der Arbeit auffindbaren Passagen zur Debatte etwaiger »den« Medien (bzw. Medientechnologien) innewohnender Demokratisierungseffekte gelassen. Anders formuliert: Ich habe, entgegen dem Votum beider Gutachten, darauf verzichtet, mich systematischer mit der Frage nach der Demokratisierungswirkung von Massenmedien bzw. mit deren Beitrag zum Zustandekommen einer »*globalen* Öffentlichkeit« auseinanderzusetzen. Dies hätte, einfach gesprochen, jeweils eine andere, eine zweite oder dritte Arbeit erforderlich gemacht. Das Entstehen einer transnationalen Öffentlichkeit unter demokratietheoretischer Perspektive zu erforschen bedeutete letztendlich eine intensive Auseinandersetzung mit der Debatte solcher Demokratisierungsdynamiken. Ebenso hätte sie eine begründete Verortung innerhalb der Debatte: *Demokratisieren Medien?* erfordert. Man hätte dies zweifelsohne auch im Rahmen eines diskursiv-konstruktivistischen Ansatzes tun können. Allein, die Anlage und das Interesse meiner Arbeit bezogen sich auf eine umfassendere Frage. Zu eruieren, wie Medienwirkung (generell bzw. in welcher analytischen Dimension) in grenzüberschreitenden Kontexten zu erfassen ist, ist notwendigerweise ein wesentlich weiter gefasstes Unterfangen. Demokratisierung hingegen bietet eine deutlich eingeschränkte Perspektive aufgrund der zu treffenden Vorannahmen (was soll unter Demokratie verstanden werden; inhaltliche bzw. prozedurale Definitionen von Demokratie usw.). Nicht zuletzt aus diesem Grunde habe ich mich eingangs der Arbeit – auch bereits im Manuskript der Dissertation – für das offenere Konzept der »Vergesellschaftung« entschieden. Die Grundannahme fortschreitender Vergesellschaftung der internationalen Beziehungen spielt somit eine entscheidende Rolle für die nachfolgenden Überlegungen. Somit räume ich dem erweiterten Handlungsspielraum gesellschaftlicher Akteure genügend Platz ein, ohne vorschnell in Demokratisierungseuphorie oder -pessimismus[1] verfallen zu müssen.

Zudem lässt sich generell beobachten, dass die Erforschung medienbasierter Formation von Öffentlichkeiten (im Sinne Habermasscher *public spheres* der Deliberation), mitunter gar globalen Zuschnitts, in gewissem Sinne »stagniert«. Dies gilt zwar nicht für den Forschungsoutput oder den inhaltlichen Ertrag der Forschung, es gilt allerdings hinsichtlich der tatsächlichen Auffindbarkeit empirischer Referenzphänomene. Zunehmend überwiegen, selbst mit Blick auf vergleichsweise hochgradig politisch integrierte Räume, zurückhaltende Einschätzungen, wird allenfalls von graduellem oder inkrementalem Wandel hin zu grenzüberschreitenden Öffentlichkeiten gesprochen. Und selbst dies geschieht oftmals nur unter Hinzunahme weiterer Hilfsannahmen und methodologischer Kniffe.[2] Nicht dass es den Forschungsprojekten an elaborierten Konzepten mangelte, aber es scheint, als ob sich der Forschungsgegenstand nicht »schnell genug« (oder bisweilen gar nicht?) in die prognostizierte Richtung entwickelte. Mit anderen Worten: Jüngere Arbeiten tendieren dazu, den Befund, es sei eine »globale Öffentlichkeit« oder seien mehrere themenspezifische Öffentlichkeiten im Entstehen, deutlich zu relativieren. Dies gilt zumindest für Öffentlichkeiten im eigentlichen Sinne: als Diskussionsgemeinschaften mit sich annähernden Bedeutungshorizonten. Das seitens der Gutachter geäußerte Monitum, man hätte in der vorliegenden Arbeit deutlicher Bezug zu eben solchen Prozessen nehmen sollen, mag sich angesichts dieser aufgezeigten Probleme in einen Vorteil wandeln. Die weniger ambitionierte Konzeption »zunehmender Vergesellschaftung«[3] bietet sich möglicherweise nicht zuletzt unter forschungspragmatischen Gesichtspunkten als die handhabbare Alternative an.

Schließlich haben sich, wie bereits angedeutet, durch Entwicklungen der akademischen Debatte wie auch in den internationalen Beziehungen selbst im Laufe der vergangenen anderthalb Jahre keine Notwendigkeiten umfassender Revision ergeben. Jüngere Arbeiten[4] zur Verortung von »Medien«

---

1 Für eine kürzlich wieder aufflammende Debatte, dieses Mal hinsichtlich sog. Neuer Medien, siehe u.a.: Morozov 2010a, b; Coll 2011.

2 Vgl. Koopmans/Statham 2010; Risse 2010.

3 Zunehmende Vergesellschaftung soll in Bezug auf Massenmedien maßgeblich anzeigen, dass mit deren Hilfe tendenziell eine Vielzahl gesellschaftlicher Akteure in »auswärtige« Politik bzw. transgesellschaftliche Zusammenhänge involviert wird.

4 Einige Arbeiten, die zur Drucklegung der Dissertation bereits existierten, aber nicht berücksichtigt waren im ursprünglichen Manuskript, weisen zudem – in Ergänzung zur nachführend aufgearbeiteten Literatur – sowohl auf generelle Forschungsnotwendigkeit zu der Thematik bzw. Forschungslücken (vgl. die Beiträge in Tenscher/Viehrig 2007) sowie ein naheliegendes Interesse an im weitesten Sinne bedeutungs- und wirklichkeitskonstitutiven Dynamiken in diesem Zusammenhang (Chong 2007; Krause 2008) hin.

als Forschungsgegenstand in den IB und Erklärungsfaktor für grenzüberschreitende politische Phänomene beschreiben die Thematik nach wie vor
als ein Forschungsfeld, das bestenfalls »im Entstehen« ist und sich durch
große Heterogenität und teils auch Widersprüchlichkeiten auszeichnet.[5] Implizit bzw. teils auch explizit verweisen sie des Weiteren darauf, die »Me-
dia(t)isierung« internationaler Politik auf der Ebene der Prägung von Vor-
stellungs- und Wahrnehmungswelten zu erfassen.[6] Andere jüngere Arbeiten
widmen sich dezidiert der Ebene medialer diskursiver Bedeutungsprägung
in transnationalen Kontexten, ohne jedoch eine an *politischen* Implikationen
näher interessierte Position einzunehmen.[7] Und auch in den Debatten um
»soziale Dimensionen« von Macht wird zunehmend eine Verbindungslinie
zwischen Prozessen der Wirklichkeitskonstruktion (und deren Beeinflussung) sowie massenmedialen Dynamiken gezogen, ohne ein systematisie-
rendes Modell von Medienwirkung in grenzüberschreitenden Kontexten
vorzulegen.[8] Auch wenn die im Folgenden dargelegte Forschungsperspektive nicht den Anspruch erhebt, alle diesbezüglich offen bleibenden Fragen zu
beantworten, so versteht sie sich dennoch als Beitrag, um die nach wie vor
existierenden (konzeptionellen) Lücken zu schließen.

Forschungsarbeiten zu medialen Dynamiken und Ereignissen jüngeren
Datums bestätigen des Öfteren die in den nachfolgenden empirischen Fall-
studien (Kap. 8-10) beförderten Befunde und unterstreichen damit die gene-
relle Nützlichkeit der vorgelegten Analyse. Die in Kap. 8.3.1 dargelegte
Verschiebung der diskursiven Rahmung des Irak-Krieges hat nach wie vor
Bestand. Der Befund diskursiver Transnationalisierung zumal vermittels

---

5   Vgl. den ausgezeichneten Überblicksartikel von: Tenscher/Viehrig 2009. In die-
    sem Kontext ebenso aufschlussreich ist der Umstand, dass die im Jahre 2010 ab-
    gehaltene gemeinsame Tagung der Deutschen Vereinigung für Politische Wis-
    senschaft (DVPW) und der Deutschen Gesellschaft für Publizistik und Kommu-
    nikationswissenschaft (DGPuK) unter dem Motto: »Medien und internationale
    Beziehungen« stand. Dies spricht für die zunehmende Aufmerksamkeit, die dem
    Thema und insbesondere der Notwendigkeit der konzeptionellen Beschäftigung
    mit dem Problemzusammenhang zuteilwird. Themen und Ansätze variierten al-
    lerdings stark (vgl. die Tagungshomepage unter: http://polkomm2010.uni-
    mannheim.de/startseite/index.html), und eine Einigung auch nur auf gemeinsame
    Kernaspekte einer zielführenden Erforschung beförderte die Tagung bis dato
    nicht.

6   Vgl. Louw 2010: 195-204, wenn auch Louw selbst hauptsächlich ein Vertreter
    der Instrumentalisierungsthese ist, vgl. dazu Kap. 2, insbes. 2.1.

7   Vgl. Machin/van Leeuwen 2007.

8   Vgl. van Ham 2010: v.a. 91-113. Die konzeptionelle Debatte um Konstruktivis-
    men in den IB scheint hingegen ein wenig zum Erliegen gekommen zu sein; für
    eine jüngere Kritik, die im Kontext des hier präsentierten (wissens-)soziologisch
    inspirierten Zugangs zu konstruktivistischer Forschung (vgl. Kap. 4) interessant
    ist, siehe: Jacobi 2011.

medialer Beiträge »von unten« und vermittels sozialer Medien ist mittlerweile von weiteren Arbeiten bestätigt und ergänzt worden.[9] Dass der Truppenabzug seitens der Administration Obama maßgeblich unter Kostengesichtspunkten bzw. mit Blick auf die begonnene Schwerpunktverlagerung militärischer Operationen gen Afghanistan hin begründet werden konnte, ohne dass öffentlicher Druck nennenswert spürbar gewesen ist, kann dabei auch als Folge medial induzierter Ermüdungserscheinungen gedeutet werden. In diesem Sinne ist das Ausbleiben breiten gesellschaftlichen Drucks auch eine Konsequenz aus Mustern der Medienberichterstattung, die spezifische Wahrnehmungsmuster der Realität nach sich ziehen.[10] Nicht zuletzt der beschriebene »innere Rückzug« ist zuvorderst Ergebnis medialer Vorstellungsprägung.

Im Umkehrschluss lassen sich die jüngeren Ereignisse in Tunesien bzw. Ägypten – insbesondere deren mediale Rahmung und gesellschaftlich-politische Wahrnehmung wenigstens in Teilen des globalen Nordens – nicht ohne gedanklichen Verweis auf die mediatisierten Bedeutungshorizonte des *war on terrorism* (vgl. Kap. 8.3.2) verstehen. Dass im Hinblick auf Ägypten zunächst Gefahrenpotenziale der Muslimbruderschaft stärker den Debattenhorizont (und auch die bisweilen zögerliche Haltung gerade der Vereinigten Staaten) bestimmten als die Würdigung gesellschaftlichen Emanzipationsdranges, beruhte dabei auch auf den etablierten Wahrnehmungsmustern »der Araber« als mehrheitlich islamistischem »Feind«/kulturell Fremden.[11]

Schließlich: Auch wenn die betreffenden Massendemonstrationen des Öfteren wahlweise als Facebook-, Twitter- oder Al-Jazeera-Revolution beschrieben wurden, so stellt sich nach wie vor die Frage, ob solche Etikettierung mehr hergibt als eine griffige Bezeichnung. Insbesondere deren analytischer Mehrwert jenseits der kommunizierbaren Metapher bleibt fraglich. So lässt sich zwar schwerlich abstreiten, dass die betreffenden Medien bzw. kommunikativen Plattformen eine Rolle bei der Koordination des Protestes vor Ort wie der Generierung von Aufmerksamkeit über lokale Grenzen hinaus gespielt haben. *Wie stark* ihre tatsächliche wirklichkeitsprägende Wirkung gewesen ist, gleicht allerdings nach wie vor einer offenen Forschungsfrage. Wirklichkeitskonstitutive Effekte ließen sich letztlich nur mit Hilfe eines Ansatzes klären, der die Konstruktion und Überformung von Bedeutungsgehalten über Zeit – eben unter der Perspektive medialen Einflusses – zu erfassen sucht. M.a.W.: Erst dort, wo aufgezeigt werden kann, wie es vermittels Medien tatsächlich zu einer Veränderung handlungsleitender Bedeutungsgehalte gekommen ist, ließe sich analytisch gehaltvoll über »Medienrevolutionen« sprechen.

Andere Tendenzen des vergangenen Jahres schreiben ebenso Entwicklungen fort, die in der vorliegenden Arbeit angesprochen bzw. beschrieben

---

9   Vgl. Bailey et al. 2008; Wall 2010.
10 Vgl. Gunter 2009; Urlacher 2009.
11 Vgl. u.a. Ibrahim 2010; Mahoney 2010; Sosale 2010.

werden. So hat sich Al Jazeera – Stichwort: Pluralisierung der globalen Nachrichtenberichterstattung bzw. »Kampf ums Weltbild« (Kap. 9.2) – weiter vom »alternativen« zu einem globalen Nachrichtenkanal entwickelt. Dass dessen Berichterstattung ebenso wie die global agierender US-Nachrichtensender sich durchaus regionalen Gegebenheiten anpasst und damit in gewissen Schwankungsbreiten variiert, haben jüngere Untersuchungen herausgefunden.[12] Trotz dieser »Lokalisierung« von Berichtsmustern gilt jedoch: Sowohl auf der Akteurs- als auch auf der Ebene transportierter Bedeutungsgehalte halten die Pluralisierungstendenzen an. Hegemoniegewinnung wenigstens im Sinne globaler Hegemonie wird dadurch der Tendenz nach zunehmend schwieriger.

Und auch der 2010 öffentlich berichtete und debattierte (Fast-)Rückzug Googles vom chinesischen Festland widerspricht der hier nachgangs beschriebenen Dynamik nicht. Nach wie vor gilt, dass es auch und gerade im Medien- und Kommunikationsbereich zu einer Entkopplung von Unternehmenskalkül und politischen Steuerungsambitionen kommt (Kap. 9.1). Der prinzipielle Befund, dass US-amerikanische Hegemonie *de facto* durch das Agieren US-amerikanischer Medien- und Kommunikationsunternehmen keineswegs nur abgesichert, sondern – so Profitchancen bestehen – tendenziell auch untergraben wird, besteht nach wie vor.[13] Im Umkehrschluss bedeutet dies aber eben auch: Wo die Profitchancen geschmälert sind, wie im Falle von Google in China[14], wird auch der (temporäre) öffentliche Schulterschluss zwischen Unternehmen und politischer Ebene, in dem Fall: der US-Regierung, wieder salonfähig. Dieser mag bei oberflächlicher Betrachtung dem Muster oftmals unterstellter »Amerikanisierung« folgen, er begründet aber gerade nicht ein dauerhaftes, einseitig gerichtetes und gar symbiotisches Verhältnis. Dies unterstreicht nachdrücklich, dass die Notwendigkeit darin besteht, das Agieren von transnationalen Medien- und Kommunikationsunternehmen differenzierend in dessen tatsächlichen Konsequenzen und somit den je spezifischen, ggf. *variierenden* bedeutungskonstitutiven Effekten zu analysieren. Voreilige Schlüsse auf Medienwirkungen unter holzschnittartiger politökonomischer Makroperspektive sind hier fehl am Platze.

Damit ergibt sich, dass das Ansinnen, Medienwirkung in grenzüberschreitenden Kontexten in seinen politischen Implikationen aufzuzeigen, zu beschreiben und erfassbar zu machen, nach wie vor ein lohnendes Ziel ist. Es ist auch nach wie vor noch weitestgehend ein Forschungsdesiderat. Die gilt wenigstens insoweit, als man den Anspruch erhebt, eine *übergreifende* Perspektive auf ebenjene Medienwirkung(en) zu entwickeln, jenseits der

---

12 Vgl. Fahmy/Al Emad 2011.
13 Vgl. auch die Darstellung des Verhältnisses von politischen Akteuren (US-Kongress) und US-amerikanischen Unternehmen der Informations- und Kommunikationstechnologiebranche, die in China operieren, in: Miller 2009.
14 Siehe dazu auch: Brand 2011a.

Vielgestaltigkeit gebotener Erklärungen für realweltliche Phänomene in deren Heterogenität, Fragmentierung und Widersprüchlichkeit. Andererseits haben Entwicklungen in den internationalen Beziehungen den skizzierten Ansatz bzw. die in ihm verorteten Modelle diskursiver Dynamiken nicht überholt, sondern zumindest partiell auf deren Anwendbarkeit und analytischen Nutzen hingewiesen.

Die im Untertitel des Buches implizit gestellte Frage danach, wie Massenmedien internationale Politik beantworten, wird somit im Folgenden auf eine ganz bestimmte Art und Weise beantwortet. Medienwirkung bzw. mediale Beeinflussung internationaler Politik findet dann statt, wenn sich über mediales Agieren und mediale Präsenz gesellschaftliche Wahrnehmungsmuster von Realität verändern. Diese Veränderung ist aufzuzeigen und wissenschaftlich befriedigend in ihren Konturen greifbar zu machen, nicht einfach zu unterstellen. Der nachfolgende Text versteht sich als Entwurf, wie dies theoretisch-konzeptionell umzusetzen ist. Er versucht des Weiteren aufzuzeigen, welchen insbesondere politikwissenschaftlichen Mehrwert ein solcher Zugang zur Mediatisierung internationaler Beziehungen besitzt. Ich überantworte das Urteil damit dem Leser, ob die nachfolgend skizzierten Überlegungen zur Sichtbarmachung und Analyse von medialen Dynamiken und Effekten in den internationalen Beziehungen uns weiterbringen auf dem Weg zu einer »Medientheorie der Internationalen Beziehungen«.

∗∗∗

Das vorliegende Projekt hätte ohne die Unterstützung und Förderung, den Rat und das Vertrauen einiger Personen nicht realisiert werden können. Zuallererst danke ich in dieser Hinsicht meiner langjährigen »Chefin« und Betreuerin der Dissertation, Frau Prof. Dr. Monika Medick-Krakau. Ich muss diesen Dank, zu meinem größten Bedauern und in tiefer Trauer, ihrem Mann und ihrem Sohn gegenüber aussprechen, da Frau Medick-Krakau im April 2011 nach langer Krankheit verstorben ist. Ich widme ihr dieses Buch posthum, nicht zuletzt, weil ich es ihr verdanke, auch abseits der üblichen Pfade (und jenseits dienstlicher Belange und Pflichten) über i(I)nternationale Beziehungen nachzudenken. Ihr Engagement, ihr Vertrauen und ihre Bereitschaft, mir wie den anderen Mitarbeiterinnen und Mitarbeitern am Lehrstuhl für Internationale Politik in Dresden immer auch die Chance einzuräumen, thematisch und theoretisch-konzeptionell »eigene Wege zu gehen«, haben dies ermöglicht. Frau Medick-Krakaus Hilfe und Unterstützung verdanke ich überdies, eine akademische Laufbahn eingeschlagen und damit das zu meinem beruflichen Lebensinhalt gemacht zu haben, was mich wirklich interessiert und mich am meisten reizt: zu verstehen, was Politik ausmacht, zu erforschen, wie diese vonstatten geht, und die gewonnenen Einsichten zu vermitteln und zu diskutieren. Als mir Frau Medick-Krakau im Mai 2010 über ihren Mann mitteilen lassen musste, dass sie angesichts ihres Gesundheitszustandes auf Anraten der Ärzte und gegen ihren eigentlichen Willen die begonnene Begutachtung der Dissertation nicht würde zu Ende führen können, hat mich dies ebenso geschmerzt wie – dessen bin ich mir sicher – sie selbst.

Krankheitsbedingte Umstrukturierungen des Gutachterpanels in laufenden Dissertationsverfahren sind für gewöhnlich eine ungemein nerven- und zeitaufreibende Angelegenheit. Nicht selten gehen sie mit erheblichen Verzögerungen und anderen Erschwernissen für den Promovenden einher. Dass dies im vorliegenden Falle nicht so war, verdanke ich den zunächst als Zweit- bzw. als externer Gutachter angefragten Wissenschaftlern, Herrn Prof. Dr. Werner J. Patzelt (Technische Universität Dresden) und Herrn Prof. Dr. Christopher Daase (Johann Wolfgang Goethe-Universität Frankfurt a.M.). Beide erklärten sich bereit, angesichts der eingetretenen Situation als Erst- bzw. Zweitgutachter zu fungieren. Für ihre generelle Bereitschaft, die Dissertationsschrift zu begutachten, danke ich ihnen dabei mindestens ebenso wie dafür, dass sich dank ihrer Unterstützung die Verzögerung im Ablauf des Verfahrens in engen Grenzen hielt. Prof. Dr. Anja Besand danke ich für ihre Bereitschaft, als Vorsitzende der Promotionskommission zu fungieren. Prof. Dr. Wolfgang Donsbach agierte als weiteres Mitglied der Promotionskommission – herzlichen Dank dafür!

Meinem langjährigen Kollegen Stefan Robel danke ich für seine konstruktive Kritik, die meine Arbeit an einigen (z.T. gemeinsamen) Tagungspapieren begleitet hat, ebenso wie für zahlreiche Anregungen aus gemeinsamen Diskussionen zu US-amerikanischer Außenpolitik und über Theorien der Internationalen Beziehungen. Neben ihm haben auch Achim Brunnengräber, Solveig Richter und Sebastian Lange Vorarbeiten zu einigen Passagen des Manuskripts kritisch gelesen und kommentiert; auch dafür danke ich herzlich.

Nicht vergessen möchte ich, meine beiden ehemaligen Kollegen Dirk Schröter und Jakob Lempp zu erwähnen. Die gemeinsame Arbeit an einem Tagungspapier und das Abhalten einer gemeinsamen Lehrveranstaltung zählen einerseits zu den schönen Erinnerungen. Andererseits hat mich der Umstand, dass beide Kollegen und Freunde ihre Dissertationsprojekte erfolgreich abgeschlossen haben, immens angespornt.

Für ihre Hilfe bei der orthographischen Korrektur des Manuskriptes der Dissertationsschrift danke ich meiner Frau, Ulrike Waschau, sowie Alexandra-Maria Pipos, Martin Plohmann und Kathrin Sommer. Für das Korrektorat ebenso wie für die freundliche, geduldige und kompetente Unterstützung danke ich dem Team des transcript-Verlages, insbesondere Anke Poppen. Die Philosophische Fakultät der Technischen Universität Dresden (über Jahre meine Heimstatt als Studierender und Wissenschaftlicher Mitarbeiter) hat die Publikation der Dissertationsschrift mit einem großzügigen Druckkostenzuschuss unterstützt.

Meinen Eltern gebührt der Dank dafür, mich immer und in jeder Hinsicht unterstützt zu haben, während des Studiums wie auch danach. Meine Frau Ulrike hat mir durch ihre Unterstützung mental »den Rücken gestärkt«

und durch ihren Einsatz dafür gesorgt, dass ich Familie, Arbeit und Dissertation parallel bewältigen konnte. Ohne diese Hilfe hätte ich das Projekt nicht abschließen können. Meiner Tochter Milena danke ich schließlich dafür, dass sie mich trotz alledem manchmal daran erinnert hat, dass es noch ein Leben jenseits »der Diss« gibt.

Alexander Brand   Mainz, im Sommer 2011

[Dies lässt] erkennen, dass die Internationalisierung der Massenmedien in recht komplexer Weise die internationale Politik und den Wandel des internationalen Systems heute mitbestimmt. Diese Tatsache, obwohl zunehmend belegt, findet in der deutschen Politikwissenschaft bisher aber kaum Beachtung. In den herkömmlichen Theorien und unter den bevorzugt untersuchten Akteuren ist offenbar für die Massenmedien kein Platz.

WILKE 1996: 10

Constructivism provides a template for viewing the world in a fundamentally different way from that offered in the standard IR literature.

KUBALKOVA ET AL. 1998: 11

What IR has to offer Media Studies, and that we are still waiting for, is analysis of social interaction in a media age.

NEUMANN 2008: 307

Die vorfindliche Politikwissenschaft, besonders in der Disziplin Internationales, schielt noch stets nach oben – in der Tradition der Prinzenerzieher suchte man zum einen Fürstenspiegel für neuzeitliche Probleme, die höheren Orts dienlich und gefällig wären.
Eine andere, wohl die Hauptrichtung, fühlt sich dem gesellschaftlichen Nirgendwo verpflichtet und ergeht sich in der Ekstase, die Welt aus der Vogelschau zu betrachten, für Nichts von Nutzen zu sein.

ALBRECHT 1989: 28

Einleitung: Erkenntnisinteresse, Forschungsfragen, Anlage der Studie

Die vorliegende Arbeit setzt sich vorrangig drei Ziele. Sie möchte erstens einen zunehmend prägekräftigen, aber bisher eher vernachlässigten Aspekt internationaler Beziehungen – grenzüberschreitende, politisch bedeutsame Wirkungen von Massenmedien – systematisch erschließen. Zu diesem Zweck bedient sie sich, zweitens, einer bestimmten theoretischen Perspektive, der des Konstruktivismus. Dieser wurde zwar im Fach Internationale Beziehungen (IB) eingeführt, seine Potenziale sind aber bisher zu selten umfassend zur Geltung gekommen. Wenn denn die Diskussion um die Leistungsfähigkeit eines konstruktivistischen Ansatzes an dieser Stelle geführt wird, so soll dies bei aller Abstraktheit und theoretischen Unterfütterung nicht um »einer rein akademischen Debatte willen« geschehen. Vielmehr soll, und dies beschreibt die dritte Zielstellung, aus der Darstellung heraus plausibel sein, dass ein nicht nur oberflächliches Verständnis des Konstruktivismus notwendig ist, um den eingangs beschriebenen Gegenstandsbereich der internationalen Beziehungen in seiner Qualität zu erfassen. Albrechts vorangestellte Polemik ernst nehmend bedeutet dies, dass sich die hier vorgestellte Arbeit daran wird messen lassen müssen, ob sie den argumentativen Nachweis zu erbringen vermag, dass die Erfassung politischer Implikationen von Medienwirkung im internationalen Kontext mit Hilfe eines erweiterten konstruktivistischen Ansatzes von nachhaltigem Nutzen für das Verständnis heutiger internationaler Beziehungen sein kann.

Auch wenn die vier vorangestellten Zitate insgesamt aus den zurückliegenden anderthalb Jahrzehnten stammen, so haben die ihnen jeweils zugrunde liegenden Aussagen durch die nachfolgenden Diskussionen im Fach nicht an argumentativer Kraft eingebüßt. Nach wie vor gilt, dass man im Hinblick auf die Einbeziehung von Massenmedien in die Analyse internationaler Beziehungen zu einem eher ambivalenten Befund gelangt. Zwar wird Massenmedien in zunehmendem Maße Bedeutung zugeschrieben, entweder punktuell bei der Beeinflussung spezifischer außenpolitischer Entscheidungen (Stichwort Somalia-Intervention US-amerikanischer Streitkräfte Anfang der 1990er Jahre: *pictures got us in, pictures got us out*). Ebenso wird bisweilen darauf abgehoben, dass sich Außenpolitik, ähnlich wie andere Politikbereiche, zunehmend mediatisiert und damit ihre Qualität verändert habe.[1] Unter dem Druck von Massenmedien, deren schierer Präsenz wie Wirken qua Berichterstattung habe sich so ein vormals arkaner Entscheidungsbereich gewandelt und zwar sowohl hinsichtlich der Entscheidungsbeteiligung wie auch der Qualität der Entscheidungen (Stichwort: Ad-Hocismus[2]). Zudem lässt sich feststellen, dass das Wirken von Massenmedien in Form stark generalisierender Vereinfachungen Eingang in die Überlegungen zum Wesen internationaler Politik gefunden hat. Die Präsenz eines global operierenden Nachrichtenkanals (CNN) ließ einige auf die Entstehung einer globalen Weltöffentlichkeit (*global public sphere*) schließen[3], ebenso wie rasch unterstellt wurde, dass die Verbreitung des Internets zu weltweiten Demokratisierungsprozessen führen würde.[4]

Die oben behauptete Ambivalenz speist sich andererseits daraus, dass zwar zweifelsohne anerkannt wird, dass Massenmedien einen bedeutenden und wachsenden Einfluss auf internationale Beziehungen besitzen, wahlweise (und wenig differenzierend) auch als deren »zunehmende Macht« beschrieben.[5] Andererseits wird ebendieser Einfluss *nicht systematisch* erfasst, sondern eher sporadisch beschrieben und teils widersprüchlich konzeptualisiert.[6] Dies hat – um die eingangs zitierte Beobachtung Wilkes zu unterstreichen – auch damit zu tun, dass sich die analytischen Zugänge, die in den IB dominieren, nach wie vor in der Mehrzahl gegenüber einer solchen systematischen und umfassenden Einbeziehung von Massenmedien sperren.[7] Massenmedien bleiben so gerade in den Theoriedebatten des Faches »außen

---

1   Paradigmatisch ist hier der Ansatz von Eytan Gilboa, vgl. etwa: Gilboa 2003, 2005a, b.

2   Vgl. die Anwendung des Konzeptes auf die Analyse von Außenpolitik in: Segbers/Mielke 2002. Unter »Ad-Hocismus« wird dabei die anscheinend zunehmende Kurzatmigkeit von Politik verstanden, also die (auch und vor allem unter massenmedialem Druck entstehende) eher reaktive, ohne bedeutenden deliberativen Vorlauf erfolgende Bearbeitung von Problemlagen seitens politischer Entscheidungsträger, die ihrerseits die Ergebnisse von Politik maßgeblich mit beeinflusst.

3   Paradigmatisch hier u.a.: Volkmer 2003.

4   Diese optimistische Betrachtung ist in empirischen Studien relativiert bzw. deutlicher Kritik unterzogen worden, vgl. etwa: Franda 2002; Kalathil/Boas 2003.

5   Für einen ersten Zugang zu dieser Sicht siehe: Robinson 2000a. Robinson geht dabei von der Überlegung aus, dass unterschiedliche Vorannahmen zum Zustandekommen einer wie auch immer verstandenen Medienmacht verschiedenartige Forschungsdesigns hervorbringen, die ihrerseits wiederum die grundlegenden Annahmen bestätigen; am Konzept einer »Macht der Medien« selbst rüttelt er nicht. Dabei erscheint dieses Konzept umso diffuser, je differenzierender es in Augenschein genommen wird, vgl.: Seib 2000: 63.

6   Siehe dazu die Ausführungen in Kap. 2.

7   Siehe dazu die Ausführungen in Kap. 1.

vor« bzw. tauchen dort allenfalls punktuell oder an den Rändern des Faches auf.[8]

Dies erscheint umso verwunderlicher, als mit »dem« Konstruktivismus eigentlich ein Ansatz bereitsteht, der seine Attraktivität für die IB nicht nur aus dem Anspruch heraus begründet, alternative Weltsichten zu produzieren[9], sondern in angelagerten Disziplinen als eine der gängigen Medientheorien fungiert.[10] Zwar existiert, wie im Nachfolgenden noch gezeigt werden soll, mitnichten *ein* Konstruktivismus, vielmehr gibt es verschiedene Spielarten mit jeweils teils unterschiedlichen Vokabularen und Erkenntnisinteressen. Allerdings kann doch festgehalten werden, dass das Alleinstellungsmerkmal einer solchen konstruktivistischen Perspektive ihr Hinweis auf die fundamentale Bedeutung der Ebene sozialer Konstruktion, d.h. Bedeutungsschaffung in intersubjektiven Kontexten, ist. Dies markiert gleichsam den Ansatzpunkt für die hier vorgeschlagene Analyse von Massenmedien in grenzüberschreitenden politischen Kontexten: Indem aufgezeigt werden soll, *dass* und vor allem *wie* Massenmedien an Bedeutung(en) schaffenden Prozessen in ebensolchen inter- wie transnationalen Kontexten teilhaben, wird deren konstruktivistisch erfassbares Wirken modelliert. Solcherart Potenzial einer konstruktivistischen Perspektive muss allerdings zunächst herausgearbeitet werden. Die in den IB mehrheitlich verwendeten konstruktivistischen Entwürfe bzw. die im Fach anzutreffende Rezeption konstruktivistischen Denkens[11] weisen einen spezifischen Zuschnitt auf, der seinerseits eine einfache Einbeziehung von Massenmedien unter oben genannter Prämisse nicht ermöglicht.[12]

Demgegenüber, so argumentiert die vorliegende Arbeit, lassen sich unter Zuhilfenahme einer konsequent gedachten konstruktivistischen Perspektive Massenmedien systematischer als bisher für die IB erschließen. Ein solches

---

8 Vgl. Debrix 2004: 95.

9 Vgl. grundlegend, insbesondere hinsichtlich einer »Re-Sozialisierung des (scheinbar) Natürlichen in den internationalen Beziehungen«: Krell 2000b.

10 Vgl. Weber 2003. Zu voneinander unterscheidbaren Konstruktivismen aus Sicht der Medienwissenschaft vgl.: Weber 2002.

11 Dies gilt trotz – oder gerade wegen – des vermeintlichen Siegeszuges des Sozialkonstruktivismus in den Internationalen Beziehungen. So mag es zwar einigermaßen übertrieben sein zu behaupten: »Yet, in many places, this approach is now *dominating* the mainstream of analyses of international relations« (Steans/ Pettiford 2005: 181; eigene Herv.). Dennoch, am Sozialkonstruktivismus als einer der hauptsächlichen theoretischen Strömungen der IB kommt heutzutage kein zentrales Lehrbuch vorbei, vgl. u.a.: Carlsnaes et al. 2002; Jackson/Sørensen 2003a, b; Baylis/Smith 2004. Vgl. für eine interessante Interpretation der innerdisziplinären Funktion dieser Spielart des Konstruktivismus sowie seines Erfolges: Friedrichs 2004: 105-124.

12 Siehe Kapitel 5 zum Zuschnitt des Konstruktivismus in den IB.

anderes (tieferes) Verständnis sozialer Phänomene, Strukturen und Prozesse ist keineswegs ohne politikpraktische Implikationen. Es ist daher nicht trivial, keinesfalls nur gedankliche Spielerei oder intellektuelle Nabelschau.[13] Vielmehr ist eine intellektuelle Anstrengung notwendig, um eine solche Perspektivnahme und deren Implikationen für wissenschaftliche Analyse fruchtbar zu machen. Dies gilt insbesondere für die epistemologischen Konsequenzen (sowohl im Bruch mit einem »vulgär«-unreflektierten epistemischen Realismus, der den Zugang der Welt, »wie sie ist«, zu beschreiben versucht, als auch hinsichtlich der Gefahr, in naiv-voluntaristischen Konstruktionismus abzugleiten).[14] Aus dieser ersten allgemeinen Beschreibung des Erkenntnisinteresses der vorliegenden Arbeit gilt es im Folgenden, Forschungsfragen abzuleiten.

Grundlegend für die hier angestrengten Überlegungen ist die Feststellung, dass das Verhältnis von Politik und Massenmedien in den letzten beiden Dekaden zunehmend zu einem Aufmerksamkeitsfeld für die Politikwissenschaft *allgemein* geworden ist.[15] Zwar ist unbestritten, dass Massenmedien keineswegs die einzigen Realitätskonstrukteure sind. Dennoch gilt es als gesichert, dass sie am Prozess der Realitätskonstruktion für einzelne Akteure entscheidend mitwirken.[16] Gleichzeitig muss konstatiert werden, dass die Frage danach, welche Rolle Massenmedien in politischen Prozessen zugeschrieben werden kann, vor allen Dingen mit Bezug auf *innen*politische Belange diskutiert wurde. Gerade die seitens der Medien- und Kommunikationswissenschaft angebotenen und für die politikwissenschaftliche Analyse aufgegriffenen Konzepte wie »Mediendemokratie«, »Medien als Vierte Gewalt« oder »Infotainment« verdeutlichen dabei zweierlei. Zum einen, dass das Wechselspiel von Politik und Massenmedien zumeist nur vor dem Hintergrund (in sich geschlossener) politischer Systeme betrachtet wird. Zum anderen zeigen sie auf, dass implizite wie explizit gemachte normative Anforderungen an Massenmedien (Welche Rolle *sollen* Massenmedien in

---

13 Steans und Pettiford bezeichnen ähnlich gelagerte Kritik – »Social constructivism is an abstract theory that has nothing to say about the real world« – als eine verbreitete Fehlwahrnehmung des Konstruktivismus (2005: 202). Deutlich wird, dass diese Wahrnehmung sich zumeist aus der Schwierigkeit speist, eine alternative Ontologie und aus ihr folgende epistemologische Konsequenzen verständlich zu kommunizieren. Vgl. dazu auch die Überlegungen von Pettman (2002) hinsichtlich eines *commonsense constructivism* als vglw. praxisnaher Form konstruktivistischen Perspektivwechsels mittels aktiver Teilhabe an zu analysierenden Prozessen sozialer Konstruktion.

14 Siehe dazu v.a. die Ausführungen in Kap. 5.3.2.

15 Ohne Anspruch auf Vollständigkeit sei hier etwa auf folgende Arbeiten verwiesen: Sabato 1991; Donsbach et al. 1993; Patterson 1993; Cook 1998; Meyer 2001; Kamarck/Nye 2002; Price 2002; Alterman 2003a. Für eine alternative Sicht siehe u.a.: Alterman 2003a; McChesney 2004a.

16 Vgl. grundlegend: Weber 2002; Patzelt 2003.

einem politischen Gemeinwesen, etwa einer Demokratie, spielen?) die Diskussion zu einem Gutteil anleiten.[17]

Interessanterweise lässt sich wie bereits angedeutet eine (wenn auch wesentlich weniger umfangreiche) Literatur zu Wirkungen von Massenmedien in grenzüberschreitenden politischen Kontexten ausmachen. So wird in den IB in wachsendem Maße auf Medienwirkungen und Einflüsse medialer Berichterstattung vor allem auf außenpolitische Prozesse Bezug genommen, dies zum Großteil unter Rückgriff auf kommunikationswissenschaftliche Arbeiten, v.a. zum sog. »CNN-Effekt«.[18] Aus der Friedens- und Konfliktforschung sind stärker normativ ausgerichtete Arbeiten zur Rolle von Medien in Krisen- und Kriegskontexten bekannt. Schließlich wird zumindest punktuell angemahnt, dass eine genauere und umfassendere Analyse der Wirkmechanismen von Massenmedien im internationalen Kontext notwendig sei.[19] Eine ebensolche, umfassende und v.a. systematische Beschreibung und Analyse von Medienhandeln und Medienwirkungen in den internationalen Beziehungen ist indes bisher nicht vorgelegt worden.

Neben die oben angesprochenen konzeptionellen Schwierigkeiten gängiger IB-Theorien tritt dabei auch die Problematik, dass Massenmedien in der Disziplin IB, dort, wo sie eine zentrale(re) Rolle in empirischen Studien einnehmen, nahezu ausnahmslos in Prozessen der *Außenpolitik*formulierung erfasst werden. Dabei wird davon ausgegangen, dass das unter Einfluss von Massenmedien zustande gekommene Produkt »Außenpolitik« in die internationale Umwelt hineinwirkt. Ebensolche Wirkungen und auch aus der internationalen Umwelt auf die Außenpolitikformulierung zurückwirkende, ihrerseits mediatisierte Effekte werden aber bisher kaum thematisiert und erforscht. Inter- wie transnationale politische Beziehungen im eigentlichen Sinne bleiben somit größtenteils ausgespart. Dadurch bleibt vorerst auch ungeklärt, ob Massenmedien überhaupt (und wenn ja, wie) im zwischenstaatlichen und -gesellschaftlichen Bereich in ihren politisch relevanten Ef-

---

17 Siehe dazu die Ausführungen in Kap. 1.

18 Zu unterschiedlichen Verständnissen des CNN-Effektes siehe grundlegend: Gilboa 2005a. Übereinstimmend ist allen so benannten Ansätzen die Einschätzung, dass Massenmedien in außenpolitische Prozesse einzugreifen vermögen und somit zu einem gestaltenden Faktor in den internationalen Beziehungen geworden sind. Divergenzen ergeben sich hinsichtlich der konzedierten Wirkmächtigkeit bzw. der zentralen Wirkmechanismen. Im engeren Sinne bezeichnet der CNN-Effekt die Behauptung, dass massenmediale Berichterstattung über Krisen in der internationalen Umwelt bei Nichtvorhandensein politischer Strategien Handlungsdruck für politische Akteure erzeugen könne.

19 Neben der eingangs zitierten Kritik von Wilke findet sich dieser Hinweis u.a. bei Czempiel. Czempiel betont (1996: 120), dass »sehr viel mehr analytische Aufmerksamkeit den Medien zugewendet werden müßte«; dabei bezieht er sich allerdings zugegebenermaßen stärker auf die Analyse außenpolitischer Prozesse aus Sicht der liberalen Theorie der Internationalen Beziehungen.

fekten erfasst werden können. Die konkurrierende Hypothese lautet, dass dies aus forschungspragmatischen Gründen *allein* unter dem Blickwinkel staatlichen Außenverhaltens erfolgen sollte.

Um Massenmedien in grenzüberschreitenden politischen Kontexten besser, v.a. eben systematischer erfassen zu können, wird im Rahmen dieser Arbeit an jüngere theoretische Debatten in den IB anknüpfend vorgeschlagen, die Grundidee *sozialer Konstruktion* von Wirklichkeit zum Ausgangspunkt der Überlegungen zu machen. Da über Anspruch, Aussagen und Theoriefähigkeit diverser Konstruktivismen im Allgemeinen, wie über »den« (Sozial-)Konstruktivismus in den Internationalen Beziehungen im Besonderen, kein Konsens besteht, ergibt sich daraus für die vorliegende Arbeit eine zweite Stoßrichtung. Diese besteht auf den Punkt gebracht darin, dass das in den 1990ern innerhalb der Disziplin IB entworfene (sozial-)konstruktivistische Projekt stagniert. Entweder beschränkt es sich auf Teilaspekte und damit spezifische Zuschnitte sozialer Konstruktion (Wendts Staatskonstruktivismus, die deutsche Debatte um argumentatives Handeln) oder es wird andererseits von manchen gar als bereits abgeschlossene Unternehmung betrachtet, ideelle Faktoren wie Normen und Identitäten in den Blickpunkt der Analyse zu rücken (wobei durchaus fraglich ist, ob dies bisher überhaupt in sinnstiftender Weise geschehen ist!).

Demgegenüber kann eingewandt werden, dass eine umfassende Konzeptualisierung der *Prozesshaftigkeit* sozialer Konstruktion in den internationalen Beziehungen *noch nicht* geleistet worden ist. Als zentral für einen konsequent argumentierenden sozialkonstruktivistischen Ansatz stellt sich dabei heraus, Mechanismen und Prozesse der Bedeutungsschaffung in und zwischen Gesellschaften zu thematisieren. In der vorliegenden Arbeit werden dabei »Diskurse« als Prozesse der Bedeutungsschaffung modelliert. Ein solcher am Sozialen (im Sinne von Prozessen der Bedeutungsschaffung in intersubjektiven Kontexten) interessierter Diskursiver Konstruktivismus[20]

---

20 Unter dem hier eingenommenen Blickwinkel ist ein solcher Diskursiver Konstruktivismus einer wissenssoziologischen Betrachtung à la Berger/Luckmann näher, als zunächst vermutet werden könnte. Er ist unmittelbar anschlussfähig an Überlegungen zur Akteurs-Strukturproblematik in den IB (der innerhalb der Disziplin geführten »Strukturierungsdebatte«), greift dabei aber selektiv auf Ideen Foucaults zurück, ohne eine Foucault-Exegese betreiben zu wollen. Er ist in diesem Sinne einem soziologischen Foucault-Verständnis nahe, vgl. dazu: Diaz-Bone 1999. Dies ermöglicht eine Abgrenzung des zugrunde liegenden Konzepts von Diskursen von anderen Verständnissen des Begriffes, etwa dem Habermasschen. Demzufolge wird hier unter Diskurs ein Komplex sprachlicher Äußerungen und weiterführender Handlungen auf einen Gegenstand (im weitesten Sinne) hin verstanden, der eine bestimmte Lesart des Gegenstandes temporär zu fixieren sucht. Zentral ist aus dieser Perspektive die Wandelbarkeit von Bedeutungsgehalten in Diskursen sowie die Annahme, dass Intersubjektivität im

soll in der vorliegenden Arbeit nicht nur etabliert werden. Er soll gleichsam dazu dienen, politisch relevante und politikwissenschaftlich interessante Phänomene *massenmedialer* Bedeutungskonstruktion im Bereich grenz-überschreitender Politik erfassbar zu machen. Durch Bezugnahme auf das übergreifende Konzept »diskursiver Konstruktion« soll eine Gesamtschau der verschiedenen Wirkungen, Mechanismen und Präsenzeffekte von Medi-en in den internationalen Beziehungen ermöglicht werden, mit deren Hilfe ihrerseits die Vielfalt und Komplexität medialen Einflusses auf Politik im internationalen Kontext erfassbar wird.

Die Relevanz des Projektes ergibt sich damit zusammenfassend aus folgen-den Überlegungen:

Das Wirken von Massenmedien in außenpolitischen Prozessen wie in in-ter- und transnationalen Kontexten soll systematischer als bisher erfasst und analysiert werden. Ansteigendem publizistischem Interesse ebenso wie zu-nehmender politikwissenschaftlicher Aufmerksamkeit steht bisher eine eher diffuse, teils widersprüchliche Literatur zum Wechselspiel von Medien und internationalen Beziehungen gegenüber. Eine *theoretisch-konzeptionelle Er-fassung von Medien in den internationalen Beziehungen* ist auf breiter Basis aus Sicht des Faches IB noch zu leisten.

Um dies zu ermöglichen, so die zweite Stoßrichtung der Arbeit, soll auf einen Ansatz *diskursiver Konstruktion* der internationalen Beziehungen zu-rückgegriffen werden, der eine konsequente *Weiterführung sozialkonstrukti-vistischer Ansätze* beschreibt. Dies erscheint insbesondere insofern loh-nenswert, als die Konstruktivismen in den IB insgesamt bisher weniger bie-ten, als von einem konstruktivistischen Ansatz gemeinhin erwartbar wäre.

Somit soll ein bisher kaum systematisch erfasster Gegenstandsbereich (Massenmedien und Dynamiken medialer Kommunikation in inter- wie transnationalen politischen Zusammenhängen) für die Internationalen Be-ziehungen erschlossen werden. Die soll auf Basis eines seinerseits aus der jüngeren Theoriedebatte im Fach entwickelten und reformulierten Ansatzes zur Erfassung gesellschaftlicher Bedeutungsprägung geschehen, mithin auf Basis eines Diskursiven Konstruktivismus.

Daraus ergeben sich die folgenden, aufeinander bezogenen Fragestellungen:

- Wie lassen sich Medienwirkungen in grenzüberschreitenden politischen Kontexten systematisch erfassen, beschreiben und analysieren?
  - Wie wird das Verhältnis von Massenmedien und internationalen Beziehungen bisher erfasst?
  - Was ist problematisch am bisherigen Vorgehen?

Gegensatz zum Habermasschen Modell in Diskursen erst hergestellt und repro-duziert wird (hieraus ergibt sich der Nexus zur »Machtfrage«).

- Was ist der Mehrwert einer systematischeren Erfassung und Analyse?
- Welchen Beitrag leistet in diesem Zusammenhang ein Diskursiver Konstruktivismus?
- Warum eignen sich in den IB gängige Konstruktivismen wenig für diese Aufgabe?
- Wie kann ein am »Sozialen« orientierter, konsequent gedachter Konstruktivismus für die Analyse internationaler Beziehungen modelliert werden?
- Wie lassen sich mit Hilfe eines Modells diskursiver Konstruktion Massenmedien in ihren politikwissenschaftlich interessanten Implikationen erfassen?

Das zentrale zugrunde liegende Forschungsinteresse bezieht sich dabei auf *Prozesse der Bedeutungsschaffung* in inter- und transnationalen politischen Zusammenhängen. Unterhalb dieser Ebene lässt sich ein doppeltes, gekoppeltes Erkenntnisinteresse verorten. Zum einen sollen Massenmedien als bedeutsame (zugleich nicht einzige!) Infrastrukturen der Generierung wie Perpetuierung von Diskursen – gleichsam als zentrale Realitätskonstrukteure in den internationalen Beziehungen – analysiert werden. Zum anderen wird ein Ansatz entwickelt, mit dessen Hilfe eine Erfassung dieser Bedeutung(en) stiftenden Prozesse in ihren politischen Implikationen ermöglicht werden kann.

Bevor die Argumentationsschritte des nachfolgenden Textes skizziert werden sollen, ist es unerlässlich, drei Vorüberlegungen Raum zu geben, die den thematischen Kontext, Vorannahmen sowie die methodische Anlage der Arbeit betreffen. Thematisch gerahmt wird das hier dargelegte Projekt von der Vorstellung einer *zunehmenden Vergesellschaftung* der internationalen Beziehungen.[21] Als ein Spezifikum des heutigen Zustandes internationaler

---

21 Dieser Prozess makroqualitativen Wandels wird hier in einem sehr breiten Verständnis zugrunde gelegt, vgl. dazu etwa die Ausführungen von Czempiel zur Verbreitung der »Gesellschaftswelt« in: Czempiel 2002: 15-65. Damit ist keineswegs, wie auch schon in früheren Arbeiten Czempiels betont, Wandel allein innerhalb der sog. OECD-Welt angezeigt, wenn er dort auch in stärkerem Maß stattgefunden hat, vgl.: Czempiel 1993: 105-132. Ebenso kann dieses Verständnis zunehmender Vergesellschaftung abgegrenzt werden von enger definierten Phänomenen, etwa zunehmend durch gesellschaftliche Akteure beeinflusster internationaler politischer Steuerung bzw. postnationaler politischer Herrschaft (vgl. Brozus et al. 2003; Neyer 2004); auch ist es nicht deckungsgleich mit der Privatisierung ehemals staatlicher Aufgaben im internationalen Kontext (vgl. etwa Singer 2004), obwohl diese Teil des Makrowandels ist. Ein vglw. frühes Plädoyer für die Einbeziehung privater und gesellschaftlicher Akteure in die Analyse internationaler Politik aus der Notwendigkeit heraus, dass diese in grenzüberschreitende politische Abläufe eingreifen und deren Qualität verändern: Strange

Beziehungen kann demzufolge angenommen werden, dass grenzüberschreitende Interaktionen sub-staatlicher, d.h. gesellschaftlicher Akteure bei gleichzeitiger Ausweitung des Akteursspektrums zunehmen.[22] Klassische wirtschaftliche Aktionsformen wie Handel umschließt dies ebenso wie die Bildung transnationaler Netzwerke verschiedenster Couleur. *Politische* Akteure in den internationalen Beziehungen sind damit nicht mehr allein nur die »klassischen«: (außen-)politische Entscheidungsträger, Diplomaten, Bürokratien und Militär, sondern in zunehmendem Maße auch gesellschaftliche Akteure wie etwa Normunternehmer[23], Träger sozialer Bewegungen, aber auch wirtschaftliche Akteure und überdies: transnationale Terroristen. Diese gesellschaftlichen Akteure haben sich nicht etwa nur gegenüber ihren Regierungen emanzipiert oder fordern Mitspracherechte in außenpolitischen Belangen, sie bauen auch eigene Netzwerke im internationalen System auf und beeinflussen durch diese Transnationalisierung und je gewählte, in Teilen gewalthaltige Aktionsformen Prozesse und Strukturen internationaler Politik.[24] Es ist diese Hintergrundfolie einer sich ausbreitenden »Gesellschaftswelt« – nicht synonym mit umfassender Demokratisierung nach gängiger Vorstellung (!)[25] –, welche die hier präsentierten Überlegungen zu Massenmedien in den internationalen Beziehungen überhaupt einsichtig macht. Dabei bricht sie nicht mit der Vorstellung privilegierter Akteure bzw. sie nivelliert internationale Politik nicht in Form eines nunmehr etwa bestehenden *level playing field*, auf dem alle Akteure in allen Bereichen gleiche Zugangs- und Durchsetzungschancen haben. Zunehmende Vergesellschaftung bedeutet also keineswegs, dass die internationalen Beziehungen ein »globales Dorf« geworden sind, in dem jeder beliebige Akteur mit gleichen Machtpotenzialen an politischen Prozessen teilnehmen kann. Vielmehr ist damit angezeigt, dass die Analyse des Politischen auch im internationalen Kontext verstärkt gesellschaftsorientiert i.S. einer Orientierung an einem breiten Spektrum von Akteuren anzulegen ist.[26]

1992. Für eine kritische Sicht auf die Perspektive von »Vergesellschaftung« siehe: Görg 2002. Zu einzelnen Aspekten dieser Auffächerung und Pluralisierung des Akteursspektrums: Ruggie 2004; Bronfenbrenner 2007; Krotz 2007; Rosenau 2007; Sehm-Patomäki/Ulvila 2007.

22 Vgl. programmatisch: Matthews 1997.

23 Vgl. Finnemore/Sikkink 1998: 896-899.

24 Vgl. Czempiel 2004: 11. Gerade für die Analyse von Massenmedien ergibt sich hier eine vielversprechende Anschlussmöglichkeit, nicht zuletzt weil deren wachsende Bedeutung in den internationalen Beziehungen auch aus den zunehmenden Bemühungen diverser Akteure um Medienstrategien, die in den inter- und transnationalen Raum hinein wirken, abzuleiten ist, vgl. dazu: Louw 2003; Brown 2005.

25 Vgl. Czempiel 2004: 27-38.

26 Zu den Konturen *gesellschafts*orientierter Analyse vgl. etwa: Moravcsik 1997, sowie: Czempiel 2004. Moravcsik beabsichtigt dabei, eine systemische liberale

Nicht nur befinden sich allerdings die internationalen Beziehungen in einer spezifischen Entwicklungsphase (in globalem Ausmaß). Ebenso muss festgehalten werden, dass technologischer Wandel im Vergleich zu früheren Epochen eine *qualitativ spezifische Form der Mediatisierung* sozialer Beziehungen herbeigeführt hat.[27] Zumindest potenziell ist durch diverse Kabel- und Satelliten-, Internet- und Mobilfunktechnologien eine Situation globaler Kommunikation über verschiedene Akteursebenen und in Echtzeit gegeben, die eine qualitative Neuerung darstellt. Dies gilt, auch wenn sich die realiter anzutreffenden Kommunikationsströme durch Ungleichgewichte, »blinde Flecke«, kulturell-religiöse Verzerrungen auszeichnen. Ebenso sind die sie tragenden Infrastrukturen durch stark asymmetrische Verteilungsmuster charakterisiert.[28] Nicht zuletzt finden allerdings die Potenziale von Medien- und Kommunikationstechnologien, einen globalen Aktionsrahmen zu konstruieren, in der Herausbildung einer *global information infrastructure* sowie eines *global information policy regime* ihren Ausdruck.[29]

Theorie der IB zu konstruieren; von Bedeutung für die hier verfolgten Zwecke sind dabei vor allem seine Annahmen über den »Primat des gesellschaftlichen Akteurs«. Czempiel folgt in seiner Analyse weltpolitischer Trends einem gesellschaftsorientierten Ansatz, ohne diesen als Ansatz/Analyseperspektive detailliert zu beschreiben. Das jeweils zugrunde liegende Verständnis von »Gesellschaft« ist allerdings abzugrenzen vom Verständnis einer Internationalen Gesellschaft à la Bull (2002[1977]). Für Letzteres ist vor allem das Vorhandensein sog. Makroinstitutionen auf der Ebene des internationalen Systems, gleichsam als gesellschaftlicher Kitt, von vorrangigem Interesse. Dass die Veränderungen des internationalen Systems in Richtung einer Gesellschaftswelt die Analyse von Massenmedien in grenzüberschreitenden Kontexten zu einem interessanten Unterfangen macht, deutet Czempiel selbst an, vgl. Czempiel 1999: 66-69. Czempiels Darstellung oszilliert hier zwischen den einzelnen Rollenverständnissen – Akteur, Instrument, Vermittler –, die in Kapitel 2 näher beleuchtet werden sollen.

27 Ich folge hier einem Begriff der »Mediatisierung«, der nicht zwischen »Mediatisierung« und »Medialisierung« oder »Mediation« im medienwissenschaftlichen Sinne unterscheidet, vgl. dazu etwa: Couldry 2008; Freedman 2008: 6f.; Lisle 2009: 147-150. »Mediatisierung« beschreibt in der vorliegenden Arbeit: 1) die zunehmende Bedeutung massenmedialer Vermittlung gesellschaftlicher Realität; 2) die Ausbreitung der Nutzung verschiedener Medien in nahezu allen Publika/Öffentlichkeiten im weltweiten Maßstab; sowie 3) die medientechnologisch vermittelte zunehmende Aufhebung der Unterscheidung zwischen Sendern/Kommunikatoren/Produzenten und Empfängern/Adressaten/Konsumenten.

28 Vgl. Hafez 2005.

29 Vgl. Borgman 2003; Braman 2004. Auch wenn die Arbeit von Borgman sich vor allem auf globalen Informationsaustausch im Bibliothekswesen bezieht, so beschreiben die technologischen Entwicklungen bzw. die Herausbildung der dafür notwendigen technischen Infrastrukturen Prozesse, die eine Ausweitung der Er-

Es sind ebendiese Potenziale, welche die These von einem Bedeutungsgewinn grenzüberschreitender Diskursräume, auf der die vorliegende Arbeit
ruht, ermöglichen. Dabei ist hervorzuheben, dass die beschriebene Form der
Mediatisierung ein spezifisch neuzeitliches Phänomen und demzufolge nicht
umstandslos in frühere Epochen (das Gutenberg-Zeitalter oder die Hochzeit
höfischer Diplomatie, um zwei andere spezifische Medien in ihren jeweiligen Epochen anzusprechen) zu übertragen ist. Zusammengenommen scheinen die beiden getroffenen Vorannahmen:

- zunehmende Vergesellschaftung, die gesellschaftsorientierte Analyse
  nach sich zieht, nicht (primär) die Deutung »mentaler Programmierun-
  gen« außenpolitischer Eliten, sowie
- spezifische Formen der Mediatisierung, die es erst sinnvoll erscheinen
  lassen, Diskurse als makrosoziale Phänomene, die Bedeutungshorizonte
  in und über (!) Gesellschaften hinweg strukturieren, in die Diskussion
  einzuführen,

auf eine im Entstehen begriffene Öffentlichkeit im internationalen System
hinzuweisen. Auch wenn deren Existenz behauptet wird[30], so muss an dieser
Stelle doch auf deren allenfalls prekären Status hingewiesen werden: Oftmals hält die differenzierte Analyse den großen Entwürfen nicht stand, ent-
puppt sich die *global public sphere* bei genauerem Hinsehen als ein größtenteils nicht sehr dicht geknüpfter Flickenteppich allenfalls punktuell sich
überlappender Teilöffentlichkeiten. Mit anderen Worten: In den IB bleibt
das Konzept einer »globalen Öffentlichkeit« bei näherer Betrachtung notwendigerweise diffus; es wird demgemäß in der vorliegenden Arbeit auch
eher im Sinne einer allenfalls nachrangigen Forschungsfrage behandelt.

Der in der Arbeit zugrunde gelegte Begriff »Massenmedien« findet dabei im Folgenden bewusst eine vergleichsweise offene Verwendung: Unter
ihm werden nicht nur die klassischen Medien subsumiert, die der Massenkommunikation[31] dienen (Zeitungen, Fernsehen, Film, Hörfunk usw.), son-

---

gebnisse generell auf Informations- und Kommunikationstechnologien und Massenmedien erlauben.

30 Vgl. Brunkhorst 2002; Volkmer 2003; skeptischer: Hafez 2005: 223-225;
Splichal 2009. Brunkhorst beschreibt dabei, auch unter Bezugnahme auf die
Globalisierung von Kommunikationsmedien, die Existenz einer schwachen
transnationalen Öffentlichkeit, die aus seiner Sicht als eine »strong public in the
making« interpretiert werden sollte. Hafez betont demgegenüber u.a. geolinguis-
tische Barrieren für das Entstehen einer globalen Öffentlichkeit, also die Gebundenheit bestimmter Teilöffentlichkeiten an durch Massenmedien (auch grenzüberschreitend) hergestellte, sprachlich definierte Öffentlichkeitsräume. Dazu
auch: Albizu 2007.

31 *Locus classicus* ist hier die Definition von Maletzke (1998[1963]: 45f.), der zufolge Massenkommunikation jene Form von Kommunikation ist, bei der die Aussa-

dern auch Medien, die Massen- und individuelle Kommunikation (Internet, Online-Kommunikation, Stichwort: Web 2.0[32]) ermöglichen. Dies bedeutet, dass die sog. »Neuen Medien« insofern einbezogen werden, als auch sie potenziell Kommunikation in größeren Gruppen bewirken, ja oftmals erst neue Konstellationen gerade zwischengesellschaftlicher Medienkommunikation schaffen. Zu den beiden genannten Medientypen treten in der folgenden Arbeit unter der Sammelbezeichnung »Massenmedien« noch hinzu: Infrastrukturen medialer Kommunikation in größeren sozialen Zusammenhängen (Medienunternehmen, Nachrichtenagenturen etc.) sowie ihnen unterliegende Technologien. Ein solch breites Verständnis erscheint notwendig, da zum einen Integration und Hybridisierung von einzelnen Mediengattungen in technologischer Hinsicht heutzutage zentrale Tendenzen darstellen. Zum anderen haben Infrastrukturen und Technologien – gerade im Hinblick auf oben skizzierte Perspektive auf internationale Beziehungen – formative Effekte auf das Wirken konkreter Medientypen. Schließlich erscheint eine a priori getroffene Abgrenzung primär politischer (politische Berichterstattung, Dokumentarfilme usw.) von primär unterhaltenden Mediengattungen arbiträr, da grenzüberschreitende Unterhaltungskommunikation mitunter eminent politische Implikationen besitzt.[33] Die Offenheit des hier gebrauchten Konzepts »Massenmedien« ist demzufolge zuallererst dem Ansinnen geschuldet, massenmediale Einflüsse auf internationale Politik möglichst umfassend zu begreifen und nicht *qua definitione* bedeutsame Aspekte des Themas von vornherein zu vernachlässigen.

Die Schwerpunktsetzung der Arbeit ist damit alles in allem eindeutig theoretisch-konzeptioneller Natur. Es wird versucht, einen bisher weitestgehend ausgesparten Gegenstandsbereich *konzeptionell zu erfassen* und für die IB fruchtbar zu machen. Dies geschieht unter Zuhilfenahme eines *theoretischen Ansatzes*, der aus der Theoriediskussion der Disziplin nicht einfach aufgenommen werden kann, sondern *entwickelt werden muss*. Die vorliegende

---

gen öffentlich, durch technische Verbreitungsmittel, indirekt und einseitig an ein disperses Publikum gegeben werden. Die *Einseitigkeit* der Kommunikation wird zum Beispiel von Luhmann als entscheidendes Abgrenzungskriterium hervorgehoben, vgl. etwa: Luhmann 2004. Demgegenüber wird hier eine weniger differenzierende Verwendung des Begriffes angestrebt, gerade auch da sich vor dem Hintergrund der technologischen Entwicklungen jüngerer Zeit eine Abgrenzung erschwert hat.

32 Vgl. zu den allenthalben beschrieben Hybridisierungstendenzen u.a.: Bohnen/Kallmorgen 2009; Couldry 2009: 444f.

33 Offenbar wird dies mit Blick auf die Debatten um die vermeintlich globale Prägekraft US-amerikanischer Unterhaltungsfilme (»Hollywood«), vgl. etwa: Thussu 2000a: 176-179; Min 2003; Chalaby 2006; um ein differenziertes Bild etwaiger politischer Implikationen bemüht: Hafez 2005: 116-128; skeptisch, was ebensolche politischen Implikationen betrifft: Marling 2006: 18-51.

Arbeit ist gleichwohl keineswegs »anti-empirisch«.[34] Die Analyse massenmedialer Effekte in Prozessen diskursiver Bedeutungszuweisung zu Ereignissen und »Gegenständen« der internationalen Beziehungen trägt dabei aus methodologischer Sicht allerdings eher illustrierenden und plausibilisierenden Charakter. Im Zentrum stehen dabei nicht einzelne Diskursanalysen im linguistisch-textualistischen Sinne, sondern der Versuch, Massenmedien in ihren formativen Effekten auf grenzüberschreitende politische Diskurse mit Hilfe eines Modells diskursiver Konstruktion zu erfassen und sichtbar zu machen. Einem pragmatischen Verständnis von Wissenschaft[35] folgend, ist dieses Modell anschlussfähig[36] für empirisch-quantitative, makroqualitative und generell qualitative Verfahren ebenso wie für stärker normativ orientierte Techniken des Erkenntnisgewinns.

Die Anlage der Studie ist maßgeblich von der oben aufgezeigten Doppelstruktur des Erkenntnisinteresses beeinflusst. »Massenmedien in den internationalen Beziehungen« und »Konstruktivismus in den Internationalen Beziehungen« bilden dabei zwei Literaturstränge, die jeweils heterogen und in sich verästelt sind. Beide Diskussionen müssen vorgestellt, kritisiert und vorangetrieben werden, um schließlich aufeinander bezogen werden zu können. Teil I widmet sich der Problematik der bisherigen Erfassung von Massenmedien in internationalen Beziehungen. Zentral ist, einen Überblick über ein *mögliches* Forschungsfeld zu geben, d.h. aus der Literaturschau heraus Impulse für einen alternativen Zugang, wie er hier entwickelt werden

---

34 Wiewohl die Art des Zugangs zu einer Empirie der internationalen Beziehungen zu problematisieren ist, ein konsequenter Sozialkonstruktivismus hat demzufolge auch erkenntnistheoretische Implikationen. Vgl. Kap. 5.3.2 und Kap. 6 der vorliegenden Arbeit.

35 Vgl. zum jüngst auch in den IB diskutierten Pragmatismus: Hellmann 2002; Owen 2002. Die »pragmatistische Wende« in den IB ist dabei nicht nur als Hinwendung zu einer »neuen« Theorie – *dem* Pragmatismus in der Folge Deweys etwa – zu deuten, sondern eben einer veränderten Herangehensweise an den Gegenstand, mit anderen Worten: einem pragmatischen Erwägungen folgenden Wissenschaftsbegriff. Dies impliziert etwa Owens Warnung (2002) vor der Gefahr eines »Theoretizismus« in den IB. Wie Hellmann in der Hinsicht bemerkt, kann als ein Hauptanliegen solcherart verstandenen Pragmatismus gelten, das in den IB beliebte »Drama der Epistemologie und Ontologie« (ein Stück weit) zu entmystifizieren. Maßstab solchen Handelns ist dabei nicht theoretischer Purismus, sondern das Hervorbringen plausibler(er) Verständnisse/Erklärungen, vgl.: Hellmann 2002: 21-24, 32-35.

36 Aus der hier präsentierten Variante konstruktivistischer Überlegungen lassen sich selbstverständlich unter der Perspektive »intellektueller Konsistenz« Rückschlüsse ziehen; dies schließt aber keineswegs eine bestimmte Klasse von Methoden kategorisch aus, sondern dient v.a. der Reflexion des legitimerweise zu erhebenden Anspruchs an (mehr oder weniger) rigorose Methodik vis-à-vis etwa eher hermeneutischer Verfahren, vgl. Kap. 5.3.2.

soll, zu gewinnen. Dazu wird zunächst auf zwei grundsätzliche Probleme der Diskussion Bezug genommen: die Schwierigkeiten einer einfachen Aneignung von Begriffen, Theorien und Konzepten aus der Literatur zu Massenmedien und Politik *allgemein* in den IB sowie die Heterogenität der bisherigen medien- und politikwissenschaftlichen Diskussion um internationale Kommunikation.[37] Während Ersteres darauf verweist, dass Befunde nicht umstandslos auf die internationale Ebene transponiert werden können, verdeutlicht die Vielgestaltigkeit und Widersprüchlichkeit der zweiten Teildiskussion, dass ein umfassender Ansatz auch nicht aus anderen Wissenschaftsbereichen importiert werden kann. Hinzu tritt die Problematik, dass sich Studien zur Wirkung von Massenmedien in den internationalen Beziehungen bisher schwerpunktmäßig auf *außen*politische Prozesse gerichtet haben.

Die De-facto-Zweiteilung des Literaturberichts (in Kap. 1 und 2; Kap. 3 dient der Zusammenfassung gewonnener Einsichten und einem Zwischenfazit) basiert auf der Einsicht, dass Aspekte der vorhandenen Literatur unterschiedlichen Klassen von Problemen zugeordnet werden können. Die in Kap. 1 beschriebenen Probleme beziehen sich auf die Frage nach der Möglichkeit einer konzeptionellen Einbeziehung von Massenmedien in die IB. Kap. 2 widmet sich der Struktur der bisherigen Diskussion, die ein Problem aufwirft, das sich nicht *allein* aus Sicht der Disziplin IB heraus stellt. Beobachtbar ist demzufolge, dass Massenmedien oftmals mit Hilfe konkurrierender Rollenbilder und/oder exklusiv als Hintergrundvariablen erfasst werden. Demgemäß zerfällt die Debatte in Theoreme, die einander entweder widersprechen oder zumindest Verwirrung stiften. So werden jeweils nur Teilaspekte medialer Präsenz bzw. medialer Effekte aufgegriffen, oftmals eher unterstellt als empirisch analysiert oder theoretisch-konzeptionell durchdrungen. Als problematisch erweist sich zudem, dass verallgemeinerbare Befunde auf diesem Wege kaum zu gewinnen sind.

Im Übergang zu Teil II wird die Notwendigkeit eines alternativen Modells der Bedeutungsschaffung herausgearbeitet. Das Konzept der Bedeutungsschaffung fungiert hierbei als Scharnier zwischen den beiden im Zentrum der Studie stehenden Debatten und verknüpft somit empirisch (Massenmedien in den internationalen Beziehungen) wie theoretisch (Konstruktivismen in den IB) bedeutsame Fragen. Teil II selbst markiert zunächst scheinbar einen »Bruch«, denn Massenmedien rücken für einen Moment in den Hintergrund. Dies ist allerdings zwingend, um das theoretische Rüstzeug für deren systematischere Erfassung zu erarbeiten. Kap. 4 stellt dabei auf Konstruktivismen als Theorien der sozialen Bedeutungsschaffung generell ab und entwirft einen Maßstab, anhand dessen die Diskussionen um *den* Sozialkonstruktivismus in den IB auf deren Berücksichtigung genuin »konstruktivistischer Interessen« hin befragt werden können. Dies geschieht

---

37 Vgl. etwa: Thussu 2000a; Artz/Kamalipour 2003; Semati 2004b; Hepp/Krotz/ Winter 2005b.

in Kap. 5, wobei das zentrale Interesse darauf gerichtet ist, herauszuarbeiten, welchen Begrenzungen der IB-Konstruktivismus unterliegt. Aus dieser Darstellung lassen sich sowohl eine Kritik am Sozialkonstruktivismus in den IB formulieren als auch Impulse für dessen Weiterentwicklung gewinnen. Insbesondere die Rolle als »Lieferant« ergänzender Konzepte für andere Theorien oder seine Verkürzung auf empirische Forschung vermittels vermeintlich gut handhabbarer Konzepte (Identitäten, Normen) bilden demzufolge Hemmschwellen für die Ausarbeitung eines umfassenden Begriffs intersubjektiver Bedeutungsschaffung. Kap. 6 greift in dieser Stoßrichtung Arbeiten auf, die in den IB, vor allen Dingen an den Rändern der Disziplin[38], durchaus existieren, allerdings eher neben dem, teils in offener Abgrenzung zum mehrheitsfähigen Sozialkonstruktivismus. Attraktiv erscheint bei einigen dieser Arbeiten, dass *Prozesse* der Bedeutungsschaffung als zentrales Problem ausgemacht werden. Ebendiese Prozesse lassen sich als »Diskurse« denken, wodurch sich ein diskursiv grundierter Konstruktivismus ergibt. Ziel ist es in der vorliegenden Studie, auf diesen Arbeiten aufbauend ein Modell diskursiver Konstruktion in grenzüberschreitenden Räumen zu erstellen. Schließlich werden Massenmedien in diesem Modell verortet (Kap. 7). Dabei gilt es zu problematisieren, warum das hier vorgeschlagene Modell notwendig erscheint und alternativen Angeboten – etwa aus dem Bereich Postmoderner Medientheorie – vorzuziehen ist, obwohl es teils mit ähnlichen Begrifflichkeiten operiert.

Teil III ist der empirischen Anwendung und Plausibilisierung der getroffenen Annahmen gewidmet. Dies kulminiert in dem Anliegen, mit Hilfe des Modells diskursiver Konstruktion zu systematische(re)n und differenzierten Betrachtungen massenmedialer Effekte auf der internationalen wie transnationalen Ebene zu gelangen. Zu diesem Zweck werden vier thematische Zusammenhänge aus dem Bereich internationale Beziehungen beleuchtet: in doppeltem Sinne internationale gewalthaltige Konflikte, die in Form zwischenstaatlicher Kriege wie transnationalen Terrorismus besonderes Forschungsinteresse der Disziplin auf sich ziehen (Kap. 8); die zunehmend bedeutsamere Ebene der Weltbildproduktion als grenzüberschreitend wirksamer Mechanismus der Absicherung wie Unterminierung globaler Hegemonie (Kap. 9) sowie spezifisch an Massenmedien gebundene Formen der Transnationalisierung von politischem Dissens (Kap. 10). Der auf Teil III folgende Abschnitt beinhaltet die Kurzzusammenfassung der in der Studie

---

38 Zur Idee der »Ränder« in diesem Kontext bzw. zur Legitimität der Unterscheidung zwischen einem »Mainstream« und der an ihn gerichteten Kritik siehe: Adler 1997; Hopf 1998; Friedrichs 2004. Adler und Hopf unterscheiden dabei jeweils konventionellere und kritischere/radikalere Varianten, wobei Letztere als eher »randständig« dargestellt werden. Friedrichs Darstellung bringt die quasi-hierarchische Ordnung auf den Punkt. Weiterführend, in (fundamental und abwägend) kritischer Deutung speziell der innerdisziplinären Funktion des sozialkonstruktivistischen Mainstreams in den IB: Jacobsen 2003; Teti 2007.

gewonnenen Ergebnisse und Einsichten und soll noch einmal unterstreichen, dass vorliegende Arbeit (das vorangestellte Zitat Albrechts aufgreifend) alles andere als »ekstatische, aber nutzlose Vogelschau« betreibt.

I. Massenmedien und Internationale Beziehungen – Überblick über ein *mögliches* Forschungsfeld

1. Massenmedien in den Internationalen Beziehungen – Terra incognita?

Wie bereits angedeutet wäre es völlig verfehlt, der Politikwissenschaft (wie anderen Sozialwissenschaften) zu unterstellen, sie habe sich bisher kaum oder unzureichend mit dem Verhältnis von Massenmedien und Politik beschäftigt. Im Gegenteil, es lassen sich verschiedene Literaturen und Diskussionsstränge identifizieren, welche ebendieses komplexe Verhältnis zu beschreiben und erklären versuchen. Drei dieser Diskussionsstränge sollen im Folgenden überblicksartig dargestellt werden: die Debatte um massenmediale Wirkungen innerhalb nationaler politischer Systeme, die Frage nach der Rolle von Massenmedien im außenpolitischen Prozess sowie die sich abzeichnenden Konturen einer medien- und kommunikationswissenschaftlichen Perspektive auf internationale Kommunikation. Die Darstellung dieser drei Teildebatten verfolgt an dieser Stelle zwei Ziele. Zum einen soll aufgezeigt werden, dass es eine Vielzahl (teils prominenter) Arbeiten, Ansätze und Konzepte zu politischen Implikationen massenmedialer Präsenz und ihres Wirkens generell gibt. Zum anderen soll gleichzeitig darauf hingewiesen werden, dass eine einfache Übernahme gängiger Konzepte und Theoreme aus der Analyse von Innenpolitik für die IB-Forschung problematisch ist. Sie ist dies, weil sich in allen drei genannten Fällen Aspekte identifizieren lassen, die die *Übertragbarkeit* sowie den *Mehrwert einer solchen Übertragung* gerade auf die Forschungsinteressen der IB in Zweifel ziehen. Dies bedeutet keineswegs, dass keine der angesprochenen Überlegungen für die IB von Nutzen zu sein vermag; vielmehr ergibt sich aus der Gesamtschau die Notwendigkeit der Etablierung eines alternativen, übergreifenden Ansatzes zur Erfassung, Beschreibung und Analyse von Massenmedien in grenzüberschreitenden politischen Kontexten.

1.1 MASSENMEDIEN UND POLITIK

Das Zusammenspiel von Massenmedien und Politik befindet sich zweifelsohne im Zentrum der Aufmerksamkeit einer Vielzahl politik- wie medienwissenschaftlicher Studien, zumeist wird dabei allerdings ein spezifischer

Zusammenhang untersucht: nämlich massenmedial beeinflusste politische Prozesse *in liberal-demokratischen Systemen westlicher Prägung.* So kann mit Blick auf den Umfang der Forschungsliteratur davon gesprochen werden, dass sich ebendieser thematische Zusammenhang in der Politischen Systemlehre, der Politischen Theorie sowie der Medien- und Kommunikationswissenschaft innerhalb der letzten beiden Dekaden zu einem prominenten Aufmerksamkeitsfeld entwickelt hat.[1] Augenfällig hierbei ist die Fokussierung auf binnenpolitische Phänomene im Allgemeinen, demokratietheoretische im Besonderen. So ist nicht von ungefähr das Schlagwort der »Mediokratie«, um die sich viele der Arbeiten anlagern, negativ konnotiert. Es ist vor der normativen Hintergrundfolie einer funktionstüchtigen (teils auch: idealisierten) Demokratie gewonnen und beschreibt, auf welche Arten und Weisen Massenmedien durch ihre Berichterstattung die Politik vermeintlich kolonisieren.[2] Während Meyer dabei vor allem auf eine De-facto-Verlagerung politischer Entscheidungsgewalt hin zu den Massenmedien (und weg von den Wahlbürgern) abhebt, arbeitet Cook speziell für den US-amerikanischen Kontext ein doppelgestaltiges Problem heraus.[3] So führe die Tatsache, dass Massenmedien durch ihre Publikationsentscheidungen über

---

1 Dies lässt sich nicht zuletzt daran ablesen, dass dem Verhältnis von Massenmedien und Politik in einschlägigen Lehrbuchtexten zunehmend Raum gegeben wird; dies gilt im deutschsprachigen Kontext insbesondere für die Medien- und Kommunikationswissenschaft, vgl. etwa: Donges/Jarren 2001 und: Scholten-Reichlin/Jarren 2001 (jeweils im Lehrbuch »Einführung in die Publizistikwissenschaft«) bzw.: Puppis 2007. Strohmeier (2004) hat – als Politikwissenschaftler – einen populären Einführungsband zum Themenfeld geschrieben, ansonsten tauchen Massenmedien in einführenden politikwissenschaftlichen Bänden eher sporadisch auf, vgl.: Naßmacher 2004: 52ff., 216f., oder gar nicht, vgl.: Mols/Lauth/ Wagner 2006. Eine Ausnahme bildet: Patzelt 2003. Die ansteigende Popularität des Themenkomplexes lässt sich auch wissenschaftsorganisatorisch belegen. Einen Arbeitskreis »Politik und Kommunikation« gibt es in der Deutschen Vereinigung für Politische Wissenschaft (DVPW) seit 1979, seit 1991 in enger Zusammenarbeit mit der Fachgruppe »Kommunikation und Politik« der Deutschen Gesellschaft für Publizistik- und Kommunikationswissenschaft (DGPuK). Seit 1995 ist in der DVPW der Arbeitskreis »Visuelle Politik/Film und Politik« hinzugetreten. Im US-amerikanischen Kontext besitzt die *American Political Science Association* (APSA) seit 1990 eine eigenständige *Political Communications Section*; die *Political Communication Division* der *International Communication Association* (ICA) besteht demgegenüber schon seit Mitte der 1970er Jahre. Siehe zum Zusammenhang von Themenkonjunktur und Wissenschaftsorganisation auch: Manheim 2004.

2 Vgl. Meyer 2001. Für die Abgrenzung zum Begriff »Mediendemokratie« siehe auch: Jandura/Donsbach 2003. In beiden Büchern stehen allerdings Diagnosen einer etwaigen Dysfunktionalität von Massenmedien im Zentrum.

3 Vgl. Cook 1998; Meyer 2001.

Qualität und Umfang der politischen Debatte mitbestimmen, zu deren Aufstieg als politische Institution (Vierte Gewalt). Ebenjene Publikationsentscheidungen seien aber Produkte eines Umfeldes, in dem politische Kompetenz durch zwei Faktoren eingeschränkt ist: zum einen bestimmten ökonomische Zwänge, zum anderen journalistische Fähigkeiten über ebenjene Leistungsfähigkeit.[4] Dies führe in der Summe zu der Feststellung, dass »[…j]ournalists are not well trained, nor are news organizations well equipped, to help weigh problems, set political agendas, examine alternatives, and study implementation«.[5] Neben beschränkten politischen Kapazitäten (gemessen an einer demokratietheoretischen Idealvorstellung) lässt sich als zweites Problem herausstellen, so Cook, dass Massenmedien nicht für ihr Handeln politisch verantwortlich zu machen, nicht etwa für Fehlverhalten »abzuwählen« sind.[6] Massenmedien stellen damit, wie etwa Patterson argumentiert, eine *miscast institution* dar; dies gelte besonders für ihr Wirken im Vorfeld politischer Wahlentscheidungen.[7] So lasse sich gerade im US-amerikanischen Kontext nachzeichnen, dass die Zunahme negativer politischer Berichterstattung (in Folge des Vietnam-Krieges sowie der Watergate-Affäre) zu Zynismus und Apathie der potenziellen Wähler geführt habe.[8] Auch wenn sich der Akzent in nachfolgenden Arbeiten Pattersons verschoben hat (in jüngeren Studien[9] betont er vor allem die Kurzfristigkeit der Berichterstattung, die Orientierung an Nachrichtenzyklen und damit das Verschwinden der Zeit für Reflexion und Deliberation im politischen Prozess), bleibt doch der medienkritische Zugang *aus normativ-demokratietheoretischer Sicht* unverkennbar.[10] Eine ebensolche Tendenz unterliegt einer Vielzahl von Arbeiten zum Verhältnis von Massenmedien und politischem Prozess, auch wenn sie sich teils sehr verschiedenartigen Aspekten

---

4   Cook 1998: 167.

5   Ebd.

6   Ebd.: 167-169.

7   Vgl. programmatisch: Patterson 1993.

8   Siehe auch: Patterson 2003. Dort – wie im gesamten *Vanishing-Voter-Project* – bilden die Medien allerdings nur einen unter mehreren Erklärungsfaktoren für Politik-/Wahlverdrossenheit.

9   Vgl. Patterson 1998.

10 Für den Wahlprozess ebenso: Ansolabehere/Iyengar 1995. Die dort vertretene Position im Hinblick v.a. auf sog. *negative campaigning* lässt massenmediales Handeln allerdings eher als Hintergrundvariable erscheinen. Deutlicher hervor tritt die Verbindung zwischen negativer politischer Berichterstattung durch Medien und politischer Apathie in den Forschungen zur »Videomalaise«, vgl.: Robinson 1976; Holtz-Bacha 1989; Bennett/Rhine 1999; Wolling 1999. Nahezu alle auf die klassische Studie von Robinson nachfolgenden Arbeiten zeichnen sich dadurch aus, dass sie erstens eine Reformulierung/Einschränkung der These fordern, zweitens aber Medienwirkung in Form sich verstärkender Skepsis bzw. Ablehnung von Zuschauern bei anhaltend negativer Berichterstattung konzedieren.

widmen, etwa: Medienskandalen[11], politischen Wahlkämpfen[12], Medialisierung[13], *media hypes*[14] oder zunehmender Personalisierung/»Privat«isierung.[15] Grundtenor ist jeweils eine vorgeblich feststellbare Deformation des politischen Prozesses der Entscheidungsfindung in demokratischen Gesellschaften, die ihrerseits zumindest implizit auf einer unterstellten Funktionalität von Massenmedien fußt. Diese Funktionalität rückt mitunter (in Form angebbarer Funktionskataloge: Information, Meinungsbildung, Kontrolle)[16] ins Zentrum der Überlegungen. In der Mehrzahl bildet sie allerdings die gedankliche Hintergrundfolie, an der massenmediale Präsenz und Wirken in konkreten *demokratischen* Kontexten gemessen werden.

Es ist dabei plausibel, dass eine Funktionalität (von Massenmedien) auch dann im Zentrum der Argumentation steht, wenn die Perspektive auch andere Staatsformen bzw. Typen politischer Systeme mit einschließt. So beschreibt Patzelt Massenmedien als Elemente eines *jedweden* politischen Systems, die sich vor allem durch ihre wirklichkeitskonstruktive Wirkung auszeichnen.[17] Diese Medienwirklichkeit wiederum besitze bestimmte Merkmale: Sie unterliege spezifischen Verzerrungen, etwa vermittelt durch sog. Nachrichtenfaktoren, Alarmismus, den Hang zum »Exotischen« sowie Negativismus[18], Personalisierung, Publikumsorientierung usw. Zentrale politische Implikationen bestehen demgemäß in der exponierten Rolle der Medien beim Setzen der politischen Tagesordnung und einer folgenschweren Reduktion politischer Operationswirklichkeit. Obendrein etablieren sie eine »virtuelle Performanzfalle« für politische Akteure wie politische Systeme. Die hierbei festgestellten Medieneffekte und Konsequenzen für den politischen Prozess lassen sich dabei ohne Mühe als empirische Negativfolie normativer Funktionskataloge lesen, etwa der Hierarchie von Medienfunkti-

---

11 Vgl. etwa: Sabato 1991; Kepplinger 2005. Für einen breiteren Zugang zu Medienskandalen vgl.: Lull/Hinerman 1997.

12 Empirische Aufarbeitungen finden sich u.a. in: Norris 2001; Flowers/Haynes/Crespin 2003; für den deutschen Kontext: Donsbach et al. 1999; mit Blick v.a. auf »neue Medien«: Schulz et al. 2005.

13 Vgl. v.a. mit Blick auf die demokratietheoretischen Implikationen: Sarcinelli 1998, 2003.

14 Vgl. Vasterman 2005.

15 Vgl. dazu die Sonderausgabe »Public Images, Private Lives« der Zeitschrift *Parliamentary Affairs* (57, 1, 2004) sowie: Langer 2007.

16 Meyn 2004: 23-29; besonders prononciert auch in: Gurevitch/Blumler 1995. Vgl. auch die Sonderausgabe des *Media Studies Journal* (9, 3, 1995) zum Thema »Media and Democracy«.

17 Patzelt 2003: 368.

18 Vgl. dazu auch: Vowe/Dohle 2007: 343-346.

onen, die Strohmeier unabhängig von der vorherrschenden Form des politischen Systems beschreibt.[19]

Diese herausragende Bedeutung von Vorstellungen hinsichtlich einer Funktionalität der Massenmedien ist unzweifelhaft einer systemtheoretischen Perspektive auf Politik und politische Prozesse geschuldet; ihrerseits konzentriert sich diese Perspektive auf politische Systeme und damit größtenteils *binnenpolitische* Kontexte. Dies findet nicht zuletzt auch in der Ausrichtung anders gelagerter Forschung zu Massenmedien ihren Ausdruck, etwa der Journalismusforschung.[20] Nicht nur ist diese nationalstaatlich (auf nationale Journalismus-Kulturen bezogen, auch wenn gegebenenfalls komparativ angelegt) ausgerichtet. Sie orientiert sich zudem an normativen Leitbildern bzw. unterstellter Funktionalität von Medien allgemein sowie individuellen Medienakteuren.[21] Es ist diese funktionale Perspektive auf Massenmedien ebenso wie die Verschränkung von Funktionalität mit innenpolitischen Handlungskontexten, die (nicht in sich selbst, sondern für die hier verfolgten Zwecke) problematisch erscheint. Die Frage danach nämlich, *welche Funktionen* Massenmedien *im internationalen System* haben, stellt sich aufgrund der unterschiedlichen Qualität der Systemarten so nicht.

Das bedeutet keineswegs, wie bereits festgestellt, dass Massenmedien etwa nicht die oben beschriebenen Effekte besitzen können bzw. den dargestellten Zwängen unterliegen oder geschilderte Zwänge auf andere politi-

---

19 Vgl. Strohmeier 2004: 69-100. Er unterscheidet als Primärfunktion die Herstellung von Öffentlichkeit von den beiden Sekundärfunktionen Information und Kontrolle. Als tertiäre Funktionen treten hinzu: politische Sozialisation/Integration, politische Bildung und Erziehung sowie politische Meinungs- und Willensbildung.

20 Grundlegend: Donsbach 1993; Weaver/Wilhoit 1996; jüngst: Plasser 2005. Bei Plasser wird die vergleichende, dennoch national(kulturell)e Perspektive deutlich, wenn er die etwaige Homogenisierung verschiedener journalistischer Kulturen – in den USA und Österreich – vermittelt über ähnliche Umweltfaktoren untersucht.

21 Vgl. jüngst zur Krise US-amerikanischer Medien (hinsichtlich der Legitimation des Irak-Kriegs, Berichterstattung über den Hurrikan Katrina, die Enthüllung sog.»fabrizierter Nachrichten« u.a. bei der *New York Times*, sowie wachsendem Einfluss von Unternehmensseite auf Publikationsentscheidungen): McChesney 2004a; Massing 2005a, b; Baker 2007. Für den deutschen Kontext u.a. kritisch: Leif/Kuleßa 2003. Leif/Kuleßa sprechen von einem»Nicht-Verhältnis« zwischen Journalisten und politischen Eliten, geprägt von wechselseitiger Distanz und unterschwelligen Annahmen der jeweiligen Inkompetenz, vgl. ebd.: 12. Es lässt sich – über das Feld der Journalismusforschung hinausgehend – ebenso aufzeigen, dass auch dort, wo es um internationale Kontexte und die Internationalisierung von Medien(-technologien) geht, im Endeffekt nationalstaatliches Handeln (auf Impulse aus der internationalen Umwelt hin) im Zentrum des Interesses steht, vgl.: Price 2002.

sche Akteure ausüben. Es bedeutet aber, die Frage nach eventuellen Wirkmechanismen offener zu stellen und sich von der etablierten Denkfolie der
Funktionalität von Massenmedien für nationalstaatlich organisierte politische Systeme lösen zu müssen. Czempiel hat in dieser Hinsicht im Rahmen
seiner – systemtheoretischen Überlegungen durchaus nicht abgeneigten –
Darstellung internationaler Politik darauf hingewiesen, dass zwischen nationalstaatlichen politischen Systemen und dem internationalen (politischen)
System gravierende Unterschiede bestehen.[22] Von zentraler Bedeutung sind
u.a. die Verschiedenartigkeit der Allokationsmechanismen (vgl. etwa die in
Nationalstaaten exponierte Stellung des politischen Systems gegenüber der
Gesellschaft) sowie die im internationalen System fehlende Rechtssprec-
hungsinstanz mit Sanktionsbefugnis. Auf die Frage nach massenmedialen
Effekten zugeschnitten bedeutete dies darüber hinausgehend etwa: Medienwirkungen können auf internationaler Ebene *schwerlich* als (funktionale
oder dysfunktionale) Effekte für den politischen Prozess, als Formen der
(effektiven, deformierten oder gescheiterten) Leistungserbringung für ein
analog nationalstaatlichen Kriterien strukturiertes politisches System gedeutet werden. Aufgrund des wesentlich niedrigeren Grades an funktioneller
Differenzierung ließe sich demgegenüber das internationale System vielmehr als ein System von Handlungszusammenhängen, als ein asymmetri-
sches, gebrochenes Gitter solcher Handlungszusammenhänge deuten.[23]

Aus diesem Grund wird in der vorliegenden Arbeit vorgeschlagen, einen
Ansatz zu etablieren, der massenmediale Präsenz und Effekte in einer solchen vergleichsweise offenen Systemstruktur erfassen kann. Damit ist nicht
gemeint, eine Alternative zu den bestehenden Konzepten zu erstellen, sondern den Betrachtungsrahmen aus der Notwendigkeit heraus zu erweitern,
sich von der gedanklichen Hintergrundfolie des (innen-)politischen Systems
zu lösen. Dies greift nicht zuletzt auch jüngere Überlegungen aus der Medi-
en- und Kommunikationswissenschaft sowie der Forschung zu politischer
Kommunikation auf. So hat Curran unlängst aus mediensoziologischer Sicht
gefordert, spezifische Medienwirkungen in globalisierten politischen Kon-

---

22 *Locus classicus* ist hier: Czempiel 1981: 13-22, insbesondere 17f. An der Unterscheidung hat sich auch trotz der eingangs beschriebenen Transnationalisierung
und Vergesellschaftung nichts grundlegend geändert, siehe dazu auch:
Badie/Smouts 2000.

23 Vgl. dazu auch: Waltz 1979: 79-101. Waltz beschreibt als politische Strukturen
des internationalen Systems das (anarchische) Ordnungsprinzip, die etwaige
funktionale Spezifizierung der staatlichen Einheiten (die er bestreitet) sowie die
Machtverteilung. Man muss Waltz nicht in seiner neorealistischen Ausdeutung
folgen, auch nicht dahingehend, ob mit den drei genannten Merkmalen die Systemstruktur auf internationaler Ebene hinreichend beschrieben ist. Dennoch hilft
die Konzeption von Waltz, um den beschriebenen qualitativen Unterschied zwischen einem nationalstaatlichen politischen und dem internationalen System zu
erfassen.

texten zu analysieren.[24] In diesem Zusammenhang, wie Curran bemerkt, kristallisiert sich heraus, dass es keineswegs unproblematisch ist, von bestimmten politischen Systemen auf andere oder gar grenzüberschreitende Prozesse zwischen diesen zu schließen. (Dies gilt, auch wenn nationalstaatliche Kontexte nach wie vor einen sinnvollen Ausgangspunkt für die Analyse politischer Implikationen des Handelns von Medien bilden.[25]) In ähnlicher Absicht weisen Vowe/Dohle darauf hin, dass eine in der jüngeren Literatur vorfindbare hauptsächliche Tendenz in der Reflexion über den Bedeutungsverlust nationaler Grenzen für politische Kommunikation bestehe.[26] Deutlich zeichne sich dabei ab: »Der Blick internationalisiert sich: man lässt ihn über die Grenzen schweifen und nach Kontrasten und Referenzen suchen«[27], und dies gelte für die politische Kommunikationsforschung ebenso wie für Akteure politischer Kommunikation.

1.2 MASSENMEDIEN UND INTERNATIONALE POLITIK ... ODER DOCH: AUSSENPOLITIK?

Es ist folglich ein wahrnehmbarer Bedarf daran vorhanden, das Wirken von Medien in internationalen Kontexten präziser zu analysieren. Interessanterweise lässt sich im gleichen Atemzug feststellen, dass auch dort, wo die Notwendigkeit einer »Kommunikationstheorie für die *Internationalen Beziehungen*«[28] artikuliert wird bzw. der Einfluss der Medien auf die *Welt*politik theoretisch unterfüttert werden soll, die im Anschluss vorgestellten Perspektiven und Forschungsansätze in der überwiegenden Mehrheit ebendies nicht leisten. Stattdessen nehmen sie zumeist auf *außen*politische Prozesse Bezug oder suchen das Zustandekommen bestimmter *außenpolitischer Entscheidungen* allein in binnenpolitischen Prozessen zu erklären.[29] Es stellt

---

24 Curran 2005: 166-183.

25 Ebd.: 183.

26 Vowe/Dohle 2007: 341.

27 Ebd.: 342. Für die Beschreibung des Feldes Politische Kommunikation vgl. u.a.: Vowe 2002; McNair 2003; Esser/Pfetsch 2004.

28 Gilboa 2005a.

29 Vgl. ebd.; Robinson 2001. Diese Feststellung lässt sich ohne Mühe auf die umfangreiche Literatur zum sog. CNN-Effekt ausweiten, vgl. etwa: Balabanova 2004. Balabanova untersucht das Konzept auf dessen Anwendbarkeit auf nichtwestliche politische Systeme, analysiert also im Endeffekt auch nationalstaatliche politische Systeme. Ebenso paradigmatisch (ohne den CNN-Effekt als solchen zu benennen): Regan 2000. Regan zieht Massenmedien als einen exponierten Erklärungsfaktor für die Varianz US-amerikanischer Reaktionen gegenüber Krisen im Ausland heran. Dass ebenso verfahren wird – v.a. die binnenpolitische Perspektive einzunehmen, auch wenn (mitunter) über Auslandsberichterstattung bzw. außenpolitische Entscheidungen geforscht wird – ist freilich weniger prob-

sich demgemäß die Frage, ob sich dahinter ein systematisches oder ein Wahrnehmungsproblem verbirgt, und weitergehend, ob (und wenn ja, wie) Medienwirkungen in zwischenstaatlichen wie transnationalen Räumen überhaupt erfasst werden können. Damit steht ein zweites Problem in Verbindung: Wenn bisher eher »über Bande gespielt« wird, also Medieneffekte vornehmlich aus Perspektive der Außenpolitikformulierung betrachtet werden, wie können dann sowohl die in internationale Räume hinein wirkenden Effekte (in ihren Konsequenzen) als auch die von dort her resultierenden Impulse ebenfalls mit erfasst werden?

In seinem 2005 veröffentlichten Literaturbericht zur Beschreibung und Analyse des sog.»CNN-Effektes« setzt es sich Gilboa zum Ziel, die Konturen einer Kommunikationstheorie *für die IB* zu umreißen. Ausgehend von der Heterogenität und Unbestimmtheit des im Zentrum stehenden Medieneffekts (»Scholars have yet to define properly the CNN effect, leading one to question if an elaborated theory exists or simply an attractive neologism«[30]) argumentiert Gilboa dahingehend, dass die mannigfaltigen Arbeiten über Zeit eher zu einer Skepsis hinsichtlich eines Mehrwerts des abgeleiteten Konzepts einladen. Da der Effekt in seiner Reinform – dass Massenmedien in Krisensituationen außenpolitische Entscheidungen zentral beeinflussen, v.a. humanitäre Interventionen somit eigentlich erst herbeiführen – widerlegt sei, gelte es vielmehr, entsprechende Randbedingungen von solcherart Medienwirkung zu spezifizieren. In methodologischer Hinsicht spiele dabei die generelle Problematik der Einflussmessung eine herausragende Rolle; überdies sei mit den verschiedenartigen, widersprüchlichen und verwirrenden Befunden fertig zu werden. Somit eigne sich der CNN-Effekt tendenziell eher nicht als eine übergreifende Perspektive. Interessant ist an dieser Herleitung des Problems, dass konkrete Defizite der bisher vorliegenden Arbeiten und der Begriffsverwendung benannt werden, um einen Perspektivenwechsel zu rechtfertigen. Gilboa verortet das Problem selbst also weniger (explizit) in der zugrunde liegenden Vorstellung des politischen Raumes, der als Bezugsrahmen dienen soll. Aufschlussreich ist daher, dass das von ihm erstellte Forschungsprogramm, dass den IB (und nicht allein der Außenpolitikanalyse!) zuarbeiten soll, indem es den Faktor »Kommunikation« systematischer zu erfassen sucht, zumindest gleichgewichtig nationalstaatliche wie grenzübergreifende politische Phänomene umfasst.[31] Die *vornehmlich nationalstaatlich zu erfassenden* Aspekte, die er benennt, sind: Auswirkungen geopolitischen Wandels und US-amerikanischer Außenpolitik auf kommunikative Zusammenhänge anderen Orts; direkte (Öffentliche Meinung umgehende) Einflusskanäle der Massenmedien auf den politischen Prozess; Auswirkungen von Massenmedien auf nicht-sicherheitspolitische

---

lematisch für Arbeiten, die von vornherein nichts anderes im Sinn führen, vgl.: etwa Alterman 2003a; Baum 2007.

30 Gilboa 2005a: 28.

31 Ebd.: 38f.

Themenfelder auswärtiger Politik; die (kommunikations-)technologisch bedingte Emanzipation gesellschaftlicher Akteure gegenüber Regierungen sowie das Einwirken technologischen Wandels auf journalistisches Handeln. Einzelne Gesellschaften und ihre politischen Systeme übergreifend sind demgegenüber als potenzielle Untersuchungsgegenstände ausgewiesen: konfliktpräventive Wirkungen medialer Berichterstattung, Effekte kulturspezifischer Wirklichkeitskonstruktion (*Western bias*) sowie die Entstehung globaler Medien und Publika. Damit weist Gilboa zweifelsohne auf wichtige Forschungsdesiderate hin, nicht ohne die in der vorliegenden Forschung anzutreffende Bevorzugung außenpolitischer Prozesse zumindest teilweise fortzuschreiben.

Ebenso aufschlussreich lesen sich die Arbeiten Robinsons in ihrer chronologischen Abfolge, sucht man eine Antwort auf die Frage nach der Erfassbarkeit von Medienwirkungen in einzelne Gesellschaften übergreifenden Kontexten.[32] So bekundete er noch 2001 in einem Zeitschriftenartikel den Anspruch, Medieneinflüsse auf weltpolitische Zusammenhänge theoretisieren zu wollen. Ebendies unterbleibt allerdings im nachfolgend publizierten Buch »The CNN Effect: The Myth of News, Foreign Policy, and Intervention« (2002) nahezu vollständig.[33] Robinson beschäftigt sich demgegenüber mit der Frage, ob die Interventionspolitik der USA in den 1990er Jahren als »mediengetrieben« bezeichnet werden kann. Im Kern stellt er folglich auf Interventionsentscheidungen, die im Inneren eines politischen Systems getroffen werden, und deren Erklärbarkeit ab. Verweise auf *welt*politische Zusammenhänge dünnen merklich aus.[34] Damit soll der Wert der Forschungen von Robinson keineswegs geschmälert werden; die Diskrepanz zwischen zunächst formuliertem Anspruch und nachfolgender empirischer Analyse ist allerdings erwähnenswert. Ebendiese Lücke zwischen festgestelltem Bedarf an und bekundetem Anspruch hinsichtlich einer den IB zuarbeitenden Perspektive auf Massenmedien und Kommunikation in internationalen Kontexten scheint charakteristisch für die Mehrzahl der Beiträge.[35]

---

32 Vgl. Robinson 2001, 2002.

33 Das Buch enthält interessanterweise eine überarbeitete Version des Zeitschriftenartikels, ohne (!) dessen Überschrift zu übernehmen, vgl.: Robinson 2002: 7-24.

34 Medien»macht« in weltpolitischen Kontexten wird kurz angedeutet; ebenso findet sich im Abschlusskapitel eine kurze Diskussion etwaiger Konsequenzen der Mediatisierung. Als solche lässt sich etwa beschreiben, dass ein Aktionismus in Form kurzfristiger Katastrophenhilfe zu Ungunsten mittelfristig angelegter Konfliktprävention befördert werde. Vgl. ebd.: 7, 130; zu Letzterem auch: Jakobsen 2000.

35 Eine Ausnahme stellt Ammon dar, der in seiner Arbeit zur Rolle globaler Fernseh-Nachrichtenberichterstattung u.a. darauf hinweist, dass sich eine neue Form der Diplomatie (Telediplomatie) herausgebildet habe. Ammon führt dazu aus: »Successive advances in communications technology have affected the very methods whereby diplomacy is conducted in three specific ways: first, by dis-

Was erscheint daran nun problematisch? Betrachtet man die beschriebenen Schlagseite(n) der aktuellen Forschung zu Massenmedien in außen- und vermeintlichen internationalen politischen Kontexten, dann schält sich heraus, dass im strengen Sinne zumeist das Wirken von Massenmedien in einem distinkten Politikfeld *aus innenpolitischer Perspektive* untersucht wird. Mit anderen Worten: Außenpolitik stellt dann einen durch thematische Eigenständigkeit ausgezeichneten Zusammenhang politischer Entscheidungsprozesse innerhalb von Gesellschaften und politischen Systemen dar. Entgegen dem bisweilen formulierten Anspruch überwiegt somit die Perspektive nationalstaatlicher Politikformulierung. Folglich lassen sich unschwer auch hier die im vorangegangenen Abschnitt identifizierten Argumente/Probleme aufzeigen: die normativ inspirierte Kritik an der »Vierten Gewalt«[36] (nun eben im Feld der Außenpolitikformulierung), die Fokussierung auf binnenstaatliche politische Prozesse (nun im Themenfeld auswärtiger Politik)[37] oder die Komplexität und Widersprüchlichkeit massenmedialen Einflusses in verschiedenen heimischen Kontexten.[38]

Schon die Frage aber nach etwaigen Auswirkungen und Konsequenzen mediatisierter Außenpolitik im inter- und transnationalen Kontext bleibt dabei vergleichsweise randständig; dies muss vor allem mit Blick auf den eigens formulierten Anspruch überraschen. So widmet sich zum Beispiel ein Gutteil der Literatur zum Zusammenhang von Krieg – und damit einem *per definitionem* in internationale Kontexte ausstrahlenden Phänomen – und Massenmedien letztendlich der Problematik *innergesellschaftlicher* Mobilisierbarkeit und Legitimierbarkeit für gewalthaltige Modi des Konfliktaustrags.[39] Auch dort, wo »globale Perspektiven« angekündigt werden, dominiert die – teils komparativ angelegte – Nationalstaatsperspektive.[40]

---

placing diplomacy's traditional methods; second, by increasing the diplomatic influence of non-traditional actors; and third, by accelerating diplomacy's pace [...] Under certain conditions communications can now exert an effect on diplomatic outcomes as well. This newfound potential [...] is telediplomacy's distinguishing characteristic«, siehe: Ammon 2001: 7. Vgl. dazu etwa auch den Hinweis von DerDerian zu der durch neue Informations- und Kommunikationstechnologien angestoßenen Herausbildung einer »global heteropolar matrix, in which different actors are able to produce profound global effects through interconnectivity« (2003a: 451).

36 Vgl. Seib 2000.

37 Vgl. McNamara 1996; Naveh 2002.

38 Vgl. etwa: Soroka 2003; Bloch-Elkon 2007.

39 Vgl. u.a.: Denton 1993; Carruthers 2000: 1-22; Eilders/Lüter 2000; Becker 2002a; Schleifer 2003; Mermin 2004; Boaz 2005; Western 2005; Hills 2006.

40 Vgl. die Beiträge in: Kamalipour et al. 2004. Die Beiträge u.a. von Schechter, Solomon, Kellner (USA), Chitty (Australien) und Badii (Iran) sind eindeutig auf nationalstaatliche Kontexte zugeschnitten; Ausnahmen, da eher transnational orientiert, bilden die Artikel von Thussu und Hashem.

Untersuchungen bzw. Forschungsdesigns, die inter- und vor allem transnationale Fragestellungen systematisch einbeziehen oder gar zentral stellen, bleiben die Ausnahme, wie etwa Thussus Studie zu Legitimationsstrategien der NATO hinsichtlich der militärischen Intervention im Kosovo.[41] Indem diese Arbeit im Kern die Übernahme von *frames*[42] des damaligen NATO-Pressesprechers Shea durch CNN International untersucht, thematisiert sie Strategien erfolgreichen Informationsmanagements gegenüber einem einzelne Gesellschaften übergreifenden Publikum und ist damit transnational angelegt.[43]

Zwar lassen sich in der theorieorientierten Diskussion der IB zahlreiche Verweise auf die Notwendigkeit, den fundamentalen Unterschied zwischen Außenpolitik und internationaler Politik zu reflektieren, ausfindig machen (Stichwort: Analyseebenenproblematik[44]). Gleichwohl geht es an dieser Stelle nicht darum, die Messlatte abstrakter Vorstellungen anzulegen, sondern um die Identifizierung eines Problems, das weniger systematischer als vielmehr forschungspragmatischer Natur ist. Obendrein umreißt die Gegenüberstellung »Außenpolitik vs. internationale Politik« nur einen Teil des zugrunde liegenden Problems. Außenpolitik – verstanden als primär innengeleiteter Prozess der Politikformulierung innerhalb eines politischen Systems und seiner Gesellschaft – zum Referenzpunkt für die Erforschung massenmedialer Präsenz und Wirkungen zu machen, zeitigt für die hier verfolgten Ziele zwei nachteilige Effekte. Es spart erstens im eigentlichen Sinne inter- wie transnationale politische Prozesse weitestgehend aus. Zweitens wird Außenpolitik vor allem ihrem Zustandekommen nach untersucht, etwaige Konsequenzen außenpolitischen Handelns im internationalen Kontext und dessen Einwirkung auf Außenpolitikprozesse werden ebenfalls großflächig ausgespart. Dies kann aus Sicht der IB nur als unbefriedigende Situation verstanden werden. Auch wenn über die Gründe für ebendiesen Zuschnitt der Forschung zu »Massenmedien und internationaler Politik« nur spekuliert

---

41 Vgl. Thussu 2000b.

42 Unter *frames* werden Interpretationsrahmen verstanden, die für einen Nachrichtenempfänger ein bestimmtes Spektrum an Lesarten des Gegenstandes ermöglichen, vgl. in Bezug auf innergesellschaftliche Prozesse des *framings* bestimmter Außenpolitiken: Abrahamian 2003; Jones 2006; Wojcieszak 2007.

43 Je nach Art der Schwerpunktsetzung lässt sich auch in den internationalen Kontext gerichtete *Public Diplomacy* – verstanden als das kommunikative Einwirken auf (Teil-)Öffentlichkeiten anderer Nationen – entweder außenpolitisch (Zustandekommen) oder Gesellschaften übergreifend (Konsequenzen) analysieren. Zu jüngeren Arbeiten v.a. die erstgenannte Perspektive betreffend: Vowe/Dohle 2007: 342. Vgl. auch den Ansatz in: Kutz 2006. Die zweite Perspektive wird u.a. aufgegriffen von: Brown 2003; Magder 2003; Webster 2003; Maluf 2005.

44 Siehe zur Begründung der Unterscheidbarkeit: Czempiel 1981: 13-21; Czempiel 2004. Klassisch, auf die Analyseebenenproblematik zugeschnitten: Singer 1961; Buzan 1995; Kubalkova 2001a.

werden kann, scheinen zwei Aspekte plausibel zu sein. Forschungspragmatisch eignet sich der außenpolitische Prozess auf den ersten Blick mehr, weil Politik hier greifbarer zu sein scheint als auf der (notwendigerweise abstrakten) Analyseebene des internationalen Systems. Obendrein kann hier an die zahlreichen Befunde und Konzepte der innenpolitisch orientierten Medien- und Kommunikationswissenschaft sowie der Politischen Systemlehre angeknüpft werden. Zweitens lässt sich behaupten, dass aus den Internationalen Beziehungen heraus bisher kein alternatives Modell bzw. keine alternative Perspektive etabliert werden konnte, mit deren Hilfe der Anspruch verfolgt werden konnte, Massenmedien in grenzüberschreitenden politischen Kontexten analysierbar zu machen.[45] Aus der oben dargestellten Problematik ergibt sich wiederum keineswegs, dass die bisherige Forschung nur wenig Interessantes zu bieten hätte; es ist demzufolge auch nicht empfehlenswert, mit der Perspektive des außenpolitischen Prozesses vollständig zu brechen. Allerdings lässt sich die Notwendigkeit beschreiben, diese Perspektive zu öffnen (für Konsequenzen mediatisierter Außenpolitik im internationalen Umfeld) bzw. anzureichern (um eine Gesellschaften übergreifende Perspektive).

1.3 INTERNATIONALE KOMMUNIKATION UND (INTERNATIONALE) POLITIK

Schließlich, so kann argumentiert werden, bietet es sich an, neben der Literatur zum Verhältnis von Massenmedien und Politik allgemein sowie deren Rolle in außenpolitischen Prozessen die umfangreichen Arbeiten im medienwissenschaftlichen Forschungsbereich »Internationale Kommunikation« zu konsultieren. Denn, um auf die eingangs zitierte Kritik von Wilke zurückzukommen, die Kritik an der Vernachlässigung zunehmender Internationalisierung von Medien ist vornehmlich *an die IB* zu richten, nicht an die Kommunikationsforschung.

So lässt sich etwa mit Semati[46] feststellen, dass es eine Fülle von Untersuchungen zu verschiedensten Teilaspekten grenzüberschreitender Kommunikationsprozesse gibt: Dies schlägt sich im Umkehrschluss allerdings darin nieder, dass eher von einem (breiten) Untersuchungsfeld gesprochen werden

---

45 Siehe dazu Kap. 3 der vorliegenden Arbeit. Gängige Theorien (Paradigmen, Weltbilder, Ansätze) der IB verhindern entweder systematisch die Inkorporierung von Massenmedien (systemische Ansätze) oder zeigen trotz prinzipieller Kompatibilität nur geringes Interesse an einer detaillierten Erfassung von Massenmedien (etwa: liberal-gesellschaftsorientierte Analyse). Ausnahme mit Blick auf letztgenannte Ansätze ist Hils, der selbst aber auch Medien eher indirekt zu erfassen sucht, entweder über Kommunikationschancen (2002) bzw. anhand der Frage von Manipulation/Authentizität (2006).

46 Semati 2004a.

kann als von einer Disziplin, die sich um zentrale Leitfragen und Erkenntnisinteressen herum gruppiert.[47] Wie Semati ausführt: »Indeed, the eclecticism of international communication studies both denies any unmuddled disciplinary identity and invites identity contestations and crises«.[48] Damit ist bereits angezeigt, dass die im Bereich Internationale Kommunikation vorfindbare Vielgestaltigkeit und Unübersichtlichkeit eine einfache Übernahme von etwa vorhandenen Kernkonzepten erschwert. Vielmehr besteht die Aufgabe darin, aus der Masse der heterogenen, teils widersprüchlichen Ansätze heraus zunächst erst einmal zentrale Themenfelder zu identifizieren. Semati selbst schlägt in dieser Hinsicht die Einteilung in die folgenden thematischen Cluster vor: Entwicklungs- und Modernisierungskommunikation, Journalismus im internationalen Kontext, Telekommunikation, Kultur und Internationale Kommunikation, Fragen des globalen Zugangs zu Medien sowie Geopolitik und Kommunikation.[49]

Neben der Vielfalt der innerhalb dieser Cluster verfolgten Fragestellungen fällt auf, dass sich für alle thematischen Gruppen unzweifelhaft auch politische Implikationen ausmachen lassen. Phänomene und Mechanismen, die politikwissenschaftlich von Interesse und Belang sein *könnten*, vermögen in allen identifizierten Themenfeldern eine Rolle zu spielen. Dies gilt etwa hinsichtlich der Frage, welche politischen Entscheidungsmechanismen über die Zugangschancen gesellschaftlicher Akteure zu Massenmedien weltweit bestimmen. Ebenso finden zweifellos geopolitische Erwägungen, vermittelt über Interessen an Machterhalt und Machtausbau von Staaten, in internationalen Regelwerken zu grenzüberschreitender Kommunikation ihren Niederschlag. Dennoch ist die Perspektivsetzung innerhalb der Cluster medien- bzw. kommunikationszentriert, insoweit als politische Prozesse als *ein* möglicher Einflussfaktor (unter vielen) gedacht werden. Dies lässt sich nicht

---

47 Für eine vergleichsweise frühe Forderung an die Forschung zu »Internationaler Kommunikation«, im Zuge von Globalisierung in der Tat grenzüberschreitende Kommunikation zu untersuchen: Monge 1998. Auch vor dieser *presidential address* an die ICA lässt sich allerdings Forschung zu ebendieser Art internationaler Kommunikation ausmachen, vgl. u.a.: Frederick 1992; Alleyne 1995; Taylor 1997. Unlängst ist die Notwendigkeit, Globalisierungsprozesse und in diesem Zusammenhang die Transnationalisierung von Massenmedien stärker in den Blickpunkt zu rücken sowie differenzierte Analysen dieser Prozesse voranzubringen, artikuliert worden, siehe dazu das Symposium »What is Global About Global Media?« (Sonderausgabe zur Gründung der Zeitschrift *Global Media & Communication* [1, 1, 2005]). Dies verweist auf die Notwendigkeit, grenzüberschreitende Aktivitäten von Massenmedien (auch) in ihren politischen Implikationen *erst einmal erfassbar* zu machen.

48 Semati 2004a: 1.

49 Ebd.: 3f.

zuletzt an der von Semati und anderen[50] beschriebenen Präferenz der meisten Forscher im Bereich Internationale Kommunikation für einen modernisierungstheoretischen Zugang festmachen. Servaes bemerkt dazu: »[...] a revitalized modernization perspective remains the dominant perspective in practice [...although it] becomes increasingly more difficult to defend in theory«.[51] Dies ist für die hier verfolgten Zwecke insofern bemerkenswert, als gerade das der Entwicklungsforschung entstammende modernisierungstheoretische Paradigma in den letzten drei Dekaden teils heftiger Kritik unterzogen wurde, nicht zuletzt auch weil es eine weitestgehend *apolitische* Sichtweise des externen Managements endogenen gesellschaftlichen Wandels beförderte.[52] Mit anderen Worten: Politik wird in der Mehrzahl der unter dieser Perspektive verfassten Arbeiten im kommunikationswissenschaftlichen Forschungsbereich Internationale Kommunikation nicht systematisch in ihren mannigfaltigen Querverbindungen zu kommunikativen Prozessen mitgedacht; und dies trotz der als problematisch identifizierten Aspekte des Modernisierungsparadigmas.

So schlagen denn auch Hepp et al. (in ähnlicher Absicht wie Semati mit der Strukturierung des Untersuchungsfeldes beschäftigt) in ihrem Überblicksbeitrag zur heterogenen Erforschung internationaler Kommunikation vor, diese in die folgenden vier Themenbereiche zu unterteilen: Internationale, Interkulturelle, Transkulturelle Kommunikation sowie Entwicklungskommunikation.[53] Auch hier wird unmittelbar deutlich, dass Politik zwar innerhalb der einzelnen Felder mitschwingt, das »Politische« aber keineswegs im Zentrum der Analysen steht, vielmehr »Kultur« und »Kommunikation« in deren allenfalls auch politischer Einbettung das zentrale Erkenntnisinteresse bilden. So lässt sich der eben geschilderten Einteilung gemäß aus politikwissenschaftlicher Sicht zusammenfassen, dass das Forschungsfeld Internationale Kommunikation Arbeiten umfasst zu:

- vergleichender Mediensystemforschung;
- Kommunikation zwischen Angehörigen verschiedener Kulturen;
- einzelne Kulturen übergreifenden Kommunikationsprozessen, vor allem mit Blick auf Assimilation und Hybridisierung, also Prozessen, in denen Politik allenfalls als Hintergrundvariable fungiert; sowie

---

50 Vgl. auch: Krotz 2005. Thussu (2000a: 53-81) betrachtet in seiner Aufzählung relevanter Ansätze auch politikwissenschaftliche Theorien.

51 Servaes 2007: 504.

52 Vgl. die Kritik am modernisierungstheoretischen Paradigma u.a. von: Groth 1970; Kratochwil 1972; Apter 1987: 12-52; Blaney/Inayatullah 2002. Gerade die frühere Kritik weist auf den »geschichtsmetaphysischen« (Kratochwil) Einschlag des Paradigmas, eben auch deswegen, weil konkrete politische Prozesse, Blockaden, Dynamiken usw. ausgeblendet (Apter) bleiben.

53 Hepp/Krotz/Winter 2005a: 9-12.

- der möglichen Beförderung von sozio-ökonomischen Entwicklungsprozessen mittels Massenmedien (vor allem aus modernisierungstheoretischer Perspektive und damit wie geschildert nur eingeschränkt »politisch«).

Es ist eine ebensolche medienzentrierte Sichtweise[54], mehr noch als die Heterogenität des Untersuchungsfeldes, die die einfache Übernahme von Ansätzen aus dem Bereich Internationale Kommunikation für das hier verfolgte Projekt erschwert. Der Fokus auf bestimmte Medien(-gattungen) bzw. »Kultur« als zentrales Erkenntnisinteresse lässt politikwissenschaftlich interessante Fragestellungen in den Hintergrund treten bzw. bezieht sie nicht systematisch mit ein. Dies mag wiederum auch forschungspragmatische Gründe besitzen[55], führt aber in der Endkonsequenz dazu, dass eher Entwicklungsrichtungen von Medien- und Kommunikationssystemen in grenzüberschreitenden Kontexten im Mittelpunkt stehen, politische Faktoren allenfalls als erklärende Variablen neben anderen Beachtung finden.

Dort, wo sich in einzelnen Arbeiten im Bereich Internationale Kommunikation das Politische als zentrales Erkenntnisinteresse ausmachen lässt, wo demzufolge Kategorien wie Macht, Entscheidungsfindung oder Legitimität systematisch reflektiert und in den Mittelpunkt gestellt werden[56], lassen sich demgegenüber grob drei thematische Stränge voneinander abgrenzen:

- institutionalistische Analysen von Verregelungs- und Verrechtlichungsprozessen im Sachbereich »Kommunikation«, v.a. Telekommunikation, Satellitenwesen, Medienpolitik in regional integrierten politischen Räumen, etwa der EU[57];

---

54 »Medienzentriertheit« bezieht sich hier nicht auf die von Robinson beschriebene Priorisierung von Medien gegenüber dem politischen Prozess, die in der Folge methodische Entscheidungen beeinflusst, vgl.: Robinson 2000a. Vielmehr geht es um die als zentral identifizierten Beobachtungsgegenstände bzw. die Gewichtung von Einflussfaktoren.

55 Zu forschungsbezogenen Schwierigkeiten, grenzüberschreitende Aktivitäten von Massenmedien zu erfassen und damit den medienbezogenen Aspekt, analytisch getrennt von politischen Kontexten, innerhalb derer sie stattfinden, empirisch greifbar zu machen, siehe: Sparks 2007a, b.

56 Kleinsteuber (2005a: 103) umschreibt mit Hilfe des Begriffes »Medienpolitik« diese politikzentrierte Sichtweise als vor allem interessiert an politisch motiviertem und intendiertem Handeln, das sich auf die Organisation, die Funktionsweise, die Ausgestaltung und materielle wie personelle Aspekte der Massenmedien bezieht.

57 Vgl. u.a.: Drake 2001; Braman 2004; Shrivastava/Hyde-Clark 2004; Wheeler 2005.

- Analysen von im Vorfeld etwaiger Verregelung stattfindenden Verhand-
  lungs- bzw. Aushandlungsprozessen (etwa der Debatte aus den 1970er
  Jahren um eine Neue Weltinformations- und Weltkommunikationsordnung [NWICO] oder des Gipfelprozesses 2003 bis 2005 zur Informati-
  onsgesellschaft [WSIS])[58]; hier lassen sich weiterführend auch Arbeiten
  zu Bedingungen und Möglichkeiten von global governance im internationalen Medien- und Kommunikationssektor verorten[59]; sowie
- Analysen zur internationalen politischen Ökonomie von Massenmedien,
  insbesondere mit Blick auf die Transnationalisierung von Medienunternehmen; im Zentrum stehen dabei Prozesse politisch beförderter Deregulierung und Privatisierung und deren Implikationen für nachfolgende
  politische Prozesse[60]; einschränkend ist dabei jedoch zu bemerken, dass
  bisweilen auf diese Implikationen geschlossen wird, ohne die Richtig-
  keit solcher Schlüsse je einzeln empirisch zu beleuchten.[61]

Diese drei identifizierten Stränge politikorientierter Analyse lassen sich dabei nicht nur durch unterschiedliche inhaltliche Schwerpunkte voneinander
abgrenzen, sie variieren auch je nach Grad explizit vorgebrachter Kritik an
den jeweils ausgemachten Charakteristika internationaler Kommunikation.
Auf einem Kontinuum von »moderat« bis »radikal-kritisch« ließen sich
demzufolge die erste Perspektive (Regime-Perspektive) als der gemäßigte
Zugang, die letztgenannte (politökonomische) größtenteils als Radikalkritik
verstehen, wobei der zweite thematische Strang (die *Governance*-
Perspektive) eine Mittelposition innehat. Interessanterweise sind alle drei
Zugänge um die Frage nach Verregelungschancen, nach der (Un-)
Möglichkeit demokratischer Partizipation bzw. einer Nivellierung kommunikativer Asymmetrien angelagert. Dies konstituiert ohne Zweifel einen
eminent politischen Fragenkomplex – dennoch lässt sich dieser nicht ohne
Weiteres auf die hier verfolgten Anliegen übertragen. So ist vor allem das
produktive Moment massenmedialer Präsenz und ihres Handelns aus Sicht
dieser Ansätze weitestgehend ausgespart. Debrix kritisiert dahingehend:
»[...] analyses of global communication have a tendency to ›consume‹ the
global visual event and leave untouched the productive media that unleash
the images«.[62] Demgegenüber soll in der vorliegenden Arbeit allerdings gerade die produktive (verstanden als wirklichkeitskonstitutive) Dimension

---

58 Für die NWICO-Debatte siehe: Gerbner et al. 1993. Für den WSIS-Prozess und
   historische Vorläufer: Hamelink 2004; Raboy 2004; Padovani/Nordenstreng
   2005.
59 Vgl. u.a.: Siochrú et al. 2002; Siochrú 2004.
60 Vgl. u.a.: McChesney/Schiller 2003; Thussu 2004; Becker/Luger 2005.
61 Stärker durchdrungen unter dem Blickwinkel transnationaler Hegemoniegewinnung: Artz 2003; Murphy 2003; vgl. dazu auch Kap. 9 der vorliegenden
   Arbeit.
62 Debrix 2004: 95f.

von Massenmedien untersucht und systematisch auf Dynamiken internationaler Beziehungen bezogen werden.

Zusammenfassend lässt sich also feststellen, dass die zahlreichen, heterogenen Ansätze im primär medien- und kommunikationswissenschaftlichen Forschungsfeld Internationale Kommunikation ohne Zweifel zum Verständnis grenzüberschreitender Kommunikationsprozesse beitragen. Im Kern verhindert aber ihre Heterogenität, und noch mehr: die darstellbare Medienzentriertheit, eine einfache Übernahme von Konzepten für die hier verfolgten Zwecke. Anstatt zu konzedieren, dass (auch) politische Akteure regulierend im Bereich internationaler Kommunikation wirken, wird im vorliegenden Projekt vielmehr der Anspruch verfochten, die Zentralität von Massenmedien in grenzüberschreitenden politischen Prozessen zu analysieren. Dort, wo internationale Kommunikation bisher tatsächlich politikorientiert analysiert wird, lässt sich andererseits beobachten, dass Massenmedien in *ihrer spezifischen Wirkung* untertheoretisiert bleiben. Die Frage nach politisch bedeutsamen Dynamiken und Mechanismen massenmedialer Präsenz und ihres Handelns bleibt auf diese Weise außen vor. In nachfolgender Übersicht (Tab. 1) sind die herausgearbeiteten Probleme noch einmal in Kurzform dargestellt; aus der jeweils identifizierten Problematik lässt sich dabei auch je eine Anforderung gewinnen, wie ein Modell beschaffen sein muss, um hier aufgestellten Ansprüchen zuzuarbeiten.

Tabelle 1: Notwendigkeit eines alternativen Ansatzes zur Erfassung von Massenmedien aus Sicht der IB (erster Teil)

Literaturen/ Diskussionsstränge	Problematik	Gefordert ist demzufolge ein Ansatz, der...
Massenmedien und Politik allgemein (auf Innenpolitik bezogen)	Idee einer »Funktionalität« von Massenmedien für politische Systeme (v.a. Demokratien)	... Medienwirkungen unabhängig von etwaigen Funktionalitäten beschreibt.
Massenmedien und außenpolitischer Prozess	Außenpolitik als ein Politikfeld; primär innenpolitische Perspektive (s.o.)	... Außenpolitik in ihrer Konsequenz für internationale Umwelt erfasst; zusätzlich: eine einzelne Gesellschaften übergreifende Perspektive schafft.
Internationale Kommunikation	Heterogenität der Ansätze bei deutlich sich abzeichnender Medien-Zentriertheit	... die politischen Implikationen medialen Wirkens und medialer Präsenz fokussiert.

2. Massenmedien in den internationalen Beziehungen: Divergierende Rollenzuschreibungen und Bilder

Über die im vorherigen Kapitel geschilderten Problematiken hinaus ergibt die Sichtung der Literatur zu massenmedialen Effekten in den internationalen Beziehungen einen weiteren Befund. Dieser besteht darin, dass Massenmedien in grenzüberschreitenden politischen Kontexten vor dem Hintergrund spezifischer, miteinander konkurrierender bzw. teils einander widersprechender Vorannahmen über Wesen und Art der je diagnostizierten Medienwirkung erfasst werden. Diese Art der Erfassung, eben aus dem Blickwinkel konkurrierender Perspektiven, bildet eine zusätzliche Hürde für die Einbeziehung von Massenmedien in den Gegenstandsbereich der IB. Mit anderen Worten: Eine systematische Erfassung von Massenmedien in inter- wie transnationalen politischen Kontexten ist bisher nicht zuletzt dadurch erschwert worden, dass ihre Wahrnehmung in einzelnen Arbeiten durch die Zuschreibung bestimmter Rollen (Instrument, Vermittler, Akteur) oder durch bestimmte Bilder (Medien als Technologien, Medien als [Infra-] Strukturen) gefiltert erfolgt ist.

Ebensolche theoretisch informierten Vorannahmen über Wesen und Wirkrichtungen erweisen sich dann als Problem, wie im Folgenden gezeigt werden soll, wenn sich nicht nur konkurrierende Annahmen (oder Hypothesen) aus ihnen ableiten lassen, sondern die jeweils postulierten Zusammenhänge einander widersprechen oder ausschließen. Ebenso verleitet die Gruppierung von Annahmen über die Wirkweise von Massenmedien dazu, im Sinne von Entscheidungsfragen zu argumentieren. Dass Massenmedien grenzüberschreitende politische Kontexte in starkem Maße (mit) beeinflussen, ist oftmals die einzige übereinstimmende Aussage, die sich aus allen fünf Rollenzuschreibungen bzw. »Bildern« ableiten lässt. Über Richtung, Tiefe und Ursprung und Form dieses Einflusses gehen die Meinungen weit auseinander. Dabei ist allerdings zu beachten, dass eine Entscheidung à la »Akteur *oder* Instrument« Gefahr läuft, jeweils nur bestimmte Teilaspekte massenmedialer Präsenz bzw. Wirkens zu erfassen und nachfolgend zu verallgemeinern. Die zunächst postulierte Trennschärfe solcher Rollenzuschreibungen verhindert in der Folge, dass Massenmedien in politischen Zusammenhängen in der *Vielschichtigkeit* ihres Wirkens angemessen erfasst werden. Lässt man demgegenüber gelten, dass Massenmedien möglicherweise verschiedene Rollen simultan einnehmen bzw. unterschiedlichen Vorstellungen gemäß wirken, dann resultiert Verwirrung, zumindest dergestalt, dass ein eigentlicher Mehrwert der Rollenzuschreibungen/Bilder nicht mehr darstellbar ist. Zusammenfassend kann also davon gesprochen werden, dass eine Vielzahl teils einander widersprechender theoretischer Erklärungsmuster zur Wirkweise von Massenmedien in den internationalen Beziehungen miteinander konkurrieren. Diese Konkurrenz von Vorverständnissen, die ihrerseits eine Erfassung des Untersuchungsgegenstandes Massenmedien anleiten, erschwert – wenigstens auf den zweiten Blick – den Zugang zum Untersuchungsgegenstand erheblich. Zwar kann angeführt werden, dass viele Überlegungen zur Rolle von Massenmedien vornehmlich in außenpolitischen Prozessen dazu geführt haben, dass eigenständige Konzepte entwickelt wurden (CNN-Effekt, *manufacturing consent*[1] usw.). Allerdings löst der Versuch, Medien in diesem Zusammenhang etwa als Akteure, Instrumente oder eben Vermittler durch Zuschreibung bestimmter Rollen kategorisieren zu wollen, die eingangs beschriebenen Widersprüche nicht auf, sondern verschärft sie im Gegenteil.

Damit, und dies bildet den Ausgangspunkt für die hier vorgetragenen Überlegungen, lässt sich die Diskussion um Massenmedien in internationalen Kontexten als eine Debatte zwischen Anhängern verschiedenartiger a priori eingenommener Standpunkte zur Medienwirkung lesen. Mitunter werden dabei ähnliche Phänomene oder gar identische Ereignisse unterschiedlich ausgedeutet, je nach zugrunde gelegtem Vorverständnis.[2] Die drei zentralen, in der Literatur vorfindbaren (wenn auch nur selten explizit gemachten[3]) Vorverständnisse sind ihrerseits aus akteurs- bzw. handlungstheoretischen Überlegungen gewonnen. Zum einen steht dabei die Frage im Raum, ob Massenmedien als *Akteure* oder eher als Strukturen zu betrachten sind. Als Akteure wären sie zu gerichtetem Handeln fähig, mit Interessen und Intentionen versehen, agierten vor dem Hintergrund konkret analysierbarer Interessengeflechte der in ihrem Kontext handelnden Individuen. Als Strukturen dienten sie primär Akteuren dazu, deren Interessen durchzusetzen, bzw. prägten das Handeln aller möglichen sozialen Akteure. Demgemäß lassen sich für letztgenannte Unterscheidung die beiden Rollen-

---

1 Siehe dazu die Ausführungen zu Herman/Chomsky 2002 in Kap. 2.1.

2 Siehe dazu im Folgenden u.a. die in Teilen unterschiedlich akzentuierten Darstellungen in Hils (2002) und Western (2005), die unterschiedliche Rollenverständnisse von Massenmedien offenbaren.

3 In den im Folgenden dargestellten Beispielarbeiten lässt sich nur selten eine eigens gewählte Rollenzuschreibung finden. Die jeweils vorgetragenen Argumentationen offenbaren aber erkennbare Überlappungen und Abgrenzungsversuche, die hier als divergierende Rollenzuschreibungen kenntlich gemacht werden.

zuschreibungen *Instrument* bzw. *Vermittler* herausarbeiten. Abgrenzen lassen sich diese beiden idealtypischen Verständnisse von einem »Akteurs-«Verständnis dadurch, dass eine Intentionalität im Sinne einer engen Verknüpfung von *eigenständiger* (medialer) Handlungsmotivation und Ergebnissen solchen Handelns nicht unterstellt werden kann. Auf den Punkt gebracht lassen sich die drei genannten Rollenzuschreibungen voneinander gemäß des von ihnen eingenommenen Standpunkts hinsichtlich Intentionalität und Akteursschaft unterscheiden. Sollten Massenmedien gedanklich eher als eigenständige Akteure neben andere Akteure in der internationalen Politik gestellt werden, bilden sie eher »neutrale« Vermittlungsinstanzen (und kommen Verzerrungen in Wirklichkeitskonstruktionen etwa durch nichtintendierte Filtereffekte zustande), oder sind Massenmedien in den internationalen Beziehungen primär Instrumente außenpolitischen Handelns von Staaten bzw. der Durchsetzung von Partikularinteressen politischer und gesellschaftlicher Eliten?

Die hier gewählte Unterscheidung einzelner *Rollen* ist dabei weit weniger komplex, als es etwa ein der Rollentheorie entlehnter ähnlicher Begriff wäre.[4] Er bezieht sich nicht auf komplexe Schichtungen verinnerlichter Erwartungen, Handlungsmuster und Verhaltensweisen, die sozialen Akteuren Handlungsspielräume eröffnen; ebenso soll an dieser Stelle nicht der Prozess des Erlernens, Verinnerlichens, Ausfüllens und Modifizierens bestimmter Rollen durch ihre Träger im Mittelpunkt stehen.[5] Im Folgenden wird unter einer »Rollenzuschreibung« demgemäß eine Abgrenzungsdimension verstanden, die auf einem spezifischen Charakteristikum beruht, das sich unmittelbar auf die Handlungsqualität der beschriebenen Entität bezieht. Als *Akteur*[6] lässt sich ein Massenmedium dann beschreiben, wenn es gezielt – auf Basis eigenständiger Interessen – handelt und sein Handeln im Verbund mit dem anderer sozialer Akteure Ergebnisse (zum Beispiel politische Entscheidungen) hervorbringt. Zwischen diesen Ergebnissen und dem intentionalen Handeln besteht eine enge Verknüpfung. Demgegenüber bezeichnet die Rollenzuschreibung *Vermittler* eine Entkopplung von massenmedialem Handeln und etwaigen Ergebnissen. Obendrein ist der Nutzen (Schaden) des produzierten Ergebnisses idealiter breit gestreut, kann in jedem Fall aber

---

4   Vgl. hierzu u.a.: Gaupp 1983.

5   Dies ist einer der Schwerpunkte rollentheoretischer Arbeiten in den IB, vgl.: Kirste/Maull 1996; Kirste 1998. Klassisch für die Anwendung der Rollentheorie im Bereich Außenpolitikanalyse ist der Sammelband von Walker (1987), in dem namhafte Autoren wie u.a. Rosenau und Holsti den Mehrwert rollentheoretischer Überlegungen und des »Rollen«-Vokabulars für die IB debattieren.

6   Das hier vorgeschlagene Akteurskonzept ruht demzufolge eher auf einem Allerweltsbegriff, ist in jedem Falle unterkomplex im Vergleich zu den Debatten, die um Akteursschaft internationaler Organisationen, v.a. der EU, im Fach IB geführt werden. Vgl. dazu: Bretherton/Vogler 1999; Filtenborg/Gänzle/Johansson 2002; Peterson/Smith 2003.

nicht einer Klasse von Akteuren allein zugerechnet werden wie etwa im Falle erfolgreicher Instrumentalisierung. Als Instrumente können Massenmedien demgegenüber dann klassifiziert werden, wenn sie keine eigenständige Akteursqualität besitzen und ausgemacht ist, dass andere politische und gesellschaftliche Akteure sich ihrer bedienen, um ihre eigene Durchsetzungs- und damit Handlungsfähigkeit zu erhöhen.[7]

Zu diesen in der Literatur zu Massenmedien in den internationalen Beziehungen vorfindbaren Rollenzuschreibungen[8] treten noch zwei weitere »Bilder« (oder: Perspektiven auf Massenmedien in internationalen Kontexten) hinzu. Es sind dies keine auf die Frage nach Handlungsqualitäten zugeschnittenen Vorannahmen, sondern idealtypisch formulierte Positionen, die Massenmedien ein bestimmtes Wesen unterstellen bzw. deren Wirkung an ein bestimmtes charakteristisches Wesensmerkmal zurückbinden: Medien entweder als *Medientechnologien* oder Medienflüsse als kommunikative *(Infra-)Strukturen*. Beide Bilder stehen für eine je spezifische Erfassung von Massenmedien in grenzüberschreitenden politischen Kontexten jenseits der Frage nach Akteursschaft, d.h. in beiden Fällen werden als gegeben angenommene strukturelle Aspekte medialer Präsenz und medialen Wirkens als primärer Zugang zur Thematik gewählt.

Das Anliegen, das sich mit der anschließenden knappen Darstellung aller fünf Zugänge verbindet, ist nicht, eine etwaige Unbrauchbarkeit idealtypischer Rollenzuschreibungen/Bilder aufzuzeigen. Vielmehr geht es darum, herauszuarbeiten, dass sich bei genauerer Analyse ein äußerst heterogenes Diskussionsfeld zu Massenmedien in internationalen Kontexten eröffnet. Dessen Komplexität und teilweise Widersprüchlichkeit lässt eine einfache Übernahme bestimmter Konzepte und/oder Theoreme immer auch zu einer (ungewollten) Entscheidung darüber werden, bestimmte Wirkmechanismen und Effekte von vornherein außer Acht zu lassen.

---

7 Die hier vorgeschlagene Unterscheidung lehnt sich an die Trias *Akteur-Arena-Instrument* an, die von einigen Autoren mit Blick auf das Wesen internationaler Organisationen eingeführt wurde, vgl. u.a.: Rittberger/Mogler/Zürn 1997: 7-24, 101-109.

8 Die ersten drei Positionen ähneln den von Wolfsfeld erstellten Kategorien zum Medieneinfluss in Konflikten, die sich auf einem Kontinuum entsprechend des Grades der Unabhängigkeit der Medien von staatlichen Autoritäten bestimmen lassen, vgl.: Wolfsfeld 1997: 69.

2.1 MEDIEN ALS INSTRUMENTE POLITISCHER AKTEURE

Als Instrumente im Kontext außenpolitischen Handelns[9] werden Medien in der Regel verstanden, wenn sie Werkzeuge organisierter politischer und wirtschaftlicher Interessen zur Interessendurchsetzung gegenüber der Öffentlichkeit darstellen. Im Zentrum des Interesses steht dabei, die Instrumentalisierbarkeit bzw. konkrete Instrumentalisierung von Massenmedien – ihre Steuerung und Nutzung durch andere Akteure – zu beschreiben und zu erklären. In der Betrachtung internationaler Politik taucht diese Sichtweise für gewöhnlich auf, wenn die Rolle von Medien zu Kriegszeiten beschrieben wird.[10] In dieser besonderen außenpolitischen Situation wird den Medien unterstellt bzw. es wird (allerdings wesentlich seltener!) versucht, den Nachweis zu erbringen, dass diese: ungeprüft offizielle Informationen übernehmen und weitertragen, eher den Konsens politischer Entscheidungsträger spiegeln, dazu neigen, eine affirmative Position einzunehmen, Feindbilder verbreiten und Patriotismus schüren oder aber insgesamt dazu neigen, durch ihre Berichterstattung eine Normalisierung des Krieges als »der menschlichen Natur entspringend« und damit natürliche, angemessene Form der Konfliktlösung befördern.[11] Indem sie dies tun, so die Logik der Argumentation, lassen sie sich als Waffe zur gezielten Information (bzw. Desinformation) gebrauchen und tragen zur Mobilisierung der Öffentlichkeit für einen militärischen Einsatz sowie zu dessen Legitimierung bei.

Wie Becker in diesem Zusammenhang betont, muss die Frage danach, ob sich Medien willentlich oder unbewusst derart von politischen Eliten/Regierungen kooptieren lassen, gerade in westlichen Demokratien auch

---

9 Diese Abgrenzung gegenüber innenpolitischen Instrumentalisierungsversuchen erscheint sinnvoll, da eine Fülle von Untersuchungen und Einschätzungen zur Kontrolle, Beschränkung und Instrumentalisierung von Massenmedien *innerhalb* von Gesellschaften vorliegt, vgl. etwa für Venezuela: Hahn 2005; Israel: Beckerman 2005; Russland: Gladkov 2002; Carnegie Endowment 2003.

10 Vgl. u.a. Denton 1993; Neuman 1996a: 203-226; Taylor 1997: 99-144; Carruthers 2000; Albrecht/Becker 2002; Becker 2002a, b; Bussemer 2003; Thussu/Freedman 2003. Unlängst, aus der Perspektive von Journalisten, Politikern und Diplomaten: ÖSFK 2007. Dabei steht u.a. auch die Frage im Mittelpunkt, inwieweit zwischen der Rolle von Medien zu Kriegszeiten und der Rolle von Medien in Friedenszeiten substanzielle oder eher graduelle Unterschiede (im Hinblick auf eine etwaige Instrumentalisierung) bestehen. Vgl. dazu auch die Feststellung von Carruthers im Hinblick auf die Einschränkung von Medien durch staatliche Zensur: »It is [...] a mistake to regard censorship or state intrusion into media activity as the critical difference between media reporting in wartime and in peace, though of course the controls in war may be much more apparent to journalists« (2000: 15).

11 Vgl. insbesondere: Carruthers 2000; Becker 2002a, b.

vor dem Hintergrund von Marktlogiken beantwortet werden.[12] Die von Becker beschriebenen Zwänge, die eine Instrumentalisierung der Massenmedien ermöglichen, beziehen sich im Besonderen auf die Umstände der Informationsgewinnung, also etwa deren Kosten, gezielte Informationsverknappung/Zensur und PR-Strategien des Militärs, die eine quasi-symbiotische Beziehung zwischen politischen, militärischen und Medienakteuren befördern. Als einschlägiges Beispiel für solcherart »Koppelgeschäfte« benennt Becker die Abstimmung der Landung von US-Truppen bei den Militärinterventionen in Somalia und auf Haiti zwischen Pentagon und CNN. Durch die Terminierung der Landung zur *prime time* konnte jeweils sichergestellt werden, dass vergleichsweise viele Zuschauer (Interesse des Pentagon und von CNN) die Landung aus kontrollierter Perspektive (Interesse des Pentagon) verfolgten.[13]

Die Brisanz dieser Befunde speist sich dabei vor allem daraus, dass hier nicht von Massenmedien in autoritären politischen Systemen die Rede ist: Diesen wird im Allgemeinen zugeschrieben, dass sie Konsens in der Öffentlichkeit über eine systematische Verbreitung von Ideen und Meinungen zum Zweck der Beeinflussung des öffentlichen politischen Bewusstseins, mithin Propaganda, betreiben. Gerade aber für Massenmedien in freiheitlich-demokratischen Systemen sind solcherart Bestandsaufnahmen zumindest aus demokratietheoretischer Sicht bedenklich. Den Versuch, ein umfassendes Modell zur Konsensschaffung innerhalb einer westlichen Demokratie – hier den USA – zu entwerfen, haben Herman/Chomsky unternommen.[14] Ihr Augenmerk gilt dabei vornehmlich Propaganda*effekten* der Medienberichterstattung in Kriegs- und Krisenzeiten, vor allem mit Blick auf die Berichterstattung über andere Nationen (Vietnam, Laos, Kambodscha, El Salvador, Nicaragua), die Ziel einer Militärintervention der USA wurden oder in denen die Vereinigten Staaten durch Unterstützung einer Bürgerkriegspartei indirekt intervenierten. Aus ihrer Analyse der Strukturen des Medienmarktes und der Arbeitsorganisation von Massenmedien gelangen Herman/Chomsky zur Feststellung sog. »Filter«, d.h. Mechanismen, die in ihrem Zusammen-

---

12 Becker 2002a: 16.

13 Becker 2007: 51.

14 Herman/Chomsky 2002. Siehe in diesem Zusammenhang auch die interessante Einschätzung von Herring/Robinson (2003), *warum* Chomskys Werk trotz wissenschaftlicher Arbeitsweise in sozialwissenschaftlichen Kreisen auf Ablehnung stößt. Demzufolge sind die von Chomsky gegen alle akademischen Moden gewählte analytische Perspektive »Klasse«, die zentrale Bedeutung, die er Unternehmensmacht zuschreibt, seine prinzipienfeste Kritik US-amerikanischer Außenpolitik und die Kritik an (Sozial-)Wissenschaft, die sich zum Erfüllungsgehilfen politischer und wirtschaftlicher Eliten mache, daran schuld. Laffey (2003) weist demgegenüber darauf hin, dass Chomsky nach »IB-Maßstäben« als eine Art »linker Realist« eingestuft werden könne, dem es vor allen Dingen um die Etablierung eines alternativen empirischen Zugangs gehe.

spiel eine systematische Verzerrung von Medieninhalten bewirken. Als solche Filter wirken u.a. die Profitorientierung der Medienunternehmen, Konzentrationstendenzen im Markt, das Umfeld der Informationsgewinnung (v.a. *think tanks*), verschiedene Grade der Möglichkeit zu massiver Medienkritik sowie die innergesellschaftlich dominierenden Vorstellungen (Ideologie). Diese Mechanismen bewirken in ihrem Zusammenspiel, so Herman/Chomsky, einen spezifischen Zuschnitt der Berichterstattung, der in der Öffentlichkeit Konsens schafft und damit Medien zu einem Instrument politischer und wirtschaftlicher Eliten werden lässt. Die Berichterstattung sei dabei gekennzeichnet durch »[…a] highly political dichotomization in news coverage based on serviceability to important domestic power interests«.[15]

Das Propagandamodell unterstellt dabei keineswegs, dass es zu einem automatischen Propaganda*erfolg* kommen muss.[16] So ist es beispielsweise, wie die Autoren bemerken, niemals gelungen, in ausreichendem Maße öffentliche Unterstützung in der US-Gesellschaft für eine militärische Intervention in Nicaragua zu mobilisieren.[17] Dennoch ließe sich feststellen, dass der gesellschaftliche Zweck von Massenmedien darin bestehe, »[…] to inculcate and defend the economic, social, and political agenda of privileged groups that dominate the domestic society and the state«.[18] Dabei funktioniere das »Propagandasystem« der US-amerikanischen Massenmedien freilich nicht wie das eines totalitären Staates. Der Meinungspluralismus in den Mainstream-Medien bleibe aber immer an einen Akzeptanzrahmen gebunden, der wiederum von politischen und gesellschaftlichen Eliten definiert werde.[19] Auch wenn damit der Instrumentalisierungsaspekt in den Mittelpunkt rückt, spricht die spezifische Modellierung der Transformationsleistung, die Herman und Chomsky vorlegen (die Vermittlung von Interessen über die genannten Filtermechanismen), dagegen, hinter einer solchen Überlegung eine krude Verschwörungstheorie[20] zu vermuten. Dies gilt vor allem mit Blick darauf, dass die zugrunde liegenden Prozesse, wenn auch intendierten Steuerungsabsichten keineswegs entzogen, so doch im Prinzip

---

15 Herman/Chomsky 2002: 35.
16 Ebd.: xii. Siehe dazu und zu der Klarstellung, dass das Modell Produktionsbedingungen von Medien fokussiert, sich aus ihm aber nicht automatisch Aussagen zur Rezeptionswirkung ableiten lassen: Klaehn 2003.
17 Herman/Chomsky 2002: 306.
18 Ebd.: 298.
19 Ebd.: 302. Aus ebendieser Feststellung lässt sich ermessen, dass »[…] mass media are *instruments* of power that mobilize support for the special interests that dominate the state and private activity« (Klaehn 2003: 148; eigene Herv.).
20 Vgl. in Abgrenzung dazu etwa: Peet 2002. Peet nimmt Bezug auf von ihm sog. »academic-institutional-media complexes«, ohne differenziert darzulegen, was er darunter versteht bzw. wie diese wirken sollen.

un(ter)bewusst ablaufen.[21] Somit öffnet sich der Blick über Indienstnahme im engeren Sinn, also geplanter und gezielter Manipulation, hinausgehend hin zu Aspekten potenzieller Instrumentalisierbarkeit durch geschickte Justierung der einzelnen Filter.

Als instruktiv erweist sich in diesem Zusammenhang der Blick in andere Arbeiten zum Zusammenhang von Massenmedien und Krieg, bei denen sich in der Mehrzahl ähnliche Überlegungen finden lassen, auch abseits dezidiert politökonomischer Perspektivsetzung. So modelliert Western – ein ehemaliger *Intelligence Analyst* des US-Außenministeriums[22] – in seiner Studie »Selling Intervention and War«[23] militärische Interventionsentscheidungen der Vereinigten Staaten als innenpolitisch zwischen verschiedenen Elitegruppen umstritten. Der zentrale Bestimmungsfaktor, der über den jeweiligen Ausgang solcher Debatten entscheide, sei dabei die Rolle der Medien, genauer: deren erfolgreiche Nutzbarmachung als Kultivatoren und Mobilisatoren von (öffentlicher wie politischer) Unterstützung für spezifische Strategien.[24] Da die Massenmedien, wie Western herausarbeitet, vor allem im Vorfeld militärischer Interventionen allgemein oftmals weder Ressourcen noch Expertise und Zugang zu den Konfliktfeldern besäßen, fokussiere sich deren Aufmerksamkeit notwendigerweise auf die politische Entscheidungsfindung und den produzierten außenpolitischen Konsens in Washington. Wenn Massenmedien auch im Folgenden nicht über eine signifikante Präsenz in den Konfliktgebieten sowie regionale und sprachbezogene Erfahrungen dort verfügen, behalten sie ihre Orientierung auf die offiziellen politischen Akteure und deren Verlautbarungen hin bei.[25] Western analysiert auf dieser Basis ein halbes Dutzend US-amerikanischer Militärinterventionen und kommt mit Blick auf die Nachrichtenmedien zu dem Schluss, dass

»[...] in less accessible parts of the globe or in countries where media presence and activity were highly restricted, there was limited reporting from the ground, at least

---

21 Vgl. Klaehn 2003: 150, 152. Kritisch dazu: Corner 2003. Corner betont: »The very use of ›manufacturing‹ in the title of their book strongly projects this view of a fundamental production matrix« (ebd.: 370). In jüngerer Zeit argumentiert Chomsky zugegebenermaßen weniger nuanciert, vgl.: Chomsky 2002.

22 Western 2005: ix.

23 Die Metapher des »Verkaufens« findet sich in einer Reihe von Arbeiten zum Thema, vgl. u.a.: Schechter 2004a. Schechter bezieht sich dabei vor allem auf Strategien des Medienmanagements: Informationsüberflutung der Medien, um deren Kapazitäten zu binden; das Offerieren ideologischer Angebote, v.a. Patriotismus; die Fabrikation von Berichtenswertem (Pressekonferenzen) wie deren Zensur.

24 Western 2005: 4f., 16.

25 Ebd.: 19.

initially [...] much of this initial reporting tended to be biased in favor of the analytical portrayal being projected by the administration«.[26]

Wie bereits angedeutet bilden Strategien des gezielten Medienmanagements durch politische wie militärische Entscheidungsträger die andere Seite dieser Gleichung. In den letzten beiden Dekaden ist in dieser Hinsicht vor allem der Übergang vom sog. *Pooling* zum *Embedding* von Journalisten Aufmerksamkeit geschenkt worden. So wurden Journalisten zu Beginn der 1990er Jahre noch in *pools* zur Berichterstattung aus Kriegs- und Konfliktgebieten zugelassen.[27] Durch die Selektion ausgewählter Berichterstatter, ebenso durch die Zusammensetzung der Gruppen, die Beschränkung deren Umfangs und deren Bewegungsfreiheit vor Ort konnte deren Handeln in gewisser Hinsicht strategisch gelenkt werden. Spätestens seit der Invasion im Irak 2003 bedienten sich vor allem US-Militärstrategen allerdings der Praxis des »Einbettens« von Journalisten. Damit ist die Absicherung, aber auch die Kontrolle journalistischen Tuns durch Beiordnung der Journalisten zu militärischen Kampfeinheiten gemeint, die auf eine Lenkung der Inhalte der Berichterstattung durch das Militär und eine weitestgehende Beschränkung der einnehmbaren Berichtsperspektive mittels Selbstzensur der Reporter abzielte.[28] Der zentrale Unterschied bestand dabei darin, dass noch im zweiten Golfkrieg die Journalisten in den *pools* kaum Zugang zu den Kampfplätzen hatten und neben videoclipartigen Kurzfilmen über Präzisionstreffer aus Sicht der Piloten[29] nur über wenig anderes Material für ihre Berichterstattung verfügten. Im Gegensatz dazu führte die Einbettung der Journalisten zu einer als authentischer wahrgenommenen Berichterstattung, wenn sie auch maßgeblich durch »Fraternisierung« der Journalisten mit den kämpfenden Einheiten geprägt war[30]; eine durchaus effektive Methode, alternative Blickwinkel der Berichterstattung auszuschließen, wie sich herausgestellt hat.[31]

---

26 Ebd.: 228.

27 Zum *Pooling* u.a.: Gottschalk 1992; Denton 1993; Taylor 1997: 124ff.

28 Zum *Embedding* siehe: Dietrich 2007.

29 Zu dieser »Fiktionalisierung des Krieges« siehe u.a.: Stam 1992.

30 Vgl. etwa den kritischen Kommentar des Journalisten Maass (2003): »But today, with American journalists going through widely publicized survival courses run by the U.S. Army, with so many of us embedded with GIs, and – the coup de grâce to our withering claim of neutrality – with the prospect of selected outlets being given privileged and controlled access so they can participate in a deadly game of psychological warfare aimed at toppling an enemy regime, the case for journalistic independence is becoming awfully difficult to sustain.«

31 Miller (2004: 11) zitiert in diesem Zusammenhang eine Studie des britischen Verteidigungsministeriums, der zufolge 90 Prozent der Berichterstattung eingebetteter Journalisten als »positiv« oder »neutral« klassifiziert werden konnte. Nye bezeichnet das *Embedding* als eine Strategie, die das Pentagon im zweiten

Strategien zur Erlangung der »Informationsdominanz« sind aus geschilderten Gründen immer im Besonderen Strategien des Medienmanagements. Dieser Fakt findet nicht nur kritisch aus demokratietheoretischer Sicht Beachtung, sondern wird auch von namhaften Akteuren der militärisch-politischen Öffentlichkeitsarbeit mitunter offen thematisiert.[32] Sie sind sinnvollerweise darüber hinaus abzugrenzen von offenkundigen Manipulationsversuchen, die nicht primär über die Massenmedien – insbesondere gegenüber der Öffentlichkeit[33] – lanciert werden.[34] Nichtsdestoweniger bilden diese Strategien, zumal sie zunehmend öffentlich diskutiert werden, einen wichtigen Aufhänger für die Beurteilung der Rolle von Massenmedien in außenpolitischen Prozessen.

Öffnet man das Betrachtungsfeld über Kriege und Krisenzeiten hinaus, so lassen sich obendrein weitere Aspekte zusammentragen, die die Rollenzuschreibung eines »Instruments« für Massenmedien untermauern. So ist oben beschriebene Orientierung eines Großteils der Medien an einem Akzeptanzrahmen der Berichterstattung in der US-amerikanischen Kommunikationswissenschaft eingangs der 1990er mit Hilfe der *Indexing*-Hypothese beschrieben worden.[35] In der klassischen Formulierung von Bennett besagt diese, dass »[m]ass media professionals…tend to index the ›range‹ of voices and viewpoint in both news and editorials according to the range of views expressed in mainstream government debate about a given topic«.[36] Die Konturen eines ebensolchen Akzeptanzrahmens sind dabei auch an den strategischen Gesamtkontext gebunden. So mag etwa nach Ende des Ost-West-Konflikts (bis zum Beginn des globalen *war on terror*) ein größerer Spielraum für alternative Deutungen in den US-Medien bestanden haben.[37] In je-

---

Golfkrieg mit Blick auf die Informationshoheit »gut hinbekommen« habe (2003: 67).

32 Vgl. Shea 2000; weitere Beispiele finden sich in: Bussemer 2003; Szukala 2005; Cioppa 2009.

33 Vgl. zu unterschiedlichen Einschätzungen der gleichen Kampagne (Überzeugungskraft der NATO-Öffentlichkeitsarbeit zu Zeiten des Militäreinsatzes im Kosovo): Riegert 2002 gegenüber: Thussu 2000b.

34 Damit ist etwa die von der PR-Agentur Hill & Knowlton inszenierte Zeugenaussage des Mädchens »Nayirah« vor dem Menschenrechtsausschuss des US-Kongresses gemeint. Nayirah fungierte hierbei als Kronzeugin dafür, dass auf Befehl Saddam Husseins nach dem Einmarsch des Irak in Kuwait in dortigen Krankenhäusern angeblich Babies aus Inkubatoren gerissen worden waren. Nayirah – wie sich später herausstellte – war allerdings die Tochter des kuwaitischen Botschafters in den USA und nicht vor Ort. Ihre Aussage spielte allerdings eine wichtige Rolle in der Überzeugung der US-amerikanischen Legislative, vgl.: Ammon 2001: 141f.

35 Bennett 1990.

36 Ebd.: 106.

37 Livingston/Eachus 1996.

dem Falle ist der Akzeptanzrahmen eng an Strategien politischer Entscheidungsträger geknüpft, diesen Rahmen inhaltlich, also mit Blick auf akzeptable Handlungsalternativen, zu definieren.[38] Offenkundig fungieren Massenmedien aus dieser Sicht als Objekte einer Strategie, um andere (politische) Ziele zu erreichen.[39] Ihren Niederschlag findet diese Sichtweise nicht zuletzt in der wachsenden Literatur zur Ausübung sog. *soft power*, also »weicher Macht«.[40] *Soft power* – verstanden in Abgrenzung etwa zu militärischer Macht als die Fähigkeit, gewünschte Ergebnisse durch Überzeugungsleistungen und die Anziehungskraft der eigenen Ideen zu erreichen – ist dabei per definitionem auf den Einsatz von Kommunikationstechnologien und erfolgreiche Strategien der Öffentlichkeitsarbeit via Medien angewiesen.[41]

Solcherart konzipiert arbeitet dieses Machtkonzept unzweifelhaft einer instrumentellen Vorstellung von Massenmedien zu, sei es im Hinblick auf deren mögliche Instrumentalisierung im internationalen Kontext (Reputationsgewinn) oder im Zusammenhang mit der Legitimitätsstiftung für außenpolitische Handlungen. Zwar sind ableitbare Strategien keineswegs im Sinne einer propagandistischen Einbahnstraße in den internationalen Raum hinein denkbar. Der Schöpfer des Begriffes Nye stellt selbst dazu fest: »[e]ffective public diplomacy is a two-way street«.[42] Aber ebenjenes Konzept erfolgreicher *public diplomacy*[43] für außenpolitisches Handeln – erfolgreich genau dann, wenn *public diplomacy* gerade *nicht* als unglaubwürdig oder als Propaganda wahrgenommen wird – fußt im Prinzip auf einer Idee

---

38 Siehe dazu: Billeaudeaux et al. 2003: 6.

39 Für den Zusammenhang von *Indexing*-Hypothese und Instrumentalisierungsperspektive siehe auch: Cottrell/Fowler 2007: 5. Mermin (2004) beschreibt die Problematik als *independence problem* der Massenmedien. Howell/Pevehouse (2004) unterscheiden eine strikte und eine weniger strikte Auslegung des Zusammenhangs. Demzufolge definieren Regierungsangehörige die Berichterstattung über Außenpolitik (*strong*) oder aber monopolisieren sie nicht vollständig (*weak*). Siehe auch: Howell/Pevehouse 2007. Dort treten Medien allerdings in den Hintergrund, werden aber nichtsdestoweniger von den beteiligten Akteuren im politischen Kampf strategisch genutzt.

40 Vgl. Keohane/Nye 1998; Nye 2004.

41 Für Definitionen mit verschiedenen Schwerpunkten vgl.: Keohane/Nye 1998; Nye 2004: 5f.; zum zweiten Aspekt vgl. ebd.: 99-125.

42 Ebd.: 111.

43 Siehe auch die Definition von Zaharna (2004: 223), die *public diplomacy* als offen zugängliche, öffentliche Kommunikation von politischen Akteuren und/oder Regierungen in einer globalen Kommunikationsarena beschreibt; dabei ist das Publikum frei darin, die Botschaft anzunehmen oder nicht, Überzeugung ist weder durch Kontrolle noch Zwang herzustellen; Überzeugungskraft gewinnen politische Akteure durch den Aufbau von Vertrauen. Vgl. auch die Diskussion in: Cowan 2004.

von Öffentlichkeitsarbeit, die mehr oder weniger auf Einbindung von Medien und strategisches Platzieren von Informationen gerichtet ist.[44] Massenmedien bilden demzufolge ein zentrales Instrument im Portfolio erfolgreicher *public diplomacy*. Im Umkehrschluss gilt, dass wenig inspirierte Medienstrategien Misserfolge politischer Öffentlichkeitsarbeit generieren. Dies betrifft sowohl den binnenpolitischen Kontext hinsichtlich des (gescheiterten) Marketings für Außenpolitiken als auch Imagepolitik im internationalen Zusammenhang, etwa hinsichtlich der Reputation als weltpolitischer Akteur.[45] So hat Metzinger aufgezeigt, dass US-amerikanische Hegemonie im internationalen Kontext für viele Staaten und Gesellschaften nicht zuletzt deswegen für einige Dekaden nach Ende des Zweiten Weltkrieges eine durchaus akzeptable Option war, weil die Vereinigten Staaten über den Einsatz auswärtiger Kulturpolitik und aufgeklärte Medienstrategien Legitimation für ihre weltpolitische Rolle stifteten.[46]

Es lässt sich also festhalten, dass – auch jenseits aller postmarxistischen und politökonomisch inspirierten Analysen – das Bild der Massenmedien als Instrumente außenpolitischer Entscheidungsträger ein weit verbreitetes ist. Konkrete Instrumentalisierung wie modellierbare Instrumentalisierbarkeit der Massenmedien, ebenso auch Handlungsempfehlungen zum strategischen Umgang mit diesen haben eine umfangreiche Literatur hervorgebracht. Massenmedien die Rolle eines Instruments zuzuschreiben, ist demgemäß überaus populär, auch und gerade in medien- wie politikwissenschaftlichen Kreisen.

2.2 MEDIEN ALS VERMITTLER DER REALITÄT DER INTERNATIONALEN BEZIEHUNGEN

Eine zweite idealtypische Rolle, die Massenmedien im Kontext internationaler Politik zugeschrieben wird, ist die eines Vermittlers sowohl im außenpolitischen Prozess als auch mit Blick auf die Konturen einer »Realität« der

---

44 Vgl. Nye 2004: 107ff. Nye empfiehlt zudem als basale Medienstrategie »[...] broadcasting supplemented by narrow-casting via the internet«, wobei Letzteres auf bestimmte Adressaten zugeschnittene Online-Kommunikationsangebote meint (ebd.: 111).

45 Vgl. in diesem Zusammenhang: Snow 2004; Ungar 2005; Hayden 2006. Insbesondere Haydens Kritik (2006: 26) an US-amerikanischer *public diplomacy* eingangs des 21. Jahrhunderts betont beide Aspekte: »[...] ›branding‹ was an inadequate model for conceiving the audience of public diplomacy. If ›hearts and minds‹ are to be won, then identifications with American values are not so easily cultivated by simplistic slogans«.

46 Metzinger 2005.

internationalen Beziehungen.[47] Zentrales Charakteristikum dieser Rollenzuschreibung ist die Vorstellung einer gewissermaßen neutrale(re)n Transformation von Handlungs- in sog. »Medienwirklichkeit«.[48] Diese Umsetzungsprozesse sind dabei dahingehend neutral, dass bestimmte Verzerrungen und Filter medialer Berichterstattung zwar Konsequenzen für den Zuschnitt berichteter Wirklichkeit besitzen, die *Streuung von Nutzen* (bzw. Schaden) bestimmter Realitätskonstruktionen aber weniger prädeterminiert ist als etwa unter der Instrumentalisierungsperspektive. Insgesamt wird Massenmedien im Rahmen der Rollenvorstellung »Vermittler« ein höherer Grad an Autonomie gegenüber als konkurrierend wahrgenommenen politischen Interessengruppen zugesprochen.

Mit der Vorstellung einer Vermittlungsinstanz geht folglich keineswegs einher, dass Massenmedien etwa ungefiltert Informationen vermitteln, nur sind die Filtermechanismen (von möglichen Konsequenzen her gedacht) wie beschrieben neutraler gestaltet als etwa im Propaganda-Modell von Herman/Chomsky. Dies gilt insofern, als nicht von vornherein sichergestellt scheint, *wem* Realitätsverzerrungen zugute kommen bzw. in wessen Interesse sie geschehen. Andererseits sind die Filtermechanismen, die bei der Realitätsvermittlung durch Massenmedien angenommen werden, nicht in dem Maße auf aktives und intentionales Handeln der Akteure im Medienbereich zurückzuführen, als dass diese etwa aktiv auf konkrete Folgewirkungen (ein bestimmtes politisches Handeln bzw. Ergebnisse) abzielen. Mithin kann Massenmedien und in diesem Kontext auch Journalisten kein Akteursstatus zugesprochen werden. Zwar darf auch im Rahmen einer Konzeption der Medien als Vermittler angenommen werden, dass organisierte Interessen *versuchen*, über Medien ihre Ziele zu erreichen, aber neben dem Versuch der Konsensschaffung in Gesellschaften durch politische und wirtschaftliche Eliten wird unter der vorliegenden Perspektive eben auch das Ansinnen von (Teil-)Öffentlichkeiten erfasst, über mediale Aufmerksamkeit politische Eliten zu beeinflussen.

Im Kontext außenpolitischen Handelns stellen Massenmedien aus dieser Sicht eher eine Arena politischer Diskussion dar. Wie Hils am Beispiel der Nachrichtenberichterstattung von US-Fernsehsendern im Vorfeld des zweiten Golf- und des Kosovo-Krieges dargestellt hat, treten diese als vermittelnde Strukturen auf, die letztlich über Kommunikations*chancen* der Akteure entscheiden.[49] Zwar besitzen die Akteure je eigene Kommunikations*ressourcen*, wobei angesichts einer Symmetrie dieser Ressourcen idealtypisch von einer großen Bandbreite konkurrierender Deutungsangebote in den Medien auszugehen ist, währenddessen eine Asymmetrie in den Kom-

---

47 Vgl. zu den Möglichkeiten von Medien, eine »neutrale« Vermittlerrolle in politischen Konflikten einzunehmen, also tatsächlich als eine Art Mediator zu agieren: Wolfsfeld 1997.

48 Vgl. dazu u.a.: Weber 2002; Patzelt 2003.

49 Vgl. Hils 2002.

munikationsressourcen bewirken mag, dass sich ein Deutungsangebot durchsetzt.[50] Eine zweite und mithin die entscheidende Dimension bilden aber die Kommunikationschancen, über welche die Massenmedien entscheiden, und dies aus Hils' Sicht weder voluntaristisch noch einseitig instrumentalisierbar, sondern über verschiedene strukturelle Faktoren (u.a. journalistische Kulturen, Kostendruck, Nachrichtenwerte) vermittelt.

Unter dem Blickwinkel der Rollenzuschreibung »Vermittler« gehört der Kampf verschiedener Akteure um Aufmerksamkeit und Öffentliche Meinung damit zur Funktionslogik eines jeden politischen Systems.[51] Gleichzeitig setzen sich die Ressourcen der einzelnen beteiligten Akteure (Interessengruppen verschiedenster Couleur) nicht im Verhältnis 1:1 in Kommunikationschancen oder gar Überzeugungserfolg um. Damit besitzen die Massenmedien wenigstens in der ursprünglichen Konzeption eine Äquidistanz zu allen Akteuren. Dies gilt auch, wenn wie im Falle der Vereinigten Staaten von Hils geschildert, die Orientierung der Medien an den *newsbeats* Weißes Haus, Pentagon, State Department und Capitol Hill stark ausgeprägt ist.[52] Interne Arbeitsweisen der Massenmedien, insbesondere des Fernsehens (*sound bite democracy*) und redaktionelle Entscheidungen bestimmen letztlich über die Chancen einzelner Akteure, mit ihren Positionen gehört zu werden. So lässt sich nach Hils, entgegen landläufiger Meinung für das Vorfeld sowohl des Irak-Krieges (1991) als auch des Militäreinsatzes der NATO im Kosovo (1999), die Informationsdominanz der Exekutive vor allem auf die Zurückhaltung des Kongresses und mangelndes öffentliches Interesse, nicht auf asymmetrische Kommunikationsressourcen zurückführen.

Hils hat dieses Argument im Rahmen seiner jüngsten Arbeiten[53] ausgebaut; er räumt dabei selbstverständlich ein, dass politische Akteure Einfluss auf die Medienberichterstattung zu nehmen versuchen und Strategien entwickeln, diese zu instrumentalisieren. Interessanterweise lässt sich gerade für den US-amerikanischen Kontext aber, wie er ausführt, ein empirisches Argument wider umfassende Manipulation im Vorfeld militärischer Interventionen finden. Ausgehend von der Annahme liberaler Theorien in den IB, dass Demokratien als Gemeinwesen risikoaverser Besitzbürger Kriege ablehnen müssten, belegt Hils in seiner Analyse, dass die Kriegsfähigkeit der USA eben nicht über mediale Manipulation »authentischen Volkswillens« hergestellt wurde. Sowohl für den Einsatz US-amerikanischer Streitkräfte im Kosovo als auch im Irak (2003) lässt sich Hils zufolge eben keine *umfassende* massenmediale Manipulation nachweisen. Eine solche wäre laut Hils ablesbar an einer generell eingeschränkten Pluralität des medialen Diskurses und daraus resultierender Präferenzänderungen der Bürger.[54] Dies bedeute

---

50 Ebd.: 76.
51 Ebd.
52 Ebd.: 78.
53 Hils 2006b, 2008.
54 Hils 2006b: 16ff.

freilich nicht, dass es keinerlei Manipulationsversuche bzw. Strategien des Medienmanagements gegeben hat. Allerdings, so Hils, gaben andere Faktoren, etwa eine gesteigerte Manipulationsresistenz aufgrund kollektiven Desinteresses oder in Folge kollektiver Traumatisierung, in den genannten Fällen den Ausschlag. Sie führten gleichsam dazu, dass Massenmedien in ihrer Rolle als Vermittler im eigentlichen Sinne nicht instrumentalisiert werden mussten.

Unter einer ähnlichen Perspektivsetzung (Medien als Vermittler) ist eine Reihe weiterer Studien vorgelegt worden, in denen je spezifischen Wirklichkeitsfiltern massenmedialer Berichterstattung Aufmerksamkeit geschenkt wird. Bloch-Elkon hat so unter der Prämisse, dass Massenmedien den primären Kanal darstellen, der politische Entscheidungsträger und Öffentlichkeit im Bereich »Außenpolitik« überhaupt in Verbindung bringt, die Berichterstattung US-amerikanischer Qualitätszeitungen während der Bosnien-Krise (1992 bis 1995) parallel zu Umfragedaten im gleichen Zeitraum untersucht.[55] Zentrale Aussage seiner Arbeit ist, dass solcherart internationale Krisen anhand des jeweiligen Regierungshandelns, der jeweils vorherrschenden Interpretationen seitens der Massenmedien und der Reaktionsmuster Öffentlicher Meinung in verschiedene Phasen eingeteilt werden können.[56] Während Medien zu Beginn durchaus eine aktivere Rolle besitzen können (gerade dann, wenn es keine klar definierte Regierungslinie und/oder vorfindbaren öffentlichen Interessen gibt), verfügten politische Entscheidungsträger in der Phase der Konflikteskalation über die vorrangige Deutungsmacht, um in der nachfolgenden (lang andauernden) Phase der De-Eskalation durch die Massenmedien wieder als *eine* Quelle unter mehreren Beachtung zu finden. In der Tat stellt sich für diese letzte Phase die Frage als entscheidend heraus, welche Kommunikationschancen Massenmedien einzelnen Akteuren (des politischen Entscheidungszentrums oder alternativen, kritischen Stimmen) einräumen, wobei ihre Selektionsentscheidungen sowohl am Akzeptanzrahmen als auch an Publikumsnachfrage orientiert sein dürften.

Soroka hat in diesem Zusammenhang den Nachweis geführt, dass durch Massenmedien überhaupt erst eine Aufmerksamkeitsschaffung für bestimmte Aktionsfelder auswärtiger Politik stattfinde.[57] Die Verankerung eines Themas in der Öffentlichkeit habe dabei wenigstens teilweise einen Einfluss darauf, ob bestimmte außenpolitische Strategien durchsetzbar seien. Aus einem solchen Blickwinkel wird Massenmedien also durchaus attestiert, mit politischen Konsequenzen (die Wichtigkeit und Legitimität bestimmter Entscheidungen betreffend, in Sorokas Studie die Höhe der Verteidigungsausgaben) behaftete Wirklichkeitsfilter in Anschlag zu bringen, ohne dass diese

---

55 Bloch-Elkon 2007.

56 Ebd.: 41f.

57 Soroka 2003: 28.

ausschließlich auf Medienstrategien beteiligter Akteure zurückgeführt werden könnten.

Die Rolle eines Vermittlers der Realität der *internationalen Beziehungen* (nicht außenpolitischer Strategien) spielen Massenmedien demgegenüber dem idealtypischen Verständnis zufolge, indem über sie eine Wahrnehmung der Realität über die unmittelbare nationalstaatliche Umgebung hinaus erfolgt, wobei wiederum das Auftreten von selektionsbedingten Verzerrungen vorausgesetzt wird. Insgesamt agieren Massenmedien gemäß der Einschätzungen, die in vorliegenden Studien aus der Vermittlungsperspektive getroffen werden, eher passiv. Präziser formuliert: Die politischen Konsequenzen ihres Handelns lassen sich inhaltlich kaum auf die Interessen hinter Berichts- und Darstellungsentscheidungen zurückführen. Sie liefern damit durchaus ein gefiltertes Bild komplexer globaler Zusammenhänge, aber die jeweils operierenden Filtermechanismen greifen unbewusst und deren Folgen sind nicht intendiert.

Damit ist keineswegs gesagt, dass die gefilterten Inhalte und ihre Präsentation etwa nur unbedeutende Handlungsfolgen innerhalb der Öffentlichkeit provozieren. So hat Moeller herausgearbeitet, dass die durch spezifische Wahrnehmungsfilter und Aufbereitungsmechanismen entstandene Berichterstattung der Massenmedien über Krankheiten, Hungersnöte und Krieg im globalen Kontext in der US-amerikanischen Öffentlichkeit ein »Ermüden des Mitgefühls« (*compassion fatigue*) und ein Ansteigen von Apathie und Zynismus hervorgerufen haben.[58] Allerdings sind diese Effekte weniger auf bewusste Entscheidungen von Journalisten zurückzuführen, sondern auf strukturelle Faktoren wie etwa Nachrichtenwerte, Nachrichtenzyklen, Kostendruck, journalistische Konkurrenz. Moeller bemerkt dazu:

»It's not that the media – even editors and producers – typically lack imagination or initiative. But they do have a finite amount of money to spend on covering the news [...] three leading video news agencies [...] bitterly contest their market share [...] To boost their dominance, each of the agencies strives for the most dramatic pictures.«[59]

---

58 Moeller 1999. Moeller führt dazu aus: »Compassion fatigue is not the inevitable consequence of similar events or lingering events. It is a consequence of rote journalism and looking-over-your-shoulder reporting. It is a consequence of sensationalism, formulaic coverage and perfunctory reference to American cultural icons« (ebd.: 32). Wie der damalige Exekutivdirektor der Vereinigung »Ärzte ohne Grenzen« feststellte: »I think the issue really is the type of coverage [...] If you have very quick, superficial coverage of what are very difficult, complex issues, then of course people will sort of turn off and blank out and will not be interested, and you'll see sort of an ongoing litany of anarchy, chaos, crisis without rhyme or reason« (PBS 2002).

59 Moeller 1999: 19.

Von zentraler Bedeutung für die hier verfolgten Zwecke ist dabei der Hinweis, dass Verantwortlichkeit[60] medienintern zugerechnet wird. Die Ursachen für einzelne Filter sind durchaus darstellbar, deren Konsequenzen sind erfassbar, aber in einem schwer hintergehbaren massenmedialen Produktionsprozess zu verorten.

Im Gegensatz zu der von Moeller vertretenen Interpretation der Auslandsberichterstattung hat Baum jüngst darauf hingewiesen, dass ebenderen spezifischer Zuschnitt v.a. im US-amerikanischen Fernsehen eine breite Aufmerksamkeitsschaffung für Phänomene und Probleme im internationalen Kontext erst ermögliche.[61] So habe die veränderte – am Publikumsgeschmack orientierte[62] – Aufbereitung von Auslandsnachrichten in Form von *soft news* bzw. *human interest stories* signifikant zu ansteigendem Interesse der Zuschauer geführt. Als *soft news* charakterisiert Baum dabei:

»[...] a set of story characteristics, including the absence of a public policy component, sensationalized presentation, human interest themes and emphasis on dramatic subject matter, such as crime and disaster«.[63]

Es handelt sich also im Kern nicht um eine vollständige Abänderung des Berichtsmodus im Vergleich zu den Fällen, die Moeller betrachtet (Stichwort: Katastrophenberichterstattung). Baum gelangt allerdings bei seiner Untersuchung zu dem Schluss, dass sich diese Berichterstattung nicht nur finanziell lohne (also über Kosten- bzw. Profitdruck als Filter vermittelt ist), sondern auch zu einem veränderten, gar nicht apathischen Publikumsverhalten geführt habe. Wie er darlegt, sei zum Beispiel die Bereitschaft, eine Meinung über auswärtige politische Probleme zu äußern, deutlich angestiegen.[64] Für hier verfolgte Zwecke ist dabei weniger von Bedeutung, ob durch *soft news* tatsächlich der *Compassion-fatigue*-Mechanismus wie von Moeller beschrieben ausgehebelt wurde. Vielmehr lässt sich anhand dieser Diskussion aufzeigen, inwiefern Massenmedien als Vermittler mit spezifisch angebbaren oder zu eruierenden Verzerrungsmechanismen gedacht werden.

---

60 Wiederum Moeller (ebd.: 25) bemerkt dazu: »Style of coverage is not always an active choice – it can be the result of the logistics of covering global news.« Moeller präsentiert in ihrem Buch eher einen Erfahrungsbericht; das Konzept (media) compassion fatigue ist dabei vereinzelt in den Sozialwissenschaften aufgegriffen und zum Untersuchungsobjekt gemacht worden. Höijer (2004) hat zum Beispiel versucht, den Nachweis zu führen, dass (media) compassion fatigue genderspezifische Ausprägungen besitzt, Männer demzufolge schneller mit Apathie und einem Ermüden ihres Mitgefühls reagieren.

61 Baum 2007.

62 Ebd.: 124.

63 Ebd.: 120. Für das Konzept *soft news* siehe auch: Baum 2005.

64 Ebd.: 124.

Dies ist nicht zuletzt auch die gedankliche Hintergrundfolie zu Studien, die Auslandsberichterstattung als durch entweder lokale oder regionale Wahrnehmungsmuster gefiltert beschreiben[65] oder aber Auslandsnachrichten auf die schrittweise Etablierung von Feindbildern hin analysieren.[66] Gerade mit Blick auf Letzteres erscheint es zunächst überraschend, Massenmedien als neutrale (im oben beschriebenen Sinne) Vermittlungsinstanzen zu charakterisieren. Stone/Xiao versuchen demgegenüber allerdings, nicht *Ursachen* einer Feindbildkonstruktion (also etwa dahinterstehende Interessen exponierter Akteure oder gesellschaftlicher Gruppen) im internationalen Kontext zu erforschen, sondern führen vielmehr den Nachweis, *dass* in der US-amerikanischen Berichterstattung nach Ende des Ost-West-Konflikts China den Rang als internationaler exponierter Herausforderer eingenommen habe. Dabei arbeiten sie heraus, dass China gemessen am Umfang der Berichterstattung in den US-Medien nicht etwa die ehemalige Sowjetunion/Russland überholt habe, sondern sich eher eine deutliche Zunahme negativer Interpretationsrahmen (*frames*) in der Darstellung Chinas aufzeigen lasse.[67] Die Anlage ihrer Studie spricht dabei nicht für die Annahme, dass Massenmedien sich in diesem Fall instrumentalisieren ließen oder gar als Akteure mit eigenständiger politischer Agenda aufträten: Vielmehr wird ein spezifischer Verzerrungsmechanismus beschrieben, ohne Interessen und Intentionen nachzuweisen.

Neben den genannten Arbeiten zum Wirken von Massenmedien als Vermittler internationaler Beziehungen lässt sich mit Robinson auch ein vergleichsweise abstraktes Argument für die Einnahme[68] eines solchen, wenn nicht neutralen, so doch im Wesentlichen hinsichtlich einer Akteursschaft der Medien »unentschiedenen« Standpunktes beschreiben.[69] Robinsons Analyse medienwissenschaftlicher Studien zum Wechselspiel von Weltpolitik und Medien»macht« kommt dabei zu dem Ergebnis, dass entweder eine medien- oder eine politikzentrierte Argumentation (und angelagert jeweils unterscheidbare Methoden) den gedanklichen Hintergrund für die konkreten Arbeiten bilde. Je nach Wahl spezifischer Untersuchungsmethoden, die auf einem bestimmten Vorverständnis der Rolle von Medien im internationalen Kontext ruhen, gelange man zu völlig unterschiedlichen Er-

---

65 Vgl. die *All-news-is-local*-These u.a. in: Goldfarb 2001; Rolston/McLaughlin 2004; Stanton 2007. Stanton kritisiert genau diesen Sachverhalt fundamental, während Goldfarb eher darum bemüht ist, seine Gültigkeit zu unterstreichen und dafür zu plädieren, dass dies von Wissenschaft und Gesellschaft zur Kenntnis zu nehmen ist. Rolston/McLaughlin wiederum versuchen, die Präsenz spezifischer lokaler Filter in ihrer Wirkung auf Auslandsberichterstattung aufzuzeigen.

66 Stone/Xiao 2007.

67 Ebd.: 101ff.

68 Diesen Standpunkt einzunehmen, bedeutet in dem Fall, es maßgeblich aus forschungspraktischen Gründen zu tun.

69 Robinson 2000a.

gebnissen. Demgegenüber sollten aber, so Robinson, politische und mediale Bedingungsfaktoren in ihrem *Wechselspiel* analysiert werden, um erst im zweiten Schritt zu einer Aussage über die konkrete(n) Rolle(n) von Medien im globalen Kontext zu gelangen. Dies lässt sich ohne Zweifel als ein Plädoyer dafür lesen, Vorverständnisse à la »Instrument *oder* Akteur« so wenig als möglich vorab in den Forschungsprozess einfließen zu lassen. Nichtsdestoweniger bilden aber ebendiese beiden Rollenverständnisse markante Pole in der wissenschaftlichen Diskussion.

2.3 MEDIEN ALS AKTEURE INTERNATIONALER POLITIK

Von Medien als »Akteuren« zu sprechen, stellt nicht nur ein semantisches Problem aufgrund eingangs beschriebener begrifflicher Probleme in den IB dar. Es lässt sich in der Untersuchung des Wirkens von Massenmedien in internationalen politischen Kontexten zwar eine Fülle von Passagen finden, in denen Massenmedien eben als Akteure, »Antreiber« usw. beschrieben werden; solchen Einlassungen liegt aber zumeist ein bestenfalls diffuses Akteurskonzept zugrunde. Im Kern zeigt die Konjunktur dieser Rollenzuschreibung wohl auch etwas anderes an, nämlich einen temporären, bisweilen situativ wahrgenommenen Bedeutungsgewinn von Massenmedien in politischen Prozessen, etwa in Form durch Berichterstattung ausgelösten und über Öffentliche Meinung vermittelten Handlungsdrucks. Aus dieser Sicht knüpft die hier schlaglichtartig vorgestellte Literatur an ältere Bestandsaufnahmen an, die jeweils im Kontext wahrgenommenen Bedeutungsgewinns von Massenmedien entstanden.[70] Nicht zu vernachlässigen ist dabei auch die Konjunktur der Rollenzuschreibung als Akteur in der Sphäre politischer Rhetorik, also die Zunahme von Querverweisen auf als unangenehm oder dysfunktional empfundene Akteursqualitäten der Massenmedien seitens politischer und gesellschaftlicher Eliten.

Die gewählte Abgrenzung zwischen dem dritten idealtypischen Verständnis – Medien als Akteure in der internationalen Politik – und dem vorher beschriebenen (Medien als Vermittler) ist dabei zunächst weniger trennscharf, als es den Anschein haben mag. So kann man auch im oben dargestellten Verständnis von Massenmedien durchaus »aktive« Komponenten erkennen, etwa im Hinblick darauf, dass Medien aktiv Realität selektieren und sie aufgrund bestimmter Zwänge (hinter denen im Endeffekt auch Entscheidungen stehen) aufbereiten. Medien als Akteure zu betrachten, bedeutet allerdings demgegenüber zum einen, im Agieren von Medien in außenpolitischen Prozessen wie im internationalen Kontext einen *primären* Faktor

---

70 Vgl. etwa: Arno 1984. Markantes Unterscheidungskriterium könnte sein, ob die evtl. Re-Strukturierung von Medienumwelten (*new media environments*) an den Akteurspotenzialen von Massenmedien etwas ändert.

der Politikgestaltung zu sehen. Damit einher geht zum anderen die Vorstellung (zumindest in Ansätzen auch) intendierten Handelns.[71] Dies gilt, wie eingangs festgestellt, zumal für die Einschätzung politischer Entscheidungsträger, auch wenn den Massenmedien nur selten direkte politische Absichten unterstellt werden. McNamara verweist in diesem Zusammenhang etwa auf die Erbostheit des damaligen US-Außenministers vor einem Senatsausschuss, der mit den Worten zitiert wurde, US-amerikanische Außenpolitik könne nicht von Fernsehbildern angeleitet werden; ebenso berichtet er vom mehrfachen Ansinnen des *House Foreign Affairs Committee*, CNN-Journalisten ob deren Tätigkeit zurechtweisen zu wollen.[72]

Gilboa schließlich zitiert den ehemaligen US-Außenminister James Baker III mit der Bemerkung, dass

»[i]n Iraq, Bosnia, Somalia, Rwanda, and Chechnya, among others, the real-time coverage of conflict by the electronic media has served to create a powerful new imperative for prompt action that was not present in less frenetic [times]«.[73]

Das sich abzeichnende Argumentationsmuster läuft dabei immer auch darauf hinaus, Massenmedien als eine distinkte Akteursklasse neben politische, militärische und diplomatische Akteure auf internationaler Ebene zu stellen, mutmaßlich vor allen Dingen aus Furcht vor eigenem Bedeutungsverlust oder um Adressaten für Schuldzuweisungen ausfindig zu machen. Dennoch ist ein ebensolches »Motiv« (Massenmedien als Akteure) auch in der wissenschaftlichen Forschung anzutreffen[74], wenn auch wesentlich differenzierter, wie gezeigt werden kann.

Aus einer solchen Perspektive greifen Massenmedien folglich in die Abläufe internationaler Politik ein und verändern diese, wobei letztlich umstrittener bleibt, inwiefern dieses Eingreifen eine bewusste Eigenleistung darstellt, inwiefern der Versuch der Politikgestaltung also tatsächlich intendiert ist. So stellt Ammon fest, dass die Massenmedien unter bestimmten Bedin-

---

71 Vgl. den Hinweis von Kovach (1996: 171) in seiner Buchbesprechung zu Neuman (1996a). Im Endeffekt deutet die Charakterisierung der Massenmedien als major player seitens exponierter politischer Entscheidungsträger wie auch die Übernahme dieser Vorstellung durch Wissenschaftler auf einen zugeschriebenen Akteursstatus hin. Deutlicher formuliert es McNamara: »News media, especially television, appear to be assuming an ever larger role on vital affairs of state« bzw. »[there is a widespread] suspicion that television news dictates the U.S agenda, televised images prompt US initiatives overseas« (1996: 664f.).

72 Ebd.: 665.

73 Gilboa 2005a: 28.

74 Darüber hinaus muss festgestellt werden, dass die wissenschaftliche Diskussion der letzten Dekade Zweifel an der Plausibilität einer uneingeschränkten Akteursqualität von Medien bestärkt hat – dies interessanterweise im Gegensatz zur anhaltenden Einschätzung politischer Akteure.

gungen die Möglichkeit besitzen, (Außen-)Politik anzutreiben, aber die Etablierung von klaren Ursache-Wirkungs-Beziehungen schwierig bleibt, da der Grad von Einflussnahme seitens der Medien immer auch von politischen Entscheidungen abhänge.[75] Ammon versucht aus diesem Grund, sich der Akteursqualität von Medien zu nähern, indem er Kontextbedingungen herausarbeitet, unter denen Massenmedien aktiver in den außenpolitischen Prozess einzugreifen vermögen. Diese lokalisiert er: in Krisenzeiten, bei einer schnellen Abfolge der Ereignisse, in Situationen mit politischem Führungsvakuum und unter der Voraussetzung, dass Medien Zugang zu Ereignissen haben und diese für eine breite Öffentlichkeit sichtbar machen können. In einem zweiten Schritt analysiert er, auf welchen Wegen Massenmedien in den politischen Prozess eingreifen können. Sie können demzufolge als *agenda setter* auftreten, die Gewichtung und Kontextdefinition von Ereignissen beeinflussen und als diplomatische Vermittler zwischen politischen Akteuren im internationalen Raum agieren.[76]

In ähnlicher Weise hat Robinson auf die Zentralität von Kontextfaktoren für die Feststellung von Medieneinfluss im außenpolitischen Prozess hingewiesen.[77] In seiner Studie betont er vor allem den Grad an *policy certainty* (also das [Nicht-]Vorhandensein einer Strategie oder eines Maßnahmenpakets) sowie den Grad von Konsens im außenpolitischen Establishment, die über die Möglichkeit der Medien, als Akteur aufzutreten, entscheiden:

»[…] in conditions of policy uncertainty, critical media coverage provides bargaining power for those seeking a change in policy or makes policy-makers feel pressured to respond with a policy or else face a public relations disaster. Here the media can influence policy outcomes.«[78]

Somit wird die Akteursqualität von Medien an spezifische Kontextvariablen zurückgebunden und äußert sich eher in der Beeinflussung des politischen Prozesses. Dies stellt eine gewichtige Relativierung gegenüber der Betonung der Rolle von Medien als Akteure dar, die in solchen Phrasen wie *Pic-*

---

75 Vgl. die Kapitelüberschrift »The Media's *Ability to Drive* Policy« (Ammon 2001: 88; eigene Herv.).

76 Ebd.: 130-148, zur Rolle als diplomatischer Vermittler: 138ff.

77 Robinson 2002: 25-45.

78 Ebd.: 31. Gleichzeitig lassen sich prominente Beispiele benennen, in denen trotz eines »politischen Vakuums« und Medienberichterstattung keine Reaktion politischer Entscheidungsträger provoziert wurde, Medien also nicht als Akteure auftraten, vgl. mit Blick auf Rwanda: Hilsum 1996. Dies gilt, wenn auch die Qualität der Berichterstattung selbst debattiert werden kann und vergleichsweise geringen Umfang besaß, vgl. u.a.: Livingston 1997; Melvern 2001. Robinson (2000b: 406) hat darüber hinaus darauf hingewiesen, dass Massenmedien bestimmte politische Handlungsfolgen provozieren können, etwa eine Präferenz für militärische Luftschläge gegenüber dem Einsatz von Bodentruppen.

tures got us in, pictures got us out (im Hinblick auf die Intervention von US-amerikanischen Truppen in Somalia in der ersten Hälfte der 1990er Jahre geprägt) mitschwingt.[79] Aus der Fülle von Darstellungen herausgegriffen schildert etwa Bell:

>»A classic example was when the U.S. sent troops to Somalia as part of a United Nations effort to end civil war and famine. Why did the US send troops? [...] In fact, media images of starving, suffering children appeared to generate a groundswell of public opinion that the governments should ›do something‹.«[80]

Demgegenüber haben differenzierende Beiträge beständig darauf hingewiesen, dass den Massenmedien schwerlich die Rolle eines Initiators im Hinblick sowohl auf diese Interventionsentscheidung als auch den Truppenrückzug zukam. Beide Entscheidungen wurden von politischen Akteuren getroffen und zwecks Legitimitätsstiftung über strategische Platzierung von Informationen in Massenmedien vermittelt.[81] Ironischerweise muss somit eine Episode allenfalls diffuser massenmedialer Wirkung als Beleg für die vermeintlichen Akteursqualitäten von Medien herhalten, die letztlich wenigstens zu gleichen Teilen deren Instrumentalisierbarkeit beweist.

Trotz der weitestgehenden Relativierung des sog. CNN-Effektes in der medien- und politikwissenschaftlichen Literatur existieren jüngere Studien, die (nun unter einer vorsichtiger formulierten Perspektive) die Fähigkeit von Massenmedien beschreiben, politische Prozesse im internationalen Kontext maßgeblich mitzugestalten. Auerbach/Bloch-Elkon weisen etwa darauf hin, dass in bestimmten Situationen durchaus massenmedialer Handlungsdruck auf außenpolitische Bürokratien und Exekutive aufgebaut werden kann.[82] So ist die ursprünglich einem militärischen Engagement in Bosnien nicht zugeneigte Clinton-Administration möglicherweise (die Autoren halten sich in der Bewertung stärker bedeckt als ehedem) auch durch eine proaktive Berichterstattung US-amerikanischer Qualitätszeitungen beeinflusst worden. Wie Auerbach/Bloch-Elkon betonen, lässt sich für den Zeitraum vor der Interventionsentscheidung eine massive Medienkampagne, die nicht auf Instrumentalisierung der *Washington Post* oder der *New York Times* zurückgeführt werden kann, nachweisen. Der zentrale Effekt dieser spezifischen Berichterstattung bestand nach den Worten der Autoren darin, »[...to transform] a crisis from a macro-systemic crisis, hardly noted by decisionmakers, into a micro-perceptional crisis, receiving higher priority from them«.[83] Unklar bleibt weitestgehend, ob die analysierten Massenmedien politische In-

---

79 Vgl. Neuman 1996a: 20f; Mermin 1997.
80 Bell 1999. Vgl. auch Kovach, der das Phänomen als »television got us into Somalia and television forced us out«-Mantra bezeichnet (1996: 174).
81 Vgl. etwa: Mermin 1997; Carruthers 2004: 162f.
82 Auerbach/Bloch-Elkon 2005.
83 Ebd.: 83.

tentionen mit ihrer Berichterstattung verfolgten (und auch ob die Berichterstattung nicht so sehr einen Lernprozess hervorrief, als vielmehr der innenpolitisch blockierten Regierung einen akzeptablen Grund lieferte, außenpolitisch zu agieren[84]).

Eine ähnliche Interpretation hat kürzlich Bahador mit Blick auf das US-amerikanische Engagement im Rahmen der NATO-Luftschläge gegen Serbien 1999 präsentiert.[85] Aus der Analyse der Fernsehnachrichten-Berichterstattung im Vorfeld des Kosovo-Krieges und offizieller Stellungnahmen der US-Regierung wie internationaler Organisationen ergebe sich, so Bahador, eine eindeutige Verbindung zwischen Berichterstattung und Veränderungen der politischen Aktivitäten, insbesondere im Hinblick auf berichtete Gräueltaten. Vor allem sei darstellbar, dass nach jedem berichteten Massaker die Interventionsbereitschaft politischer wie militärischer Eliten sprunghaft anstieg. Beide Studien spiegeln dabei den offensichtlich nunmehr etablierten Konsens, Akteursqualität an spezifische Randbedingungen rückzubinden sowie eine etwaige Intentionalität von Medienakteuren eher zu vermuten[86] oder auszublenden.

So steht Gilboa mit seiner eindeutigen Begriffswahl, dass globale Fernsehsender ein entscheidender Akteur (*a decisive actor*)[87] auf weltpolitischer Bühne geworden sind, eher allein in der aktuellen wissenschaftlichen Diskussion. Allerdings ist er unlängst dazu übergegangen, andere mediale Aktionsformen als deren Berichterstattung zu analysieren. Sein Konzept massenmedialer Akteursschaft in Form der *media-broker diplomacy* stellt dabei im Kern darauf ab, individuellen Medienakteuren in besonderen Konfliktsituationen eine exponierte Stellung als »neuzeitliche Diplomaten« zuzuschreiben. Wie Gilboa ausführt, sind diese Situationen dadurch gekennzeichnet, dass zwischen den Konfliktparteien keinerlei Kontakt herrscht und keine herkömmliche dritte Partei als Mediator fungiert. In einer solchen Situation – Gilboa stellt mehrere Beispiele vor – werden Medienakteure, Journalisten usw. mitunter in eine aktive Rolle hineingezogen. Interessanterweise kommt Gilboa in diesem Zusammenhang auch auf mögliche Intentionen der betreffenden Akteure zu sprechen. Da deren Mediation eine bewusste Entscheidung darstelle, böten sich als mögliche Erklärungen für ihr Handeln das Interesse an einer »guten Story«, die Steigerung von Sichtbarkeit und Prominenz und ggf. persönliche politische Interessen an einer Konfliktlö-

---

84 Vgl. dazu: Czempiel 1996b.

85 Bahador 2007.

86 So ist eine politische Überzeugung/politisches Engagement von Journalisten, die/das den Zuschnitt ihrer Berichterstattung beeinflussen mag, nicht völlig auszuschließen. In den meisten Fällen ist es allerdings nicht unplausibel, eine »gute Story« als handlungsleitendes hauptsächliches Interesse zu vermuten.

87 Gilboa 2005a: 27.

sung an.[88] Dieser Ansatz steht damit zweifelsohne exemplarisch für Arbeiten, die Massenmedien eine aktive Rolle in internationalen politischen Kontexten einbeschreiben.

Dass massenmediale Akteursschaft in der wissenschaftlichen Diskussion nur selten uneingeschränkt behauptet wird, dürfte dabei nicht zuletzt damit zusammenhängen, dass ebendiese Rollenzuschreibung in politischen Kreisen oftmals eher eine Sündenbockfunktion[89] erfüllt oder Legitimationshilfe liefert. Wie Neuman dazu bemerkt:

»It is an article of faith in foreign-policy circles these days [...] that when CNN floods the airwaves with news of a foreign crisis, policy makers have no choice but to redirect their attention to the crisis at hand.«[90]

Und nicht zufällig lassen sich denn auch die schärfsten Kritiken massenmedialen Handelns dann finden, wenn eine außenpolitische, insbesondere eine militärische Strategie zu desaströsen Konsequenzen geführt hat.[91] Ebenso verweist u.a. auch Robinson darauf, dass von Seiten politischer Entscheidungsträger gern auf Medieneinflüsse verwiesen wird, um außenpolitische Entscheidungen im Nachhinein zu rechtfertigen[92], und Taylor führt aus:

»We are being presented with a scenario of Washington's agenda being determined by Atlanta rather than vice versa [...] This scenario [...] fails to take into account the recent attention which governments like the US Government are giving to ›spin-doctoring‹.«[93]

---

88 Zugegebenermaßen sind diese Erklärungsgründe im Text und dort v.a. in der Diskussion anderer Arbeiten versteckt. Zwar stellt Gilboa eingangs die Frage: *Why do journalists engage in international mediation?* (2005b: 5), Antworten sind aber nicht explizit aufgelistet im nachfolgenden Text, vgl. ebd.: 26f.

89 In Abgrenzung dazu: Moeller 2002. Moeller spricht von »Verantwortlichkeit«, die sich aus der privilegierten Position von Massenmedien, über Konflikte und deren Deutung, Eskalation und Maßnahmenpakete »mitzuentscheiden«, ergibt. Diese Verantwortung besteht laut Moeller (ebd.: 389) vor allem darin, Aufmerksamkeit auf die moralischen, strategischen und taktischen Hintergründe von Entscheidungen zu richten, vor allem auf die schimärenhafte Moralität humanitärer Interventionen hinzuweisen.

90 Neuman 1996a: 15.

91 Vgl. ebd.: 377f. Moeller zitiert in Auszügen George Kennans Interpretation der mediengetriebenen Intervention der USA in Somalia. Für eine knappe Darstellung der Entscheidungsfindung und gewählten Strategien des US-Militärs in Somalia, insbesondere auch in Abgrenzung zu den Truppen unter UN-Aufsicht, eingangs der 1990er: Schattenmann 2002.

92 Vgl. Robinson 2002: 28.

93 Taylor 1997: 96. Seib stellt in dieser Hinsicht fest: »Media power is too diffuse and the current generation of policymakers is too skilled in dealing with

Es bleibt also festzuhalten, dass die Zuschreibung einer Rolle als Akteur im internationalen Kontext für Massenmedien umstritten, in jedem Fall stärker auf der Ebene politischer Rhetorik zu finden ist. Sie lässt sich, wenn überhaupt, in Form gesteigerten Einflusses von Massenmedien im außenpolitischen Prozess unter ganz spezifischen Bedingungen ableiten. Auch wenn die Zuschreibung eines Akteursstatus eher Symptom für eine temporär oder situativ gesteigerte Bedeutung von Massenmedien in politischen Prozessen sein mag, wirken die damit verbundenen Vorstellungen hinsichtlich Akteursschaft in die publizistische wie in die wissenschaftliche Debatte hinein.

2.4 MEDIENTECHNOLOGIEN UND IHRE WIRKUNGEN

Die vierte hier dargestellte idealtypische Vorstellung von Massenmedien in der internationalen Politik offenbart eine Verlagerung der Perspektive weg von der Frage nach einer Akteursqualität von Medien hin zu den Potenzialen bestimmter Medientechnologien, politische Prozesse im internationalen Kontext zu verändern bzw. grundlegend zu überformen. Wenn im Folgenden von Medientechnologien als einem »Bild« anstelle einer Rollenzuschreibung die Rede ist, dann bedeutet dies zweierlei. Zum einen soll wiederum eine gedankliche Hintergrundfolie wissenschaftlicher Analysen beschrieben werden, das damit verbundene Erkenntnisinteresse zielt zum anderen allerdings nicht auf handlungstheoretische Aspekte ab, sondern auf die Erfassung *sozialen Wandels* als Technologiefolge. Damit ist nicht ausgeschlossen, dass die Rollenzuschreibung als Akteur sich teilweise im Bild »Medientechnologie« wiederfindet, insbesondere dann, wenn technologischer Wandel Massenmedien breite Aufmerksamkeit verschafft, weil neue Formen über sie erfolgender Kommunikation herkömmliche politische Prozesse vermeintlich verändern, wenigstens einen großen Einfluss auf diese ausüben (was mitunter als Akteursschaft interpretiert wird).[94]

Massenmedien in internationalen Kontexten vornehmlich als Technologien zu betrachten, impliziert dabei in der Regel, gedankliche Anleihen beim Diffusionsansatz zu nehmen.[95] Dieser beschreibt »Diffusion« als den Prozess raum-zeitlicher Ausbreitung einer Innovation innerhalb eines sozialen Systems, wobei die eigentliche Diffusion einer Innovation in Form einer Adoption durch einzelne Individuen herbeigeführt wird. Rogers, der maßgeblich zur Popularisierung dieses Ansatzes beigetragen hat, charakterisiert Massenmedien dabei als einen bedeutenden Kommunikationskanal, über den technologische Innovationen bekannt gemacht werden. Demgegenüber

---

journalists«, um eine einseitige Beeinflussung seitens der Medien zu unterstellen (2000: 63).

94 Siehe dazu exemplarisch: Neuman 1996a, b.

95 Klassisch: Rogers 1995.

werden im folgenden Überblick Massenmedien selbst als Innovationsobjekte verstanden, deren Diffusion Rückwirkungen auf die kommunikativen Aspekte grenzüberschreitender politischer Prozesse hat.[96] Zwei Teilstränge der Debatte erweisen sich dabei aus politik- und medienwissenschaftlicher Sicht als von besonderem Interesse: 1) die Rückwirkungen medientechnologischen Wandels auf Umfang, Art und Charakteristika inter- wie transnationaler politischer Prozesse allgemein sowie 2) die Potenziale spezifischer Kommunikations- und Medientechnologien für sozio-ökonomische Entwicklungssprünge traditioneller Gesellschaften.[97]

Einen prominenten Beitrag zu erstgenannter Diskussion hat Neuman geliefert. Ausgehend von der Feststellung, dass »[c]ommunication technology is now a player in international diplomacy«[98], versucht sie zu eruieren, inwiefern neue Medientechnologien internationale Politik voran- oder eben vor sich her treiben. Zum einen lässt sich darunter verstehen, so Neuman, dass sich technologischer Fortschritt in der Etablierung einer Rund-um-die-Uhr-Nachrichtenberichterstattung (»24/7« = 24 Stunden, 7 Tage in der Woche in Echtzeit) niedergeschlagen und potenziell einen CNN-Effekt damit erst ermöglicht habe. Die Kombination von moderner Satellitenkommunikation, der Möglichkeit zur Echtzeitberichterstattung, 24-Stunden-Berichterstattung und gesteigertem Wettbewerb verschiedener Massenmedien untereinander haben demzufolge zu einem weitaus aktiveren Verhalten der Medien und der Emanzipation von politischer Regulierung (wo möglich) geführt. Vor allem die Möglichkeit, realzeitlich und (relativ) ungefiltert visuelle Nachrichten global zu übertragen, so die Argumentation, habe die Chancen der Massenmedien, Politik zu beeinflussen, deutlich erhöht.[99]

Führen die beschriebenen Veränderungen aber auch zur endgültigen Brechung des Informations- und Kommunikationsprivilegs außenpoliti-

---

96 Unlängst zum Diffusionsansatz, auf kommunikative/massenmediale Aspekte bezogen: Singhal/Dearing 2006.

97 Letztgenannte Ansätze vor allem aus dem Bereich Entwicklungskommunikation/Mediensoziologie knüpfen unzweifelhaft an ältere Debatten zwischen modernisierungs- und dependenztheoretischen Annahmen an, vgl. dazu: Krotz 2005; allgemein zum Paradigmenstreit: Apter 1987.

98 Neuman 1996a: 14. In einem weiteren Aufsatz beschreibt sie ihre Ausgangsposition zurückhaltender: »It is a *commonly-held view* in Washington these days that the advent of instantaneous and global satellite technology has given the news media more of a voice in international affairs than ever before« (Neuman 1996b; eigene Herv.). Vgl. auch Bell (1999), der eine aus Sicht der 1990er charakteristische Einschätzung trifft: »News reports, even rumors, have a long history of impacting government decision-making, but in today's world, the revolution in telecommunications technology is changing the equation dramatically.«

99 Vgl. Neuman 1996a: 13-24.

scher, v.a. diplomatischer Akteure?[100] Neumans Studie selbst gibt bemerkenswerterweise Aufschluss darüber, dass medientechnologischer Wandel insofern schwerlich in solch absoluten Kategorien zu erfassen ist, als es sich beim vermeintlichen Aufbau von Handlungsdruck durch neue Medientechnologien keineswegs um ein spezifisch neuzeitliches Phänomen handelt (Stichworte: aufkommende Massenpresse, Telegraph, Radio in deren jeweiliger Zeit). Anpassungsdruck auf politische Eliten ist folglich nicht die charakteristische Folge neuzeitlicher (Fernseh-)Nachrichtenberichterstattung und ihr zugrunde liegender Technologien. Vielmehr stellt die spezifische Beschleunigung des Wandels[101] – die Kombination von Echtzeit-Berichterstattung, aufkommender Internettechnologie und ansteigender Nachrichtenfülle – für alle sozialen Gruppen in Regionen, die von diesem technologischen Wandel erfasst sind, ein qualitatives Novum dar.

So kreist denn die Debatte um den Einfluss neuer Medientechnologien auf politische Zusammenhänge in der letzten Dekade auch vornehmlich darum, *spezifische Überformungen* als Konsequenzen einer neuen Medienumwelt zu beschreiben.[102] Jayyusi führt dazu aus:

»[…] what contemporary media forms have done (satellite broadcasting, digital information technologies) in contrast to older forms of communicative practice, and modes of transmission, is to make it possible to coordinate and variously integrate forms of actions and perception across a global range of localities at the same time«.[103]

Ebendieser Aspekt raum-zeitlicher Verdichtung bei gleichzeitiger Expansion des Kreises (potenzieller) Akteure wird auch von DerDerian beschrieben. Seinen Worten zufolge ist das charakteristische Unterscheidungsmerkmal politischer Prozesse im heutigen, digitalen Zeitalter »[…] a spatio-temporal intensivity rather than a geopolitical extensivity; that is, a capacity to intensify global effects through a collapse of time and distance«.[104]

Im Zentrum vieler Arbeiten zu transformativen Effekten neuer Medientechnologien steht dabei das Ansinnen, solcherart makroqualitativen Wandel in seinen Formen innerhalb und zwischen Gesellschaften zu erfassen. Eine

---

100 In diesem Zusammenhang bemerkt Taylor: »It is impossible to attribute the changes of the period 1989-91 purely to live satellite television or to increased international communications. But it is equally difficult to see how such changes could have taken place without them« (1997: 53).

101 Vgl. Rivard 1996; ausführlich: Hanson 2008: 13-96.

102 Für einen Zugang aus Sicht exponierter Medienakteure siehe die Interviewauszüge aus Gesprächen mit Journalisten und Managern des Fernsehsenders CNN in: Flournoy/Stewart 1997: 91-112. Insbesondere mit Bezug auf den 24-Stunden-Nachrichtenzyklus und seine Folgen siehe: Baker 2003: 243f.

103 Jayyusi 2007: 251.

104 DerDerian 2003a: 442. Vgl. dazu auch: Youngs 2007.

herausgehobene Rolle spielt in diesem Zusammenhang die Beschäftigung mit der Technologie des Internet[105], nicht zuletzt auch, weil diese Technologieform die Grenzen zwischen Massen- und Individualkommunikation aufhebt. Auch wenn dabei gilt, wie Rogerson es formuliert hat, dass bisher viele gute Fragen gestellt, aber nur wenige Antworten gefunden wurden[106], lassen sich zwei unterschiedliche Positionen in der Debatte ausmachen. Während die Anhänger der einen Position in kulturkritischer Manier die negativen Folgen einer neuen Medienlogik beschreiben[107], ist insbesondere mit Blick auf die internationalen Beziehungen hervorgehoben worden, dass die Internettechnologie wenigstens auf lange Sicht profunden »positiven« Wandel im Sinne vor allem von Transnationalisierung sowie Pluralisierung/ Demokratisierung hervorrufen werde.[108] Insbesondere sei bereits jetzt eine Zunahme von Verbindungskanälen in und zwischen Gesellschaften sowie eine zunehmende Multiperspektivität massenmedialer Berichterstattung (vermittelt etwa durch *blogging*[109] und die Orientierung herkömmlicher Me-

---

105 Zur Funktionslogik der Internettechnologie und ihrer materiellen Basis aus politökonomischer Sicht vgl. u.a.: Farrell 2006.

106 Rogerson 2005.

107 Vgl. u.a.: Kluver 2002. Kluver verortet eine neue Medienlogik in der Ablösung narrativer Formate hin zu Wissenssammlungen, die Datenbanken ähnlich strukturiert seien. Dies sei durchaus nicht demokratisierend per se, denn auch Daten müssen aufbereitet werden, somit gelte: »[...] the power of authority rests with the database operator or designer« (ebd.: 503).

108 Vgl. Seib 2006.

109 Dies bezieht sich auf die in der letzten Dekade aufgekommene Form politischen Online-Kommentars individueller, zumeist nichtprofessioneller Akteure. Drezner/Farrell (2004) sprechen in diesem Zusammenhang von der Entstehung eines *web of influence*. Blogger besetzen demzufolge kein Paralleluniversum, sondern ihr Einfluss auf die internationale Berichterstattung kann anhand spezifischer Veränderungen der politischen Tagesordnung nachgewiesen werden. Im Hinblick auf einzelne Weltregionen müsste dies zweifelsohne deutlich zurückhaltender formuliert werden. Braude (2005) kommentiert mit Blick auf die arabischen Staaten: »Maybe all this online noise is just so much noise, and the medium is still no more than an annoyance to the status quo [...] The fact that Internet penetration of Arab populations remains low [...] means that the extent of the web's influence will depend on whether it can somehow nudge forward broader political trends.« Internet-Nutzungsraten haben sich im arabischen Raum mittlerweile dem globalen Durchschnitt deutlich angeglichen bzw. liegen bereits über diesem (www.internetworldstats.com/stats5.htm). Diese lagen im Nahen und Mittleren Osten im Schnitt bei 28 Prozent (global: 25,5 Prozent, jeweils im Dezember 2009), was einem Anstieg von mehr als 1.600 Prozent im Zeitraum 2000-2009 entspricht. Offen im Sinne einer Forschungsfrage bleibt allerdings, wofür das Internet benutzt wird (werden darf, angesichts herrschen-

dien daran) nachweisbar. Ganz im Sinne der Prognose von Keohane/Nye wandele sich dabei das Verständnis von Ressourcen, mithin werde »Glaubwürdigkeit« (als Kommunikator) zu einer entscheidenden Machtressource.[110]

Daneben haben andere Autoren die strukturierende Wirkung der Internettechnologie hervorgehoben, etwa insoweit sie als Infrastruktur für das Entstehen grenzüberschreitender Öffentlichkeit(en) genutzt werden könne.[111] Indem das Internet ortsunabhängige Kommunikationsräume etabliere, so die Argumentation, verändere sich die bisher stark auf nationalstaatliche Räume bezogene Vorstellung (ebenso wie einzelne Erscheinungsformen) von Öffentlichkeit. In grenzüberschreitenden politischen Kontexten sind ebensolche Re-Strukturierungsprozesse nachgewiesen worden, vor allem mit Blick auf das Entstehen transnationaler kulturbasierter Gemeinschaften, neue politische Aktions- und Mobilisierungsformen (*web activism*), die Etablierung alternativer transnationaler Informationskanäle sowie im Zusammenhang mit genannten Phänomenen sich wandelnden Formen des Identitäts- und Sicherheitsmanagements.[112]

Ohne Zweifel kann also davon ausgegangen werden, dass sich das aus der Internettechnologie erwachsende Potenzial momentan vor allem in der Zunahme von Akteursvielfalt, dem Anwachsen von Akteursradien und insgesamt der Zunahme von Komplexität der Akteurskonstellationen einzelner Bereiche transnationaler Politik niederschlägt.[113] Dies bedeutet allerdings nicht, dass das Internet als Technologie bereits zu umfassenden *Demokratisierungs*prozessen in verschiedenen Weltregionen beigetragen hat.[114] So

---

der Zensurbestimmungen) und welche politischen Implikationen sich damit verbinden.

110 Vgl. Keohane/Nye 1998.

111 Siehe u.a.: Dahlgren 2001, 2005. Kritisch in Bezug auf die globale Anwendbarkeit der Vorstellung einer »öffentlichen Sphäre«: Ndela 2007.

112 Siehe u.a. Dartnell 2003, 2006; Yang 2003; Kahn/Kellner 2004. Vgl. etwa zu Potenzialen für alternative Medien die Beiträge in: Couldry/Curran 2003; sowie: Waltz, M. 2005: 89-108; zu *global web journalism*: Curran 2003; zu internetbasierten neuen politischen Aktionsformen: Cleaver 1998; Escobar 2004. Solche sind selbstverständlich nicht sozialen Bewegungen »von unten« vorbehalten, wie etwa der Plan der Online-Community für globale wirtschaftliche und politische Eliten *Welcom* verdeutlicht, siehe: Manager-Magazin 2008.

113 Vgl. Kaiser 2000.

114 Vgl. u.a. Franda 2002; Hachigan 2002a, b; Kalathil/Boas 2003. Franda kommt auf Basis seiner Analyse des Einflusses der Internettechnologie auf Demokratisierungsprozesse in verschiedenen Weltregionen zu dem Ergebnis: »In theory, one can imagine the Internet eventually bringing together like-minded people from many countries to help build [...] more open societies. But the present reality in most nations is rather different« (2002: 233f.). Vgl. jüngst, für die Ein-

lässt sich zwar eine Ausweitung prinzipieller Partizipationsmöglichkeiten durch das Internet gut theoretisch modellieren, dies gilt nicht zuletzt mit Blick auf geographisch zersplitterte und über Gesellschaften hinweg verteilte Interessengruppen, ethnische Diasporas oder themenbasierte Netzwerke. Dennoch ist der Zusammenhang zwischen gesteigerter Verbundenheit, potenzieller Teilhabe und tatsächlicher Demokratisierung auf breiter Front empirisch nicht so einfach zu etablieren, wie Polat herausgearbeitet hat.[115] Zum einen erfasse Internetkommunikation größtenteils bereits politisch aktive Personen (trage also weniger zu einer zusätzlichen Mobilisierung bei), zweitens sei ein großer Teil transnationaler Kommunikation über das Internet fragmentiert, also auf äußerst eng definierte Interessen und Anliegen hin zugeschnitten (führe also nicht automatisch zum Entstehen einer Öffentlichkeit im übergreifenden Sinne), und drittens erschwere die spezifische (anonyme) Kommunikationsform die Etablierung stabiler kollektiver Identitäten als Mobilitätsressourcen.[116] Aus dieser Perspektive erscheint es also mehr als fraglich, ob sich in absehbarer Zeit über das Medium Internet qua Technologie »herrschaftsfreie Spielräume« konstruieren oder *You-Tube*-Effekte als nachhaltig transformierende Impulse für das internationale System ausmachen lassen.[117]

So kommen denn auch größer angelegte Studien zu Auswirkungen der Internettechnologie auf politische Kontexte (insbesondere unter dem Blickwinkel möglicher Demokratisierung) ganz überwiegend zu der Einschätzung, dass zwischen theoretisch projizierten Hoffnungen und empirischer Realität eine gewaltige Kluft bestehe. Franda hat in seiner komparativ angelegten Studie zu Verbreitung, Erscheinungsformen und Mustern staatlicher Reaktion auf das Internet in verschiedenen Weltregionen herausgestellt, dass trotz immerwährend steigender Nutzungsraten des Internets (auch und vor allem außerhalb der OECD-Welt) vielerorts der Zugang zum Internet immer noch entweder vorrangig privilegierten gesellschaftlichen Gruppen (Militär, Geheimdiensten, Wissenschaftlern) vorbehalten ist oder ebendieser Zugang nur unter strikter Kontrolle staatlicher Behörden erfolgen kann.[118] Technologische Potenziale seien so weltweit durch verschiedenste Regulati-

---

schätzung einer allenfalls »moderaten Demokratisierungswirkung«: Groshek 2009.

115 Polat 2005.

116 Vgl. ebd.: 451.

117 Für die erste Umschreibung (und deren Negation) siehe: Ruloff/Holitscher 2003. Einen *You-Tube*-Effekt sieht Naim (2007). Er beschreibt damit – wiederum ein Potenzial – die Kombination der Omnipräsenz von Amateurvideofilmern und der Möglichkeit, diese Filme (die auch politische Brisanz besitzen mögen) über Portale wie eben *You Tube* online einer großen Benutzergruppe zugänglich zu machen und damit politischen Druck auszuüben.

118 Franda 2002. Der Zugang ist selbstverständlich auch in der OECD-Welt nicht »un«reguliert, siehe dazu: Farrell 2006.

onspolitiken wie etwa Zensur, Lizensierungsbestimmungen, Verschlüsselungsverbote, Zugangskontrolle sowie Überwachung bzw. Schließung von Internetcafés ausbalanciert, dass bilanziert werden müsse:

»[b]ecause of international states' determination to assert control over the Internet as a medium of communication, the expectations of those who had hoped to establish cyberspace as a sovereign territory in its own right have not approached realization«.[119]

Diese Einschätzung stimmt mit den Befunden der allermeisten anderen Studien überein, wird von anderen Autoren lediglich um die detailliertere Beschreibung einzelner staatlicher »Politik-Mixe« ergänzt. Kalathil/Boas haben in ihrer Studie autoritärer Regime und deren Internet-Politiken teils sehr komplexe Arrangements reaktiver und proaktiver Strategien ausgemacht. Insbesondere Chinas Politik der Informatisierung (proaktive Nutzung des Internets für öffentliche Verwaltung, Kontrolle und Propaganda) zieht in diesem Kontext Aufmerksamkeit auf sich, da sie prototypisch für einen durch das Internet eingeleiteten Wandel politischer Kommunikation *ohne* Zusammenbruch autoritärer Strukturen steht (*change without collapse*).[120] Damit scheint weitestgehend Konsens darüber zu herrschen, dass das Internet aus sich selbst heraus als Technologie kaum Diktaturen stürzen wird[121], auch wenn sich Technologiefolgen unterhalb großräumiger Demokratisierung abstrakt modellieren wie empirisch beschreiben lassen. Interessanterweise steht das Internet als Medientechnologie aber vor allen Dingen auf-

---

119 Franda 2002: 230.

120 Siehe dazu: Kalathil/Boas 2001, 2002; Kalathil 2002. Zur näheren Beschreibung der Internet-Politik Chinas, des Aspekts der nicht vollständigen Kontrolle und dessen Vorzügen für den Machterhalt der KPC sowie interne Stabilität, siehe: Hachigan 2002a, b.

121 Siehe auch: Kurlantzick 2004. Die einzige dem Autor bekannte Studie, die Gegenteiliges anhand eines empirischen Beispiels (!) behauptet, ist: Kulikova/Perlmutter 2007. Kulikova/Perlmutter versuchen, den Einfluss einiger regierungskritischer *Blogs* auf den Wechsel des kirgisischen Staatsoberhauptes 2005 nachzuweisen. Dabei ist ihr Argument wenigstens aus drei Richtungen angreifbar. 1) Was in der Studie nachgezeichnet wird, ist, dass die genannten *Blogs* eine Informationsblockade der kirgisischen Behörden überbrücken konnten, v.a. weil sie sich auf russischen Servern befanden. 2) Die Verbindung zwischen der Berichterstattung auf diesen Internetseiten und den Protestdemonstrationen, die 2005 dafür sorgten, dass sich das Staatsoberhaupt Akaiev nach Vorwürfen massiven Wahlbetrugs ins Ausland absetzte, ist nicht offenkundig. 3) Ob es sich bei dem Regierungswechsel überhaupt um einen Prozess der Demokratisierung gehandelt hat, ist angesichts der Verfassungsänderung hin zu einer Präsidialdiktatur durch Akaievs Nachfolger mehr als fraglich.

grund solcher nachgesagter Demokratisierungsimpulse im Fokus der Aufmerksamkeit der IB.[122]

Medientechnologien befinden sich daneben als Impulsgeber sozialen Wandels[123], mithin sozialer und wirtschaftlicher Entwicklung, bzw. als Instrumente zur Überwindung von diagnostizierten Entwicklungsblockaden im Blickpunkt politikwissenschaftlichen Interesses. Wiederum sind es vor allem moderne Informations- und Kommunikationstechnologien und dort insbesondere das Internet, denen nachgesagt wird, sozialen Wandel auslösen oder beschleunigen zu können. Zusammengefasst in der Debatte um das *leapfrogging* (also das Überspringen einzelner Entwicklungsstufen im Rahmen eines beschreibbaren Ablaufs von Entwicklungsprozessen[124]) finden sich dabei eher technologiedeterministische[125] wie stärker differenzierende und skeptische Positionen, die ebensolche Effekte der Internettechnologie zu erfassen suchen.

Die wohl umfassendste medienwissenschaftliche Aufarbeitung zum Thema *leapfrogging* mittels moderner Kommunikationstechnologie hat Singh vorgelegt.[126] In seiner Untersuchung der Restrukturierung des Telekommunikationssektors in verschiedenen Schwellen- und Entwicklungsländern steht dabei die Frage nach den Erfolgsbedingungen eines Entwicklungssprungs mit Hilfe dieser Technologien im Vordergrund. Sein Fazit,

---

122 Als Technologiefolge weniger im Blickpunkt der Diskussion steht die aus Pluralisierung und Transnationalisierung resultierende gestiegene Koordinationsfähigkeit auch nicht per se demokratischer Öffentlichkeiten, etwa islam(ist)ischer Netzwerke, vgl.: Maguire 2005. Dies betrifft auch die Zunahme transnationaler rechtsextremistischer Internetpräsenz, vgl. u.a.: Fromm/Kernbach 2001; Busch 2005.

123 Zum Zusammenhang von technologischen Innovationen und sozialer Transformation einführend: Latham 2002.

124 Damit wird deutlich, dass insbesondere die technologiedeterministischen Positionen an ältere, modernisierungstheoretische Überlegungen anknüpfen, vgl. zu dieser Perspektivsetzung: Stevenson 1988.

125 Diese lassen sich eher in politischen Positionspapieren, Deklarationen zur Weltinformationsgesellschaft und Aktionsprogrammen finden. Aber vgl. auch: Steinmueller 2001. Im Gegensatz dazu herrscht in den technikbezogenen Sozialwissenschaften die Haltung vor, die Rolle des sozialen Kontextes für Etablierung von Technologien und deren Rückwirkung ins Zentrum zu rücken, vgl. etwa: Borgman 2003; Lieber 2005. Borgman führt dazu aus: »[...] people do not discard all their old habits and practices with the advent of each new technology« (2003: 6). Lieber untersucht den Zusammenhang zwischen internationalen Konflikten und Technologieentwicklung und kommt zu dem Ergebnis, dass Technologie niemals aus sich heraus Konfliktursache ist, sondern die Eingebettetheit in politische und soziale Netzwerke ausschlaggebend ist für deren Effekte.

126 Singh 1999.

dass vor allen Dingen straff organisierte, manövrierfähige, also nicht dem Druck vieler verschiedener Interessengruppen ausgesetzte Staaten *Leapfrogging*-Effekte produzieren und von ihnen profitieren können, lässt an einer Verallgemeinerbarkeit dieser Entwicklungsstrategie Zweifel aufkommen.[127]

Flatz hat in seiner (v.a. auf das Internet bezogenen) Studie zu Informations- und Kommunikationstechnologien und deren Effekten für das subsaharische Afrika denn auch eine vergleichsweise vernichtende Bilanz gezogen.[128] Diese Technologien würden die Probleme nicht lösen, seien insofern eine weitere Entwicklungsschimäre, vor allem weil die vorfindbaren Infrastrukturen einen großflächigen Ausbau des Internets in absehbarer Zeit nicht ermöglichten. Horrende Gebühren, fehlende Hard- und Software, fehlendes Know-how, aber eben auch kulturspezifische Vorbehalte werden auch in anderen Arbeiten als Gründe angeführt, warum wiederum Potenziale der Technologie nicht zu radikaler sozialer Transformation in vielen weniger entwickelten Regionen führen werden.[129] Dies ist umso bemerkenswerter, als die publizistische Diskussion und auch die Debatten in internationalen Verhandlungsforen im Vergleich wesentlich technologieoptimistischer ausgerichtet waren.[130] Wade hat dies damit begründet, dass sich offensichtlich eine Art *groupthink* herausgebildet habe, der dazu führe, dass kontinuierlich anders lautende empirische Daten optimistisch interpretiert werden.[131] Als weitestgehend erwartbar kann dagegen angesehen werden, dass der beschriebene Technologieoptimismus der Entwicklungsmodernisierer mit der altbekannten Skepsis der Anhänger dependenztheoretischer Ansätze gekontert werden würde. Nicht überraschend wird den *Leapfrogging*-Argumenten so mitunter »Schizophrenie« vorgehalten, insbesondere mit Blick darauf, dass ein einseitiger Technologietransfer vor allem Interessen

---

127 Wie Wong (2000) bemerkt, ist Singh diese – aus demokratietheoretischer Sicht – ambivalente Schlussfolgerung nicht gänzlich angenehm.

128 Flatz 2001. Vgl. zu einer Analyse vorherrschender medienwissenschaftlicher Interessenfelder hinsichtlich des Zusammenhangs von »Entwicklung« und »Medien«/Informations- und Kommunikationstechnologie: Ogan et al. 2009.

129 Vgl. Wade 2002; Alzouma 2005. Diese Einschätzung gilt, auch wenn von Zeit zu Zeit Hoffnungen artikuliert werden, dass sich daran etwas ändern möge, vor allem in infrastruktureller Hinsicht, vgl. NZZ 2006d. Dass Afrika andererseits einer der am rasantesten wachsenden Mobilfunkmärkte ist, stimmt, hat aber etwa vglw. wenig Auswirkungen auf die Verbreitung des Internet, vgl.: Chénau-Loquay 2002; ebenso: FAS 2006.

130 Vgl. zu den diesbezüglichen Debatten im Rahmen des WSIS die beiden Themenhefte der Zeitschriften *International Communication Gazette* (66, 3/4, 2004) und *Global Media & Communication* (1, 3, 2005).

131 Vgl. Wade 2002: 444. Vgl. zu der im System der Vereinten Nationen vorherrschenden Sichtweise des Zusammenhangs: Servaes 2007.

der entwickelten Länder bedienen und Abhängigkeiten noch verschärfen würde.[132]

Zusammenfassend lässt sich festhalten, dass die Bewertung von Massenmedien in den internationalen Beziehungen, so sie primär in Form von Medien*technologien* gedacht werden, zwischen den beiden Polen »Technologieoptimismus« (im Hinblick auf wünschbare soziale Transformation) und »Technologieskepsis« (abstrakt modellierbare Potenziale setzen sich nur wenig um) schwankt. Dies gilt insbesondere für die Technologie des Internet, die Elemente eines Massenmediums mit Individualkommunikation verschmilzt. Das Bild der »Technologie« bildet dabei zumeist eine Projektionsfläche von Hoffnungen und Befürchtungen.[133] Konkrete Studien tendieren dazu, Folgen aktueller Medientechnologien vor allen Dingen in Form verstärkter Koordination gesellschaftlicher Akteure in und über Gesellschaften hinweg zu beschreiben. Die Richtung resultierender Effekte bleibt demgegenüber nach Maßgabe bisheriger Forschung wesentlich diffuser, als es Technologieoptimisten zunächst unterstellten.

2.5 Medienstrukturen im internationalen Raum: Nachrichtenflüsse, Amerikanisierung, Medienglobalisierung?

Eine fünfte idealtypische Auffassung von Massenmedien im internationalen Kontext stellt wiederum nicht etwaige Handlungsqualitäten von Medien zentral. Ihr gemäß sind weniger »Medien« an sich, auch nicht deren Materialität in Form bestimmter Technologien und ableitbaren Folgen von zentraler Bedeutung, sondern die strukturellen wie strukturierenden Aspekte massenmedialer Flüsse im internationalen System. Unter Strukturen werden dabei etablierte Muster der globalen Vernetzung und Verteilung von Infrastrukturen sowie Muster von Nachrichten- und Medienflüssen verstanden. Beide Komponenten sind nur zu analytischen Zwecken, nicht aber trennscharf voneinander abzugrenzen, da Medienflüsse in hohem Maße von etablierten Infrastrukturen abhängen. Diese strukturelle Auffassung von Massenmedien löst sich wie beschrieben von der Vorstellung des Handelns politischer und/oder Medienakteure und nimmt strukturelle Effekte der Präsenz und des Wirkens von Massenmedien in den Blick. Einerseits erlangen dadurch andere Instanzen der politischen Kommunikation – v.a. internationale Nachrichtenagenturen – Aufmerksamkeit. Andererseits öffnet sich in der Literatur, die diesem fünften idealtypischen Verständnis zugeschrieben wer-

---

132 Boer 2001: 865; Wade 2002: 443.

133 Manche Autoren unterstellen der Technologiediskussion, dass diese dazu geführt habe, »[...] to distort development priorities away from core issues like debt and poverty alleviation towards the pursuit of a ›virtual panacea‹ for Africa's deep-rooted problems« (Alden 2003: 457).

den kann, der Blick deutlich über politische Kommunikation und Nachrichtenberichterstattung hinaus für andere Mediengattungen und -formate (Unterhaltungskommunikation). Im Folgenden werden daher zunächst einige charakteristische Arbeiten zu Nachrichten- und allgemeineren Medienflüssen im internationalen Kontext vorgestellt. Darauf folgt eine Kurzdarstellung der Literatur, die sich maßgeblich mit globalen Mustern kommunikativer Infrastrukturen beschäftigt, insbesondere mit Blick auf vorfindbare Asymmetrien und vermeintliche Dominanzverhältnisse.

Nachrichten- und Medienflüsse bilden dabei die am längsten diskutierten (Epi-)Phänomene der strukturellen Ausbreitung von Massenmedien im globalen Kontext.[134] Spätestens seit den 1970ern wurde dabei maßgeblich im Kontext der Debatten um eine Neue Weltinformations- und Kommunikationsordnung (NWICO), die vor allem im Rahmen der UNESCO stattfand, ein Ausgleich wahrgenommener Unausgewogenheiten globaler Nachrichtenflüsse gefordert. Diese Muster ungleicher Verteilung wiederum wurden von ihren Kritikern in entscheidendem Maße auf die Dominanz westlicher Medienagenturen – der sog. *Big Four*: Agence France Press/Havas, Associated Press, United Press International und Reuters, sowie nachgeordneter regionaler Agenturen wie etwa dpa – zurückgeführt.[135] Um den behaupteten Zusammenhang zwischen globalen politischen wie ökonomischen Machtstrukturen sowie internationaler Nachrichtenberichterstattung wissenschaftlich zu erhellen, wurde seitens der UNESCO zu Beginn der 1980er Jahre eine Studie in Auftrag gegeben, die die Berichterstattung von 29 Ländern sowie der *Big-Four*-Nachrichtenagenturen analysieren sollte.

Sreberny-Mohammadi fasste deren Ergebnisse wie folgt zusammen[136]: 1) Mit Blick auf die berichteten Gegenstände war ein Schwergewicht auf politischen, militärischen und wirtschaftlichen Nachrichten (internationale Ereignisse wie Vorkommnisse im heimischen Kontext) erkennbar. Dieser geringe Stellenwert von *soft news* war im globalen Süden noch ausgeprägter. Ebenso ließ sich deutlich herausarbeiten, dass politische Akteure (Personalisierung) die internationale Nachrichtenberichterstattung deutlich charakterisieren. 2) Das hervorstechende Merkmal der Berichterstattung im globalen Kontext war überdies der vorherrschende Regionalismus, d.h. die meiste Aufmerksamkeit wurde Nachrichten aus dem unmittelbaren geographischen Kontext eingeräumt. Unabhängig davon, dass der zeitliche Entstehungskontext dieser Studie – eine Dekade vor Beendigung des Ost-West-Konflikts, gut fünfzehn Jahre vor der einsetzenden Verbreitung der Internettechnologie usw. – beachtet werden muss, um ihre Aussagekraft für heutige

---

134 Vgl. etwa: Sreberny-Mohammadi et al. 1980.

135 Zu den Nachrichtenagenturen allgemein: Stevenson 1994; Alleyne 1995: 72-83; Bielsa 2008. Zur Diskussion um Nachrichtenagenturen im Zusammenhang mit der NWICO-Debatte sowie zu neueren Tendenzen im globalen Nachrichtenmarkt: Boyd-Barrett 2000, 2003.

136 Vgl. Sreberny-Mohammadi et al. 1984.

Verhältnisse einzuschätzen. Dennoch ist bemerkenswert, dass die Auswertung der Ergebnisse unterschiedliche Interpretationen[137] nach sich zog, gar zu einer Spaltung der beteiligten Wissenschaftler führte. Dies dürfte nicht zuletzt wie in allen Debatten zur NWICO damit in Verbindung gestanden haben, ob die betrachteten Phänomene, in ein Bild asymmetrischer globaler Kommunikation mit starkem Nord-Süd-Gefälle eingepasst, eher als Ergebnisse medienimperialistischer Strategien des Nordens oder (abänderlicher) Verteilungsmuster technologischer und ökonomischer Effizienz sowie Publikumsaufmerksamkeit gedeutet wurden.

So hat etwa Alleyne (deutlich vom Ansatz des Medienimperialismus beeinflusst) die internationalen Medienstrukturen als oligopolistisch, hierarchisch, in ihrer Wirkung synchronisierend (homogenisierend), bürokratisch und autoritär beschrieben. Asymmetrien in den internationalen Kommunikationsverhältnissen untermauern aus dieser Perspektive globale Macht- und Wohlstandsgefälle.[138] Wollte man, so Alleyne weiter, internationale Nachrichten- und Medienflüsse in einem Modell abbilden, so ließen sich für dieses Modell drei Charakteristika ausmachen: Erstens bestehen dichte, reziproke Austauschbeziehungen zwischen Staaten und Gesellschaften der OECD-Welt; zweitens existieren stark asymmetrische Kommunikationsbeziehungen zwischen den Gesellschaften des Nordens und des Südens (nahezu einseitig gerichteter Kommunikationsfluss von Nord nach Süd) und drittens lassen sich kaum oder nur schwach ausgeprägte Kommunikations- und Medienflüsse zwischen einzelnen Regionen des globalen Südens ausmachen.[139]

In Abgrenzung zu solcherart gelagerten Versuchen, Medien- und kommunikative Flüsse makroperspektivisch zu erfassen, lässt sich eine Vielzahl von Arbeiten zu Nachrichtenflüssen und deren Determinanten, die in Nachrichtenfaktoren selbst vermutet werden, finden. Chang hat etwa herausgearbeitet, dass unter dem Blickwinkel der Häufigkeit des »Berichtet-Werdens« einzelner Staaten neben der Annahme eines Zentrum-Peripherie-Modells (der zufolge Staaten im Zentrum des kapitalistischen Weltmarkts überdurchschnittlich Aufmerksamkeit auf sich ziehen) vor allem die Filter, die über Berichterstattung aus der globalen Peripherie entscheiden, von entscheidender Bedeutung sind.[140] Chang schildert, dass Länder des globalen Südens zusätzliche Filter durchlaufen müssen, die über deren Attraktivität als Berichtobjekte entscheiden. Diese Filter beziehen sich vor allem auf die Ereignisqualität des zu Berichtenden sowie unterschiedliche Grade der Endo-

---

137 Ebd.

138 Alleyne 1995: 10, 67, 69f.

139 Dieses Modell, in dem Alleyne seine Untersuchungsergebnisse (Stand: 1995) zusammenfasst, rekurriert auf ältere dependenztheoretische Ansätze, siehe dazu: Thussu 2000a: 60-67.

140 Vgl. Chang 1998.

genisierbarkeit jeweiliger Konfliktursachen. Wu ist in mehreren Studien[141] zur Untersuchung systemischer Determinanten internationaler Berichterstattung zu ähnlichen Ergebnissen gelangt: Es lasse sich in dieser Berichterstattung ein deutlicher Fokus auf weltpolitisch mächtige Staaten, namentlich die USA, nachweisen. Weitere wichtige Einflussfaktoren seien die Interaktionsdichte zwischen berichtetem Land und Herkunftsort der Berichterstatter (von besonderer Bedeutung dabei die Handelsdichte) sowie Aspekte der Logistik der Nachrichtenbeschaffung, also die Anzahl von Auslandskorrespondenten bzw. Vor-Ort-Präsenz von Nachrichtenagenturen. Bevölkerungsgröße und geographische Distanz seien demgegenüber nur in Entwicklungsländern signifikante Einflussfaktoren der Berichterstattung über ein Land, wirtschaftliche Prosperität innerhalb der OECD-Welt.[142]

Es soll dabei an dieser Stelle kein Nachweis geführt werden, welche Einflussfaktoren in welcher Weltregion letztendlich den Ausschlag geben; ebenso wenig kann eruiert werden, welche der genannten Perspektiven (Medienimperialismus vs. Nachrichtenfaktoren) der anderen womöglich überlegen ist. Vielmehr kann veranschaulicht werden, dass sich hinter den präsentierten Forschungsdesigns und -projekten eine spezifische Wahrnehmung von Massenmedien in Gestalt spezifischer Zuschnitte medial verbreiteter Produkte im internationalen Kontext verbirgt. Allerdings ist noch keine Studie zu dem Urteil gekommen, dass asymmetrischer Besitz von Kommunikationsressourcen und -infrastrukturen sich nicht auch in quantitativ stärkeren Nachrichten- und Medienflüssen (Produktion, Vertrieb und Berichtet-Werden) niederschlägt.[143] Fraglich bleibt allerdings, ob sich aus diesen messbaren und quantifizierbaren Asymmetrien – Anzahl der Nachrichtenmeldungen, zeitlicher Umfang der Berichterstattung, aber auch: Anzahl exportierter Filme, Resonanz auf importierte Medienprodukte – ohne Weiteres auf qualitative Aspekte schließen lässt. Genau dies aber geschieht innerhalb von Medien- und Kulturimperialismus-Theoremen[144] häufig. So hat Fahmy

---

141 Wu 1998, 2000, 2003.

142 Die letztgenannte Differenzierung findet sich vor allem in: Wu 2003. Aber siehe die Kritik von Pietiläinen (2006), der eine Verallgemeinerbarkeit des Faktors »Handelsdichte« nicht als plausibel ansieht: So lassen sich prominente Ausnahmen finden, etwa Kuwait, Russland, die USA selbst. Der Zusammenhang dürfte laut Pietiläinen am höchsten in mittleren und kleinen, außenwirtschaftlich orientierten Ländern der OECD-Welt sein. Dass auch die Internettechnologie nicht per se mit solchen etablierten Medienflüssen bricht, verdeutlichen: Chang/Himelboim/Dong 2009.

143 Vgl. in dieser Hinsicht: Chang/Lau/Xiaoming 2000. Die Autoren geben eine annähernde Gleichung für das Berichtet-Werden an mit »[...] one core country covered in international news would equal two semi-peripheral countries, and about seven peripheral countries« (ebd.). Zu den USA als *top-news maker*: Tai 2000.

144 Vgl. dazu die Kurzdarstellungen in: Thussu 2000a: 64-67; Krotz 2005: 26-29.

nachgewiesen[145], dass *die Quellen* der Berichterstattung über die Terroranschläge des 11. September 2001 und den Krieg in Afghanistan in der arabischen und außerhalb der arabischen Welt zunächst weitestgehend identisch waren. Vor allen Dingen, was das Bildmaterial angeht, dominierten westliche Nachrichtenagenturen eindeutig. Mehr oder weniger identisches Rohmaterial wurde (und wird) aber in unterschiedlichen Weltregionen durchaus verschiedenartig kontextualisiert, die Bilder wurden also mit völlig unterschiedlichen Botschaften/Bildunterschriften ausgestattet. Asymmetrie in den Kommunikations- und medialen Infrastrukturen übersetzt sich im genannten Fall also gerade nicht in Deutungsmacht. Hinzu tritt, dass technologischer Wandel sich durchaus kurzfristig im (infra-)strukturellen Bereich niederschlagen könnte. Gerade das Potenzial neuer Medientechnologien, marktgängige konkurrierende Deutungsangebote hervorzubringen, ist so von Song in seiner Untersuchung südkoreanischer Online-Nachrichtenagenturen beschrieben worden.[146]

Dies deutet die Notwendigkeit an, Nachrichten- und Medienflüsse nicht mehr nur als aus sich selbst heraus aussagekräftige Aspekte zu deuten, sondern sie in einen Rahmen makrosozialer Veränderungsprozesse eingebettet zu sehen. Dabei ist fraglich, ob das Konzept der Medienglobalisierung, verstanden hier als die zunehmende Transnationalisierung und Globalisierung von Medienunternehmen einerseits sowie Prozesse der Internationalisierung politischer Kontexte durch das Wirken von Massenmedien andererseits[147], die entscheidenden Charakteristika dieses Wandels erfasst. Hafez hat in diesem Zusammenhang vom »Mythos Globalisierung« gesprochen, da sich die medien- und politikwissenschaftliche Diskussion auf Potenziale bestimmter Medientechnologien (Internet!) kapriziere, aber keine Gesamtbilanz aller massenmedialen Strukturen und deren tatsächlicher Veränderungen vorlege.[148] Insbesondere die Frage danach, welche sozialen Gruppen innerhalb welcher räumlichen Zusammenhänge mit Hilfe welcher massenmedialen Kanäle in welcherart Kontakt treten und vor allem *mit welchen politischen Konsequenzen,* werde kaum gestellt; auch die in diesem Zusammenhang wichtigen Muster der Auslandsberichterstattung würden keineswegs systematisch reflektiert.[149] Dabei zeige der Blick auf die sog. *global players*[150], dass diese in Wirklichkeit regionale Konzerngrößen mit einem starken Standbein in Nordamerika, Europa und/oder Australien sowie mit mehr oder weniger aktiven Spielbeinen auf anderen Weltmärkten seien. Mithin existiere eben kein global(isiert)er, durch komplexe Interdependenzen gekenn-

---

145 Fahmy 2005.

146 Song 2007.

147 Kritisch mit Blick auf einige der bisherigen Arbeiten: Khiabany 2005.

148 Vgl. Hafez 2005: 11f.

149 Ebd.: 19.

150 Für zwei diametral entgegengesetzte Zugänge vgl.: Herman/McChesney 2000, gegenüber: Compaine 2002.

zeichneter Medienmarkt, vielmehr sei parallel zur Regionalisierung der Medienstrukturen eine Lokalisierung der Mediennutzung bemerkbar.[151] Gerade der letztgenannte Trend – das Aufkommen eines neuen »global-lokalen Nexus«, also die Zunahme lokaler Perspektivnahme bei anwachsender grenzüberschreitender Berichterstattung – stehe dabei für eine potenziell zunehmende Fragmentierung und Konfliktanfälligkeit der Medien- und Informationswelten.[152]

In der Diskussion um die strukturellen Veränderungen in globalen Medienkontexten ist andererseits in den letzten Jahren verstärkt auch wieder über den Nutzen des Amerikanisierungskonzepts gestritten worden. In der nachfolgend zitierten Positionierung Giddens' lassen sich dabei exakt jene zwei gegenläufigen Trends wahrnehmen, welche die aktuelle wissenschaftliche und publizistische Diskussion anleiten. So führt Giddens, auf Medienglobalisierung *als* Amerikanisierung angesprochen, aus:

»In a way, people recognize America as kind of expression of globalization, as much as a directing influence on globalization. [...] But that's like traditional infantile leftism blaming first the USA and now the corporations.«[153]

Ebenjener Zwiespalt: entweder »Amerikanisierung« unhinterfragt als Erklärungsfolie für wahrnehmbare Veränderungen im globalen Medien- und Kommunikationsbereich zu übernehmen oder ebensolche Überlegungen ähnlich umstandslos und reflexartig als ideologisch eingefärbte Fehleinschätzungen abzutun, charakterisiert die zeitgenössische publizistische wie wissenschaftliche Debatte. Beide Positionen stehen sich offenkundig unversöhnlich gegenüber; dabei ist das erneute Aufflammen der »Amerikanisierungs«-Debatte selbst zunächst erklärungsbedürftig.[154] Noch eingangs des 21. Jahrhunderts hatte Biltereyst mit Blick auf die Medien- und Kommunikationsforschung bemerkt:

»[...] in academic circles, concepts such as [...] Americanisation [...] have become tremendously outmoded since the late 1980s, they [only] seem to pop up again widely on the internet, in the press and in the media«.[155]

Und in der Tat lassen sich gute Gründe aufzählen, eine Rückkehr des Begriffs skeptisch zu betrachten, nicht zuletzt mit Blick auf dessen oftmals kulturpessimistischen Impetus, seinen in jedem Fall normativ überfrachteten Charakter, verstanden als Kulturimperialismus und »McDonaldisierung«,

---

151 Hafez 2005: 214, 218; ebenso: Hafez 1999.
152 Für weitere kritische Einschätzungen hinsichtlich des Konzepts der (Medien-) Globalisierung siehe u.a. Chan 2005; Sparks 2005, 2007b.
153 Siehe dazu das Interview in: Rantanen 2005.
154 Die folgenden Passagen beruhen auf: Brand 2008a.
155 Biltereyst 2003: 56.

als insgesamt abzuwehrender Versuch der amerikanischen Supermacht, in die eigenen (meist kulturell definierten) Belange einzugreifen. Auch wenn seitens der Debattenteilnehmer keinerlei Konsens herrscht, was genau der Begriff inhaltlich bezeichnen soll, so scheint seine wieder erstarkte Popularität doch symptomatisch angesichts folgender paralleler Entwicklungstendenzen zu sein. Zum einen bezieht sich die Begriffskonjunktur auf die singuläre Rolle der USA als Vormacht im internationalen System, vor allem mit Blick auf ein vglw. offensives Programm zur globalen Projektion amerikanischer Stärke in Gestalt des *war on terror*.[156] Zudem werden zweitens in zunehmendem Maße »amerikanisierende« Tendenzen im Bereich internationaler Medien und Kommunikation beschrieben, nicht zuletzt die Vorreiterrolle US-amerikanischer Medienunternehmen im globalen Kontext. Die Parallelität dieser beiden Entwicklungen trägt maßgeblich zur Konjunktur des Amerikanisierungsbegriffs, gerade auch unter Verweis auf Strukturmerkmale globaler Kommunikation, bei.

Oberflächlich betrachtet äußert sich diese Konjunktur in solch kruden Einschätzungen wie:

»America, the only superpower in the world, could not be more aggressive in endorsing Americanization. Together with hi-tech goods, they export their values, ideas, policies and weapons. Meanwhile, American transnational corporations, America-trained financial consultants, media agencies like the CNN and VOA, not to mention the US troops, are everywhere in the world, seemingly to ensure that globalization does not go astray.«[157]

Der solcherart zur Schau gestellte geringe Grad an Differenzierungsfähigkeit ändert andererseits nichts daran, dass im Fahrwasser der Begriffskonjunktur, die auch von ehemaligen Kritikern des Konzepts getragen wird[158], eine Erklärungslücke entsteht. Diese Erklärungslücke bezieht sich darauf, dass eine unterstellte (oder bestrittene) »Amerikanisierung« ggf. empirisch in ihren jeweiligen Ausprägungen *und deren politischen Konsequenzen* zunächst erst kenntlich zu machen wäre. Zwar kann unter einer Amerikanisierung der internationalen Kommunikation sinnvollerweise etwa verstanden werden: die Einflussnahme US-amerikanischer Politik auf institutionelle Regelungen im internationalen Medien- und Kommunikationssektor[159]; die Vorrangstellung US-amerikanischer Medienunternehmen und -produkte auf

---

156 Ob als »Weltmacht vor neuer Bedrohung« oder als vermeintlicher »Crusader State«: Die herausragende Stellung der USA und die Bedeutung der jeweils von ihr verfolgten außenpolitischen Strategien für die Weltpolitik scheint unbestritten, vgl. zur Außenpolitik der USA eingangs des 21. Jahrhunderts: Kremp/Wilzewski 2003; Hils/Wilzewski 2006.

157 Xia 2003: 710.

158 Siehe dazu die Ausführungen von Appandurai, in: Rantanen 2006.

159 Vgl. etwa: Siochrú 2004.

internationalen Märkten[160]; oder auch Veränderungen und Hybridisierungs-prozesse politischer Kommunikation.[161] Diese Aspekte bilden dabei analytisch voneinander getrennte Dimensionen, wobei die in ihnen sich entfaltenden Prozesse durchaus parallel zueinander und miteinander verschränkt ablaufen. Jedoch müsste in einem zweiten Schritt analysiert werden, ob sich solcherart strukturelle Veränderungen im internationalen Mediensektor (a) tatsächlich entlang der These einer zunehmenden Amerikanisierung abbilden lassen und (b) welches die politisch-gesellschaftlichen Konsequenzen eines solchen Prozesses sind. Mit anderen Worten: Ist der mitschwingende »Imperialismusverdacht« gerechtfertigt angesichts der politischen Resultate etwaiger »medialer« Vormacht US-amerikanischer Unternehmen oder aus den Vereinigten Staaten stammender Medien- und Kommunikationspraxen (Stichwort: Amerikanisierung politischer Kommunikationskulturen)?[162]

Auch wenn dies bisher nicht geleistet wurde, ist die Amerikanisierungs-diskussion für hier verfolgte Zwecke aussagekräftig, weil sie aufzeigt, dass die strukturelle Perspektive auf Massenmedien in den internationalen Beziehungen einen zentralen Zugang zum Themenfeld beschreibt. Nachrichten-flüsse, ihre Muster und zugrunde liegende massenmediale Infrastrukturen bilden somit die hauptsächlichen Untersuchungsgegenstände einer fünften Klasse von Ansätzen zur Erfassung von Massenmedien in den internationalen Beziehungen. Besondere Aufmerksamkeit genießen in diesem Zusammenhang sedimentierte Asymmetrien und Abhängigkeitsverhältnisse in grenzüberschreitenden Kommunikationskontexten.

2.6 Heterogenität und Widersprüchlichkeit der Rollenzuschreibungen

Offenkundig werden »Massenmedien« in politik- und medienwissenschaftlichen Arbeiten, in den IB wie im Forschungsfeld Internationale Kommunikation, auf unterschiedliche Arten und Weisen erfasst: Zugrunde liegen dieser Erfassung drei konkurrierende Rollenzuschreibungen und zwei weitere Bilder/Perspektiven. Drei dieser idealtypischen Hintergrundfolien (Akteure, Vermittler oder Instrumente) sind in den vorliegenden Arbeiten mehrheitlich auf US-amerikanische politische und mediale Kontexte hin formuliert, so-dass die prinzipielle Frage gestellt werden muss, inwiefern die Befunde oh-ne Weiteres verallgemeinerbar sind. Die beiden letztgenannten »Bilder« – Massenmedien als Technologien und als (Infra-)Strukturen – beziehen inter- und transnationale Kontexte in größerem Umfang ein, wenn auch die Frage

---

160 Vgl. etwa: Chalaby 2006; Kleinsteuber 2005b.

161 Vgl. etwa: Esser/Pfetsch 2004.

162 Vgl. Kap. 9 der vorliegenden Arbeit zu solchen »politischen Konsequenzen« auf diskursivem Terrain.

einer US-amerikanischen Vormachtstellung wenigstens im Subtext entscheidend bleibt.

Zwischen diesen idealtypischen Vorstellungen bestehen nicht nur Unterschiede, sie widersprechen einander zu einem Gutteil (etwa im Hinblick auf
die Beantwortung der Frage nach Akteursqualitäten von Massenmedien)
oder werfen völlig verschiedenartige Perspektiven auf den Gegenstand, ja
definieren diesen grundsätzlich unterschiedlich (Akteure, Strukturen, Technologien etc.). Somit leisten sie der Erfassung einzelner Teilaspekte, jeweils
unter Vernachlässigung anderer, Vorschub. Insgesamt werden jeweils nur
bestimmte Aspekte massenmedialer Präsenz bzw. Wirkungen in Augenschein genommen. Zweifelsohne lassen sich zwischen den einzelnen Rollenzuschreibungen und »Bildern« auch Überlappungen identifizieren. So
bestehen offenkundig Berührungspunkte zwischen der Rollenzuschreibung
»Akteur« und dem Bild der »Medientechnologie«, insoweit sich zugeschriebene Akteursqualität aus den Potenzialen bestimmter Technologien
speist, politische Prozesse in Ablauf und Qualität (insbesondere hinsichtlich
ihrer Inklusivität) zu verändern. Ebenso bestehen Überschneidungen zwischen der Rollenzuschreibung »Vermittler« und der Erfassung struktureller
Effekte von Massenmedien, etwa mit Blick auf Nachrichtenflüsse und deren
Erklärbarkeit über Nachrichtenfaktoren. In beiden idealtypischen Verständnissen stehen dabei Selektionsmechanismen bei der Rekonstruktion der Realität politischer Kontexte im Mittelpunkt. Diese Strukturierung der wissenschaftlichen Debatte zu Massenmedien im internationalen Kontext legt dabei nahe, Ausschau nach einem alternativen Modell internationaler Beziehungen zu halten, das in der Lage ist, die Schwächen der geschilderten Per-
spektivenkonkurrenz produktiv aufzugreifen. Dies bedeutet eben nicht, Entscheidungsfragen zu etablieren (Akteur oder Struktur? Effekt oder *agency*?
Instrument oder vermittelnde Struktur?), sondern durch Bezugnahme auf ein
übergreifendes Konzept eine Gesamtschau der verschiedenen Rollen und
Rollenzuschreibungen, Funktionen und Effekte von Medien in den internationalen Beziehungen zu ermöglichen und zentrale, politisch bedeutsame
Dimensionen medialer Präsenz und medialen Handelns herauszuarbeiten.

Denkbar ist es in diesem Zusammenhang, vom Konzept Diskursiver
Konstruktion auszugehen. Zentral abgebildet sollten in einem darauf auf-
bauenden Modell Mechanismen sozialer Konstruktion von Wirklichkeit in
massenmedialen Diskursen sein, von denen ausgehend eine Bestimmung
des Wirkens von Massenmedien unternommen werden kann. Der Vorteil eines solchen Vorgehens liegt dabei in der Möglichkeit, Medien (Inhalte,
Strukturen, Wirkungen) *auf breiter Front* in ihrem Einfluss bzw. ihrer Verbindung zu trans- und internationalen politischen Kontexten aufzuzeigen,
anstatt eine Vielzahl heterogener, sich teils überlagernder akademischer
Konzepte nebeneinander zu stellen und/oder miteinander abzugleichen.

Gemäß den hier präsentierten unterschiedlichen Zugängen sind dabei
folgende fünf Dimensionen auf ihre Erfassbarkeit im Rahmen eines diskursiv-konstruktivistischen Modells hin zu prüfen:

- Instrumentalisierungsthese = erfassbar über Strategien, diskursive Vorherrschaft vermittels massenmedialer Kommunikation zu etablieren;
- Vermittlungsperspektive (Filter) = produktive Komponente massenmedialen Handelns bei der Generierung und Reproduktion von Diskursen;
- Akteursrolle = produktive Komponente unter dem Blickwinkel intentionaler Beeinflussung von Diskursen;
- Medientechnologien = Bestimmung der Effekte von Medienformaten für die Strukturierung und qualitative Ausgestaltung diskursiver Räume;
- (Infra-)Strukturen = politökonomischer und materieller Unterbau transnationaler massenmedialer Diskurse; Medienflüsse = Indikatoren für Existenz und Zuschnitt dieser Diskurse.

Weiter ausgreifend stellt sich in diesem Zusammenhang die Frage, ob die spezifische Macht von Massenmedien in den internationalen Beziehungen über eine solche diskursiv-konstruktivistische Perspektive zu beschreiben ist. Dahinter verbirgt sich die Frage nach *der* Macht *der* Medien allgemein, welche trotz ihrer Popularität immer noch auf ein Forschungsdesiderat hinweist.[163] Dieses Rätsel wird auch im Rahmen der fünf beschriebenen Zugänge aufgegriffen, ohne dass eine überzeugende und einzelne Phänomene übergreifende Antwort präsentiert wird. Darüber hinaus lässt sich anmerken, dass die begriffliche Füllung von »Macht« in den IB keineswegs unumstritten ist, somit verschiedene Machtbegriffe miteinander konkurrieren. Auf »Massenmedien« als Untersuchungsgegenstand bezogen, lassen sich diese Verständnisse u.a. in folgende Richtungen hin ausloten: Äußert sich Medienmacht in materieller Ressourcenausstattung, den Besitzverhältnissen und Verteilungsmustern massenmedialer Infrastrukturen? Oder liegt ihre Macht in den Effekten, die Technologien produzieren? Lässt sich Medienmacht als Macht individueller (oder Gruppen von) Medienakteure(n) verstehen, die über Massenmedien ihre partikularen Interessen erfolgreich universalisieren? Ist die Macht von Medien Resultat institutioneller Begrenzungen und Regelungen in internationalen Medien- und Kommunikationssektoren?

Demgegenüber zielt eine diskursiv-konstruktivistische Betrachtung von Massenmedien vornehmlich auf die produktive Seite der Bedeutungskonstruktion in Diskursen. Diskursive Macht würde demzufolge in einer ersten Annäherung eine bestimmte Klasse von Machteffekten umfassen, die sich zweifelsohne in Verbindung setzen lassen zu den hier aufgezeigten Machtdimensionen (materiellen Aspekten wie infrastrukturellen Ressourcen oder aber der Interessenverfolgung gesellschaftlicher Akteure). Inhaltlich ließe sich diskursive Macht dabei als die Macht bestimmen, die sich daraus ergibt, Bedeutungen für und Vorstellungen der Akteure zu formen, temporär zu stabilisieren und gegebenenfalls mit alternativen Bedeutungsgehalten zu überformen. Da Massenmedien inhärent mit Prozessen der Bedeutungspro-

---

163 Couldry/Curran 2003: 3.

duktion in inter- wie transnationalen Kontexten verknüpft sind, eignen sie sich folglich als zentrale Untersuchungsobjekte zur Analyse diskursiver Macht in den internationalen Beziehungen. (Ein solches Modell soll in Teil II aus der Diskussion um Konstruktivismen in den Internationalen Beziehungen heraus erarbeitet werden.)

Die in der abschließenden Übersicht (Tab. 2) zu den fünf aufgezeigten Vorverständnissen zusammengetragenen Aspekte beschreiben dabei noch einmal in Kurzform, warum sich aus ihrem Zusammenspiel in politik- wie medienwissenschaftlichen Debatten eher eine Hürde für die *systematische und umfassende* Erforschung von Massenmedien in grenzüberschreitenden Kontexten *in ihrer politischen Wirkung* ergibt. Die ausgemachten fünf konkurrierenden Vorverständnisse, über die Massenmedien bisher (in der Mehrzahl in medienwissenschaftlich ausgerichteten Arbeiten oder im Kontext der Außenpolitikforschung) erfasst wurden, arbeiten einer Wahrnehmung des Gegenstandes als heterogen und widersprüchlich zu; überdies veranschaulichen sie, dass über solcherart strukturierende Vorverständnisse zumeist nur bestimmte Facetten massenmedialen Einflusses betrachtet werden. Diese Selektivität und teilweise Widersprüchlichkeit bilden aber, wie in Kap. 1 gezeigt worden ist und im Folgenden noch einmal herausgestellt werden soll, nicht die einzige Barrieren für eine systematische Erfassung des Gegenstandes durch die IB.

Tabelle 2: Die Problematik der Erfassung von Massenmedien in internationalen Kontexten über Vorverständnisse, Rollenzuschreibungen und »Bilder«

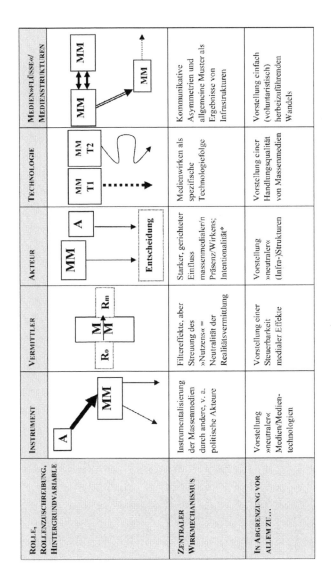

ROLLE, ROLLENZUSCHREIBUNG, HINTERGRUNDVARIABLE	INSTRUMENT	VERMITTLER	AKTEUR	TECHNOLOGIE	MEDIEN»FLÜSSE«/MEDIENSTRUKTUREN
ZENTRALER WIRKMECHANISMUS	Instrumentalisierung der Massenmedien durch andere, v. a. politische Akteure	Filtereffekte, aber Streuung des »Nutzens« = Neutralität der Realitätsvermittlung	Starker, gerichteter Einfluss massenmedialer/n Präsenz/Wirkens; Intentionalität*	Medienwirken als spezifische Technologiefolge	Kommunikative Asymmetrien und allgemeine Muster als Ergebnisse von Infrastrukturen
IN ABGRENZUNG VOR ALLEM ZU...	Vorstellung »neutraler« Medien/Medientechnologien	Vorstellung einer Steuerbarkeit medialer Effekte	Vorstellung »neutraler« (Infra-)Strukturen	Vorstellung einer Handlungsqualität von Massenmedien	Vorstellung einfach (voluntaristisch) herbeizuführenden Wandels

*[A= Akteur; MM = Massenmedium; Ro = Operationswirklichkeit; Rm = Medienwirklichkeit; T1,2 = (verschiedenartige) Medientechnologien; *Intentionalität ist allein im Rahmen des Rollenkonzepts »Akteur« sinnvoll zu diskutieren, während es in den übrigen Rollen und Verständnissen außen vor bleibt]*

3. Vorüberlegungen zu einem Modell der Erfassung massenmedialer Effekte in den internationalen Beziehungen

Wenn eingangs die Absicht bekundet wurde, Massenmedien in den internationalen Beziehungen als ein mögliches Forschungsfeld zu beschreiben, so verweist dies im eigentlichen Sinne auf die immer offener zu Tage tretende Diskrepanz zwischen einem prinzipiell modellierbaren Interesse (der IB an einer systematische[re]n Analyse von Massenmedien) und der fragmentarischen, vielgestaltigen, teils inkommensurablen und insgesamt mit Leerstellen und Fragezeichen behafteten *tatsächlichen* Behandlung des Untersuchungsgegenstandes »Massenmedien« in der politikwissenschaftlichen Disziplin der Internationalen Beziehungen zum jetzigen Zeitpunkt. Einige Ansätze lassen sich aufzeigen, insgesamt aber bietet sich ein eher widersprüchliches Bild; ein Befund, der noch gesteigert wird durch die im letzten Kapitel erarbeiteten konkurrierenden, dabei selektiv auf bestimmte Aspekte medialen Handelns und/oder medialer Präsenz abzielenden Zugänge.

Eine mögliche Strategie könnte darauf aufbauend darin bestehen, nach einem integrativen Modell zur Erfassung der politisch bedeutsamen (und somit politikwissenschaftlich interessanten) massenmedialen Effekte in den internationalen Beziehungen Ausschau zu halten. Ohne der Argumentation in den nachfolgenden Abschnitten allzu weit vorgreifen zu wollen, wird in der vorliegenden Arbeit behauptet, dass sich ein solches Modell erstellen lässt, und zwar unter Rückgriff auf konstruktivistische Überlegungen. Bevor in Kap. 4 dargelegt werden soll, was genau ein *konstruktivistisches* Modell in dieser Hinsicht aus meiner Sicht zu leisten vermag (im Hinblick auf die Integration verschiedener Zugänge zur Analyse von Massenmedien, eben genau unter einer *politikwissenschaftlich relevanten* Perspektive), soll die Notwendigkeit eines solchen Vorgehens noch deutlicher herausgestrichen werden. Anders gewendet: Warum kann nicht im Rahmen einer gängigen, etablierten Forschungsperspektive[1] der IB verblieben werden? Die Beant-

---

1 Es könnte hier zwar eingewandt werden, dass es sich bei »dem« (Sozial-) Konstruktivismus in den IB mittlerweile auch um eine gängige, etablierte Forschungsperspektive handele. Wie ich in Teil II aufzuzeigen beabsichtige, bieten

wortung dieser Frage versteht sich dabei sogleich als ein weiterer Erklärungsversuch dafür, warum Massenmedien *in der Breite* der Disziplin IB bisher kaum systematisch Beachtung gefunden haben.

Dass Massenmedien in den Internationalen Beziehungen eher nicht als zentrale Forschungsgegenstände firmieren, hat mit dem Zuschnitt gängiger Modelle der IB sowie den in deren Rahmen definierten primären Erkenntnisinteressen zu tun.»Massenmedien« tauchen aus diesem Grund, wenn überhaupt, dann eher sporadisch (und größtenteils durch spezifische Vorverständnisse gefiltert, siehe dazu das vorangegangene Kapitel) in der politikwissenschaftlichen Literatur zu internationalen Beziehungen auf. Sie werden, so könnte man schlussfolgern, auch nicht als einschlägige Untersuchungsgegenstände wahrgenommen, sondern den Medien- und Kommunikationswissenschaften als deren legitimes Spielfeld überlassen. Dies ist nicht zuletzt deswegen bedauerlich, weil sich die dort verfolgten Zugänge nicht ohne Weiteres (in den meisten Fällen nur unter Inkaufnahme theoretischer Inkonsistenzen) an gängige kognitive Analyseraster der IB anknüpfen lassen.[2]

Aus den Blickwinkeln derjenigen theoretisch-konzeptionellen Ansätze, die in den politikwissenschaftlich orientierten IB am weitesten Verbreitung finden bzw. die theoriegeleitete Forschung maßgeblich strukturieren, lässt sich im Umkehrschluss kaum ein systematisches Erkenntnisinteresse mit Bezug auf Massenmedien (wie auch immer verstanden: als Akteure, Strukturen, Institutionen etc.) entwickeln. Ich folge an dieser Stelle hinsichtlich dessen, was unter »gängigen Analyseperspektiven der IB« zu verstehen sei, zunächst Krells Beschreibung maßgeblicher wissenschaftlicher Weltbilder als Großtheorien/Paradigmen.[3] Aus diesen Paradigmen lassen sich wiederum bestimmte Forschungsperspektiven auf die (je als zentral ausgemachten) Gegenstände und Dynamiken internationaler Beziehungen ableiten, die ihrerseits in konkurrierende Modelle internationaler Politik münden. Krells Darstellung zufolge liegen wissenschaftlichen Weltbildern der internationa-

---

sich die Varianten des Konstruktivismus, die in den letzten anderthalb Dekaden in den IB in den Mainstream eingewandert sind, aber gerade nicht für das hier verfolgte Anliegen an. Vielmehr nützte es, »den« Konstruktivismus in den IB nicht als abgeschlossene Debatte zu betrachten, sondern Re-Konstruktionsbemühungen zu starten, die das konstruktivistische Projekt in den IB wieder stärker zu einem von außen *als Konstruktivismus* wahrnehmbaren Anliegen machen. Vgl. für die Re-Konstruktions-Metapher u.a.: Guzzini 2000.

2   Vgl. zu dieser Problematik auch die Überlegungen in: Semati 2004a.

3   Vgl. hierzu: Krell 2000a: 25f. Für eine Kritik dieser Kondensierung durchaus heterogener Ansätze unter eine Perspektive siehe u.a.: Wæver 1997. Die Gruppierung und anschließende Skizze jeweils gemeinsamer Modellannahmen dient hier auch eher heuristischen Zwecken, als dass behauptet werden soll, dass etwa einer *Ideengeschichte* der IB auf diese Art und Weise am besten Rechnung getragen werden könnte.

len Beziehungen grundlegende Annahmen über die entscheidenden Akteure und deren Handlungsmotivationen, die Qualität und Struktur des Handlungsumfelds, zentrale Antriebsmomente internationaler Politik sowie ihrer Entwicklungsperspektiven zugrunde.[4] Dies räumt zum anderen nicht die Notwendigkeit aus, die hier gebotene *Auswahl* von zentralen konkurrierenden Analyseperspektiven zu begründen; dies sollte unter Rückgriff auf ein Doppelargument geschehen.

Es lässt sich demgemäß erstens darstellen, dass die US-amerikanischen *International Relations* nach wie vor eine dominante Einflussgröße hinsichtlich Theoriebildung sind und damit als Akzeptanzfilter für konkurrierende Forschungsperspektiven wirken. Zwar bedeutet diese Vorreiterrolle kein hundertprozentiges Durchschlagen US-amerikanischer Themenkonjunkturen außerhalb des US-amerikanischen IB-Kontextes, aber (wie Medick-Krakau es mit Blick auf die deutschsprachige Disziplin beschrieben hat): Der Zuschnitt US-amerikanischer Forschung dient als maßgeblicher Orientierungspunkt, sei es in Form (passiver) Rezeption, kritischer und produktiver Aneignung oder (dies allerdings eher seltener) expliziter Abgrenzung.[5] Dass Internationale Beziehungen im Grunde eine »US-amerikanische Sozialwissenschaft« seien, hat Hoffmann bereits 1977 behauptet und damit begründet, dass das Zusammentreffen verschiedener Faktoren (die Demokratisierung des ehemals arkanen Entscheidungsbereiches Außenpolitik; der Bedarf an außenpolitischer Beratung einer global aktiven Supermacht sowie die Attraktivität einer problemlösenden Sozialwissenschaft IB; überdies ein zuträgliches akademisches Milieu bzw. das Vorhandensein von Infrastrukturen und Ressourcen) diese Vormachtstellung hervorgebracht hätten.[6] Der Befund ist seit diesen Tagen auch weitestgehend unbestritten[7]; nicht zuletzt auch, weil Studie um Studie im Anschluss gerade auch innerakademische Mechanismen und Infrastrukturen beleuchtet hat, die trotz erwartbarer zunehmender Diversität (unter der Bedingung allgemein ansteigender Grade von Internationalisierung, Kulturkontakt und Hybridisierung) einen deutlich asymmetrischen Einfluss der US-amerikanischen IR/IB gegenüber anderen IB-Wissenschaftlergemeinschaften festzuschreiben scheinen.[8]

---

4   Krell 2000a: 25.

5   Medick-Krakau 2004: 119.

6   Hoffmann 1977.

7   Umstrittener ist die Einschätzung der aus diesem Befund für die Wissenschaftsgemeinschaft erwachsenden Konsequenzen. Für eine pointierte Kritik siehe u.a.: Smith 2000, 2002. Smith (ebd.: 81) kritisiert maßgeblich, dass im Namen eines Kanons relevanter Theorien eine Politikagenda der USA exportiert werde, zudem ein stark verengter Begriff von (legitimer) Sozialwissenschaft, die auf positivistische Vorstellungen zugeschnitten sei. Dazu wie allgemein zu epistemologischen Fragestellungen siehe auch Kap. 5.3.2 der vorliegenden Arbeit.

8   Vgl. jüngst die Überlegungen von: Auth 2008: 5f. *Locus classicus* ist die Studie von Wæver (1998), der u.a. feststellte, dass – Stand: 1998 – die amerikanischen

Darauf aufbauend kann aufgezeigt werden: Zwar gibt es eine immer intensiver geführte Debatte über nationale und/oder regionale Besonderheiten der IB-Forschung im Weltmaßstab[9], nicht zuletzt auch vor dem Hintergrund einer Infragestellung der Wünschbarkeit intellektueller Hegemonie der US-amerikanischen *International Relations*. Allerdings können nach wie vor Studien zum Selbstbild der US-amerikanischen IB-Forschergemeinschaft Aufschluss darüber geben, welche Paradigmen bzw. Forschungsperspektiven im Fach maßgeblich sind. Die vergleichsweise gut erforschte *IR-community* in den Vereinigten Staaten bestätigt dabei auch in jüngster Zeit die Einschätzung, die Wæver bereits vor über einem Jahrzehnt getroffen hat, als er die US-amerikanische Forschungslandschaft in den IB durch eine sog. *Neo-Neo-Synthesis* charakterisiert sah.[10] Darunter ist die Präferenz für zwei Forschungsperspektiven zu verstehen: den (Neo-)Realismus einerseits sowie den Neoliberalen Institutionalismus (im US-Kontext oftmals als *liberalism* bezeichnet, wiewohl es sich nicht um die unten skizzierte »liberale Theorie« handelt) andererseits. Die Ergebnisse einer Befragung von 1.084 Akademikerinnen und Akademikern aus den US-amerikanischen IR/IB aus dem Jahr 2005 im Blick resümiert demgemäß die Zeitschrift *Foreign Policy*:

»When professors do reach for the theoretical toolbox, they frequently pull out the classics, notably realism [...] and liberalism, with its emphasis on economic interdependence and international institutions.«[11]

Wenn hier auch keine prozentualen Werte angegeben sind, so werden die theoretischen Vorlieben dennoch offenkundig (*der* Konstruktivismus wurde in dieser Studie von zahlreichen Befragten als »kommende Mode« charakterisiert; marxistische Ansätze hatten eine, wenn auch stabile, Minderheitenposition inne).

Fachzeitschriften deutlich US-amerikanisch dominiert seien (ebd.: 700). Menzel gibt an, dass auf Basis seiner Studien – Stand: 2001 – etwa 70 Prozent der wichtigsten Beiträge in den IB dem US-amerikanischen Kontext entstammen. Auch die Beiträge in Crawford et al. (2001) stellen eher auf die nach wie vor formativen Effekte der US-amerikanischen Debatte für die Internationalen Beziehungen allgemein ab, die u.a. über Publikationsmöglichkeiten, Reputationsorientierung, Beschäftigungsmöglichkeiten usw. vermittelt werden. Medick-Krakau hat in dieser Hinsicht den aufschlussreichen Terminus der »karriereförderlichen Rezeptionsbereitschaft« (2004: 121) eingebracht.

9 Vgl. dazu u.a.: Friedrichs 2004; Lebedeva 2004; Forum 2008b; Wæver/Tickner 2009.

10 Vgl. Wæver 1996: 163f. Eine Synthese gehen beide Ansätze ein, weil sie von der gleichen ontologischen Voraussetzung (Anarchiepostulat) starten und ein Wissenschaftsverständnis (positivistische Orientierung) teilen. Siehe dazu auch: Smith 2002; Tickner 2003.

11 Foreign Policy 2005.

Ganz ähnlich lesen sich die Befunde des *Program on Theory and Practice of International Relations* in Williamsburg/Virginia (2006): 1.112 Akademikerinnen und Akademiker aus dem US-amerikanischen IR/IB-Kontext sowie 110 aus dem kanadischen votierten, befragt jeweils nach ihrer Einschätzung, wie stark einzelne Paradigmen in der Literatur des Faches und den von ihnen gehaltenen Einführungskursen vertreten seien, eindeutig für die Dominanz von Realismus und Liberalismus/Neoliberalem Institutionalismus. Lediglich hinsichtlich der eigens eingenommenen theoretischen Orientierung ergab sich für die kanadische (Kontroll-)Gruppe eine Präferenz für Konstruktivismen und nicht näher spezifizierte »andere Ansätze«, während seitens der befragten US-amerikanischen Forscherinnen und Forscher wiederum Realismus und Liberalismus/Institutionalismus bevorzugt wurden.[12]

Es darf also mit einiger Sicherheit vermutet werden, dass *die* Internationalen Beziehungen in ihrer Breite angesichts der Orientierung maßgeblich auch an Theoriekonjunkturen im US-Kontext durch die drei Forschungsperspektiven angeleitet werden: Realismus, Neoliberaler Institutionalismus und Liberale Theorie (die letzte Kategorie kann eingeführt werden, um die chamäleonhafte Kategorie des *liberalism* differenzierter zu betrachten). Demzufolge werde ich diese drei Perspektiven und aus ihnen ableitbare Modelle im Folgenden meinen Überlegungen zugrunde legen. Freilich trifft die Einschätzung für unterschiedliche Regionen und IB-Forschergemeinschaften in unterschiedlicher Zusammensetzung der einzelnen Bestandteile zu. In der Bundesrepublik etwa kann die vorherrschende theoretische Orientierung als »neo-institutionalistisch« (mit einem moderat konstruktivistischen Einschlag) beschrieben werden[13]; gerade auch die Diskussion liberaler Theorien ist stärker ausgeprägt, wohingegen der Realismus im Vergleich zur amerikanischen Diskussion eher randständig scheint.[14] Dennoch lässt sich mit Hilfe der drei genannten Ansätze eine aussagekräftige Vergleichsfolie unter Ausschluss eines allzu großen *selection bias* im Sinne des hier verfolgten Zwecks (die Sperrigkeit der maßgeblichen IB-

---

12 Vgl. für Ergebnisse der Nachfolgestudie im internationalen Kontext, u.a. hinsichtlich zunehmender Popularität des Konstruktivismus, die Darstellung in Kap. 5.

13 So jüngst: Oppermann/Spencer 2008: 307.

14 Die »Amerikanisierung« der jüngeren IB-Forschung wird denn auch von Risse (2004) eher an formalen Kriterien der Gestaltung bzw. des Austrags der wissenschaftlichen Debatten festgemacht. Für ein Plädoyer zugunsten einer dezidierten Distanzierung gegenüber der US-amerikanischen Diskussion – gerade auch auf die inhaltlichen, theoretischen Präferenzen jenseits des Atlantiks bezogen – siehe: Zürn 1994.

Großtheorien hinsichtlich der Erfassung von Massenmedien aufzuzeigen) erstellen.[15]

Sowohl angesichts des Ziels, die Notwendigkeit eines alternativen Modells der internationalen Beziehungen für die systematische Einbeziehung von Massenmedien als Untersuchungsgegenstand aufzuzeigen, als andererseits auch des mangelnden Bedarfs einer weiteren umfassenden Aufarbeitung der Theorienkonkurrenz in den IB[16], erfolgt an dieser Stelle keine ausführliche Schilderung der drei konkurrierenden Paradigmen Realismus, Neoliberaler Institutionalismus und Liberale Theorie. Stattdessen werde ich versuchen, jeweils eine informierte Skizze zu geben, die die Hauptkonstruktionsmerkmale der genannten Perspektiven bündelt und gleichzeitig verdeutlicht, *warum* Massenmedien in der bisherigen theoriegeleiteten oder theorieorientierten Analyse der IB eher randständig gewesen sind. Dies hat zum einen mit dem generellen Zuschnitt der Modelle inter- wie transnationaler Politik zu tun, die sich aus den genannten Forschungsperspektiven ableiten lassen, zum anderen mit je spezifizierten Erkenntnisinteressen, die über die interne Konfiguration der Modelle bestimmen. Ein solches Aufzeigen ist dementsprechend keineswegs als Nachweis mangelnder Leistungsfähigkeit gängiger IB-Großtheorien angelegt. Vielmehr startet er von der mittlerweile konsensualen (fast banalen) Einsicht, dass Theorien und angelagerte Modellvorstellungen notwendigerweise selektiv angelegt sind und folg-

---

15 Konstruktivismen, die in allen Studien – sowohl die Vereinigten Staaten betreffend als auch etwa die deutsche IB-Diskussion – als »im Kommen« bzw. bereits etablierte Ansätze beschrieben werden, werde ich in Teil II der vorliegenden Arbeit betrachten. Es ist auch und gerade ein Kernanliegen, an dieser Stelle die »Blindheit« der gängigen Analyseperspektiven für den Untersuchungsgegenstand »Massenmedien« herauszustellen. Im Gegensatz dazu scheint mir ein konstruktivistischer Ansatz prinzipiell sinnstiftender für dieses Unterfangen. Andere theoretische Ansätze (ob sie paradigmatischen Charakter besitzen, mag man bestreiten) wie etwa Feminismus, sog. postmoderne Ansätze oder auch jüngere neo- bzw. postmarxistische Angebote wie den Neogramscianismus habe ich hier nicht mit einbezogen; zum einen, weil sie im Vergleich eher randständigen Charakter besitzen dürften, zum anderen – und wichtiger! – aber auch, weil sie nach meinem Verständnis jeweils an zentraler Stelle in ihrer Argumentationslogik einen *konstruktivistischen Impuls* besitzen (Feminismus – Konstruiertheit von Geschlechterverhältnissen; postmoderne Ansätze – Dekonstruktion gängiger Vorstellungswelten; neogramscianische Ansätze – Hegemoniegewinnung qua Konsensschaffung). Dies ist mitnichten der Versuch, alle diese Ansätze für den Konstruktivismus zu reklamieren; aber ein umfassender Konstruktivismusbegriff (auch in den IB) könnte in der Tat zumindest unmittelbar an die genannten Ansätze anschließen, wie in Teil II gezeigt werden soll.

16 Für den deutschsprachigen Kontext u.a.: Krell 2000a; Schieder/Spindler 2003; Auth 2008; für den englischsprachigen Raum: Burchill 2001; Jackson/Sørensen 2003a; Baylis/Smith 2004; Steans/Pettiford 2005b.

lich bestimmte Aspekte immer außen vor bleiben müssen.[17] Die folgenden knappen Darstellungen sollen darüber hinaus verdeutlichen, dass eine einfache additive Erweiterung der Modelle um den Faktor »Massenmedien« – wo überhaupt sinnvoll möglich – auch keinen Königsweg bietet.

Realismus

»Der« Realismus, wenn man ihn für einen Moment der Einfachheit halber *im Singular* betrachten möchte, bildet sicherlich *das* gängige Forschungsparadigma in den Internationalen Beziehungen. Dies gilt wenigstens gemessen an dessen Popularität im US-amerikanischen Kontext zumal in der zweiten Hälfte des 20. Jahrhunderts, in anderen IB-Kontexten (v.a. auch Mittel- und Osteuropa und im Nahen Osten) auch heutzutage, sicherlich aber auch anhand der Außenwirkung der Disziplin IB. In einfacher Form lassen sich die (neo-)realistischen Grundannahmen bzw. grundlegenden Modellvorstellungen unter Verweis auf den Klassiker der Disziplin, die »Theorie der Internationalen Politik« von Waltz[18] verdeutlichen. Demgemäß besteht internationale Politik in einem nicht endenden Kampf um Macht und Sicherheit[19] zwischen Staaten, die ebendiesen durch die überzeitlich wirkende anarchische Struktur des internationalen Systems auferlegt bekommen. Bedeutsam ist also, dass die Natur der internationalen Politik als Machtpolitik (der Großmächte) bzw. an den Machtgegebenheiten orientierte Politik aller Staaten ein Ausfluss der als weitestgehend unveränderlich[20] angenommenen Systemqualität ist. Als eine Theorie *internationaler Politik* konzipiert, wird

---

17 In der Konsequenz bedeutet dies, dass Verfechter verschiedener Perspektiven unterschiedliche Gegenstandsbereiche bzw. Ausschnitte derselben fokussieren, etwa: »Realists and liberals *saw* different realities. If they went out to ›test‹ their theories, they tested them against different material. Each sorted the world according to different concepts« (Wæver 1997: 13). Angewandt auf die hier präsentierte Argumentation hieße das: Verfechter aller drei gängigen Modelle tendieren dazu, Massenmedien als relevante bzw. zentrale Untersuchungsgegenstände auszusortieren. Pointierter, mit Blick auf wirklichkeitskonstitutive Konsequenzen einer solch selektiven Wahrnehmung: Smith 2004.

18 Waltz 1979.

19 Wobei sich die geläufige Abgrenzung eines Strebens nach Macht (um der Macht willen) und Streben nach Sicherheit (qua Macht) auch in den Texten von Morgenthau, Waltz und Mearsheimer nicht immer deutlich bestimmen lässt, vgl.: Guzzini 2004: 539.

20 Nachdrücklich illustriert Waltz dies in seinem Beitrag aus dem Jahre 2000, bei dem der eingangs getätigte Hinweis, es habe sich beim Ende des Ost-West-Konflikts um einen Wandel *im* System, keinen Wandel *des* Systems an sich gehandelt, reicht, um die überzeitliche Gültigkeit fortzuschreiben, vgl.: Waltz 2000: 5f. Mouritzen hat in einer früheren Auseinandersetzung mit dem Werk von Waltz dahingehend darauf hingewiesen, dass solche Schachzüge dazu dienen, »[…] to raise the theory above empirical challenge« (1997: 79).

im Waltzschen Modell die *black box* des Staates bewusst nicht geöffnet, um einerseits die systemische Orientierung, andererseits aber auch die Sparsamkeit (*parsimony*) des theoretischen Konstrukts nicht zu gefährden. Im Mittelpunkt des Interesses stehen nicht primär außenpolitische Strategien von Staaten, die als *like units* konzipiert werden und auf die die gleichen Systemzwänge einwirken, sondern die sich ergebenden Konstellationen aus der Interaktion von mit unterschiedlichen Ressourcen ausgestatteten Systemteilnehmern.

Deutlich ist damit, dass in dieser relativ rigiden systemischen Orientierung und der Fokussierung auf Politik zwischen Staaten unter explizitem Ausschluss einer innergesellschaftlichen Analyse[21] Massenmedien im eigentlichen Sinne von vornherein außerhalb des Modells bleiben. Dies ist in der Konsequenz wie angesprochen von Waltz auch im Sinne strikter Komplexitätsreduktion bewusst so angelegt. Er strebt nach einer deduktiven Erklärung allgemeiner Muster internationaler Politik auf Basis weniger zentraler Annahmen[22], beschränkt sich folglich absichtsvoll auf eine »kleine Anzahl bedeutsamer Dinge«.[23] Nicht Realitätskonformität im Sinne eines Nachvollziehens der Komplexität[24] internationaler Beziehungen ist das Ziel der Waltzschen Modellbildung, sondern Schlankheit und Eleganz der Theorie: »Natural scientists look for simplicities: elemental units and elegant theories about them. Students of international politics complicate their studies and claim to locate more and more variables.«[25] Diesen Standpunkt hat Waltz nachdrücklich in der Auseinandersetzung mit Elman[26] um die (Un-)Möglichkeit einer neorealistischen Außenpolitiktheorie herausgestellt. Zwar habe Elman durchaus Recht: Auch er selbst (Waltz) treffe Aussagen über außenpolitisches Verhalten von Staaten (unter den genannten systemischen Bedingungen), dies sei aber analytisch, nicht theoretisch begründet. Verhaltensunterschiede zwischen Staaten seien dabei selbstverständlich verschiedenartigen internen Konstellationen geschuldet, aber: »International political theory does not include factors at the level of states«, eine solche Theorie sei zudem keine »[...] collection of variables«.[27]

---

21 Auth (2008: 48) spricht in diesem Zusammenhang davon, dass das Interesse an der institutionellen Umgebung politischer Entscheidungsfindung bewusst ausgespart bleibt.

22 Schörnig 2003: 63.

23 Waltz, zit. in: Wæver 1997: 18.

24 Vgl. ähnlich: Guzzini 2004: 549.

25 Waltz 1979: 68.

26 Elman 1996a, b; Waltz 1996.

27 Ebd.: 56f.

Nun ist es ein Leichtes nachzuweisen, dass andere Realisten – in Auseinandersetzung mit Waltz[28], in Abgrenzung zu ihm, sicherlich auch Waltz selbst (zumindest in der Analyse) – dieser rigiden Programmatik konzeptioneller Sparsamkeit nicht treu geblieben sind. Es darf andererseits auch nicht übersehen werden, dass eine grundsätzliche Problematik innerhalb des realistischen Paradigmas dahingehend besteht, inwieweit eine Aufweichung der systemischen Orientierung durch Inkorporierung subsystemischer Faktoren zulässig ist bzw. inwiefern eine solche Auffüllung das realistische Paradigma untergräbt oder bereits verlässt. Andere prominente neorealistische Autoren haben daher das Waltzsche Modell auch nicht primär um subsystemische Faktoren[29] ergänzt, sondern sich eher analog Gilpin auf eine Dynamisierung des Modells (vermittels Hegemoniezyklen, deren Dynamik sich aus temporären Diskrepanzen zwischen der bestehenden Ordnung und tatsächlichen Machtverteilungen speist)[30] bzw. ähnlich Mearsheimer auf eine alternative Konzeptionalisierung der Handlungsmotivation (Zwang zur offensiven Machtakkumulation anstelle einer angenommenen möglichen Statusquo-Orientierung, gerade bei Großmächten) konzentriert.[31]

Öffnet man die Perspektive für den sog. Klassischen Realismus, also realistische Ansätze[32], die dem Waltzschen Entwurf vorausgingen und in jüngerer Zeit wieder verstärkt ins Zentrum des Interesses rücken, so wird hingegen deutlich, dass der Realismus als Theorie der Außenpolitik durchaus subsystemische Aspekte mit in die jeweiligen Modellgebäude einbezogen hat. Wolfers' grundsätzliches Modell internationaler Politik gleicht so dem Waltzschen; gleichzeitig räumt Wolfers aber ein, für seine Zwecke innerstaatliche Faktoren wie etwa die Herrschaftsformen und Kompetenz außenpolitischer Entscheider berücksichtigen zu müssen, um konkrete Außenpolitik zu erklären.[33] Auch die Morgenthausche Analyse[34] richtet sich zwar zunächst auf die Eigengesetzlichkeit internationaler Politik, wo aber »politi-

---

28 Vgl. hierzu den Versuch, Waltz' Strukturellen Realismus entschieden sowohl vom klassischen Realismus als auch vom Neorealismus abzugrenzen, in: Siedschlag 1997: 22f.

29 Gerade im Falle Gilpins aber gilt, dass die binnenstaatliche Konfiguration (im Hinblick auf Wahrnehmung des Umfeldes sowie Ressourcenmobilisierung und -umsatz) wesentlich mehr Beachtung findet, vgl.: Guzzini 1997: 122.

30 Vgl. Gilpin 1981; eine Kurzzusammenfassung bietet: Schörnig 2003: 79f.

31 Mearsheimer 2001.

32 Trotz aller Verschiedenartigkeit lassen sich verschiedene plausible Argumente dafür finden, Neorealismus und klassischen bzw. weitere Realismen als einem Paradigma zugehörig zu verstehen, vgl. u.a. den ideengeschichtlichen Zugang bei: Freyberg-Inan 2004; bzw. den programmatischen Zugang bei: Gilpin 1996; sowie die gute Zusammenstellung verschiedener argumentativer Stränge »des« IB-Realismus in: Feng/Ruizhuang 2006.

33 Wolfers 1962: 19.

34 Morgenthau 1963; für eine Kurzzusammenfassung: Jacobs 2003.

sche Klugheit« (im Sinne einer Erkenntnis der wirklichen, realen Bewe-
gungsgesetze und Ausrichtung der Strategien daran) als Kategorie ins Spiel
kommt, rücken auch außenpolitische Eliten und das sie umgebende Milieu
mit ins Blickfeld. Der Entstehungskontext dieser Schriften (die 1940er bis
1960er Jahre) mag denn aber erklären, warum in den jeweiligen empirischen
Abschnitten »Massenmedien« als Einflussfaktoren dennoch nicht einmal
sporadisch auftauchen.

Einen jüngeren Versuch der Wiedereinführung einer akteurszentrierten
Perspektive, und damit auch innenpolitischer Faktoren, beschreibt
Siedschlag mit Blick auf die sog. Konstellationsanalyse.[35] Aber auch dort –
ebenso wie bei anderen jüngeren »postklassischen« realistischen Ansätzen[36]
– geschieht die Öffnung des analytischen Modells nur punktuell und zurückhaltend. Am ehesten noch ließen sich die Ansätze für eine Analyse von
Massenmedien auch unter realistischen Vorzeichen heranziehen, in denen es
um die Dimension der »Wahrnehmung« (von Bedrohungen und/oder
Machtverteilungen) geht. In der Regel wird eine solche Dimension allerdings eher zu den gängigen Modellannahmen addiert i.S. eines Zugeständnisses von Wahrnehmungsspielräumen. Dabei werden allerdings diese Prozesse der intersubjektiven Realitätskonstruktion, wenn sie überhaupt nach-
empfunden und nicht nur in ihrer Wichtigkeit behauptet werden, *ausschließlich* auf der Ebene politischer Entscheidungsfindung, im Kreise exponierter
politischer Akteure angesiedelt.[37] Dies ist insofern verständlich, als eine zu
weit gehende Abweichung vom Postulat der Schlankheit (hier die Begrenzung des betrachteten Akteurskreises) als Degeneration realistischer Grund-
positionen[38] und Preisgabe eines konzeptionellen Vorteils verstanden wird.
Somit oszilliert die Öffnung und Schließung der realistischen Analyseperspektive um die beiden Pole eines Zugeständnisses, dass einerseits – schon
um gestiegener Komplexität Rechnung zu tragen – auch Adaptionen des rigiden Waltzschen Modells notwendig seien. Andererseits aber sei ein etab-
liertes und erfolgreiches Paradigma (auch um den Preis beschränkter Einsicht) aufrechtzuerhalten.[39] Zusammenfassend kann also festgestellt werden:
Sowohl der »systemische Impuls« des realistischen Modells nach Waltz als
auch die sich lediglich in punktuellen Adaptionen dieses Modells nieder-
schlagenden spezifischen Erkenntnisinteressen anderer Autoren verhindern
insgesamt eine systematische(re) Erfassung von Massenmedien unter realistischer Perspektive.

---

35 Siedschlag 1997: 126f.
36 Vgl. dazu die knappe zusammenfassende Darstellung in: Harnisch 2003: 321ff.
37 Vgl. dazu etwa: Wohlforth 1993, v.a. 253f.
38 Ebd.: 324.
39 Vgl. dazu: Forndran 1996: 1017f.; Forndran 1997; Freyberg-Inan 2004: 159.

Neoliberaler Institutionalismus

Betrachtet man die Konkurrenz verschiedener Forschungsperspektiven auf internationale Beziehungen im US-amerikanischen oder wahlweise deutschsprachigen Forschungskontext, so ergibt sich als Hauptkonkurrent des realistischen Modells zweifelsohne der Neoliberale Institutionalismus. Von Keohane in der Tat als eine solche (alternative) *Perspektive* auf weltpolitische Zusammenhänge ausgewiesen[40] und in weiten Teilen theoretisch-konzeptionell ausgearbeitet, bietet auch der Neoliberale Institutionalismus zunächst primär eine systemische Theorie internationaler Politik an. Diese grenzt sich vom Realismus hauptsächlich dadurch ab, dass die Anarchie des internationalen Systems – also die Abwesenheit einer zentralen Regulierungs- und Sanktionsinstanz – anders gedeutet wird. Insbesondere schenkt Keohane dabei einer Vielzahl institutioneller Mechanismen und Arrangements Aufmerksamkeit, die das Verhalten der Systemteilnehmer (Staaten) beeinflussen: »[...] much behavior is recognized by participants as reflecting established rules, norms, and conventions«.[41] Diplomatie und Regeln des diplomatischen Umgangs, Konventionen und Normen sind also nicht trivial und »nur« Ausfluss staatlicher Interessen, sie koordinieren und konditionieren im Umkehrschluss deren Handeln im internationalen System. Es sind diese (allgemein gesprochen) institutionellen Übereinkünfte wie Konventionen, Regime, Organisationen, diese mit je aufsteigendem Institutionalisierungsgrad, welche dabei zunächst im Blickpunkt des Neoliberalen Institutionalismus stehen, insbesondere unter der Fragestellung ihres Einflusses auf die maßgeblichen Akteure und mögliche transformative Qualitäten hinsichtlich des internationalen Systems.

Mit seiner Anknüpfung an den Realismus verbleibt auch der Neoliberale Institutionalismus weitestgehend[42] im Bild *staatlich* geprägter internationaler Beziehungen. Er kritisiert den Realismus hauptsächlich aufgrund dessen Unterbewertung von internationalen Institutionen und dessen Blindheit für qualitativen Wandel von Umweltbedingungen im internationalen System (Stichwort: Komplexe Interdependenz[43]). Dagegen teilt er dessen systemische Orientierung, legt also ebenso seine Aufmerksamkeit bei der Modellkonstruktion (zunächst) auf die Ebene des internationalen Systems und dort zu beschreibende und erklärende Prozesse der Institutionalisierung von Ko-

---

40 Keohane 1989; Keohane/Martin 2003.

41 Ebd.: 1.

42 »Weitestgehend« bedeutet hier, dass – gerade dort, wo auf Komplexe Interdependenz als Beschreibung einer qualitativen Transformation internationaler Beziehungen etwa innerhalb der OECD-Welt verwiesen wird – über zunehmende grenzüberschreitende Verflechtungsprozesse im eigentlichen Sinne auch andere Akteure in das Modell Eingang finden (müssten), etwa multinationale Unternehmen und transnationale gesellschaftliche Akteure. Der Fokus liegt aber bei Keohane nach wie vor auf der Analyse staatlichen Handelns.

43 Keohane/Nye 1977, 1998.

operation. Deren theoretisch-konzeptionelle Modellierung[44] geschieht im Rahmen des Neoliberalen Institutionalismus durch die Auszeichnung der Systemteilnehmer als rationale Akteure, die als Eigennutzmaximierer an der Realisierung von Gewinnen interessiert sind und zur Überwindung der Probleme kollektiven Handelns auf Regime zurückgreifen, um stabile Kommunikationskanäle und wechselseitig Erwartungssicherheit zu schaffen. Dabei lassen sich, so Axelrod/Keohane, kooperationsbegünstigende und -hemmende Faktoren analysieren, etwa Interessenskonstellationen und Situationsstrukturen sowie spezifische Strategien, um diese zu verändern, und konkretes Institutionendesign.[45]

Diese knappe Skizzierung der neoliberal-institutionalistischen Perspektive erweckt den Anschein, als habe sich die Diskussion im neoliberal-institutionalistischen Lager der Internationalen Beziehungen (in Beiträgen zur Analyse internationaler Regime auch als interessenbasierter Ansatz bezeichnet[46]) in den letzten beiden Dekaden vorrangig auf abstraktem, modell- und theorieimmanentem Terrain abgespielt. Dies ist einerseits nicht falsch; man denke etwa an die von Keohane und Grieco geführte Debatte um die Orientierung von Akteuren (primär oder ausschließlich) an absoluten bzw. relativen Gewinnen oder den Erklärungsversuch institutioneller Stabilität trotz exogener Schocks wie etwa der Auflösung des Ost-West-Konflikts.[47] Andererseits aber wird dies dem Facettenreichtum institutionalistischer Forschung in den IB in den letzten 15 Jahren kaum gerecht.

Das hier knapp skizzierte neoliberal-institutionalistische Modell bildete dabei dennoch die Hintergrundfolie für eine Vielzahl verschiedenartiger Forschungsstränge, die explizit theorieorientiert internationale Institutionen analysieren. Es ist dies eine »Ausweitung und Ausdifferenzierung des Neo-Institutionalismus«[48], die zumindest mit der exklusiven Fokussierung auf die systemische Ebene internationaler Politik bricht und entweder verschiedene Analyseebenen verknüpft (innerstaatliche Entscheidungsprozesse und Erklärungsfaktoren einbezieht) oder auf politische Prozesse innerhalb internationaler Institutionen bzw. Organisationen gerichtet (die Binnenperspektive internationaler Organisationen einnehmend) ist. Hier wird wie schon in der Hinführung zur Analyse internationaler Interdependenz bzw. Komplexer Interdependenz als Strukturmerkmal politischer Prozesse in der OECD-Welt bei Keohane selbst das Attribut »(neo)liberal« auch in dem Sinne bedeutsam, dass andere Akteure als nur Staaten, etwa gesellschaftliche Akteure,

44 Keohane 1984: 49-64.

45 Axelrod/Keohane 1986.

46 Vgl. Hasenclever/Mayer/Rittberger 1996, 1997; die Abgrenzung wird hier gegenüber realistischen Ansätzen (»machtbasiert«) und, aus Mangel an einer besseren Bezeichnung, konstruktivistischen Ansätzen verschiedenster Provenienz (»wissensbasiert«) getroffen.

47 Keohane 1993.

48 Zürn 2003: 27. Vgl. auch: Simmons/Martin 2002.

transnationale Akteure oder eben internationale Organisationen selbst deutlicher ins Modell rücken. Dies schafft auf einer prinzipiellen Ebene auch mehr Raum für eine Inkorporation von Massenmedien, wollte man sie etwa als Akteure in der internationalen Umwelt verorten, innerhalb derer Staaten Kooperation erfolgreich institutionalisieren (oder eben nicht). Dennoch ist den bisher entwickelten institutionalistischen Forschungsprogrammen, welche ihrerseits auf der eher abstrakten Forschungsfrage nach allgemeinen Bedingungen und Hemmnissen für Kooperation fußten, kaum ein Impuls für die sinnstiftende Anknüpfung einer *systematischen* Analyse von Massenmedien zu entnehmen. Es lassen sich dabei mindestens vier Teilstränge der jüngeren neo-institutionalistischen Diskussion unterscheiden:

- die Erklärung des Wandels bzw. der Anpassung von internationalen Organisationen und Regimen, zumal im Sicherheitsbereich (zentral ist hierbei etwa die Frage nach Fortbestand und Evolution der NATO)[49];
- die Debatte um die Erfassbarkeit und konkrete Messung von Effektivität internationaler Institutionen (u.a. die Ausdifferenzierung verschiedener Dimensionen von Wirksamkeit als Problemlinderung, Erreichung definierter Ziele, provoziertem Verhaltenswandel der Akteure oder veränderten Graden von Legitimität oder Partizipation)[50];
- die Beschäftigung mit der Umsetzung bzw. Umsetzungsbereitschaft von Staaten (compliance) hinsichtlich internationaler, zumeist im Rahmen zwischenstaatlicher Organisationen getroffener Vereinbarungen (und damit notwendigerweise auch die Frage nach Umsetzungsbedingungen innenpolitischer Natur und ggf. exponierten nichtstaatlichen Akteuren, die als Normträger agieren können)[51]; sowie schließlich
- die genauere Beschäftigung bzw. Hinwendung zur Analyse innerinstitutioneller Dynamiken und Mechanismen, zum institutionellen Eigenleben institutionalisierter Bürokratien und dessen Konsequenzen für zwischenstaatliche Politik sowie institutioneller Formenvielfalt.[52]

---

49 Haftendorn/Keohane/Wallander 1999.

50 Vgl. etwa: Young 1999, 2003. Siehe auch den Beitrag von Sprinz (2003: 259ff.), der mit der Vorstellung eines »Non-Regime-Kontrafaktums« arbeitet, um Effektivität messbar zu gestalten.

51 Vgl. die einschlägigen Beiträge in: Checkel 2005; eine Kurzzusammenfassung der jüngeren Debatte geben: McLaughlin Mitchell/Hensel 2007. Für die deutsche Debatte einschlägig: Börzel/Risse 2001.

52 Programmatisch: Barnett/Finnemore 2004; Duffield 2007, wobei in beiden Arbeiten konstruktivistische Überlegungen die Oberhand gewinnen, siehe zur generellen Thematik auch die Einschätzungen in: Hall 2005. Ellis (2007) hat die im Text angesprochene Hinwendung zu organisationsinternen Aspekten als »organizational turn of international organization theory« – die konstruktivistisch eingefärbt sein kann oder nicht – beschrieben.

Damit ist angezeigt, dass die Öffnung und Ausdifferenzierung institutionalistischer Forschung den Möglichkeitsraum für eine Analyse von Massenmedien etwa gegenüber der realistischen Modellwelt vergrößert. Zugleich aber wird deutlich, dass eine solche Einbeziehung (wenn sie überhaupt angestrebt ist) nur unter einer engen Perspektive und instrumentell auf ein *anderes Erkenntnisinteresse* gerichtet hin erfolgen könnte.

Dies impliziert keine Fundamentalkritik an neo-institutionalistischen Arbeiten, bedeutet aber nur deutlich beschränkte Verwendungsmöglichkeit der ihnen unterliegenden Perspektive für hier verfolgte Zwecke. Blickt man in einzelne institutionalistische Beiträge jüngeren Datums, in denen tatsächlich Medien eine Rolle zugewiesen wird, wird offenbar, dass eine systematische Betrachtung massenmedialer Einflüsse und Effekte im Rahmen eines solchen Ansatzes (legitimerweise!) kaum zu erwarten ist. So setzt sich etwa Schimmelfennig in seiner Analyse institutionell angestoßener Normensozialisation in den Transitionsstaaten Osteuropas auch dezidiert mit der Rolle verschiedener Massenmedien in der Slowakei auseinander.[53] Das primäre Erkenntnisinteresse besteht aber darin, Faktoren (nicht) erfolgreichen Normentransfers zu identifizieren; Medien spielen hier allenfalls insofern eine Rolle, als sie einen Teil des innergesellschaftlichen wie internationalen Umfeldes für einen solchen Transfer bilden, *systematisch und umfassend eingebunden* in das Modell werden sie dadurch allerdings nicht.

Liberale Theorie

Eine liberale Theorie der internationalen Beziehungen zeichnet sich unter analytischem Blickwinkel vor allem durch ihre subsystemische Orientierung und damit durch ein Erkenntnisinteresse aus, das sich dezidiert durch den Einschluss, ja primären Rückgriff auf innerstaatliche und -gesellschaftliche Erklärungsfaktoren auszeichnet. Demgemäß werde ich im Folgenden, anknüpfend an die oben dargelegte Bedeutung des Attributs »neoliberal« auch beim Institutionalismus, den Begriff »liberal« zuallererst analytisch im Sinne eines Primats gesellschaftlicher Akteure im Modell gebrauchen.

Dies hat auch den Vorteil, die Vielgestaltigkeit liberalen Denkens[54] auf den hier verfolgten Zweck hin zuzuschneiden, also ein spezifisches Analyseschema internationaler Beziehungen in Abgrenzung zu anderen zu skizzieren. Ein solches ließe sich zweifelsohne auch unter Rückgriff auf das aufklärerische Erbe politischen Liberalismus über die Vorstellung der sukzessiven Erhöhung individueller Freiheitsgrade und der Etablierung der Bedingungen friedlichen Konfliktaustrags vermittels Partizipation herausschä-

---

53 Schimmelfennig 2005: 47f.

54 Für einen Überblick insbesondere der ideengeschichtlichen Einbettung siehe u.a.: Doyle 1995; Zacher/Matthew 1995; Richardson 1997. Ob es einem Versäumnis gleicht, dass die ideengeschichtlichen Erkenntnisse über lange Zeit nicht zu einem kohärenten Theoriegebäude vereint wurden bzw. daraus »Konturlosigkeit« abzulesen ist (vgl. Schieder 2003: 171), bleibt anheim gestellt.

len. Stattdessen von der Vorstellung einer Gesellschaftswelt auszugehen, also einerseits die gestiegene (Wahrnehmung der) realweltliche(n) Bedeutung gesellschaftlicher Akteure in grenzüberschreitenden Kontexten anzuerkennen sowie andererseits der innenpolitischen und innergesellschaftlichen Fundierung staatlichen Außenverhaltens im Modell Rechnung zu tragen, bedeutet demgegenüber, normative Debatten aus arbeitspragmatischen Gründen zunächst hintanstellen zu können.[55] Wie in der Einleitung vorgeschlagen, bildet eine solche Perspektive zunehmender Vergesellschaftung internationaler Beziehungen zugleich eine Hintergrundannahme der vorliegenden Arbeit, ohne dass sich aus den Modellannahmen der liberalen Theorie *unproblematisch* eine Möglichkeit zur systematischen Analyse von Massenmedien ergäbe.

Während die Vorstellung einer Gesellschaftswelt eher metaphorisch, allenfalls aber deskriptiv in Form einer kondensierten Darstellung zunehmender grenzüberschreitender Verflechtungsprozesse unter Einbeziehung gesellschaftlicher Akteure fungiert, spezifiziert das liberale Erklärungsmodell internationaler Politik nach Moravcsik entscheidende Erklärungsfaktoren, Dynamiken sowie Erkenntnisinteressen auf verschiedenen Analyseebenen. So geht auch Moravcsik vom Primat gesellschaftlicher Akteure aus, hier vor allem in Form unterschiedlich macht- und durchsetzungsstarker Interessengruppen, die ihre verschiedenartigen (überlappenden, harmonierenden oder konkurrierenden) Interessen in den politischen Prozess einspeisen und diese durchzusetzen versuchen.[56] Dabei bildet der Fokus sowohl auf gesellschaftliche Akteure als auch auf die Genese von Präferenzen innerhalb von Gesellschaften, vermittelt und selektiert über politische Systeme, das Distinktionsmerkmal liberaler Theorie.[57] Der gesellschaftliche Pluralismus bricht sich dabei am politischen System (und den dort versammelten politischen Entscheidungsträgern mit je eigenen Interessen wie Machterhalt und/oder Wiederwahl etc.), seinerseits vermittelt über Mechanismen und Strukturprinzipien politischer Systeme. Dies ist vglw. offenkundig in demokratischen, prinzipiell aber auch modellierbar in nichtdemokratischen bzw. autoritären Herrschaftssystemen: Insgesamt gilt dabei, dass »erfolgreiche« Interessengruppen mehr oder bestimmende(re)n Einfluss auf die staatliche Politikformulierung gegenüber der internationalen Umwelt besitzen.

Moravcsik baut diese (analytisch verstanden) klassische liberale Vorstellung der Entstehung von Außenpolitik in der Folge aus, um Realismus und Institutionalismus gleich zu einer *systemischen* Konsequenz im Rahmen eines liberalen Modells internationaler Politik zu gelangen. Maßgeblich ist

---

55 Siehe dazu auch: Moravcsik 1997: 513-514; Wilzewski 1999: 60.

56 Hinzu treten auch transnational agierende gesellschaftliche Akteure, in der ursprünglichen Formulierung Moravcsiks: »Individuals and groups in domestic and transnational civil society constitute the most fundamental actors in international politics« (1996: 126).

57 Ebd.: 126f.

hierbei die Vorstellung der Politik-Interdependenz, also die Überlegung, dass es bedeutsam ist, inwiefern sich über den innenpolitischen Prozess verallgemeinerte spezifische Interessen, die als staatliche Außenpolitiken in die internationale Umwelt abgegeben werden, im internationalen Kontext überlappen, ergänzen oder miteinander konfligieren. Wie Moravcsik ausführt: »This is not to assert that each state simply pursues its ideal policy, [...] each state seeks to realize its distinctive preferences under varying constraints imposed by the preferences of other states.«[58] Die zentrale Bedeutung, die im Modell Moravcsiks gesellschaftlichen Akteuren sowie Strukturprinzipien des politischen Systems und damit (wenigstens implizit) allgemein der gesellschaftlichen Umwelt von Interessenträgern eingeräumt wird, öffnet dabei das analytische Modell im Prinzip auch für Massenmedien. Sie sind – anders als in weiten Teilen der realistischen und institutionalistischen Debatte – potenziell »im Modell«, etwa als Kontextfaktoren gesellschaftlicher Präferenzgenese oder eben als eigenständige Akteure bzw. Träger bestimmter Interessen. Es ist aber eben genau jenes Hauptaugenmerk auf *Interessenträgern*, also innergesellschaftlichen wie transnationalen (macht- und durchsetzungsstarken) *Interessen*gruppen bzw. die vergleichsweise rigide Formulierung einer solchen Bottom-up-Perspektive auf Politikformulierung, die zugleich die Aufnahme von Massenmedien mit gewissen »Kosten« belegt.

Beispielhaft sei an dieser Stelle noch einmal auf die Arbeiten von Hils[59] verwiesen, der ursprünglich von einem dezidierten Erkenntnisinteresse an massenmedialen Wirkungen und Einflüssen (im außenpolitischen Entscheidungsprozess, siehe dazu die Ausführungen in Kap. 2.2) her kommend seiner Untersuchung das liberale Analyseschema nach Moravcsik zugrunde gelegt hat. Dessen Orientierung auf gesellschaftliche Akteure als konkurrierende Interessenträger erzwingt in gewissem Sinne eine A-priori-Entscheidung darüber, ob Massenmedien als Teile der Akteursumgebung oder eigenständige Akteure zu konzipieren sind. In Hils' Arbeit zur Medienberichterstattung im Vorfeld des Golf- und des Kosovo-Krieges ist demgemäß auch eine Spannung dahingehend angelegt, Massenmedien einerseits als vermittelnde Strukturen der Akteursumwelt darzustellen, andererseits ihren (wenn auch nur punktuell) bestimmenden Einfluss nicht in Abrede zu stellen, diesen sogar an bestimmte Funktionslogiken und Eigeninteressen von Massenmedien zurückzubinden. Einen eigenständigen Akteursstatus (im Sinne eines gesellschaftlichen Akteurs aus Sicht der liberalen Theorie)

---

58 Moravcsik 1997: 520. Für eine Verklammerung der beiden Ebenen – innergesellschaftlicher Entscheidungsprozess und internationale Politik – siehe den immer noch einschlägigen Beitrag von Müller/Risse-Kappen (1990). Für die weitere Ausarbeitung des Ansatzes siehe u.a.: Moravcsik 2001; zu dessen dezidierter wissenschaftstheoretischer Positionierung: Moravcsik 2003.

59 Vgl. zum Nachvollzug der präsentierten Argumentation in dieser Abfolge: Hils 2002 – 2006a – 2008.

für Massenmedien zu reklamieren, hieße demgegenüber, sie als organisiert und mit einer distinkten Klasse von Interessen ausgestattet zu begreifen, was wiederum der offenkundigen *Diversität* medialer Effekte widersprechen dürfte.

Mit anderen Worten: Die Betrachtung von Massenmedien im Rahmen eines liberal-gesellschaftsorientierten Ansatzes tendiert einerseits dazu, eine Argumentation über eine vorher festgelegte Rollenzuschreibung (wie sie in Kap. 2 vorgestellt und kritisiert wurde) voranzutreiben und damit eine stark selektive Perspektive auf Massenmedien *von Beginn an* einzunehmen. Die Bottom-up-Konzeption der Politikformulierung im Modell von Moravcsik andererseits, so hat Hils überzeugend ausgeführt, verhindert im eigentlichen Sinne eine Inkorporierung von Massenmedien, da im Endeffekt organisierte (und informierte) Einzelinteressen, nicht eine medial beeinflussbare Öffentliche Meinung im Zentrum dieser Konzeption stehen.[60] So ergibt sich, dass trotz prinzipieller Offenheit des Modells und prinzipiell ebenfalls modellierbarem Interesse an Prozessen der Informationsdiffusion in Gesellschaften, tatsächlich in Arbeiten, die an Moravcsiks Modell anschließen, eine gewisse Ignoranz gegenüber Massenmedien herrscht. Hils selbst – auch dies ist instruktiv – hat seine Perspektive in der Folge geändert und sich stärker Mechanismen der Manipulation sowie der »Authentizität« gesellschaftlicher Willensbildung gewidmet. Zweifelsohne spielen Massenmedien hier als zentrale Kontextbedingungen mit hinein, zumal er Authentizität/Manipulation in seinen jüngeren Arbeiten unter Rückgriff auf strukturelle Merkmale der Medienberichterstattung[61] analysiert. Sie sind dann aber lediglich noch eine (wenn auch besondere) Kontextvariable, da sie maßgeblich über den konkreten informationellen Kontext gesellschaftlicher Präferenzbildung ins Modell rücken. Obendrein wird ihr Stellenwert durch die Gegenüberstellung relativ stabiler Muster politischer Kultur und nur begrenzter Möglichkeiten informationeller Einflussnahme erheblich eingeschränkt. Eine intensive, systematische Einbeziehung massenmedialen Handelns (und ihrer Präsenz) ist auf diese Weise nicht notwendig, in jedem Falle verliefe sie nicht ergebnisoffen (*was* bewirken Massenmedien *tatsächlich*?).[62] Die Offenheit des liberalen-gesellschaftsorientierten Modells übersetzt sich also nicht automatisch in die Bereitstellung eines Analyserahmens, mit dessen Hilfe Massenmedien in den internationalen Beziehungen systematisch untersucht werden können. Dies erklärt im Umkehrschluss auch den zunächst eigenartig anmutenden Befund, dass gerade exponierte Vertreter der liberalen The-

---

60 Hils 2006a: 33.

61 Vgl. jüngst: Hils 2008: 250f.; strukturelle Merkmale wären dann etwa der Zuschnitt des medialen Diskurses bzw. die Breite der medial publizierten Meinungen.

62 Ebd.: 245f.

orie eine intensivere Beschäftigung mit Massenmedien bisweilen eingefordert, aber an keiner Stelle umfassend geleistet haben.[63]

Die kurze Schau auf drei konkurrierende Perspektiven bzw. Analysemodelle, mit deren Hilfe die Disziplin Internationale Beziehungen den Gegenstand »internationale Beziehungen« bearbeitet, hat gezeigt, warum Massenmedien in ihren komplexen Effekten bisher nicht zu einem Forschungsfeld der IB geworden sind. Entweder ergeben sich Schwierigkeiten, diese überhaupt im zugrunde gelegten Modell zu erfassen, oder sie werden als eine (mehr oder weniger zentrale) Randgröße der Akteursumwelt konzipiert. Wo die offene Konzeption des Modells eine intensivere Betrachtung von Massenmedien prinzipiell ermöglichte (wie im Modell der liberalen Theorie), resultieren Probleme aus anderen Anforderungen des Modells, insbesondere hinsichtlich einer umfassenden und ergebnisoffenen Einbeziehung von Massenmedien. Dies unterstreicht wiederum die bereits in den beiden vorangegangenen Kapiteln herausgestellte Notwendigkeit, ein (alternatives) Modell zur systematischen Analyse massenmedialer Effekte für die Internationalen Beziehungen erst noch zu entwickeln. Die Übersicht aus Kap. 1 (Tab. 1) kann dementsprechend um die Befunde aus den Kap. 2 und 3 folgendermaßen ergänzt werden:

---

63 Vgl. Czempiel 1996b: 210. Czempiel widmet den Medien in seinem Buch »Kluge Macht« knappe vier Seiten unter der Perspektive, dass Medien gesellschaftliche Akteure informieren; die Aufarbeitung ist allerdings eher im Sinne einer argumentativen Überzeugung angelegt, dass die zunehmende Vergesellschaftung der Weltpolitik auch auf massenmediale Berichterstattung zurückwirkt bzw. medientechnologische Veränderungen diese Vergesellschaftung vorantreiben, vgl.: Czempiel 1999: 66-69.

Tabelle 3: Notwendigkeit eines alternativen Ansatzes zur Erfassung von Massenmedien aus Sicht der IB (zweiter Teil)

Literaturen/ Diskussionsstränge	Problematik	Gefordert ist demzu- folge ein Ansatz, der...
Divergierende Rollenzuschreibungen und Bilder (vgl. Kap. 2)	Hoch selektive, teils einander widersprechende Erfassung von Massenmedien	... vergleichsweise offen für verschiedene Rollen bzw. Wirkweisen von Massenmedien ist, zugleich aber einen zentralen Mechanismus spezifiziert.
Gängige Paradigmen/Theorien der Internationalen Beziehungen	Systematische Exklusion (systemische Ansätze); Erkenntnisinteresse beschränkt Möglichkeiten der Einbeziehung (subsystemischer Ansatz)	... die Möglichkeit systematischer Erfassung von Massenmedien eröffnet.

In den bis zu diesem Punkt getätigten Annäherungen an »Massenmedien« als einem *möglichen* Forschungsfeld der Internationalen Beziehungen habe ich argumentiert,

- dass es ein darstellbares Interesse an einer politikwissenschaftlichen Befassung mit Massenmedien in inter- und transnationalen politischen Zusammenhängen gibt (daher handelt es sich keineswegs um eine Terra incognita), die ihrerseits aber mit Problemen behaftet ist, was die Etablierung eines sinnstiftenden Zugangs, einer theoretisch konsistenten und politikwissenschaftlich anschlussfähigen Forschungsperspektive betrifft (Kap. 1);
- dass dort, wo in der Analyse internationaler Beziehungen – sehr breit verstanden und nicht auf politikwissenschaftliche Zugänge allein festgelegt – Massenmedien im Blickpunkt stehen, selektive Rollenzuschreibungen und »Bilder« den Zugang zum Untersuchungsgegenstand beschränken bzw. widersprüchlich gestalten (Kap. 2); und schließlich
- dass, nimmt man die politikwissenschaftliche Disziplin IB in Augenschein, keine der gängigen Forschungsperspektiven einen vielversprechenden Anknüpfungspunkt für eine systematische(re) Erfassung von Massenmedien bietet; dies fußt entweder auf dem generellen Zuschnitt

der Perspektiven (systemische Orientierung) oder der internen Modell-konstruktion und der Andersartigkeit der primär verfolgten Erkenntnis-interessen (Kap. 3).

Als möglicher Ausweg aus dieser misslichen Situation wird im anschließen-den Teil II der Arbeit ein konstruktivistischer Ansatz präsentiert. Dies ist absichtsvoll zunächst zurückhaltend formuliert (*ein* Ansatz, nicht etwa *der* Konstruktivismus in den IB) und hat u.a. damit zu tun, dass die Theoriedis-kussion in den Internationalen Beziehungen zweifelsohne in den letzten bei-den Dekaden um keinen anderen Begriff so stark gekreist ist wie um den des »Konstruktivismus«. Sicherlich ließe sich auch nachempfinden, dass mehr und mehr Literatur unter dieser Bezeichnung auf Konferenzen präsentiert, in Zeitschriften publiziert und (mit zeitlicher Verzögerung) auch in Einfüh-rungskursen gelehrt wurde, mit anderen Worten: dass »der« Konstruktiv-mus mittlerweile fast schon zum etablierten Inventar der Theoriedebatten und auch der theorieorientierten Forschung im Fach IB geworden ist. Allein: Gängige Konstruktivismen, die in der IB-Diskussion maßgeblich sind, stel-len sich als nicht weniger problematisch dar, möchte man mit ihrer Hilfe »Massenmedien« zu einem primären Erkenntnis- bzw. Forschungsgegen-stand erheben.

Ohne an dieser Stelle dem Folgenden allzu weit vorzugreifen, verstehe ich unter der *politischen Qualität* massenmedialen Handelns und massen-medialer Effekte primär ihren Einfluss in Prozessen der *Bedeutung*sschaf-fung in und zwischen Gesellschaften. Damit ist bereits geklärt, woraus sich das Bindeglied zu einer konstruktivistischen Perspektive ergibt. Für die Etablierung eines Modells, das Prozesse der Bedeutungsschaffung[64] zwi-schen Gesellschaften und Staaten (und damit als Analyseraster für inter- und transnationale Beziehungen dienend) zentral stellt, ist dabei ein doppelter Perspektivwechsel nötig. Ein solcher muss, wie oben dargestellt, erfolgen mit Blick auf gängige theoretische Perspektiven; er ist aber auch angesichts des IB-Konstruktivismus notwendig, nicht zuletzt mit Blick auf die Kontu-ren einer konsequenten konstruktivistischen Forschungsperspektive (Kap. 5).[65] Die zentralen Ergebnisse des ersten Teils der Arbeit lassen sich dabei wie in Abb. 1 dargestellt zusammenfassen (wobei angezeigt ist, dass in der Folge die Frage im rechten oberen Quadranten im Mittelpunkt stehen soll).

---

64 Und damit wenigstens mittelbar (über die Beeinflussung von Bedeutungshori-zonten als Handlungsbasis) der Einfluss auf politisches Handeln.

65 Um im schönen Bild Onufs (2002; eigene Herv.) zu bleiben, geht es damit zu-nächst auch erst einmal darum, »The *Strange Career* of Constructivism in Inter-national Relations« nachzuempfinden.

Abbildung 1: Zentrale Anforderungen an ein Modell zur Erfassung von Massenmedien in den internationalen Beziehungen

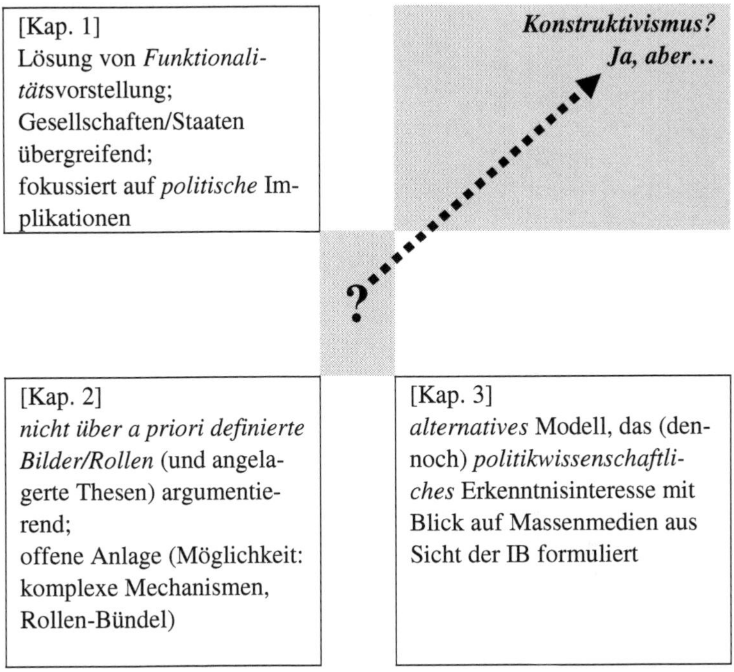

[Kap. 1] Lösung von *Funktionalitäts*vorstellung; Gesellschaften/Staaten übergreifend; fokussiert auf *politische* Implikationen	**Konstruktivismus? Ja, aber...**
[Kap. 2] *nicht über a priori definierte Bilder/Rollen* (und angelagerte Thesen) argumentierend; offene Anlage (Möglichkeit: komplexe Mechanismen, Rollen-Bündel)	**[Kap. 3]** *alternatives* Modell, das (dennoch) *politikwissenschaftliches* Erkenntnisinteresse mit Blick auf Massenmedien aus Sicht der IB formuliert

II. Ein alternatives Modell: Die diskursive Konstruktion der internationalen Beziehungen in und durch Massenmedien

4. Konstruktivismen als Theorien der Bedeutungsschaffung

»Der Konstruktivismus« geistert längst nicht mehr nur als Begriff durch wissenschaftliche Debatten, sondern ist in der breiten gesellschaftlichen Debatte angekommen, wenn auch zumeist in Form verzerrter Vereinfachung oder vulgär-konstruktivistischer Binsenweisheit. Mehr oder minder lustige Episoden verdeutlichen das; so führte der (damalige) Trainer der österreichischen Fußballnationalmannschaft, angesprochen auf öffentliche Kritik und Medienschelte, aus: »Jeder hat seine Meinung. Ich, die Zuschauer und die Journalisten. Das kann man niemandem verbieten – das nennt man laut Paul Watzlawick ›Konstruktivismus‹.«[1] Ob diese knappe Darstellung den Kern der Überlegungen Watzlawicks trifft, ist dabei nebensächlich (sie tut es mit großer Wahrscheinlichkeit nicht). Allein, die Inanspruchnahme Watzlawicks und dessen Konstruktivismus zeigt den Popularisierungsgrad einer wie vage auch immer konturierten »konstruktivistischen Idee« an, wenn mittlerweile in einem für gemeinhin »anti-intellektualistischen Umfeld« wie dem Fußball Querbezüge formuliert werden.[2]

Interessant ist dabei die offenkundige Konnotation des »Meinungen Konstruierens«, »sich eine Meinung (Zurecht-)Konstruierens«, die aus der Diskussion um den Konstruktivismus im Besonderen in die breite öffentliche Debatte eingeflossen zu sein scheint. Es ist ebendiese Auffassung scheinbar voluntaristischer Konstruierbarkeit, die in weiten Teilen die gesellschaftliche Wahrnehmung des konstruktivistischen Projekts prägt.[3] Da-

---

1   Sportlive.at 2007.

2   Dies dürfte im geschilderten Fall nicht zuletzt auch mit der Popularität der Schriften Watzlawicks zu tun haben; Albers (2001) bemerkt dazu lapidar: »Und auch der unbedarfte Leser mag das Thema bereits gestreift haben: Schon mal das Bestseller-Büchlein ›Anleitung zum Unglücklichsein‹ verschenkt, das es in jeder Buchhandlung gibt? Der Autor Paul Watzlawick ist einer der Köpfe des Radikalen Konstruktivismus«.

3   Gegen eine solche Vorstellung des willentlichen »Zurecht«-Konstruierens allgemeiner sozialer Phänomene wendet sich – aus einem gänzlich anderen Gebiet, der Pädagogik, her kommend – u.a. auch die Polemik von Baerwolff (2003).

bei dürfte nicht nur die gesellschaftliche Wahrnehmung durch einen solchen Zugang zum Konstruktivismus geprägt sein. Auch die Skepsis und Ablehnung, die Konstruktivismen in verschiedenen Wissenschaftszweigen erfahren, gründen zu einem nicht unerheblichen Maß darin. Befeuert wird dabei gerade die Ablehnung konstruktivistischen Denkens dadurch, dass »der« Konstruktivismus mitunter auch als Legitimationshilfe zur Rechtfertigung politischer Strategien bemüht wird; nicht dessen vermeintliche voluntaristische Beliebigkeit, sondern die Unhintergehbarkeit des Konstruierens wird dann etwa ins Feld geführt, um Interessenpolitik im Gewand »neutraler« Expertise dahingehend zu rechtfertigen, dass jeder sich seinen Standpunkt bis zu einem gewissen Grade konstruieren *müsse*. Die »wissenschaftliche« Debatte um die Schädlichkeit des Tabakkonsums verdeutlicht dies exemplarisch. Die dort anzutreffende Konkurrenz einander ausschließender, dabei dennoch *jeweils* Anspruch auf Wissenschaftlichkeit erhebender Standpunkte wird etwa gerechtfertigt, indem darauf verwiesen wird, dass wissenschaftliche Expertise eben nicht voraussetzungslos sei (und damit Kontextbedingungen der »Konstruktion« wissenschaftlichen Wissens prägenden Einfluss besitzen). Dies bedeutet in der Konsequenz, dass die Einnahme eines der Tabakindustrie wohlmeinenden wissenschaftlichen Standpunktes – entgegen dem breiten medizinischen Konsens der Schädlichkeit des Tabakkonsums – dann mitunter schulterzuckend unter Verweis auf die (vermeintlich) konstruktivistische Einsicht legitimiert wird, dass »man hinsichtlich eines Sachverhaltes eben zu unterschiedlichen Einschätzungen kommen könnte«. Kühne bemerkt mit Blick auf die Konsequenzen eines *solchen* Verständnisses von Konstruktivismus: »Der soziale Konstruktivismus mag sich fürsorglich und liebevoll den Interessen der unterdrückten Minderheiten angenommen haben, aber wenn es hart auf hart kommt, ist eine arrogante Wissenschaft mit ihren autoritären Urteilen über das empirische ›wahr‹ oder ›falsch‹ ein mächtiger Verbündeter.«[4] Ein ebensolches Konstruktivismus-Verständnis mündet mit einer gewissen Zwangsläufigkeit in der Kritik an dessen (unterstelltem) relativistischem Impuls, der im Endeffekt jegliche Handhabe zerstöre, zwischen der Berechtigung von Geltungsansprüchen zu differenzieren, und damit ein Einfallstor für an der Durchsetzung von Partikularinteressen orientierte Machtpolitik liefere.[5] Der vorliegende Entwurf eines konstruktivistischen Modells nimmt solcherart Kritik ernst, wiewohl er bestreitet, dass die zugrunde liegende Vorstellung von Konstruktivismus

---

4   Kühne 2003. Vergleiche dazu auch die jüngste Debatte um »Climategate«.

5   Auch wenn ein Kern dieser Unterstellung nicht bestritten werden kann – aus konstruktivistischer Sicht ist die Kontextgebundenheit der (Re-)Produktion von Bedeutungen und Wissen in der Tat zu behaupten –, so ist es doch falsch, daraus zu schließen, dass keinerlei Techniken und Strategien existierten, um mit einer solchen Einschränkung des Wahrheitsanspruches umzugehen. Siehe hierzu die Überlegungen in Kap. 5.3.2 zur Notwendigkeit von »Reflexivität«.

gehaltvoll und dem eigentlichen konstruktivistischen Anliegen angemessen ist.

Neben diesen verzerrenden Bezügen, die die Debatten um den Konstruktivismus mitbestimmen, ist es jedoch vor allem dessen enorme Vielgestaltigkeit in der wissenschaftlichen Debatte, die es erforderlich macht, zunächst zu klären, *welcher* Begriffe und Überlegungen man sich denn bedient. Diese Vielgestaltigkeit bezieht sich dabei zum einen auf unterschiedliche disziplinäre Zugänge, zum anderen auf verschiedenartige Formen, in denen sich »der« Konstruktivismus in wissenschaftlichen Debatten präsentiert. So wird der altbekannte Pluralismus diverser Konstruktivismen in unterschiedlichen wissenschaftlichen Teilbereichen (etwa: Mathematik, Architektur, Bildende Künste, Musik und Musikwissenschaft, Soziologie, Pädagogik, Philosophie, und dort insbesondere in Gestalt mehrerer konkurrierender bzw. sich voneinander abgrenzender Schulen) in jüngerer Zeit sukzessive erweitert. In der Wirtschaftswissenschaft ist so mittlerweile ein Forschungsfeld »konstruktivistische Ökonomik« entstanden. Damit wurde eine Disziplin konstruktivistisch erschlossen, die über weite Strecken des 20. Jahrhunderts an einen rigiden Materialitätsbegriff, abstrakte Rationalitätsannahmen und formale Modelle geknüpft war.[6] Auf der anderen Seite kursieren verschiedenartige Zuschnitte konstruktivistischen Denkens, grob klassifizierbar als: Metatheorie, Erkenntnistheorie, (Sozial-)Ontologie, Wissenssoziologie sowie praktische bzw. Sozialphilosophie und Kritische Theorie.[7]

---

6 Exemplarisch: Lehmann-Waffenschmidt 2006. Auch in der jüngeren Managementliteratur finden sich zahlreiche Bezüge zu verschiedenen konstruktivistischen Verständnissen, vgl. u.a.: Lührman 2004; Bea et al. 2008. Für eine Darstellung der Schwierigkeiten, die politökonomische Zugänge (im Rahmen einer IPÖ-Perspektive) in der Hinwendung zum Konstruktivismus zu überwinden haben, vgl.: Brand 2008b.

7 Als Metatheorie böte der Konstruktivismus einen konzeptionellen Rahmen, innerhalb dessen verschiedene konkrete(re) Annahmen über Zusammenhänge und Mechanismen (Theorien) formuliert werden könnten, also etwa eine umfassende Sozialtheorie; als Erkenntnistheorie ist das Interesse des Konstruktivismus (ausschließlich) auf eine Eruierung der Möglichkeiten von »Erkenntnis« und damit verbunden den Status des erworbenen bzw. erwerbbaren »Wissens« gerichtet; in Form einer Ontologie böte der Konstruktivismus eine (konkrete) Seinslehre, die Mechanismen sozialer Konstruktion in den Mittelpunkt des zu beschreibenden Gegenstandsbereichs stellt; als Wissenssoziologie versteht sich der Konstruktivismus als ein Ansatz, der sich für die konkreten Prozesse des Wissenserwerbs und dessen Dissemination in sozialen Kontexten interessiert; als praktische und/ oder Sozialphilosophie ist der Konstruktivismus auf den Aspekt der Konstruierbarkeit und somit auf Möglichkeiten der Etablierung wünschbarer sozialer Konfigurationen hin gerichtet; als Kritik/Kritische Theorie schließlich müsste der Konstruktivismus unter der Perspektive der Konstruiertheit eine »De-Naturalisierung des Sozialen« bzw. »Gegebenen« fokussieren und zwar unter der Per-

Es ist demzufolge notwendig, den hier zugrunde gelegten Zugang zum Konstruktivismus möglichst differenziert darzustellen[8], um ein Verständnis dessen zu ermöglichen, *was* das hier präsentierte Modell leisten mag, *welchen Anspruch* es erhebt, und was es *nicht* vermag (bzw. *welche Ansprüche und Kritik legitimerweise nicht* an ein solches herangetragen werden sollten). Im Zentrum meines Interesses steht dabei, ein den politikwissenschaftlich orientierten Internationalen Beziehungen zuarbeitendes Modell zu entwickeln, mit dessen Hilfe die empirisch bedeutsame wie theoretisch interessante (aber schwer zu erfassende) Ebene sozialer Bedeutungsschaffung in den Mittelpunkt gerückt werden kann. Gleichzeitig soll aus der Klärung des zugrunde gelegten konstruktivistischen Verständnisses heraus verständlich werden, warum die Konstruktivismen, die sich in den IB mittlerweile etabliert haben, für diese hier verfolgten Zwecke eher problematisch sind (vgl. Kap. 5 der vorliegenden Arbeit).

Im Folgenden werden dazu vier konstruktivistische Grundüberlegungen, gleichsam vier »Kerne« einer (sozial-)konstruktivistischen Forschungsperspektive skizziert, anstatt *einen* Begriff des Konstruktivismus zu übernehmen bzw. eine (kohärente) Gruppe von Referenztheoretikerinnen und Referenztheoretikern zu zitieren. Stattdessen versuche ich, einen sozialen Konstruktivismus, der politisch bedeutsame (und somit politikwissenschaftlich interessante) Mechanismen in den Fokus rückt, vom Gegenstand her zu entwickeln.[9]

Den Ausgangspunkt der Überlegungen bildet dabei der Rückgriff auf eine Problematisierung der Verzahnung sozialer Konstruktion von Bedeutungen/»Wissen« und der sozialen Konstruktion von »Realität«.[10] Daraus kön-

---

spektive einer emanzipatorischen Re-Konstruktion von Bedeutungen bzw. Bedeutungsgehalten, auf deren Grundlage wiederum sich soziale Handlungsmuster herausbilden.

8 Vgl. für ein ähnliches Vorgehen – angesichts der nahezu unüberschaubaren Diskussionslandschaft, schon innerhalb der IB: Houghton 2007: 27f. Ich beschränke mich an dieser Stelle absichtlich nicht auf in den IB gängige und popularisierte Überlegungen, da es mein Anliegen ist, gerade auch auf Basis eines umfassenderen Zugangs eine Kritik der IB-Konstruktivismen zu leisten.

9 Gleichwohl knüpft dieser Begriff an verschiedene philosophische, soziologische, teils auch – eher randständige – politikwissenschaftliche Arbeiten an, die ich jeweils ausgewiesen habe. Es geht dabei wie geschildert nicht um theoretischen Purismus. Der vorgeschlagene Eklektizismus wird dennoch von einem Bemühen in Grenzen gehalten, Inkonsistenzen und Inkommensurabilitäten auszuschließen. Die Kurzdarstellungen zu Searle, Berger/Luckmann und einigen Radikalen Konstruktivismen knüpfen an Vorüberlegungen an in: Brand 2001: 38-48.

10 Vgl. Guzzini 2000. Dies zeigt an, dass ein solcher Zugang in den IB keineswegs Neuland ist; Guzzini ist dabei m.E. einer der wenigen, die sich darum bemüht haben, einem *IB-Konstruktivismus* ein solch breites Verständnis zu unterlegen bzw. dafür zu plädieren, daraus erwachsende Konsequenzen systematisch einzu-

nen vier konstruktivistische Grundüberlegungen hergeleitet werden, die die Basis eines umfassenden konstruktivistischen Modells der Bedeutungsschaffung zu bilden vermögen[11]:

- die (Re-)Konstruktion gesellschaftlichen Wissens in Form von Bedeutungsgehalten ist prozesshaft angelegt;
- in diesen Prozessen wird Intersubjektivität über eine temporäre Festschreibung von Bedeutungsgehalten hergestellt;
- die Herstellung, Infragestellung und Reproduktion von Intersubjektivität/intersubjektiven Bedeutungsgehalten ist eng mit Machtaspekten verbunden;
- Prozesse der Schaffung intersubjektiv geteilter Bedeutungen benötigen Infrastrukturen (gleichsam: der materielle Aspekt der sozialen Konstruktion von Wissen/Bedeutungen).

Die Prozesshaftigkeit der Konstruktion gesellschaftlichen Wissens

Der hier entwickelte Maßstab für einen gehaltvollen konstruktivistischen Zugang basiert damit auf der breiten Vorstellung »gesellschaftlichen Wissens« im Sinne einer Verkopplung von Expertenwissen (seitens exponierter politischer Akteure sowie etwa der Wissenschaft) und allgemeinen wie segmentierten gesellschaftlichen Wissensbeständen. Damit ist keineswegs angezeigt, dass alles Wissen gleich über alle Gesellschaftsmitglieder verteilt ist und gleichförmig in allen Situationen maßgeblich handlungsprägend für alle handelnden Akteure ist. Gleichwohl stützt sich die Vorstellung darauf, dass es einen wie oben beschriebenen gesellschaftlichen Wissensfundus bzw. Wissenshorizont gibt, der entscheidend für das Agieren politischer und gesellschaftlicher Akteure auch in ihrer internationalen Umwelt ist. Den grundlegenden Mechanismus des Zustandekommens einer solchen Wissensordnung beschreibt Diaz-Bone:

»Die gesellschaftliche Wissensordnung wird diskursiv in sozialen Prozessen hergestellt und die so konstituierten Diskurse wirken über die Anbindung an Institutionen auf individueller und kollektiver Ebene wahrnehmungs- und handlungsleitend.«[12]

---

beziehen, anstatt die »dünnen« Konstruktivismen im Fach beständig zu kritisieren bzw. sich mit alternativen Forschungsperspektiven aus dem Projekt eines IB-Konstruktivismus zu verabschieden.

11 Ich folge an dieser Stelle, zumindest in der inhaltlichen Füllung der ersten drei Grundüberlegungen, nicht immer ihrer Herleitung, Guzzinis (2007) Vorgehen. [1] und [2] sind ähnlich gestaltet wie Guzzinis Darstellung eines metatheoretischen und eines ontologischen Kerns; [3] greift selektiv auf einige Aspekte der anschließenden Analyse des performativen Charakters von »Macht« (aus konstruktivistischer Sicht) zurück.

12 Diaz-Bone 1999: 126.

Auf einer tieferen Ebene weist der Konstruktivismus damit darauf hin, dass

»[...] most sociopolitical phenomena are constructed by human social interaction and the resultant shared understandings of their value and meaning, as opposed to being naturally occuring«.[13]

Damit steht im Zentrum eines konstruktivistischen Zugangs eine De-Naturalisierung des Sozialen[14], die Aufschlüsselung der Faktizität sozialer Erscheinungen eben als sozial konstruierte Fakten, allgemein: die Hinterfragung von vermeintlichen Selbstverständlichkeiten sozialer Bedeutungsprägungen.[15] Es ist aber weniger die Demaskierung etablierter Bedeutungen/Wissensbestände als vielmehr die Untersuchung der Prozesse, die zu deren Etablierung (oder: Untergrabung) führen, welche aus konstruktivistischer Perspektive interessant sein dürften. Ganz im Sinne Berger/Luckmanns, die für die Wissenssoziologie Folgendes festhalten, sollte ein generelles konstruktivistisches Interesse darauf gerichtet sein: »[...] aufgrund *welcher Vorgänge* ein bestimmter Vorrat von Wissen gesellschaftlich etablierte Wirklichkeit werden konnte«.[16]

Einen allgemeinen Mechanismus der Entstehung solcher »sozialer Wirklichkeit« liefert Searle in seiner Arbeit zur Konstruktion sozialer Fakten (*social facts*[17]). Searle zufolge zeichnet sich die *soziale* Wirklichkeit durch

---

13 Greene 2002: 6f.

14 Vgl. Krell 2000b: 242ff.

15 Dies gilt dann etwa für soziale Kategorien (Geschlechter, Klassen), Mechanismen (organisierten gewalthaltigen Konfliktaustrag und dessen sich wandelnde Verregelungsformen), auch: wissenschaftlicher Forschung zugrunde gelegten Kategorien (etwa Interessen von Akteuren, die in nicht-konstruktivistischer Perspektive u.a. als quasi-natürlicher Ausfluss sozio-ökonomischer Positionierung, Gruppenzugehörigkeit oder allgemeiner »menschlicher Rationalität« begriffen werden).

16 Berger/Luckmann 2000[1966]: 3; eigene Herv. Vgl. zur Anknüpfung an Berger/Luckmann auch: Keller 2006: 117. Keller umschreibt die Aufgabe kurz und knapp damit, dass es – aus diskurstheoretisch-konstruktivistischer Sicht – darum ginge, Berger/Luckmanns zentrales Werk um ein Kapitel »Diskurse« zu ergänzen (ebd.).

17 Auch wenn ich mich an dieser Stelle auf Searle stütze, ist die Einführung »*sozialer* Fakten« (in Abgrenzung zu nichtsozialen Fakten, andernfalls macht die Attributierung keinen Sinn) zumindest ambivalent, weil sie zugleich immer auch die Hintertür für eine Kritik am Konstruktivismus dergestalt offen lässt, als dass die (unleugbare) Existenz materieller Fakten als vermeintliche Gegenposition ins Spiel gebracht werden kann. Vgl. dazu etwa die zumindest für die IB-Diskussion typische Einschätzung in Houghtons Darstellung des Konstruktivismus: »Some aspects of our surroundings are naturally given and do not depend upon our ideational beliefs about them. If I play golf in a storm and get hit by the

das Vorhandensein mentaler Entitäten, die auf menschlichen Übereinkünften beruhen – *institutional facts* – aus.[18] Diese mentalen Entitäten, für Searle in einem breiteren Sinne »Institutionen«, existieren dabei nur dergestalt, dass sie abhängig von einer Gruppe sozialer Beobachter sind, da sie der Benennung, Erklärung und Interpretation durch ebendiese bedürfen. Grundlegend für Searles Zugang ist dabei die Frage, wie aus mentalen, einst subjektiven Gebilden eine intersubjektive Wirklichkeit entstehen kann, die »objektive« Wirkmächtigkeit entfaltet. Seine allgemeine Antwort lautet dabei: Dies geschehe durch menschliche Übereinkunft – *human agreement* – also eine Übereinkunft individueller Akteure über bestimmte gemeinsame oder geteilte mentale Fakten, die durch eine ebensolche Übereinkunft zu Institutionen werden. Um dies zu modellieren, arbeitet Searle einen Katalog von Elementen heraus, die wichtig erscheinen, um das Zustandekommen sozialer Realität und der in ihr vorfindbaren Institutionen zu erklären.[19] Zum einen müsse es einen generellen Mechanismus geben, der die Zuschreibung von Funktionen zu Fakten ermögliche. Dies gelte für alle Objekte, da ein

---

lightning, I will be electrocuted whether I believe in the electricity or not« (2007: 28). Dies kann und soll an sich gar nicht bestritten werden, dennoch verschiebt der Hinweis die Parameter der Diskussion zu Ungunsten des Konstruktivismus, als ob dieser angäbe, jedes Phänomen auf seinem Terrain erklären zu müssen. Kein mir bekannter Konstruktivismus bestreitet dabei die (materielle) Existenz dessen, was Houghton »Elektrizität« nennt; er akzeptiert in der Breite dessen physikalische Beschreibung als viable Erklärung, würde sich allenfalls für den *sozialen Kontext* des Golfspielers interessieren (Gilt es in seinem gesellschaftlichen Kontext als besonders »mutig«, bei Gewitter – entgegen dem üblichen Erfahrungswissen – Golf zu spielen, mit anderen Worten: was hat ihn motiviert?). Prägnant hat Guzzini diese Überlegung zusammengefasst: »Constructivism does not deny the existence of a phenomenal world, external to thought. This is the world of brute (mainly natural) facts. It does oppose, and this is something different, that phenomena can constitute themselves as objects of knowledge independently of discursive practices. It does not challenge the possible thought-independent existence of (in particular natural) phenomena, but it *challenges their language-independent observation*« (Guzzini 2000: 159; eigene Herv.). Diese Abgrenzung ist nicht trivial (der Konstruktivismus beschränkt seine Konzentration vernünftigerweise auf die Ebene sozialer Bedeutungs(-re-)produktion; andernfalls zimmert er ein Einfallstor für Gegenentwürfe zu solch naiven voluntaristischen Konstruktivismen, vgl. dazu etwa die Einlassungen von Seel: »[Am Realismus ist richtig], dass die [existentielle] Bestimmtheit von Gegenständen nicht auf ein *gedankliches Bestimmtwerden* reduziert werden darf« (Seel 2005: 787). Vgl. auch Willascheks (absichtliche?) Missdeutung des Konstruktivismus, die einem Ineinanderkollabieren der beiden Ebenen (Ebene der »Fakten« und Ebene der Bedeutungen) geschuldet ist (Willaschek 2005).

18 Searle 1995: 2.
19 Ebd.: 13ff.

sozialkonstruktivistischer Ansatz immer das »Für-uns-Sein« von Objekten der Realität und nicht ihr »Für-sich-Sein« betont: »The important thing is to see at this point that functions are never intrinsic [...] but are assigned from outside by conscious observers«.[20] Zum anderen müsse die Existenz einer »kollektiven Intentionalität« unterstellt werden, also auf Seiten individueller Akteure eines Sinnes dafür, Dinge gemeinsam zu tun. Drittens muss die Existenz sog. konstitutiver Regeln anerkannt werden. Damit spricht Searle den Umstand an, dass institutionelle Fakten durch soziale Akteure erst *als Fakten*, die gesellschaftliche Wirklichkeit konstituieren, geschaffen werden. Ohne ihren Status als Institutionen hätten diese Phänomene keinen Referenten. Als Beispiel führt Searle im Folgenden die Faktizität von Geldscheinen als Zahlungsmittel an, wobei ohne die konstitutiven Regeln, welche dieser Institution ihren Sinn verleihen, diese faktisch nicht existent wäre.[21] Und viertens müsse vom Vorhandensein eines zunächst vage formulierten *backgrounds* ausgegangen werden, also von der Fähigkeit seitens sozialer Akteure, einmal geschaffene institutionelle Fakten zu internalisieren. Tragend für diese Überlegungen ist im Modell von Searle die performative Kraft von Sprache: Aufgrund deren Performativität kann eine Zuschreibung von Funktionen zu Phänomenen erfolgen, können Institutionen durch Sinngebungsprozesse geschaffen werden.[22] Da vom Vorhandensein einer »kollektiven Intentionalität« ausgegangen werden könne, bildeten sich so »Quasi-Institutionen« heraus, die allein von der gemeinsamen Akzeptanz und Anerkennung der Mitglieder der Gesellschaft abhängig seien.[23] Generalisiert sich diese Akzeptanz und bilden sich darauf aufbauend stabile Handlungsmuster auf die »Quasi-Institution« hin aus, wird dadurch angezeigt, dass eine konstitutive Regel entstanden ist. Bedeutsam mit Blick auf die von Searle vorrangig untersuchte *soziale* Faktizität ist, dass in seinem Modell Institutionen jeweils etwas bedeuten, das über eine wie auch immer geartete Materialität hinausgeht und dabei *einzig* sprachlich vermittelt und vermittelbar ist: »[...] there can be no prelinguistic way of formulating the content of the agreement, because there is no prelinguistic natural phenomenon there«.[24] Nur durch Sprache und sprachliche Vermittlung ist also die institutionelle und soziale Realität als solche existent und greifbar; mittels Sprache werden institutionelle Fakten geschaffen und kommuniziert. Dies impliziert gleichzeitig, dass »Institutionen« im Medium der Sprache im Prinzip verhandelbar sind, dass folglich die in sprachlicher Interaktion konstruierten Bedeutungsgehalte vermittels sprachlicher Prozesse veränderbar sind. Die eingangs angesprochene Trennung zwischen physischen und institutionellen Fakten ist dabei nicht gleichzusetzen mit einer faktischen Trennung in grundsätzlich

---

20 Ebd.: 14.
21 Ebd.: 42f.
22 Ebd.: 32f.
23 Ebd.: 40.
24 Ebd.: 69.

qualitativ verschiedenartige Gegenstandswelten, sondern entspricht eher einer Abgrenzung entlang des Umfangs sozialer *Interpretation*, der für den *Zugang zu den Fakten* bestimmend ist.[25] Mit Searle lässt sich also die Zentralität wie die Prozesshaftigkeit der Konstruktion sozialer Bedeutungsgehalte modellhaft fassen. Entscheidend ist die Ebene der Bedeutungszuschreibung und (Re-)Produktion von Bedeutungsgehalten, die als sprachlich-diskursive Ebene beschrieben werden kann.

Intersubjektivität als temporäre Festschreibung und die »politics of reality«

Es ist dabei ebenjene intersubjektive Qualität von Bedeutungsgehalten, die im Mittelpunkt konstruktivistischen Interesses steht. Versteht sich eine konstruktivistische Perspektive insbesondere als an *sozialen* Zusammenhängen interessiert, rückt eben nicht das allfällige, subjektive »Für-sich-Konstruieren«, das in der breiten gesellschaftlichen Debatte den gedanklichen Horizont mitbestimmt, in den Mittelpunkt. Vielmehr richtet sich ein grundsätzliches Interesse auf die Beschreibung der intersubjektiven Übereinkunft über Bedeutungsgehalte sowie deren Zustandekommen, Fortbestand, Wandel und sich daraus jeweils ergebende Konsequenzen innerhalb angebbarer sozialer Kontexte. Diese Übereinkunft wird zumeist entweder als selbstverständlich angenommenen und daher kaum hinterfragt oder allenfalls in ihrer prekären Qualität betont, zumal angesichts diverser Strategien zur Erlangung begrifflicher und mithin Deutungshoheit seitens einer Vielzahl von Akteuren. Dabei geht es weniger um eine Würdigung des allgemeinen Werts der Annahme von Intersubjektivität[26] als vielmehr um die Problematisierung dieser Annahme im Rahmen eines konstruktivistischen Modells. Wenn wie im Folgenden diese Problematisierung anhand der wissenssoziologischen Arbeit von Berger und Luckmann geschieht, so nur unter Hinweis auf zwei einschränkende Vorabbemerkungen. Erstens: Berger/Luckmann haben ihre Überlegungen zweifelsohne mit Bezug auf spezifische gesellschaftliche Wissensbestände (das sog. »Alltagswissen«) zugeschnitten. Daraus ergibt sich jedoch zunächst *keine systematische Begrenzung* der Annahmen als ausschließlich für eine Soziologie des Alltagswis-

---

25 Ein und derselbe Gegenstand kann also unter jeweils zu spezifizierenden Umständen entweder als zum Lager physischer oder zu dem institutioneller Fakten zugehörig beschrieben werden. Searle verwendet zur Unterscheidung beider Zustände die Abgrenzung von beobachterrelativen und intrinsischen (nicht vom Beobachter abhängigen) Merkmalen bestimmter Gegenstände: »So, to put it very crudely, something is a screwdriver only relative to the fact that conscious agents regard it as a screwdriver« (ebd.: 11). Im Späteren wird anhand des komplizierteren Beispieles »Geldscheine« dieser Übergang noch einmal aufgegriffen: »But to describe these bits of paper with [...] ›money‹ does more than provide a shorthand label for the features [...] it describes a new status« (ebd.: 46).

26 Vgl. etwa: Greene 2002: 8.

sens anwendbar. Es ist dies ein Befund, an den auch jüngere wissenssoziologische Arbeiten in der Perspektive von Berger/Luckmann anknüpfen.[27]
Zweitens: Berger/Luckmann beschreiben den Mechanismus der Schaffung
von Intersubjektivität auf einer sehr allgemeinen, abstrakten Ebene. Für hier
verfolgte Zwecke dienen diese Überlegungen eher als Basis zu einer konkre-
teren Modellierung der aufgezeigten Mechanismen.

Die von Berger/Luckmann vorgelegte wissenssoziologische Arbeit trägt
dabei eine ihrer bemerkenswertesten Behauptungen schon im Titel: »Die
gesellschaftliche Konstruktion *der* Wirklichkeit« will sich des Phänomens
der gesellschaftlichen Produktion von Wissensbeständen und mithin *der*
Wirklichkeit widmen, der *einzigen* uns zugänglichen Wirklichkeit.[28] Dabei
verfechten sie einen Begriff der Wissenssoziologie als einer »[...] systematische[n] Beschreibung der intersubjektiven Prozesse, in denen Menschen
ihr Wissen um die Welt erwerben, es gesellschaftlich verfestigen, kontrollieren und weitergeben«.[29] Der Aufmerksamkeitsfokus liegt innerhalb dieser
Forschungsperspektive auf der Gesamtheit der Dinge, »die jedermann weiß«
und die so als gesellschaftliche Basis sozialen Handelns fungieren. Das Anliegen einer soziologischen Analyse der gesellschaftlichen Konstruktion von
Wirklichkeit besteht laut Berger/Luckmann darin, die Frage zu beantworten,
wie aus subjektiven Sinnzuschreibungen schließlich »objektive Tatsachen«,
wie aus subjektiv gemeintem Sinn objektive Faktizität wird.[30] Ausgangspunkt für diese Überlegungen ist die Vorstellung der Wirklichkeit der Alltagswelt als ein Geflecht von Objektivierungen (»Objektivationen«[31]). Diese
Objektivierungen bestehen aus (wenn auch prinzipiell in ihrem Gehalt wieder abänderlichen) Typisierungen oder Schablonen, mit denen wir uns den
Objekten der Wirklichkeit nähern.[32] Berger/Luckmann zufolge schreiben
soziale Akteure den Objekten der Realität, denen sie sich gegenüber sehen,
einen bestimmten Charakter oder eine bestimmte Funktion zu. Darauf aufbauend werden für diese Objekte im Prozess der Typisierung Schablonen
entworfen, d.h. sie werden mit Handlungsanweisungen versehen, die vorge-
ben, wie mit den Objekten umzugehen ist. Diese Objektivierungen – auch
Vergegenständlichungen einstmals innerer Zustände – treten den Menschen
vermittels sprachlichen Austauschs gegenüber. Im Umkehrschluss bedeutet
dies, dass Sprache die doppelte Funktion zukommt, soziale Akteure mit
Objektivierungen zu versorgen und die Ordnung, in welcher diese

---

27 Vgl. etwa: Knoblauch 2006.
28 Berger/Luckmann 2000[1966]; die Kursivsetzung im Buchtitel ist hinzugefügt.
29 Ebd.: V.
30 Ebd.: 20.
31 Der Begriff »Objektivation(en)« findet sich so bei Berger/Luckmann. Ich werde
    im Folgenden sinngemäß von »Objektivierungen« sprechen; Zitate bleiben davon
    allerdings unberührt.
32 Ebd.: 34.

Objektivierungen Sinn machen, festzulegen. Wie Berger/Luckmann formulieren:

»Die Wirklichkeit der Alltagswelt erscheint bereits objektiviert [...] Die Sprache, die im alltäglichen Leben gebraucht wird, versorgt mich unaufhörlich mit den notwendigen Objektivationen und setzt mir die Ordnung, in welcher diese Objektivationen Sinn haben und in der mir die Alltagswelt sinnhaft erscheint.«[33]

»Wirklichkeit« wird somit als ein Geflecht gemeinsamer und geteilter Objektivierungen und damit wechselseitiger Typisierungen begriffen. Im Sinne Berger/Luckmanns kann darauf aufbauend gefragt werden, wie diese denn eigentlich zustande gekommen seien. Zur Lösung dieses Problems bedienen sich die Autoren eines Doppelarguments: Zuallererst bedarf es einer Habitualisierung von Handlungen einzelner Akteure auf ein bestimmtes Objekt hin, danach müsse sich ein gewisses Maß an Reziprozität in den Handlungen der verschiedenen Akteure einstellen.[34] Diese Reziprozität habitualisierter Handlungen auf ein Objekt hin bildet demnach eine »Quasi-Übereinkunft« über den Status und den Sinngehalt dieses Objektes, mittels derer ein Set eigentlich subjektiver Handlungen aus dem subjektiven Zusammenhang erhoben, institutionalisiert und vermittelbar wird.

Im Hinblick auf die partielle Stabilität der intersubjektiven Wirklichkeit sowie ihre Vermittelbarkeit wird folglich auf die Zentralität von Sprache abgestellt: »Die allgemeinen und gemeinsamen Objektivationen der Alltagswelt behaupten sich im wesentlichen durch ihre Versprachlichung.«[35] Ebenso:

»Wissen [...] objektiviert diese Welt durch Sprache und den ganzen Erkenntnisapparat, der auf der Sprache beruht. Das heißt, es macht Objekte aus dieser Welt, auf dass sie als Wirklichkeit erfasst werde.«[36]

Als primärer Modus der Weitergabe und Internalisierung sozial geteilter Wissensbestände fungiert im Berger/Luckmannschen Modell die (sprachlich vermittelte) Sozialisation. Teilhaberschaft an gesellschaftlicher Wirklichkeit entsteht so zunächst nicht durch die Produktion subjektiver, sondern durch die Vermittlung bereits bestehender gesellschaftlicher Sinnsetzungen.[37] Entsprechend dem Grad der Internalisierung entscheidet sich die Mitgliedschaft einer Gesellschaft. Eine hohe Internalisierung gesellschaftlich vermittelter Sinnzuschreibungen zu Objekten entspricht damit einer »erfolgreichen So-

---

33 Ebd.: 21.
34 Ebd.: 57ff.
35 Ebd.: 39.
36 Ebd.: 71; aus Gründen der Lesbarkeit ist, wo nötig, die Schreibweise an die neuen Regeln zur Rechtschreibung angepasst worden (»ß« bzw. »ss«).
37 Ebd.: 63, 169.

zialisation« und drückt sich in einem hohen Maß an Übereinstimmung zwischen subjektiver und objektiver Wirklichkeit aus.[38] Dass es subjektive Wirklichkeiten gibt, wird demzufolge nicht bestritten, vielmehr ließe sich deren Bedeutung (für ein Modell gesellschaftlicher Realität) anhand des Grades an Übereinstimmung mit objektivierter Realität und einem ggf. daraus resultierenden Spannungsverhältnis bestimmen.

Parallel zur Entstehung der gesellschaftlichen Wirklichkeit, so Berger/Luckmann, ist die Entstehung symbolischer Sinnwelten zu konstatieren, die eine bestimmte institutionelle Ordnung erklären und legitimieren, somit eine Version der Auslegung dieser Wirklichkeit bereitstellen.[39] Wiederum ist es hier Sprache, die die Wirkkraft dieser Wirklichkeitsauslegungen entscheidend zu beeinflussen vermag, denn »[a]ls Sprache und mittels Sprache werden beliebige institutionell festgesetzte Begründungs- und Auslegungszusammenhänge internalisiert«.[40] Von entscheidender Bedeutung ist dabei insgesamt der Verweis, dass im Sinne Berger/Luckmanns gesellschaftliche Wissensbestände (konkrete Objektivierungen und Wirklichkeitsauslegungen[41]) prinzipiell offen und wandelbar bleiben, Wirklichkeit also nicht nach einmaliger Produktion und nachfolgender Internalisierung starr fortbesteht. Wie die Autoren allerdings bemerken:

»Die entscheidende Frage ist, ob [der soziale Akteur] sich noch bewusst bleibt, dass die gesellschaftliche Welt, wie auch immer objektiviert, von Menschen gemacht ist – und deshalb neu von ihnen gemacht werden kann.«[42]

---

38 Diese hier kondensierte Darstellung findet sich im Buch an verschiedenen Stellen in Einzelteilen (ebd.: 140, 175).

39 Ebd.: 102.

40 Ebd.: 145.

41 Diese Qualität der gesellschaftlichen Wirklichkeit: dass sie aus institutionellen Prozessen (geteilten Objektivierungen) und auf diese bezogenen, legitimierenden symbolischen Sinnwelten besteht, wird von Berger/Luckmann nochmals am Ende des Buches betont, vgl. ebd.: 198.

42 Wie Abels (1997: 87) feststellt, ist Berger/Luckmanns Theorie somit eine in Grenzen optimistische, da ihr zufolge die gesellschaftliche Wirklichkeit eine *Konstruktion* ist, an der potenziell *jedes* Individuum beteiligt sein könne. Eine solche an einen Begriff voluntaristischer Konstruierbarkeit grenzende Vorstellung sollte aber m.E. gerade nicht den Kern einer konstruktivistischen Perspektive ausmachen, um nicht in »Machbarkeitsfantasien« abzugleiten. Grundsätzlicher Handlungsspielraum der Akteure ist aus Sicht eines informierten (skeptischen) Konstruktivismus immer an zahlreiche Erfolgsbedingungen und Kontextfaktoren zurückgebunden, letztendlich auch nicht in seinem Handlungserfolg determinierbar.

Festzuhalten bleibt damit an dieser Stelle, dass Intersubjektivität als eine temporäre soziale Übereinkunft über Bedeutungsgehalte aufgefasst werden kann. Diese Übereinkunft ist nicht beliebig möglich, vielmehr an bestimmte, zu spezifizierende Kontextvariablen (existierende Wissens- und Begründungsordnungen, auch: materielle Zwänge[43]) gebunden. Zwei spezifisch politikwissenschaftliche Interessen lassen sich darauf aufbauend formulieren: zum einen die Frage nach der Beschaffenheit der Handlungskontexte, innerhalb derer Intersubjektivität hergestellt wird (vgl. Punkt [4] der hier entwickelten Basisvorstellung), zum anderen die Frage nach (politischen) Konsequenzen solcher, wenn auch prekärer, Herstellung von Intersubjektivität/ Konsens. Letzteres findet seinen Ausdruck im Konzept der »politics of reality«, welches im Zentrum verschiedenartigster sozialphilosophischer Entwürfe wie sozialwissenschaftlicher Zugänge steht.[44] In den IB ist dieses Konzept über die Kritik von Zehfuß an gängigen Spielarten des (IB-) Konstruktivismus eingeführt, dabei aber nicht vollends entfaltet worden.[45] Im Rückgriff auf Pouliot stütze ich mich an dieser Stelle auf ein Konzept der *politics of reality*, das ausgehend von der Anerkenntnis der Konstruktion sozialer Bedeutungsgehalte ebendie wahrnehmbaren »Akte der Essentialisierung« innerhalb der sozialen Welt zum primären Untersuchungsgegenstand erhebt.[46] Dabei ist das markante Merkmal dieser sozialen Welt ja gerade, dass soziale Bedeutungen nicht (!) pausenlos in Frage gestellt werden, sondern meistenteils als unhinterfragte Realität Handlungsgrundlagen bilden. Wie Pouliot ausführt:

---

43 Vgl. hierzu den Begriff der »Viabilität« von (sozialen) Konstruktionen u.a. in: von Glasersfeld 1985. Entscheidend ist demzufolge allein die Viabilität der Konstrukte: Sie müssen von einer Qualität sein, die dem Individuum eine erfolgreiche Orientierung in der gesellschaftlichen Umwelt ermöglicht.

44 Etwa im Rahmen der politikwissenschaftlichen Grundlegung der Ethnomethodologie in: Patzelt 1987: 200ff. Patzelt versteht unter den *politics of reality* die Bedingungen der Fixierung bestimmter Inhalte von Wirklichkeitskonstruktionen, die über Zeit zu Selbstverständlichkeiten gerinnen; im engeren Sinne bezieht er sich dabei auf die Methoden der Hervorbringung, Aufrechterhaltung, Veränderung und Zerstörung politischer Realität, vgl. ebd. Dieser Begriff ist stark an die Vorstellung einer Intentionalität zurückgebunden. Im Vergleich dazu ist die Begriffsverwendung in der feministischen Theorie eher an den Folgen etablierter Realitätskonstruktionen orientiert, vgl. Frye 1983.

45 Vgl. dazu den Untertitel des Buches von 2002 (Zehfuss 2002). Zehfuß bringt dieses Konzept in Anschlag, um verschiedenen IB-Konstruktivismen nachzuweisen, dass sie bestimmte Realitätsausschnitte reifizieren (worum diese schwerlich herumkommen) und in der Folge die Konsequenzen dieses Tuns für ihren Standpunkt (die *politics*, die aus dieser Festschreibung von Realität erwachsen) nicht systematisch reflektieren (woran aus konstruktivistischer Sicht legitimerweise Kritik geübt werden kann).

46 Vgl. Pouliot 2004: 320.

»Instead of seeking to establish the ontology of reality, constructivism needs to problematize what is held to be real by looking into the constitutive effects of knowledge.«[47]

Als eine Klasse solch konstitutiver Effekte bieten sich dabei die politisch-sozialen Konsequenzen an, die aus bestimmten Wirklichkeitskonstruktionen erwachsen und welche ihrerseits als gesellschaftliche Realitäten fungieren. Diese könnten etwa umfassen: Legitimitätsvorstellungen, die politische Ordnung allgemein sowie bestimmte politische Strategien betreffend; Annahmen über Funktionsweisen binnenstaatlicher wie internationaler Politik, insofern sie als Handlungsgrundlage dienen; Vorstellungen über soziale Schichtungen und Rollenzuschreibungen etc. Diese Effekte lassen sich unter der hier verwendeten Perspektive als die *politics* (die auf erfolgreich etablierten sozialen Konstruktionen fußenden Handlungsfolgen) *of reality* (ebenjene Faktizität sozialer Sinnsetzung und damit einhergehender Beschränkung der Bandbreite von Deutungen) begreifen.

Intersubjektivität und Machteffekte – Diskursive Macht

Die Analyse solcher *politics of reality* richtet sich demgemäß auf den Nexus von Bedeutungsprägung, Handlungsorientierung und Handlungsfolgen[48] und damit Sinn konstituierender begrifflich-diskursiver Handlungsrahmung. Eng damit verbunden ist zweifelsohne ein prinzipielles Interesse an Machteffekten. Dies gilt zumal insofern, als damit auf eine Blindstelle vieler in den IB gängiger Sozialkonstruktivismen verwiesen ist, in denen zwar mit einem Begriff von »Konstruktion« (bzw. »Diskurs«) gearbeitet wird, allerdings, wie Jacobsen bemerkt: »[d]iscourse is described as if divorced from interest and power«.[49] In dieser Stoßrichtung hat auch Leander die Erarbeitung einer (sozial-)konstruktivistischen Perspektive in den IB eingefordert, welche die *Machteffekte* sozial konstruierter Bedeutungsgehalte erfasst.[50] Eine ebensolche Brücke bietet sich in Form der systematischen Untersuchung des Zustandekommens und der Effekte intersubjektiver Wirklichkeitskonstruktionen/Realitätsvorstellungen.

Es kann dabei nicht oft genug darauf hingewiesen werden, dass eine solche Vorstellung der Realitätskonstruktion *nicht* synonym für ein scheinbar beliebiges (Herbei-)Konstruieren von sozialem Sinn steht. Die Einschätzung des Konstruktivismus aus Sicht anderer theoretischer Perspektiven gerade

---

47 Pouliot 2007: 363.
48 Vgl. Guzzini 2000: 156.
49 Jacobsen 2003: 49. Vgl. in diesem Zusammenhang auch die Anmerkung von Palan: »Behind discourse therefore lies power. But how power an discourse work is a matter of debate. As Foucault said once, I understand who gains and who loses, it is power I do not understand« (2000b: 228).
50 Leander 2002: 6ff.

auch in den IB offenbart allerdings mitunter ebendiese Unterstellung. Das folgende Beispiel aus den *Security Studies* illustriert dies anschaulich:

»In this surreal context [...] which clearly draws promiscuously on French deconstructive thought, there are *no real* threats; *only imagined and constructed ones* [...] Doubtless, from this contorted perspective, Osama bin Laden or Saddam Hussein are merely products of Western paranoia.«[51]

Eine solche Einschätzung (und pauschale Abqualifizierung) von Arbeiten zur wirklichkeitskonstitutiven Konstruktion von Sicherheitsgefährdungen geht vollständig am Anliegen dieser mittlerweile in den IB etablierten[52] konstruktivistischen Forschungsperspektive der »Versicherheitlichung« vorbei. Vielmehr besteht die politikwissenschaftlich bedeutsame Frage gerade darin, wie die gesellschaftliche Wahrnehmung realer Gefahren zustande kommt, wie sich Gefahrenobjekte und -subjekte in ihrer Klassifizierung wandeln, und vor allem, welche Konsequenzen mit deren Auszeichnung als Sicherheitsgefährdungen bzw. als sicherheitsrelevant einhergehen.

Ein Teil dieser Konsequenzen lässt sich dabei als Machteffekte sozialer Konstruktion beschreiben. Dies gilt wenigstens in zwei Dimensionen: zum einen mit Blick auf die Macht *der* Bedeutungsprägung, die sich aus der konstitutiven Bedeutung von Mechanismen bzw. Trägern/Infrastrukturen für die Prozesse der Bedeutungskonstruktion in und zwischen Gesellschaften speist. Zum anderen resultiert Macht ebenso *aus erfolgreich geprägten* (am erfolgreichsten dann, wenn kaum mehr hinterfragten) Bedeutungshorizonten. Dieser Machteffekt beruht darauf, dass solcherart Bedeutungshorizonte etwa exponierte Akteure für spezifische Tätigkeiten benennen, im Rahmen einer allgemeinen Handlungsorientierung differenziertere Rollen zuweisen, soziale Hierarchien (subtil) rechtfertigen oder aber »Notwendigkeiten« auch gegen intuitive Ansprüche einzelner Akteure definieren. Auf die Alltagsweltproblematik zurückbezogen bedeutet dies die Einsicht, dass gerade die Alltagswelt als intersubjektive Welt erlebt wird, bei der zunächst routinemäßig davon ausgegangen werden kann, dass sie von niemandem in ihrer Faktizität in Frage gestellt wird. Dieser Sachverhalt ist aber keineswegs trivial – ihm liegen erhebliche, wenn auch gemeinhin unbeachtete (!) Konstruktionsprozesse voraus.[53] Vom strengen Begriff der *Alltags*wirklichkeit gelöst, lässt sich diese Vorstellung auch auf eine allgemeine »Wissensproblematik« beziehen. Man muss dabei nicht zwangsläufig auf einen Foucaultschen Machtbegriff zurückgreifen. Es genügt, die Wirksamkeit von »Macht« als Resultat des Zustandekommens einer bestimmten sozialen Ordnung (auf Basis bestimmter, intersubjektiv akzeptierter Wissensordnungen, unter Aus-

---

51 Jones/Smith 2001: 487; eigene Herv.

52 Vgl. grundlegend: Buzan/Wæver/de Wilde 1998.

53 Vgl. Patzelt 1987: 44.

schluss konkurrierender Bedeutungsgehalte) zu begreifen.[54] Deutlich wird die Relevanz eines solchen Machtbegriffes u.a. dort, wo er konkreten Handlungsstrategien politischer Akteure zugrunde gelegt wird bzw. deren politisches Handeln anleitet, etwa Strategien intentionaler Bedeutungsprägung, der Generierung und Nutzung sog. *soft power*[55] sowie generell hinsichtlich des Kampfes um Begriffs- und Deutungshoheit.

Die Zentralität der Infrastrukturen sozialer Konstruktion

Die vierte hier zugrunde gelegte grundsätzliche Überlegung im Rahmen einer konstruktivistischen Perspektive ist darauf gerichtet, dass dem sozialen Kontext der Prozesse von Wirklichkeitskonstruktion und Schaffung von Intersubjektivität vorrangige Aufmerksamkeit gewidmet werden sollte. Dies gilt zumal für das Anliegen der hier vorgelegten Arbeit, einzelne *Gesellschaften übergreifende* Prozesse in ihrer politischen Bedeutsamkeit zu erfassen. Die Plausibilität dieses Anliegens steht und fällt mit der doppelten Annahme, dass es a) verdichtete Formen transnationaler Verbundenheit und Verflechtung gibt, die in die internationale Umwelt ausstrahlende oder primär im transnationalen Kontext ablaufende Prozesse der Bedeutungsprägung ermöglichen und b) diese Prozesse bedeutsam für den Fortgang internationaler politischer Beziehungen sind. Beide Annahmen liegen meinem Ansatz zugrunde und werden im dritten Teil der Arbeit empirisch unterfüttert.

Die hier zunächst unterstellte (und in Teil III detaillierter ausgearbeitete), tendenziell zunehmende Bedeutung von Prozessen transnationaler Bedeutungskonstruktion stellt dabei zunächst darauf ab, dass, zumal in zwischengesellschaftlichen Kontexten, nur ein geringer Ausschnitt gesellschaftlichen Wissens Erfahrungswissen darstellt. Vielmehr ist ein erheblicher Teil der gesellschaftlich verbreiteten Bedeutungsgehalte übernommen bzw. diskursiv vermittelt. Unter Diskursen verstehe ich dabei (angelehnt an Überlegungen Foucaults) Komplexe primär sprachlich-kommunikativer, aber auch weiterführender Handlungen auf einen Gegenstand hin, die eine konkrete Lesart des Gegenstandes zu fixieren suchen und über eine solche Fixierung

---

54 Vgl. für den zugrunde liegenden Mechanismus einer Herstellung von Intersubjektivität: Feindt/Oels 2005. Rolshausen führt dazu aus, dass »soziale Macht« im Anknüpfung an die Überlegungen von Foucault aus dem Erfolg resultiere, mit dem konkurrierende Subjekte einen Streit für sich entscheiden können. Der »Erfolg« reproduziere dabei diese Elementarsituation der Auseinandersetzung immer wieder (Rolshausen 1997: 74). Dies ist m.E. nur einsichtig unter Rückbezug auf die Vorstellung von spezifischen »Bedeutungsgehalten«, die als Konsequenz eines Erfolgs in argumentativer Auseinandersetzung etabliert bzw. re-produziert wurden und Anschlusshandlungen wiederum zugrunde liegen.

55 Vgl. grundlegend: Nye 2004; siehe auch die (Anknüpfung und) Abgrenzung des Lukesschen Machtbegriffes zum Begriff von Nye, in: Lukes 2007: 90ff.

Intersubjektivität in Form sozialen Wissens herstellen.[56] Es ist dabei zunächst von nachrangiger Bedeutung, ob man diese Perspektive primär als die einer Foucaultschen Diskurstheorie, die »[...] nach den Formationsregeln für kollektiv geteilte Wissensstrukturen und ihren historischen Veränderungen«[57] fragt, oder als Wissenssoziologie im Sinne Berger/Luckmanns, innerhalb derer Diskurse als »kommunikative Prozesse der Aufrechterhaltung und Veränderung gesellschaftlich relevanter Themen« verstanden werden können, auffasst (oder als beides gleichzeitig).[58] Bedeutsamer sind die sich ergebenden Anschlussmöglichkeiten mit Blick auf eine Hinterfragung des *konkreten kommunikativen Kontextes*, innerhalb dessen (Gesellschaften übergreifend oder intern) soziale Bedeutung geschaffen und überformt wird.

Im Sinne des in den IB bekannten Arguments des »ideas do not float freely«[59] kann etwa gefragt werden, ob sich konkrete Infrastrukturen benennen lassen, welche die Vorstellungen eines solchen transnationalen Diskursraumes rechtfertigen. Hier schlage ich vor, Massenmedien in das Modell einzubringen.[60] Dies sollte in einem breiten Verständnis geschehen: gleichzeitig in Form global operierender Medienunternehmen, generell als Träger von Diskursen, die innerhalb von Gesellschaften und über diese hinaus diffundieren, als Medientechnologien, die grenzüberschreitende Interaktivität erst schaffen etc. Dahinter verbirgt sich zuallererst ein infrastrukturelles Argument insofern, als etwaige Akteursinteressen und abgeleitetes intentionales Handeln politischer und gesellschaftlicher Akteure die Wirkrichtung von Massenmedien nicht prinzipiell zu determinieren vermögen. Die infrastrukturelle Perspektive ermöglicht andererseits *überhaupt erst die Einbeziehung*

---

56 Diesen Begriff habe ich ausführlicher entwickelt in: Brand 2001: 53f. Eine prägnante Zusammenfassung findet sich ebenso in: Diez 1999: 43f.; Foucault selbst gibt einige handhabbare Hinweise u.a. in: Foucault 1991.

57 Diaz-Bone 1999: 124.

58 Für letzteres Zitat: Knobloch 2006: 209. Allgemein dürfte gelten: Versuche, eine »Reinheit« des theoretischen Arguments anzustreben bzw. der »richtigen«/ »besseren« Exegese einer zentralen Referenz verhindern mitunter ein umfassendes Verständnis.

59 Vgl. Risse-Kappen 1994. In Risse-Kappens Argumentation wird das Aufkommen »alternativer Ideen« (im Kontext sicherheitspolitischer Entspannung gegen Ende des Ost-West-Konflikts), die zu einer Neubewertung der Situation durch exponierte politische Akteure führten, an neue politische Akteure/Wissensunternehmer und veränderte binnenpolitische Strukturen zurückgebunden. Für die hier verfolgten Zwecke müsste in einem breiteren (und ergebnisoffeneren) Verständnis nach Infrastrukturen für kommunikativ-diskursive Prozesse in grenzüberschreitenden Kontexten gefragt werden.

60 Und zwar weitestgehend ergebnisoffen, nicht unter einer bereits eingeschränkten Perspektive, dass durch Massenmedien die Produktion von Diskursen systematisch organisiert und *kontrolliert* werde, vgl. dazu (wenn auch nicht im Spezifischen auf Massenmedien bezogen) etwa: Rolshausen 1997: 73.

einer massenmedial geprägten Ebene inter- wie transnationaler Bedeutungs-schaffung in ein konstruktivistisches Modell der IB.

Überraschenderweise lassen sich Anknüpfungen für eine Begründung dieses Vorgehens in den jüngeren Arbeiten einiger Vertreter des Konstruktivismus in seiner radikal-philosophischen Spielart[61] finden. Dies ist überraschend insofern, als sich dieser (Radikale) Konstruktivismus von seiner Entstehung her vorrangig als eine Erkenntnistheorie unter weitestgehender Ausblendung von Ontologisierungen[62] verstanden hat. Von zentraler Bedeutung ist dabei für diesen erkenntnistheoretischen Konstruktivismus, welchen Zugang Individuen zur Realität haben können und welche Qualität folglich individuelles wie über-individuelles Wissen um die Realität aufweist. Die epistemologische Grundposition eines radikal-konstruktivistischen Ansatzes lässt sich in dieser Hinsicht mit von Glasersfeld als die Einsicht beschreiben, dass unser Wissen nicht eine vom erkennenden Bewusstsein unabhängige Wirklichkeit repräsentiert, sondern *als Resultat eines Erkenntnisprozesses* eine Konstruktion darstellt.[63] »Objektive« Erkenntnis ist somit nicht möglich: »Kein Beobachter hat es mit der ›Realität an sich‹ zu tun, sondern stets nur mit seiner ›selbst erzeugten Erfahrungswirklichkeit‹.«[64] In Anlehnung an die Überlegungen des Systemtheoretikers und Kognitionswissenschaftlers Maturana kann unter dieser Perspektive folglich davon gesprochen werden, dass Wissen nicht etwa Realität als solche erfasst, sondern eher den pragmatischen Umgang mit einer anders nicht erfahrbaren Welt ermöglicht. Gesellschaft wird dabei als ein Netz individueller und sozialer Systeme verstanden, in denen jeweils eigene Weltverständnisse geschaffen und in der Folge wechselseitig kommuniziert werden. Kommunikation wiederum wird als die wechselseitige Anregung zur Konstruktion

---

61 So verstehe ich etwa: Schmidt 2003. Vgl. auch: Weber 2002, 2003. In Abgrenzung dazu erscheinen die Überlegungen im Rahmen eines operativen Konstruktivismus à la Luhmann, wie sie etwa Weller (2000, 2002) in den IB vorgetragen hat, problematisch, vor allem hinsichtlich des Zuschnitts von Beobachtungssystemen, innerhalb derer Beobachtungsoperationen stattfinden. Zum einen besteht hier der *bias*, von primär nationalstaatlich zugeschnittenen Beobachtungssystemen auszugehen. Zum anderen führt die Vorstellung in sich geschlossener funktionaler Systeme, die entsprechend eigener Codes operieren, zu der Behauptung, dass die jeweiligen Konstruktionen, die produzierten Deutungsmuster allein der spezifischen Situation massenmedialer Kommunikation entspringen. Die darin angelegte Grenzziehung und damit verbunden die fragliche Analysierbarkeit wechselseitiger Einbettungen und Verknüpfungen von Gesellschaft, Medien und politischen Akteuren erweist sich letztendlich als problematisch, vgl. auch: Diez 2005a: 33.

62 Eine Problematisierung dieser Position findet sich in: Fischer 1995: 15.

63 Diese kondensierte Darstellung ist Fischer (1995: 20) entnommen. Dort findet sich auch eine Diskussion der Behauptung, Ernst von Glasersfeld postuliere einen »epistemischen Solipsismus«.

64 Bardmann 1997: 9.

von Wirklichkeit in und zwischen personalen wie sozialen Systemen verstanden.[65] Stellt Sprache auf abstrakter Ebene somit *die* soziale Institution zur Verhaltenskoordinierung dar[66], so haben einige Vertreter des Radikalen Konstruktivismus in der jüngeren Zeit die konkrete kulturelle, sozialstrukturelle Einbettung individueller und sozialer Erkenntnisleistungen thematisiert.[67] Demzufolge sind es die auch massenmedial vermittelten Bedeutungshorizonte (*Geschichten & Diskurse* in Schmidts missverständlich untertiteltem Buch »Abschied vom Konstruktivismus«[68]), die als Fundamente für die Ordnung des Gesellschaften zugrunde liegenden Kommunikationssystems fungieren. Massenmedien kommt dabei nicht zuletzt eine gestiegene Bedeutung zu, weil sich die »[…] Lebenswelt der heutigen Mediennutzer aus vielen multimodalen Erfahrungen technisch vermittelter Kommunikation« aufbaue.[69] Dieser Zusammenhang zwischen einer »definitorischen« Macht massenmedialer Diskurse gegenüber gesellschaftlichen Diskursen ist dabei in jüngerer Zeit allgemein zu einem Forschungsfeld der (nicht primär konstruktivistisch orientierten) Medienwissenschaft geworden.[70] Dies zeigt zugleich an, dass es sich bei diesem Versuch, aus diskursiv-konstruktivistischer Perspektive die Rolle von Massenmedien in politischen Kontexten allgemein zu erfassen, keineswegs um eine prinzipielle Infragestellung von Wissenschaft(-lichkeit) und Sozialwissenschaft, gar empirischer Forschung handelt.[71] Die Pointe ist vielmehr: Die hier skizzierte,

---

65 Frindte 1995: 115.

66 Siehe dazu die Erörterung in: Schmidt 1995: 241.

67 Schmidt 2003. Für eine Hinführung zu diesem Argument vgl. Sandbothe 2003.

68 Schmidt 2003.

69 Knoblauch 2006: 210.

70 Vgl. Schrøder/Phillips 2007; zentral ist dabei, dass es nicht um die Darstellung lediglich in Form einer plausiblen Annahme geht, sondern um die Diskussion methodologischer Problemstellungen, die aus einem solchen Forschungsanliegen resultieren (Triangulation dreier Methoden: Erfassung des tatsächlichen Mediengebrauchs mittels eines Experimentaldesigns, die inhalts- bzw. diskursanalytische Aufarbeitung von Medieninhalten sowie fokussierte Gruppeninterviews zur Erfassung von Medienwirkungen).

71 Vgl. dazu etwa die kritischen Einschätzungen von Donsbach: »The latest hype has been and still is the so-called constructivism debate – most of which I think is superfluous. Everyone knows that constructivists are probably right in stating that every perception is subjective. But so what? […] Not only that but it is also a free ticket for an ›anything-goes‹ approach to research. […] Although the constructivism debate steals from us some of the time we would need to do real research for epistemological discussions, it is still relatively harmless because most of those participating in this debate do not do research themselves. I am worried about some developments (of which the constructivist paradigm is only one), however, because they try to shift the borders of research beyond the norms of intersubjectivity and testability. There is a whole new culture of communication research, mainly influenced from the sociological tradition, which rather successfully pursues a rollback strategy against empiricism« (2006: 445; eigene Herv.).

zunächst eher skeptische erkenntnistheoretische Position[72] hat sich sukzessive hin zu einem Zugang zur Kontextgebundenheit der Erkenntnisproduktion entwickelt. Dieser ist seinerseits anschlussfähig für eine *empirisch* orientierte Spielart des Konstruktivismus[73], insofern es eben im Kern um die systematischere Beschreibung wirklichkeitskonstitutiver Infrastrukturen geht. Luckmann weist in diesem Zusammenhang darauf hin, dass

»[i]f social reality is constructed in communicative interaction, and if it is pervasive in social life, our most reliable knowledge of that reality will come from reconstructions of these processes«.[74]

Der hier in groben Zügen aufgezeigte konstruktivistische Zugang, der *Prozesse* der Produktion konkreter *sozialer Bedeutungsgehalte* in ihren *politischen Konsequenzen* ins Zentrum stellt, dient nun im Folgenden dazu, die Konturen eines alternativen Modells zur Analyse internationaler Beziehungen zu erstellen. Zunächst aber gilt es zu ergründen, warum in den IB gängige Konstruktivismen diese Leistungen bisher nur eingeschränkt bzw. kaum erbringen.

Für eine sympathischere Ausdeutung des Feyerabendschen Credos anything goes, nicht im Sinne Chaos produzierender Beliebigkeit, sondern als emanzipatorisches Anliegen prinzipieller method(olog)ischer Offenheit: Smith 1998: 205f. Smith verweist darauf, dass Feyerabend damit im positiven Sinne zu Recht als »epistemologischer Anarchist« bezeichnet werden kann, zumindest was die Unterminierung orthodoxer erkenntnis- wie wissenschaftstheoretischer Positionen in den Sozialwissenschaften anbelangt. Dies bedeutet aber nicht, dass aus Feyerabends Sicht, wie aus dem Blickwinkel eines jeden ernstzunehmenden Konstruktivismus, der sich von Feyerabends Motto inspiriert sieht, jedes Vorgehen (jede Methode oder weitestgehend nichtmethodisches Vorgehen) gleich plausibel oder wertvoll mit Blick auf das produzierte Wissen sein muss. Siehe auch Smith' Darstellung der Kritik von Lakatos an Popper (Letzterer wird gemeinhin als Gegenpol zu Feyerabend aufgebaut), die in der Überlegung kulminiert, Feyerabends Position sei letztlich nur die Poppersche konsequent zu Ende geführt (ebd.: 218).

72 Luckmann präzisiert in diesem Zusammenhang (2005: 4), dass aus Sicht einer jeden am Sozialen interessierten Wissenschaft oben geschilderten Prozessen der Objektivierung die hauptsächliche Aufmerksamkeit gelte. Die sozial konstruierte, durch stete Reproduktion in faktische Wahrheit gewendete »Objektivität« der Welt, die Wissenschaft ihrerseits beschreibe, zeichne sich dabei ebenso durch soziale Konstruiertheit aus. Damit spiegelt wissenschaftlich beschriebene »gesellschaftliche Realität« nicht primär die intersubjektive Übereinkunft sozialer Akteure über natürliche Tatsachen, sondern stellt sich als ein »[...] inter-subjective agreement of a community of investigators *about the inter-subjective accomplishments* of the entire human community« dar.

73 Vgl. Weber 2002: 13f.

74 Luckmann 2005: 7.

5. Die Debatte um den Sozialkonstruktivismus in den Internationalen Beziehungen

Im Folgenden wird aufgezeigt, dass zwischen dem Anspruch, mit dem konstruktivistische Ansätze in die IB eingeführt wurden, und dem derzeitigen Stand der Diskussion um Konstruktivismen im Fach eine Diskrepanz besteht. Sie besteht maßgeblich darin, dass ursprüngliche konstruktivistische Anliegen, wie sie in Kap. 4 formuliert wurden und die dem Ansinnen der metatheoretisch orientierten, konstruktivistischen Arbeiten eingangs der 1990er Jahre (etwa von Onuf) ähnelten, in den heute an prominenter Stelle im Fach geführten »Konstruktivismus-Debatten« nur eine randständige Rolle spielen. Wenn folglich behauptet wird, dass sich der Konstruktivismus in den IB innerhalb der letzten Dekade *etabliert* habe, so bezieht sich diese Aussage im Wesentlichen auf eine *bestimmte* Spielart bzw. eine Klasse von Ansätzen, die als moderater Sozialkonstruktivismus beschrieben werden kann. Seine moderate Qualität bezieht dieser Konstruktivismus dabei letztendlich aus eben jenem Versuch, eine Brücke zwischen einer konstruktivistischen Ontologie (soziale Konstruktionen machen einen bedeutenden Teil des Seins und der Gegenstandswelt der internationalen Beziehungen aus) und einer lose positivistischen Epistemologie/Methodologie (der Zugang zu diesem Sein ist vermittels *traditioneller* wissenschaftlicher Methoden möglich) zu schlagen. Der Verlauf der Debatte um konstruktivistische Ansätze in den IB ist dabei nicht nur von disziplingeschichtlichem Interesse. Vielmehr lässt sich anhand der spezifischen Engführungen (und deren Begründung bzw. Einbettung in andere theoretische Kontexte und disziplinäre Dynamiken) aufzeigen, warum bestimmte Grundproblematiken des »Sozialen«, die aus Sicht eines konstruktivistischen Ansatzes den Schwerpunkt des Interesses bilden müssten, für den IB-Konstruktivismus kaum im Zentrum der Aufmerksamkeit stehen. Mit Blick auf das Erkenntnisinteresse der vorliegenden Arbeit – Massenmedien in grenzüberschreitenden Kontexten in deren politischer Bedeutsamkeit als Produzenten von Bedeutungsgehalten (Realitätskonstruktionen) zu beschreiben – lässt sich die nachfolgende Darstellung auf zweierlei Art verstehen. Zum einen soll Kap. 5 verdeutlichen,

warum sich eine »konstruktivistische Medientheorie« für die IB nicht einfach auf einen bereits im Fach etablierten konstruktivistischen Ansatz stüt-
zen kann. Zum anderen sollen jene Aspekte bestimmt werden, die im Rahmen eines IB-Konstruktivismus neu ausgelotet werden müssten, um ihn für
eine Analyse sozialer Konstruktionsprozesse in den internationalen Beziehungen in und durch Massenmedien fruchtbar zu machen.

5.1 ANFÄNGE: KONSTRUKTIVISMUS ALS METATHEORIE

Der Konstruktivismus ist spätestens seit den 1990er Jahren auch in den Internationalen Beziehungen (IB) angekommen, ein knappes Jahrzehnt nach
der Jahrtausendwende ist er fest im Theoriekanon des Faches etabliert. Dort
gilt er nach wie vor als die letzte große theoretische Innovation. Seine wachsende Popularität verdankte er zu Beginn der 1990er Jahre zweifelsohne allgemeinen wissenschaftssoziologischen und -philosophischen Debatten (man
denke an die zunehmende Infragestellung traditioneller Wissenschaftsverständnisse, die generelle Kritik an Rationalismen, Realismen und Positivis-
men), ebenso wie fachbezogenen Dynamiken, etwa den Erklärungsnöten
herkömmlicher Ansätze mit Blick auf den Kollaps des Ost-West-Konfliktes
(auf *diese* Art, zu *diesem* Zeitpunkt).[1] Die anhaltende Begeisterung[2] für
Konstruktivis*men* ist dagegen erklärungsbedürftig.

Sie ist es umso mehr, als die weithin als Konstruktivismus in den IB anerkannten Spielarten, und damit der Kanon der (üblichen) Referenztheoreti-

---

1   Vgl. Lebow/Risse-Kappen 1995, insbes.: 127-258. Interessanterweise bindet
    auch Kratochwil (Koslowski/Kratochwil 1994) das Aufkommen des Konstrukti-
    vismus in den IB an das populäre Argument, dieser Ansatz habe Erklärungskraft
    für diesen fundamentalen Strukturwandel geboten in einer Situation, in der ande-
    re Großtheorien der IB versagten. Zusammenfassend: Adler 2002: 98. Zur Kritik
    eines solchen Verständnisses allein realweltlich/»historisch« bedingter Theorie-
    konjunkturen siehe: Schmidt 2002.

2   Vgl. Jordan et al. 2009. In ihrer vergleichenden Studie von zehn IB-Fachkulturen
    ermittelten die Autoren, dass der »Konstruktivismus« einen festen Bestandteil
    der Lehre im Fach ausmacht (als eigenständiger theoretischer Ansatz nach Rea-
    lismus und Liberalismus auf Platz 3), vgl. ebd.: 18; dass etwa die Hälfte aller be-
    fragten Akademiker angaben, in ihrer eigenen Forschung exklusiv oder in Teilen
    auf konstruktivistische Ansätze zurückzugreifen (ebd.: 30); zwischen 14 und
    40 Prozent der Studienteilnehmer gaben obendrein an, sich selbst (primär) als
    Konstruktivistin bzw. Konstruktivist zu begreifen (ebd.: 31). Smith (1998: 183;
    eigene Herv.) bemerkte dazu frühzeitig – und mit beabsichtigter Polemik: »Let
    me be absolutely clear [...] I do *not* think that social constructivism can deliver
    what it claims, but equally I am sure that it promises to be *one of the most impor-*
    tant theoretical developments of recent decades.«

ker, einigen überraschenden Grenzziehungen unterliegt. Bei aller Heterogenität der Konstruktivismen, Sozialkonstruktivismen (die in den IB gängige Bezeichnung für die zugehörige Großtheorie des Faches) und anderweitig attributierten Formen konstruktivistischen Denkens (radikal-, kritisch-, diskursiv-, reflexiv-, moderat- etc.[3]) lässt sich erkennen, dass die Popularität des Konstruktivismus in den IB deutlich an die Idee eines Mittelwegs (*middle ground*)[4] gebunden ist. Dieser »Mittelwegs«-Gedanke und ebenso die Attributierung als »moderater« Konstruktivismus verdeutlichen dabei sowohl das Anliegen, Querbezüge zu anderen Theorie- und Modellwelten der IB herzustellen, anstatt sich rigide durch die Etablierung eines eigenständigen und inkommensurablen Paradigmas abzuschotten, als auch den Versuch, einen herkömmlichen, traditionellen Begriff von »Wissenschaft« und »Wissenschaftlichkeit« zu erhalten. Dieser soll wenigstens *orientiert* an der Erklärung einer objektiven Realität[5] sein. Vor allem die Verheißung, mit Hilfe eines (moderaten) Sozialkonstruktivismus basale Kategorien konstruktivistischen Denkens in die Debatten des Faches einzuführen, ohne vermeintlichem epistemischem Relativismus[6] anheim fallen zu müssen, dürfte die ungebrochene Attraktivität des konstruktivistischen Projekts in den IB erklären.

In der Konsequenz steht »der« Konstruktivismus in den IB damit allerdings in weiten Teilen für eine Klasse von Ansätzen, die sich sehr stark auf einzelne Phänomene und Forschungsinteressen (wie im Folgenden aufge-

---

3 Klassisch: Hopf 1998; Adler 2002; Weller 2003/04.

4 Adler 1997, 2002. Für eine frühe Rezeption: Checkel 1998: 327. Die mittlerweile klassische Metapher des IB-Konstruktivismus als *middle ground* ist in diesem Zusammenhang alles andere als unproblematisch, da sie die Existenz eines Konsenses über onto- wie epistemologische Annahmen zumindest suggeriert, der so nicht vorhanden ist. Der Befund, dass sich mittlerweile eine bestimmte Spielart des Konstruktivismus in den IB etabliert habe, verweist somit auch darauf, dass bestimmte Zugänge – selbstbewusst gewählt oder nicht – außen vor bleiben, zumindest insofern sie mit bestimmten Grundannahmen der Disziplin zu brechen versuchen (v.a. mit Blick auf den Aspekt des Wissenschaftsverständnisses). Der moderate (Sozial-)Konstruktivismus operiert unter diesem Blickwinkel als eine Art Disziplinierungsinstrument – wie Jacobsen dazu bemerkt hat: »The ›constructivist‹ turn, if it is one, is an enterprise explicitly devoted to ›seizing the middle ground‹ and succeeds to the degree it has largely by appropriating or approximating alternative critical constructs and concerns«, vgl.: Jacobsen 2003: 40.

5 Alle Aspekte dieses Anliegens: der Realitätsbegriff, der Begriff des »objektiv Gegebenen« und auch das zugrunde liegende Verständnis »wissenschaftlicher Erklärung« stehen demgegenüber aus Sicht eines generellen konstruktivistischen Zugangs zur Debatte bzw. müssen notwendigerweise im Rahmen eines solchen Zugangs problematisiert werden.

6 Siehe dazu die Überlegungen in Kap. 5.3.2.

zeigt wird: Identitäten und Normen) sowie ein spezifisches Verständnis des eigenen Stellenwertes (Pendant zu sog. rationalistischen Ansätzen) ausrichten. Gleiches gilt für eine eingeforderte generelle Orientierung auf »mehr empirische Grundierung« hin. An den Rändern fasert das Bild zweifelsohne stärker auf: Hier mischen sich dominante Formen mit alternativen Zugängen und Kritik an der gängigen Handhabe konstruktivistischen Forschens in den IB. Aus diesem Grunde fällt es auch zunehmend schwerer, eine basale Konsensdefinition für »den« Konstruktivismus in den IB zu geben. Wie Zehfuß in dieser Hinsicht festgestellt hat: »Despite th[e] unmistakable surge of constructivism, it remains difficult to identify its key claims uncontroversially.«[7] Von einem ursprünglichen Erkenntnisinteresse her definiert, das aus grundlegenden und frühen Arbeiten[8] im Fach abzuleiten wäre, umfasst der Konstruktivismus in den IB Ansätze, die zuallererst von einer wechselseitigen Konstitution der Akteure und Strukturen im Bereich der Politik, und damit auch der internationalen Politik, ausgehen. Das Hauptaugenmerk liegt dabei darauf, dass die »Realität« dieser internationalen Politik in ihren maßgeblichen und handlungsprägenden Bedeutungsgehalten wesentlich durch ebenjene Akteure konstruiert wird. Die Wirklichkeit sowohl der Welt als auch der internationalen Politik im Besonderen hat damit vor allem eine *soziale* Qualität.[9] Die zentrale Aussage hinsichtlich der »Konstruiertheit« scheint hierbei zunächst zu sein, dass die Bedeutungszuweisungen in der Wirklichkeit der internationalen Beziehungen innerhalb *intersubjektiver* Kontexte stattfindet, gleichwohl Intersubjektivität hergestellt wird.[10] In der Umkehrung beeinflussen soziale Tatsachen (in der Gesamtheit: die Sozialstruktur), die aus Interaktionen im internationalen Umfeld erwachsen, die Interessen und Identitäten der Akteure und eröffnen ihnen bestimmte Handlungsspielräume. Im Zentrum verschiedener Sozialkonstruktivismen in den IB steht damit eine »ontology that depicts the social world as intersubjectively and collectively meaningful structures and processes«.[11]

Abseits dieser auf sehr abstraktem Niveau beschriebenen Gemeinsamkeit zeichnen sich die verschiedenen (sozial- und anderweitig orientierten)

---

7   Zehfuss 2002: 3.

8   Wendt 1987, 1992; Schaber/Ulbert 1994: 140; Onuf 2002. Vgl. auch die kondensierten Beschreibungen, die ein übergreifendes Anliegen zu formulieren suchen, u.a.: Krell 2000b; Kubalkova 2001a; Ulbert 2003: 394; Teti 2007: 134ff.

9   Und nicht primär bzw. im Wesentlichen eine materielle Qualität, vgl.: Wendt 1995: 71. Zum hier zugrunde gelegten Verständnis des »Sozialen« aus Sicht eines konstruktivistischen Ansatzes vgl. Kap. 4.

10 Schaber/Ulbert (1994: 152) stellen dazu fest: »Bedeutungsgehalte entstehen nicht durch a-soziale Individuen in einem sozialen Vakuum, sondern werden intersubjektiv gebildet und innerhalb eines sozialen Rahmens vermittelt, d.h. sie sind soziale Produkte, die nur auf einer intersubjektiven Grundlage verständlich werden.« Vgl. auch: Leander 2002: 5.

11 Adler 2002: 100.

konstruktivistischen Ansätze in den IB in ihrer Gesamtheit allerdings durch ein hohes Maß an Heterogenität aus. Dies gilt sowohl mit Blick auf ihre Erkenntnisinteressen als auch hinsichtlich des jeweils verfochtenen Erklärungsanspruchs bzw. Anspruchs an wissenschaftlichen Erkenntnisgewinn generell. Dass sich mittlerweile einige dominante Spielarten des Konstruktivismus herausgebildet haben, die konstruktivistische Debatte im Fach damit einige Engführungen aufweist, ist weniger erstaunlich. Erstaunlicher ist vielmehr, zumindest auf den ersten Blick, welche Varianten des Konstruktivismus in den IB in der Mitte des Faches angekommen und akzeptiert sind, wenn man sich vor Augen hält, vor welchem Hintergrund die »konstruktivistische Kritik« vor 20 Jahren angetreten war und in die Theoriedebatten des Faches einsickerte. Dabei lässt sich durchaus feststellen, dass der Konstruktivismus in den IB eingeführt wurde, um mit manch anderer lieb gewordener Engführung seitens bereits etablierter Theorierichtungen zu brechen (etwa dem mehr oder minder ausgeprägten Materialismus, diversen Rationalismen und generell dem lose positivistischen Selbstverständnis bzw. Wissenschaftsbild). Die Engführungen wiederum, die sich mit Blick auf den Konstruktivismus in den IB ergeben haben und den heutigen Debattenhorizont bestimmen, sind dabei nicht nur untypisch im Vergleich zu den Diskussionen um Konstruktivismen in anderen Fächern (Philosophie, Soziologie u.a.). Sie verstellen auch den Blick auf Potenziale wie Begrenzungen (!) des Sozialkonstruktivismus für die Analyse der internationalen Beziehungen; polemisch ließe sich dazu anmerken, dass eine eigentliche Debatte innerhalb des konstruktivistischen Stammlagers in den IB[12] kaum noch stattfindet. Onuf, der den Terminus »Konstruktivismus« 1988 in die Theoriedebatte des Faches einführte, hat diese Engführung(en) zuspitzend und treffend als Resultate einer »seltsamen Karriere des Konstruktivismus« in den IB bezeichnet.[13]

Im Folgenden soll demgegenüber skizziert werden, auf welche Weise der Konstruktivismus vor etwa 20 Jahren in die Theoriedebatten des Faches eingeführt wurde. Überraschend aus heutigem Blickwinkel ist dabei das explizite metatheoretische Anliegen von Autoren wie Onuf und Kratochwil.[14]

---

12 Unter »Stammlager« verstehe ich an dieser Stelle die Vertreter dominierender bzw. weithin akzeptierter Spielarten des Sozialkonstruktivismus in den IB. Legt man ein breites Verständnis von »Konstruktivismus« zugrunde, wie es in Kap. 4 skizziert wurde, so erweitert sich der Kreis der Konstruktivistinnen und Konstruktivisten in den IB um zahlreiche Kritiker des IB-Konstruktivismus, die diesen aus einem breiter angelegten konstruktivistischen Verständnis heraus (!) kritisieren.

13 Onuf 2002.

14 Zur *metatheoretischen* Grundierung eines Konstruktivismus in den IB siehe u.a.: Dunne 1995. Für eine Abgrenzung des grundsätzlichen, metatheoretischen Anliegens von den stärker empirisch orientierten Spielarten siehe: Reus-Smit 2001: 215f.

Versteht man unter »Metatheorie« wie allgemein üblich eine Theorie, deren Forschungsgegenstand eine andere Theorie bzw. eine Menge anderer Theorien darstellt, so bedeutet das Ansinnen, den Konstruktivismus für die IB zunächst metatheoretisch zu formulieren, vor allem eines: eine umfassende Theorie des Sozialen zu entwerfen, die den Akt des Theoretisierens selbst mit einschließt, wenigstens nicht arbiträr ausspart. Der gegen eine solche Konzeption vorgetragene Einwand, dies lasse den Betrachter im Unklaren darüber, welchen Wert eine solche Theorie für eine »substantielle« (substantive) Theorie der internationalen Beziehungen habe[15], verweist lediglich auf die Schwierigkeit, aus einer (konsistent) konstruktivistischen Sicht wissenschaftliche Theoriebildung aus dem betrachteten Bereich sozialen Handelns auszusparen. Ein metatheoretischer Konstruktivismus in den IB dürfte demgegenüber keinen prinzipiellen Unterschied hinsichtlich des Zustandekommens von wissenschaftlichem und alltäglichem Wissen feststellen. Als Sozialtheorie wäre er umfassend in dem Sinne, dass die Schaffung von Bedeutungsgehalten im Zentrum der Aufmerksamkeit stünde, wobei verschiedene Klassen des Wissens lediglich entlang verschiedenartiger Kriterien in ihrem Zustandekommen voneinander abgegrenzt werden könnten (Wahrheits- und/oder Kohärenzkriterien im wissenschaftlichen Bereich gegenüber etwa impliziten und pragmatischen Kriterien des Handlungserfolgs im Bereich des Alltagswissens).[16]

Ein solcher Zugang zeichnet wie bereits angedeutet Onufs Anliegen hinsichtlich eines Konstruktivismus *für* die IB aus, mit dessen Hilfe er das Fach und dessen spezifische Erkenntnisinteressen bzw. Forschungsperspektiven neu zu formulieren suchte.[17] Die ontologisch wie erkenntnistheoretisch bedeutsame Kernaussage seiner 1989 veröffentlichten grundlegenden Schrift »World of Our Making« ist dabei, dass eine sprachunabhängige Beobachtung der sozialen Welt nicht möglich sei: »We construct the world we know in a world we do not.«[18] Die Welt der internationalen Beziehungen sei dabei primär eine soziale Welt, mögen auch materielle Gegebenheiten gedankenunabhängig existieren. Diese aber bzw. ihre Bedeutungen seien immer sprachlich vermittelt, das Wesen der internationalen Politik somit durch die Interaktionen der Akteure und deren Bedeutungszuweisungen (soziale Konstruktionen) bestimmt. Diese Sichtweise konterkariert, zumindest in Onufs

---

15 Vgl. Wendt 1991: 386.

16 Auf Grundlage dieses Verständnisses ist ein metatheoretisch argumentierender Konstruktivismus anschlussfähig an jüngere Arbeiten im Fach, die ihrerseits den Wissenschaftsbetrieb und die »Kultur«/Praxen des Faches IB als legitimen Untersuchungsgegenstand auszuweisen versuchen, vgl.: Büger/Gadinger 2006, 2007.

17 Onuf 1989; Kubalkova/Onuf/Kowert 1998: 4f.

18 Onuf 1989: 38.

Augen[19], die herkömmliche, objektivistische Analyse der internationalen Beziehungen. Der »Konstruktivismus«, verstanden als Einsicht in die soziale Konstruktion von Bedeutungsgehalten, die unseren einzigen Zugriff auf die Welt darstellen, soll somit die Basis bieten, auf der auch die Internationalen Beziehungen rekonstruiert werden können. Onuf besteht in diesem Zusammenhang darauf, dass auch wissenschaftliche Theorien über die internationale Politik nur Konstruktionen sein können, weil das Studienobjekt nicht unabhängig von Wahrnehmungs- und Interpretationsprozessen existiert und immer sprachlich vermittelt wird.[20] Es könne folglich aus konstruktivistischer Sicht nicht Aufgabe wissenschaftlicher Theorien sein, die »Wahrheit« über die internationalen Beziehungen herauszufinden, sondern lediglich, aufzudecken, welche handlungsleitenden Vorstellungen über die Welt wirkmächtig werden. Diese Feststellung »entwertet« wissenschaftliche Theoriebildung aus Onufs Perspektive nicht etwa, im Gegenteil. Sie formt die Basis für ein *konsistentes* konstruktivistisches Argument, das bestreitet, dass ein substanzieller Unterschied zwischen sozialen Konstruktionsprozessen im ausgemachten Gegenstandsbereich und denen im Beobachtungs-/Wissenschaftsbereich existiert. Weder in der Welt der internationalen Beziehungen noch in ihrer Wissenschaft muss oder sollte (!) dabei allerdings angenommen werden, dass »soziale Konstruktion« beliebig ist. Aufgabe von Wissenschaft ist es vielmehr, nach Konstruktions*bedingungen* und -regeln zu fragen. Das Zusammenspiel solcher Formationsregeln (»rules« im Sinne Onufs) und sich darauf gründenden Konstellationen von »Macht« bzw. »Herrschaft« (»rule«) bildet gleichsam den größtmöglichen Entwurf einer konstruktivistischen Perspektive auf die internationalen Beziehungen.

Onufs umfassende Kritik stellt es sich dabei zum Ziel nachzuweisen, dass die traditionellen IB aus ihrer Genese heraus mit einem Irrtum verbunden seien: Die analytische Trennung zwischen (Innen-)Politik und ihrer Wissenschaft (im Sinne einer Beforschung der Beziehung zwischen Herrschern und Beherrschten) und internationaler Politik als anarchischer Arena sei höchst zweifelhaft.[21] Onuf schlägt demgegenüber das operative Paradigma »political society« auch für die Betrachtung internationaler Beziehungen vor, da *alle* sozialen Beziehungen einen gemeinsamen Nenner besäßen. Sie seien grundsätzlich *regelgeleitet*, da Politik jeder Art auf Arrangements basiere, die ihrerseits das Verhalten der Menschen beschränken, es mit Sinn versehen sowie Privilegien verteilen.[22] Die Regeln, so Onuf, ent-

---

19 Die von Onuf übergangene Verbindungslinie zwischen Konstruktivismen in den IB und den (älteren) Arbeiten aus der »International Society«-Schule wird von Dunne (1995: 375) thematisiert: »[...] they are all engaged in an exploration of a non-rationalist theory of an international system which does not take the rules, identities and interests of the units as given«.

20 Onuf 1989: 15f.

21 Ebd.: 16ff.

22 Ebd.: 21ff. Vgl. auch: Kubalkova 1998: 193.

stünden dabei aus den vorangegangenen (Sprech-)Handlungen der Akteure, ebenso wie die nachfolgenden Handlungen durch das Netz sozialer Regeln beschränkt und ermöglicht –»mit einem Sinn versehen« – werden. Kernpunkt einer Analyse der internationalen Beziehungen muss somit nach Onuf die Betrachtung der Regelformulierung und -wirkung sein, die sich in den Handlungsweisen der Akteure offenbart, denn: *»Deeds done, acts taken, words spoken – These are all the facts that are«.*[23] Ein solcher metatheoretisch informierter Entwurf eines IB-Konstruktivismus enthält dabei wertvolle Hinweise darauf, dass ein konstruktivistischer Ansatz sinnvollerweise bestimmte Klassen von Phänomenen in seinen Mittelpunkt stellen sollte. Dies betrifft insbesondere soziale Konstruktionsprozesse, in Onufs Sinne: Prozesse sozialer Re-Konstruktion von Regeln.[24] Er bietet damit keineswegs eine »Theorie für alles«, sondern konzentriert sein Anliegen *auf einen spezifischen Ausschnitt von Empirie mit einem spezifischen Zuschnitt.* Aus einer solchen Perspektivnahme *auf* soziale Konstruktion resultiert im Umkehrschluss keinerlei Notwendigkeit, eine Außenwelt (materielle Welt o.Ä.) in deren Existenz zu bestreiten, dies ist auch nicht das Kernanliegen eines Konstruktivismus Onufscher Prägung.[25] Nicht die Leugnung von materiellen Gegebenheiten markiert in diesem Sinne die »metatheoretisch-konstruktivistische« Wende, sondern die Konzentration auf die Dimension sozial vermittelter Bedeutungsgehalte, mit deren Hilfe soziale Akteure (auch) diese materiellen Gegebenheiten erschließen.[26]

---

23 Onuf 1989: 36.

24 Vgl. für einen Anknüpfungspunkt aus der jüngeren Debatte um IB-Konstruktivismen: Pouliot 2004: 328.

25 Wie Kubalkova/Onuf/Kowert (1998: 20) ausführen: »[Constructivism] rejects the ›slash-and-burn‹ extremism of some post-modern thinkers who leave nothing behind them, nowhere to stand, nothing even for themselves to say.« Vgl. auch Onufs dezidiertes Zurückweisen einer solchen Standpunktnahme in: Onuf 1989: 37, 39f. Dingler (2005) hat dieses Argument, nicht an Onuf anknüpfend, auf eine umfassende Basis gestellt.

26 Aus diesem Grunde laufen auch alle Kritiken an einer unterstellten Leugnung »objektiver Tatsachen« ins Leere. Der Konstruktivismus muss sich für *intersubjektive Bedeutungskonstruktionen* (nicht: beliebige Hirngespinste) interessieren. Siehe dazu die am Anliegen des Konstruktivismus vorbei zielenden Einwände von Knudsen (2001: 359f.). Dieser kritisiert die mangelnde Befassung mit »objektiven« Bedrohungen. Abgesehen davon, dass es sich bei »Bedrohungen« um Bedeutungskonstruktionen/soziale Fakten par excellence handeln dürfte, im Gegensatz etwa zu materiellen Fakten wie Bäumen, Regen und Nuklearwaffen, ist auch mit Blick auf Letztgenannte aus konstruktivistischer Sicht gerade interessant, wie diese Gegenstände zu *dem* (i.S. bestimmter Bedeutungen) wurden, was sie für soziale Gruppen sind. Die offenkundige Verwechslung einer intersubjektiven und handlungsmächtigen (!) Bedeutungsebene mit voluntaristisch beliebig konstruierbaren Bedeutungen sagt dabei mehr über die Qualität der Kritik als

Onuf ist dabei nicht der einzige Autor gewesen, der eine solche meta-theoretisch informierte konstruktivistische Perspektive auf die IB zu etablieren suchte. Maßgeblich in seinen Arbeiten zu internationalen Regimen und seiner Schrift zu Normgenerierung und Normgeltung in den internationalen Beziehungen (»Rules, Norms, Decisions«, 1989) kann Kratochwil als ein zweiter Protagonist eines solchen Verständnisses für die IB gelten. Ausgehend von seiner Kritik eines rationalistisch »verengten« Institutionenverständnisses dominierender Großtheorien in den IB hat er, ohne von Beginn an die Bezeichnung »Konstruktivismus« zu wählen, im Kern eine an Prozessen sprachlicher (=sozialer) Konstruktion der Bedeutungsgehalte von Normen interessierte Perspektive entwickelt. Rationalistische Engführung bedeutete dabei die weitgehende methodische Re-Definition im Rahmen *neo*-institutionalistischer (wie sog. *neo*realistischer) Erklärungsansätze im Fach in Richtung eines antiphilosophischen, theoretischen Minimalismus.[27] Der dort etablierte Maßstab parsimonischer Theoriebildung – insbesondere die starke Hinwendung zu *rational-choice*-inspirierten Modellen – resultierte aus Sicht Kratochwils (und anderer Kritiker) in einer *unzulässig* reduktionistischen Sicht auf internationale Politik. Diese verhindere eine Beschäftigung mit dem intersubjektiven Charakter vieler Phänomene der internationalen Politik, u.a. eben Normen. In ihrer Bestandsaufnahme zum damaligen Forschungsstand (1986) hinsichtlich internationaler Organisationen und Regimen im Fach stellten Kratochwil und Ruggie demgemäß zunächst fest, dass die über die Jahre hinweg nachzuzeichnenden Verschiebungen der Interessenschwerpunkte (von formalen Institutionen hin zu allgemeineren zwischenstaatlichen Koordinationsinstanzen etwa) keine beliebige Modeerscheinung darstellten, sondern in einem Kerninteresse an zunehmender zwischen- und überstaatlicher Steuerung mittels Institutionen, also: »international governance« wurzelten.[28] Insbesondere die zunehmende Hinwendung zur Analyse von Regimen, verstanden als kooperative Institutionen, die in ihrem Kern aus Prinzipien, Normen, Regeln und Entscheidungsprozeduren bestehen, sei dabei Konsequenz eines fortgeschrittenen Interesses an der Frage, wie sich die moderne Staatengesellschaft selbst regiert. Als ein Kernanliegen von Kratochwil/Ruggie lässt sich dabei die methodologische Frage ausmachen, ob sich solcherart Phänomene mit dem herkömmlichen Instrumentarium der Regimeanalyse erfassen lassen. Wenn Regime als *soziale* Institutionen beschrieben werden können (und müssen, basierend auf oben

---

über den Mehrwert einer konstruktivistischen Perspektive aus. In ähnlicher Richtung ein »Zerrbild« konstruktivistischer Paranoia entwerfend: Jones/Smith 2001. Nicht ohne Grund hat die konstruktivistische Wende gerade in den praxeologisch orientierten »Sicherheitsstudien« solcherart unreflektierte Kritik hervorgerufen. Allerdings, auch selbst ernannte Konstruktivisten tendieren bisweilen dazu, sich auf dieses Glatteis führen zu lassen, vgl.: Houghton 2007: 28.

27 Wæver 1996, 1997.

28 Kratochwil/Ruggie 1986: 774.

eingeführtem Verständnis), die innerhalb bestimmter Politikfelder für Er-
wartungsstabilität im Hinblick auf das Verhalten der beteiligten Akteure
sorgen, so betone dies eben vor allem deren *intersubjektiven* Charakter, auf
den Wissenschaft nur mittels ebenfalls intersubjektiv geteilten Wissens Zugriff habe.[29] Aus der ontologischen Annahme (der Intersubjektivität internationaler Regime) lasse sich insofern ein Spannungsverhältnis ableiten, als
dass eben Phänomene wie Normen und Prinzipien auf Basis der individua-
listischen Methodologie rationalistischer Ansätze schwerlich in ihrer eigentlichen Qualität zu erfassen seien.[30] Kratochwil/Ruggie plädieren demgegenüber für eine »epistemologische Wende« in Richtung eines interpretativeren
Zugangs. Ein solcher Zugang solle wesentlich von der Frage bestimmt sein,
wie die Akteure der internationalen Politik die Bedeutung eines Regimes *für
sich* und ihr Handeln verstehen und welches Verhalten im Rahmen eines
Regimes in ihren Augen als akzeptabel gilt.[31] Insbesondere die kommunikative Dimension internationaler Regime müsse dabei im Mittelpunkt stehen,
da die Gestalt und Wirkmächtigkeit eines Regimes wesentlich von den
kommunikativ erzielten Re-Definitionen und Interpretationen der Regime-
bedeutung seitens der Akteure abhängig sei. Dieser Schwerpunkt im Sinne
des Kerns eines (sozial-)konstruktivistischen Forschungsprogrammes wurde
von Ruggie eine reichliche Dekade später noch einmal herausgestrichen und
allgemein auf »soziale Fakten« im Bereich der internationalen Politik – Tatsachen, die ihren Status und ihre Gültigkeit aus der intersubjektiven Übereinkunft der Akteure beziehen – ausgedehnt.[32]

Kratochwils Schrift »Rules, Norms, and Decisions« verstand sich dagegen nicht vordergründig als Versuch einer *konstruktivistischen* Grundlegung
für die IB. Gleichwohl durchzieht eine »konstruktivistische Argumentati-
onslinie« seine Darlegungen zur Relevanz, zur Entstehung, Veränderung
und Wirkung von Normen in der internationalen Politik.[33] Basierend auf
seiner bereits früher vertretenen Argumentation, dass die Norm*wirkung* in
internationalen Kontexten weitestgehend einseitig analysiert werde (im Sinne von Zwängen, denen Akteure unterliegen und deren Wirkmächtigkeit

---

29 Ebd.: 764.

30 »Sinnvoll« meint hier »dem Problem angemessen«. Das grundsätzliche Problem
besteht darin, dass ökonomische Modelle Normen (wie die gesamte strukturelle
Ebene) nur als ein Set von Zwängen zu erfassen vermögen, während ihr für
Akteursidentitäten konstitutiver Charakter außer Acht gelassen wird, ähnlich in:
Guzzini 2000: 164.

31 Diese konkretere Ausformulierung findet sich bei Ruggie im Rückblick auf die
Intentionen des Aufsatzes und die Reaktionen, die er provozierte, vgl. Ruggie
1998b: 85.

32 Ruggie 1998a: 868.

33 In Kratochwils *magnus opum* »Rules, Norms, and Decisions« spielt der Begriff
»Konstruktivismus« als solcher keine herausgehobene Rolle. Vgl. aber seine späteren Ausführungen in: Kratochwil 2001.

Gewaltfreiheit verheiße[34]), baute er sein Plädoyer für eine Betrachtung der umfassenden Normengeleitetheit jeglicher (sozialer) Beziehung in den internationalen Beziehungen aus. Dies geschah vor allem unter dem Blickwinkel, die in internationalen Kontexten verhandelten Normen als ein System kommunikativen Handelns zu begreifen.[35] Aus dieser Sicht stellen die normativ grundierten internationalen Beziehungen ein Bündel an Übereinkünften über rechtmäßige Handlungsgründe und Handlungsweisen dar, die ihrerseits aus kommunikativer Interaktion der Akteure resultieren. In der konstruktivistischen Übersetzung hieße dies: Prozesse sprachlich-kommunikativer Interaktion und deren Konsequenzen in Form sozial konstruierter, handlungsleitender konstitutiver Normen bilden das primäre Untersuchungsfeld für einen umfassenden Ansatz zur Analyse von Normen. Inhärent ist einem solchen Verständnis die metatheoretische Orientierung: Soziale Konstruktion wird als ubiquitär angenommen, ihre sprachliche Fundierung müsse – entgegen der bis dahin dominierenden Praxis im Fach – sowohl für die Perspektive auf die Gegenstände internationaler Politik als auch die wissenschaftliche *Perspektivnahme* unterstellt werden.[36] Mit Blick auf die Normwirkung und Prozesse des Normenwandels bemerkte Kratochwil im Weiteren, dass eine Hinwendung zur Analyse diskursiver Strukturen, die ihrerseits den Sprechhandlungen zugrunde liegen, das Verständnis für normative und legale Problematiken in der internationalen Arena vertiefe. Zentral sei in dieser Hinsicht die Feststellung, dass die Sprache der Akteure nicht nur über deren Handlungen informiere, sondern selbst Handlung sei. So strukturieren Regeln und Normen zwar kommunikative Prozesse: »Rules and norms mold decisions via the reasoning process (deliberation)«[37]; gleichzeitig stehen sie aber in der Sprechsituation und im deliberativen Prozess wenigstens prinzipiell gleichzeitig zur Debatte. Damit aber lasse sich eine Wirkung von Normen nicht sinnvoll *ex ante* – und deren Existenz schon gar nicht anhand eines einfachen Verifikationsmodells – bestimmen.[38] Folglich müsse sich das Hauptaugenmerk auf die je konkreten (sprachlichen wie außersprachlichen) Handlungen und Praktiken der Akteure vor dem Hintergrund eines Normengeflechts richten. Auf Basis dieser Darlegungen kann behauptet werden, dass der (sozial-)konstruktivistische Kern von Kratochwils Betrachtung zwei Argumente umfasst. Zum einen entfalten Normen primär eine konstitutive Wirkung auf den Akteur (und seine als solche wahrgenommenen Handlungsspielräume), erst im zweiten

---

34 Kratochwil 1984: 345ff.

35 Ebd.: 350; Kratochwil 1989.

36 Kratochwil 1989: 5. Diese zwei Argumentationslinien (die Kritik an der epistemologischen Position traditioneller Theorien der IB und das Plädoyer für einen erweiterten Sprachbegriff bei der Analyse sozialer Handlungen) lassen sich im gesamten Werk Kratochwils ausmachen, vgl. u.a. ebd.: 119.

37 Ebd.: 43.

38 Ebd.: 100.

Schritt regulieren sie (indirekt) dessen konkretes Handeln.[39] Zum anderen stehen die Normen und Regeln als Grundmerkmal aller sozialen Beziehungen in Handlungssituationen prinzipiell zur Diskussion, können also in sozialer Interaktion konstruiert und rekonstruiert werden.[40] Ebenso wie bei Onufs Betrachtung der Regelgeleitetheit internationaler Beziehungen resultiert so bei Kratochwil aus dem Interesse an der Analyse intersubjektiver Bedeutungsgehalte und deren Zustandekommen wie Überformung eine Kritik an der Nichtbeachtung »sozialer Konstruktionsprozesse«[41] und in der Folge der sozialen Dimension. Pointiert tritt diese Kritik *auch* als eine Kritik am zugrunde liegenden, dominierenden Wissenschaftsverständnis des Faches zu Tage, indem der rationalistisch inspirierte und positivistisch orientierte Zugang zu den Phänomenen als Hinderungsgrund für eine eigentliche Befassung mit ebendieser Dimension sozialer Bedeutungskonstruktion ausgemacht wird. Es ist in diesem Sinne die Frage nach den Erkenntnismöglichkeiten im Rahmen eines je gewählten wissenschaftlichen Zugangs, die auf das metatheoretische Interesse Kratochwils hinweist. Sein Zugang, der an einer umfassenden Thematisierung des »Sozialen« (im Sinne der Schaffung intersubjektiver Bedeutungsgehalte) orientiert ist, postuliert demzufolge die Notwendigkeit eines Konstruktivismus als Metatheorie.

Onuf und Kratochwil gelten in dem Sinne als Protagonisten eines Konstruktivismus in den IB, gleichwohl werden ihre Ansätze im Fach, niedergelegt in umfangreichen Büchern – im Gegensatz zu den vergleichsweise schmalen Aufsätzen anderer Autoren, wie Onuf einst nicht ohne Bedauern bemerkte[42] – nicht als schulbildend betrachtet. In der Gesamtschau hat das von ihnen entworfene Projekt eines Konstruktivismus als Metatheorie im Sinne einer umfassenden Problematisierung »sozialer Konstruktion« damit keinen nachhaltigen und umfassenden Einfluss auf die Debatten im Fach gehabt. Damit ist gleichsam das »Soziale«, die eigentlich soziale Qualität unterstellter *Konstruktions*prozesse bzw. die prozesshaft angelegte (Re-) Produktion von Bedeutungsgehalten aus dem Blick einiger im Fach durch-

---

39 Diese Feststellung kommt einer fundamentalen Kritik am rationalistischen Akteursverständnis gleich, welches die konstitutive Normwirkung außer Acht lässt. Diese Kritik wurde von Kratochwil mehrfach erneuert, u.a. in: Kratochwil 1993: 460. Die Konstitutivität bezieht sich dabei auf das Moment der Sinngebung. Ohne dieses konstitutive Moment würden viele Handlungen »sinnlos« erscheinen.

40 Diese Behauptung wurde später von Koslowski/Kratochwil (1994: 216) noch einmal allgemein im Hinblick auf die Veränderbarkeit internationaler Strukturen getroffen: »[…] in all politics […] actors reproduce or alter systems through their actions […] the very structures are dependent for their reproduction on the practices of the actors«.

41 Vgl. Kratochwil 1988.

42 Onuf 2002: 127.

aus populärer Spielarten des Konstruktivismus geraten.[43] Nicht die Herstellung von Intersubjektivität in spezifischen Arenen internationaler Politik, sondern die Abarbeitung an Normen und Identitäten (als sozialen Konstrukten) in Gestalt *erklärender* Variablen[44], mit deren Hilfe sich Akteursinteressen, Akteursverhalten, Kontinuität und Wandel im internationalen System u.a. analysieren lassen sollen, steht dabei in deren Fokus. Das Zustandekommen solcher ideeller, sozial konstruierter Strukturen und deren Reproduktion sowie immanente Dynamiken der Etablierung, Verschleierung und Unterminierung von Machtverhältnissen befinden sich dagegen nicht im Visier der Analyse. Das einst als Hauptanliegen eines Konstruktivismus für die IB ausgemachte Ziel: »[to] bring in the ›social‹ in an undersocialized discipline«[45] ist damit ein gutes Stück weit abhanden gekommen. Nicht zuletzt das Einfordern einer *metatheoretisch* orientierten konstruktivistischen Perspektive auf die internationalen Beziehungen und gleichzeitig auf das Fach IB (und damit einhergehend die Problematisierung des herrschenden Wissenschaftsverständnisses) mag hier ursächlich gewesen sein (siehe dazu Kap. 5.3.2). Instruktiv ist dabei ein Blick auf einzelne »konstruktivistische Projekte« in den IB, die sich demgegenüber erfolgreich als (moderate) Konstruktivismen im Theoriekanon etabliert haben, vor allem unter der Perspektive, welche spezifischen Vorstellungen des »Sozialen« in ihnen verankert sind.

5.2 ENGFÜHRUNGEN ODER: WO BLEIBT DAS »SOZIALE«?

Im Folgenden soll dargestellt werden, welche Spielarten des bzw. Umgangsformen mit dem Konstruktivismus in den IB dominant geworden sind. Es ist dies nicht der Versuch, den handbuchartigen Kurzbeschreibungen »des« Konstruktivismus in den IB, die inzwischen im Dutzend vorliegen[46], eine neue hinzuzufügen. Überdies wird nicht der Anspruch erhoben, lexikalisch einen Überblick über alle Varianten des zeitgenössischen IB-Konstruktivismus zu geben. Vielmehr ist es das Anliegen, die spezifischen Engführungen des im IB-Mainstream akzeptierten Konstruktivismus transparent zu machen, um zu verdeutlichen, warum im sich anschließenden Ka-

---

43 Vgl. Wiener 2003a: 254ff.

44 Vgl. auch die Darstellung des IB-Konstruktivismus in: Hoffmann 2009. Hoffmann erneuert die Kritik daran, dass eine solche Handhabe von Normen systematisch verhindert, sowohl den Prozess der Normgenese als *sozialen Konstruktionsprozess* (in der Stoßrichtung der hier verfolgten Argumentation) als auch normative Implikationen, die aus einem solchen Verständnis herrühren, abzuleiten (Hoffmanns Anliegen).

45 Wiener 2003a: 257.

46 Vgl. u.a.: Adler 1997, 2002; Hopf 1998; Krell 2000b; Ulbert 2003.

pitel ein alternatives Modell etabliert werden soll. Dabei gilt: Solcherart »alternative« Modelle existieren bereits in Teilen, sie stehen aber zumeist völlig außerhalb der Debatte um den (Sozial-)Konstruktivismus in den IB oder grenzen sich bewusst von diesem ab. In der Konsequenz bedeutet dies, dass der *Sozial*konstruktivismus im Fach IB kaum noch ein substanzielles Erkenntnisinteresse am »Sozialen« i.s. der Prozesshaftigkeit *sozialer* Konstruktion zwischen *sozialen* Akteuren, die *soziales* Handeln bedingen und *soziale* Macht produzieren, verfolgt. Wo er dies offenkundig noch tut (allerdings kaum unter Einbeziehung der eigenen Wissenschaft in den legitimerweise zu betrachtenden Gegenstandsbereich), beschränkt er sich auf begrifflich-theoretische Zuspitzungen auf ganz bestimmte Klassen von Phänomenen, etwa die Anwendung einiger Bausteine der Habermasschen Theorie des Kommunikativen Handelns (TKH) auf Verhandlungssitutationen und deren Analyse.

Eine solche Kritik an der Engführung des Konstruktivismus ist unmittelbar einsichtig mit Blick auf die Fixierung auf staatliche Akteure und den Faktor »Identität« im Werk Alexander Wendts, wohl des zentralen Referenztheoretikers des Konstruktivismus in den IB. Sie ist gleichwohl auch augenfällig in der sog. »deutschen Debatte«, die maßgeblich in der *Zeitschrift für Internationale Beziehungen* ausgetragen wurde und mit dem Befund endete, mit Hilfe der von Habermas entlehnten Idee kommunikativen Handelns könnten Aspekte des Norm- und Bedeutungswandels während der Interaktion wenigstens abstrakt modelliert werden. Hier wirkte sich der nahezu alleinige Fokus auf die kommunikative Herstellung eines kooperationsbegünstigenden gemeinsamen Verständnisses nachhaltig exkludierend auf eine Vielzahl von Phänomenen aus, die aus Sicht eines breit verstandenen Konstruktivismus dem »Sozialen« zuzurechnen wären. Schließlich: Die Debatte um den Konstruktivismus in den IB ist in vielen Fällen unter Hinweis darauf abgebogen worden, dass nach einem Jahrzehnt »theoretischer Reflexion« und »Nabelschau« nun endlich auch deutlicher die Konturen seines empirischen Mehrwerts hervortreten müssten. Diese Forderung erfährt ihre Dynamik nicht zuletzt auch durch das verstärkt an die IB (wie an die Sozialwissenschaften allgemein) herangetragene Anliegen, akademische Forschung möge deutlicher und substanzieller ihre tatsächliche Praxisrelevanz unter Beweis stellen. Wie unten in Kap. 5.2.3 argumentiert wird, schmälert eine solche Engführung auf empirische Forschung (einen traditionellen Begriff von Empirie zugrunde legend) unter dem Blickwinkel von unmittelbarer Praxisrelevanz die Aussagekraft wie die Erfolgschancen eines konstruktivistischen Ansatzes grundlegend. Mit einem artikulierten Interesse an der Durchdringung der »sozialen Qualität« internationaler Politik, der Erfassung der Dimension der Bedeutungsschaffung und dort produzierter Effekte (auch: Machteffekte) droht dieser, durch die Forderung nach mehr

Praxisrelevanz entweder ganz aus dem Bild oder in herkömmliche theoretische Schablonen zurückgedrängt zu werden.[47]

5.2.1 Alexander Wendts Staatenkonstruktivismus

Alexander Wendt gilt gemeinhin als »der« Konstruktivist des Faches, er ist der zentrale Referenztheoretiker[48] des IB-Konstruktivismus in Handbüchern, Überblicksartikeln und Abhandlungen zur jüngeren Theoriegeschichte des Faches.[49] Auch bei denen, die Wendts konstruktivistisches Projekt nicht in eins setzen mit *dem* Konstruktivismus in den IB, rückt er in den Mittelpunkt der Darlegungen.[50] *Als Konstruktivist* nimmt Wendt in einschlägigen Rankings des Faches, die auf Befragungen basieren, vordere Plätze ein, wenn es darum geht, die einflussreichsten Denker im Fach zu benennen. Dort schlägt er gleichsam Protagonisten des im Fach (angeblich) nach wie vor dominanten Neorealismus (Mearsheimer oder Waltz) ebenso wie den offenkundig »politikrelevantesten« Fachvertreter Nye in puncto zugesprochenem Einfluss.[51] In der Wahrnehmung des Faches ist er damit nicht nur einer der bekanntesten zeitgenössischen IB-Wissenschaftler, er ist auch der »bekanntes-

---

47 Das Einfordern unmittelbarer begrifflicher Anschlussfähigkeit an die politische Praxis verschiebt die Parameter der Debatte zu Ungunsten einer gründlichen Darlegung eines (meta-)theoretisch orientierten Ansatzes.

48 Zur generellen Bedeutsamkeit als Referenztheoretiker »des« IB-Konstruktivismus trotz spezifischer Anliegen siehe: Reus-Smit 2001: 222. Kritiker des Konstruktivismus in den IB verengen diesen dagegen gern auf Wendt, um ihre Ablehnung des IB-Konstruktivismus an Wendts Entwurf zu exemplifizieren, vgl.: Agathangelou/Ling 2004: 29.

49 Seine Vorreiterrolle im Rahmen der Diskussion um konstruktivistische Ansätze in den IB gründet nicht zuletzt auf dem Erfolg seiner 1999 veröffentlichten »Social Theory of International Politics«, die ihm den Ruf eingebracht hat, *den* Sozialkonstruktivismus fest im Theoriekanon der IB etabliert zu haben. Vgl. Keohane 2000: 125. Dieser Deutung folgen weitestgehend, indem sie Wendt exemplarisch für den Konstruktivismus in den IB in den Mittelpunkt stellen: Steans/Pettiford 2005a; Ulbert 2003; Auth 2008. Seine Zentralität (neben anderen konstruktivistischen Zugängen der IB) betonen u.a. Krell 2000b; Risse 2003; Weller 2003/04.

50 Ulbert (2003: 395) begründet dies etwa mit dem Umstand, dass Wendt der theoretischen Debatte um den Sozialkonstruktivismus im Fach immer wieder entscheidende Impulse gegeben habe.

51 Als anerkannter IB-*Wissenschaftler* war Nye immerhin Vorsitzender des *National Intelligence Council* und stellvertretender US-Verteidigungsminister. Dies unterscheidet ihn von politischen Praktikern wie etwa Henry Kissinger oder Egon Bahr, die im Fach rezipiert werden, aber nicht *aus der Wissenschaft heraus* in die Politik (und zurück) gegangen sind. Das Ranking findet sich in: Jordan et al. 2009: 43.

te Advokat«[52] des Konstruktivismus. Dies ist auf den ersten Blick umso erstaunlicher, wenn man das offenkundige Missverhältnis zwischen genereller Würdigung von Wendts Wirken und teils geharnischter Kritik seiner Schriften bedenkt; wie Behnke in dieser Hinsicht bemerkt: »[...the] celebratory gestures [are] not in keeping with the extremely critical substantial comments and objections in respective reviews«.[53] Auch halten sich die Arbeiten, die Wendts theoretisch-konzeptionellen Entwurf als Ausgangspunkt eigener empirischer Forschung wie theoretisch orientierter Projekte nehmen, in überschaubaren Grenzen.[54]

Wendts Erfolg (ebenso wie Kritik, Abgrenzung und schlichter Nichtanschluss an seine Überlegungen) ist dabei eng mit dem von ihm gewählten Zuschnitt einer konstruktivistischen Perspektive verknüpft. Eine Engführung der Debatte um den Konstruktivismus in den IB andererseits ergibt sich dabei vor allem aus dem Umstand, dass vielerorts der erste Zugang zu ebenjener theoretischen Perspektive im Fach *via Wendt* (als zentraler Referenz) erfolgt. Einer ähnlichen Sozialisationsdynamik dürften auch jene ausgesetzt sein, die versuchen, konstruktivistische Überlegungen in theorienpluralistische Forschungsdesigns einzubinden. Dabei wurde der Konstruktivismus von Wendt – er selbst hat seine Leserinnen und Leser darüber selten im Unklaren gelassen – zu ganz spezifischen Zwecken in die Diskussion des Faches eingeführt. Hervorzuheben ist in diesem Zusammenhang Wendts Anliegen, eine *systemische* (ergo: auf Zustände des internationalen Systems zwischen Staaten als einzig maßgebliche Akteure gerichtete) Theorie der internationalen Politik zu entwickeln. Ebendiese Stoßrichtung, unabhängig davon, wie die Erfolgschancen eines solchen Ansinnens beurteilt werden können, resultiert über die Rezeption von Wendt als Archetyp eines IB-Konstruktivisten in einer streckenweisen Gleichsetzung seines Ansatzes mit »dem« Konstruktivismus in den IB, mindestens in der Außensicht.

Wendt knüpft am Klassiker der jüngeren Theoriediskussion in den IB schlechthin (Waltz' »Theory of International Politics«, 1979) an und versucht, die dort erfolgte Grundlegung einer neorealistischen Theorie internationaler Politik nicht nur um eine »soziale Dimension« zu erweitern, sondern eine solche soziale Dimension als grundlegend für alle Interaktionen der Systemteilnehmer zu konzipieren. Ausgehend von der ursprünglichen neorealistischen Konzeption des internationalen Systems als dezentralem Selbsthilfesystem, das erfolgreiches Handeln von Staaten unter der Grundbedingung der Anarchie (Abwesenheit einer zentralen sanktionsbewährten

---

52 Hartmann 2001: 65.

53 Behnke 2001: 123.

54 Vgl. u.a.: Busse 2000; Chatterjee 2005; Metskas 2006; Rousseau/Garcia-Retamero 2007. In eher abgewandelter Form nehmen umfangreich auf Wendt Bezug u.a.: Hopf 2002, 2006; Flockhart 2006. Andere Beiträge wie etwa Hurd (2007) verweisen zentral auf Wendts Arbeiten, ohne systematisch an den dort entwickelten Konzepten (Identität) anzusetzen.

Ordnungsinstanz) in bestimmte Muster: Selbsthilfe, Sicherheitsgewährung, Machtakkumulation usw. zwingt, entwickelt Wendt dabei einen Ansatz, der sowohl die Varianz im Verhalten von Staaten gegenüber anderen als auch qualitativ unterschiedliche Zustände innerhalb des internationalen Systems erklären kann. Nicht die Abwesenheit der Zentralinstanz wird so zum Drehpunkt der Analyse bei Wendt, sondern die Frage, welche Konsequenzen Staaten aus der wahrgenommenen Anarchie ziehen. Anarchie muss so nicht notwendigerweise – und schon gar nicht logisch zwingend – zu einem Selbsthilfesystem führen, dieses stellt eher *eine* Möglichkeit dar, die aus spezifischen Dynamiken sozialer Konstruktion zwischen Staaten resultiert. In Wendts mittlerweile klassischer Formulierung: »*anarchy is what states make of it*«.[55] Von zentraler Bedeutung, so Wendt, ist dabei, wie die Staaten im Kontext der anarchischen Umgebung agieren, welche Signale sie an ihr(e) Gegenüber aussenden und wie diese Signale wechselseitig interpretiert werden.[56] Staaten mögen andere Staaten als unkalkulierbare Sicherheitsgefährdungen wahrnehmen, sie können in ihnen aber auch potenzielle Verbündete in einem (denkbaren) kollektiven Sicherheitssystem sehen. Kurzum: Wendts spezifisches Anliegen ist es, eine Theorie auf der Analyseebene des internationalen Systems zu formulieren, in der Staaten als einzig relevante, einheitliche Akteure auftreten und es primär von Belang ist, wie aus den Interaktionen der Staaten *verschiedene Zustände* des internationalen Systems entstehen.

Die Erklärung dieser Varianz erfolgt im Wendtschen Ansatz über den Faktor »Identität«. Prozesse der Identitätsdefinition zwischen Staaten spielen somit prinzipiell aus Sicht des Wendtschen Konstruktivismus eine herausragende Rolle. In markantem Widerspruch dazu bleibt der Prozess der Identitätsbildung abseits abstrakter Konzeptionalisierungen mit Hilfe sozialpsychologischer Kategorien bei Wendt allerdings außen vor. Unter Rückgriff auf grundsätzliche Überlegungen Meads zu Dynamiken interpersonaler Identitätskonstruktionen[57] postuliert Wendt zwar, dass sich Identität durch wechselseitige Interpretation der Akteure herausbilde: Ein Staat verstehe den anderen anhand der Identität, die er ihm gemäß dessen Verhaltens zuweist, während er selbst gleichzeitig seine eigene Identität durch sein Han-

---

55 Wendt 1992.

56 Wie Krell (2000b: 249) dazu in Anlehnung an Wendt treffend bemerkt: »Die Akteure gehen nicht ständig vom schlimmstmöglichen Fall aus, wie der Realismus meint, wenn sie das täten, wären sie gar nicht normal lebensfähig, sondern paranoid.« Bei Wendt (1992: 404) selbst findet sich die Bemerkung, dass ein ständiges Ausgehen vom schlimmstmöglichen Fall die Koexistenz von Staaten unmöglich machen würde.

57 Diese Position ist in den IB nicht kritiklos übernommen worden: Neumann (1996: 164) etwa bezeichnet Wendts Vorgehen als »[...] throwback to the psychologizing assumptions which were so popular within the discipline in the 1960s, and which patently led to nowhere«. Vgl. auch: Palan 2000a: 592f.

deln (in seinen Augen und denen seines Gegenübers) reproduziere. Der Wendtsche Kunstgriff besteht folglich darin, diese sozialpsychologische Konzeption auf die zwischenstaatliche Ebene zu übertragen und damit einen Ansatz zu entwickeln, der auf der Vorstellung sich bildender »sozialer Gefüge« zwischen Staaten fußt. Ein solches soziales Gefüge basiert aus Sicht des Wendtschen Konstruktivismus wiederum auf wechselseitigen Signalisierungs-, Interpretations- und Antwortprozessen in Form spezifischer Handlungen. Durch andauernde Wiederholungen dieser Prozesse ergibt sich in der Folge ein relativ stabiles Muster gegenseitiger Rollenerwartungen zwischen den Staaten, das dennoch prinzipiell dynamisch bleibe, da die Möglichkeit basalen Identitätswandels (v.a. in dyadischen Konstellationen gedacht) gegeben ist, etwa wenn sich das Verhalten von Staaten ändere und diese Verhaltensänderung die angenommene Identität untergrabe.[58]

In seiner 1999 veröffentlichten »Social Theory of International Politics« hat Wendt diesen grundsätzlichen Zugang zur sozialen Qualität internationaler Politik unter Verweis u.a. auf die Giddenssche Strukturierungstheorie ausgebaut und den Versuch unternommen, diesen zu einer umfassenden Sozialtheorie weiterzuentwickeln.[59] Deren Bedeutung für seinen sozialkonstruktivistischen Ansatz hatte Wendt schon früher betont, insbesondere ihren Kern: die wechselseitige Bestimmtheit von Akteuren und Strukturen, also die Konstitution der Staaten und ihrer Identitäten durch eine Kombination der Anforderungen aus der sie umgebenden Systemstruktur sowie die Reproduktion dieser Struktur durch das Staatenhandeln andererseits.[60] Die soziale Qualität internationaler Politik speist sich demgemäß primär aus der Praxis des Staatenhandelns und ihrer Interaktion, die die Struktur des internationalen Systems reproduziert und/oder transformiert bzw. für verschiedene Zustände innerhalb des internationalen Systems sorgt. Im Wendtschen Modell werden dementsprechend drei voneinander unterscheidbare »Kulturen der Anarchie« als Systemstrukturen der internationalen Beziehungen beschrieben. Diese Kulturen lassen sich, je nach dem in ihnen anzutreffenden Grad an Kooperation zwischen den Staaten, als »Hobbessche Kultur« (Feindschaft), »Lockesche Kultur« (Rivalität) oder »Kantsche Kultur« (Freundschaft) bezeichnen.[61] Innerhalb dieser Kulturen wiederum können entlang einer vertikalen Achse unterschiedliche Internalisierungsgrade der-

---

58 Wendt 1999: 420ff.

59 Der Verweis auf die Giddenssche Strukturierungstheorie findet sich bereits früher bei Wendt, etwa in: Wendt 1987: 355ff.; Wendt/Duvall 1989: 58ff.

60 Wendt 1992: 424. Dass die Kombination eines »staatenzentrierten« Modells mit der Giddensschen Strukturierungstheorie eine merkwürdige ist, hat u.a. Jaeger festgehalten. Die Strukturierungstheorie muss so in letzter Konsequenz die Akteursqualität kollektiver Einheiten bestreiten, da der Begriff der »Strukturierung« ja gerade Hypostasierungen kollektiver Einheiten zu Akteuren vermeiden will, vgl. dazu: Jaeger 1996: 320.

61 Wendt 1999: 246ff.

selben – vom kleinstmöglichen Grad bis hin zu »vollständiger« Internalisierung – unterschieden werden.[62] In einer solcherart erstellten Matrix lassen sich folglich neun Zustände bezeichnen, welche die aus der Interaktion von Staaten erwachsenen »sozial konstruierten« Beziehungsmuster zwischen ihnen charakterisieren. Während Staaten, so Wendt in der Folge, dazu tendieren, den Internalisierungsgrad einer Kultur über die Zeit hinweg zu erhöhen[63], ist kontinuierlicher Fortschritt entlang der horizontalen Achse, also aus dem Zustand potenzieller Machtkonkurrenz her kommend in Richtung kooperativerer Systeme, deutlich ungewisser und an das Vorhandensein spezifischer Voraussetzungen gebunden. Zu diesen Voraussetzungen zählt Wendt: die wechselseitige Abhängigkeit von Staaten, ein »gemeinsames Schicksal« im strengeren Sinne, die Ähnlichkeit der binnenstaatlichen Organisation sowie, auf einer grundsätzlicheren Ebene, Selbstbändigung im Sinne der Fähigkeit, anderen vertrauen zu können.[64]

Wendts spezifisch zugeschnittener Konstruktivismus dient damit vor allem dazu, Varianz in der Qualität des internationalen Systems abzubilden und diese auf spezifische Verhaltensmuster der Systemteilnehmer (Staaten) zurückzuführen. Dies ist gleichsam der Kern der von ihm im Modell zugrunde gelegten Vorstellung »sozialer Konstruktion«.[65] Neben einiger (eher weniger) Kritik, die aus nicht-konstruktivistischer Warte an den Wendtschen Entwurf herangetragen wurde[66], wurde dieser spezifische Zuschnitt des Konstruktivismus vor allem von denjenigen als problematisch empfunden, die Phänomene der internationalen Politik in einem umfassenderen Sinne konstruktivistisch zu analysieren suchen.

Die Kritik, die ich im Folgenden kurz skizzieren möchte, bezog sich dabei vorrangig auf die beiden zentralen Aspekte des Akteurs- und des Identitätsverständnisses. Das Akteurskonzept – *Staaten* als die primären und letztendlich einzig relevanten Akteure in den internationalen Beziehungen – ist von Wendt selbst zwar an verschiedenen Stellen ausgearbeitet und gegenüber seinen Kritikern verteidigt worden.[67] Die mantraartig vorgetragene Begründungsformel:

---

62 Ebd.: 266ff., 285ff., 302ff.

63 Ebd.: 310.

64 Ebd.: 344f.

65 Für eine Relativierung der Wendtschen »Erneuerung« des Waltzschen Modells vgl.: Goddard/Nexon 2005. Die Autoren weisen darauf hin, dass auch in der ursprünglichen neorealistischen Theorie nach Waltz »soziale Mechanismen« bedacht werden.

66 U.a.: Copeland 2000 (verzerrte Lesart des strukturellen Realismus); Krasner 2000: 131 (empirisch nicht haltbar); Wolf 2003 (unter der Perspektive eines »praktischen Mehrwerts« mager).

67 Vgl. Wendt 1994: 385; Wendt 1999: 8-10, 196-245. An einer Stelle führt Wendt explizit aus: »[…] it is necessary to treat states as, at some level, *given* for purposes of systemic IR theory«, vgl. ebd.: 244.

»Given an interest in the states system, we are forced by the nature of the subject matter to bracket the internal processes that constitute the state, to temporarily reify it, in order to get on with systemic analysis«[68]

ist dabei von seinen Kritikerinnen und Kritikern als wenig befriedigend empfunden worden. Vielmehr sei ja gerade die Frage zu stellen, ob mit Hilfe eines konstruktivistischen Ansatzes sinnvollerweise eine systemische Theorie der internationalen Politik entworfen werden könne oder sollte.[69] Wie Weller anmerkt, stellt die im Wendtschen Modell vorgenommene Anthropomorphisierung des Staates letztlich dessen Staats»theorie« dar, was im Umkehrschluss jedoch nicht sachlogisch begründet, sondern ausschließlich mit Common-Sense-Argumenten untermauert werde.[70] Eine andere Begründung als das Ansinnen, an Waltz' Klassiker der jüngeren IB-Theorie anzuknüpfen, lässt sich dementsprechend auch kaum finden. Andererseits gilt: Soziale Konstruktionsprozesse an abstrakt modellierte, kollektive Akteure zurückzubinden, erweist sich unterhalb der Ebene argumentativer Plausibilisierung (etwa mit Blick auf empirische Forschung) als kaum anschlussfähig.[71]

Offenkundig wird die Leere des von Wendt verwendeten Begriffs sozialer Konstruktion nicht zuletzt in seinem Umgang mit den als zentral ausgemachten Identitäten. So dient ihm die Vorstellung von Akteursidentitäten nicht dazu, spezifische Identitätskonstruktionen nebst vorgelagerten Konstruktionsprozessen zu problematisieren oder gar den Machtaspekt der Konstruktion handlungsrelevanter Identitäten in Augenschein zu nehmen. Auch die Dynamik der Konkurrenz multipler, sich überlappender Identitäten steht nicht vordergründig in seinem Blickfeld.[72] Vielmehr werden Identitäten als sozial konstruierte Bedeutungen (als Selbstbilder mit relativ stabilen Rollenverständnissen, das Selbst betreffend[73]) thematisiert, die insofern wirkmächtig werden, als konkretes Akteurshandeln vor dem Hintergrund seines Selbstverständnisses betrachtet werden muss.[74] Damit dienen Identitäten vornehmlich als (konzeptionelles) Bindeglied zwischen der contra Waltz als sozial konzipierten Struktur des internationalen Systems und den Akteuren/Staaten.[75] Ebenso wie angenommen wird, dass sich Akteursiden-

---

68 Wendt 2000: 175.

69 Zur Kritik des Staatszentrismus innerhalb einer sozialkonstruktivistischen Perspektive siehe u.a.: Jaeger 1996: 320; Guzzini/Leander 2001: 317.

70 Weller 2003/04: 111.

71 Vgl. die Kritik in: Zehfuss 2002.

72 Wiewohl Wendt selbst die Vorstellung der Identitätsschichtung anerkennt, vgl.: Wendt 1994: 385f. Er macht sie nur nicht zu seinem zentralen Erkenntnisinteresse.

73 Wendt 1992: 397.

74 Vgl. Jepperson/Wendt/Katzenstein 1996: 52.

75 Vgl. ebd.: 53.

titäten in Interaktionsprozessen herausbilden, wird *angenommen*, dass sie in Interaktionszusammenhängen teils erhalten, teils überformt werden. Diese identitätsstiftenden Prozesse selbst werden allerdings kaum thematisiert; augenfällig ist dies nicht zuletzt mit Blick auf die im Modell aufgezeigte Möglichkeit der Herausbildung »kollektiver Identitäten«. Für solche Identitäten werden von Wendt zwar Entstehungsbedingungen genannt.[76] Die Analyse konkreter Prozesse einer solchen kollektiven Identitätsbildung bleibt allerdings ausgespart, die Identitätsformation bleibt im Wendtschen Entwurf bestenfalls abstrakt, wenn nicht gänzlich außen vor. Lediglich der grundlegende Mechanismus, der wie beschrieben dem Symbolischen Interaktionismus entlehnt ist, wird mit Blick auf die Prozesshaftigkeit der Identitätsgenese innerhalb von Ego-Alter-Dyaden erwähnt: »[...] the basic idea is that identities [...] are learned and then reinforced in response to how actors are treated by significant Others«.[77] Diese eigenwillige Abstraktheit ebenso wie die Oberflächlichkeit des resultierenden Begriffs sozialer Konstruktion steht in einem offenkundigen Zusammenhang mit dem Ansinnen, eine systemische Theorie unter Rückgriff auf Staaten als Akteure zu entwerfen. Zehfuß hat mit Blick auf die Wendtsche Konzeption folgerichtig eingewandt:

»The exclusion of the process of the construction of the state as a bearer of identity and of domestic processes of articulation of state identity are part of the problem. This reduces identity to something negotiable between states.«[78]

Mit Wendt ist es folglich möglich, eine grundsätzliche Sensibilisierung für »Identitätsfragen« zu erreichen. Als durchgängig problematisch erweist sich demgegenüber (nicht zuletzt mit Blick auf die Erfassung des »Sozialen« i.S. der Konstruktion von Bedeutungsgehalten und der Schaffung von Intersubjektivität), dass Wendt auf einer Akteurskonzeption beharrt, die ihrerseits eine tiefenscharfe Analyse des *Prozesses* der Identitätsstiftung – oder etwa der Genese kollektiver Identitäten – nicht ermöglicht.[79]

---

76 Wendt 1994, 1996. Vgl. auch: Busse 2000: 21.

77 Wendt 1999: 327.

78 Zehfuss 2001: 335.

79 Vgl. Brand/Schröter 2002: 27. Akteursbegriff und Interaktionsform des Wendtschen Konstruktivismus verhindern eine tiefenscharfe Analyse solcher Identitätsbildungsprozesse. Studien zu »kollektiven Identitäten« und Identitätsbildungs*prozessen* aus (im engeren Sinne) nicht-konstruktivistischen IB erweisen sich aus diesem Grunde auch als wenig anschlussfähig an die Wendtsche Konzeption, vgl.: Eisenstadt 1999; Manners 2003; Medick-Krakau 2006; Abdelal et al. 2006. Kritisch-konstruktivistische Arbeiten, die (kollektive) Identitätsbildung und deren stete Überformung als Prozess begreifen, grenzen sich von Wendts Konzept ab, vgl.: Neumann 1999: 31f.; Weller 1999: 259f., 270f.; Zehfuss 2002: 14f., 38-93. Selbst Beiträge, die produktiv an Wendt anschließen, verweisen auf

Es ist wenig verwunderlich, dass eine abstrakte Konzeption von »Identität«, wie Wendt sie im Rahmen seines konstruktivistischen Projekts vorgelegt hat (und die somit einem spezifischen Wissenschaftsverständnis, nicht aber genuin konstruktivistischen Interessen geschuldet ist), Kritik auf sich gezogen hat. Die eigentliche Prozesshaftigkeit sozialer Konstruktion, die prekäre Qualität sozialer Konstruktionen (nicht zuletzt: Identitäten), die Herstellung intersubjektiver Übereinkunft über Bedeutungsgehalte (erfolgreich dann, wenn die Notwendigkeit ihrer Herstellung temporär aus dem Blickfeld sozialer Akteure gerät) – dies alles bleibt im Wendtschen Modell ausgespart. Jacobsen, selbst kein Konstruktivist, bemerkt dazu treffend mit Blick auf Wendt und dessen Rezeption im Fach: »[IR] constructivists, in their unduly restrictive social-psychological view of identity [...] do not seem to grasp this otherwise congenial point«.[80] Dies ebenso wie die in Wendts Modell angelegte Tendenz, Identitäten zur erklärenden Variable (hier: für unterschiedliche Interaktionsformen und ergo Systemzustände) zu erheben, grenzen den Wendtschen Konstruktivismus zu einem Großteil von genuin konstruktivistischen Interessen ab. Wie Weller anmerkt, ist »Identität« allgemein (freilich nicht ausschließlich durch Wendt, keinesfalls aber in Widerspruch zu Wendt!) zur heißgeliebten erklärenden Variablen avanciert, während sie als zu erklärende Variable für die Politikwissenschaft nur schwer greifbar bleibt. Gerade ein solches Verständnis wäre aber aus Sicht eines konstruktivistischen Ansatzes wenigstens in gleichem Maße notwendig.[81]

Von entscheidender Bedeutung für die hier verfolgte Argumentation ist es dabei, dass Wendts Konzepte und Vorstellungen – zumindest vermittelt über seine Rezeption als der IB-Konstruktivist schlechthin – eine gewisse Prägekraft für die weitere Diskussion um soziale Konstruktion(en) und die Möglichkeiten eines konstruktivistischen Ansatzes im Fach IB besessen haben und nach wie vor besitzen. Dies ist letztlich auch dahingehend eigentümlich, als sich die argumentative Stoßrichtung von Wendts Arbeiten in den letzten Jahren deutlich verändert hat. So steht weniger die Analyse internationaler Politik aus Sicht eines Modells (wenn auch inhaltlich leerer) sozialer Konstruktion, sondern vielmehr *evolutionary steering* und damit die Frage nach den Steuerungsmöglichkeiten innerhalb längerfristiger und als teleologisch angenommener Transformationsprozesse bestehender Ordnung(en) in den internationalen Beziehungen im Vordergrund.[82] Wendts Idee der »Konstruktion« scheint sich somit in Richtung eines zugegebenermaßen bescheidenen Anspruchs an intentionale Konstruktionsprozesse (*steering*) und diesen innewohnenden emanzipatorischen Potenzialen entwi-

---

die Begrenzungen seines Identitätskonzepts, vgl. u.a.: Kowert 2001; Cederman/ Daase 2003: 10.

80 Jacobsen 2003: 45.

81 Weller 1999: 254.

82 Wendt 2001, 2003, 2005.

ckelt zu haben.[83] Interessanterweise geht Wendt dabei von einem Endzu-
stand aus, der mit einer gewissen Notwendigkeit eintreten werde, in diesem
Sinne sei der »Weltstaat« unausweichlich.[84] Ebenso wie sich diese Konzeption von der prinzipiellen Ergebnisoffenheit (nicht: Beliebigkeit) einer
konstruktivistischen Perspektive sehr weit entfernt hat, lassen die jüngsten
Arbeiten von Wendt (u.a. zur Tabuisierung einer Wissenschaft von UFOs[85])
kaum noch einen Bezug zu der von ihm entworfenen und erfolgreich etablierten Spielart des Konstruktivismus in den IB erkennen.

Dennoch: In Handbüchern und Literaturberichten ist Wendt nach wie
vor präsent, und zwar als Protagonist einer konstruktivistischen Sicht auf internationale Beziehungen, als Trendsetter und Lieferant für Bausteine eines
IB-Konstruktivismus. Dies steht in markantem Widerspruch zur Aussparung
zentraler »sozialer Dynamiken«, nicht zuletzt Prozessen der Bedeutungsge-
nese, die lediglich (wenn überhaupt) angenommen werden. In diesem Sinne
erweist sich der Erfolg von Wendt als »friendly Mr. Fix-It«[86], der im Endeffekt gerade keinen konsistenten und tiefenscharfen konstruktivistischen
Analyserahmen ausgearbeitet hat, als durchaus ambivalent.

5.2.2 Die deutsche Debatte: Argumentieren als Baustein einer Handlungstheorie der IB

In den deutschen IB hat der Konstruktivismus seit Mitte der 1990er unter
anderen Vorzeichen Einzug gehalten. Zwar wurde auch hier maßgeblich unter Rückgriff auf Wendts frühe Arbeiten zunächst auf die Bedeutsamkeit
(und Plausibilität der grundsätzlichen Annahme) »sozialer Konstruktion«
von Bedeutungsgehalten hingewiesen. Selbst ernannte und/oder als solche
bezeichnete deutsche »Konstruktivisten« haben sich allerdings in der Mehrzahl von vornherein außerhalb des US-amerikanischen Debattenkontextes
(Wendt und die Aufwertung der neorealistischen Theorie internationaler Politik um eine soziale Dimension) bewegt. Vielmehr prägte hierzulande die
Diskussion um die Erklärungsansprüche konkurrierender Ansätze innerhalb
des institutionalistischen Lagers, insbesondere die Kritik an einer in der
Breite rationalistisch argumentierenden (wenn auch nicht strikt auf *Rational-Choice*-Theoreme abstellenden) Institutionentheorie, den Entstehungskontext des deutschen Beitrags zum IB-Konstruktivismus. Über die Frage,
welche theoretische Blaupause die Erfassung spezifischer Modi des
Akteurshandelns besser oder überhaupt erst sichtbar mache, wurde der Kon-

---

83 Wendt 2001: 208f.

84 Vgl. die Kritik in: Shannon 2005. Positiv rezipiert wurde diese Idee Wendts nur
    selten, aber vgl.: Weiss 2009: 261. Für eine Deutung normativer Implikationen
    der Wendtschen Idee des »Internationalstaats« aus ideologiekritischer Sicht vgl.:
    Niethammer 2000: 517ff.

85 Wendt/Duvall 2008.

86 Kubalkova 2001b: 56.

struktivismus so auf eine andere, allerdings gleichsam enggeführte Weise in die Debatten des Fachs hineingetragen. Auch wenn sich die Verortung des Konstruktivismus in den IB mitnichten nur in der deutschen Disziplin in Abgrenzung zu einem so benannten »Rationalismus« vollzog[87], so erweist sich die deutsche Spielart des IB-Konstruktivismus mit diesem expliziten Interesse und insbesondere seinem Rückgriff auf Habermas' Überlegungen zu kommunikativem Handeln als entlang eines recht spezifischen Anliegens entwickelt.[88]

Eingebettet in den Kanon genereller Skepsis gegenüber der (alleinigen) Verwendung rationalistischer Methoden und der Popularität von *Rational-Choice*-Ansätzen, die aus der Mitte der Politikwissenschaft geäußert wurde[89], argumentierte die konstruktivistische Kritik in den IB zunächst, dass es vor allem der aus dem Blick geratene *Modell*charakter ebendieser rationalistischen Modelle sei, der angesichts der Nichtbeachtung zentraler Charakteristika internationaler politischer Prozesse problematisch ist. Indem diese Modelle über Zeit in zunehmendem Maße zu unhinterfragten Wirklichkeitsannahmen geronnen seien, blieben zentrale wirklichkeitskonstitutive Aspekte außerhalb der Vorstellungs- bzw. Betrachtungswelt.[90] Damit – so der Kern des IB-konstruktivistischen Arguments – seien vornehmlich Prozesse sozialer Konstruktion von Akteurspräferenzen, Akteursinteressen und Akteursidentitäten im eigentlichen Sinne ausgespart und aus rationalistischer Sicht nicht modellierbar, wenigstens nicht als wandelbar während der

---

87 Vgl. Checkel 1997. Checkel nimmt v.a. auf US-amerikanische Arbeiten zur Wirkweise von Normen in den internationalen Beziehungen Bezug, ordnet die unterschiedlichen Positionen aber auch einem rationalistisch-liberalen und einem konstruktivistischen Lager zu. Die Querverbindungen zur deutschen Debatte liegen dabei in der Nähe der Vorstellungen über Normwirkung und Normentstehung (regulierende Wirkung auf rational handelnde Nutzenmaximierer vs. konstitutive Wirkung in bzw. resultierend aus Prozessen argumentativen Handelns). Dennoch ist die Gegenüberstellung von Rationalismus und Konstruktivismus zentrales Merkmal v.a. der deutschen Debatte geblieben. Im US-amerikanischen Kontext wurde sie mit mehr Skepsis betrachtet, nicht zuletzt aufgrund der größeren Popularität von *Rational-Choice*-Ansätzen in der dortigen Politikwissenschaft, vgl.: Schneider 2007: 3f. Vgl. grundlegend: Fearon/Wendt 2002: 52f.

88 Risse-Kappen (1995: 172) grenzt die deutsche Debatte folgendermaßen von Wendts Konstruktivismus ab: »Es geht nicht um das ›Ob‹ internationaler Kooperation, sondern darum, welche Grundannahmen über Akteure, ihre Präferenzen und ihre Interaktionen plausibel sind, um diese Kooperation und ihre Institutionalisierung zu erklären.«

89 Zey 1992; Green/Shapiro 1994 (Kritik an dessen fragwürdigem empirischen Ertrag sowie ideologisierenden Tendenzen des Ansatzes); Yee 1997 (Kritik v.a. an dem zirkulären Schluss von Handlungen auf Präferenzen, die ihrerseits Handlungen hervorrufen).

90 Vgl. Fearon/Wendt 2002: 55f.

Interaktion. Genau dies müsse aber angenommen werden, weswegen ein Akteurs- und Handlungsmodell, das die Endogenisierung von Präferenzwandel im Laufe der Interaktion nicht angemessen abbilden könne, entscheidende Aspekte von Politik ausspare.[91] Konstruktivistische Ansätze könnten demgegenüber eine solche Endogenisierung bewerkstelligen und müssten demzufolge als Ergänzung (nicht Ersatz) rationalistischer Modelle in Betracht gezogen werden, so die Kernaussage des sog. »deutschen Beitrags« zur Debatte um den Konstruktivismus in den IB.[92] Das Alleinstellungsmerkmal der vornehmlich in der *Zeitschrift für Internationale Beziehungen* ausgetragenen Debatte zwischen Konstruktivisten und Rationalisten war dabei die Frage, ob es unter Rückgriff auf Habermas' Theorie des Kommunikativen Handelns möglich (oder aus rationalistischer Sicht: überhaupt notwendig) sei, über die Vorstellung von kommunikativem Handeln und Argumentationsprozessen die oben beschriebene Endogenisierung von Präferenzen, Identitäten und damit sozialem Wandel zu leisten. Im Ergebnis präsentierte sich der deutsche (Sozial-)Konstruktivismus in den IB damit als Lieferant eines Bausteins für eine allgemeine Handlungstheorie.[93] In der konkreten Ausformulierung bzw. Anwendung auf Phänomene in den internationalen Beziehungen bindet dieses Verständnis allerdings das konstruktivistische Projekt an eine ganz spezifische Klasse von Situationen, da insbesondere *Verhandlungs*situationen und in diesen ablaufende interaktive Prozesse im Blickfeld stehen.[94]

Die als »ZIB-Debatte« auch außerhalb der Landesgrenzen im Fach bekannt gewordene Debatte um Mehrwert und Formgebung eines sozialkonstruktivistischen Ansatzes nahm ihren Ausgang mit der Kritik Müllers an der rationalistischen Handlungskonzeption des Verhaltens der Akteure

---

91 Risse 1999: 37.

92 Für die sozialkonstruktivistische Argumentation vgl.: Müller 1994, 1995; Risse-Kappen 1995; Risse 1999, 2003. Die Bezeichnung »deutsche Debatte« ist in diesem Zusammenhang ambivalent, da sie suggeriert, 1) die Debatte habe sich hauptsächlich (oder nahezu ausschließlich) in den Parametern des oben skizzierten Austauschs bewegt; und 2) es habe weitestgehend Konsens über die ergänzende Funktion eines Konstruktivismus zu rationalistischen Ansätzen geherrscht. Abgrenzungsversuche zu diesem spezifischen Anliegen wie Kritik an der generellen Engführung des konstruktivistischen Projekts in den deutschen IB hat es aber auch aus deutscher Sicht gegeben, ebenso Konstruktivismen, die nicht oder nur kaum an die (nach der Zeitschrift, in der der Austausch von Konstruktivisten und Rationalisten stattfand, benannten) sog. »ZIB-Debatte« anknüpften. Vgl. u.a.: Zehfuß 1998; Diez 1999a; Baumann 2006; Stahl 2006.

93 Risse 2003: 99.

94 Ebd.: 115. Problematisch erscheint dabei die Abgrenzbarkeit einzelner Handlungsmodi voneinander – wann strategisch gehandelt, wann eher argumentiert wird, vgl.: Gehring 1996; Saretzki 1996. Diese Diskussion ist auch in den nachfolgenden Jahren nicht abgeebbt, vgl.: Holzinger 2001; Hitzel-Cassagnes 2002.

und deren Präferenzlisten.[95] So wurde rationalistischen Akteursmodellen insbesondere ein an sehr spezifischen Handlungssituationen gewonnenes, unzulässig generalisiertes und psychologisch gesehen enges Motivations- und Handlungsverständnis vorgeworfen.[96] Dieses Manko der eleganten *Rational-Choice*-Ansätze werde, so Protagonisten des deutschen IB-Konstruktivismus, besonders deutlich, wenn es um die Erklärung des tatsächlichen Zustandekommens von Kooperation in der internationalen Politik gehe. Da Motivationsanreize mitnichten eine hinreichende Erklärung für deren Etablierung und Institutionalisierung böten, stelle sich die Frage nach der theoretischen Erfassung der Übergangssituationen, also aller Situationen, in denen sich Kooperation als Handlungsmuster durchsetzt. An dieser Stelle rücke der reduktionistische Charakter rationalistischer Konzepte (und zwar vornehmlich die Exogenisierung der Akteurspräferenzen und deren Konzipierung als *fix* während der Interaktion) in den Blickpunkt. Die konstruktivistische Kritik war dementsprechend vor allem auf zwei Annahmen der rationalistischen Institutionentheorie in den IB gerichtet: deren Festhalten an einem gegebenen Set sehr allgemeiner Präferenzen sowie die Aussparung möglicher Veränderungen in den Wertvorstellungen der Akteure *während* der sozialen Interaktion aus dem Modell. Dies verschließe, so die konstruktivistische Argumentation, *rational-choice*-inspirierten Ansätzen eine breite und sprachtheoretisch fundierte Perspektive auf Verständigungsprozesse zwischen den Akteuren. Prozesse der Selbst(-re-)definition der Akteure, ihrer Interessen und Vorstellungen während der Interaktion könnten somit aus rationalistischer Perspektive nicht modelliert werden. Ein solcherart zugeschnittenes Modell biete folglich nicht annähernd eine angemessene Erfassung sozialer Situationen, so die Argumentation der Konstruktivisten.[97]

Müller führte zum Zwecke der Erfassung und theoretischen Modellierung solcher Kommunikations- und Verständigungsprozesse Aspekte aus Habermas' Theorie des kommunikativen Handelns (TKH) in die Diskussion ein.[98] Wie Schmalz-Bruns bemerkte, diente dies vor allem dazu, die zugrunde zu legende Handlungstheorie auf ein breiteres sprachtheoretisches Fundament zu stellen.[99] Dieser Schritt sollte keineswegs »zweckorientierte

---

95 Müller 1994.

96 Schmalz-Bruns 1995: 351.

97 Wiewohl Rationalisten durchaus auch mit einem Begriff »kommunikativen Handelns« operieren, vgl.: Keck 1993. Zentral ist die unterschiedliche Sicht auf das, was Kommunikation ausmacht: (strategisch-taktisch orientierter) Informationsaustausch oder Argumentation über konkurrierende Geltungsansprüche. Aber siehe das Plädoyer von Keck, der diesen Unterschied bestreitet und darauf aufbauend von einer (voluntaristischen) »sozialen Konstruktion des Rational-Choice-Ansatzes« spricht, vgl.: Keck 1997.

98 Müller 1994: 26ff.

99 Schmalz-Bruns 1995: 351.

Handlungsrationalität« aus dem Akteurskonzept verdrängen, vielmehr wurde der Begriff des Akteurshandelns auf diese Weise um eine Komponente erweitert: Neben »strategischem Handeln« stehe den Akteuren eben auch der Modus »kommunikativen Handelns« zur Verfügung. Der Übergang von Kooperationsmotivation zur tatsächlichen Etablierung von Kooperation könne demgemäß, so Müllers Argumentation, auf kommunikatives Handeln seitens der Akteure zurückgeführt werden. Dieses habe zu wechselseitigem Vertrauen der Akteure (in die Authentizität ihrer Sprechakte) geführt und, basierend auf einer *gemeinsam erzielten* Situationsdefinition, die Wahrscheinlichkeit koordinierten Handelns gesteigert. Müllers Verbund einer Handlungskonzeption im Sinne der Habermasschen TKH[100] und kooperationstheoretischer Überlegungen markiert insofern ein »konstruktivistisches Argument«, als die kommunikativ vermittelte Redefinition von Akteursinteressen basierend auf einer veränderten Situationsdefinition in Verhandlungssituationen gleichsam einen Prozess sozialer Konstruktion darstellt.

Damit ist gleichsam angezeigt, dass es sich bei der deutschen Spielart des Konstruktivismus in den IB ebenfalls um eine enggeführte Variante eines konstruktivistischen Projekts handelt, die zur Lösung eines spezifisch zugeschnittenen Problems heraus entwickelt wurde und so in Relation zu einem vergleichsweise eng definierten Anliegen ihre Konturen gewinnt. Zwar kann, jenseits des erwartbaren Protests aus dem rationalistischen Lager[101],

---

100 Die TKH (und ihre Anwendung) ist dabei mitnichten nur von der *rational-choice*-inspirierten Schule in den IB angegriffen worden. Tuomela spricht beispielsweise von einer zu scharfen Dichotomisierung der Handlungsmodi und, an anderer Stelle, von der Enge des Habermasschen Kommunikationsbegriffs aus sprachphilosophischer Sicht, vgl.: Tuomela 1997. Jaeger (1996: 321f.) hat ausgeführt, dass die von Müller präsentierte Version der TKH eine »voluntaristische Verkürzung« derselben darstelle. Dies dürfte allerdings auch nicht anders von Müller intendiert gewesen sein. Die Einführung der TKH kann lediglich als Bereitstellung eines quasi-heuristischen Konzepts zur Analyse von strategischem und kommunikativem Handeln verstanden werden.

101 Die Reaktion aus dem rationalistischen Lager glich aus Sicht Müllers in weiten Teilen einem bescheidenen Eingeständnis, dass die *Rational-Choice*-Theorie auch »nicht alles erklären« könne, unmittelbar gefolgt von dem Versuch, doch wieder den Platz an der Sonne für die rationalistischen Konzepte zu reklamieren, vgl.: Müller 1995: 387. In der Tat: Ob nun die Konsumenten der *rational-choice*-inspirierten Literatur Irrtümern aufgesessen seien (Schneider 1994: 357), die rationalistischen Ansätze »natürlich« ein analytisches Instrumentarium zur Erfassung von Kommunikation anböten (Keck 1995: 27), oder letztendlich die Menschen ganz einfach ab und an die Grundlagen des (an sich adäquaten) *Rational-Choice*-Ansatzes verletzen (Schneider 1994: 362), in der Reaktion von rationalistischer Seite offenbarte sich ein gewisser Unwille, die eigenen theoretischen Blindstellen ins Auge zu fassen. Dennoch lesenswert: Schneiders

argumentiert werden, dass eine solche um kommunikatives Handeln aufge-
füllte Perspektive gegenüber *Rational-Choice*-Ansätzen über einen »umfassenderen Begriff sozialer Situationen« verfügt.[102] Andererseits erweist sich
ebenjene gewählte Perspektive als letztendlich doch sehr beschränkt, vor allem weil »soziale Konstruktion« einer bestimmten Klasse von Phänomenen,
Situationen und Interaktionen (Verhandlungssituationen auf internationalem
Parkett) zugeordnet wird, anstatt von der Ubiquität sozialer (Re-)
Konstruktionsprozesse auszugehen.[103] Zum anderen wirft das Ansinnen,
mittels konstruktivistischer Überlegungen das rationalistische Akteurskonzept zu *ergänzen*, die weiterführende Problematik auf, wie denn der
Übergang von Situationen rationalen Verhandelns zu verständigungsorien-
tiertem Argumentieren zu konzipieren sei (mittelbar auch, ob »soziale Konstruktion« in bestimmten Situationen stattfindet und in anderen nicht, also
wiederum eine Einschränkung der Ubiquitätsannahme sozialer Konstruktionsprozesse). Offenbar wird dieses letztgenannte Dilemma, wenn man sich
vor Augen hält, dass es in der Debatte dabei zunächst nicht um das Aufzeigen zweier ebenbürtiger Alternativen zur Erklärung identischer Phänomene
ging, sondern zwei unterscheidbare Handlungsmodi für je spezifische Inter-
aktionssituationen behauptet wurden. Mit anderen Worten: Das Interesse
richtete sich darauf, die Abfolge von Situationen, in denen Akteure rational
kalkulierend ihre feststehenden Interessen »durchzuboxen« versuchten, und
sich anschließenden Situationen, in denen beiderseits kommunikativ Geltungsansprüche thematisiert und potenziell in Frage gestellt werden, zu theoretisieren. Vor allem richtete sich die Aufmerksamkeit auf die Modellierung der Bedingungen des Übergangs in einen solchen Handlungsmodus des
Argumentierens – wenn auch nicht offen in einen Wettstreit darum eingetre-
ten werde, das »bessere Argument möge gewinnen«, so werde ebendies
doch implizit in Kauf genommen (wobei soziale Konstruktion im Kern an
die Herstellung solch intersubjektiver Übereinkunft über das »bessere« Argument gebunden ist). Wie Holzinger treffend beschreibt, wurde damit im

---

    – nicht primär auf den Konstruktivismus gemünzte – Kritik an der Ignoranz ge-
    genüber rationalistischen Ansätzen in den deutschen IB, vgl.: Schneider 2007.
    Die polemisch zugespitzte Argumentation erklärt die Abwehrgesten gegenüber
    rationalistischen und spieltheoretischen Ansätzen mit Unfähigkeit, Unwillen
    und Angst, sich der US-amerikanischen Konkurrenz zu stellen und einer daraus
    resultierenden Vorliebe dafür, »semantische Luftschlösser« zu bauen.

102   Risse-Kappen 1995: 178.

103   Vgl. die nachfolgenden, eher empirisch orientierten Arbeiten, zusammengefasst
    in: Müller 2007. Vgl. auch: Deitelhoff 2006. Für eine frühe Kritik an der An-
    wendung des »argumentativ gewendeten« Konstruktivismus *gerade auf Ver-*
    handlungssituationen vgl.: Zangl/Zürn 1996. Wiewohl beide Autoren den gene-
    rellen Mehrwert dieser Spielart des Konstruktivismus anerkennen, halten sie
    ihn aus empirischer Sicht für nicht gerechtfertigt.

Endeffekt der »analytischen Fiktion des Verhandelns« lediglich die »normative Fiktion des Argumentierens« gegenübergestellt.[104]

Ebendiese Fixierung auf *Arguing* und *Bargaining*[105] mag zunächst plausibel aus dem Ansinnen heraus herzuleiten gewesen sein, den unterstellten rationalistischen Handlungsbegriff zu erweitern. Dennoch hat sie sich im Fortgang der Debatte als problematisch sowohl hinsichtlich einer empirischen Unterfütterung als auch mit Blick auf grundsätzliche methodologische Fragen erwiesen. Zunächst hatte Müller als mögliche Erklärung für einen Wechsel der Handlungsmodi »Intuition« bzw. Erfahrung des Akteurs/der Akteure angeboten.[106] Der Verhaltenswandel hin zu kommunikativem Handeln trete somit ein, wenn sich die beteiligten Akteure an einem Punkt befänden, an dem rein strategisches Vorgehen seine Grenzen erreicht habe.[107] Als Alternative stehe den Akteuren dann auf gemeinsame Verständigung abzielendes Handeln zur Verfügung. Im Versuch, solche Handlungssequenzen nicht nur zu modellieren, sondern auch in Gestalt von konkreten Verhandlungsdynamiken empirisch abzubilden, traten allerdings immer deutlicher Schwierigkeiten bei der analytischen Trennung der Handlungsmodi in den Vordergrund. Wann denn argumentiert werde und wann strategisches Handeln überwiege, liege so offenbar nicht auf der Hand, sei weder a priori hinreichend sicher bestimmbar (etwa anhand unterscheidbarer verhandelter Problemarten[108]), noch in der Anwendung auf kommunikative Akte in Verhandlungen (zunächst jenseits der Frage der tatsächlichen Erfassbarkeit solcher Prozesse). Argumentieren und Verhandeln ließen sich dabei nicht wie erhofft klar voneinander abgrenzen, da auch Argumentieren eine Verhandlungs*technik* i.S. eines strategischen Zuges beschreiben könne. Solcherart »rhetorisches Handeln« (der strategische Einsatz normbasierter Argumente und damit die Instrumentalisierung quasi-argumentativen Handelns vor dem Hintergrund der durchaus rationalen Abschätzung, auf diese Art und Weise den Verhandlungsprozess erfolgreich zu Gunsten der eigenen Präferenzen zu beeinflussen[109]) lasse sich so entlang der Habermasschen Vorstellungen

---

104 Holzinger 2001: 281.

105 von Prittwitz 1996: 137.

106 Müller 1994: 28.

107 Ähnlich in: Gehring 1996. Strategisches Handeln führt aus seiner Sicht zu Blockaden, die nur mittels eines kommunikativen Prozesses überwunden werden können.

108 Dies gilt ungeachtet dessen, dass verschiedene Versuche unternommen wurden, die Handlungsmodi mittels plausibler Modellvorstellungen in Reihungen zu bringen bzw. Bedingungen zu spezifizieren, unter denen der eine oder der andere Kommunikationstypus zu erwarten wäre, vgl. u.a.: Gehring 1996; Saretzki 1996. Die wachsende Skepsis, dies befriedigend leisten zu können, führte im Laufe der Debatte in den IB dazu, den Ausgangspunkt der Debatte wieder zu relativieren.

109 Schimmelfennig 2001.

kaum erfassen. Ebenso wurde angemerkt, dass der Dreh- und Angelpunkt einer verhandlungstheoretischen Aufarbeitung letztendlich die Dynamik der *Überzeugung* (ob nun durch Taktieren, strategisches Platzieren von Informationen oder argumentative Prozesse »befördert«) sei. *Persuasion* sei dabei allerdings gerade nicht auf einzelne solcher Dynamiken oder auf eine wie auch immer geartete grundsätzliche Sequenz der Handlungsmodi zurückzuführen, sondern qualitativ eigenständig, weil die Etablierung von Intersubjektivität nicht zwangsläufig auf Basis von entweder Zwang *oder* Kompromiss *oder* Einsicht in die Überlegenheit eines geäußerten Arguments zustande kommen müsse.[110]

Auch wenn Risse in seiner zusammenfassenden Darstellung, die vom Gestus her einer abschließenden Betrachtung gleicht, darauf hinweist, dass es sich lediglich um eine empirische Frage handele, wann denn verhandelt und wann denn argumentiert werde[111], so hat ebenjene empirische Fortführung des konstruktivistischen Arguments der ZIB-Debatte den Mehrwert eines solcherart konturierten Konstruktivismus eher in Frage gestellt. Neben dem generellen Postulat, dass es mit Hilfe der Habermasschen TKH möglich sei, einen eigenständigen und alternativen Handlungsmodus neben instrumentell-rationalem und normgeleitetem[112] Handeln zu konzeptionalisieren[113] und damit auf die prinzipielle Bedeutung von Argumentationsprozessen, Deliberation und Überzeugung hinzuweisen, verbleibt nach Sichtung der Ergebnisse empirischer Arbeiten im Anschluss nicht viel. Diese Einsicht hat sich auch bei jenen durchgesetzt, die maßgeblich zur Erarbeitung des hier skizzierten konstruktivistischen Entwurfs beigetragen und dessen empirische Anwendung vorangetrieben haben. Risses[114] nur zwei Jahre auf obige Einschätzung folgende Charakterisierung liest sich wesentlich zurückhaltender: Mittlerweile sei eine Reihe von Forschungsprojekten angelaufen, die der Frage nachgingen, ob (!) denn argumentatives Handeln ein empirisch gehaltvolles Konzept sei.[115] Auch wenn sich dabei der Fokus geringfügig auf die Herausarbeitung von Bedingungen verlagert hatte, unter

---

110 Vgl. Sárvári 2008: 32; grundlegend: Deitelhoff 2006: 15-25.

111 Risse 2000: 14.

112 Zur Abgrenzung von argumentativem und normengeleitetem Handeln: Sending 2002.

113 Risse 2000: 1f. Dabei soll als »erfolgreiche Argumentation« gelten: »[...] the ›better argument‹ carries the day« (ebd.: 6). Für eine Kritik der (notwendigerweise) moralisierenden Tendenz in der »Beobachtung« solcher »besseren« Argumente vgl.: Hanrieder 2008.

114 Risses Arbeiten zur argumentativen Verstrickung a priori nicht an der Einhaltung von Normen interessierter Akteure (v.a. im Bereich Menschenrechte) scheint hier die plausibelsten Ergebnisse geliefert zu haben. Die argumentative Stoßrichtung hat sich aber im Kontext dieser Arbeiten auch einigermaßen vom oben beschriebenen Schema gelöst, vgl.: Risse 2001: 21f., 2003: 114f.

115 Ebd.: 111.

denen argumentatives Handeln den Prozess und das Ergebnis multilateraler Verhandlungen beeinflusse, erwies sich die im Hintergrund nach wie vor deutliche Dichotomisierung – Argumentieren versus Verhandeln – als Barriere für eine eigentliche Erfassung sozialer Konstruktionsprozesse. Müller arbeitete dabei zwar heraus, dass eine entscheidende Vorbedingung für das Zustandekommen von Übereinstimmung in internationalen Verhandlungen ein vorab oder im Prozess hergestelltes und jeden der Akteure zufriedenstellendes Maß an »Gleichheit« unter den Verhandlungsteilnehmern sei; somit entspringen gemeinsame Maßstäbe für Authentizität einem moralischen Diskurs, der den Kern sozialer Konstruktionsprozesse in Verhandlungen ausmache.[116] Die empirische Analyse von Verhandlungsdynamiken auf Basis der zunächst zu analytischen und konzeptionellen Zwecken getrennten Handlungsmodi führe allerdings empirisch nicht zu bedeutsamen Einsichten, so das durchaus selbstkritische Fazit.[117] Zwar gebe es gute Gründe anzunehmen, dass Präferenzwandel beteiligter Akteure nicht nur auf Ressourcenverteilung zwischen den Akteuren und unterschiedliche Kompetenzniveaus zurückzuführen sei, in manchen Instanzen offenkundig die Macht des »besseren Arguments« auf Seiten vermeintlich »weniger mächtiger/formal weniger kompetenter« Akteure den Ausschlag gegeben habe[118], die Hoffnung auf eine über Einzelfälle hinausgehende Erarbeitung von Dynamiken im Rückgriff auf unterscheidbare Handlungsmodi sei aber nicht gelungen. Maßgeblich dafür sei die grundsätzliche methodologische Problematik, dass der Wechsel in einen Modus argumentativen Handelns eine auf Wahrheitssuche hin orientierte Selbstkonzeption der betreffenden Akteure voraussetze, die als solche aber kaum erforschbar sei.[119] Der an normativen Kriterien gewonnene, idealtypisch formulierte und in eine kontrafaktische Argumentation eingebettete Handlungsmodus kommunikativen Handelns aus der TKH nach Habermas ließ sich demzufolge kaum empirisch fruchtbar machen: Weder konnte an konkreten Verhandlungsbeispielen stichhaltig illustriert werden, dass es sich bei Verhandlungszügen (primär) um Argumentationsprozesse handelte, noch dass diese mit Blick auf die Verhandlungsergebnisse den Ausschlag gegeben hatten. Lediglich der Einwand, dass für argumentatives Handeln eine geteilte Lebenswelt zwingend vonnöten, diese aber in internationalen Verhandlungssituationen kaum gegeben sei, konnte so in empirischen Untersuchungen entkräftet werden.[120]

Somit scheint es in der Rückschau der zentrale Erfolg der ZIB-Debatte jenseits ihrer allenfalls begrenzten Empiriefähigkeit[121] gewesen zu sein, in-

---

116 Müller 2004: 400.

117 Deitelhoff/Müller 2005; Müller 2007.

118 Deitelhoff/Müller 2005: 170.

119 Selbstkritisch zu methodischen Problemen: Müller 2007: 214f.

120 Deitelhoff/Müller 2005: 172. Für ein gegenteiliges Argument anhand eines spezifischen Falls siehe: Niemann 2004.

121 Müller 2007: 214.

ternationale Verhandlungen nicht allein oder primär unter dem Blickwinkel materieller Machtrelationen, der Vorstellung eines Aneinander-Abarbeitens rein strategisch motivierter Akteure und Anekdoten aus dem Erzählungsschatz von Verhandlungs-Praxeologen zu diskutieren.[122] Dies muss und soll hier nicht gering geschätzt werden, es ist allerdings – so das Fazit mit Blick auf den in der vorliegenden Arbeit eingenommenen Blickwinkel – wesentlich weniger, als hinsichtlich einer »konstruktivistischen Wende« in der Theoriedebatte der IB erwartet werden durfte. Die Engführung auf einen bestimmten Handlungsmodus, der mit Hilfe eines konstruktivistischen Ansatzes zu analysieren sei (neben anderen, für die andere Ansätze zuständig sein sollen), ebenso wie die Fokussierung auf Verhandlungen und damit eine spezifische Klasse von Phänomenen der internationalen Beziehungen, haben den deutschen Beitrag zu einem IB-Konstruktivismus von vornherein von der Vorstellung der Ubiquität sozialer Konstruktion abgegrenzt. Auch wenn die zugrunde liegende Vorstellung von »Verhandlungen« etwa durch Einbeziehung aller möglichen Vorfeld- und begleitenden Prozesse internationaler Verhandlungen im traditionellen Sinne tendenziell zu einem breiten Begriff von gesellschaftlichen Normfindungsprozessen ausgedehnt werden kann[123], lag der Fokus des Forschungsinteresses in den einschlägigen Studien damit letztlich doch auf der Dynamik des Umschwenkens bzw. des überraschenden argumentativen Bruchs in *zwischenstaatlichen* Verhandlungen. Obendrein haben sich die Arbeiten im Fahrwasser der konstruktivistischen Beiträge zur ZIB-Debatte peu à peu von der Vorstellung (und einem tieferen Interesse an) sozialer Konstruktion und ihr zugrunde liegender Prozesse gelöst.[124] Müller listet so in seinem Ausblick auf zukünftige Entwicklungen eines an Argumentationsprozessen interessierten Forschungsprogramms u.a. institutionelle Voraussetzungen gelingender Verständigung sowie die Frage nach der Möglichkeit universeller Normen auf.[125] Auch wenn man zweifelsohne konstruktivistisch inspirierte Argumentationen auf diese Themenkomplexe hin entwickeln könnte, ergibt sich dies nicht mit unmittelbarer Notwendigkeit. Angesichts des (wenigstens partiellen) Scheiterns[126] des in der ZIB-Debatte entwickelten »deutschen« Konstruktivismus für die IB werden es mit aller Wahrscheinlichkeit auch keine gesättigten konstruktivistischen Entwürfe sein. Das Vermächtnis der deutschen Debatte für die Entwicklung

---

122 Ebd.: 197.

123 Vgl. die Anlage von: Deitelhoff 2006.

124 Vgl. auch Risse (2007a) mit Bezug auf ein übergeordnetes Interesse daran, Argumentieren in Verhandlungskontexten unter der Global-Governance-Perspektive zu erfassen. Wesentlich näher an einem konstruktivistischen Interesse bleiben dagegen u.a.: Checkel 2003; Deitelhoff 2006: 65-77, 79-83.

125 Müller 2007: 222.

126 Aber vgl. die Überlegungen zu einer (angemesseneren) Fruchtbarmachung Habermasscher Ideen in: Forum 2005b. Der Weg der deutschen IB im Rahmen der »ZIB-Debatte« erweist sich dabei im Vergleich eher als eigentümlich.

eines Konstruktivismus in den IB bleibt damit weit hinter den (eigens gestellten und an ihn herangetragenen) Erwartungen zurück. Nichtsdestotrotz hat die in der deutschen Diskussion entwickelte, enggeführte konstruktivistische Vorstellungswelt eine gewisse Prägekraft entwickelt, nicht zuletzt über die Anschlussfähigkeit an mindestens zwei große Forschungsprogramme der deutschen IB – zum Demokratischen Frieden (Frankfurt a.m.) und zum Zivilmachtsprogramm (Trier) – vermittelt und von einem dritten, dezidiert der Erforschung argumentativer Prozesse in multilateralen Verhandlungen gewidmeten (Berlin/Frankfurt a.m.) Forschungsprogramm aus in das Fach und dessen Debattenhorizont ausstrahlend.[127]

5.2.3 Empirische Puzzles anstatt Theoriediskussion

Eine dritte Entwicklungstendenz der sozialkonstruktivistischen Diskussion in den IB kann (weniger in Form eines alternativen Zugangs zur Modellierung sozialer Konstruktion denn im Hinblick auf eine eingeforderte Ausrichtung konstruktivistischer Forschung) in der verstärkten Hinwendung zur empirischen Analyse sozialer Konstrukte wie etwa Normen, Identitäten, Ideen im Kontext internationaler Politik gesehen werden. Das Verbindende dieser Strömung des Konstruktivismus in den IB ist dabei das Ansinnen, dem (von wem auch immer provozierten) Anschein entgegenzutreten, dass Theoriedebatten um ihrer selbst willen geführt werden. Risse fasst das Credo (und die implizite Warnung) v.a. mit Blick auf konstruktivistische Debatten dabei folgendermaßen zusammen:

»Die ForscherInnengemeinschaft – auch in Deutschland – muss sich darüber im Klaren sein, dass Theoriediskussionen sinnlos werden, wenn sie nicht an konkrete empirische Fragen zurückgebunden sind.«[128]

Wenn hier im Folgenden ein skeptisches Argument skizziert werden soll, dann nicht, um etwa zu behaupten, dass ein konsistent konstruktivistischer Ansatz (für die IB) notwendigerweise *ohne* Empirie auskommen müsse oder solle, gar »anti-empirisch« sei. Vielmehr dient die in der vorliegenden Arbeit präsentierte Re-Konstruktion eines konstruktivistischen Projekts ja gerade dazu, einen bestimmten empirischen Gegenstandsbereich besser bzw. überhaupt sinnstiftend zu erschließen. Demgegenüber darf allerdings be-

---

127 Im Rahmen der ZIB-Debatte hat es zweifelsohne auch konstruktivistische Kritik an einigen Engführungen der deutschen Debatte gegeben, wenngleich auch weniger mit Bezug auf die Verengung auf kommunikatives, argumentatives, *verständigungsorientierte*s Handeln als primärem Terrain sozialer Konstruktion. Vgl. u.a.: Zehfuß 1998.

128 Risse 2003: 123. Vgl. in der Hinsicht auch den polemischen Einwand von Zehfuß (2002: 9): »Those who fashion themselves as constructivists have preferred to get on with empirical work«.

hauptet werden, dass ein voreiliges Kaprizieren auf (gewohnheitsmäßige) empirische Arbeit für einen Ansatz wie den konstruktivistischen negative Konsequenzen haben kann.[129] Dies gilt vor allem mit Blick darauf, dass, gemäß eines wie in Kap. 4 skizzierten, aufzeigbaren »konstruktivistischen Kerninteresses« an internationaler Politik sich nicht jeder beliebige Gegenstandsbereich bzw. alle Klassen von Gegenständen umstandslos für eine *konstruktivistische* Analyse anbieten. Auch die im Rahmen bisheriger IB-Konstruktivismen angebotenen Konzepte, etwa Identität oder argumentatives Handeln, liefern dabei offenkundig keine unproblematischen Blaupausen, mit denen sich in der Folge unbeschwert konstruktivistisch analysieren ließe. Schließlich muss aus einer konsistenten konstruktivistischen Position heraus im Endeffekt in Frage gestellt werden, ob der eigentliche Mehrwert eines konstruktivistischen Ansatzes in der Postulierung eines neuen, mit anderen Theorien der IB auf gleicher Ebene konkurrierenden und um Erklärungskraft ringenden Analyseinstrumentariums von (weitestgehend unhinterfragt als »gegeben« angenommener) Empirie liegt. Mit anderen Worten: Welche Empirie, welcher Gegenstandsbereich, welche *Art* der Empirie, welcher Status von Empirie – das sind Fragen, die durch einen konstruktivistischen Ansatz gestellt werden. Diese vorschnell zu beantworten, um in (normale, im Sinne des Kuhnschen Begriffs normaler Wissenschaft) empirische Analyse einzusteigen, riskiert, die eigentlichen Stärken eines konstruktivistischen Ansatzes auszublenden.[130]

Ohne Zweifel: Die Hinwendung zu metatheoretischen (und allgemein: theoretischen) Debatten hat auch in den IB mitunter eine merkwürdige Schlagseite, da Jargon und (vermeintliche) Intellektualismen bisweilen den substanziellen Gehalt übertreffen. Insofern ist Lawson zuzustimmen, dass die metatheoretische Grundierung eines Theorieentwurfs nicht um ihrer selbst willen oder um den Preis eines Rückzugs aus der Betrachtung der »Gegenstände« und »Realia« internationaler Politik erfolgen darf, weil

---

129 Vgl. Klotz/Lynch 1999: 55. Die Autorinnen weisen auf die Gefahren eines »toute clôture prématurée des ces débats [épistémologique et théorétique]« hin. Dies bedeute andererseits auch nicht notwendigerweise eine völlige Re-Orientierung der gewohnten Forschungspraxis, eher: die kontinuierliche Bereitschaft, die Spannungsmomente, die aus *konstruktivistischem* Forschen resultieren, zu reflektieren und methodische Entscheidungen daraufhin zu rechtfertigen.

130 Nach wie vor hat Jaegers Bemerkung damit Gültigkeit, dass man sich der Konstruktionsfehler des Konstruktivismus in den IB gewahr sein solle, bevor zur Tagesordnung (normale Wissenschaft, empirische Forschung) übergegangen werde, vgl.: Jaeger 1996: 314. In einigen Punkten folge ich Jaegers Kritik an den Engführungen (Wendt, ZIB-Debatte), wiewohl ich den Luxus habe, die Entwicklungen der Debatte mehr als eine Dekade später aufzeigen zu können. Eine allgemeine, grundlegende Kritik an dem Plädoyer »Empiriearbeit statt Metatheorie« jüngeren Datums findet sich in: Kratochwil 2007a, b.

ebendies auch den Theorieentwurf in dessen erklärerischem (oder: auf Verstehen gerichtetem) Anspruch untergräbt.[131] Eine »konstruktivistische Wende«, in deren Rahmen auch eine metatheoretische Neuorientierung im oben aufgezeigten Sinne nicht willkürlich außer Betracht gelassen werden sollte, steht damit unter dem Druck nachzuweisen, dass sie eine ebensolche Neuorientierung vermag (mit Blick auf den Bezug zur Welt), ohne sich von der Welt abzuwenden und in solipsistische Sprachspielereien zu verfallen. Andererseits gilt gleichermaßen, wie im Folgenden aufzuzeigen sein wird: Der einfache Hinweis auf »(endlich) mehr empirische Arbeit« gestaltet sich genau aus den genannten Gründen als ambivalent, da aus konsistent konstruktivistischer Sicht ebenjene Konzepte, Kategorien und zugrunde zu legenden Methodologien gleichzeitig zu reflektieren und problematisieren sind. Dies gilt nicht nur hinsichtlich des gewählten inhaltlichen Zuschnitts von Empirie (soziale statt materieller Fakten, im Hinblick auf Letztere: deren soziale/Bedeutungsdimension), sondern mit Blick auf die eigentliche Erfassung intersubjektiver Bedeutungsgehalte. Es ist dies eine doppelte Anforderung, die konstruktivistisch orientierte Forschung notwendigerweise mit semantischen Bürden ausstattet und zu theoretischer Grundlagenarbeit verpflichtet, will man nicht inkonsistente »Rumpf«konstruktivismen entwerfen. Dabei ist zunächst unmittelbar einsichtig, warum die Mehrzahl der (Sozial-) Konstruktivistinnen und (Sozial-)Konstruktivisten in den IB

»[...] feel attracted by the positivist invitation to demonstrate the empirical validity of their truth claims [and to test] the perceived correspondence between theoretical propositions and empirical evidence«.[132]

Das herrschende, nicht-konstruktivistische Wissenschaftsverständnis bereitet dabei, jenseits allen sonstigen Theorienpluralismus, den Boden für die Einbeziehung auch des Konstruktivismus in den Theorienkanon. Es bleibt allerdings fraglich, ob sich Anhängerinnen und Anhänger konstruktivistischer Ansätze a priori auf »Theorientests« im herkömmlichen Sinne (die ihrerseits auf nicht-konstruktivistischen Annahmen beruhen und damit ganz spezifische Spielregeln aufstellen) einlassen sollten.[133] Das voreilige Testen von Versatzstücken diverser »Rumpf«konstruktivismen verhindert dabei einerseits, dass in der Breite des Faches über die Möglichkeiten einer komple-

---

131 Lawson 2008: 31.
132 Friedrichs 2004: 110.
133 Aus konsistent konstruktivistischer Sicht formuliert Friedrichs (2004: 123): »[...] it might have been unwise for social constructivism to play the game in the first place«. Gemeint ist hier das Spiel nicht-konstruktivistischer »Normalwissenschaft« in den IB, vgl. dazu Kap. 5.3.2. Andererseits erscheint es fraglich, ob der Konstruktivismus größeres Entfaltungspotenzial besessen hätte, wenn er als dezidierter »Königsmörder« im Sinne einer wissenschaftstheoretischen Fundamentalkritik auf den Plan getreten wäre.

xeren und konsistenteren konstruktivistischen Perspektive debattiert wird. Darüber hinaus: Indem auch für einen (moderaten, enggeführten) konstruktivistischen Ansatz die übliche, nicht-konstruktivistisch gewendete Idee des »empirischen Tests« in Anwendung gebracht wird, gerät gerade das eigenständige konstruktivistische Argument hinsichtlich der Produktionsbedingungen von Erkenntnis aus dem Blickfeld; fraglich ist, welchen Mehrwert er dann überhaupt noch zu bieten vermag.

Im Folgenden werde ich die »Gefahr« einer Engführung des Konstruktivismus in den IB auf (primär) empirische Arbeit unter Rückgriff auf zwei Argumente aufzeigen. Einerseits befördert eine Schwerpunktverlagerung weg von theoretisch-konzeptioneller Grundlagenarbeit und hin zu empirischer Analyse die Annahme, dass *der* (Sozial-)Konstruktivismus in den IB zunächst erst einmal »fertig gedacht« ist und sinnvolle wie empirisch gehaltvolle Analysekonzepte konstruktivistischer Provenienz vorliegen. Im Gegensatz dazu lassen sich in ebenjenen konstruktivistisch inspirierten, empirischen Arbeiten imposante Leerstellen aufzeigen, die verdeutlichen, dass einige Kernanliegen eines konstruktivistischen Programms zur Analyse politischer Dynamiken keine Beachtung finden. Andererseits muss die Forderung nach empirischer Grundierung des IB-Konstruktivismus als eingebettet in die generelle Debatte und das auch aus dem Fach heraus angestrengte Ringen um (mehr) Praxisrelevanz betrachtet werden. Für einen konstruktivistischen Ansatz ergibt sich in diesem Zusammenhang ein semantisches Problem, da sich sein spezifischer Mehrwert schwerlich mit Hilfe unmittelbar an die politische Praxis anschlussfähiger Begriffe und Überlegungen darstellen lässt. Mit anderen Worten: Auch ein konsistent konstruktivistischer Ansatz hat einen Empiriebezug, aber dieser lässt sich kaum »theorieverschweigend« vermitteln, wie mit Blick auf die Relevierung[134] des IB-Wissens in nichtwissenschaftlichen Kontexten allenthalben anempfohlen.

Oben zunächst behauptete Leerstellen konstruktivistisch orientierter, empirischer Arbeiten[135] beziehen sich dabei vornehmlich auf das großflächige Aussparen der eigentlichen Prozesse, in denen, allgemein gesprochen, Intersubjektivität in Form geteilter Bedeutungsgehalte dargestellt wird, sowie darauf, dass der Charakter der je im Zentrum stehenden Wissensbestän-

---

134 Vgl. zu dieser Dynamik der (sozialen) Zuschreibung von Relevanz grundlegend: Nowotny 1975.

135 Von diesen grenze ich Arbeiten ab, die zwar mit einem dünnen Konzept »sozialer Konstruktion« arbeiten insofern, als sie sich etwa im Rahmen eines identitätsbasierten Ansatzes auf Ingroup-Outgroup-Dynamiken beschränken, gleichsam aber kein primär konstruktivistisches Interesse verfolgen, vgl. u.a.: Pollis 1996; Arfi 1998; Fearon/Laitin 2000. Die genannten Beiträge zeichnen sich überdies insofern durch ein instrumentelles Verständnis »sozialer Konstruktion« aus, als allein angenommen wird, exponierte Akteure *bedienten* sich Konstruktionsprozessen, um Handlungspotenziale zu mobilisieren und zu kanalisieren.

de und Bedeutungsgehalte (etwa: Normen) eher vorausgesetzt, denn problematisiert wird. Offenkundig wird dies etwa mit Blick auf die (als moderat konstruktivistisch bezeichneten) Arbeiten zu sog. epistemischen Gemeinschaften, also transnationalen Expertennetzwerken, die in spezifischen Situationen (Unsicherheit, Komplexität) insofern politikmächtig werden, als ihre Expertise entweder erfolgreich von ihnen in den politischen Prozess eingespeist wird oder seitens politischer Akteure auf ebensolche Wissensbestände epistemischer Gemeinschaften zurückgegriffen wird.[136] Als neue Klasse von Akteuren sind epistemische Gemeinschaften in einem Modell der Regimeentstehung bzw. des Regimewandels dabei funktional notwendig, um Wandlungsprozesse unter Rückgriff auf das neu hinzutretende Wissen zu erklären. In der empirischen Umsetzung wurde in der Folge in der Tat aufgezeigt, dass bestimmte Wissensnetzwerke oder exponierte Wissensakteure im politischen Prozess erfolgreich Wissen einspeisten und damit zu einer neuen Situationsdefinition, Handlungsorientierung und Handlungslegitimation beitrugen.[137] Soziale Konstruktions*prozesse* sowohl mit Blick auf die Prozesshaftigkeit der Übernahme wissenschaftlichen Wissens als vor allem auch die Wissenschaft inhärenten Konstruktionsprozesse blieben dabei außerhalb der Untersuchungen. Auch wenn ein konstruktivistischer Ansatz nicht alles leisten muss, bleibt eine Diskrepanz zwischen dem Interesse an sozialer Konstruktion als Prozess (dies schließt die Dynamik von Marginalisierung und Dominanz bestimmter Klassen von Wissen, die Konkurrenz alternativer Wissensbestände usw. mit ein) und der Unterstellung, diese finde statt.[138] Ähnlich verhält es sich mit diversen empirisch orientierten, »wissensbasierten« (und damit in der Mehrzahl einem moderaten Konstruktivismus verpflichteten) Arbeiten im Kontext der Regimeforschung in den IB.[139] Die Argumentationsformel lautet dabei oftmals: Zu erklären ist Wandel, dieser sei als Lernprozess zu begreifen, und solcherart Prozesse wiederum seien im Kern soziale Konstruktionsprozesse. Adler/Barnett etwa beschäftigen sich in ihrer Abhandlung zu »Sicherheitsgemeinschaften«, also Staatenbünden, die sich über rein taktische Allianzbildungen hinaus zu integrativen Sicherheitsbündnissen hin wandeln, mit solchen »Lernprozessen«. Dabei zeigen sie auf, dass es vor allem gemeinsames Lernen im Sinne einer Etablierung gemeinschaftlicher Situationsdeutungen sei, das diesen qualitativen Wandel erkläre.[140] Paradoxerweise bleiben allerdings diese Prozesse der Konstruktion einer gemeinsamen Situationsdeutung weitestgehend außerhalb der empirischen Analyse, ausgeführt werden sie zumeist in Form plausibler Annahmen, die dann an historischen Entwicklungen und Verläufen illustriert werden. In der Tendenz befördert ein solcher Zugang – ebenso wie die spe-

---

136 Vgl. u.a.: Haas, E. 1990; Haas, P. 1992.
137 U.a.: Hopkins 1992; Ulbert 2006.
138 Vgl. dazu ausführlich: Brand 2011b (i.V.).
139 Vgl. Hasenclever/Mayer/Rittberger 1997: 136-210.
140 Adler/Barnett 1998.

zifische Einbettung von epistemischen Gemeinschaften in die Erklärungsansätze – die Sicht auf den (Sozial-)Konstruktivismus als jene Theorie, die »Normen« und »Lernprozesse« in den IB jenseits kruder Machtanalysen salonfähig gemacht hat. Dies ist nicht wenig, lässt aber ein tiefer gehendes Interesse an Dynamiken sozialer Konstruktion vollends außen vor.[141]

Der Druck, den Mehrwert eines konstruktivistischen Ansatzes unmittelbar unter Hinweis auf empirische Ergebnisse zu rechtfertigen, hat folglich zu bemerkenswert eng definierten konstruktivistischen Forschungsfragen geführt. Dies ist wie angedeutet nicht nur einer generellen Skepsis gegenüber allzu intensiver metatheoretischer Befassung – zumal auf Basis eines nichtmateriellen Zugangs zu Politik[142] – geschuldet. In zunehmendem Maße hat sich der Konstruktivismus in den IB, wie das gesamte Fach selbst, in einem Umfeld zu bewähren, dass (mehr) Praxisrelevanz und die Generierung deutlich erkennbaren Orientierungs- und Handlungswissens für politische und gesellschaftliche Akteure anstelle eines vermeintlichen »Rückzugs in den akademischen Elfenbeinturm« verlangt. Die Kritik an einem praxisfernen Fach ist dabei seit wenigstens zwei Dekaden immer deutlicher zu vernehmen und tritt regelmäßig in der Folge unerwarteter oder einschneidender

---

141 Symptomatisch für diese Lesart u.a.: Debiel et al. 2009. Überraschenderweise bringen jüngere empirisch orientierte Arbeiten, die selbst kaum als *genuin konstruktivistisch* definierte Interessen an Prozessen der Normgenese und -dynamiken besitzen, in dieser Hinsicht viel interessantere Befunde hervor, vgl.: Chwieroth 2007. Diese Befunde könnten in eine umfassende Perspektive sozialer Konstruktion eingebaut werden: Chwieroth etwa geht von der Frage nach der Messbarkeit des tatsächlichen Einflusses von Normen/Ideen auf Politik (vermittelt hier über das Hinwirken des Internationalen Währungsfonds auf Deregulierung im Finanzsektor) aus. Dabei thematisiert er wenigstens indirekt auch *Dynamiken* sozialer Konstruktion von politikmächtigen Bedeutungsgehalten.

142 Vgl. dazu: Brand 2008b: 407-410. Instruktiv ist hier das Beispiel der Internationalen Wirtschaftswissenschaft bzw. Internationalen Politischen Ökonomie. Wo neoklassische, formale Modelle vorherrschen, auf rigoroser positivistischer Analyse von Daten, Statistiken und anderen als unzweifelhaft »materiell« empfundenen Indikatoren aufgebaut wird, dort ist es nicht schwierig vorauszusagen, dass allein die Begrifflichkeit »soziale Konstruktion« Ablehnung hervorruft. Es dürfte in diesem Zusammenhang auch nicht übertrieben sein zu behaupten, dass die gesamte philosophisch informierte konstruktivistische Diskussion sozialer Kontingenz, der dichten Methoden, die zum Verständnis sozialer Welten notwendig sind, sowie der Überzeugung, dass Wissenschaft von einem neutralen Beobachterstandpunkt schwerlich möglich ist, dem materialistisch orientierten Mainstream in der Internationalen Politischen Ökonomie (noch) fremd sind. Für eine methodologische Überlegung vgl.: Blyth 2003: 70.

Ereignisse in Erscheinung.[143] Dabei zielt die an die Wissenschaft herangetragene Kritik vor allem auf ein semantisches Problem (das entweder für defizitäre Wahrnehmung der wirklich wichtigen Aspekte seitens des Wissenschaftszweigs IB verantwortlich zeichnet oder diesen veranschaulicht) ab. Wie Mols polemisch anmerkt: »Je munterer besonders jüngere Forscher auf den Ebenen des modischen sozialwissenschaftlichen Jargons bleiben, desto schneller wird man ihre Eingaben [in der praktischen Politik] als ›akademisch‹, abstrakt und für die Politik irrelevant abtun [...] Gebildeter *Common sense* ist die zentrale Vermarktungskategorie, nicht theoretische Sublimierung.«[144] Eine ebensolche reflexartige Abgrenzung vornehmlich seitens der »Praktiker« von den »Theoretikern« beschreibt auch George, wenn er darauf verweist, dass »[...] as many scholars have discovered, the eyes of practitioners often glaze over at the first mention of the word ›theory‹ in conversation«.[145] George, ebenso wie die meisten anderen Fachvertreter, die ein solches *theory-policy-gap* konstatieren[146], verorten das eigentliche Problem bzw. die Möglichkeiten für dessen Überwindung allein auf Seiten der Wissenschaft. Diese müsse sich vor allem an den Wissensklassen orientieren, die in der politischen Praxis nachgefragt werden: Strategiekonzepte, Überblickswissen und akteursspezifische Verhaltensmodelle.[147] In der Regel ist damit ein bestimmter *Zuschnitt* der Beratung gewünscht, der sich maßgeblich daran orientiert, dass die Tagesroutine der Politik und Administration wenig zeitlichen Spielraum für distanzierte und abwägende Reflexion lässt. Gesichertes Wissen – möglichst knapp und unmittelbar handlungsanleitend – macht hier das Rennen vor theoretisch gesättigten Interpretationen, die sich auch als solche ausgeben. Es fällt angesichts solcher Forderungskataloge nicht schwer, die Frage skeptisch zu beantworten, welche Chancen sich konsistent konstruktivistischer Theoriebildung in einem Umfeld bieten, das wenigstens in Teilen gerade mit dem Anliegen beschäftigt ist, sich an externe Kriterien von (Praxis-)Relevanz anzupassen.[148] Anders als Müller, der ganz im Gestus der anwachsenden Lektüre zur Politikberatung durch die IB[149] den Königsweg in theorie*verschweigender* Übermittlung von Wissen

---

143 Vgl. u.a.: George 1993, 1999; Mols 1998; Lepgold/Nincic 2001; Walt 2005. Jentleson (2002) ist ein herausragendes Beispiel für die Forderung nach Praxisrelevanz (anstatt akademischer, übertheoretisierter Debatten) im Nachgang zu den Terroranschlägen des 11. September 2001. Eine kurze Zusammenfassung findet sich in: Hellmann 2006: 15f. Wolf (2003) bezieht das Plädoyer explizit auch auf Konstruktivismen im Fach.

144 Mols 1998: 255.

145 George 1993: xviii.

146 Aber vgl. die abweichende Einschätzung in: Hill 1994.

147 George 1993: xvii, 115-134.

148 Siehe dazu: Hellmann 2006: 19.

149 Vgl. einführend: Böckenförde/Niemann 2006. Müllers Argument findet sich in: Müller, H. 2006.

sieht, das seinerseits freilich trotzdem auf theoretisch-konzeptionellen Grundlagen fußt, argumentiere ich an dieser Stelle, dass es für einen konsistenten Konstruktivismus schlechterdings unmöglich ist, seine Aussagen auf diese Art und Weise zu verpacken, ohne seinen Mehrwert unkenntlich zu machen und die aus ihm gewonnenen Aussagen zu trivialisieren.[150]

Die Forderung nach (mehr) Praxisrelevanz dürfte sich dabei aus wenigstens zwei Gründen für die konstruktivistische Debatte als ambivalent erweisen. Relevanz wird wie beschrieben einesteils zu den Bedingungen des politischen Alltagsgeschäfts eingefordert, was zumindest begrifflich die Spielregeln zu Ungunsten des Konstruktivismus (und all jener Perspektiven, die explizit theoretisch, gar metatheoretisch argumentieren *müssen*, um ihr Anliegen kenntlich zu machen) festlegt.[151] Obendrein gilt: Wissenschaftsintern wird Relevanz in der Regel an die Aufrechterhaltung eines spezifischen Anspruches an (und Verständnisses von) Wissenschaft gebunden, den konsistent konstruktivistische Überlegungen gerade tendenziell unterlaufen, wenigstens problematisieren.[152]

In der Konsequenz bedeutet dies, dass der Konstruktivismus in den IB derzeit in weiten Teilen in der Sorge um Praxisrelevanz und Orientierung auf empirische Fundierung zu einer merkwürdigen Baustelle zu werden droht; Potenziale im Sinne der in Kap. 4 definierten Interessen eines solchen Ansatzes wurden bei weitem nicht ausgeschöpft. Darüber hinaus deutet sich an, dass der Konstruktivismus in den IB mehr und mehr in Verdacht gerät, auf eine Rumpfkategorie zusammenzuschrumpfen, die allenfalls Erklärungen für eng definierte Klassen von Phänomenen liefert (Normen) oder als Lieferant »neuartiger« unabhängiger Variablen (Wissen, Identitäten etc.),

---

150 Das Diskurskonzept, das in Kap. 6 entwickelt wird, erweist sich zwar als anschlussfähig an alltagsweltliche und politikpraktische Begriffe wie Ideologie, Stammtischhoheit, Meinungsführerschaft und *soft power*, ist aber nicht darauf reduzibel. Semantische Verbiegung, um kommunikative Passfähigkeit nach Kriterien der politischen Praxis zu erreichen, beraubt den Konstruktivismus ein Stück weit seiner Aussagekraft. Siehe dazu auch Zalewskis (1996) pointierte Darstellung des zugrunde liegenden Streits zwischen *theorists* und *real worlders* in den IB. Die einzige, wenn auch in Grenzen, akzeptable Form des Theoretisierens ist dabei aus Sicht der *real worlders* eine strikt instrumentelle (in Abgrenzung zu kritischen und holistischen Verständnissen). Genau dies erschwert einem konsistenten, metatheoretisch informierten Konstruktivismus die Möglichkeit seiner Artikulation.

151 Vgl., mit Bezug auf den Konstruktivismus in den IB, die Überlegungen in: Kubalkova 1998: 198f.

152 Vgl. Brand 2010. Vgl. auch die Überlegungen von Albert. Albert (2004: 283f.) unterscheidet zwischen dem (notwendigen und legitimerweise einzufordernden) »public outreach« der IB und dem unzulässigen Zuschnitt der Forschung auf unmittelbare Anschlussfähigkeit gegenüber Akteuren der politischen Praxis.

die ihrerseits jedoch kaum problematisiert werden, dient. Dies befördert auch die Skepsis derer, die in dem konstruktivistischen Projekt in den IB von jeher die Tendenz zu einer »Schönwettertheorie« sahen.[153] Wenn, wie ein unlängst publizierter Beitrag zur Vermittlung konstruktivistischer Einsichten im Fach behauptete[154], der Konstruktivismus vor allem dazu dient, die Entstehung hochgradig integrierter politischer Räume wie der Europäischen Union als Friedensprojekt zu erklären, die erfolgreiche transnationale Normdiffusion anhand des Endes der Apartheid in Südafrika oder erfolgter Regimebildung (Chemiewaffen-Bann) zu erläutern, dann lässt sich dies (auch!) als erste Konsequenz aus der bewussten Engführung des Konstruktivismus, weg von metatheoretischen Anliegen hin zu empirischer Befassung mit einer eng definierten Klasse sozialer Phänomene, begreifen.

5.3 DIE KRITIK DES SOZIALKONSTRUKTIVISMUS IN DEN IB

Die Kritik am (Sozial-)Konstruktivismus in den IB ist ebenso vielgestaltig wie dessen dominante und randständige Spielarten. Sie ist dennoch innerhalb des (im breitest möglichen Sinne verstandenen) konstruktivistischen Lagers deutlicher vernehmbar als außerhalb bzw. von Seiten der Anhängerinnen und Anhänger konkurrierender theoretischer Perspektiven.[155] Dies dürfte nicht zuletzt damit zu tun haben, dass die im Fach mittlerweile akzeptierten Varianten – der *middle ground* in Adlers markanter Beschreibung – als anschlussfähig[156] an andere Theorieentwürfe gelten. Mehr noch, sie sind auf solche Kompatibilität hin ausgerichtet oder so wenig tiefgründig konstruktivistisch ausgestattet, dass sie bei Anhängern konkurrierender Er-

---

153 Für eine frühe Warnung: Checkel 1998: 339.

154 Ba/Hoffmann 2003. Die Autoren räumen zwar ein, dass diese Tendenz der Befassung mit »guten Normen« einer konstruktivistischen Perspektive nicht inhärent sei; gleichwohl, diese Sicht der Dinge herrscht im Fach vor, und dies erscheint erklärungsbedürftig. Neben der (voreiligen) Verengung auf empirische Forschung lassen sich auch andere Gründe benennen: So müsste eine alternative, konstruktivistische Theorie »schlechter Normen« u.a. ihren Mehrwert gegenüber dem impliziten Konsens realistischer Theorien über deren Wirkmächtigkeit deutlich machen. Auch normative Präferenzen der einzelnen Forscherinnen und Forscher mögen hier eine Rolle spielen, wiewohl die prinzipiell offene Perspektive des Konstruktivismus nicht erklären kann, warum in der Mehrzahl auf »gute Normen« hin orientierte Wissenschaftlerinnen und Wissenschaftler gerade diesen Ansatz wählen sollten, vgl.: Klotz/Lynch 2007: 62.

155 Jeweils stark polemisierend: Jones/Smith 2001; Navon 2001; Hill, in: Forum 2005a. Einen guten Überblick über die ursprüngliche Skepsis gegenüber dem Konstruktivismus aus Sicht Kritischer Theorien geben: Price/Reus-Smit 1998.

156 Wæver 1997: 25; Sterling-Folker 2000; Steele 2007.

klärungsansätze kaum noch Abwehrgesten zu provozieren imstande wären. Zwischen Anhängern verschiedener Positionen *innerhalb* eines breit verstandenen konstruktivistischen Lagers (inkl. kritischer, einiger sog. postmoderner und normativer Positionen) ist die Kontroverse dafür umso heftiger. Ich werde im Folgenden darauf verzichten, die verästelte Debatte nachzuempfinden oder gar einen umfassenden Überblick über alle Argumente und Gegenargumente zu geben. Stattdessen stützt sich die Darstellung der konstruktivistischen Kritik am IB-Konstruktivismus vor allem auf zwei thematisch gruppierte Vorwürfe, die gegen den Mainstream-Konstruktivismus (etwa in Form des Wendtschen Ansatzes oder die ZIB-Debatte i.S. einer Rationalismus-Konstruktivismus-Debatte) sowie akzeptierte Umgangsformen mit konstruktivistischen Konzepten (empirische Forschung zu Normdiffusion) vorgetragen wurden. Es handelt sich dabei zum einen um die Kritik an einer Untertheoretisierung der Wirkmächtigkeit bzw. der allenfalls selektiven Konzeptionalisierung von »Sprache« als primärem Medium sozialen Austauschs. Diese Kritik richtet sich gleichsam auf die Vernachlässigung der tatsächlichen *Prozesshaftigkeit* sozialer Konstruktion (der Interaktionsformen und -situationen wie der Akteursverständnisse) und damit der *Ubiquität* der Herstellung von Intersubjektivität. Mittelbar ist damit auch die Frage nach den Infrastrukturen[157], innerhalb und vermittels derer alle möglichen Klassen von Akteuren an sozialen Konstruktionsprozessen teilhaben, angerissen. Zum anderen wird auf die erkenntnistheoretische Kritik an den Konturen des IB-Konstruktivismus verwiesen. Auch wenn sich aus dieser Thematik eine eigenständige Abhandlung entwickeln ließe, werde ich mich im Folgenden für die epistemologische Dimension und damit erkenntnistheoretische Implikationen der Einnahme eines konstruktivistischen Standpunktes unter einer spezifischen Perspektive interessieren. Es ist dies die Frage, inwiefern sich die Einnahme spezifischer erkenntnistheoretischer wie wissen(-schaft-)stheoretischer Standpunkte in konkreten Ontologien, also Vorstellungen über den Gegenstandsbereich niederschlägt. Durch die Beschäftigung mit der Kritik am IB-Konstruktivismus soll insgesamt die Diskrepanz zwischen den vorherrschenden Ansätzen und einem erwartbaren »sozialkonstruktivistischen Forschungsprogramm« in den IB noch deutlicher sichtbar gemacht werden.

---

157 Indem gefragt wird, *wie* soziale Konstruktion vonstatten geht, richtet sich die Aufmerksamkeit auch auf die situative (wer, wo, wann?) und infrastrukturelle (in welchen Akteursumgebungen, welche Rolle von Wissenschaft, Massenmedien etc.) Einbettung dieser Konstruktionsprozesse.

5.3.1 Die Kritik an der »Sprachlosigkeit« des IB-Konstruktivismus[158]

Dass Sprache als primärem Medium sozialen Austauschs im Rahmen einer generell formulierten konstruktivistischen Perspektive potenziell eine zentrale Bedeutung zukommt, ist bereits in Kap. 4 beschrieben worden. Damit einher geht, dass Sprache innerhalb eines Ansatzes bzw. Modells zur Analyse sozialer Konstruktionsprozesse nicht nur deklaratorisch einen herausgehobenen theoretischen Rang besitzen müsste. In der Diskussion um den (Sozial-)Konstruktivismus in den IB stellt sich die Behandlung der »Sprachproblematik« allerdings weniger eindeutig dar. So hat Wæver ausgeführt, dass der Konstruktivismus in den IB weniger für eine philosophische, statt dessen stärker für eine soziologisch inspirierte Argumentation stehe: »The aim is social science [...] The building blocks of the analysis in constructivism are soci(ologic)al categories in contrast to ›language‹ as such.«[159] Demgegenüber stellt Adler in seinem Überblicksartikel zum Konstruktivismus in den Internationalen Beziehungen fest: »Constructivism's added value [...] consists in spelling out the role of language in social life. To begin with, language is the medium for the construction of intersubjective meanings.«[160] Fierke entgegnet dem knapp: »Constructivists have distanced themselves from questions of language in order to engage the ›positivist‹ mainstream in dialogue.«[161] Zehfuß schließlich hat in einer frühen Kritik der in den IB gängigen Konstruktivismen deren »Sprachlosigkeit« im Gegensatz zu sprachbasierten, aber randständigen konstruktivistischen Entwürfen aufgezeigt.[162]

Eine Gesamtschau unterschiedlicher Spielarten des Konstruktivismus in den IB ergibt dabei vier voneinander unterscheidbare Arten sowohl der Bewertung des theoretischen Ranges von Sprache als auch deren Modellierung. Während der Wendtsche Staatenkonstruktivismus in der Tat weitest-

---

158 Vgl. für die Metapher der »Sprachlosigkeit«: Zehfuß 1998.

159 Wæver 1999.

160 Adler 2002: 103.

161 Fierke 2002: 331. Siehe auch (pointierter): Fierke 2001: 117f. Für eine kurze Zusammenfassung der in den IB üblichen Verwendung von »Sprache«: Fierke 2003. Für die Abgrenzung eines konstruktivistischen (im breiten Sinne) von einem poststrukturalistischen/postmodernen Verständnis von Sprache in den IB andererseits: Debrix 2003.

162 Zehfuß 1998. Vgl. auch den programmatischen Titel ihres Aufsatzes: »Sprachlosigkeit schränkt ein«. Die Sprachlosigkeit v.a. des Wendtschen konstruktivistischen (!) Ansatzes ist dabei umso bemerkenswerter angesichts des Interesses an der sprachlichen Dimension internationaler Politik jenseits des IB-Konstruktivismus, zum Beispiel in der Diplomatieforschung (vgl. etwa: Jönsson 1990, 2002) und den jüngst stärker ins Blickfeld rückenden normativen IB (Farrands 2000).

gehend »sprachlos« konzipiert ist, werden in anderen Ansätzen relativ konkrete Sprachmodelle aus der sozialphilosophischen Debatte entlehnt, allerdings in ihrer Anwendung auf je spezifische Ausschnitte des Gegenstandsbereichs verkürzt (ZIB-Debatte u.a.). Eine dritte Position ließe sich als Plädoyer für die Einsicht in die Sprachbasiertheit allen menschlichen Handelns verstehen: Demgemäß müsse Sprache auch einen herausragenden Rang in einem Modell sozialer Konstruktion besitzen. Allerdings: Das konkrete Erkenntnisinteresse, das Verfechter dieser Position einnehmen, lässt Sprache als illustratives Moment (bzw. in Form der instrumentellen Handhabe von Sprache für andere Erkenntnisinteressen) wieder in den Hintergrund treten (Onuf, Kratochwil, Zehfuß). Demgegenüber lässt sich ein Interesse an der umfassenden Konzeptionalisierung von sprachbasierter sozialer Konstruktion in Ansätzen des Diskursiven Konstruktivismus erkennen (Diez u.a.).

1) Wendts konstruktivistischer Entwurf (vgl. Kap. 5.2.1) stützt sich maßgeblich auf Dynamiken der Identitätsbildung, wie sie durch den Symbolischen Interaktionismus erfasst werden. Dies hat zur Folge, dass auch »Sprache« lediglich indirekt (wenn überhaupt) innerhalb abstrakter sozialpsychologischer Kategorien erfasst wird. Die Akteure treten dabei in eine »Konversation von Gesten«[163] ein. Auch wenn die Vermutung nahe liegt, dass Wendt prinzipiell die Sprachkompetenz tatsächlicher Akteure in der internationalen Politik impliziert[164], verbietet es vornehmlich seine Akteurskonzeption (Staaten), sprachlich-diskursiven Austausch im eigentlichen Sinne ins Modell zu inkorporieren. Dabei ist es unerheblich, ob man der Wendtschen Darlegung hinsichtlich der Notwendigkeit und Legitimität einer solchen (kollektiven) Akteurskonzeption folgt oder nicht. Allein, das *black boxing* des Staates einerseits (die Aussparung innenpolitischer wie innergesellschaftlicher politischer Prozesse)[165] ebenso wie die Anthropomorphisierung des Staates andererseits (die Anwendung interpersonaler sozialpsychologischer Modelle) und das eigentümlich abstrakte Sprach- und Kommunikationsverständnis bedingen einander. Im Umkehrschluss bedeutet dies, dass soziale Konstruktion im Sinne sprachbasierter Herstellung von Bedeutungsgehalten aus dem Wendtschen Modell systematisch ausgespart bleiben muss. Dies steht in markantem Widerspruch zur stellenweise oberflächlichen Rezeption des Wendtschen Konstruktivismus. So vermerkt ein Rezensent: »According to Wendt, whether a system is conflictual or peaceful is a function [...] of the shared culture created through *discursive social practices.*«[166] Von ebensolchen diskursiven Praxen findet sich in Wendts *Sozial-*

---

163 Diese Formulierung ist dem Aufsatz von Zehfuß entnommen, vgl. Zehfuß 1998: 124. Ebenso prägnant: »Wendt's actors cannot communicate about their behavior; they communicate through their behavior« (Zehfuss 2002: 49).

164 Zehfuß 1998: 125.

165 Vgl. kritisch: Fierke 2002: 340f.

166 Copeland 2000: 187; eigene Herv.

theorie, die in anderer Hinsicht überaus komplex ausgearbeitet vorliegt, kaum etwas außerhalb der beschriebenen Signalisierungs- und Interpretationsabfolgen innerhalb der Ego-Alter-Dyaden.[167]

2) Andere konstruktivistische Entwürfe, wie etwa die deutsche Debatte (vgl. Kap. 5.2.2) oder der skandinavische »Versicherheitlichungs«-Ansatz, ruhen auf dem Verständnis, dass Sprache und kommunikativen Prozessen eine bedeutende Rolle für das Zustandekommen »sozialer Wirklichkeit« zugestanden wird. Indem vergleichsweise konkrete Modelle sprachlichen Handelns (Sprechakttheorie, Habermas' TKH[168]) herangezogen werden, versuchen sie dabei allerdings vornehmlich, bestimmte Aspekte des Akteurshandelns (spezifische Themenfelder/Gegenstandsbereiche wie spezifische Formen des Handelns) zu analysieren und zu illustrieren und Sprache als *einen* Baustein einer umfassenden Handlungstheorie zu etablieren. So ist »die Sprechakttheorie« bzw. eine Variante derselben beispielsweise von Buzan/Wæver/ de Wilde in die Diskussion gebracht worden, um die Forschung zu Fragen der Sicherheitspolitik anzuleiten. Im Mittelpunkt ihres Modells der *Securitization* (einer extremen Form der Politisierung, durch die in den Bereichen Militär, Politik, Ökonomie und Gesellschaft auf Bedrohungen der Sicherheit hingewiesen wird), steht die Selbstreferentialität von Sicherheitsproblemen:

»Security is [...] a self-referential practice, because it is in this practice that the issue becomes a security issue – not necessarily because a real threat exists but because the issue is presented as such a threat.«[169]

Grundlegend für die (erfolgreiche) Versicherheitlichung ist dabei eine spezifische rhetorische Struktur, die einen Sachverhalt durch die Benennung als Gefahr für die Sicherheit präsentiert.[170] Da es sich laut der Autoren um einen intersubjektiven Prozess handelt, in dem die Benennung einer Gefahr auf Akzeptanz stoßen muss, um wirkmächtig zu werden, ist »Sicherheit« sozial konstruiert und Teil eines diskursiven Raumes. Wesentlich weniger Aufmerksamkeit widmen sie in der Folge allerdings einer genauen Rekonstruktion solcher Prozesse der Herstellung von Intersubjektivität. Vielmehr dient ihnen die Sprechakttheorie, um zunächst zu plausibilisieren, dass es einen solchen Spielraum bei der Gefahrenfeststellung gibt, der seinerseits von politischen Akteuren strategisch genutzt werden kann.

---

167 Wendt 1999: 326ff.

168 Zum *Securitization*-Ansatz: Buzan/Wæver/de Wilde 1998. Zur Kritik an der Verwendung der TKH u.a.: Hülsse 2003.

169 Buzan/Wæver/de Wilde 1998: 24.

170 Wie Buzan et al. (ebd.: 26) ausführen: »[...] this process of securitization is what in language theory is called a speech act [...] it is the utterance itself that is the act. By saying words, something is done.«

Erfolgreiche Versicherheitlichung führt dabei zur Etablierung spezifischer Sicherheitspolitiken, die wiederum von Buzan/Wæver/de Wilde skizziert werden. Es kann also festgestellt werden, dass nicht jedes Sprachmodell bzw. nicht jeder sprachbasierte theoretische Erklärungsansatz die Möglichkeiten einer umfassenden Rekonstruktion sozialer Konstruktionsprozesse bietet oder dergestalt von seinen Anwendern eingesetzt wird. Modelle auf Basis der Sprechakttheorie fokussieren dabei eher Handlungen und etwaige Handlungsfolge aus Sicht eines Sprechers, während die Habermassche TKH tendenziell stärker auf die Interaktion von sprachbegabten Akteuren abstellt. Nichtsdestotrotz: Die Anknüpfung des deutschen Konstruktivismus in den IB eben an die TKH hat nicht nur vor dem Hintergrund, dass mit Habermas kontrafaktisch und idealisierend eine grundsätzliche Orientierung der Akteure auf Verständigung hin erst einmal *angenommen* werden muss, keine umfassende Problematisierung der sprachlichen Dimension sozialer Konstruktion erlaubt. Auch die Engführung auf die Spezifika von Verhandlungen erklärt nur zum Teil das illustrative Moment, das dem Einbringen von »Sprache« in diesen Ansätzen innewohnt. Als schwerwiegender erweist sich das eigentliche Interesse an Sprache als einem spezifischen Aktionsmodus (neben anderen Modi). In Müllers Worten:

»[...] international politics consists predominantly of *actions that take the form of language* [...w]hat is [therefore] required is a *theory of action* that gives due weight to the importance of language as action«.[171]

Dies gleicht einer Verkürzung der Wirkmächtigkeit von Sprache in Prozessen sozialer Konstruktion auf allein handlungstheoretische Aspekte. Wie Albert/Kessler/Stetter mit Blick auf die sprachliche Dimension des um die TKH angereicherten Konstruktivismus ausführen:

»[...] communication is rather framed in an action-theoretical framework: action is theoretically prior to and constitutive for communication. Communication is thus a *kind* of action endowed with a *télos* of consensus-making and as soon as consent is reached, communication will come to an end. Maybe this is due to the focus on *negotiations* and not on communication *per se.*«[172]

3) In einer frühen Kritik der »Sprachlosigkeit« der in den IB gängigen konstruktivistischen Ansätze hat Zehfuß implizit dazu geraten, sich wieder der ursprünglichen Protagonisten eines solchen Projekts für die IB zu besinnen und in Onufs wie Kratochwils Arbeiten zu schauen, da beide die Bedeutsamkeit eines sozialen Situationen angemessenen Sprachmodells wie die fundamentale Bedeutung von Sprache für die Erschließung der Welt behaupten. Onufs Konzeption einer Regelgeleitetheit der internationalen Be-

---

171 Müller 2001: 161; eigene Herv.
172 Albert/Kessler/Stetter 2008: 52.

ziehungen ist dabei nicht zufällig an die Wittgensteinschen Überlegungen zur Regelgeleitetheit von Sprache und des sozialen Lebens allgemein angelehnt. Zur näheren Unterscheidung einzelner Regelkategorien verweist Onuf des Weiteren auch auf verschiedenartige Formen von Sprechakten.[173] Dieser Überlegung folgend können Regeln drei Formen annehmen: Sie können einen assertiven, imperativ-normativen oder (gegenseitig) verpflichtenden Charakter haben. Das primäre Unterscheidungskriterium liegt dabei nicht darin, wie Onuf in einem späteren Artikel konkretisierte, dass Regeln entweder Akteursverhalten regulieren oder die Akteure als solche in bestimmten Sinnumgebungen erst konstituieren (dies tun sie in unterschiedlichen Mischungsverhältnissen gleichzeitig), sondern in der Funktion, die eine Regel (ähnlich einem Sprechakt) erfüllen soll:»Rules differ by function: Agents make and use them to instruct, direct, or commit themselves and each other.«[174] Auch wenn Onuf auf diese Art und Weise ein bestimmtes Sprachmodell grundlegend mit seiner konstruktivistischen Analyse internationaler Beziehungen verknüpft und verdeutlicht, dass Sprache die zentrale und primäre soziale Handlung[175] darstellt, so bleibt Sprache doch im Rahmen seines Modells größtenteils instrumentell. Sein Hauptaugenmerk liegt auf der Sichtbarmachung von Ordnung, die auf Regeln basiert, welche ihrerseits in der asymmetrischen Verteilung von Vorteilen resultieren.[176] Diese Ordnung, so die Annahme, wird durch performative Sprechakte geschaffen[177], somit ist Sprache aus den Anforderungen des Modells heraus notwendig, um zu erklären, wie aus Taten (Akteurskomponente) stabile Ordnungen (Strukturen) erwachsen, und zwar in dem Sinne »stabil«, insofern sie nicht mehr als *eine* Ordnungsmöglichkeit unter alternativen Ordnungsvorstellungen, sondern als *die* Realität wahrgenommen werden. Auf welche Art genau Prozesse sozialer Konstruktion dabei in ihrer sprachlichen Dimension zu analysieren wären, darüber schweigt Onuf.[178]

---

173 Onuf 1989: 81ff., 1997: 10f.

174 Ebd.: 11.

175 Onuf (1998a: 59) führt dazu aus: »[...] we make the world what it is [...] by doing what we do with each other and saying what we say to each other. Indeed, saying is doing: talking is undoubtedly the most important way that we go about making the world what it is.« Vgl. auch: Onuf 2002: 121, 125, 127 und 131.

176 Zehfuß 1998: 116.

177 Ebd.; Kubalkova 2001b: 64f. Lediglich mit Blick auf die Regelgeleitetheit von Wissenschaft (insbesondere auf die IB bezogen) hat sich Onuf an einigen Stellen zu Dynamiken der Herstellung von Intersubjektivität geäußert, vgl.: Onuf 2001.

178 Gould (2003: 53) verweist u.a. auch auf die relative Nichtbeachtung der intersubjektiven Komponente bzw. die Präferenz für eine akteursspezifische, intentionalistische Sprachkonzeption bei Onuf.

Zehfuß' spätere Einschätzung des Onufschen Konstruktivismus bringt es auf den Punkt:»Onuf's conceptualisation of the relationship between words and world provides little to work with for those wishing to analyse what is construed as the empirical reality of international politics. His approach is abstract.«[179] Ähnliches lässt sich auch für den konstruktivistischen Entwurf von Kratochwil behaupten, trotz der mannigfaltigen Querbezüge in seinen Arbeiten zur Sprechakttheorie und zur TKH. Der Ausgangspunkt seiner Befassung mit der Sprachproblematik liegt dabei für Kratochwil in einer Abgrenzung zu der (in den IB bis dahin üblichen) konventionellen Sprachanalyse, für die ein Abgleich von Sprechhandlungen mit der »empirischen Realität« zentral war. Demgegenüber schlug Kratochwil vor, die Betrachtung der performativen und der normativen Komponenten von Sprache stärker ins Blickfeld zu rücken, um auf diese Weise die *soziale* Qualität der Sprache im Hinblick auf die Problematik der Normgenerierung und Normwirkung zugänglich zu machen. Damit einhergehend plädiert Kratochwil dafür, sich (in Manier des späten Wittgenstein) auf die Dimension der alltäglichen Sprache, etwa Phänomene des Versprechens, Behauptens, Befehlens, und die Normen, die in solchen Sprechsituationen das menschliche Handeln anleiten, zu konzentrieren.[180] Wie bei Onuf wird folglich auf relativ weit ausgreifende Sprachmodelle Bezug genommen, um eher abstrakt zu konzipieren, wie Regeln und Normen in Interpretationsgemeinschaften geschaffen und verändert werden.

Damit stehen allerdings diese Regeln und Normen in ihren jeweiligen Bedeutungsgehalten im Zentrum der Aufmerksamkeit, während Sprache wiederum mit einer gewissen Notwendigkeit aus den Erklärungsansprüchen des Modells heraus gebraucht wird.[181] Eine tiefenscharfe Analyse von sprachlichen Prozessen sozialer Konstruktion erfolgt jedoch nicht; ein Modell, das sprachlich-diskursive Dynamiken solcher Konstruktionsprozesse erfassbar macht, wird nicht mitgeliefert. Für Onuf und Kratochwil steht »Sprache« damit zwar im Mittelpunkt, sie bleibt aber in ihren konstruktivistischen Entwürfen vergleichsweise abstrakt. Schließlich: Ein solches Modell hat auch Zehfuß selbst, die 1998 die bis dato umfassendste Kritik an der Untertheoretisierung von Sprache in den gängigen IB-Konstruktivismen

---

179 Zehfuss 2002: 187.
180 Kratochwil 1989: 28ff.
181 Vgl. auch Albert/Kessler/Stetter (2008: 54), die ausführen: »[...] focusing on the distinction between constitutive and regulative rules, Kratochwil after all does not base his arguments on communication but on the role of *institutions*«. Es dürfte jedoch weniger die von den Autoren benannte Unterscheidung zweier Klassen von Regeln sein, sondern vielmehr der Fokus auf Regeln, nicht auf Sprache (!), der dazu führt, dass sprachlicher Austausch von Kratochwil zwar an zentraler Stelle thematisiert und auch abstrakt modelliert wird, letztlich aber keine tiefer gehende Befassung mit sprachlichen Konstruktionsprozessen erfolgt.

formuliert hatte, nicht vorgelegt. Zwar hatte sie ihre Überlegungen mit einem Plädoyer unterlegt, sich wesentlich intensiver mit dem »sprachlichen Element der Politik« auseinanderzusetzen und dabei »politische wie wissenschaftliche Diskurse selbst zu analysieren«[182], der von ihr erarbeitete Ansatz zielte aber in der Folge viel stärker darauf ab, dass verschiedene Konstruktivismen in den IB, dominierende wie marginalisierte, in den vorliegenden Fassungen jeweils ihre eigenen Aussagen unterminierten. Zwar müsse jeder Konstruktivismus aus methodologischen Gründen mit »Gegebenem« starten[183], könne also nicht beständig seine zu Beginn gewählten Analysekategorien hinterfragen. Er müsse sich aber dessen gewahr bleiben, dass er mit etwas als »gegeben« Angenommenem starte. Wenn er es aus den Augen verliere, reifiziere er sozial konstruierte Fakten und mache sich dessen schuldig, was er nicht-konstruktivistischen Ansätzen vorwerfe. Wendt verdingliche somit Identitäten (indem er deren innergesellschaftliche diskursive Genese ausspare), Kratochwil problematisiere Intersubjektivität weniger, als er sie annehme[184], Onuf schließlich argumentiere vor dem Hintergrund eines impliziten Materialismus, der als Grenze des in Sprechakten Sagbaren fungiere.[185] Das Anliegen, das Zehfuß damit verfolgt, ist damit nicht auf die Erarbeitung eines umfassenden Sprachmodells gerichtet, sondern ein methodologisches: Zum einen weist sie auf die *politics of constructivism* hin, also die nicht neutralen Konsequenzen, die sich aus bestimmten Modellvorstellungen in konstruktivistischen Entwürfen ergeben[186]; zum anderen stellt sie damit die Frage nach der prinzipiellen Möglichkeit eines widerspruchsfreien Konstruktivismus.

4) Welche Aussichten bestehen demnach für ein sprachbasiertes Modell sozialer Konstruktion, das auf Dynamiken der Bedeutungsschaffung und Stabilisierung von Intersubjektivität gerichtet ist? In Kap. 6 werde ich argumentieren, dass ein solches Modell in Teilen existiert, wenn es auch in der Debatte um den (Sozial-)Konstruktivismus in den IB kaum eine Rolle spielt.[187] Diese Ansätze, im Folgenden unter der Bezeichnung »Diskursiver

---

182 Zehfuß 1998: 132.

183 Zehfuss 2002: 10.

184 Pouliot (2004: 322) bemerkt dazu zuspitzend, diese Kritik beinhalte den Hinweis, dass auf diese Weise politische Prozesse zu eher technischen degradiert werden.

185 Die kurze Zusammenfassung findet sich in: Zehfuss 2002: 34f. In der Folge hat Zehfuß ihr Interesse auf die ethisch-normativen Implikationen bestimmter Realitätskonstruktionen verlagert, vgl.: Zehfuss 2003.

186 Vgl. die Besprechung von Checkel (2004: 325), in der er die argumentative Stoßrichtung – »constructivism is collapsing under the weight of its own contradictions« – kritisiert.

187 Hierzu zähle ich die Arbeiten von Diez (1998, 1999a) und Doty (1993, 1997), die ihren Ansatz selbst nicht als »(Sozial-)Konstruktivismus« verstehen, deren

Konstruktivismus« zusammengefasst, werden dabei von Autorinnen und Autoren vertreten, die sich interessanterweise eher von der Konstruktivismus-Debatte im Fach abgrenzen. Diez etwa bemerkt, dass die über eine erkenntnistheoretische Engführung vermittelte Ausblendung der Fragen nach den Möglichkeiten von Wissen über die Realität Markenzeichen dieser Debatte sei (deren Kontext er für sein eigenes Erkenntnisinteresse an sprachlich-diskursiver Wirklichkeitskonstruktion verlassen muss).[188] Noch deutlicher ist die Geste der Abgrenzung bei Simhandl. Nach einer kurzen Zusammenfassung zentraler Aspekte des IB-Konstruktivismus bemerkt sie: »Angesichts der grundlegenden Differenzen [...] wird im Folgenden die Bezeichnung ›Konstruktivismus‹ für diejenigen Ansätze fallen gelassen, die aus einem starken Konstruktivismus heraus auf Sprache fokussieren.«[189] Mit anderen Worten: Es scheint ein Vermächtnis der Debatte um Konstruktivismen in den IB zu sein, dass sich vom IB-Konstruktivismus abgrenzt, wer sich für sprachlich-diskursiven Austausch und Bedeutungsproduktion interessiert. Ich werde im weiteren Verlauf der Arbeit argumentieren, dass dies angesichts der in Kap. 4 skizzierten konstruktivistischen Kerninteressen falsch wäre. Vielmehr muss ein Diskursiver Konstruktivismus, also ein Konstruktivismus, in dessen Zentrum die Vorstellung von Diskursen als bedeutungsschaffenden Prozessen[190] steht, an den (Sozial-)Konstruktivismus in den IB wieder herangetragen werden.

5.3.2 Erkenntnistheoretische Implikationen

> Through forced smiles we publicly agree
> that a thousand flowers must bloom.
> Privately we wish that they would stop talking nonsense.[191]

Kann man über Konstruktivismus reden, ohne gleichzeitig (auch) Erkenntnistheorie zu meinen? Wer einschlägige Handbücher des Faches IB aufschlägt, wird diesen Eindruck gewinnen. Wer philosophische und soziologi-

---

Konzepte allerdings zu einem konsequenten sozialkonstruktivistischen Forschungsprogramm beitragen könnten.

188 Diez 1999a: 39.

189 Simhandl 2007: 45.

190 Der bisweilen geäußerte Vorwurf, die Vorstellung extrasubjektiver Bedeutungsstrukturen führe notwendigerweise zu rein textualistischen, i.S. sprachlich-kommunikativer Analysen von Wissensordnungen, erscheint mir dabei nicht haltbar. Auf welcher Basis sich »Praxen« etwa von »Texten« abgrenzen lassen sollen (Büger/Gadinger 2008: 278f.), bleibt nebulös. Wenn Bedeutungskonstruktion nicht von vornherein textualistisch engeführt wird, wirken auch Praxen Bedeutungen schaffend und stabilisierend und fallen unter hier präsentierten Begriff von Diskurs.

191 Nicholson 2000: 186.

sche Beiträge konsultiert, wird wiederum über die Argumentation in den Internationalen Beziehungen erstaunt sein. Die Notwendigkeit, etwas weiter auszuholen, ergibt sich an dieser Stelle, weil jenseits aller viel beschworenen (oder lamentierten) Theorien- und Methodenpluralität in den IB das Spektrum akzeptierter theoretischer Zugänge zur internationalen Politik auf einem spezifischen Verständnis sowohl des Erkenntnisprozesses als auch von Wissenschaft aufruht. (Dies mag auch die im Folgenden skizzierte erkenntnistheoretische Armut der gängigen Konstruktivismen im Fach erklären.) Durch die »konstruktivistische Wende« in den IB ist, wie beschrieben, »soziale Konstruktion« generell als plausibler Mechanismus zum Verständnis sozialer Welten stärker in den Blickpunkt der Aufmerksamkeit gerückt. Dies gilt ohne Abstriche für Aussagen über die Ontologie der internationalen Beziehungen, also die Beschaffenheit des Gegenstandsbereiches, über dessen *auch* sprachlich, kommunikativ oder diskursiv konstruierte Dimensionen prinzipiell kaum mehr Uneinigkeit herrscht. Wenig Konsens herrscht dagegen bei denen, die den Konstruktivismus als maßgebliche theoretische Innovation in den IB-Theoriekanon eingeführt haben, darüber, inwieweit sich aus der neuartigen Beschreibung des Gegenstandes erkenntnistheoretische Konsequenzen für die Befassung mit dem Gegenstand ergeben. Mit anderen Worten: Wenn die Wichtigkeit sozialer Konstruktion für eine (soziale) Welt der internationalen Beziehungen behauptet wird, auf welcher Basis lässt sich dann Wissenschaft als eine solchen Konstruktionsprozessen enthobene Sphäre denken? Diese Debatten mögen für die (Wissenschafts-)Soziologie, gar für die Philosophie, »alte Hüte« sein[192], für die IB sind sie es nicht, auch wenn es verfehlt wäre, zu behaupten, dass sie einen breiten Teil der gesamten innerdisziplinären Diskussion ausmachen.

Die Ambivalenz seitens der Nicht-Konstruktivisten gegenüber konstruktivistischen Ansätzen in den IB hatte dabei von Beginn an ihren Ursprung in einem bestimmten Wissenschaftsverständnis, welches in der Breite im Fach vorherrscht, ohne dass es prinzipiell als ein solches (*ein* Wissenschaftsverständnis unter mehreren ebenbürtigen) in der Diskussion stünde.[193] So be-

---

192 Vgl. jüngst: Knorr-Cetina 1999; Bammé 2004; Nowotny et al. 2008; Baldwin 2009. Für einen kreativen Brückenschlag zwischen (natur-)wissenschaftlichen Logiken und Problemen der IB vgl.: Bernstein et al. 2000. Die dort besprochene »Konstruktion« von Szenarien als Ausweg aus der Kontingenzproblematik scheint wesentlich näher an einem sozial-konstruktivistischen Verständnis zu liegen, obwohl sie naturwissenschaftlichen Debattenkontexten entnommen ist.

193 In den folgenden Passagen stütze ich mich maßgeblich auf: Brand 2010. Die dortige Argumentation habe ich allerdings auf das hier verfolgte argumentative Ziel hin zugeschnitten. Die wenigstens (implizit) bis Ende der 1990er Jahre vorherrschende Sicht des US-amerikanischen Mainstreams auf das »konstruktivistische Projekt« in den IB lässt sich gut anhand des Zugangs von Vasquez (1997) illustrieren. Seinem Beitrag zur Beendigung von Kriegen gibt er die Überschrift: »War Endings: What Science *and* Constructivism Can Tell Us«

merkt Puchala, dass mit der sog. zweiten Debatte in den 1960ern in den IB eine spezifische Vorstellung von Wissenschaft die Oberhand gewann (eine *sozial*wissenschaftlich-szientistische) und seit dieser Zeit alle nachfolgenden Debatten an den Rändern (!) des Faches auch die Frage aufwarfen, ob die IB denn eine *exklusiv* sozialwissenschaftliche Ausrichtung beibehalten sollten.[194] Dass über ein breites Spektrum von Wissenschaftsverständnissen an sich kaum je gestritten wird, ja in der Regel seltener thematisiert wird, dass es von Wissenschaft verschiedene Verständnisse gibt, dürfte dabei vor allem zwei Gründe haben. Zum einen ist hier auf das Selbstverständnis der Disziplin IB (als relativ spät entstandenes Teilfach der Politikwissenschaft) zu verweisen, deren Durchsetzung als Wissenschaft im Kontext einer Szientifizierung der ehem. Geisteswissenschaften vonstatten ging. Zum anderen prägen auch Anforderungen an die Disziplin – die Nachfrage nach spezifischem Wissen – deren Bild von guter/gesellschaftlich akzeptabler und als förderungswürdig befundener Wissenschaft. Es ist ebenjene Nachfrage nach »wahren« bzw. objektiven Aussagen (weniger nach Reflexion über die Grenzen von Welterkenntnis und/oder »interpretativen Spielräumen«), die dabei einen enormen Beitrag zur Verfestigung eines lose szientistischen Wissenschaftsverständnisses leistet.

Mit Blick auf die Disziplin IB und ihre Entwicklungsgeschichte lässt sich feststellen, dass sowohl der Wunsch danach, als distinktes, aber vollgültiges Teilfach innerhalb der Politikwissenschaft anerkannt zu werden, als auch die vielbeschriebene angloamerikanische Dominanz[195] einer Szientifizierung Vorschub geleistet haben. Gerade mit Blick auf die für die Disziplin insgesamt formative Wirkung US-amerikanischer *International Relations*[196] und der dort vorfindbaren starken Verzahnung von Wissenschaft und Politik gilt, dass die IB sich über Zeit hinweg nahezu durchgängig auf die Produktion von objektiver Expertise und belastbarem Wissen für außenpolitische Entscheidungen spezialisiert haben; damit orientierten sie sich gleichsam auch maßgeblich an einem tradierten Ideal von »Wahrheit« des hervorzubringenden Wissens. Als grundlegend, ja disziplinbildend im eigentlichen Sinne hat sich dabei die Ausrichtung am Ebenbild der Naturwissenschaften

---

(eigene Herv.). Damit ist angezeigt: Konstruktivismen mögen ihren Stellenwert haben, stehen aber nach bis dato herrschendem Verständnis »außerhalb« von Wissenschaft. Dies bedeutet im Umkehrschluss: Es gibt ein (gültiges) Verständnis von Wissenschaft, das solchen Ausschlüssen zugrunde liegt; es gibt (wahrscheinlich) kein konstruktivistisches Wissenschaftsverständnis, das *als Wissenschaft* anerkannt werden könnte.

194 Puchala 2002: xii.

195 Hoffmann 1977; Smith 2000a; Crawford/Jarvis 2001. Dabei wäre es ein Fehler, die Szientifizierung auf die Dominanz (klassischer) realistischer Ansätze in den US-IB zurückzuführen, vgl.: Guilhot 2008.

196 Wæver 1998; Smith 2004; Tickner/Wæver 2009.

erwiesen[197]; die Professionalisierung des Teilfachs war unmittelbar mit dem Aufkommen eines szientistischen Wissenschaftsverständnisses verknüpft.[198]

In den IB selbst hat sich für dieses zugrunde liegende Wissenschaftsverständnis der Terminus »Positivismus« eingebürgert, mit der Einschränkung, dass es sich um eine »lose« Form desselben handele.[199] Dies nimmt schon vorweg, dass (aus erkenntnistheoretischer bzw. wissenschaftstheoretischer Sicht) es sich bei näherer Betrachtung um eine weitaus eklektizistischere Position handelt als für gemein angenommen. In der Tat ähnelt sie einer Melange aus grundverschiedenen Standpunkten, die in sich nicht widerspruchsfrei ist. So bezeichneten Rationalismus, Empirismus, Positivismus, Wissenschaftlicher Realismus usw. ursprünglich *verschiedene*, teils in Abgrenzung zueinander formulierte und miteinander inkompatible Ansätze.[200] Um diesem Umstand Rechnung zu tragen (und den gerechtfertigten Vorwurf, es handele sich ja genau genommen nicht um rein positivistische Lehre), gebrauche ich den Terminus »lose szientistisch«[201], um die vorherrschende Wissenschaftsauffassung in den IB zu charakterisieren. Dieser lose szientistische Konsens vereinigt Aussagen der genannten Wissenschaftsphilosophien in sich, die im Zusammenspiel eine bestimmte Perspektive auf den Sinn, die (legitime Klasse von) Methoden und den Anspruch an (richtige bzw. vollgültige) Wissenschaft und Wahrheit definieren. Insbesondere der resultierende »Wahrheitsbegriff« ist hierbei von zentraler Bedeutung, denn es wäre falsch, zu unterstellen, dass Anhänger der lose szientistischen/positivistischen Position einer naiven Vorstellung von »Wahrheit« folgen. Vielmehr gilt, wie Kornprobst ausführt:

»[...] positivist theories of knowledge creation in the field stress that truth can only be approximated [...] Most practices of knowledge dissemination, however, are anything but tentative [...] labelling something as ›truth‹ or ›objective‹ buys precious persuasive power [...] The term ›objective‹ becomes a sharp rhetorical weapon. It elevates knowledge of which most positivists admit in their reflections on the theory of knowledge that it comes at best close to the truth to the status of *the* truth.«[202]

Es ist demgemäß die Verknüpfung eines bestimmten Verständnisses legitimer Wissenschaft – im Folgenden als »loser Szientismus« knapp skizziert –

---

197 Lapid 2002: 6.

198 Menzel 2001: 44. Im Umkehrschluss bedeutet(e) dies eine relative Disqualifizierung geisteswissenschaftlich-hermeneutischer Methoden zu Gunsten von Striktheit, Hypothesenbildung, Verifizierung bzw. Falsifizierung usw.

199 Nicholson 2000: 193. Vgl. auch: Nicholson 1996: 129. Für die deutsche Disziplin: Zangl/Zürn, zit. in: Mayer 2003: 89. Polemisch: Kratochwil 2007b: 69.

200 Vgl. Wight 2002; zur Kritik an der Beliebigkeit u.a.: Rytövuori-Apunen 2005: 152f.

201 Vgl. Menzel 2001: 91-96; ähnlich: Meyers 1994.

202 Kornprobst 2009: 96.

mit dem darauf fußenden Anspruch auf Produktion von »Wahrheit«, die das wissenschaftstheoretische Fundament des Faches IB, zumindest der Mehrheit der im Fach versammelten Wissenschaftlerinnen und Wissenschaftler, bildet.

Im Kern lässt sich ein solcher »loser Szientismus« auf wenigstens fünf grundsätzliche Orientierungen reduzieren. Da sie nur wenig differenzierend gebraucht werden, erscheinen sie zunächst auch weitestgehend kompatibel miteinander, entgegen der eingangs beschriebenen Heterogenität der zugrunde liegenden Philosophien. Die fünf Orientierungen sind: Objektivismus (inkl. einer lose nomothetischen Orientierung), Naturalismus, Empirismus (i.S. einer Orientierung hin auf empirisches Wissen), Instrumentalismus sowie ein »weicher« Behaviorismus.[203] Unter »Objektivismus« wird dementsprechend verstanden, dass objektives Wissen über die Welt möglich und daher anzustreben ist. Nicht nur in Abgrenzung zu normativen Urteilen tritt objektives Wissen damit als Orientierungspunkt legitimen wissenschaftlichen Handelns in Erscheinung. Für eine Sozialwissenschaft der internationalen Beziehungen steht demgemäß obendrein die Suche nach (objektiven) Gesetzmäßigkeiten bzw. Regelmäßigkeiten in Form überzeitlich gültiger sozialer Mechanismen im Zentrum der Aufmerksamkeit. Diese Regelmäßigkeiten zu erkennen, zu erklären und zukünftige Entwicklungen (unter prinzipieller Würdigung der Kontingenzproblematik) zu prognostizieren – dies gilt gemeinhin als *der* und damit als der *einzig legitime* Anspruch an Wissenschaft. Ein so verstandener Objektivismus fungiert damit zweifelsohne als ein funktionaler Mythos für die (wahrgenommene und zugeschriebene) Integrität sozialwissenschaftlicher Forschung.

Während die naturalistische Komponente des hier dargestellten Wissenschaftsverständnisses allein darauf abzielt, zu rechtfertigen, dass Mensch und Natur Teil eines qualitativ weitestgehend identischen Zusammenhangs sind, was im Gegenzug die Anwendbarkeit naturwissenschaftlicher Methoden auch für den sozialen Bereich begründet[204], ist die empiri(sti)sche Ausrichtung des IB-Mainstreams wesentlich schwieriger zu fassen. Sie lässt sich in Abgrenzung zu einem rein auf Erfahrbarkeit abstellenden Empirismus besser als ein Plädoyer für die Sammlung empirischen Wissens, die primäre Ausrichtung an empirischen Daten verstehen. Mit eingeschlossen ist dabei durchaus die Sicht, dass sozialwissenschaftliches Handeln von einer neutralen Außenperspektive möglich sei. Das dabei aus der *outsider's perspective*[205] erworbene Wissen gründet dabei letzten Endes auf neutraler empirischer Beobachtung, darf dieser wenigstens nicht widersprechen. Ei-

203 Vgl. u.a. Smith 1996: 14-18; Dessler 1999: 124; Mayer 2003: 56.

204 Dieser »Anheftung« an die Naturwissenschaften wohnte auch das Motiv eines versuchten Prestigegewinns inne (die Verheißung sozialer Machbar- bzw. Steuerbarkeit und ein erwarteter Zuwachs an Prestige bilden also eine doppelte Motivation), vgl. die Überlegungen in: Teti/Hynek 2006.

205 Vgl. Morgan 2006: 380.

nem solchen Verständnis entsprechend sind Theorien intellektuelle »Werkzeuge«, um Erfahrungen zu ordnen und Prognosen auf dieser Basis zu ermöglichen. Diese instrumentalistische Auffassung beschränkt die Aufgabe der Theoriedebatten darauf, das Instrumentarium für Welterkenntnis zu verbessern, an die Realität anzupassen (*finetuning*).[206] In engem Zusammenhang damit steht letztlich das Postulat eines »weichen Behaviorismus«: dass nämlich eine bewusstseinsunabhängige Erklärung sozialer Prozesse/menschlichen Verhaltens möglich ist. Kurz zusammengefasst kulminiert der »lose szientistische« Minimalkonsens in den IB damit in den Aussagen, dass die Welt unabhängig vom Erkenntnisprozess existiere, wissenschaftliches Wissen diese Welt (wenn auch nicht komplett) beschreibe bzw. sich ihr annähere und sozial- bzw. naturwissenschaftliche Methoden dieses Wissen beförderten. Internationale Beziehungen als *Sozial*wissenschaft zeichnen sich demzufolge durch Striktheit, Systematik und empirisches Testen aus, weiterhin durch die Identifikation kausaler Wirkmechanismen einer objektiv existierenden und erfahrbaren Welt sowie der Orientierung daran, das gewonnene Wissen in den politischen Prozess einzuspeisen.[207]

Aus dem Gesagten lässt sich unmittelbar erkennen, inwiefern eine konstruktivistische Sicht in der Endkonsequenz nur mit großen Mühen (wenn überhaupt plausibel) mit einem solchen Wissenschaftsverständnis in Einklang zu bringen ist. So müsste aus einer allgemeinen konstruktivistischen Sicht, wie sie etwa in der Soziologie oder Philosophie entwickelt wurde[208], auf den qualitativen Unterschied zwischen einer Orientierung an *objektiver* Realität und der Anerkenntnis der Nichthintergehbarkeit allenfalls intersubjektiver Übereinkünfte hingewiesen werden. Ebenso müsste, da im konstruktivistischen Paradigma der Schwerpunkt des Interesses und der Analyse auf »sozialen Fakten« und Prozessen der *Bedeutungs*konstruktion liegt, eine spezifisch interpretativ-hermeneutisch agierende Methodik herkömmliche Methoden wenigstens ergänzen. Eine »reine« Beobachtung empirischer Tatsachen wäre aus diesem Blickwinkel unmöglich, alle Beobachtung bereits theoretisch vorinformiert. Dies ist keine so triviale Einsicht, wie es in zustimmenden Kommentaren nicht-erkenntnistheoretisch orientiert argumentierender Vertreter[209] des Faches mitschwingt. Letztlich ist damit die Vorstellung verbunden, dass Wissens- und Erkenntnisgewinn an das Bewusstsein der Wissenschaftlerinnen und Wissenschaftler (i.S. einer Wissensgemeinschaft eher denn als individualisierter Akteur) rückgekoppelt ist. Als ein Prozess sozialer, hier: wissenschaftlicher Bedeutungskonstruktion ist diese (Re-)Produktion von Wissen auch durch noch so strikte Handhabung von Methoden nicht prinzipiell ausschaltbar.[210] Obendrein rückt vermittels

---

206 Vgl. Zalewski 1996.

207 Frieden/Lake 2005: 136ff.; Moravcsik 2003: 133.

208 Winch 1974; Knorr-Cetina 1999; Baldwin 2009.

209 Vgl. u.a.: Risse-Kappen 1996; Risse 2003: 104.

210 Eingrenzbar ist lediglich der »subjektive« Faktor.

einer solchen Konstruktionsperspektive der Kontext sozialer (auch: wissenschaftlicher) Konstruktionsprozesse mit ins Blickfeld, der bestimmte Formen und Inhalte der Wissensbestände eher ermöglicht als andere. Demgemäß sind Theorien eben gerade nicht neutrale Werkzeuge, sondern intersubjektive Übereinkünfte über mehr oder weniger plausible (oder: opportune bzw. erfolgreiche) Konstruktionen. Wie oben mit Blick auf die Forderung nach Praxisrelevanz beschrieben, erscheint es dabei zunächst fraglich, inwieweit solches Wissen – als solcherart »konstruiertes« Wissen thematisiert – seitens politischer wie gesellschaftlicher Nachfrager akzeptabel erscheint. Mithin zementieren wissenschaftliches Selbstverständnis im Fach IB und politisch-gesellschaftliche Nachfragestrukturen[211] einen anti-konstruktivistischen Konsens im Fach insoweit, als bestimmte Fragen (eben die nach erkenntnistheoretischen Implikationen) nicht prämiert werden.

Vor diesem Hintergrund erscheint es verständlich, dass der Konstruktivismus nicht vordergründig über eine erkenntnistheoretische Kritik an den IB populär geworden ist. Wesentlich überraschender ist demgegenüber, auf welche Weise im Rahmen konstruktivistischer Ansätze in den IB mit der epistemologischen Dimension verfahren wurde. Zwar ist im Fahrwasser der »konstruktivistischen Wende« die Sensibilität für erkenntnistheoretische Probleme an sich generell gestiegen, nicht nur in den IB[212], sondern in der Politikwissenschaft allgemein.[213] Mayers Befund, der Debatte habe es zumindest außerhalb des US-amerikanischen Kontextes in den IB an Schärfe gefehlt, weil nur dort der »lose Szientismus« von seinen Kritikerinnen und Kritikern als solcher und damit als tatsächliche Beschränkung (»intellektuell

---

211 Darunter lässt sich sowohl eine »Orientierung an den Realia/was wirklich ist« seitens gesellschaftlicher wie politischer Akteure fassen (und damit tendenzielles Desinteresse an potenzieller Bedeutungsvielfalt bzw. konkurrierenden Deutungsangeboten) als auch der teils politisch, mehr noch aber: gesellschaftlich formulierte Anspruch an »Wissenschaft«, als aufgeklärte Instanz eines neutralen und wissenden Experten zu fungieren (auch dies steht im Spannungsverhältnis zu einem konsistent konstruktivistischen Selbstverständnis).

212 Vgl. Wight 2002; Mayer 2003. Beides sind State-of-the-Art-Beiträge. Schon mehr als eine Dekade alt, aber immer noch lesenswert: Smith 1996. Dagegen liefern Nicholson/Bennett (1994) zwar eine knappe, nichtsdestoweniger verwirrende und teils verzerrende Darstellung, die umstandslos zwischen epistemologischen, wissenschaftsphilosophischen, methodologischen und wissenschaftsgeschichtlichen Aspekten hin- und herspringt. Elman/Elman (2002: 233) kritisieren zu Recht die Tendenz zu »epistemology lite« in den IB.

213 Vgl. u.a. Marsh/Furlong 2002; Bates/Jenkins 2007. Epistemologische Positionen sind, in der Metapher von Marsh/Furlong (2002: 17): »like a skin and not a sweater: they cannot be put on and taken off whenever the researcher sees fit«. Die Bedeutung erkenntnistheoretischer Aspekte für die Politikwissenschaft relativiert u.a. Nørgaard (2008: 23).

erstickende Umklammerung«[214]) empfunden wurde, zielt dabei meines Erachtens am Kern vorbei. Denn gerade die deutsche Diskussion um einen Konstruktivismus für die IB im Rahmen der sog. ZIB-Debatte hat schwerlich dazu eingeladen, sich auf »post-positivistische« oder überhaupt irgendwelche erkenntnistheoretischen Pfade zu begeben. Exemplarisch kann dies an den Beiträgen von Risse (bzw. Risse-Kappen) gezeigt werden, der sich wiederholt und dezidiert zur epistemologischen Problematik geäußert hat. Ganz in der argumentativen Stoßrichtung, solcherart Diskussionen seien besser anderen Wissenschaftszweigen zu überlassen[215], hatte es Risse-Kappen bereits früh als einen Vorteil der deutschsprachigen Kontroverse um den Konstruktivismus in den IB beschrieben, die epistemologische Ebene herauszulassen.[216] Das Einfordern einer »interpretativen Epistemologie« im US-Kontext sei dagegen fatal gewesen, »post-positivistische Argumentationen« obendrein ein weites Feld und deren Einfordern ohnehin einem überzogenen Abgrenzungsbedürfnis geschuldet.[217] Im Grunde hat sich an dieser Einschätzung (aus Risses Sicht) über die Jahre nur in Nuancen etwas geändert. So habe eben ein Sozial-Konstruktivismus in den IB allenfalls am Rande mit epistemologischen Fragen zu tun, im Kern besitze er ein »[...] commitment to truth-seeking«.[218] Überhaupt bleibe unklar, was eigentlich in der Kritik an moderaten Konstruktivismen mit epistemologischen Konsequenzen gemeint sei, die unter Positivismusverdacht stehenden Referenztheoretiker seien überdies keine Positivisten und schließlich habe die Debatte schon zu viel *erkenntnistheoretischen wie metatheoretischen Ballast* befördert.[219] Es gelte: »Wer konkrete Rätsel der internationalen Politik unter-

214 Die Hinweise aus dem Fach – wenn auch in anekdotisch geäußerter Form – sind vielfältig, dass gerade im US-amerikanischen Kontext eine »konstruktivistische Positionierung« mit Anspruch darauf, Gehör zu finden, mit größeren (potenziellen) Bürden behaftet ist und war, vgl.: Pettmann 2002: 250; Kratochwil 2007b: 57f.; Lebow 2007: 18ff. Das mag die spezifische Form des Wendtschen Konstruktivismus, der um ein Andocken am traditionellen Wissenschaftsverständnis bemüht ist, erklären.
215 Moravcsik 2003: 133.
216 Risse-Kappen 1995: 173.
217 Ebd.: 173f.
218 Risse 1999: 34f.; Risse/Wiener 1999: 776.
219 Risse 2003: 103f. Beliebtes Stilmittel ist es dabei, auf die (vermeintlich) ins Unermessliche ausufernde metatheoretische/epistemologische Debatte zu verweisen, um anzukündigen, nun werde endlich empirieorientierter und näher am Gegenstandsbereich geforscht, vgl.: Jupille et al. 2003. Vgl. auch die Kurzzusammenfassung der Tagung des Arbeitskreises »Soziologie der iB« (2008), in der an maßgeblicher Stelle festgestellt wurde, »rein« metatheoretische Reflexionen seien wenig ergiebig für die IB, siehe: DVPW-Rundbrief, Frühjahr 2008, 145. Trefflich ließe sich fragen: Wo sind die Legionen »rein« metatheoretisch

suchen will [...] den interessieren (meta-)theoretische Diskussionen im allgemeinen wenig.«[220] Dies mündet in jüngeren Beiträgen Risses in die generelle Kritik an den Theoriedebatten in den IB (die er zunächst maßgeblich mitgeführt hat), dass sich die IB-Community »[...] zu häufig genötigt gesehen [habe], das theoretische Rad neu zu erfinden«, und dabei nicht genügend zur Kenntnis nahm, »dass bestimmte Grundsatzfragen der Ontologie und der Epistemologie außerhalb der IB bereits etwas länger diskutiert worden waren«.[221] Diese Einschätzung scheint dabei auf einem Verständnis zu gründen, dass andere Disziplinen primär für erkenntnistheoretische Probleme zuständig seien und diese bereits »gelöst« hätten. Das verkennt aber mindestens zweierlei: erstens, dass die Hinweise auf die Notwendigkeit einer epistemologischen Debatte oftmals gerade mit Verweis auf (radikalere) Ansätze der Wissenssoziologie, Philosophie und allgemeiner Sozialtheorie untersetzt waren (und trotzdem kaum Gehör fanden); zweitens hat auch in Wissenschaftsfeldern außerhalb der IB der sog. »Positivismusstreit« nicht zu konsensualen Schlüssen geführt.[222] Der Verweis auf andere Disziplinen sticht also gerade insofern nicht, als es nicht möglich scheint, einen wie auch immer gearteten Konsens zu importieren. Es ist dieser Abwehrreflex gegenüber einer Thematisierung erkenntnistheoretischer Aspekte der konstruktivistischen Wende, der kritische Beobachter dazu veranlasst hat, die Popularität des *Sozial*konstruktivismus in den IB in der von Risse skizzierten Form eben an dessen »disziplinierenden« Qualitäten gegenüber radikalerer Kritik und Infragestellung festzumachen.

Einen alternativen Umgang mit dem epistemologischen Problem bietet dagegen Wendt. In seiner mittlerweile fast klassischen Formulierung: »Epistemologically I have sided with the positivists [...] on ontology [...] I will side [...] with post-positivists«[223] offenbart sich dabei das Anliegen, im Rahmen eines Konstruktivismus für die IB konstruktivistische Annahmen für die Gegenstandswelt mit einer – in Wendts Augen – wissenschaftlich akzeptablen, »lose szientistischen« Erkenntnistheorie zu verbinden. Dabei muss man ihm zugutehalten, dass er diesen Verbund nicht lediglich herstellt, sondern auch ausführlich zu begründen sucht. Zu diesem Zwecke knüpft Wendt überraschenderweise an den sog. Wissenschaftlichen/Kritischen Realismus an, den er als positivistische Erkenntnistheorie versteht. »Wendt's world«[224] durchziehen dabei zwei fundamentale Widersprüche: Zum einen ist der Wissenschaftliche Realismus in seiner Anlage dezidiert antipositivistisch. Andererseits postuliert Wendt damit die willkürliche Tren-

---

argumentierender Beiträge, denen es nur auf akademische Nabelschau und *name calling* ankommt?

220   Risse 2003: 123.
221   Risse 2007b: 107f.
222   Vgl. Smith 1997: 225.
223   Wendt 1999: 90.
224   Smith 2000b.

nung zwischen dem Gegenstandsbereich und dem Beobachtungsbereich insofern, als wissenschaftliche Beobachtung nicht Teil des Gegenstandsbereiches ist und mithin für sie andere Dynamiken gelten. Die Inkonsistenz seines Arguments verdeutlicht dabei vor allem seinen Versuch, »wissenschaftlich« im eingangs skizzierten Sinne zu erscheinen, den Boden des »lose szientistischen« Konsenses nicht zu verlassen und in jedem Fall dem Verdacht vorzubeugen, der Konstruktivismus leugne die Existenz der Realität.

Dabei verankert Wendt sein erkenntnistheoretisches Argument unter Hinweis darauf, dass eine epistemologische Wende nicht das zentrale Anliegen, die epistemologische Ebene letztendlich gar nicht entscheidend sei. Vielmehr seien die empirische Umsetzung des Ansatzes und der kritische Vergleich der Ergebnisse zentral:

»[...] there is little reason to attach so much importance to epistemology. Neither positivism, nor scientific realism, nor poststructuralism tells us about the structure and dynamics of international life.«[225]

Umso überraschender, dass – großzügig betrachtet – der gesamte erste Abschnitt seines Buches »Social Theory of International Politics« in weiten Teilen der Klärung epistemologischer oder methodologischer Fragen gewidmet ist. Dabei stellt Wendt von Anfang an klar, dass er sich einem »moderaten Konstruktivismus« verpflichtet fühlt und einen »wissenschaftlichen« Zugang verfolgen möchte.[226] Unter mehrfachem Hinweis darauf, dass es letztendlich darauf ankäme, was in der internationalen Politik *sei*, und *nicht, wie wir es erkennen können*[227], widmet er sich im weiteren Verlauf des Buches der von ihm bevorzugten Epistemologie. Diese Epistemologie des Wissenschaftlichen Realismus (die Wendt in seinen eigenen Augen strikt positivistisch argumentieren lässt[228] und ihn vor dem Vorwurf der »Unwissenschaftlichkeit« schützen soll), zeichnet sich seiner Meinung nach durch drei Bestandteile aus. Erstens existiert die Welt gedanken- und sprachunabhängig vom Beobachter. Zweitens beziehen sich wissenschaftliche Theorien auf diese Welt, auch wenn diese, drittens, nicht direkt be-

---

225 Wendt 1999: 425.

226 Ebd.: 1.

227 Wendt 1999: 38. Eine ebensolche argumentative Formel (die Priorisierung ontologischer Fragen und das Herunterspielen epistemologischer) findet sich schon früher u.a. in: Wendt 1987: 339; Shapiro/Wendt 1992: 218; Wendt 1998: 115. Zentrales Anliegen ist es also nicht, uns Gedanken zu machen, wie und ob wir wissen können, wie die Welt funktioniert (!). Dies ist aus Sicht eines selbst ernannten »Konstruktivisten« eine überraschende Einschätzung. Vgl. auch Wendt 2000: 165.

228 Aber vgl.: Smith 1996: 25f., 2000b; Guzzini/Leander 2001: 322; Wight 2002: 36.

obachtbar ist.[229] Für diese Erkenntnistheorie spreche, so Wendt, dass sie wissenschaftlichen Fortschritt in Form einer Annäherung an die Tiefenstrukturen der Welt und Voraussagefähigkeit von Entwicklungen in ihr ermögliche.[230] Den Post-Positivisten könne man zugestehen, dass diese zu Recht darauf hingewiesen haben, dass das, was wir sehen, beeinflusst ist von dem, wie wir es sehen, aber ein pluralistischer Ansatz der Sozialwissenschaften könne die meiste post-positivistische Kritik absorbieren.[231] Zentral für Wendts epistemologische Darlegungen scheint also der Hinweis zu sein, dass ein »wissenschaftlicher« (im traditionellen Sinne letztendlich doch mit einer Trennung zwischen Beobachter und beobachteter Welt operierender) Konstruktivismus möglich ist, dessen Theorie als Werkzeug einen immer erschöpfenderen Zugang zu den nicht notwendigerweise direkt erfahrbaren Tiefenstrukturen internationaler Politik gewährleistet. Wendt reiht sich damit in die Abfolge von Wissenschaftlern im Fach ein, die sich einem vermeintlichen Verlust des herkömmlichen Begriffs von »Realität« im Fahrwasser der konstruktivistischen Wende entgegenzustemmen versuchen, indem sie den Wissenschaftlichen Realismus als ihren Gewährsmann in die Debatten einführen.[232] Das Spezifische an Wendt ist dabei allerdings, dass er dies im Gegensatz zu anderen *als selbst ernannter Konstruktivist* tut.

Dieser erkenntnistheoretische Aspekt der Argumentation von Wendt hat sich, trotz fundamentaler Kritik an der Fehlinterpretation des Wissenschaftlichen/Kritischen Realismus als positivistischer Erkenntnistheorie und an der Ausdeutung des Wissenschaftlichen Realismus durch Wendt[233], insofern als erfolgreich erwiesen, als die epistemologische Grundierung des Wendtschen Konstruktivismus aus der Mitte des Faches heraus kaum Kritik erfahren hat. Auch wenn, so Kratochwils polemisierende Darstellung, Wissenschaftlicher Realismus und Konstruktivismus eine »zum Scheitern verurteilte Ehe« eingingen, habe Wendt mit seiner Perspektive eine »neue Orthodoxie« geschaffen, einen Konstruktivismus, der am herrschenden anti-konstruktivistischen Wissenschaftsverständnis nicht rüttele.[234] Smith schließlich bemerkte:

---

229   Wendt 1999: 51.

230   Ebd.: 64.

231   Ebd.: 90.

232   Vgl. u.a.: Patomäki/Wight 2000. Zur Attraktivität der Arbeiten Bhaskars zum Wissenschaftlichen/Kritischen Realismus für die IB siehe: Kurki 2009.

233   Vgl. u.a. Kratochwil 2000; Suganami 2002. Für eine frühe Kritik der Verbindung von Wissenschaftlichem Realismus und Konstruktivismus: Ringmar 1997: 282.

234   Vgl. Kratochwil 2000: 94.

»Wendt's world is therefore a familiar place, and it is for exactly that reason that this book will come to define the limits of dealing with the ideational in the mainstream of International Relations for the next decade.«[235]

Sowohl die beschriebene Skepsis, ob denn mit dem Konstruktivismus in den IB notwendigerweise eine erkenntnistheoretische Re-Orientierung verbunden sein müsse, als auch der Versuch, ihn mit einem weitestgehend »herkömmlichen« Verständnis des Erkenntnisprozesses zu verbinden, verdeutlichen die Ambivalenz, die konstruktivistische Argumente im Wissenschaftsbetrieb der IB ausgelöst haben. Abseits von tatsächlichen epistemologischen Implikationen und notwendigen Neujustierungen (denen ich mich am Abschluss des Unterkapitels kurz widmen werde) verursacht diese erkenntnistheoretische »Stille« auch ontologische Kosten. Die eigentliche Prozesshaftigkeit sozialer Konstruktion, die Praxen der Bedeutungsschaffung sind nicht nur mit Blick auf den wissenschaftlichen Erkenntnisprozess aus dem Blickfeld geraten. Sie spielen auch kaum noch eine große Rolle bei der Betrachtung der internationalen Beziehungen. Als das eigentliche Problem aus Sicht der hier verfolgten Interessen erweist es sich also nicht, dass eine spezifische »neue« Methode systematisch ausgespart blieb oder Einsichten des erkenntnistheoretisch sensiblen Konstruktivisten den tatsächlichen Erkenntnisprozess der IB-Forscher auf den Kopf stellten. Die Crux an der Aussparung erkenntnistheoretischer Fragen (oder ihrer Rückbindung an traditionellere Konzepte[236]) besteht vielmehr darin, dass bestimmte Fragen hinsichtlich der Prozesse des Erkenntnisgewinns, der Wissensproduktion und der Schaffung intersubjektiver Bedeutungsgehalte zwischen Akteuren der internationalen Beziehungen insgesamt kaum noch gestellt werden.

Dass die an den Rändern der Debatte um den IB-Konstruktivismus artikulierten Bemühungen um erkenntnistheoretische Sensibilisierung und eine Problematisierung gängiger Praxen von Wissenschaft »[...] not a plea für epistemological anarchy« darstellten, darauf hatte Ruggie schon frühzeitig hingewiesen.[237] Allerdings: In dem Maße, wie sich ein Konstruktivismus für

---

235 Smith 2000b: 163. Noch schärfer ist seine Einschätzung in einem späteren Beitrag: »I feel that a specific version of social construction is likely to dominate the literature; furthermore, this specific version looks as if it is being assimilated into the mainstream of the international relations literature. Social construction, which in principle offers a potentially radical alternative to the assumptions of the positivist mainstream literature, is thus in danger of becoming very restricted in its theoretical reach. In short, the radical possibilities promised by social construction are in danger of being hijacked by a mainstream that can assign to it an unthreatening role of being an adjunct explanation for those things that the positivist mainstream finds difficult to explain« (Smith 2001: 39).

236 Vgl. auch: Campbell 2001: 442; Behnke 2001.

237 Ruggie 1998b: 85.

die Intersubjektivität sozialer Phänomene interessiert, muss er hinterfragen, welche Vorstellungen von der Beschaffenheit unseres Zugangs zu solchen Phänomenen sinnvollerweise zugrunde gelegt werden können.[238] Weller bemerkt aus konsistent konstruktivistischer Perspektive folgerichtig, man könne von dieser Warte

»[...] nur schwerlich bei jener Position stehenbleiben, die wissenschaftliche Beobachtung erkenne die wirkliche Wirklichkeit und habe sich daher um epistemologische Fragen nicht weiter zu kümmern«.[239]

Abseits von einer rein erkenntnistheoretisch orientierten Debatte und dem dort vermutbaren Ringen um puristische Positionen[240] scheinen mir die zentralen Frage dabei diejenigen nach etwaigen method(olog)ischen Konsequenzen und nach den Implikationen für das in Anspruch genommene Wissenschaftsverständnis zu sein.

Als unmittelbare »Konsequenz« drängt sich in dieser Hinsicht – statt einer wenig sinnstiftenden (und auch kaum eingeforderten) Negierung der »Realität« – die Hinwendung zu einem größeren Maß an Reflexivität auf. Dieses muss ermöglichende und begrenzende Strukturen (auch) der (eigenen) Wissensproduktion umfassen ebenso wie die Bereitschaft, die eigenen erkenntnistheoretischen Grundlagen des Forschens auf den Prüfstand zu stellen.[241] Die Anerkenntnis einer sozialen Konstruktion und Produktion von

---

238 Smith 1997: 330.

239 Weller 2003/04: 116.

240 Eine solche, konsistente(re) erkenntnistheoretische Position habe ich zu entwerfen versucht in: Brand 2001: 62-95. *Locus classicus* dieser Diskussion dürfte sein: Hollis/Smith 1991a, b. Nach wie vor von zentraler Bedeutung und in den IB in der Diskussion ist dabei die Frage nach »Kausalität« und »Konstitution« bzw. kausaler und konstitutiver Theoriebildung nebst angelagerten Begriffsverständnissen. Nicht zuletzt im Kontext von Wendt (1992, 1999) und der begleitenden kritischen Würdigung seines Entwurfs (u.a. Patomäki 1996, Forum 2000) ist dabei debattiert worden, ob eine kausale/lose szientistische mit einer konstitutiven/konstruktivistischen Position zu vereinbaren ist bzw. worin sich beide unterscheiden. Jüngst hat Kurki (2008) eine umfassende Rekonzeptionalisierung des Begriffs »Kausalität« für die IB vorgeschlagen, der gemäß auch konstitutive Argumente im Grunde kausale Schlüsse zögen. Zu methodologischen Fragen einer konstruktivistischen Kausalitätsanalyse: Checkel 2006.

241 Dies ähnelt dem Ansatz von Edwards 1990; Ackerly/True 2008: 695; Lynch 2008: 711f. Spezifisch auf einen konstruktivistischen Ansatz in den IB Bezug nehmend: Weller 2003/04: 108. Vgl. die wesentlich komplexere Konzeptionen von »Reflexivität« im Rahmen eines ethnomethodologischen Ansatzes und eines dort zu spezifischen Zwecken definierten Begriffes (Patzelt 1987: 66ff.) oder in den IB generell (Neufeld 1994). Zu den jüngst im Fach thematisierten

Wahrheit mag gerade gegenüber gesellschaftlichen und politischen Akteuren schwierig zu übersetzen sein; sie bedeutet allerdings mitnichten ein Abgleiten in epistemischen Relativismus.[242] Stattdessen wäre aus der Anerkennung der Ubiquität sozialer Konstruktion eine zentrale Forschungsfrage abzuleiten: nämlich danach, wie sich bestimmte Wissensbestände als temporär anerkannte Wahrheiten etablieren und bestimmte Bedeutungsgehalte handlungsleitend werden. Schließlich: Auch wenn das jüngere Projekt einer »pragmatischen Wende«[243] ebenso Projektionsfläche gänzlich heterogener Überlegungen zu sein scheint wie einst der Konstruktivismus in den IB, so ist Kratochwil zuzustimmen, dass das Ziel erkenntnistheoretischer Sensibilisierung nicht »unproduktiver, endloser Zweifel« sein kann.[244] Vielmehr knüpfe sich daran ein Interesse an Wissensproduktion als sozialer Praxis und damit an der Etablierung von Regeln, die verhaltenskonstitutiv sind, an. Solche Prozesse lassen sich demgemäß sowohl in den internationalen Beziehungen, den ib (der Gegenstandswelt) als auch den IB (dem Fach, als Bestandteil der Gegenstandswelt) analysieren.[245] Im engeren erkenntnistheoretischen Sinne bedeutete dies, dass auch wissenschaftliches Wissen aus bestimmten Kontexten hervorgeht, an Regelsetzung innerhalb dieser Kontexte rückgebunden ist und damit letztlich aus sprachlich-kommunikativ vermittelten, intersubjektiven (nicht voluntaristischen) Übereinkünften besteht.

Mit anderen Worten: Auch auf Basis konstruktivistisch gewendeter Erkenntnistheorie bricht Wissenschaft nicht zusammen. Es verändert sich allerdings die Sicht auf Wissenschaft (und mittelbar auch: der legitimerweise zu erhebende Anspruch an ebenjene). Friedrichs bringt es auf den Punkt, wenn er in pragmatistischer Manier mit durchaus normalisierender Absicht bemerkt: »[...] it is much more hazardous to contemplate the way how we gain knowledge than to gain such knowledge in the first place«.[246] Dabei

---

»Grenzen von Erkenntnis« und »Wissen« aus nicht-konstruktivistischer Perspektive siehe u.a.: Daase 2006: 190f.; Maull 2008: 114.

242 Vgl. u.a.: Bammé (2004) für ein allgemeines Argument; spezifisch auf die IB zugeschnitten: Pouliot 2007.

243 Vgl. u.a.: Kratochwil 2007a; Rytövuori-Apunen 2005; für die Heterogenität siehe u.a. die Beiträge in: Forum 2009.

244 Kratochwil 2007a: 11f.

245 Entscheidend ist dabei, ganz im Sinne ethnologischer Wissenschaftsforschung, nicht den kognitiven Status des jeweils produzierten Wissens (Unhintergehbarkeit der Konstruktion) und dessen soziale Funktion in je gegebenen Kontexten zu verwechseln (primäres Unterscheidungskriterium zwischen wiss. und Alltagswissen), vgl.: Bammé 2004: 134, 221. Wight (2007) hat, trotz aller *Ad-hominem*-Attacken, die seinen Angriff auf Kratochwil und dessen Replik ausmachen, Recht, wenn er argumentiert, dies gliche einer konventionalistischen, an den Prozessen einer Herstellung von Intersubjektivität interessierten Sozialtheorie.

246 Friedrichs, in: Forum 2009: 645.

ließe sich (vgl. dazu Kap. 6.2) die skizzierte erkenntnistheoretische Problematik ebenso unter wissenssoziologischer Perspektive in eine Forschungsperspektive ummünzen. Derzufolge würden Prozesse der Bedeutungsschaffung und Wissensproduktion – in den internationalen Beziehungen *wie* in den Internationalen Beziehungen (IB) – als primäre konstruktivistische Forschungsgegenstände ausgewiesen, ohne in epistemischen Relativismus zu münden.

5.3.3 Impulse für eine Weiterentwicklung des Sozialkonstruktivismus

Im Verlauf des fünften Kapitels konnte somit aufgezeigt werden, dass der Konstruktivismus in den IB (wenigstens in seinen weithin im Theorienkanon akzeptierten Varianten) wesentlich weniger bietet, als von einem konstruktivistischen Forschungsprogramm erwartbar wäre. In weitgehender Abschottung von den metatheoretischen Anfängen der Debatte im Fach ebenso wie in der Selbstbeschränkung auf die Rolle als Zulieferer von Theoriebausteinen für andere Großtheorien oder auch als »neues« Analyseinstrument für vergleichende empirische Theorietests verkaufen sich konstruktivistische Ansätze unter Wert. Insbesondere die Tatsache, dass nach wie vor nur sporadisch Modelle sprachlich-diskursiver Dynamiken (und diese in der Mehrzahl auch noch außerhalb des konstruktivistischen Debattenkontextes) erstellt werden, verhindert dabei systematisch die Erfassung sozialer Konstruktion von Intersubjektivität *im Prozess* (bzw. in je konkreten Prozessen). Dies bedeutet im Umkehrschluss: Ein solches Modell ist notwendig, weil Sprache und sprachlicher Austausch zwischen den Akteuren internationaler Politik (in einem zeitgemäßen Verständnis eine Vielzahl gesellschaftlicher, auch nichtelitärer Akteure umfassend[247]) zentrale Bedeutung besitzt. Dies kann wie oben ausgeführt damit begründet werden, dass es durch Sprache allein möglich ist, intersubjektive Bedeutungsgehalte herzustellen. Dabei tritt aus konstruktivistischer Perspektive die Idee von Sprache, wie sie im Rahmen einer Korrespondenztheorie der Wahrheit entwickelt wird, in den Hintergrund. Nicht der Abgleich von sprachlichen Äußerungen mit der empirischen Realität, sondern die Welterschließung mittels Sprache und der in ihr geschaffenen und transportierten Bedeutungsgehalte bilden das primäre Erkenntnisinteresse. Bedeutungen müssen dabei innerhalb sprachlicher Handlungen als prinzipiell wandelbar angenommen werden. Sprache bildet also die Realität nicht einfach ab oder wirkt lediglich als Transport- und Signalsystem, sondern in ihr wird die Wirklichkeit selbst (in ihren Bedeutungsgehalten) konstruiert. Ein am Sozialen interessierter konstruktivistischer Ansatz, so die Kritik, sollte dabei im Kern auf die prozesshafte Qualität der Herstellung von Intersubjektivität verweisen. Dies verschiebt die Betonung von individuellem Sprachgebrauch hin zu kollekti-

---

247 Via Öffentlicher Meinung potenziell Großteile einzelner Gesellschaften.

ven Handlungskontexten, innerhalb derer intersubjektive Bedeutungszusammenhänge geschaffen werden können. Damit in Zusammenhang stünde die Aufgabe, ein Modell zu konzipieren, das nicht auf die bloße Feststellung hinausläuft, dass die Akteure durch Sprache »irgendwie« miteinander verbunden sind, sondern die Fähigkeit zur Analyse dessen bietet, *wie* sie durch Sprache miteinander verbunden sind.

Dies kann im Hinblick auf die Konsequenzen des bisherigen Umgangs mit etwaigen erkenntnistheoretischen Implikationen einer »konstruktivistischen Wende« in den IB nur unterstrichen werden. Die Prozesshaftigkeit sozialer Konstruktion und damit Praxen der Bedeutungsschaffung sind, indem deren Bedeutung für den wissenschaftlichen Erkenntnisprozess mit einiger Mühe als nicht verhandelbar aus der Betrachtung weitestgehend ausgespart wurde, auch bei der Analyse politischer Prozesse in den internationalen Beziehungen aus dem Blickfeld geraten.[248] Diese erkenntnistheoretische Engführung besitzt somit bedeutende ontologische Konsequenzen; der Konstruktivismus in den IB weist folglich in seinen weithin im Fach anerkannten Spielarten einen Zuschnitt auf, der genuin konstruktivistische Interessen an Prozessen der Bedeutungsschaffung kaum noch bedienen kann. Sowohl die Konzentration auf einzelne Analysebausteine (Identität, Handlungsmodi) als auch die Abgrenzung gegenüber einer konstruktivistischen Problematisierung genereller Erkenntnismöglichkeit resultieren in einem (IB-)»Konstruktivismus«, der die Herstellung von Intersubjektivität über geteilte Bedeutungen/Wissen in deren Prozesshaftigkeit in der Regel nicht zu analysieren sucht und auch nicht über das notwendige Instrumentarium dafür verfügt.

Der im Folgenden skizzierte Ansatz soll dazu dienen, die konstruktivistische Debatte in den IB wieder näher an den Moment sozialer (Re-) Konstruktion zu bringen. Er basiert damit auf der Einsicht, dass »[...] in the process of rendering their version of constructivism more manageable and to distance themselves from postmodernist approaches [... IR constructivists] may have jettisoned too much ontological baggage from the theoretical agenda«.[249] Der IB-Konstruktivismus erscheint demgemäß unter dem Anspruch der Fundierung eines konstruktivistischen *Forschungsprogramms* eher als eine »Abbiegung im 90°-Winkel«.[250] Der auf den folgenden Seiten entworfene Ansatz zur Analyse diskursiver Konstruktionsprozesse dient dabei nicht nur einer generellen Rückführung auf das konstruktivistische Kerninteresse an Prozessen der Bedeutungsschaffung und der Herstellung von Intersubjektivität. Es soll gleichzeitig ermöglichen, Massenmedien und deren Wirkungen mit Hilfe eines konstruktivistischen Modells zu erfassen.

---

248 Vgl. zu ganz unterschiedlichen Anknüpfungsmöglichkeiten eines solchen Interesses: Kersbergen/Verbeek 2007; Klotz/Lynch 2007: 7ff.; Teti 2007: 137.
249 Cederman/Daase 2003: 6.
250 Weller 2006: 56.

6. Sozialer Konstruktivismus als Diskursiver Konstruktivismus

6.1 Die Akteurs-Struktur-Problematik: Die Zentralität der Prozessdimension

Im vorangegangenen Abschnitt wurde die Verschiedenartigkeit einzelner konstruktivistischer Zugänge in den IB beschrieben, gleichzeitig konnten allerdings auch Engführungen des konstruktivistischen Projekts aufgezeigt werden. Die im Fach IB dominanten Spielarten des Konstruktivismus streiten somit die eigentliche Prozesshaftigkeit sozialer Konstruktion nicht ab, sie denken sie in der Regel auch mit. Es fällt ihnen aber aufgrund bestimmter theoretischer/metatheoretischer Anliegen wie erkenntnistheoretischer Positionierungen schwer, solche (Re-)Konstruktionsprozesse im Modell bzw. überhaupt zu erfassen und einer systematischen Analyse zu unterziehen. Dies folgt nicht zuletzt aus der »Sprachlosigkeit« und den allenfalls selektiven Sprachkonzeptionen, derer sich IB-Konstruktivismen in der Mehrzahl bedienen. Das Moment der Bedeutungsgebung wie der Stabilisierung von Bedeutungen zu Bedeutungsgehalten/Sinnhorizonten *im sprachlichen Austausch* bleibt weitestgehend ausgespart. Wie aufgezeigt wurde, hat dies vornehmlich mit Abwehrgesten gegenüber metatheoretischer Reflexion und dem Versuch, an einem tradierten Wissenschafts- und Wissensverständnis festzuhalten, zu tun. Nicht umsonst sind dabei die Sprach- und die epistemologische Position miteinander verschränkt: In der überwiegenden Mehrzahl der Beiträge, auf die in der nachfolgenden IB-Theoriediskussion auch Bezug genommen wird, hat sich ein Verständnis von Konstruktivismus etabliert, das sich im Kern *nicht* (oder wenigstens: nicht systematisch genug, nicht umfassend genug) für die wirklichkeitskonstitutiven Effekte von Sprache interessiert. In den IB hat damit ein Konstruktivismus als Forschungsansatz Geltung erlangt, der wesentliche Potenziale einer generellen konstruktivistischen Perspektive nicht abrufen kann. Bestimmte Klassen von Phänomenen (wie die für die hiesige Arbeit interessante Bedeutungsschaffung in grenzüberschreitenden Handlungsräumen politischer wie gesellschaftlicher Akteure) können vor dem Hintergrund des oben skizzierten Konsenses nur schwerlich als interessantes und lohnendes Forschungsobjekt eines konstruktivistischen Ansatzes in den IB identifiziert werden. Es fehlen dem IB-Konstruktivismus in seinen gängigen Spielarten die Konzepte und Modelle, solcherart *Prozesse* der *sozietalen* Bedeutungsschaffung (ggf. unter systematischer Inkorporierung von massenmedialen Dynamiken!) zu erfassen.

Aus diesem Grunde ist es erforderlich, ein alternatives konstruktivistisches Projekt zu formulieren, das sprachliche Prozesse in den Mittelpunkt stellt und eine Konzeptionalisierung des Prozesses der Bedeutungsschaffung und -reproduktion leistet. Im Folgenden wird dazu ein Diskursiver Konstruktivismus skizziert, ein Konstruktivismus also, der sich um die zentrale Idee von »Diskursen« herum organisiert. Dies ist weder in den Sozialwissenschaften allgemein noch in den IB an sich ein Novum, wenngleich es auch augenfällig ist, dass diskursive Konstruktivismen in der Debatte um den IB-Konstruktivismus eine allenfalls randständige Rolle gespielt haben. Bevor im Folgenden eine spezifische Diskurskonzeption vorgestellt wird, die an die sozialphilosophischen Arbeiten von Foucault (in Abgrenzung zu einem Habermasschen Diskursverständnis, siehe dazu Abb. 2) anknüpft ebenso wie an den Erkenntnistheoretischen/Diskursiven Konstruktivismus, den Diez in den IB maßgeblich entwickelt hat, gilt es zunächst, die *Funktion* dieses Diskursverständnisses zu benennen.

Diskurse wurden bereits in Kapitel 4 in einem ersten Zugang eingeführt als Prozesse der Bedeutungsschaffung, die im Kern auf die in sprachlichem (wie darauf aufbauend auch außersprachlichem) Handeln erfolgenden Bedeutungszuweisungen abstellen. Diese schaffen in ihrer Wirkung Intersubjektivität unter Gesellschaftsmitgliedern erst, indem sie übersubjektiven Konsens in Form geteilter Bedeutungsgehalte (angesichts konkurrierender Deutungen) etablieren. Diskurse sind dabei nicht ohne Grund als »Prozesse«, nicht als (Bedeutungs-)Strukturen eingeführt worden, wie mehrheitlich üblich in der reichhaltigen Literatur zur Foucault-Exegese. Eine solche Lesart von Diskursen folgt nicht nur dem Verständnis einer Wissenssoziologie nach Berger/Luckmann, in deren Modell sprachliche Prozesse der gesellschaftlichen Konstruktion von Wirklichkeit und damit die Produktion eines (wenn auch prekären, potenziell instabilen) Konsenses über Bedeutungen als gesellschaftliches »Wissen« zentral sind. Diskurse als solche Prozesse gesellschaftlicher Wissensproduktion zu verstehen, verknüpft ein Interesse an der gesellschaftlichen Produktion von Wahrheit, die ihrerseits strukturierend für nachfolgende Handlungen der Gesellschaftsmitglieder wirkt (Foucault), mit einer prozesshaft angelegten Wissenssoziologie, die nach den Dynamiken des Werdens von »Wissen«/Konsens/Bedeutungsgehalten fragt (Berger/Luckmann). Diskurse als *Prozesse* zu betrachten, scheint sich dabei in jüngeren Arbeiten zur Übertragung Foucaultscher Ideen auf andere Wissenschaftszweige wie in den wenigen Arbeiten, die in den IB auf »Diskurse« im Sinne Foucaults rekurrieren, langsam durchzusetzen, wenn auch in einigen Fällen eher implizit.[1]

Ein prozesshaft angelegtes Diskursverständnis ist zudem sinnvoll, vergegenwärtigt man sich, dass der Konstruktivismus in den IB nicht zufällig auch über eine Hinwendung zur sog. Akteurs-Struktur-Problematik Ende der 1980er Jahre eingeführt wurde.[2] »Diskurse« als Prozesskategorie zwischen diesen beiden idealtypischen Polen sozialer Dynamik einzufügen, mag diese Problematik nicht auflösen. Es bietet aber einen Ausweg aus dem Dilemma, den Konstruktivismus nicht entweder im Sinne eines eher akteursorientierten Ansatzes *oder* eines eher strukturalistischen Verständnisses auszudeuten (und dabei jeweils bedeutsame Aspekte des Konstruktionsprozesses außer Acht zu lassen). Eine solche Entscheidung im Sinne einer stärkeren Akteursorientierung oder eines stärker konturierten strukturalistischen Moments lenkt gerade konstruktivistische Ansätze überdies auf problematische Wege. Entweder würde der Idee voluntaristischer Sinnsetzung und »Welterschaffung« durch einzelne, exponierte Akteure Vorschub geleistet. Oder aber als weitestgehend stabil angenommene soziale Konstrukte wie Normen und Identitäten würden (allein) in ihren strukturierenden Eigenschaften und damit als Erklärungsfaktoren betrachtet.

In dieser Hinsicht knüpft das Bemühen um die Herausarbeitung und Modellierung der Prozessdimension internationaler Beziehungen wie ange-

---

1 Miliken charakterisiert Diskurse als »a structure of meaning *in-use*« (1999: 231; eigene Herv.). Diese duale Konzeption (einer Struktur, diese aber im Gebrauch) wird hier zugunsten einer Vorstellung von Diskursen als Prozessen aufgelöst. In diesen Prozessen schlagen sich Bedeutungsstrukturen im Handeln/Sprachgebrauch von Akteuren nieder. Vgl. dazu u.a.: Schwab-Trapp 2006: 266. Schwab-Trapp argumentiert, dass Diskursanalyse im Foucaultschen Sinne immer *Prozess*analyse sein müsste. Unterscheidbar wären demgemäß nur verschiedene Modelle bzw. Annahmen für den zugrunde liegenden Prozess, welche Dynamiken im Modell Beachtung finden usw. Smith (1998: 254) postuliert, dass eine am Verständnis sozialer Konstrukte orientierte Sozialwissenschaft letztendlich die komplexen *Prozesse* der diskursiven Bedeutungskonstruktion in den Mittelpunkt stellen müsse. Vgl. auch, für eine frühe Verortung von Diskursen als »Bindeglied zwischen Akteur und Struktur«: Nadoll 2000: 8. In einem breiteren Verständnis lehnt sich die hier skizzierte Sicht an das Diskursverständnis der sog. Kritischen Diskursanalyse (KDA) nach Wodak an, die Diskurse als soziale Praxen definiert, wobei das Verhältnis von Diskursbeiträgen und Institutionen/ sozialen Strukturen als dialektisch betrachtet wird, vgl. Wodak et al. 1998: 42. In der konkreten Befassung mit Diskursen ist die KDA allerdings primär an der sprachlichen Dimension von Bedeutungskonstruktionen, und dort: an diskursiven Strategien einzelner Akteure, interessiert.

2 Vgl. klassisch: Wendt 1987.

deutet an die Akteurs-Struktur-Debatte[3] in den IB an, die vor mehr als 20 Jahren den thematischen Kontext für die Etablierung des Konstruktivismus im Fach leistete. Diese hatte ihren Ausgangspunkt von der allgemeinen Frage genommen, wie der Zusammenhang zwischen Akteuren und deren Umwelt in deren materiellen (Ressourcenverteilung u.a.) und immateriellen Ausprägungen (Normen, Ideen u.a.) zu modellieren sei. Die daraus resultierende methodische Frage, ob Strukturen eher in Abhängigkeit von Akteuren zu konzipieren seien oder, wie in den IB bis dahin üblich, Akteursverhalten in bestimmte strukturelle Kontexte eingebettet und von diesen konditioniert, analysiert werden sollte, wurde von Wendt unter Rückgriff auf die Giddenssche Strukturationsthese nicht im Sinne eines Entweder-oder beantwortet. Vielmehr müsse die Idee der wechselseitigen Konstitution von Akteuren und Strukturen und deren Irreduzibilität auf die jeweils andere Dimension in den Vordergrund gerückt werden. D.h. Akteursschaft und Handlungsspielräume werden durch Strukturen nicht völlig determiniert, aber maßgeblich vorstrukturiert; Strukturen ihrerseits sind Ergebnis vorangegangener Handlungen, können aber auch autonome Dynamiken entfalten.[4] Dass sich auf dieser Basis ein anschlussfähiges konstruktivistisches Projekt formulieren lässt, erscheint unmittelbar einsichtig. Insbesondere die Idee eines nicht vollständig strukturell determinierten Handlungsspielraums (*agency*), aber auch die Akteursabhängigkeit der (Er-)Kenntnis solcher Strukturen v.a. in deren Bedeutungsdimension und deren handlungsprägender Komponente[5] weisen auf konstruktivistische Interessen hin. In der von Wendt in die IB eingeführten Version wies die Strukturationsthese andererseits eine reichlich nebulöse Qualität auf. Gould bemerkt dazu: »Structuration, however, lacks a fully developed mechanism capable of explaining *the means* by which agents and structures constitute each other.«[6] Zwar erscheint die prinzipielle Annahme wechselseitiger Bedingung, Ermöglichung und Begrenzung plausibel. So können Akteure (erfolgreich) nur dann handeln, wenn sie nicht gegen bestimmte Strukturprinzipien verstoßen. Solcherart v.a. soziale Strukturen, aber auch materielle in deren Bedeutungsdimension, sind ihrerseits Ergebnisse vorangegangener Handlungen und wirken in der Folge erneut prägend auf zeitlich nachgelagerte Handlungen. Es erwies sich aber in der Folge als noch zu leistende Aufgabe, die damit angesprochenen Dynamiken *als Prozesse* zu konzeptionalisieren, und dies *auf systematische Weise*. Dies erschien insbesondere vonnöten, um ein Ineinanderkollabieren der beiden Konzepte »Akteur« und »Struktur« zu vermeiden und insbesondere die zeitliche Komponente (Abfolge von Dynamiken) zu würdigen. Dahinter verbirgt sich die in deskriptiver wie ggf. graphischer Form notwendi-

---

3 Neben Wendt zentral: Dessler 1989. Eine gute Zusammenfassung bietet: Gould 1998.

4 Vgl. Wendt 1987: 355-361.

5 Gould 1998: 83; eigene Herv.

6 Ebd.: 80.

gerweise holzschnittartig vergröbernde Darstellung einer Sequenz von Handlungen. Frühere Handlungen entfalten dabei strukturierende Wirkungen auf aktuelle Handlungen von Akteuren, aus denen wiederum Strukturen zu einem nachgelagerten Zeitpunkt in weitestgehend ähnlicher oder aber gewandelter Form resultieren.

Überraschend ist, dass Wendt selbst (wie in Kap. 5 beschrieben) in der Folge eine wiederum eher strukturalistische Deutung solcher Konstruktionsdynamiken verfolgt hat insofern, als ihn v.a. sozial konstruierte Zustände des internationalen Systems, mithin: Konfigurationen von Sozialstrukturen interessieren.[7] Weniger ist dies verwunderlich, weil es seinem beschriebenen Anliegen, eine systemische Theorie der internationalen Politik um die soziale Dimension aufzuwerten, geschuldet ist. Es überrascht lediglich angesichts des zunächst publik gemachten und an prominenter Stelle verfochtenen Interesses an der Ko-Konstituierung von Akteuren und Strukturen. Diese ist bei ihm im Modell zwar prinzipiell mitgedacht, in ihrer tatsächlichen Prozesshaftigkeit bleibt sie aber letztendlich aus dem Modell weitestgehend ausgeklammert. Ein solcher strukturalistischer *bias* zeichnet überdies eine Reihe weiterer, auf die Analyse von Normen und Ideen gerichteter konstruktivistischer Ansätze in den IB aus.

Im Gegensatz dazu versteht sich der hier verfolgte Ansatz eines Diskursiven Konstruktivismus als *prozess*-orientiert und mit Blick auf die Akteurs-Struktur-Problematik als an einer differenzierenden Handhabe des wechselseitigen Konstitutionsprozesses interessiert. Er nimmt seinen Ausgang in der Überlegung, dass Bedeutungshorizonte für Akteure handlungsprägend (nicht determinierend) sind. Dies gilt sowohl für exponierte politische Akteure als auch für – im Prozess zunehmender Vergesellschaftung der internationalen Beziehungen an Bedeutsamkeit gewinnende – gesellschaftliche Akteure. Im Kern interessiert sich der Diskursive Konstruktivismus als Prozesstheorie dabei für die diskursive Re-Strukturierung von Bedeutungen. Deren Schaffung, Reproduktion und Überformung in sprachlichen (und außersprachlichen) Prozessen steht im Mittelpunkt des Analyseinteresses. Dies ist unmittelbar einsichtig im Hinblick auf sog. »soziale« Fakten und materiellen Fakten zugeschriebene Bedeutungsgehalte. Es gilt aber auch hinsichtlich diskursiv hergestellter Übereinkünfte über den Umgang mit materiellen Gütern (deren Herstellung, Vernichtung, Verteilung usw.).

Es ist in diesem Sinne, dass »[d]iscourses move between structure and practice by its nature as kind of ›knowledge‹ or as [...] ›equipment‹ for living«.[8] Akteure werden demzufolge als *diskursive* Akteure gedacht, deren Sprechhandlungen und außersprachliche Handlungen auf bestimmte Gegenstände hin diese in ihren Bedeutungsgehalten bestimmen. Diese Bedeutungsgehalte werden kontinuierlich von ihnen reproduziert bzw. potenziell überformt. Strukturen gelten demgegenüber als *diskursiv* bestimmt: Regeln,

---

7 Vgl., wie beschrieben: Wendt 1992, 1999.

8 Hayden 2006: 4.

Normen, Institutionen und Identitäten besitzen einen diskursiven Charakter insofern, als sie in ihrem Wesensgehalt und ihrer handlungsprägenden Wirkung nur über zugeschriebene Bedeutungen existieren bzw. Wirkmächtigkeit entfalten. Materielle Strukturen gewinnen gleichsam primär in ihrer Bedeutungsdimension Geltung. Dabei muss nicht angenommen werden, dass kontinuierlich und allenthalben jede dieser Bedeutungsstrukturen wissentlich »zur Debatte« gestellt wird (mittelbar geschieht dies allerdings über Verhandlungen, komplexe Aushandlungsprozesse, diplomatischen Austausch wie programmatische Debatten, Demonstrationen, öffentliche Bekundungen, Blogs etc.). Im Umkehrschluss erweist sich allerdings eine *nicht sprachlich vermittelte* bzw. in Sprechhandlungen begründete Existenz von Strukturen nicht vor- und darstellbar.[9]

Dabei muss angenommen werden, dass solche Bedeutungsstrukturen nicht monolithisch vorliegen, sondern prinzipiell von einer Konkurrenz alternativer Bedeutungsgehalte ausgegangen werden sollte. Konkurrierende Bedeutungen existieren allerdings ihrerseits nicht alle mit der gleichen faktischen Geltung nebeneinander. Vielmehr lässt sich ein konstruktivistisches Interesse dahingehend formulieren, dass die (temporäre) Herstellung von intersubjektivem Konsens über Bedeutungsgehalte innerhalb von Diskursgemeinschaften bestimmten Zuschnitts besondere Aufmerksamkeit verdient. In dieser Hinsicht könnte es gerade von Interesse sein zu eruieren, welche Bedeutungsgehalte wirkmächtig (i.S. von »mehrheitsfähig«, »akzeptiert«, weitestgehend erfolgreich diskursiv etabliert, wenn kaum mehr hinterfragt) werden und welche konkurrierenden Bedeutungsgehalte durch diese Art der »Übereinkunft« tendenziell ausgegrenzt werden. Letzteres könnte sowohl auf mangelnde begriffliche Anschlussfähigkeit als auch auf die intendierte Marginalisierung bestimmter Diskurspositionen zurückgeführt werden.[10] Gleichwohl: Dahinter verbirgt sich die Annahme, dass diskursives Handeln eben nicht in allen Konstellationen gleich wirkmächtig ist, sondern Sinnumgebungen die Erfolgschancen solchen Handelns vorstrukturieren.[11]

---

9 Auch wenn Hayden nicht explizit auf die Akteurs-Struktur-Problematik Bezug nimmt, verortet er »Diskurs« implizit als einen Prozess zwischen diskursiven Handlungen und deren »Manifestation« in diskursiv generierten Strukturen, vgl. ebd.: 6.

10 Diesem Aspekt widmen sich v.a. sog. postmoderne Ansätze in den IB, vgl. zusammenfassend: Diez 2003; Debrix 2003. Hayden streicht in diesem Zusammenhang heraus, dass es solchen Ansätzen mit Blick auf Diskurse primär um die Dekonstruktion der in diskursiven Prozessen/Praktiken angelegten strukturellen Reproduktion von ihrerseits aus Bedeutungsgehalten resultierenden privilegierten Sprecherpositionen geht. M.a.W: Nicht nur, *welche Bedeutungen* (gegenüber anderen) zur vorherrschenden Lesart werden, sondern auch, wer als »legitimer« Experte/Praktiker über die Parameter akzeptabler Diskursbeiträge mitentscheidet, vgl.: Hayden 2006: 5.

11 Kowert 1998: 104f.; Hayden 2006: 5f.

Zusammenfassend lässt sich mit Blick auf die Konzeptionalisierung von »Diskursen« als zentralen Prozessen der wechselseitigen Konstituierung von Akteuren und Strukturen also Folgendes sagen. Mit Hilfe einer solchen prozessorientierten Vorstellung von Diskursen rückt die Analyse der Prozesse der Herstellung von Intersubjektivität (geteilte Bedeutungsgehalte, die in der Folge wirkmächtig werden, da sie nachgelagertes Akteurshandeln mit sozialem Sinn versehen und in einer bestimmten Bandbreite konditionieren[12]) in den Mittelpunkt. Gleichzeitig ermöglicht diese Konzeptionalisierung die Einnahme einer Mittelposition[13] gegenüber einerseits der beschriebenen voluntaristischen Akteurskonzeption und andererseits einer strukturalistischen Engführung von Akteursschaft. Letztgenannte würde erfolgreiches Akteurshandeln starr aus feststehenden strukturellen Merkmalen ableiten.

»Diskurs« als Prozess ist demgegenüber ein nach beiden Seiten elastisches Konzept, das sozialer Konstruktion und Konsequenzen sozialer Konstruktionsprozesse vorrangig unter dem Blickwinkel der Schaffung von Intersubjektivität[14] als Handlungsgrundlage Beachtung schenkt. In einem übergreifenden Sinne bietet die hier zunächst skizzierte (und im Folgenden ausgebaute) Konzeption von »Diskurs« ein Antwortangebot auf die

»[...] gesellschaftstheoretisch grundlegende Frage, wie ein wenigstens rudimentärer Begriff von Handlungsautonomie mit der Rolle übersubjektiver Strukturgesetzlichkeiten zusammengebracht werden könne«.[15]

---

12 In diesem Sinne unterscheidet sich das hier skizzierte Argument von einigen radikaleren diskurstheoretischen Überlegungen in den IB, die dafür plädieren, die Konzeptionalisierung von »Akteuren« und »Strukturen« und deren etwaigem Zusammenhang generell aufzugeben und stattdessen allein »Praktiken« in den Mittelpunkt der Überlegungen zu stellen, vgl. dazu u.a. Doty (1997) und die Kritik von Wight (1999). In dem Maße, wie der hier präsentierte Zugang zu Diskursen als bedeutungsstiftenden Prozessen diskursive *Praktiken* umschließt, scheint ein Verzicht auf die Konzepte »Akteur« und »Struktur« nicht von Wert.

13 Vgl. zu dieser Problematik: Wight 1999: 114, 122.

14 Vgl. aus einer konstruktivistischen Sicht auf internationale Beziehungen: Klotz/Lynch 2007: 7-9. Intersubjektivität bezieht sich nicht nur auf aggregierte individuelle Überzeugungen, sondern ebenso auch auf resultierende diskursive Ordnungen, die aus Regeln, Normen, Institutionen bestehen.

15 Vgl. Herborth 2004: 63. Herborth kritisiert in seinem Beitrag v.a. die strukturalistische Schlagseite des Wendtschen Konstruktivismus in den IB. Während die sozialen Strukturen des internationalen Systems in dessen Modell regelhaft durch Akteurshandeln erzeugt würden, stelle soziales Handeln lediglich eine »trivialerweise notwendige Mikrofundierung« ebenjener Strukturen dar, vgl. ebd.: 76. Keller et al. beschreiben demgegenüber zusammenfassend das Anliegen Foucaults als auf die Etablierung einer Diskurstheorie gerichtet, in deren Zentrum der Zusammenhang von übersubjektiven Wissensordnungen und diskursiven Praktiken steht (2006: 12). Vgl. zudem: Keller 2006: 125.

6.2 DISKURSE ALS
BEDEUTUNGSSTIFTENDE PROZESSE

Im folgenden Abschnitt wird das dieser Arbeit zugrunde liegende Diskursverständnis noch einmal differenzierter skizziert. Ausgehend von der bereits
eingeführten, an Foucault angelehnten Definition wird dabei zunächst geschildert, welche alternative Sicht auf internationale Politik/Beziehungen
sich aus diesem Verständnis ergibt. Darauf aufbauend wird gezeigt, dass
Foucault (mit einiger Verspätung) auch in den IB-Debatten angekommen
ist, allerdings weniger aufgrund seines Diskursverständnisses, sondern darauf aufbauender Konzepte. Demgegenüber werde ich dafür plädieren, Foucaults *Diskurs*begriff (in Abgrenzung zum Habermasschen, der in einer vul-
garisierten Form auch den Common-Sense-Gebrauch des Begriffes kennzeichnet) verstärkte Aufmerksamkeit zu schenken. Dies fußt auf der Annahme, dass sich an diesen Begriff anknüpfend ein Modell diskursiver Konstruktion für hier verfolgte Zwecke entwickeln lässt. Abschließend werde
ich das Diskurskonzept nach Foucault anhand einiger von ihm selbst entwi-
ckelter Kategorien weiter differenzieren.

Die prinzipielle Schwierigkeit, auf die trifft, wer sich mit dem Werk von
Foucault auseinandersetzt, besteht darin, dass die Vorstellung eines »Diskurses« zweifelsohne eine zentrale Rolle in seinen Schriften spielt, gleichsam aber kein einheitliches Diskurskonzept von Foucault selbst entworfen
wird. Es gibt demzufolge allenfalls generelle (und überwiegend geteilte)
Lesarten des Foucaultschen Projekts. Eine markante Lesart, der die vorliegende Arbeit folgt, formuliert, dass unter Diskursen Praktiken zu verstehen
seien, »die (allgemeinverbindliche) Wahrheiten produzieren und so soziale
Wirklichkeit konstituieren«.[16] Foucault selbst hat demgegenüber eher darauf
hingewiesen, was er mit »Diskursen« nicht im Sinn hatte, etwa:

> »I do not seek to detect, starting from diverse signs, the unitary spirit of an epoch, the
> general form of its consciousness, a kind of *Weltanschauung*. [...] I have studied, in
> turn, ensembles of discourse: I have characterized them; I have defined the play of
> rules, of transformations, of thresholds [...].«[17]

Es geht ihm also nicht um eine spezifische Ideologie, eine spezifische Sicht
(eine Themenkonjunktur im engen Sinne), sondern um Dynamiken der Bedeutungsproduktion auf einer generelleren Ebene. Auch richtet er sein Interesse nicht (wiewohl sein Ansatz i.d.R. in der Rezeption anders in Anwendung gebracht wird) auf eine spezifische Klasse kleinteiliger Bedeutungsgehalte. Vielmehr ist er daran interessiert, eine Technik zu identifizieren, wie
Bedeutungssysteme geschaffen werden und welche Wirkungen (etwa zu
Lasten marginalisierter Bedeutungssysteme) diese entfalten.

---

16 Bublitz et al. 1999: 11.
17 Foucault 1991: 55.

In der vorliegenden Arbeit bezieht sich das Interesse an Foucaults Diskursbegriff dabei allerdings primär auf die Sichtbarmachung dieser Dynamiken der Bedeutungsprägung, weniger auf eine a priori abgegrenzte Klasse von Phänomenen. Es ist dies also keine Foucault-Exegese mit Anspruch auf philosophischen Purismus. Nicht der möglichst »genaueste« Nachvollzug und die reinste Interpretation des Werkes ist das Ziel, sondern das Aufgreifen eines zentralen gedanklichen Impulses. Dies ist angesichts der vielfältigen Begriffsverschiebungen und inkohärenten Begriffsverwendungen seitens Foucault selbst, aber auch der umfangreichen Ausdeutung seines Werkes sowie der Kritik an ebensolcher Exegese[18] wohl auch der einzig sinnstiftende Weg des Umgangs. Link hat dazu ausgeführt, dass weder eine »Foucault-Philologie« noch so etwas wie »Foucault-Treue« im Zentrum der Bemühungen stehen kann, und weiter:

»Ich postuliere auch keineswegs klare Definitionen und Widerspruchsfreiheit für Foucaults Verwendung der einschlägigen Begriffe: Es ließe sich leicht zeigen, dass Foucault sich selbst vielfach untreu geworden ist. Ich orientiere mich eher an so etwas wie einem *Gesamteindruck*.«[19]

Einem solchen Gesamteindruck folgend kann, wie bereits beschrieben, unter »Diskurs« Folgendes verstanden werden: Diskurse konstituieren sich aus Komplexen primär sprachlicher und kommunikativer (aber auch weiterführender) Handlungen auf einen Gegenstand hin, die eine konkrete Lesart des Gegenstandes zu fixieren suchen. In diesem Sinne stellen sie Prozesse der Bedeutungsschaffung dar, die sich aus ebenjenen Handlungen ergeben, in denen tradierte Bedeutungsgehalte und Sinnstrukturen reproduziert und

---

18 Vgl. u.a. Johnson 1997; Brieler 2004. Einen guten Überblick über die marxistische Kritik an Foucault als »bürgerlichem Pessimisten« gibt: Demirovic 2008: 179ff. Da Diskursanalysen in den letzten beiden Dekaden zu einer »akademischen Wachstumsindustrie« geworden sind, hat gleichsam die Inanspruchnahme Foucaults für gänzlich unterschiedliche Diskurskonzepte zugenommen. Hook spricht in diesem Zusammenhang von einer Vielzahl fehlerhafter Anwendungen (2001: 521f.). Positiver formuliert ließe sich dieser Prozess als der einer »Pluralisierung der Lesarten Foucaults« beschreiben (Neal 2009: 161), die notwendigerweise aus der Offenheit des präsentierten Gedankengebäudes resultiert (vgl. Bublitz et al. 1999: 15ff.).

19 Link 1999: 151; eigene Herv. In dieser Hinsicht ist Foucault v.a. ein »[...] ›diagnostician‹ of culture and society whose special forms of history enable him to characterize incisively a variety of historical phenomena« (Hook 2001: 522). Für eine grundsätzliche Kritik Foucaultschen Denkens, die in der Feststellung einer *Nicht*-Übertragbarkeit dieses Denkens in sozialwissenschaftliche Konzepte mündet, vgl.: Callewaert 2006. Die dort vorgetragene Argumentation trägt allerdings angesichts der breiten, empirisch orientierten Rezeption Foucaults gerade auch in den *Sozial*wissenschaften nicht.

neue Bedeutungen geschaffen werden. Im Verlauf dieser Prozesse setzt sich dabei eine bestimmte Bandbreite von Lesarten/Bedeutungszuschreibungen (gegenüber anderen) als temporär gültig durch. Durch wiederholte Reproduktion (sprachlich und über Anschlusshandlungen vermittelt) erlangt diese den Status von »Wissen«. Solcherart Wissen etabliert sich folglich, wenn auf Basis der jeweils zugrunde liegenden, vormals konstruierten Bedeutungsgehalte erfolgreiches Handeln ermöglicht wurde. Gleichsam steht es immer wieder potenziell zur Disposition, als es sich in einem Konkurrenzverhältnis zu alternativen Deutungen/Bedeutungsgehalten befindet. Weder stete Reproduktion sedimentierter Bedeutungen und aus ihnen resultierender Praxen noch ständige *Re*formulierung i.S. einer »Neu«formulierung zeichnen Diskurse aus. Vielmehr ist empirisch zu beleuchten, welcher Konsens wie und wie stabil diskursiv konstruiert wurde, mit welchen Folgen und welchen Erfolgschancen alternativer Bedeutungskonstruktionen. In diesem Sinne gilt: »Soziale Wirklichkeit wird also nicht in Diskursen *repräsentiert*, sondern Diskurse *konstituieren*, eingebunden in ein komplexeres Kräftediagramm, gesellschaftliche Sinn-Ordnungen.«[20] Ein solches »komplexeres Kräftediagramm« soll in den nachfolgenden Unterkapiteln (v.a. 6.4.) skizziert werden, v.a. mit Blick auf

- ein spezifisches Erkenntnisinteresse der IB an Diskursen als zentraler Dimension des internationalen/transnationalen Politischen sowie
- die Verortung von Massenmedien in einem solchen Modell diskursiver Konstruktionsprozesse.

Was bedeutete eine solche Diskursvorstellung für eine *alternative* Sicht auf internationale Politik? Zum einen: Soziale Konstruktion machte dann nicht nur einen Mechanismus (neben anderen) zwischen den Akteuren aus, sondern bildete die zentrale Analysedimension.[21] Die soziale Konstruiertheit von Phänomenen der internationalen Politik müsste so primär als eine *diskursive* Konstruktion aufgefasst werden. Damit einher ginge die Einsicht, dass soziale Konstruktionen zwar einen relativ stabilen Charakter aufweisen können (da sich bestimmte Normen und Institutionen in ihren Bedeutungsgehalten nicht allzeit grundsätzlich verändern), im Prinzip aber, da sie nur durch ihre stetige Re-Artikulation in Diskursen als solche existieren, potenziell wandelbar sind. Die durch die sprachlichen und weiterführenden Handlungen der Akteure geschaffenen und vermittelten Bedeutungen gingen also in ein Geflecht von Diskursen ein, aus dem heraus sich über jeweils spezifisch zugeschnittene Diskursgemeinschaften eine Sozialstruktur ausbildet. Diese Sozialstruktur wiederum könnte nur als wirkmächtig betrachtet werden, insofern sie (oder Teile von ihr) in Diskursen (re-)artikuliert und ihr

---

20 Bublitz et al. 1999: 13.
21 In diesem Sinne impliziert der Diskursive Konstruktivismus keine Ontologie, sondern stellt eine spezifische Analyseperspektive dar.

zugeschriebene Bedeutungen konstitutiv für das Handeln der Akteure werden. Aus Sicht eines Diskursiven Konstruktivismus lassen sich die internationalen Beziehungen so primär über ein dichtes Geflecht konkurrierender und paralleler Diskurse erfassen, wobei diese Diskurse den Gegenständen der internationalen Politik Bedeutungen zuweisen und sie so konstituieren. Auf Basis dieser Interpretationen wäre es den Akteuren möglich (an konkreten Orten, vor konkreten diskursiven Hintergründen), Situationsdefinitionen zu entwickeln und Handlungsentscheidungen zu treffen.

Die »Wirklichkeit« der internationalen Beziehungen ergäbe sich aus dem Zusammenspiel verschiedener Diskurse.[22] Das bedeutet, es gibt nicht nur eine Vielzahl von Diskursen, sondern sie treten auch in Beziehung zueinander. Der hier (mit Foucault) postulierte Begriff des Diskurses setzt dabei ein gewisses Maß an »Öffentlichkeit« und die potenzielle Konflikthaftigkeit diskursiver Prozesse voraus[23], wiewohl das temporäre Ergebnis solcher Diskurse (die Etablierung von Wahrheit/akzeptierten Wissenssystemen) aus Sicht Foucaults gerade konfliktarm und konsensual ist. Dem vorgelagert ist allerdings ein grundlegendes Interesse an der Erfassung des Prozesses, in dessen Verlauf aus einer Vielzahl potenziell konfliktiver Sinnzuschreibungen und alternativer Bedeutungsgehalte temporär stabile, intersubjektiv akzeptierte Bedeutungen werden. Die Kernanliegen einer sozialkonstruktivistischen Perspektive auf die internationalen Beziehungen, wie sie in Kap. 4 skizziert wurden, könnten folglich unter Zuhilfenahme eines diskurstheoretisch informierten Modells im Anschluss an Foucault bearbeitet werden.

Indem Diskurse als zentrale Dimension sozialer Konstruktionsprozesse ausgewiesen werden, rückt die Bedeutungsschaffung vor allem mittels sprachlicher (aber auch: außersprachlicher) Handlungen ins Zentrum. Bedeutungen werden geschaffen, vermittelt und zur Re-Artikulation bereitgestellt, wobei der Begriff der Re-Artikulation potenzielle Wandelbarkeit impliziert, aber nicht ständig erfolgende, faktische Wandlung der Bedeutungsgehalte behauptet. In diesem Sinne ist Diskurs nicht auf Sprache allein reduzibel, sondern bezieht auch die durch Sprache geschaffenen Bedeutungs- bzw. Denk- und Handlungsstrukturen mit ein, welche ihrerseits die nachfolgenden (Sprech-)Handlungen beeinflussen.[24] Damit trägt ein diskursives Modell sozialer Konstruktion (im Hinblick auf die so verstandene Produktivität der Diskurse) dem Umstand Rechnung, dass der Sprache eine eigene Wirkmächtigkeit zukommt, sie also nicht nur ein Werkzeug der Akteure ist.

Mit einem solchen »Programm« wird Foucault in einer vergleichsweise »unzeitgemäßen« Form erneut in die Debatte um den Konstruktivismus in den IB eingeführt. »Unzeitgemäß«, weil die jüngst in Mode gekommene

---

22 Auf das Zusammenspiel verschiedener Diskurse bei der Konstruktion der Realität allgemein hat auch Foucault hingewiesen (Foucault 1991: 58).

23 Vgl. Schwab-Trapp 2006: 265.

24 Vgl. Palan 2000b: 223.

Auseinandersetzung der IB mit Foucault[25] unter anderen Vorzeichen geschieht. Die »erneute Einführung« im Rahmen der Konstruktivismus-Debatte bezieht sich dagegen auf den Umstand, dass Referenzen zu Foucaults Werk sich in dieser Theoriediskussion finden, wenngleich auch nicht umfänglich und weniger mit Blick auf einen Beitrag zu einem (Sozial-) Konstruktivismus.[26] (Überdies gilt: Foucault selbst hätte einer Klassifizierung als Konstruktivist wohl widersprochen, wenngleich gerade sein Diskurskonzept einen genuin konstruktivistischen Impuls liefert.[27])

Die bis vor kurzem auszumachende Stille um Foucaults Werk in den IB ist nicht zuletzt vor dem Hintergrund überraschend, dass – oftmals *auch* an Foucault angelehnte – Diskursanalysen in den Sozialwissenschaften allgemein in den letzten beiden Jahrzehnten nachhaltig an Geltung gewonnen haben. Man könnte auch behaupten, dass sie in anverwandten Disziplinen eine Standardmethode sozialwissenschaftlicher Forschung bilden.[28] Andererseits: Die jüngsten Ansätze, Foucault für die IB fruchtbar zu machen, haben in der Regel nicht ihren Ausgangspunkt bei dessen Überlegungen zu Diskursen genommen, sondern andere Konzepte Foucaults bemüht. Huysmans etwa hat in seiner Studie[29] die Einbettung des europäischen Immigrationsdiskurses in spezifische Kontrolltechnologien (Visa-Prozeduren, Datenbanken usw.) untersucht. Bedeutungsstrukturen tauchen damit allenfalls auf einer sehr generellen Ebene auf. So ließe sich aus seiner Studie ableiten, dass die Etablierung immer differenzierenderer Kontrolltechniken auf diskursivem Terrain die Konturen von Immigration als Sicherheitsproblem/Gefährdung

---

25 Vgl. hier die Kritik bzw. das Aufzeigen der Grenzen einer Fruchtbarmachung Foucaults für die IB in: Selby 2007. Selby stützt seine Kritik weniger auf Foucault als auf selektive Lesarten aus Sicht seiner Anhänger in den IB. Erhellend ist v.a. seine Kritik an der nahezu ausschließlich »textualistischen« Lesart Foucaults im Fach, während sich Foucault deutlich stärker für das Zusammenspiel nicht-diskursiver Kontexte und diskursiver/textlicher Bedeutungen interessiert hat, vgl. ebd.: 328. Ich folge im Weiteren Selbys Einschätzung, dass die *spezifischen Charakteristika* aktueller, internationaler politischer Prozesse andererseits mit Hilfe Foucaultscher Konzepte durchaus sichtbar gemacht werden können (ebd.: 337f.).

26 Am ehesten findet er sich in den Arbeiten von Diez, die im folgenden Unterkapitel vorgestellt werden sollen, sowie in einigen jüngeren Arbeiten zur diskursiven Konstruktion von Sicherheitsgefährdungen, vgl. u.a.: Hülsse/Spencer 2008: 575ff.

27 Vgl. Bührmann 1999.

28 Zur Konjunktur des Diskursbegriffs auch und v.a. in den Sozialwissenschaften: Keller et al. 2006. Erhellend mit Blick auf die Zurückhaltung der Politikwissenschaft/IB im Vergleich zu Soziologie, Politischer Theorie und (Wissenschafts-)Geschichte: Nullmeier 2006: 292ff. Im Gegensatz zum hier verfolgten Anliegen vertritt Nullmeier (wenigstens implizit) das Anliegen, eine »Aufspreizung zur allgemeinen Kommunikations- und Medientheorie« zu vermeiden (ebd.: 306).

29 Huysmans 2004.

schärft. Ein dezidiert als solches kenntlich gemachtes Interesse an diskursiven Konstruktionsprozessen findet sich allerdings im Aufsatz nicht. Andere jüngere Arbeiten zur Anwendung Foucaultscher Ideen auf die internationalen Beziehungen blenden Bezüge zu diskursiven Konstruktions*prozessen* demgegenüber noch stärker aus. Prozorov etwa dient das Konzept der »Gouvernementalität«[30] dazu, einen herrschenden »liberalen *Governance*-Diskurs« zu behaupten, während Neumann/Sending das »Internationale« schlechthin als einen Diskurs ausweisen, in dem liberale Normen politischer Steuerung an Bedeutung gewinnen und auf diese Weise Gouvernementalität auf internationaler Ebene etablieren.[31] Beide Ansätze fußen dabei auf einer abstrakten Vorstellung von Diskurs, ohne jedoch die zugrunde liegenden Prozesse diskursiver Konstruktion näher in Augenschein zu nehmen. Schließlich finden sich in einem jüngst veröffentlichten Forum zu »Foucault in den Internationalen Beziehungen«[32] verschiedene Ideenskizzen zum Mehrwert eines mit Foucault soziologisch gewendeten Faches IB. Dort liest man viel über Machtkonzeptionen, die Infragestellung und Notwendigkeit der Überwindung disziplinärer Grenzen und das Aufzeigen der Degradierung der »menschlichen Existenz« durch gegenwärtige Formen der Weltordnung. Diskurse bzw. diskursive Konstruktionsprozesse aber sucht man vergeblich.

Esoterisch schließlich wird es, wenn eine spezielle Form der Foucault-Exegese für die IB nutzbar gemacht werden soll, indem keine kreative Anwendung bei Foucault entlehnter Konzepte vorgeschlagen, sondern die Überführung von dessen (politischen) Ansichten zu politischen Ereignissen im globalen Süden in generalisierende *Analyse*konzepte des Internationalen gefordert wird.[33] Der Umgang mit Foucault in den IB legt dabei einerseits den Eindruck nahe, als ob weitestgehend Konsens darüber herrschte, was (mit Foucault) unter »Diskursen« zu verstehen sei und in der Folge be-

---

30 Vgl. dazu die klassischen Texte bei Foucault (u.a. 1997a: 225, 285; 2004). Gouvernementale Praktiken beschreiben Prozesse der Steuerung und Disziplinierung. In Foucaults Werk lässt sich dabei eine Weiterentwicklung exogener disziplinärer Techniken (Anstalten, Gefängnisse) hin zu Techniken der Selbst-Disziplinierung ablesen. Solcherart Regulierungsleistungen des Selbst bilden eine »Mikrophysik der Macht« ab, vgl.: Simons 1995: 36. Dieses Interesse an einem Ensemble von Apparaten, Institutionen, Verfahren, Reflexionen und Taktiken, die es erlauben, (sich selbst) zu reg(ul)ieren, hat in der Folge zur Etablierung einer eigenen Forschungsrichtung (Governmentality Studies) geführt, vgl.: Aguigah 2000. In den IB wird das Konzept v.a. gebraucht, um einen Zusammenhang zwischen der Legitimierung von Formen politischer Steuerung und einem erfolgreich etablierten Bedeutungshorizont als Moment der »Disziplinierung« zu erfassen.

31 Prozorov 2004; Neumann/Sending 2007.

32 Forum 2008a.

33 Jabri 2007.

forscht werden sollte. Dagegen scheint mir gerade die oben skizzierte diskursive Grunddynamik wenigstens in ihrem Mehrwert für eine konstruktivistische Perspektive auf die internationalen Beziehungen noch nicht etabliert zu sein.

Dass mit Foucault andererseits lieber der Weg über Konzepte wie »Gouvernementalität« oder »Bio-Macht«[34] usw. für eine Analyse des internationalen Politischen genommen wird, anstatt mit dessen Diskurskonzept zu argumentieren, ließe sich neben dem Verweis auf von Foucault selbst beschriebene inhaltliche Interessen auch mit Hinweis auf alternative, etablierte Diskursideen in den IB erklären. Gerade in den deutschsprachigen IB – vermittelt über die ZIB-Debatte und deren Rezeption in englischsprachigen Kontexten auch anderswo (vgl. Kap. 5) – dürfte sich dabei die Habermassche Diskurskonzeption als populäre Alternative erweisen. Wiederum ohne Anspruch auf eine tiefenscharfe philosophische Exegese[35] scheint eine Gegenüberstellung der beiden Begriffe in ihren unterschiedlichen Konturierungen sinnvoll. Dies gilt nicht zuletzt auch, weil im alltagssprachlichen, auch publizistischen Kontext ein anderes als das mit Foucault in der vorliegenden Arbeit postulierte Verständnis des Begriffes vorherrscht. Es ist dies ein Verständnis, das seine Anleihen eher beim Habermasschen Begriff nimmt, ohne freilich in seiner weitestgehend unreflektierten Gleichsetzung von »Diskurs« und »Debatte« deckungsgleich mit dem Habermasschen Begriff zu sein.[36] Trotz des Umstandes also, dass beide – Habermas und Foucault – ein generelles Interesse an der Sprachbasiertheit sozialer und politischer Prozesse eint und bei beiden »Wissen« als ein soziales Produkt kontingent und prinzipiell wandelbar konzeptionalisiert wird, weisen die jeweils zugrunde liegenden Diskursverständnisse Unterschiede auf.[37] Neben einer unterschiedlichen Betonung und konzeptionellen Verortung von Machteffekten,

---

34 Vgl. u.a.: Edkins/Pin-Fat 2004 (für die Rezeption in den IB); sowie allgemein: Kögler 1994: 81.

35 Sinn dieser Abgrenzung ist es nicht, eine Antwort darauf zu geben, wessen Konzeption die »bessere« oder sozialen Situationen adäquatere sei. In diesem Sinne ist eine ebensolche Gegenüberstellung in den IB allerdings geläufig, vgl. u.a.: Haacke 1996. Für die Re-Konstruktion des grundsätzlichen Arguments bei Habermas greife ich auf die in Kap. 5 zitierte TKH zurück.

36 Vgl. die kurze Darstellung in: Palan 2000b: 223. Nichtsdestoweniger neigt Palan selbst einem deutlich *strukturalistischen* Diskursverständnis zu. Zu unterscheidbaren Verwendungen des Begriffs »Diskurs« und verschiedenartigen sozialwissenschaftlichen Zugängen, die sich dahinter verbergen, grundlegend: Keller et al. 2006: 10ff.

37 Ich folge hier weitestgehend: Feindt/Oels 2005: 163ff. Zu ähnlichen Abgrenzungen siehe u.a. auch: Link 1999: 148f.; Schrage 1999. Einzelne Debatten/Diskurse im Common-Sense- wie im Habermasschen Verständnis sind somit eher diskursive Ereignisse im Sinne Foucaults, vgl. Link 1999: 150. Für Abgrenzungsversuche in den IB siehe: Holzscheiter 2005: 732-734; Baumann 2006: 72-74.

die aus diskursiv hergestellter Übereinkunft resultieren, bezieht sich dies vor allem auf die jeweilige Vorstellung des Zusammenhanges zwischen der aktiven, sprachlich-kommunikativen Dimension einerseits sowie der strukturierenden Wirkung etablierter Übereinkünfte/Bedeutungsgehalte auf solche Handlungen andererseits.[38]

Daraus folgt aus Foucaultscher Sicht, dass Intersubjektivität prekär und erst herzustellen ist, während sie im Habermasschen Modell (nicht als Konsens über Bedeutungsgehalte, sondern im Sinne einer generellen Verständigungs*möglichkeit* der Akteure) Grundlage einer kommunikativen Verständigung über Geltungsansprüche ist.[39] Mit Foucault tritt somit eine spezifische Idee der »Produktivität« von Diskursen hervor, die sich nicht auf kommunikativen Erfolg in Debatten reduzieren lässt. Diese beinhaltet neben der Etablierung von Bedeutungsgehalten auch die Zuweisung von Legitimität zu Techniken der nachfolgenden (Re-)Produktion von »Wissen«. Diskurse betten Akteure damit in eine »strategische Situation« ein, indem sie diskursiv konstruierte Bedeutungs- und Handlungsräume schaffen, während sie bei Habermas den Austausch von Argumenten beschreiben.

Das in der vorliegenden Arbeit zugrunde gelegte Konzept von Diskurs bewegt sich dabei insofern ein Stück weit »zwischen« Habermas und Foucault, als es sich stärker als in Foucaults Texten zunächst angelegt für die Prozesshaftigkeit diskursiver Konstruktion interessiert. Letztendlich lassen sich auf Basis des hier skizzierten Verständnisses allerdings sinnstiftend mehr Fragen »mit« Foucault bzw. aus dessen Perspektive stellen. Dies zielt u.a. auf die Fragen nach der Herstellung von Intersubjektivität, Konsens und den *politics of reality* (vgl. Kap. 4) ab. »Diskurs« fungiert hier damit nicht als idealtypisch angenommener Handlungsmodus im Kontext einer normativ orientierten Theorie (wie im Habermasschen Sinne), sondern als Kernkonzept für ein analytisches Modell zur Erfassung ubiquitärer Prozesse der Bedeutungsschaffung.

---

38 Für eine Diskussion der häufig missverstandenen Aussage Foucaults, er beschäftige sich nicht (!) mit »relations of meaning« (Bedeutungsstrukturen), sondern mit »relations of power« (Machtbeziehungen), vgl.: Johnson 1997; Lorey 1999: 89f.

39 Aber vgl. die etwas konfuse Darstellung in: Steans/Pettiford 2005a: 188. Auch wenn es zweifelsohne richtig ist, dass Sozialkonstruktivisten in den IB in der Regel »Diskurs« als Synonym für »Kommunikation« gebrauchen (und sich damit hinsichtlich der oben skizzierten Begriffsverwendungen zwischen einem Common-Sense-Begriff und Versatzstücken eines Habermasschen Begriffes bewegen), so ist die Herstellung von Intersubjektivität i.S. eines Konsenses gerade ein markantes Unterscheidungskriterium zwischen der Habermasschen und der Foucaultschen Perspektive auf Diskurse, vgl. u.a.: Jäger 1993: 148.

Abbildung 2: Verschiedenartige Diskursbegriffe und die Verortung des hier entwickelten Begriffes »Diskurs als Prozess der Bedeutungsstiftung«

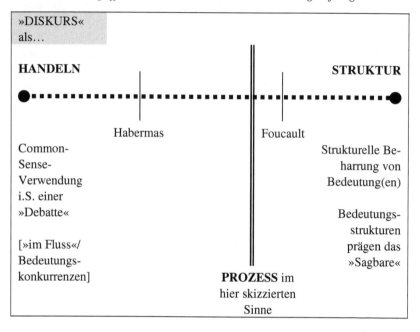

Foucault selbst hat, wie angedeutet, keine eindeutige Definition seines Diskursbegriffes vorgelegt und infolgedessen auch keinen klar umrissenen Begriff in strikter Manier verwendet. Einer eigenen Begriffsdefinition am nächsten kommt dabei die folgende Darstellung:

»Discourse [...] is the always-finite and temporarily limited ensemble of those statements alone which were formulated. They might be innumerable; they might, by their mass, exceed any capacity for registration; they nevertheless constitute a finite ensemble. The description of discourse asks a different question [than linguistic analysis]: How is it that this statement appeared, rather than some other one in this place?«[40]

Es ist in diesem Sinne, dass neben der inhaltlichen Bestimmung von Bedeutungen (diskursiv erzeugter Sinn bzw. Inhalte von Diskursen) vor allem die Frage des Zustandekommens spezifischer Bedeutungshorizonte für eine Diskursanalyse bestimmend ist.

Diskurse als Regeln erzeugende Mechanismen/Prozesse, in denen Bedeutungsgehalte in ihrem Zusammenspiel organisiert werden, machen somit im Kern das charakteristische Moment eines Diskursiven Konstruktivismus im Anschluss an Foucault aus. Zwar manifestiert sich Diskurs vornehmlich

---

40 Foucault 1997b: 307.

in einem System aufeinander bezogener Aussagen (als eine sog. diskursive Formation) in einem seinerseits diskursiv konstruierten thematischen Feld. Das Hauptaugenmerk liegt mit Foucault allerdings auf »diskursiven Ereignissen« vor dem Hintergrund solcher diskursiver Formationen. Howarth führt dazu aus, dass es der Zusammenhang von Aussagesystemen und diskursiven Formationen als sedimentierten Folgen vormaliger Bedeutungen schaffender Handlungen ist, dem die Aufmerksamkeit zu gelten habe.[41] Dabei umschließen diskursive Formationen: Objekte (in ihren Bedeutungsgehalten und ggf. ihrer Materialität), über die Aussagen getroffen werden, die Gesamtheit der Sprecherpositionen, die in diskursivem Handeln benutzten Konzepte sowie Themen und Theorien über die Objekte, die in diskursiven Handlungen entwickelt werden.[42] Wiederum mit Foucault kann dann als eigentlicher Sinn einer Diskursanalyse beschrieben werden:

»[…] it is concerned to grasp the statement in the narrowness and singularity of its event; to determine the conditions of its existence, to fix its limits as accurately as possible, to establish its correlations with other statements with which it may be linked, and to show what other forms of articulation it excludes«.[43]

Und noch deutlicher, mit Blick auf die Bedeutung diskursiver Ereignisse im oben beschriebenen Sinne: Solcherart »diskursive Ereignisse« entstehen vor dem Hintergrund eines

»[…] set of conditions which, at a given moment and in a determinate society, *govern* the appearance of statements, their preservation, the links established between them, the way they are grouped in statutary sets, the role they play […] the way they are invested in practices or attitudes, the principles according to which they come into circulation, are repressed, forgotten, destroyed or reactivated. In short, it is a matter of the discourse in the system of its institutionalization.«[44]

Interpretiert man das von Foucault an dieser Stelle benutzte »govern« im Sinne einer Handlungs*konstituierung*, einer Ermöglichung anstelle strikter Determinierung, so erschließt sich der konstruktivistische Kern des vorliegenden Diskursbegriffes. Indem zwar angenommen werden kann, dass bereits produzierte Sinnumwelten zu einem wesentlichen Teil reproduziert werden, gleichzeitig aber nicht ausgeschlossen wird, dass neuer Sinn hinzutritt und über Diskurse Eingang in die diskursive Formation findet und diese

---

41 Howarth 2002: 120.

42 Ebd.; vgl. auch: Foucault 1997b: 312. Diskursformationen organisieren somit Diskurse, die in Konkurrenz-, Dominanz- oder Koalitionsbeziehungen zueinander stehen, vgl. Schwab-Trapp 2006: 269.

43 Foucault 1997b: 307.

44 Ebd.: 309, eigene Herv.

verändern kann, wird die Dynamik andauernder sozialer Konstruktion im Foucaultschen Diskursmodell (und somit diskursiver Wandel) sichtbar.

Aus diesem Blickwinkel kann die Foucaultsche Diskurstheorie gleichsam als eine Wissenssoziologie betrachtet werden, die »nach den Formationsregeln für kollektiv geteilte Wissensstrukturen und ihren historischen Veränderungen« fragt.[45] Die Wirkmächtigkeit von Sprache wird dabei wie folgt thematisiert: Die Gegenstände der Welt werden durch Sprache und sprachlichen Austausch in ihren Bedeutungen konstruiert und mit Handlungsmöglichkeiten auf sie hin versehen, wobei eine (Re-)Artikulation von Bedeutungen in intersubjektiven Kontexten stattfindet. Ebendiese intersubjektiven Kontexte, präziser: die in ihnen ablaufenden Prozesse können in Form von Diskursen gedacht werden. Die gegen diskurstheoretische Ansätze im Anschluss an Foucault geäußerte Kritik, seine Vorstellung des Diskurses bliebe unscharf, weil sie von der Vorstellung, Diskurs sei ein Produkt des Sprachgebrauchs, bis zu der Konzeption des Diskurses als Teil der Sozialstruktur variiere[46], umschließt so den eigentlichen Kern des Arguments. Die vermeintliche »Schwäche« eines diskursiven Ansatzes beschreibt gerade seine Stärke. Diskurse werden von Sprech- (und weiterführenden) Handlungen konstituiert, gleichzeitig können sich die Elemente der Sozialstruktur nur in ihnen artikulieren. Wie oben beschrieben wurde, werden Diskurse durch einen Komplex aufeinander bezogener Sprachhandlungen geformt, in ihrer Wirkung bilden sie aber »diskursive Konstrukte«, die als Teil der Sozialstruktur das Akteurshandeln beeinflussen. Materialität weisen diese in dem Sinne auf, als sie nicht bloßer »Überbau« und damit notwendiger Ausfluss materieller Strukturen sind, sondern eine zwischen Akteur und Akteursumgebung zwischengeschaltete und nicht hintergehbare Dimension der Sinnstiftung darstellen, die vom diskursiven Handeln der Akteure abhängig ist. Hier greift soziale Konstruktion und bildet die Varianz ab, die daraus entsteht, wie unterschiedliche Diskursgemeinschaften verschiedenartigen Sinn (vermeintlich: den gleichen) Gegenständen zuweisen. Die über solche Prozesse der Sinngebung in ihrem Wesen konstituierten materiellen Fakten ebenso wie weitere »materielle« Wirkungen von Sinnkonstruktionen verdeutlichen die Verschränkung zwischen diskursiven Prozessen und einer (auch) materiellen Akteursumgebung. Die gilt nicht zuletzt auch, weil in diesem Zusammenspiel auch bestimmte Handlungsoptionen in der Folge als legitim(er), wahrscheinlich(er), erfolgreich(er) usw. ausgewiesen werden, das Zusammenspiel also Handlungskonsequenzen besitzt.[47]

Eine an Foucault angelehnte Vorstellung von Diskursen als bedeutungsstiftenden Prozessen hat gegenüber anderen Diskurskonzeptionen[48] den un-

---

45 Diaz-Bone 1999: 124; vgl. in ähnlicher Weise zusammenfassend: Jäger 2006: 83.

46 Delanty 1997: 107.

47 Vgl. Jäger 2006: 87f., 92.

48 Eine mögliche Alternative, nicht zuletzt angesichts thematischer Präferenzen in den theorieorientierten IB, böte neben dem bereits angesprochenen

zweifelhaften Vorteil, diskursive Konstruktionsprozesse in einem wissenssoziologischen Sinn fassbar zu machen. Sie kann in ein Modell der Bedeutungsschaffung übersetzt werden, das politisch bedeutsame Dynamiken abbildet und empirischer Forschung zugänglich ist. Darüber hinaus bietet es drei weitere interessante Vorteile, die im Folgenden kurz aufgezeigt werden sollen. Zum einen lässt sich mit Foucault die oben angesprochene erkenntnistheoretische Problematik (vgl. Kap. 5) im Rahmen eines konstruktivistischen Ansatzes bearbeiten, ohne notwendigerweise systemtheoretisch gewendet zu werden[49], in epistemischen Relativismus zu münden oder willkürlich ausgespart zu bleiben. Darüber hinaus werden Machtdynamiken im Modell abbildbar, ebenso lässt sich das institutionell-infrastrukturelle Umfeld diskursiver Dynamiken einbinden.

Hinsichtlich erkenntnistheoretischer Probleme bietet ein Foucaultscher Ansatz eine überraschend einfach anmutende Lösung. Der »Trick« besteht darin, den Erkenntnisprozess als primäres Analyseobjekt zu betrachten und, ohne ihn damit als einen separaten Untersuchungsgegenstand auszuweisen, unter der Perspektive diskursiver Dynamiken zu betrachten. Auch wenn Foucault selbst keine umfangreichen, als solche kenntlich gemachten Schriften zur Epistemologie verfasst hat, liest sich eine Vielzahl seiner frühen Arbeiten zur sog. archäologischen Methode ebenso. Indem sich eine »Archäologie« nach Foucault auf das Ausfindigmachen eines jeder Gesellschaft innewohnenden Korpus von philosophischen Ideen, Alltagsmeinungen, Institutionen, Handelsgebaren, politischen Aktivitäten, Sitten im Allgemeinen

---

Habermasschen auch das Diskurskonzept nach Laclau/Mouffe. Ohne an dieser Stelle eine Abgrenzung zu konkurrierenden Diskurskonzepten mit dem notwendigen argumentativen Tiefgang vorantreiben zu können, sei darauf hingewiesen, dass das hier im Anschluss an Foucault präsentierte Diskursmodell den Vorteil bietet, Diskurse an spezifische Akteure (ggf. auch deren artikulierte und/oder plausibel zu rekonstruierende Interessen) zurückzubinden und die wechselseitige Bedingung von diskursiven Handlungen und Strukturen in zeitlich aufeinander folgenden Sequenzen zu modellieren. Im Gegensatz dazu belässt etwa das Modell diskursiver Herstellung von Hegemonie nach Laclau/Mouffe vieles im Unklaren. Zwar sei Hegemonie ein diskursiver Knotenpunkt, dieser befände sich aber in einem weitestgehend »offenen« (nicht determinierten) System von Artikulationspraxen. Vgl. dazu u.a. die Kritik an einer allein auf Kontingenz abstellenden Konzeption diskursiver Schließungen in: Morton 2005. Wie Morton anmerkt:»What is lost in [Laclau/Mouffe's concept of] the complex game of discursivity is *any point of condensation* within social-power relations« (ebd.). Vgl. dazu, allerdings in positiver Darstellung ebensolcher Nicht-Festgelegtheit: Marchart 1998.

49 Vgl. dazu u.a.: Weller 2002, 2003. Weller bietet zwar mit Luhmann eine »Lösung« der erkenntnistheoretischen Problematik an, weist aber auch darauf hin, dass die Systemtheorie nicht ohne Weiteres mit geläufigen Vorstellungen von »Macht« und »Interesse« zu kombinieren ist.

und damit: eines Korpus impliziten Wissens bezieht, der spezifisches Wissen wie Theorien, wissenschaftliche Wissensbestände, aber auch: religiöse Vorstellungen umfasst[50], wird eine spezifische Herangehensweise an die Erkenntnisproblematik – die *soziale Einbettung* von Erkenntnisprozessen – sichtbar. Diskurse wirken in diesem Sinne erkenntniskonstitutiv, Erkenntnis ist eine sozial erzeugte Erfahrung.[51]

Dies ist jedenfalls die radikalisierte Konsequenz aus der Anlage der Foucaultschen Forschungsperspektive. Dass Foucault sich selbst nicht als Konstruktivist bezeichnet hat, dürfte vielmehr dem Umstand geschuldet sein, welchen Begriff »sozialer Konstruktion« man zugrunde legt. So antwortet er auf die Frage »So truth is not a construction?« mit einem ausweichenden: »That depends. There are games of truth in which truth is a construction and others in which it is not [...]«, und weiter: »This does not mean that there's just a void, that everything is a figment of the imagination.«[52] Insofern Konstruktion also von durchaus materiellen Handlungsfolgen befreit betrachtet wird[53], verortet sich Foucault selbst als Materialist. Wird demgegenüber die Dichotomie von materiellen/immateriellen Fakten zugunsten der Dimension des Diskursiven aufgelöst, so lässt sich der konstruktivistische Impuls erahnen, der letztendlich an die Vorstellung eines *sozial* eingebetteten, als solcher nicht hintergehbaren (allenfalls: thematisierbaren und reflektierbaren) Erkenntnisprozesses geknüpft ist.

Wesentlich weniger »einfach« stellt sich demgegenüber die in Foucaults Denken angelegte Machtkonzeption dar. Zwar könnte man auf einer sehr abstrakten Ebene behaupten, dass es vor allem das Zusammenspiel von »Wahrheit« und »Macht« sei, das den Foucaultschen Begriff prägt. Oder aber mit der zirkulären Annahme argumentieren, dass Machtsysteme »Wahrheit«, als solche ausgewiesen, erfolgreich produzieren und diese »Wahrheit« in Form bestimmter Bedeutungen, Sinnordnungen usw. Machteffekte induziere und verstärke.[54] Dies würde aber den Blick auf die eigentliche Pluralisierung von Machtverständnissen in Foucaults Schriften eher verstellen. Foucault selbst hat dazu (wiederum zurückhaltend und wenig strikt) ausgeführt:

---

50 Foucault 1997b: 261.

51 Kögler 1994: 13; vgl. auch: Hook 2001: 524f.

52 Foucault 1997b: 297.

53 In diesem Sinne ist Hook (2001: 525) zuzustimmen, dass es lächerlich anmutet, Foucault zu lesen, als ob dieser behaupte, »[...] that truth is ›relative‹, in the open sense of the term, where all possible truth-conditions are equal«. Foucaults Bemühen ist im Gegenteil gerade darauf gerichtet, die Möglichkeit der Herstellung von Wahrheit zu ergründen, eben letztlich als Erkenntnisprozess, der in sozial vorgeprägte Bedeutungsstrukturen eingebettet ist.

54 Vgl. Simons 1995: 27.

»I scarcely use the word *power*, and if I use it on occassion it is simply as shorthand for the expression I generally use: *relations of power*. [By this] I mean that in human relationships, whether they involve verbal communications [... or other relationships,] power is always present [...] I am speaking of relations that exist at different levels, in different forms; these power relations are mobile, they can be modified, they are not fixed once and for all.«[55]

Auch hier bleibt Macht zunächst noch wenig greifbar und folglich kann der Mehrwert eines Diskursiven Konstruktivismus in der Tradition Foucaults mit Blick auf den Machtaspekt wohl zunächst am besten damit beschrieben werden, dass sich Macht aus sozialer Interaktion ergibt und damit die gesamte lebensweltliche Praxis der Gesellschaft durchzieht.[56] »Macht« ist dabei weder Quelle noch Ursprung des Diskurses, sondern *vollzieht* sich über diesen: Diskurs im Sinne eines Prozesses von Bedeutungs(-re-)produktion geht einher mit der Etablierung von Machteffekten. Macht ist damit weder Attribut exponierter Handlungsträger noch eine allein subjektbezogene Eigenschaft oder Fertigkeit (im Sinne etwa der Weberschen Machtdefinition). Wie Demirovic ausführt, ist ein Interesse an Machtbeziehungen im Sinne Foucaults damit auf die Ordnung der Dinge gerichtet, auf die »[...] Normalität, die Klassifikationen, mit denen wir die Gegenstände, die Verhaltensweisen, die Praktiken bezeichnen, einordnen, beobachten, bewerten – all das erweist sich *als Ergebnis von* Kämpfen und Machtbeziehungen«.[57]

Schließlich: Mit Hilfe eines solcherart skizzierten Diskursiven Konstruktivismus ist es möglich, das institutionelle Umfeld bzw. die infrastrukturelle Einbettung von diskursiven Ereignissen, Diskursformationen, mithin diskursiven Prozessen im Modell abzubilden. Nicht mehr »nur« die Analyse spezifischer Diskursformationen oder Diskurse (was wird zu einer bestimmten Zeit über ein bestimmtes Set von Gegenständen gesagt, mit welchen wirklichkeitskonstitutiven Wirkungen usw.), sondern deren Zustandekommen vermittels bestimmter institutioneller Konstellationen und materieller Handlungskontexte bildet ein Kerninteresse. Wie Hook ausführt, ist damit die Aufmerksamkeit gerichtet auf die »[...] identification of institutional supports and the ›whole strata of practices‹ underlying the production of truth, such as paedagogy and library, publishing and university systems«[58] sowie andere solcher Kontexte (möglich etwa: Massenmedien!). Und weiter: »To critically engage with discourse [...] one needs [...] to *map discourse, to trace its outline* and its relations of force across a variety of discursive forms and objects.«[59] Anders als in den meisten im Anschluss an Foucault angestrengten diskursanalytischen Studien ist damit nicht notwen-

---

55 Foucault 1997a: 291f.
56 Vgl. Kögler 1994: 94.
57 Demirovic 2008: 190.
58 Hook 2001: 524.
59 Ebd.: 528.

digerweise die »inhaltliche« Dimension die Ausschlag gebende (Bedeutungsverschiebungen als solche), sondern die Analyse des Wechselspiels zwischen diskursiven Prozessen/ggf. Wandel und spezifischen Handlungskontexten.

6.3 DER DISKURSIVE KONSTRUKTIVISMUS NACH THOMAS DIEZ

6.3.1 Vorstellung des Diezschen Ansatzes

Es wäre vermessen (und falsch), zu behaupten, dass diskursanalytische Studien im Fahrwasser der konstruktivistischen Wende in den IB keinerlei Rolle gespielt hätten.[60] Wesentlich weniger deutlich zeichnen sich aber die Konturen eines Diskursiven Konstruktivismus ab, insbesondere hinsichtlich dessen Verortung innerhalb der Debatte um Konstruktivismen in den IB. Der von Thomas Diez vertretene Ansatz eines »Diskursiven Konstruktivismus« (zunächst als »Erkenntnistheoretischer Konstruktivismus«) ist so, obwohl in der *Zeitschrift für Internationale Beziehungen* und damit an prominenter Stelle für die deutschsprachige IB vorgestellt, nicht zum Bestandteil der Debatte um den (Sozial-)Konstruktivismus in den IB geworden.[61] Andererseits hat Diez selbst sich auch gegenüber explizit *sozial*konstruktivistischen Ansätzen abgegrenzt, vornehmlich aufgrund der von diesen Ansätzen eingenommenen epistemologischen Positionen.[62] In der Theoriedebatte der deutschsprachigen IB dürfte er zudem eher als Autor »postmoderner« Beiträge wahrgenommen werden.[63] Dennoch gibt es gute Gründe, die von Diez

---

60 Vgl. etwa: Larsen 1997: 3-33, 182-199; Miliken 1999, 2001; Wæver 2004, 2005: 35-42. Alle Autoren betonen dabei, dass es kein gemeinsames Verständnis dessen, was die Beschäftigung mit Diskursen ausmacht, gibt. Es lassen sich lediglich unterschiedliche Stoßrichtungen ausmachen, etwa im Sinne der Ausarbeitung einer eher generellen »Diskurstheorie« (dabei allerdings: normative gegenüber eher analytischen Ansätzen) im Gegensatz zur Anwendung diskursanalytischer Verfahren auf bestimmte Textkorpora. Miliken (1999: 227f.) macht überdies auf die diskursorientierten Ansätzen innewohnende Tendenz aufmerksam, über die Vorstellung von Bedeutungs(-re- bzw. -de-)konstruktion auch den Anspruch von »Normalwissenschaft« zu unterminieren. In diesem Sinne ist Diskursanalyse gerade nicht auf Etablierung eines neuen, konkurrierenden Erklärungsansatzes, sondern ideologiekritisch auf die Infragestellung von Wissenschaft gerichtet.

61 Vgl. Diez 1996, 1998.

62 Vgl. Diez 1999: 39.

63 Dies nicht zuletzt, weil Diez in seinen Beiträgen (1996, 1998) den Mehrwert eines »postmodernen« Ansatzes für die EU-Integrationsforschung herauszustellen versucht und obendrein in einem einschlägigen Theoriehandbuch der IB den Beitrag zu »Postmodernen Ansätzen« (Diez 2003) verfasst hat.

vorgelegte Konzeption eines Diskursiven Konstruktivismus wieder in die Debatte um den Konstruktivismus in den IB einzubringen.

Dies gilt u.a., da der Diskursive Konstruktivismus nach Diez sprachlichen Austausch zwischen den Akteuren und Sprechhandlungen (im weitesten Sinne) in den Mittelpunkt der Betrachtungen stellt und damit die »Sprachlosigkeit« vieler gängiger Konstruktivismen in den IB überwindet. In seiner Konzeption wird Sprache eine eigene Wirkmächtigkeit eingeräumt, die intentionalen Sprachgebrauch von Akteuren umfasst, aber die Rolle von Sprache nicht darauf reduziert. Im oben skizzierten Foucaultschen Sinne werden dabei über »Diskurse« sprachliche (wie damit in Verbindung stehende außersprachliche) Konstruktionsprozesse von Bedeutungsgehalten als *die* zentrale Dimension sozialen Handelns in internationalen Beziehungen verstanden. Wiederum gilt:

> »Discourse analysis does not claim that discourse is all there is to the world, only that since discourse is a layer of reality where *meaning is produced and distributed*, it seems promising for an analysis to focus on it.«[64]

Von zentraler Bedeutung sind diese Prozesse dabei vor allem, weil über diskursive Konstruktionsprozesse Handlungsgrundlagen geschaffen werden. Das »Politische« ist gleichsam darin zu verorten, dass in der Verschränkung von Sinnumgebungen und Handlungen Handlungsrepertoires je spezifischen Zuschnitts geformt werden (zumindest im Sinne sinnvollen, legitimen und/oder erfolgreichen Handelns).

Die theoretische Modellierung sprachlicher Phänomene beschränkt sich also im Diskursiven Konstruktivismus nach Diez nicht auf das Zugeständnis, dass Sprache eine Rolle spiele, sondern stellt im Kern auf deren fundamentale Bedeutung für Prozesse sozialer Konstruktion ab. So werden in Diskursen mittels Sprache die Bedeutungen der Gegenstände der internationalen Beziehungen sozial konstruiert und mit Handlungsmöglichkeiten auf sie hin ausgestattet. Diese Bedeutungen werden in Sprechhandlungen weitergetragen und stehen in Sprechsituationen potenziell zur Debatte, gleichzeitig allerdings werden im sprachlichen Austausch Privilegierungen bestimmter Lesarten ermöglicht. Das Argument für eine Beschäftigung mit dem Diezschen Ansatz *aus konstruktivistischer Perspektive* gründet damit zum einen darauf, dass Diez einen konstruktivistischen Perspektivwechsel stringenter (und damit auch: kohärenter mit Blick auf die identifizierten konstruktivistischen Kerninteressen, vgl. Kap. 4) vollzogen hat, als dies in weiten Teilen der deutschen Debatte geschah. Zum anderen erscheint es möglich, das dem Diezschen Ansatz zugrunde liegende Modell als Ausgangspunkt zu nutzen, um für hier vorliegende Zwecke ein aufbauendes Modell zu entwickeln, mit dessen Hilfe es möglich ist, diskursive Dynamiken über Gesellschaften hinaus/hinweg zu erfassen.

---

64 Wæver 2004: 199; eigene Herv.

Diez entwickelt seinen Ansatz von der Vorstellung ausgehend, dass die EG/EU ein im Diskurs gebildeter Gegenstand sei und dass Zukunftsvorstellungen von Europa als Nation als Leitideen/Leitbilder-Bündel in ebensolchen Diskursen transportiert werden.[65] Damit beschränkt er die Konstruktion von Staatlichkeit der EG/EU zunächst auf die Praxen exponierter Akteure (in Politik und Wissenschaft) und legt seinem Diskurskonzept ein deutlich »textualistisches« Verständnis zugrunde. Er identifiziert »floating signifiers« (allgemein gebräuchliche Termini, deren Bedeutung aber nicht genau festgelegt ist; zum Beispiel: »Union«) und »contested concepts« (kontextabhängige, konkurrierende Bedeutungskonstruktionen) als Kerne des innerstaatlichen Integrationsdiskurses.[66] Damit interessiert sich Diez sowohl für die semantische Vielfalt als auch für das Wechselspiel zwischen Begriffsverschiebungen, unterschiedlichem Begriffsgebrauch und konkreter Politik, die wenigstens in ihren Handlungsfolgen bestimmte Begriffsgebräuche als adäquater gegenüber anderen ausweist.

Zentral ist dabei seine Feststellung, dass es aus der von ihm skizzierten Forschungsperspektive weniger um die Interessen und (»wahren«) Motive der Akteure geht, sondern um im Diskurs sich vollziehende Dynamiken. Diese umfassen v.a. Konsensschaffung über das politische Projekt »EU« und damit einhergehend die Priorisierung/Marginalisierung bestimmter Lesarten.[67] In einem nachfolgenden Aufsatz verdeutlicht er sein Verständnis von Diskursen im Foucaultschen Sinn, insbesondere die Motive einer Verschränkung verschiedener Diskursebenen und der Unhintergehbarkeit der Realität als diskursiv konstruierter Entität, die im Umkehrschluss auch allein auf diese Weise (diskursiv-textualistisch) zu erfassen sei.[68] Mit der Einnahme eines solchen Blickwinkels, so Diez, stehe ein »Perspektivwechsel« an, und zwar dahingehend, welche Fragen dann sinnvollerweise zu stellen seien. Entscheidend sei demnach, wie und als was die EU von den Akteuren diskursiv konstruiert wird.[69] Diese diskursiv erzeugten Konstruktionen bildeten das (kontingente) Fundament von Politik, was in methodischer Hinsicht eine Hinwendung zur »Leitbilder-Analyse« bedinge, und zwar nicht unter der Perspektive, ob dort wahre oder falsche Aussagen getroffen werden bzw. welche Intention hinter bestimmten Akteursäußerungen stecke. Vielmehr gelte es zu analysieren, welche Bedeutungszuweisungen solche Leitbilder (vor dem Hintergrund bereits bestehender Sinnhorizonte) vornehmen.[70] In einem zweiten Schritt verbindet Diez dies mit dem didaktischen Anliegen, getätigte Äußerungen exponierter Akteure dergestalt zu de-

---

65 Diez 1995: 2.
66 Ebd.: 13.
67 Ebd.: 16.
68 Vgl. Diez 1996: 257f. Siehe dazu auch, in kurzer und pointierter Weise die Sicht aus einem Foucaultschen Blickwinkel skizzierend: Bleiker 2000: 134f.
69 Vgl. Diez 1996: 258.
70 Ebd.: 259.

konstruieren, dass »[...] verfestigte Denkstrukturen und Machtbeziehungen aufzubrechen [sind] und so Raum zu schaffen [ist] für neue Konstruktionen«.[71] Der von Diez vorgeschlagene Perspektivwechsel besteht mit anderen Worten darin, statt einer der Abbildvorstellung von Sprache entlehnten Motivsuche die Wirkmächtigkeit sprachlicher Konstruktionen für nachfolgende politische Handlungen zu untersuchen und darüber hinaus in kritisch-emanzipativem Sinne die diskursive Anschlussfähigkeit alternativer Bedeutungsgehalte zu erforschen.

In ihrer (aus dem Mainstream der deutschen IB vorgetragenen) Kritik an Diez' Ansatz hat Börzel dazu eingewandt, dass es für die empirische Forschung wenig befriedigend sei, Leitbilder lediglich zu identifizieren und nach den Regeln ihrer Konstruktion zu fragen.[72] Entscheidend sei vielmehr aufzuzeigen, dass sich solche Leitbilder tatsächlich in Politik niederschlagen. Damit kann als Kern des Streits die Frage ausgemacht werden, ob die *Wirkung* von diskursiven Konstrukten erfassbar sei bzw. wie Wirkungsmessung im Sinne eines Belegens von Wirkung vonstatten gehen sollte. Diez könne, so Börzel, obwohl er die Wirkung unterstellen müsse, keine Angaben darüber machen, welche Ideen unter welchen Bedingungen besondere politische Wirksamkeit entfalteten.[73] In seiner Replik, in der er zum ersten Mal den Begriff »Diskursiver Konstruktivismus« für den von ihm entwickelten Ansatz gebraucht[74], hat Diez demgegenüber festgestellt, dass der Mehrwert seines Ansatzes nicht in einer besseren Erklärung von Politikergebnissen läge, sondern im Ausloten (der Möglichkeiten für) alternative(r) Realitätskonstruktionen.[75] Damit hat er aus Sicht des hier vorangetriebenen Projektes zunächst völlig unnötigerweise den Diskursiven Konstruktivismus auf den (zweifelsohne bedeutsamen) kritisch-emanzipativen Aspekt enggeführt. Zwar kontert er Börzels Einwände hinsichtlich der Wirksamkeitsmessung (Diskurs > Handlungen) mit dem erwartbaren (aber auch aus Foucaultscher Sicht radikalisierten[76]) Argument, dass aus der Perspektive eines Diskursiven Konstruktivismus solcherart Trennung zwischen Diskurs und extradiskursiver Realität aus konzeptionellen Gründen nicht möglich sei; somit könne zwischen Diskurs und außenpolitischer Handlung nicht unterschieden werden (beide konstituierten sich permanent wechselseitig).[77] In gewissem Sinne fließen politische Handlungen dabei zweifelsohne in Prozesse diskursiver Bedeutungsstiftung ein. Warum aber zu analytischen Zwe-

---

71 Ebd.: 260.
72 Vgl. Börzel 1997: 126.
73 Ebd.: 134.
74 Diez 1998: 143.
75 Ebd.: 140.
76 Hier zeigt sich, dass Diez in seinen früheren Beiträgen einem systemtheoretischen Zugang zur erkenntnistheoretischen Problematik näher steht als einer Sicht im Anschluss an Foucault wie oben skizziert.
77 Ebd.: 143.

cken keine Trennung im Sinne des Aufzeigens von Möglichkeitsräumen für bestimmte Handlungen (gegenüber anderen) möglich sein soll und inwiefern dies keinen Mehrwert begründet, bleibt außen vor. Im strengen Sinne ist der Einfluss von Ideen damit zwar nur schwerlich »messbar«, aber ein Zusammenhang zwischen diskursiv konstruierter Bedeutung und politischen Handlungsfolgen kann bzw. sollte mitnichten nur unterstellt, sondern muss erfasst und abgebildet werden. Dies hat Diez abschließend auch eingeräumt, indem er für die Lösung von einem strengen Begriff des »Verursachens« plädierte.[78]

In seiner 1999 veröffentlichten Schrift »Die EU lesen« hat Diez seinen Diskursiven Konstruktivismus unter Abgrenzung vom IB-Konstruktivismus[79] und unter direkter Bezugnahme auf das von Laclau/Mouffe entwickelte Konzept »diskursiver Knotenpunkte« weiterentwickelt. Insbesondere seine Kritik am »Sozial-«Konstruktivismus in den IB aufgrund der dort vorgenommenen Aussparung erkenntnistheoretischer Fragestellungen bzw. der Nicht-Infragestellung gängiger Wissenschaftsverständnisse hat seinen Ansatz dabei als *außerhalb* der Konstruktivismusdebatte in den IB positioniert. Diez selbst bietet als Ausweg aus dem scheinbaren epistemologischen Dilemma ganz im oben (an Foucault angelehnten) skizzierten Sinne an:

»Die Alternative […] liegt darin, die Suche nach einem nachweisbaren ›Ursprung‹ aufzugeben und stattdessen die unterschiedlichen Konstruktionen durch Reflexionen über Sprache zu begründen.«[80]

Mit anderen Worten: Der ausgemachten erkenntnistheoretischen Problematik (der Nichthintergehbarkeit diskursiver Konstruktion auch im Wissenschaftsbereich, zumindest aus Sicht eines konsequenten, konsistenten Konstruktivismus) solle durch Befassung mit ebensolchen sprachlich-diskursiven Konstruktionsprozessen begegnet werden. Demgemäß stehen Wirklichkeitskonstruktionen und deren Zustandekommen (nicht die Existenz einer sprachunabhängigen Realität und unsere Zugangschancen zu ihr) im Mittelpunkt der Analyse. Diskurse stellen unter diesem Blickwinkel ein

»[…] Geflecht von Texten [dar], die einen bestimmten Gegenstand konstruieren und insofern sprachliche Handlungen […] sind, die eine konkrete Lesart dieses Gegenstandes zu fixieren versuchen«.[81]

Auch wenn die Ähnlichkeit des in der vorliegenden Arbeit postulierten Diskursbegriffes offenkundig ist, sind beide nicht deckungsgleich, v.a. was die vergleichsweise nachrangige Betonung der *Prozess*haftigkeit sowie die star-

---

78 So auch Smith' Charakterisierung von Diez' Ansatz, vgl.: Smith 1999: 686.
79 Diez 1999a: 39.
80 Ebd.: 41.
81 Ebd.: 45.

ke textualistische[82] Komponente der Diezschen Definition anbelangt. Darüber hinaus betont die Verwendung des Begriffes »Lesart« bei Diez (im Gegensatz zum meinerseits benutzten Begriff »Bedeutungsgehalt«) den Moment der Willkür, der der Etablierung einer Lesart gegenüber einer anderen innewohnt, sowie die Konkurrenz verschiedener Lesarten deutlicher. In der vorliegenden Arbeit wird demgegenüber stärker das Moment temporärer Fixierung konsensualer Bedeutungen hervorgehoben.

Anknüpfend an das eingangs beschriebene Interesse an Leitideen widmet sich Diez im Folgenden der Skizzierung solcher konkurrierender Ideen zu Finalitätsvorstellungen der EU als diskursive Konstrukte. Die Erfassung solcher Ideen lenkt dabei die Aufmerksamkeit auf diskursive Zusammenhänge, die ihrerseits im Diezschen Modell derart gezeichnet sind, dass konkurrierende Bedeutungsgehalte (Lesarten) eines Gegenstandes im Schnittpunkt verschiedener anderer Diskurse entstehen. Das bedeutet: An »diskursiven Knotenpunkten« kondensieren andere Gegenstandskonstruktionen (im geschilderten Fall Legitimitätsvorstellungen, die Partizipation, Leistung und Identitätsstiftung betreffen) und bilden konkurrierende EU-Leitbilder.[83] Damit verschiebt sich das Erkenntnisinteresse in der 1999er Studie von Diez auf die Ermöglichung *bestimmter* Lesarten durch das Zusammenspiel verschiedener anderer diskursiv etablierter Begriffshorizonte, über die in angelagerten Diskursgemeinschaften Konsens herrscht. Diese Dynamiken erfasst Diez im empirischen Teil seiner Studie, indem er eine spezifische, inner(!)gesellschaftliche diskursive Formation, die britische Europadebatte, analysiert. Damit ist sein Ansatz primär auf das Zustandekommen inhaltlicher Facetten einer Diskursformation gerichtet, wobei das Zustandekommen hauptsächlich als textuelle Dynamik gezeichnet wird.

Diesen Blickwinkel auf diskursive Konstruktionsprozesse zeichnen auch die nachfolgenden Arbeiten von Diez aus, etwa die genereller angelegte Beschreibung des diskursiv hergestellten Zusammenhangs zwischen (diskursiv vermittelter) äußerer Bedrohung und (diskursiv etablierter) interner Ordnung mit Bezug auf die Prozesse der Europäischen Integration[84] oder seine Skizze miteinander im Wettstreit liegender Diskursbeiträge zu europäischer *governance*.[85] In letztgenanntem Aufsatz richtet sich das Interesse zudem wieder stärker auf Diskurshorizonte bereits etablierter Ordnungsvorstellungen und auf die Frage, mit welchen Äußerungen sich exponierte Akteure in

---

82 Diez bemerkt dazu selbstkritisch, dass seine Diskursanalyse v.a. gerichtet gewesen sei auf »[…] analyses of parliamentary debates, public speeches of politicians, party pamphlets, and other public speeches and papers. Yet, it seems to me that the Foucauldian spirit should have driven the analysis to seemingly less central sites, and should have included less traditionally ›political‹ discourses« (in: Forum 2008a: 267).

83 Diez 1999a: 76f.

84 Diez 1999b.

85 Diez 2001.

den jeweiligen Gesellschaften auf solche Sinnhorizonte beziehen, daran an-knüpfen oder versuchen, alternative Lesarten zu etablieren. Mithin steht die Frage nach den Möglichkeitsräumen sowohl bisheriger als auch zukünftiger, alternativer Europakonzeptionen wieder stärker im Mittelpunkt.[86]

Das Konzept »diskursiver Knotenpunkte« greift Diez dabei erneut auf, um das Maß der Verankerung/Rückbindung spezifischer Ordnungsvorstellungen an verschiedene andere Diskurse, in denen *weithin akzeptierte* Bedeutungen konstruiert wurden, zu verdeutlichen. Dieses Maß bietet sich nach Diez als Erklärung für die Stabilisierung bestimmter Bedeutungsgehalte/Lesarten gegenüber anderen in einer Situation prinzipieller Konkurrenz an.[87] Hinsichtlich der erkenntnistheoretischen Implikationen seines Diskursiven Konstruktivismus merkt er im Einklang mit seiner bereits früher dargelegten Position an:

»While I would like to maintain that there is no extradiscursive reality that can be analysed as such […] I cannot see why this would prevent us from focusing on issues in the political debate more traditionally conceived, to understand its rules and its workings, to set it against possible alternatives, to suggest how one discursive position was transformed into or replaced by another one […].«[88]

In seinen jüngeren Arbeiten lassen sich bei Diez nur noch Spuren des Diskursiven Konstruktivismus finden. So führt er anhand seiner Kritik der (spezifischen Weise der) Einbeziehung der Modernen Systemtheorie in der Folge Luhmanns in den IB aus, dass eine an Foucault angelehnte Konzeption des Zusammenhanges von Diskurs, Macht und (wissenschaftlicher) »Wahrheit« der Luhmannschen Sicht auf autopoietische Systeme deutlich vorzuziehen sei. Weiterhin bemängelt er, dass die Dynamiken der (Re-) Produktion von Diskursen in den internationalen Beziehungen nach wie vor untertheoretisiert bleibe, und dass – sowohl unter kritisch-herrschafts-emanzipatorischen wie unter analytischen Gesichtspunkten – in ebendiesem diskursiven Nexus das »Politische« zu verorten sei.[89]

Der von Thomas Diez in die IB eingebrachte Diskursive Konstruktivismus hat seine prinzipiellen Stärken somit darin, dass er ein konsistentes und

---

86 Vgl. ebd.: 10.

87 Vgl. ebd.: 16. Warum in Großbritannien Europaskepsis vorherrscht, könnte dann im Rückgriff nicht auf rationale Interessenkalkulation oder machtstarke Interessengruppen, sondern vor dem Hintergrund einer spezifischen diskursiven Formation des britischen Europadiskurses als auf bestimmte Art diskursiv verankert begründet werden. Dies umschließt im Kern einen alternativen Erklärungsansatz aus Sicht des Diskursiven Konstruktivismus, vgl. meine oben ausgeführte Kritik an Diez' Rechtfertigung des Mehrwertes des Diskursiven Konstruktivismus nahezu allein mit Blick auf dessen kritisch-emanzipatorisches Potenzial.

88 Ebd.: 19.

89 Diez 2004: 41.

konsequentes konstruktivistisches Argument bietet; er geht zudem die erkenntnistheoretische Problematik produktiv an, indem Erklärungsanspruch und Forschungsperspektive entsprechend justiert werden.[90] Diskursive Konstruktionen werden dabei primär unter dem Blickwinkel eines unaufhebbaren Zusammenhangs zwischen Sprache und politischem Handeln betrachtet, wobei Diskurse Bedeutungssysteme bezeichnen, die aus Prozessen, in denen Bedeutungen sozial (diskursiv) konstruiert werden, resultieren und auf ebensolche Prozesse zurückwirken. Diskurse sind damit produktiv: Sie etablieren Handlungsgrundlagen, Handlungsspielräume, und ermöglichen bzw. beschränken damit (sinnvolles) Handeln. Diskurse produzieren Macht, indem sie dominante Lesarten bestimmter Gegenstände hervorbringen, aber auch die Möglichkeit zum Anschluss für alternative, konkurrierende Lesarten bieten. Dieses Wechselspiel von Konkurrenz/Konsens kann als zentrale Dimension von Macht im Diezschen Modell ausgemacht werden. Es ist gleichsam nicht reduzibel auf Intentionen und erfolgreiche Durchsetzung bestimmter Deutungsmuster seitens spezifischer Akteure und folgt in der konzeptionellen Anlage somit insofern einem Foucaultschen Verständnis, als es einen gewissen Grad an Autonomie in diskursiven Konstruktionsprozessen ausmacht.[91]

Andererseits bietet das Diezsche Modell weniger für das hier verfolgte Anliegen (transnationale Prozesse der massenmedialen Bedeutungsschaffung zu erfassen). Es ist, wie die Mehrzahl der diskursiven Ansätze in den IB[92], sehr stark auf nationale Handlungsräume und innerstaatliche Diskursformationen ausgerichtet und somit bis zu einem gewissen Grade entlang solcherart nationaler »Versäulung« konzipiert. Bestenfalls könnten so im Sinne eines Vergleiches verschiedener »nationaler« Diskurse, die sich auf internationale Sachverhalte richten, einzelne Gesellschaften übergreifende Diskursformationen modelliert werden.[93] Ebenso verführt das Modell »dis-

---

90 Ebenso, wenn auch wesentlich impressionistischer, in jüngeren Arbeiten: Doty 1993, 1996, 1997. Doty geht dabei vor allem von diskursiven Praktiken konkreter Akteure aus, die bestimmte Realitätskonstruktionen in ganz konkreten Kontexten darstellen. Dabei löst sie sich sehr stark von der Idee überkommener, reproduzierter, sedimentierter Realitätskonstruktionen, die den Handlungskontext diskursiver Akteure maßgeblich mitbestimmen. In der konzeptionellen Verzahnung »Realität« gewordener diskursiver Konstruktionen und aktuellen diskursiven Praxen dürfte allerdings der entscheidende Mehrwert liegen, will man dem Vorwurf eines akteurszentrierten Voluntarismus begegnen. In diesem Sinne überbetont Doty das Moment (bzw. die Erfolgschancen) neuer und alternativer Bedeutungskonstruktionen tendenziell.

91 Grundlegend dazu: Larsen 1997: 14.

92 Vgl. auch: Wæver 2004: 203.

93 Wæver verkennt Diez' Ansatz, der allenfalls vergleichend verschiedene nationale Diskursformationen analysieren kann, als grundsätzlich über die Erforschung nationaler Diskursräume hinausgehend (2005: 39).

kursiver Knotenpunkte« zu einer primär (oder: ausschließlich) textualistischen Betrachtung von Diskursen. Auch wenn die sprachliche Ebene im Rahmen eines Diskursiven Konstruktivismus zweifelsohne die zentrale Dimension abbildet, ist die kontextuelle/infrastrukturelle Einbettung solcher Diskurse kaum mehr im Bereich des Erkenntnisinteresses, wenn unterstellt wird, auf der textualistisch-interdiskursiven Ebene spielten sich alle wichtigen Dynamiken ab bzw. es sei nichts außerhalb zu erfassen. Mit anderen Worten: Indem »diskursive Knotenpunkte« als zentrales Konzept, das über diskursive Dynamiken entscheidet, eingeführt werden, richtet sich das Forschungsinteresse auf spezifische diskursive Formationen in deren textlich-inhaltlicher Dimension. Andere Konstruktions*dynamiken* (im wissenssoziologischen Sinne) bleiben außen vor. Offenkundig wird dies, wenn man sich die Rolle vergegenwärtigt, die Massenmedien im Diezschen Ansatz spielen: Im Modell sind sie nicht abgebildet, über sie verbreitete Texte finden lediglich Eingang als Analysematerial. Allenfalls wird im Hintergrund angenommen, dass Massenmedien eine Rolle spielen mit Blick auf die Öffnung solcher Europadebatten gegenüber einer breiteren (innergesellschaftlichen) Öffentlichkeit. Drittens kann kritisch angemerkt werden, dass das Modell des Diskursiven Konstruktivismus in den jüngeren Arbeiten von Diez kaum noch weiterentwickelt wurde und sich stattdessen abzeichnet, dass eher eine generelle Idee von »Diskursen« von Diez selbst beibehalten wird.[94] Die Aufgabe besteht folglich darin, mit Blick auf das Diezsche Projekt eines Diskursiven Konstruktivismus einen ebensolchen weiterzuentwickeln, und zwar mit Blick auf die spezifischen Erkenntnisinteressen an diskursiven Konstruktions*prozessen*.

6.3.2 Abgrenzung: Modell statt Diskursanalyse

Dabei gilt es, das Anliegen im Auge zu behalten, eine Modellierung der Prozesshaftigkeit zu erreichen, anstatt den bereits vorliegenden Analysen spezifischer Diskurse eine weitere hinzuzufügen. Ich werde mich im Folgenden dennoch in gebotener Kürze mit einigen diskursanalytischen Arbeiten aus den IB der letzten Dekade beschäftigen. Dies geschieht vornehmlich, um dort anzutreffende konzeptionelle Annahmen auf deren Mehrwert für meine Zwecke hin zu befragen. Gleichsam soll erneut darauf hingewiesen werden, dass nicht behauptet werden kann, Prozesse diskursiver Konstruktion würden im Fach IB *nicht* analysiert. Allerdings lässt sich in diesem Zusammenhang aufzeigen, dass der Schwerpunkt der in den IB geleisteten Diskursanalysen auf der Beschreibung bzw. dem Verständnis spezifischer Bedeutungskonstruktionen selbst, weniger deren Zustandekommen und Wandel liegt.

---

94 Vgl. u.a.: Diez 2005 (und die dort präsentierte Diskussion einer »normativen Macht Europa«).

Eine überblickshafte Schau über verschiedene Diskursanalysen in den IB ergibt, dass ein einheitliches Modell diskursiver Konstruktion mitnichten existiert.[95] Die hier verfolgte Frage ist demzufolge, inwieweit anderen diskursanalytischen Ansätzen in den IB etwas zu entnehmen ist, das die Konzeptionalisierung eines differenzierenden Grundmodells diskursiver Konstruktion anleiten könnte. Ich werde mich also für die in den IB (neben Diez!) vorgelegten diskursanalytischen Entwürfe unter der spezifischen Perspektive interessieren, welche Impulse diese für mein konzeptionelles Anliegen bieten.[96] Einer der frühesten Entwürfe in den deutschsprachigen IB stammt dabei von Rudolf, der auf die Bedeutung des Diskurskonzepts hingewiesen hat, ohne ein spezifisches konstruktivistisches Interesse zu verfolgen.[97] In seiner Sicht konstituieren Diskurse v.a. Möglichkeitsräume außenpolitischen Handelns. Bestimmte Optionen und Strategien werden so vor dem Hintergrund der Einschätzung zukünftiger Entwicklungen und kulturell-normativer Hintergründe formuliert, gleichzeitig werden zentrale handlungsleitende Kategorien bzw. deren inhaltliche Füllung (nationales Interesse) in Diskursen geschaffen. Auch die Legitimierung sowie die Stigmatisierung bestimmter Handlungen kann demgemäß über diskursive Prozesse erklärt werden. Diese Vorstellung erweist sich einerseits als grundsätzlich anschlussfähig an die hier skizzierte Konzeption, wenn sie andererseits auch enggeführt ist zunächst auf außenpolitische Eliten. Dies bedeutet allerdings keine grundsätzliche Abschottung gegenüber gesellschaftlichen Dynamiken (und damit gesellschaftsorientierter Analyse). Wesentlich schwerer wiegt der Einwand, dass das Diskurskonzept von Rudolf deutlich auf außenpolitische Prozesse (und damit »nationale« Dynamiken, die allenfalls in die internationale Umwelt hinein ragen) zugeschnitten ist.

---

95 Vgl. auch: Miliken 1999: 226.

96 Die Auswahl erfolgte dabei anhand des Kriteriums, ob sich in den jeweiligen Entwürfen Impulse und konkrete Überlegungen finden lassen, anhand derer im Folgenden ein Modell diskursiver Konstruktionsprozesse für das beschriebene Forschungsinteresse erstellt werden kann. Weitere Arbeiten jüngeren Datums, die v.a. Diskurs*analysen* spezifischer diskursiver Phänomene und damit allenfalls methodische Neuerungen in der Konzeptionalisierung des Diskursbegriffs (Schichtenmodelle etc.) bieten, sind u.a.: Franke 2004; Sjöstedt 2007; Detraz/ Betsill 2009. Sharman (2008) gibt an, sich für »diskursive Prozesse« der Politikdiffusion zu interessieren, ohne allerdings ein diskursanalytisches oder -theoretisches Interesse kenntlich zu machen. Wesentlich instruktiver sind aber die dort zu findenden Hinweise auf politikwissenschaftliche Abwehrgesten gegenüber diskursbasierten Ansätzen sowie die Relevanzbegründung solcher Ansätze im Lichte konkreter Handlungspraxen exponierter Akteure der internationalen Beziehungen (Stichworte: Deutungsmacht, Symbolpolitik), vgl. ebd.: 637f.

97 Rudolf 1999: 71.

Wævers Arbeiten[98] zu Staats- und Europavorstellungen *in* bestimmten nationalstaatlichen Kontexten weisen einen ähnlichen Zuschnitt auf, postulieren allerdings eine interessante Neuerung, indem die ausgemachten Diskurse synchron und diachron betrachtet werden. Damit werden verschiedene (nationale) Diskursformationen zuerst zu einem spezifischen Zeitpunkt, dabei allerdings eingebettet in ein je spezifisches diskursives Umfeld, vergleichend analysiert. Dies geschieht vornehmlich mit Blick auf Äußerungen exponierter Akteure in »schwierigen Situationen«, in denen rhetorisch mehr als üblich (Parteiprogrammatiken) aufgeboten werden muss, um Überzeugungskraft zu gewinnen.[99] In einem zweiten Schritt werden Konsequenzen vorangegangener diskursiver Handlungen, die teils in Diskursformationen sedimentieren und somit auf nachfolgende Äußerungen/Handlungen einwirken, betrachtet. Diese Sequenzialisierung erweist sich als äußerst intelligente Idee, um den Prozesscharakter diskursiver Konstruktion abzubilden, wiewohl Wæver einschränkend bemerkt, dass der Mehrwert der von ihm skizzierten diskursiven Perspektive sich erst dann erschließe, wenn damit (im Gegensatz zu anderen Ansätzen) kontra-intuitive Handlungen erklärt werden könnten. In puncto »nationaler Versäulung« seines Modells bemerkt er lediglich lapidar:

»It takes some additional theoretical elaboration to get at the relationship between domestic discourses and inter-state discourses and practices, but these should not, in principle, cause difficulties.«[100]

Es ist allerdings offenkundig diese Dimension grenzüberschreitender diskursiver Konstruktion, die sich sowohl in puncto Erfassung als auch Modellierung widerspenstiger erweist als gedacht. Bis auf eine Ausnahme rekurrieren alle der nachfolgend vorgestellten Diskursanalysen auf nationale Diskursräume (die Ausnahme bezieht sich auf eine Studie zu diskursiven Konstruktionsprozessen auf EU-Ebene in und vermittels EU-Organen, und ist damit ebenso schwerlich repräsentativ für transnationale Prozesse allgemein).

In seiner Arbeit zu Verlaufsformen französischer Außenpolitik greift Stahl auf frühere (diskurstheoretisch interessierte) Beiträge der Trierer Schule der Außenpolitikforschung zurück, um vergleichsweise abrupte und

---

98 Vgl. exemplarisch: Wæver 2005. Siehe dazu auch: Larsen 1997: 24f., der von »Grenzen des Diskurses« spricht. Am ehesten böte sich, wie auch die Autorin andeutet ein transnationales Forschungsdesign bei Franke (2004) an; die transnationale Rahmung nationaler Deutungen wird allerdings nicht systematisch analysiert, vgl. ebd.: 232.

99 Vgl. Wæver 2005: 41.

100 Ebd.: 51.

drastische Positions- und Verhaltenswechsel zu erklären.[101] Das dort zugrunde gelegte Diskursverständnis umfasst: 1) den Gebrauch von Sprache, 2) Kommunikation über Wertvorstellungen und die »kommunikative Transmission« von Sinngebungen; 3) die Idee von Interaktion in sozialen Situationen als primär kommunikativer Interaktion.[102] Markantes Kriterium dieser kommunikativen Interaktion ist dabei der Versuch, über Kommunikation Identitätselemente und Handlungspräferenzen argumentativ entsprechend einer gesellschaftlich akzeptierten Angemessenheitslogik miteinander zu verbinden.[103] Dieses instrumentalistische Sprachverständnis steht dabei in einem Spannungsverhältnis zur Feststellung der zentralen Bedeutung, die »diskursiven Ereignissen« zukomme. Solche Ereignisse »[...] erlangen erst durch den über sie entfalteten Diskurs Bedeutung und werden dadurch zur sozialen Realität«.[104] Die beständige Rekonstruktion in solchen Ereignissen produzierter Bedeutung führe dabei zu einer temporären Verfestigung von Bedeutungsgehalten. Auf diesem konzeptionellen Fundament basiert Stahls »Identitäts-Diskurs-Ansatz«[105], mit dessen Hilfe er den Zusammenhang von Identitätskonstruktionen und politischen Ergebnissen aus konstruktivistischer Warte besser zu durchdringen sucht. »Identitäten« stellen in diesem Zusammenhang Ensembles diskursiv konstruierter Rollenerwartungen und Selbstbilder dar, auf deren Basis Akteure Handlungsstrategien entwerfen und Handeln begründen. »Diskurse« beziehen sich auf die gesellschaftliche Wahrnehmung, Begründung, Bewertung und damit Formung politischen Handelns.[106] Dabei stellt Stahl klar, dass es ihm um eine problem-, nicht eine theorieorientierte Arbeit gehe (er also dort einen Gegensatz sieht). Theorieorientierte Forschung lasse sich demzufolge bedauernswerterweise dadurch charakterisieren, dass »[...] empirische Beispiele für theoriegeleitete Studien häufig sehr selektiv wirken: Weder können auf diese Weise generalisierende Aussagen gewonnen werden, noch tragen sie zur Abrundung des Bildes einer nationalen Außenpolitik bei. Es entsteht der Eindruck, dass außenpolitische Fälle lediglich die Theoriebildung absichern sollen, wohingegen das bessere Verständnis der Außenpolitik zweitrangig bleibt.«[107] Stahls

---

101 Vgl. Stahl 2006. Die früheren Arbeiten sind u.a.: Nadoll 2000; Nadoll/Stahl/ Boekle 2000.

102 Vgl. Nadoll 2000: 5f.

103 Ebd.: 7.

104 Ebd.

105 Vgl. Stahl 2006: 23.

106 Ebd.: 42.

107 Ebd.: 26. In Stahls Studie besteht der empirische Ertrag darin, drei Diskursformationen herauszuarbeiten, in denen sich jeweils außenpolitische Grundorientierungen verorten lassen. Je nach Wahrnehmung des Umfeldes und der Handlungsoptionen werden von Akteuren in diskursiven Prozessen verschiedene Identitätselemente über deren Verwendung als Pro-/Contra-Argumente aktiviert/»de-aktiviert«. Dies erklärt sowohl Kontinuität (in Form diskursiver Re-

Modell weist dabei – trotz aller intendierten Engführung – wenigstens zwei interessante Motive für die Weiterführung eines Diskursiven Konstruktivismus auf: Zum einen wird das Motiv einer in der breiten Öffentlichkeit verhandelten »politischen Realität« stärker eingeführt. Diskursanalyse hat sich damit schwerlich nur auf die Analyse des Handelns politischer Eliten zu beschränken, sondern muss sich für den gesellschaftlichen Kontext insoweit interessieren. Gesellschaftliche Akteure wirken an der diskursiven Strukturierung politischer Handlungsoptionen mit, indem sie an Debatten teilnehmen und über diese auf Diskursformationen einwirken. Zum anderen bleibt der Hinweis der »Trierer Schule« auf das zunächst noch vage Konzept »diskursiver Ereignisse«, um die herum diskursive Prozesse analysiert werden können.

Baumann hat in seiner umfassenden Studie zu diskursiven Dimensionen bundesdeutscher Außenpolitik[108] ebenfalls zunächst ein empirisches Forschungsrätsel zum Ausgangspunkt: die Debatte um Kontinuität und Wandel der deutschen Außenpolitik nach 1990. Insbesondere interessiert ihn, warum angesichts des Beieinanders von Elementen der Kontinuität und des Wandels (Letzteres u.a.: Auslandseinsätze der Bundeswehr, das zeitweise Bemühen um einen ständigen Sitz im UN-Sicherheitsrat) aus konstruktivistischer und institutionalistischer Sicht fortwährend überwiegende Kontinuität abgeleitet werde. Diese ließe sich zwar über stabile Normierungen, Internalisierungs- und Sozialisationsprozesse erklären[109], andererseits verwundere es, dass gerade konstruktivistische Ansätze (in das Fach u.a. zur Erklärung von Wandel eingeführt, vgl. Kap. 5) nahezu ausschließlich Kontinuität behaupteten. Demgegenüber bietet Baumann auf konstruktivistischem Terrain einen Gegenentwurf, der inkrementalen Wandel erfassbar machen soll, und zwar mit Blick auf genau jenen Aspekt, der für gewöhnlich als Kontinuitätselement *par excellence* aufgeführt wird: Multilateralismus. Baumanns These ist dabei, dass sich nicht die multilaterale Einbindung der Bundesrepublik per se geändert habe, sondern die Begründungsformen für ebendiese Einbindung.[110] Dieser Wandel lasse sich *allein* mittels diskursanalytischer Verfahren nachzeichnen. Baumanns Modell inkrementalen, diskursiven Wandels legt damit den Impuls diskursiv-konstruktivistischer Ansätze frei, der in

---

produktion einer hegemonialen Diskursformation) als auch Wandel (Konkurrenz bzw. Ablösung durch eine alternative Diskursformation), vgl. dazu zusammenfassend: Stahl 2006: 241ff.

108 Baumann 2006. Ähnlich in der Anlage, allerdings mit Blick auf den von internationalen Organisationen getragenen *Peacebuilding*-Diskurs: Heathershaw 2008.

109 Baumann 2006: 11f., 43ff.

110 Ebd.: 15. Dies bezieht sich maßgeblich auf die Zunahme der Begründungen der Sinnhaftigkeit multilateraler Einbindung auf Basis von Nützlichkeitserwägungen sowie für Einfluss- und Statusgewinne anstelle vormals vorherrschender Verweise auf normative Verpflichtungen.

vielen IB-Konstruktivismen u.a. aufgrund deren strukturalistischer Schlagseite an den Rand gedrängt wird: dass nämlich (inkrementaler) Bedeutungswandel wenigstens prinzipiell genauso im Modell mitgedacht werden muss wie stabilisierende Identitäts- und Sozialisationsmomente.

Ecker-Ehrhardts diskurstheoretisch angelegte Analyse eines anderen Bereiches bundesrepublikanischer Außenpolitik (der Haltung zur EU-Osterweiterung)[111] bietet neben innovativen methodischen Überlegungen demgegenüber vor allem zweierlei: Aussagen zum Modus diskursiver Konsensschaffung und die (stärker als in anderen Arbeiten erkennbare) Bemühung um Einbeziehung von Massenmedien ins Modell. In seiner zunächst nicht als Diskursanalyse, sondern als Analyse des »ideellen Vorder- und Hintergrundes der deutschen Osterweiterungsdebatte« angelegten Untersuchung verbindet Ecker-Ehrhardt dabei Ergebnisse von Befragungen außenpolitischer Eliten mit einer Inhaltsanalyse von Bundestagsreden (offizielle Standpunktnahmen) und Zeitungskommentaren (gesellschaftlichen Positionierungen). Auf dieser Basis schlussfolgert er, dass es einen »authentischen Erweiterungskonsens«, nicht einen bloß rhetorisch-strategischen, gegeben habe, wobei insbesondere die Befragung sog. Positionseliten als Methode der »Kontrolle« öffentlicher Verlautbarungen politischer Akteure fungiert.[112] Diese politischen Standpunktnahmen bettet er in eine diskursanalytische Perspektive ein, v.a. um im Sinne einer Theorie gesellschaftlich bedingter Außenpolitik politische Strategien gesellschaftlicher *Konsens*produktion zu spezifizieren.[113] Sein hinsichtlich der Debatte um die EU-Osterweiterung zunächst überraschend anmutendes Fazit ist dabei, dass Konsens mit Blick auf die analysierte diskursive Formation weniger hergestellt werden musste, als er schon vorab als ambivalent-permissiver Konsens in einer breiteren Öffentlichkeit bestand. Damit bestand für den seitens politischer Eliten wahrgenommenen Handlungsdruck, die Öffentlichkeit erst überzeugen zu müssen, gemäß der Untersuchungsergebnisse kaum Notwendigkeit.[114]

Für hier verfolgte Zwecke erweist sich Ecker-Ehrhardts Ansatz jedoch von besonderem Interesse insofern, als er Massenmedien auf spezifische Art und Weise in sein Modell einbindet. In diesen verortet er die »gesellschaftliche« Konstruktion politischer Sachverhalte, wobei er Printmedien als integrierende Elemente wissenschaftlicher, politischer und anderer massenmedial getragener Debatten betrachtet.[115] Massenmedien werden folglich unter einer ganz bestimmten Perspektive in das Modell eingebracht: als Indikatoren gesellschaftlicher Willensbildung und Infrastrukturen gesellschaftlichen diskursiven Handelns. In seiner 2007 erschienenen Studie zur »Rhetorik der

---

111 Vgl. Ecker-Ehrhardt 2002, 2007.
112 Vgl. Ecker-Ehrhardt 2002.
113 Vgl. ebd.: 213.
114 Vgl. ebd.: 229, 245.
115 Vgl. ebd.: 219, sowie: Ecker-Ehrhardt 2007: 75f.

EU-Osterweiterung« hat er diesen Ansatz ausgebaut und im Sinne einer dezidiert »konstruktivistischen Intention« eingebettet. Diese besteht nach Ecker-Ehrhardt darin, dass geäußerte Argumente (sprachlich-diskursive Konstruktionen einzelner Akteure) Bindungskraft entfalten; eine konstruktivistische Diskursanalyse sei daher darauf gerichtet, diese strukturierende Wirkung von Deutungshorizonten aufzuzeigen.[116] Diesem weitestgehend strukturalistischen Verständnis folgend bleibt der Konstruktionsprozess aus dem Modell in seiner umfassenden Studie größtenteils ausgespart. Er wird lediglich im Sinne einer Betrachtung von »Diskursmomenten«[117] (ähnlich »diskursiven Knotenpunkten« bei Diez) aus dem Zusammenspiel verschiedener Diskursebenen heraus modelliert. Mit Blick auf die Rolle von Massenmedien führt Ecker-Ehrhardt zwiespältig aus, dass diese im Sinne einer gesellschaftsorientierten Analyse an sich notwendig seien, um Urteilsbildung zu ermöglichen und eine Transparenz politischer Maßnahmen herzustellen, gerade mit Blick auf internationale Politik, aber bedacht werden müsse, dass »[...] hier die Funktionsdefizite der Medien bzw. deren Instrumentalisierung besonders einschlägig« seien.[118] Daraus lässt sich ein Doppelargument entnehmen: Einerseits spielen Medien eine zentrale Rolle hinsichtlich einer »diskursiven Vergesellschaftung von Außenpolitik« (hier bilden sie selektiv eine virtuelle gesellschaftliche Diskursarena ab), andererseits bewegen sie sich als exponierte Sprecher/Akteure gleichzeitig in dieser Arena.[119]

In ihrer nicht im Kontext der Außenpolitikanalyse ansetzenden Untersuchung zur sprachlichen Konstruktion eines »Zielobjektes« von EU-Politik setzt sich Simhandl mit den seitens der supranationalen Organisation EU vorherrschenden Problemwahrnehmungen hinsichtlich der Roma auseinander.[120] Ziel ihrer Arbeit ist es, nachzuweisen, dass die Bevölkerungsgruppe der Roma dabei weitestgehend als passives Politik*objekt* diskursiv konstruiert wurde. Erst in jüngerer Zeit setzte sich in diesem Zusammenhang die Perspektive »Diskriminierung« als umfassendes Deutungsmuster der Problemstruktur durch, an der Politik anzusetzen habe. »Armut« und »soziale Ausgrenzung« ihrerseits unterlagen als alternative Deutungsmuster Popularitätsschüben über Zeit.[121] Insgesamt ließe sich ein Bruch des EU-Diskurses dergestalt feststellen, dass Roma (damals noch »Zigeuner«) zunächst primär in Beziehung zu einem mobilen Lebensstil definiert wurden, im Zuge der EU-Osterweiterung dann aber immer deutlicher die – sprachlich-diskursiv konstruierte – Qualität einer »ethnischen Minderheit« zugeschrieben beka-

---

116 Ebd.:12, 34. Als Bedeutungs*strukturen* stellen Diskurse in seinem Ansatz den kulturellen Kontext öffentlicher Debatten dar.
117 Ebd.: 37ff.
118 Ebd.: 45.
119 Vgl. auch: ebd.: 242, 75.
120 Simhandl 2007.
121 Vgl. ebd.: 30-33.

men, die innerhalb des Kontextes der EU zu integrieren sei.[122] Aufschlussreich ist Simhandls Arbeit dabei nicht nur, weil sie diskursiven Wandel detailliert beschreibt und plausible Erklärungsansätze (Einbettung in Wand-
lungen des EU-Kontextes, aber auch der Versuch, definitorische Hoheit gegenüber Selbstdeutungen der Roma abzusichern u.a.)[123] für diesen bietet.
Simhandl arbeitet darüber hinaus die neben Diez wohl umfassendste Begründung des Mehrwerts eines diskurstheoretischen Modells für eine
konstruktivistische (!) Perspektive auf internationale Beziehungen heraus.

Eine solche Erfassung der diskursiven Dimension besitze eben nicht nur
(oder primär) linguistische Relevanz, sondern knüpfe an konstruktivistische
Kerninteressen der Bedeutungsschaffung und politischer Handlungskonsequenzen an. Nicht zuletzt auch die verstärkte Wahrnehmung seitens konkreter Akteure, deren Strategien auf ebenjene diskursive Dimension abzielten,
mache überdies deutlich, dass es sich um keine rein theorieimmanente
Relevanzbegründung handele.[124] Auch wenn das von ihr skizzierte Diskurs-
Modell ein primär an textualistischen Dynamiken orientiertes ist[125], weist sie
darauf hin, dass die Befassung mit massenmedialen Diskursdynamiken im
Rahmen eines gesellschaftsorientierten Ansatzes zur Analyse internationaler
Beziehungen unabdingbar ist: »Die Relevanz sprachlicher Vermittlung
scheint heute noch weiter gesteigert, ist doch unsere Welt in hohem Maß
von der medialen Vermittlung geprägt. Täglich erfahren wir von viel mehr
Ereignissen als wir ›live‹ erleben, von viel mehr Ereignissen als das früher
der Fall gewesen ist.«[126] Ihr darauf folgender Hinweis auf die Bedeutsamkeit diskursiver Ereignisse (Ereignisse, deren Bedeutung in gesellschaftlichen Debatten vor einem diskursiven Hintergrund, also existierenden Bedeutungsstrukturen konstruiert wird) spielt für ihre eigene Analyse keine
tragende Rolle, steht aber nicht von ungefähr im Zusammenhang mit ihren
Ausführungen zur zunehmenden Bedeutung massenmedialer Dynamiken. In
dieser Verknüpfung äußert sich die Überlegung, die Analyse der Prozesshaftigkeit massenmedialer diskursiver Dynamiken an einen Kristallisationspunkt zurückzubinden und damit im eigentlichen Sinne erst »erfassbar« zu
machen.

Die exponierte Rolle von Massenmedien in Prozessen diskursiver Konstruktion wird schließlich auch von Hansen betont, wiewohl sich ihr Hauptaugenmerk auf die Erarbeitung einer analytischen Diskurstheorie samt abge-
leiteter Methodologie zur Analyse des Umgangs externer, westlicher Akteure mit dem Krieg in Bosnien richtet.[127] Auch sie legt ein deutlich an textuel-

---

122 Vgl. ebd.: 33, 211f.
123 Vgl. ebd.: 345ff.
124 Vgl. ebd.: 36, 42-46.
125 Vgl. ebd.: 74-78.
126 Ebd.: 53.
127 Hansen, L. 2006. Wiederum auffällig ist Hansens offensive Abgrenzung ge-
     genüber dem gängigen IB-Konstruktivismus, vgl. ebd.: 25f.

len Dynamiken orientiertes Diskursmodell vor, das die Stabilisierungsleistung für spezifische Bedeutungen auf dichte Verknüpfungsmuster einander abstützender Bedeutungen (Balkan – unterentwickelt – gewalttätig – irrational usw.) und Abgrenzungsdimensionen (»othering«, hier: Europa – zivilisiert – rational – entwickelt usw.) zurückführt.[128] Als analytische Ordnungsinstrumente[129], die weniger eine Aussage über ihren jeweiligen Einfluss auf diskursive Prozesse treffen, sondern vielmehr darüber, wo diese Prozesse anzusiedeln sind, macht sie neben dem außenpolitischen Diskurs in offiziellen Verlautbarungen auch eine »generelle« Politikdebatte u.a. in Massenmedien und getragen durch andere gesellschaftliche/wirtschaftliche Institutionen (*corporate institutions*) sowie kulturelle Repräsentationsformen aus. Gerade die beiden letztgenannten Orte (massenmediale Information wie kulturelle Repräsentation) verweisen dabei auf die immense Bedeutung medialer Dynamiken. Dies gilt, auch wenn Hansen selbst massenmediale Dynamiken nur sehr generell in ihr Modell einbindet. So führt sie an: »The inclusion of media further deepens the assessment of official discursive hegemony […]«[130], um anzuzeigen, dass je nach Grad der Übereinstimmung massenmedialer Deutungsangebote mit offiziellen Deutungsformeln seitens politischer Akteure deren Diskurshoheit bestimmbar sei. Angedeutet bleiben in dieser Hinsicht auch Potenziale marginalisierter Akteure, mittels Massenmedien intendierte Konsensschaffung durch politische Akteure zu untergraben.

Zusammenfassend lässt sich also ausführen, dass verschiedene diskursanalytische Ansätze in den IB (wiewohl mehrheitlich außerhalb der Konstruktivismus-Debatte im Fach) Hinweise auf ein Modell diskursiver Konstruktions*prozesse* liefern. Insbesondere der Nexus Vergesellschaftung-Massenmedien, das Konzept »diskursiver Ereignisse« sowie die Überlegungen zur Sichtbarmachung diskursiven Wandels sollen dabei Eingang in ein Modell finden, das dem hier präsentierten Diskursiven Konstruktivismus zuarbeitet.

6.4 Ein Modell diskursiver Konstruktion

In Unterscheidung zu einem rein auf einzelne Diskursanalysen abzielenden Verständnis diskursiv-konstruktivistischer Ansätze wird im Folgenden ein Grundmodell des diskursiven Konstruktionsprozesses skizziert. Dieses grenzt sich ebenso gegenüber einer nahezu ausschließlich textualistisch orientierten und in dieser Form in den IB zunehmend akzeptierten und praktizierten *Methode der Diskursanalyse* ab. Nicht das

---

128 Ebd.: 41ff.
129 Vgl. dazu: ebd.: 64ff.
130 Ebd.: 61.

»[...] gathering [of] the things said and written on a particular subject in a particular context by a particular group of people (often political elites), in order to try to interpret what is being done politically through such statements«[131]

steht im Mittelpunkt des Interesses, sondern wissenssoziologische Dynamiken. Einem solchen wissenssoziologischen Verständnis von Diskursen folgend richtet sich das Grundmodell maßgeblich auf das Sichtbarmachen von Bedeutungsschaffung zugrunde liegenden Konstruktionsprozessen.

Ausgehend von der Grundfrage, wie die (erfolgreiche) Produktion intersubjektiver Bedeutungsgehalte zu konzeptionalisieren sei und wie in der Folge deren Wirksamkeit innerhalb gesellschaftlicher, ökonomischer, wirtschaftlicher und politischer Kontexte[132] zu zeichnen ist, wird dabei auf einen »Theoriekern« in der Foucaultschen Diskursvorstellung zurückgegriffen. Dieser »Theoriekern« umschließt ein noch nicht empirisch interpretiertes, allgemeines Modell, das weder auf Alltagserfahrung noch Evidenz basiert. Als ein prozessual angelegtes Diskursmodell verknüpft es Tatbestände, Phänomene und deren diskursiv konstruierte Bedeutungen, wobei sich deren »Wirklichkeit« nicht im Gesprochenen (einzelnen diskursiven Handlungen), sondern ihrer Systematizität – der Einbettung und Konsequenzen artikulierter Bedeutungen – äußert.[133] Analytisch weist sich die Existenz solcher diskursiver Dynamiken in der Rekonstruierbarkeit kognitiv-semantischer Strukturierungsleistungen von Wirklichkeit aus.

Um in der Folge (diskursive) *Medien*wirkungen als spezifische Dynamiken diskursiver Konstruktion in grenzüberschreitenden politischen Kontexten analysieren zu können, wird für die vorliegende Arbeit an dieser Stelle zunächst vorgeschlagen, von der Idee *diskursiver Episoden*, die sich ihrerseits um diskursive Ereignisse[134] gruppieren, auszugehen. Eine solche Episode umfasst – schematisch dargestellt – den Wandel einer Diskursformation (also des Bedeutungsgehaltes einer bestimmten Klasse von Gegenständen) vom Zeitpunkt t_0 zum Zeitpunkt t_1. Aus der Anlage dieses Modells ist ersichtlich, dass nicht (wie in den gängigen diskursanalytischen Studien in den IB üblich[135]) ein Modell der Binnengliederung bzw. Binnenstrukturie-

---

131 Neal 2009: 166. Dies widerspricht nicht prinzipiell der argumentativen Stoßrichtung Foucaults, es ist nichtsdestoweniger trotzdem eine aus pragmatisch-methodischen Gründen verkürzte Adaption Foucaults insofern, als die eigentliche(n) diskursive(n) Grunddynamik(en) – wer handelt diskursiv, welche Effekte, welche Einflusschancen, welcher Zuschnitt der Diskursgemeinschaften – kaum problematisiert, sondern textuell gebundene Elitenphänomene in weitestgehend nationalstaatlich versäulten Räumen untersucht werden.

132 Vgl. Bublitz et al. 1999: 14.

133 Vgl. dazu: Diaz-Bone 1999: 121ff.

134 Zum Begriff siehe auch: Link 1999: 148f.

135 Das vorgeschlagene Modell bleibt dabei offen für verschiedene Konzeptionalisierungen von Schichtungen. Für die IB vgl. u.a. die Konzeptionalisierung bei:

rung eines Diskurses selbst den Mittelpunkt bildet. Demgemäß wird in der vorliegenden Arbeit auch nicht der Anspruch verfolgt, ein alternatives Modell diskursiver Schichtungen zu konzeptionalisieren. Gleichwohl wird behauptet, dass sich das Modell diskursiver Dynamik als anschlussfähig an solcherart Diskurskonzeptionen im Sinne eines Schichten-, Ebenen- oder Verknüpfungsmodells von »Texten«/Dimensionen sprachlicher Konstruktion/Begriffsdimensionen erweist.

Abbildung 3: Grundmodell einer diskursiven Episode

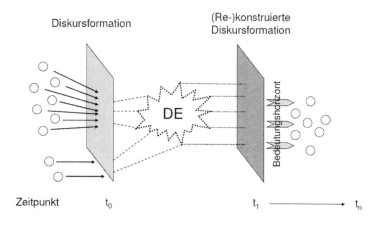

O = Sprecher, DE = Diskursives Ereignis

Die im oben stehenden Modell ausgewiesene Dynamik vermag es demgegenüber, sowohl die Prozesshaftigkeit von Konstruktion stärker in den Fokus der Aufmerksamkeit zu rücken als auch Handlungsformen (Akteure) sowie deren Einbettung (Strukturen) in ihrem wiederum dynamischen Zusammenhang zu erfassen. Wie gezeigt wird, eignet sich ein solches Modell, um massenmediale Beiträge in diskursiven Konstruktionsprozessen sichtbar zu machen und unter der Perspektive diskursiver Konstruktion auf kohärente Weise zusammenzubinden.

Die Basiseinheit einer diskursiven Episode (wie in der Grafik, Abb. 3, veranschaulicht) ist dabei notwendigerweise heuristisch konzipiert und ermöglicht eine trennscharfe Abgrenzung (bzw. Zuordnung einer Klasse empirischer Phänomene) nur insofern, als die Anwendung auf einen bestimm-

---

Larsen 1997, 17f.; Diez 1999a; Nadoll 2000; Wæver 2005; Simhandl 2007: 74ff. Für die Diskurslinguistik beispielhaft, und damit noch stärker auf inhaltliche Facetten spezifischer Diskurse und methodische Diskussion ihrer (repräsentativen) Erfassung gerichtet, vgl. die Beiträge in: Niehr/Böke 2000.

ten Ausschnitt von Realität allenfalls plausibel gemacht werden kann. Mit anderen Worten: Was eine »diskursive Episode« von nachfolgenden abgrenzt und ausmacht, liegt im Ermessen des Beobachters, der seine Einschätzung bestenfalls plausibilisieren kann. Angesichts der andauernden, ubiquitären Qualität von Konstruktionsprozessen sowie der Komplexität und Verwobenheit diskursiver Bedeutungsproduktion ist dies nicht anders möglich. Andererseits, und dies markiert den hier verfolgten Anspruch, lassen sich auf Basis eines solchen schematisch angelegten Modells auf systematischere Weise Aussagen über bestimmte Konstruktionsdynamiken treffen. Im Gegensatz zu anderen Konzeptionalisierungen von Diskursen bilden sich obendrein sowohl eine Sequenzialisierung als auch der Zuschnitt nicht nur des semantischen Feldes, sondern des gesamten diskursiven Feldes im Sinne auch einzelner Akteurspositionen ab.[136]

Insbesondere die Gruppierung einer »Episode« um diskursive Formationen (Ensembles von Bedeutungsgehalten, die eine Klasse zusammengehöriger Gegenstände in ihrem Sinn beschreiben), die Ereignisse als diskursive Ereignisse erfahrbar machen[137] und von solchen in ihrem Zuschnitt (re-)produziert werden, leistet diese Aufgabe. Die Bedeutsamkeit diskursiver Ereignisse wiederum liegt darin, dass diese zwar vor dem Hintergrund eines bestimmten Sets bestehender Bedeutungsgehalte (diskursiver Konstruktionen) erfahrbar sind[138], gleichzeitig aber in ihrer Bedeutung prinzipiell umstritten bleiben. D.h. es muss zunächst intersubjektiv Übereinkunft über de-

---

136 Vgl. in Abgrenzung dazu Diaz-Bones Idee (1999: 125) dreier Diskursebenen (Umwelt des Diskurses, kollektiv wahrgenommene und sprachlich verfasste »Realität« sowie eine Ebene sedimentierter Formationsregeln für Diskurse, also strukturelle Konsequenzen vorangegangener diskursiver Handlungen). Vgl. ebenso die rein textualistische Konzeption Jägers (1993: 156ff.; 2006: 98ff.), in der außerhalb semantisch-begrifflicher Dynamiken nichts erfasst wird.

137 Vgl. dazu: Schwab-Trapp 2006: 264. Von Schwab-Trapp weicht das hier skizzierte Modell insoweit ab, als es weniger um die Grenzen des Sagbaren (also: strukturierende Wirkungen diskursiver Formationen), als um die Einbeziehung der *Möglichkeit*, solche Grenzen zu transzendieren, geht. Zur Bedeutung diskursiver Ereignisse für eine Erfassung der *Dynamiken* diskursiver Konstruktion: Hook 2001: 531.

138 Anschlussfähig ist hier etwa das Konzept sog. frames, vgl.: Donati 2006; in einer eher akteursorientierten Lesart: Klotz/Lynch 2007: 51f. Vgl. dazu auch die ähnliche Konzeption sog. shared mental models (Roy et al. 2007). Wie Auerbach mit Blick auf die Prägekraft neoliberaler Vorstellungen erklärt, sind solcherart diskursive Bedeutungskonstruktionen erfolgreich etabliert, wenn sie als Konstruktionen/Modelle nicht mehr wahrgenommen werden: »[...] mainstream economists fall so squarely within the paradigm of economic liberalism that there is no need to ever think or talk about it as a shared mental model« (Auerbach 2007: 27; eigene Herv.).

ren Bedeutung hergestellt werden.[139] Im Umkehrschluss gehen solcherart produzierte, konsensuale Verständnisse in die entsprechende Diskursformation (zu einem nachfolgenden Zeitpunkt, wie schematisch dargestellt) ein. Je nach Umfang neu hinzutretender Bedeutungen oder neu hergestellter Verknüpfung von Bedeutungsgehalten wird die diskursive Formation damit reproduziert bzw. unterliegt einem Wandel.

Im Modell bildet sich der Handlungskontext[140] diskursiver Konstruktion zunächst eher implizit ab, maßgeblich in Form von Bedeutungshorizonten. In seiner Gesamtheit versteht sich das Modell damit eher als schematische Zeichnung des Diskurs*feldes* (zugeschnitten auf eine zeitlich abgrenzbare Episode). Mit anderen Worten: Es modelliert eine Arena, in der Ereignisse in ihren Bedeutungsgehalten vor dem Hintergrund existierender diskursiver Formationen konstruiert werden. Gleichzeitig wird in diesen Prozessen ein Maß an Konsens hergestellt und damit Intersubjektivität etabliert. Bestehende soziale Konstellationen, asymmetrische Zugangschancen usw. entscheiden über den Handlungsspielraum von Akteuren, resultieren dabei ihrerseits aus dem strukturierenden Einfluss vorab diskursiv konstruierter Sinnumwelten.[141] Im Sinne der Forderungen von Feindt/Oels an ein Modell dikursiven Wandels – »[to analyze the] reconstruction of the distribution of discourses, the mechanisms implied, the effects which are produced and the changes therein over time«[142] – sind es vor allem die Mechanismen diskursiver Konstruktion mit Blick auf produzierte Effekte/Bedeutungsgehalte und deren Wandel, die das Erkenntnisinteresse des Modells bilden.

Für die hier verfolgten Zwecke erweist sich das vorgeschlagene Grundmodell diskursiver Konstruktion als hilfreich, da es vermag, massenmediale Dynamiken im Kontext diskursiver Konstruktionsprozesse mit einem hinreichenden Grad an Differenzierung zu erfassen. Dies bedeutet gleichsam auch, Massenmedien auf eine spezifische, über die im Rahmen diskursanalytischer Studien übliche Befassung mit ihnen hinausgehende Art für einen Diskursiven Konstruktivismus fruchtbar zu machen. Im Regelfall verbindet sich mit einer Einbeziehung massenmedialer Effekte in Diskursanalysen lediglich der forschungspragmatische Anspruch, »Diskurs« in seinen inhaltlichen Konturen über die allgemein zugängliche Dimension massenmedialer Äußerungen zu erfassen.[143] Und auch dort sind es spezifische Forschungstechniken, die – wiederum forschungspragmatisch gedacht – den instrumentellen und hochgradig selektiven Charakter der Einbeziehung von Medien prägen. Welcher Korpus von Texten (FAZ, Süddeutsche Zeitung, New York Times; Auswahl einzelner Beiträge nach welchen Kriterien etc.)? Print- oder auch Bildmedien? Nachrichten, Reportagen und/oder Kommentare? Dies

---

139   Vgl. Jäger 2006: 100.
140   Vgl. dazu die Überlegungen in: Stritzel 2007.
141   Vgl. dazu: Schwab-Trapp 2006; Keller 2006: 115f.
142   Feindt/Oels 2005: 165.
143   Vgl. Jäger 1999: 139.

sind die Auswahlentscheidungen, die für gemeinhin getroffen werden, um auf methodischem Terrain *über* Massenmedien gesellschaftliche Diskurse zu erfassen. Im Modell bildet sich solcherart »massenmedialer« Diskurs, wenn überhaupt, lediglich in Abgrenzung zu anderen Diskursschichten (gegenüber Spezialdiskursen wie etwa Wissenschaft o.Ä.) ab.

Demgegenüber ist das in der vorliegenden Arbeit verfolgte Erkenntnisinteresse ein anderes: Nicht die (methodisch wie auch immer zu rechtfertigende, selektive) Erfassung einer spezifischen Diskursdimension, sondern das Sichtbarmachen massenmedialer diskursiver Dynamiken *im Modell* verlangt dabei danach, eine andere Perspektive auf Medien zu entwickeln. Der Mehrwert einer solchen Sicht auf diskursive Konstruktionsprozesse besteht im Umkehrschluss also nicht in einer tiefenscharfen, methodisch elaborierten Analyse spezifischer Diskursdimensionen. Zunächst erst einmal beruht er darauf, zentrale Mechanismen der Bedeutungsproduktion in grenzüberschreitenden politischen Prozessen aufzuzeigen und auf diese Weise »Massenmedien« systematisch für eine Erklärung von Phänomenen und Prozessen diskursiver Konstruktion fruchtbar zu machen. Dies transzendiert die bisher vorherrschende stark empirisch-deskriptive Aufarbeitung bzw. den in seiner Gesamtheit vglw. unsystematischen und über teils miteinander inkompatible Vorannahmen vermittelten Zugang zu Massenmedien in internationalen Beziehungen (vgl. Kap. 2).

Auch in einer Vielzahl diskursanalytischer Ansätze außerhalb der IB sind Massenmedien dabei, wenn sie in Modelle integriert wurden, eher verkürzt wahrgenommen worden. So stellt Diaz-Bone fest:

»Die gesellschaftliche Wissensordnung wird diskursiv in sozialen Prozessen hergestellt und die so konstituierten Diskurse wirken so über ihre Anbindung an Institutionen (wie [...] Medien) auf individueller und kollektiver Ebene wahrnehmungs- und handlungsleitend.«[144]

Dieses Verständnis ist insofern eigentümlich, als es zwischen einer Ebene diskursiver Bedeutungsproduktion und der Ebene massenmedialer Verbreitung trennt, und dabei Massenmedien auf deren Rolle als Infrastrukturen zur Verbreitung produzierter Bedeutungen allein reduziert. Ein ähnlich enges Verständnis kennzeichnet den Zugang von Berger/Luckmann, wie Keller auf instruktive Weise herausgearbeitet hat: Auch in deren Modell fungieren Medien letztlich lediglich als Vermittlungsinstanzen.[145] Demgegenüber soll im Folgenden ein differenzierendes Verständnis massenmedialer Beiträge in diskursiven Konstruktionsprozessen entworfen werden. Hierfür erweist es sich als zielführend, über die Idee »diskursiver Macht« und damit über verschiedenartige Aspekte solcher Macht Einwirkungsmechanismen für Massenmedien zu identifizieren.

---

144 Diaz-Bone 1999: 126.
145 Vgl. Keller 2006: 120.

6.5 DISKURSIVE MACHT

Die teilweise Hinwendung der IB zu Foucault lässt sich (deutlicher noch als mit Bezug auf dessen oben skizziertes und ausgebautes Diskursverständnis) vor allem mit dessen schillernder Machtkonzeption begründen. Wiederum ist es dabei nicht eine unmittelbar plausible, einfach handhabbare Idee oder gar Definition von Macht, die die Attraktivität des Foucaultschen Denkens begründet, sondern die Möglichkeit, *mit Foucault* ein alternatives, mehrdimensionales Machtverständnis zu etablieren:

»The Foucauldian way of considering forms of power marks a departure with the centered way in which power is often considered in international relations with states as the anthropomorphised agents of power.«[146]

Angesichts der Formenvielfalt und komplexer Konstellationen in zeitgenössischen internationalen Beziehungen gelte dabei, so die Verfechter einer Foucaultschen Machtkonzeption:

»[...] power cannot be grasped or satisfactorily understood as a top-down phenomenon. It is not something that is centralized and possessed, but rather something that is present in and formative of social relations.«[147]

Augenfällig ist, dass spezifische Leistungen eines Foucaultschen Machtbegriffes an gegenwärtige Entwicklungs- und Erscheinungsformen (grenzüberschreitender) politischer Prozesse gebunden werden, ja dessen spezifischer Mehrwert mit einer ebensolchen qualitativen Neuartigkeit dieser Prozesse begründet wird.[148] Auch wenn in den IB die Diskussion um Formen und Dynamiken von Macht in den letzten Jahren an Bedeutung gewonnen hat, und zwar gerade unter der Perspektive, neue und differenzierende Machtkonzeptionen zu entwerfen, so lässt sich doch gerade die Einbeziehung von Foucault als Versuch verstehen, nicht im Sinne des Ansatzes »sanfter Macht« (*soft power*) gleichsam auf halber Strecke stehen zu bleiben.

»Sanfte Macht« weist dabei – im Sinne einer generellen Sensibilisierung für ideelle Dynamiken der Überzeugung und Kooptation jenseits von Zwang und Belohnung – zweifelsohne in Richtung eines Begriffs »diskursiver Macht« nach Foucault. Sie verbleibt aber in ihrer Akteursbezogenheit (x be-

---

146 Neal 2009: 165.

147 Edkins/Pin-Fat 2004: 2.

148 Dies bedeutet nicht, wie Dowding mit seiner Metapher einer »Foucaultian trap« unterstellt (2006), dass alle sozialen Beziehungen auf gleicher Ebene und in gleichem Maße machtdurchzogen seien und intentionale Machtausübung wie intentional etablierte Dominanzverhältnisse nicht mehr bedeutsam, da qua Foucaultschem Machtbegriff »entsorgt« sind.

sitzt *soft power*, x gewinnt, benutzt oder verliert ebendiese usw.) auffällig einem traditionellen Verständnis verhaftet.[149] Wie Guzzini in dieser Hinsicht bemerkt:»Hence the dilemma: faced with the difficulty of pinning down a concept, scholars decide to go for its more easily operationalisable aspects, but they thereby incur the risk of neglecting its most significant aspects.«[150]

Der schwierig zu erfassende Charakter diskursiver Macht lässt sich dabei in einem ersten Zugang vor dem Hintergrund des oben etablierten Diskursiven Konstruktivismus verstehen als:

- die aus diskursiven Prozessen hervorgehenden Machteffekte, die aus der (Re-)Produktion von Sinnumgebungen und Bedeutungsgehalten und in diesen Bedeutungen angelegten Handlungsorientierungen resultieren, sowie
- gesellschaftlichen Machtbeziehungen (sedimentiert in diskursiv herge-stellten und institutionell abgesicherten Strukturen), die diskursive Pro-zesse einbetten und deren Form bzw. inhaltliche Dimensionen beeinflus-sen.

In diesem Sinne stellt sich unter der Perspektive »diskursiver Macht« die Machtfrage nicht unbedingt dergestalt, dass danach gefragt wird, wer Macht besitzt, sondern wie Macht funktioniert bzw. auf welche Dimensionen sie sich bezieht.[151]

»Diskursive Macht«, in einem allgemeinen Sinn, ist dabei dezentral und relational[152], d.h., sie ist (konzeptionell) nicht primär an exponierte Akteure zurückgebunden, sondern an diskursive Prozesse, die Akteuren mittels Machteffekten Einflusschancen verschaffen oder diese vermindern können. Ebenso können Akteure ohne Zweifel versuchen, solche Prozesse intentio-nal zu beeinflussen, ohne sich allerdings a priori des Erfolges gewiss sein zu können. Relational ist diskursive Macht daher, weil sie das Produkt einer

---

149 Vgl. die Kritik in: Lukes 2007. Lukes beschreibt das in den IB im Anschluss an Nyes Arbeit verwendete Konzept als das eines »blunt instrument«. Stattdessen gelte es, die Kontextbedingungen herauszuarbeiten, unter denen sanfte Macht wirke bzw. sich entfaltet, beim »Rezipienten« also die beabsichtigte Wirkung zeitigt. Vgl. auch: Bially Mattern 2007. Nye (2007: 167) formuliert dazu: »Given the political diversity and institutional fragmentation of world politics, it is difficult for the powerful to maintain a Gramscian-type hegemony over discourse.« Vgl. auch die Diskussion des Zusammenhanges von »soft power«, zunehmender Medialisierung der internationalen Beziehungen und ebenso wachsender Anstrengungen von Akteuren/Staaten im Bereich *public diplomacy* in: Gilboa 2008.

150 Guzzini 2007: 27.

151 Skeptisch-zurückhaltend mit Blick auf eine umfassende Inkorporierung des multidimensionalen Machtbegriffs von Foucault: Knoblauch 2006: 212f.

152 Vgl. Seier 1999: 81.

strategischen Auseinandersetzung zwischen Subjekten[153] ist, wobei Macht zwischen sozialen, primär diskursiv handelnden Akteuren ein Maß[154] einerseits für deren Einflusschancen auf diskursive Prozesse ist. Andererseits misst sie auch den Umfang, in dem Akteure von Machteffekten profitieren«, die aus der sozialen Konstruktion von Bedeutungsgehalten resultieren. Die Kritik an diskursiv-konstruktivistischen Ansätzen, diese könnten allenfalls aufzeigen, »[...] *how* a particular discourse can gain dominance at a specific point in time, the question as to *why* a certain discourse and not another is not successfully addressed«[155], verkennt dabei die spezifische Sicht auf Macht im Rahmen eines solchen diskursiven Ansatzes. Indem »Macht« eben nicht auf asymmetrische Ressourcenverteilung oder Klassenzugehörigkeiten usw. (im Sinne in den IB präsenter, materialistischer Rumpfkategorien) zurückzuführen ist, bricht »diskursive Macht« mit den gängigen Annahmen, dass Macht habe, wer »mächtig« sei. Macht wird in einem diskursiven Ansatz prozessual und kontingenter gezeichnet; allerdings verschwindet damit keineswegs die Einsicht, dass verschiedene Akteure unterschiedliche Einflusschancen auf diskursive Konstruktionsprozesse haben. Allein: Diskursiver Erfolg lässt sich nicht hinreichend auf Basis materieller Faktoren erklären.

Das Moment Diskursen innewohnender Produktivität/Machteffekte lässt sich dabei mit Foucault gerade nicht auf ein naives Verständnis eines *level playing field* aller beteiligten Akteure hinführen. Vielmehr ist es aus Sicht eines diskursiven Ansatzes eine empirische Frage, zu klären, welcher Art Machteffekte diskursive Konstruktionen etabliert haben und welche Machtbeziehungen in der Folge ggf. entstanden sind. Es ist dies eine empirische Frage, die sich der Feststellung überzeitlicher Gesetzmäßigkeiten tendenziell entzieht und allenfalls auf die zugrunde liegende, gleichförmige Dynamik der Bedeutungs-/Machtproduktion abstellt. In einem »substanziellen« Sinn bezeichnet diskursive Macht dabei Definitionsmacht und Deutungsmacht in Form der erfolgreichen Etablierung und Interpretation bestimmten Vokabulars und damit: der Prägung von Bedeutungsgehalten.[156] Prozedural umfasst dies zudem einen (auf verschiedene Weise zustande kommenden) privilegierten Zugriff auf die Themensetzung (*control over agendas*) und etablierte Prozeduren der »Wahrheits«findung in Situationen der Bedeutungskonkurrenz.[157]

---

153 Vgl. Rolshausen 1997: 74.

154 So lässt sich auch Seiers Hinweis (1999: 84) darauf, beim Foucaultschen Machtbegriff handele es sich um eine »perspektivische Analyse-Kategorie«, verstehen. Zum Zusammenhang von Macht und Diskurs bei Foucault siehe auch: Lorey 1999.

155 Bieler/Morton 2008: 105. Vgl. für einen Ausbau dieser Kritik: ebd.: 109, 113.

156 Vgl. Diez 1999a: 43; Baumann 2006: 81.

157 Vgl. Holzscheiter 2005: 731. Ähnlich auch die Skizzierung von »productive power« in: Barnett/Duvall 2005: 3, 20-22. Diese produktive Macht, wie Bar-

Unschwer lässt sich erkennen, wie unter den Bedingungen heutiger, zunehmend vergesellschafteter internationaler/transnationaler Beziehungen Massenmedien ins Bild rücken. (Auch wenn Medienwissenschaftler bisweilen frustriert einräumen, dass trotz eines Problembewusstseins und zahlreicher Forschungsanstrengungen gelte: »To say that ›the media are powerful‹ is a cliché, yet to ask in what media power consists is to open a riddle.«[158]) Demgegenüber kann unter dem Blickwinkel *diskursiver* Macht die Macht von Massenmedien zunächst interpretiert werden als deren Fähigkeit, Bedeutungen zu produzieren bzw. an der Bedeutungsproduktion in entscheidendem Maße mitzuwirken und diese Bedeutungen innerhalb sozialer Kontexte wenigstens temporär zu stabilisieren.[159] Je nachdem, welchen Zuschnitts diese sozialen (Diskurs-)Felder sind, nehmen Massenmedien auch hinsichtlich etwaiger grenzüberschreitender Prozesse diskursiver Konstruktion eine zentrale Stellung ein (siehe dazu Teil III). Bezogen auf das oben skizzierte und nunmehr präzisierte Grundmodell (Abb. 4) bieten sich dabei zunächst die Konzeptionalisierung dreier unterscheidbarer Wirkungskanäle massenmedialer Bedeutungsproduktion an: Massenmedien bzw. massenmediale Akteure selbst üben entscheidenden Einfluss auf Prozesse der Bedeutungsprägung aus (Dynamik 1 in der nachfolgenden Grafik); Massenmedien etablieren einen privilegierten Zugang für andere Akteure (politische, gesellschaftliche, Experten usw.) in Prozessen gesellschaftlicher Sinnsetzung, die nicht per se an nationale Handlungsräume gebunden sein müssen (2); Massenmedien fungieren als Stabilisierungs- und Vermittlungsinstanz solcherart »gesellschaftlich« – im Rahmen einer Diskursgemeinschaft – produzierter Bedeutungsgehalte (3).

---

nett/Duvall angeben, von Dynamiken institutioneller und struktureller Macht zu trennen, dürfte wesentlich schwerer fallen, da beide Formen Facetten »diskursiver Macht« besitzen, v.a. hinsichtlich des Nexus Bedeutungsprägung-Institutionalisierung-Stabilisierung. Vgl. auch die wesentlich überzeugendere Verknüpfung in: Johnstone 2005: 185; Guzzini 2007: 31.

158 Couldry/Curran 2003: 3.

159 Dies schließt die einschlägigen Befunde der Kommunikationswissenschaft zur massenmedialen Prägung nationaler politischer »Diskursformationen« nicht aus, erweitert aber den Begriff wesentlich, indem er ihn an die Grundsituation diskursiver Konstruktion zurückbindet. Zum einen ist er damit analytisch offen(er) für transnationale Prozesse, zum anderen fokussiert er generelle Dynamiken stärker als inhaltlich gebundene (etwa: *Infotainment*, Verkürzung, Trivialisierung usw.), vgl. für Letzteres die Zusammenstellung in: Newton 2006: 212.

Abbildung 4: Dynamiken massenmedialer diskursiver Konstruktion

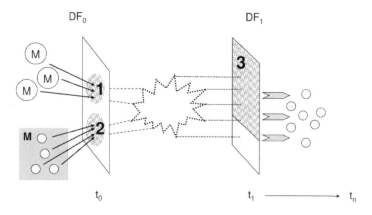

1, 2 Orte massenmedialer Bedeutungsprägung
3   Dissemination diskursiv konstruierter Bedeutungen
    vermittels Massenmedien

Massenmedien kommt damit im hier vorgelegten, wiederum: heuristischen Modell eine zentrale Rolle in Prozessen diskursiver Konstruktion zu. Sie besitzen andererseits insofern kein Deutungs*monopol*, als Konstruktionsleistungen immer auch außerhalb von Massenmedien stattfinden (können). Lediglich mit Blick auf die Vermittlung konstruierter Bedeutungsgehalte in ein breites, potenziell auch nationalstaatliche Grenzen überschreitendes Diskursfeld besitzen sie eine überdeutlich privilegierte Position.[160] Massenmedien kommt in diesem Zusammenhang die Bedeutung zu, den Zuschnitt, den Umfang und die Zusammensetzung von transnationalen Diskursgemeinschaften maßgeblich zu beeinflussen: Sie erst schaffen Diskursarenen nichtnationalen bzw. nichtlokalen Zuschnitts und ermöglichen eine diskursive Produktion von Bedeutungsgehalten über größere Akteursgruppen hinweg.

»Diskursive Macht« bietet sich in diesem Zusammenhang nicht nur an, um Massenmedien in ein Modell diskursiver Bedeutungskonstruktion einzubinden. Gleichzeitig verweist der enge Nexus von Diskursen und Macht auch auf das prinzipielle Interesse eines konstruktivistischen Ansatzes an einer Analyse von Macht. Über den hier entworfenen Diskursiven Konstruk-

---

160 Wenngleich auch hier gilt: Massenmedien *determinieren* Sinnumwelten *nicht*, vgl.: Schrøder/Phillips 2007: 893. Die Vorstellung des Rezipienten als aktivem Bedeutungsproduzenten ist in der Hinsicht wichtig, aber bezieht sich v.a. auf je subjektive Sinnkonstruktion. Intersubjektivität im oben genannten Sinne schränkt solche aktive Bedeutungsproduktion gerade insofern ein, als hier subjektive Deutungen zunächst in einem sozialen Kontext konsensual verankert werden müssten, also gerade nicht gilt, dass alle subjektiven Deutungen gleichberechtigt an gesellschaftlicher Sinnsetzung beteiligt sind.

tivismus ist es folglich möglich, Macht im Rahmen eines konstruktivistischen Ansatzes an zentraler Stelle zu thematisieren und so der unterstellten Machtvergessenheit des IB-Konstruktivismus entgegenzuwirken. Die Rückbindung diskursiver Macht an ein Set zentraler Dynamiken ist in diesem Zusammenhang darauf gerichtet, den diffusen Charakter dieser Macht analytisch greifbar zu machen.[161]

---

161 Vgl. auch die Überlegungen zu spezifischen Dynamiken massenmedialer Machteffekte bzw. Machtentfaltung in: Strömbäck 2008. Aus seiner Gegenüberstellung jeweils eines idealtypischen politischen bzw. eines Mediensystems, die sich in ihrer Logik entweder dem einen System anpassen oder es zu dominieren suchen, leitet Strömbäck vier Phasen der Mediatisierung ab, in denen Medien jeweils bestimmte Machtdynamiken freisetzen. Der Zuschnitt auf Systeme/Logiken sowie die Aussparung einer gesellschaftsorientierten Kategorie machen dieses Vorgehen für hier verfolgte Zwecke weniger interessant, wiewohl das generelle Bemühen um differenzierte Handhabe des Begriffes Medien»macht« deckungsgleich mit dem hiesigen Ansinnen ist.

7. Massenmedien in einem Modell diskursiver Konstruktion

7.1 MASSENMEDIEN ALS REALITÄTSKONSTRUKTEURE?

Dass Massenmedien mittlerweile einen wichtigen Ausschnitt internationaler Beziehungen darstellen, scheint in den IB unbestritten (vgl. Kap. 2). Ebenso existieren vielfältige Überlegungen dazu, wie deren Rolle für eine Analyse grenzüberschreitender politischer Prozesse zu konzeptionalisieren sei. Allerdings ergeben diese Ansätze in der Gesamtschau kein kohärentes Bild, entstehen Widersprüche infolge einander diametral entgegenstehender Rollenkonzepte, werden allenfalls selektiv bestimmte Aspekte medialen Handelns und medialer Präsenz erfasst. Zusammenfassende Überblicke zur Relativierung des sog. CNN-Effektes räumen demgemäß resignierend ein: »[t]o demonstrate that the media rarely exerts a determining influence on policy is not to demonstrate that the media are unimportant«[1], ohne sich im Nachgang auf eine gleichsam generalisierende wie differenzierende Konzeption massenmedialer Dynamiken einlassen zu wollen. Oder aber es wird Bedeutsamkeit von Massenmedien prinzipiell konzediert:

»Tatsächlich kann in modernen Gesellschaften eine europapolitische Meinungs- und Willensbildung, an der [neben anderen] Vertreter der […] Medien selbst *als aktive* Sprecher […] teilnehmen können, nur noch *unter massenmedialen Bedingungen* funktionieren. Wir wissen heute, dass den Massenmedien die entscheidende Aufgabe zukommt, als letzte Instanzen zwischen den europäischen Machtzentren […] und den Bürgern […] zu *vermitteln*.«[2]

Akteur und Vermittlungsinstanz? Was bedeutet in diesem Zusammenhang »Vermittlung«? Was ist mit »massenmedialen Bedingungen« gemeint? Scheinbar unproblematisch springt die Argumentation von einer akteursorientierten hin zu einer situativ orientierten hin zu einer (üblicher-

---

1 Brown 2002: 2.
2 Wimmel 2004: 8; eigene Herv.

weise eingenommenen) Perspektive auf Massenmedien als Vermittlungsinstanzen. Freilich wird nirgendwo hinreichend geklärt, welche Implikationen eine solche sprunghafte Erfassung besitzt. Die Crux ist dabei nicht, dass ein solches Bemühen um Differenzierung massenmedialer Dynamiken nicht sinnvoll wäre (sie ist im Gegenteil angesichts oftmals anzutreffender anekdotischer Verkürzung dringend geboten!). Es fehlt allerdings in der Regel der konzeptionelle Zusammenhang dafür, massenmediale Effekte und Dynamiken auf verschiedenen Ebenen zu untersuchen und für eine politikwissenschaftliche Analyse fruchtbar zu machen. Der Anspruch des oben skizzierten Modells massenmedialer diskursiver Konstruktion ist es, diese konzeptionelle Unterfütterung zu bieten.

Auf Basis eines Diskursiven Konstruktivismus und auf massenmediale Konstruktionsprozesse zugeschnitten lassen sich demgemäß die folgenden Aussagen treffen:

• Massenmedien produzieren Deutungsangebote sozialer Wirklichkeit: Sie generieren Bedeutungen, indem sie entweder medialen Akteuren (Journalisten im weitesten Sinne) oder anderen Akteuren eine privilegierte Stellung in einem Diskursfeld zuweisen.
• Massenmedien – und zwar: primär Massenmedien – kommt eine entscheidende Bedeutung hinsichtlich der Vermittlung von intersubjektiven Bedeutungsgehalten bzw. der Konturen des Ringens um die Herstellung solcher Intersubjektivität zu.
• In einem generelleren Sinne etablieren Massenmedien Infrastrukturen für Prozesse diskursiver Konstruktion. Durch sie werden (potenziell) transnationale, trans-gesellschaftliche Diskursarenen geschaffen.
• Indem Massenmedien im Modell als zentrale Infrastrukturen fungieren, eröffnet sich die Möglichkeit, über eine rein textualistische Analyse (Welche Bedeutungsgehalte werden kommuniziert?) hinaus auch die strukturelle Einbettung diskursiver Konstruktionsprozesse zu beleuchten. Sedimentierte, institutionalisierte Folgen vormaliger diskursiver Handlungen, »materielle« Strukturen in deren Bedeutungsgehalten wie durch ebendiese Strukturen eröffnete Handlungsspielräume[3] rücken ins Blickfeld.
• Da angenommen werden kann, dass internationale/transnationale Beziehungen durch eine Vielzahl parallel existierender (national versäulter)

---

3   U.a. auch: asymmetrische Zugangschancen, Besitzverhältnisse, journalistische Kulturen usw. Vgl. dazu die programmatischen Überlegungen zur Verschmelzung diskursanalytischer und klassischer medien- bzw. kommunikationswissenschaftlicher Interessen in: van Dijk 2007: 5. Ebenso zu einer wünschenswerten Verknüpfung der Untersuchung von Prozessen massenmedialer Produktionsbedingungen und »sozialen Konsequenzen« medialer Bedeutungsproduktion (allerdings mit starkem Bezug auf Bourdieus Konzept des »Feldes«): Couldry 2007: 212.

Diskurse und damit einer Vielzahl konkurrierender wie einander absichernder diskursiver Konstrukte charakterisiert sind, kommt der Analyse des Wechselspiels von Konsensschaffung und Artikulation alternativer Bedeutungen besondere Aufmerksamkeit zu.

- Ein solches Ringen um diskursive Vorherrschaft in grenzüberschreitenden Kontexten basiert dabei auf intentionalem Handeln, aber auch im Sinne »diskursiver Macht« auf Machteffekten.

- Dabei gilt: Vermittels Massenmedien werden nicht alle, aber (im Kontext einer zunehmenden Vergesellschaftung internationaler Politik) bedeutende Deutungskonkurrenzen ausgetragen und übernationale bedeutungsstiftende Prozesse ermöglicht.

In diesem Sinne stellen Massenmedien in der Tat »Realitätskonstrukteure« dar, wobei sich der zugrunde gelegte Begriff der »Realität« im Rahmen eines diskursiv-konstruktivistischen Ansatzes nicht etwa erübrigt, sondern seine Qualität verändert. »Realität« muss folglich aus Sicht des hier skizzierten Arguments in Gestalt sozial konstruierter Bedeutungsgeflechte, die die Akteursumwelt mit Sinngebungen ausstatten, konzipiert werden.[4] Daraus folgt, dass (anders als in alternativen Konzeptionen[5]) keine strikte Trennung zwischen Perzeptionswirklichkeit und »materieller«/Operationswirklichkeit erfolgen kann, da Letztere aus diskursiv-konstruktivistischer Sicht nur über intersubjektive Sinnsetzungen erfassbar ist, während Erstere – in *inter*subjektivem Zuschnitt! – deckungsgleich mit dem resultierenden Begriff von »Realität« ist.[6] Daraus folgt im Weiteren, dass die Ebene diskursiver Bedeutungskonstruktion allein eine »gesellschaftliche« (größere gesellschaftliche Zusammenhänge umfassende) ist und damit notwendigerweise ein stark vergröberndes Bild von Konstruktionsprozessen zugrunde gelegt werden muss. Auch wenn gerade in jüngerer Zeit in den IB auch verstärkt über ein gegenteiliges Vorgehen – die Erfassung

---

4   Vgl. dazu, v.a. auch zur *massenmedialen Prägung* solcher Realität(en) in den internationalen Beziehungen: Auth 2002: 17. Eine Gegenposition zu diesem konstruktivistischen Realitätsbegriff findet sich etwa in: Willaschek 2005. Willaschek (ebd.: 763) begründet seine Ablehnung eines solchen Begriffes über den Umstand, dieser fuße auf »einer Kette von Mißverständnissen, Übergeneralisierungen und voreiligen Schlußfolgerungen«. Seine Darstellung des Konstruktivismus greift allerdings notwendigerweise auf ebensolche Verkürzungen/Entstellungen zurück. Dagegen muss etwa ein Diskursiver Konstruktivismus, wie er hier skizziert wurde, keineswegs behaupten, dass eine Wirklichkeit außerhalb von Diskursen nicht existiere. Er weist allerdings darauf hin, dass die Bedeutungsdimension von Wirklichkeit (und damit das, was ihn interessiert), nicht ohne Rückgriff auf diskursiv konstruierten Sinn erfassbar ist.

5   Vgl. grundlegend: Patzelt 2003.

6   Vgl. gerade auch mit Blick auf die diskursive Dimension natürlicher/materieller Fakten: Dingler 2005.

lokal-situativer Konstruktion von Wirklichkeit mittels ethnomethodologischer Ansätze[7] – debattiert wurde, so bietet es sich aus zwei Gründen für
hier verfolgte Ziele an, weniger stark auf der Mikroebene zu argumentieren.
Zum einen sollen Konstruktionsprozesse in *transnationalen* Zusammenhängen sichtbar und in ihren Konsequenzen analytisch fassbar gemacht
werden, während sich Ethnomethodologie tendenziell stärker auf kleinräu-
migere und weniger umfangreiche Akteursgemeinschaften richtet. Verge-
sellschaftungsprozesse in den internationalen Beziehungen und
Kleinteiligkeit der ethnomethodologischen Forschungsmethode stehen dabei
in einem größtenteils nicht günstigen Entsprechungsverhältnis. Zum anderen
ergibt sich mit Blick auf den Gegenstandsbereich der IB eine methodische
Problematik dergestalt, dass »[...] more often than not ethnographic
methods are hardly amenable to empirical research in IR«.[8] Wie Pouliot
dazu anhand eines einschlägigen Beispiels ausführt: »NATO's military
committee, to take an obvious example, is not very open to welcome a par-
ticipant observer in its ranks.«[9] Mit anderen Worten: Dort, wo sich die Erforschung lokal-situativer Sinngebungsprozesse lohnte, weil mit einiger
Plausibilität eine exponierte Rolle von Akteurskollektiven unterstellt werden
könnte, ist der Zugang zur Rekonstruktion solcher Prozesse nur schwer
möglich.

7.2 DISKURSIVER KONSTRUKTIVISMUS UND POSTMODERNE MEDIENTHEORIE: ABGRENZUNGEN

Dass andererseits ein Diskursiver Konstruktivismus wie oben skizziert gegenüber anderen Formen des Theoretisierens über Massenmedien, Diskurse
und (internationale) Politik spezifische Vorteile aufweist und sich für eine
politikwissenschaftliche Befassung eignet, kann nicht zuletzt unter Hinweis
auf Erklärungsansätze aus dem Bereich poststrukturalistischer/postmoderner
Medientheorie verdeutlicht werden. Zwar besteht auf den ersten Blick eine
Ähnlichkeit in Interessen und Konzepten (nicht zuletzt die Idee »diskursiver
Konstruktion« betreffend[10]) zwischen dem Diskursiven Konstruktivismus

---

7   Vgl. Klotz/Lynch 2007: 37f., 57-63; Pouliot 2007. Außerhalb der IB einschlägig:
    Patzelt 1987.

8   Pouliot 2007: 369.

9   Ebd.

10 (Sozial-)Konstruktivismus, Diskursiver Konstruktivismus und die meisten post-
    modernen Ansätze teilen dabei ein grundsätzliches Interesse an »diskursiver
    Konstruktion«, legen dem Begriff aber jeweils unterscheidbare Verständnisse
    und Argumentationsabsichten zugrunde, vgl. u.a.: Debrix 2003: 5ff.; Steans/
    Pettiford 2005b: 139. Bisweilen erscheint der Gebrauch des Konzeptes »Dis-
    kurs« (sowie angelagerter Vorstellungen) in den IB allerdings zweifelsohne in

und Postmodernen Medientheorien; auch nehmen manche Autoren in den IB dezidiert Bezug auf einschlägige Ansätze solcher Medientheorie.[11] Dennoch erweisen sich diese letztlich nicht als geeignet, um eine auf Systematik abzielende Prozessanalyse diskursiver Konstruktion zu leisten.

Ich werde mich im Folgenden daher kurz mit den Arbeiten Baudrillards und Virilios auseinandersetzen, um zu verdeutlichen, dass Postmoderne Medientheorie – trotz eines mit dem Diskursiven Konstruktivismus geteilten Interesses an der exponierten Rolle von Massenmedien als Konstruktionsinstanz – letztlich mehr Probleme als Mehrwert für hier verfolgte Zwecke bietet. Die beiden Referenztheoretiker Baudrillard und Virilio wurden dabei nicht zufällig ausgewählt, sondern unter der Maßgabe, dass beide in den IB, wenn auch an deren Rändern, rezipiert wurden und werden.[12] Baudrillards Werk lässt sich dabei knapp zusammenfassen als eine »Kulturkritik mit explizitem medientheoretischem Interesse«.[13] In deren Zentrum steht die Annahme, dass die Möglichkeit einer kritischen Distanzierung eines (theoretisierenden) Beobachters gegenüber Medien in heutiger Zeit kaum noch möglich sei. Vielmehr gäbe es keinen »nicht-mediatisierten Zustand«[14] mehr, omnipräsente Mediatisierung habe den Charakter einer umfassenden Realitätssimulation erreicht. Aus Sicht der Forschungsinteressen der IB ist in diesem Zusammenhang Baudrillards Essaysammlung zum zweiten Golfkrieg (1991) einschlägig, in der er aus einer »[...] ›ironic‹ postmodern attitude, refusing to get excited by the propaganda, dismissing it all as only images«[15] behauptete, dieser Golfkrieg werde nicht stattfinden, finde nicht statt und habe nicht stattgefunden.[16] Dies gelte, weil der Krieg spekulativ sei, »[...] to the extent that we do not see the real event that it could be or that it would signify«, und weiter: »[the] idea of a clean war, like that of a clean bomb or an intelligent missile, this whole war conceived as a technological extrapolation of the brain is a sure sign of madness«. Schließlich führt er aus: »[the] images are censored and all information is blockaded in the desert: only TV functions as a medium without a message, giving at last the image of pure television«.[17] Damit ist auf einer generellen Ebene Baudrillards Kritik so-

---

impressionistische Darlegungen ohne erkennbaren, systematisch entwickelten argumentativen Kern zu münden, vgl. dafür u.a.: Shapiro 2005.

11 Vgl. u.a.: Debrix 2009; DerDerian 2009. Vom vorgetragenen Forschungsinteresse her ebenfalls paradigmatisch: Hammond 2007.

12 Vgl. ebd.: 18ff. Zur Bedeutung der beiden Autoren und ihrer Werke speziell für die politikwissenschaftlich orientierten IB: DerDerian 1990, 2000, 2009; Albert 1994: 53ff.; Debrix 2009.

13 Pias 2005: 283.

14 McRobbie 1994: 5.

15 Hammond 2007: 19.

16 Baudrillard 1995.

17 Ebd.: 29, 43, 63. Für eine Kritik, die die Missverständlichkeit von Baudrillards Unterstellung, der Krieg habe nicht stattgefunden, angreift: Norris 1992: 11-31.

wohl an diesem Krieg wie an dessen Berichterstattung klar formuliert. Diese ruht allerdings, wie angedeutet, auf einem medien- und gesellschaftstheoretischen Fundament.

Baudrillard kritisiert nicht nur, dass es aufgrund der spezifischen medialen Berichterstattung (ihrerseits maßgeblich beeinflusst durch Medienstrategien exponierter Akteure) unmöglich war, zwischen fabrizierten Bildern und Botschaften sowie einer »faktischen« Realität zu unterscheiden.[18] Er unterstellt, dass dies beispielhaft für eine generelle Dynamik manipulativer Realitätskonstruktion sei, die den Zuschauer der Möglichkeit beraubt habe, noch zwischen Simulation und Wirklichkeit zu unterscheiden. Indem er sein Handeln an Simulationen ausrichte, befördere er die Umwandlung von »Wirklichkeit« in spezifischer Form (Simulacra). Mit anderen Worten: Eine massenmedial herbeigeführte, vielschichtige und dynamische »Schein«realität, die den einzigen Zugang zu entfernten Phänomenen biete, zöge Handlungsfolgen auf diese (vermeintliche) Realität hin nach sich und entwickle sich somit fort zu einer nicht mehr hintergehbaren »Hyperrealität«.[19]

Damit kann festgestellt werden, dass der Konstruktionsaspekt zunächst enggeführt wird auf Aspekte der bewussten Verfälschung/Simulation (etwa zu Propagandazwecken: *High-Tech*-Krieg, sauberer Krieg, legitimer Krieg, legitime Kriegsführung usw.), wobei sich aus dem Sedimentieren multipler Simulationsanstrengungen verschiedener Akteure ein nicht mehr aufzulösendes Netz von Bedeutungen ergibt. Damit kollabiert aber die Idee von Konstruktionsprozessen mit zunehmender Zeit: Massenmedien konstruieren/verfälschen nicht mehr, sondern »Dinge passieren« nur noch im Simulacrum. Wie DerDerian ausführt: »Unable to recover the ›original‹ and seduced by the simulation, the [inhabitants of advanced mediacracies] had lost the ability to distinguish.«[20] Für die IB bedeutete dies, ihre Sicht auf den Gegenstand mit Baudrillard daran auszurichten, dass »[...] actors act, things happen, and the consequences have no origins except the artificial cyberspace of the simulations themselves«.[21]

Dies bedeutete freilich, von einer Idee diskursiver Konstruktion im eigentlichen Sinne abzukehren. Lediglich eine Dynamik kontingenter Reproduktion von Simulationseffekten wäre dann noch beschreibbar, aber nicht mehr modellierbar: Dinge »passieren« einfach. Wenig überraschend hat denn auch der Versuch, aus den IB heraus an Baudrillard anzuschließen, einigermaßen fatalistische und feuilletonistische Folgen. Unterstellte massenmediale Omnipräsenz und die Verkürzung auf den Aspekt intentionaler Beeinflussung von Bedeutungen führen dabei zu apokalyptischen Einschät-

---

18 Vgl. Debrix 2009: 57f.
19 Vgl. grundlegend: Baudrillard 1983: 1-13, 142, 146.
20 DerDerian 1990: 299.
21 Ebd.: 301.

zungen des »Funktionierens«[22] von Akteuren. Die Modellierung diskursiver Dynamiken ist damit nicht möglich, weil sie in letzter Konsequenz weder in Baudrillards proklamatorischer Rhetorik[23] noch der ihr unterliegenden Perspektive angelegt ist.

Virilios postmoderne Medientheorie, ebenfalls im Gewand einer Kulturkritik, nimmt einen anderen, medien*historischen* Ausgangspunkt.[24] In seiner Perspektive der Verschränkung von Technologie, Militär- und Mediengeschichte thematisiert er ebenso wie Baudrillard im Kern das Verschwinden einer Grenze zwischen Realem und mediatisierten Realitäten. Insbesondere interessiert er sich dabei für die Wirklichkeitswerdung der letztgenannten Konstruktionen vermittels der Wahrnehmung der Akteure. Indem er verschiedene, aufeinander folgende Medientechnologien[25] in Beziehung setzt zu einer je spezifischen Organisation der Wahrnehmung, die ihrerseits als notwendig zur Kriegführung betrachtet wird[26], widmet er sich in einem allgemeinen Sinn sowohl diskursiven Konstruktionsprozessen als auch deren (technologischer) Einbettung. Die angesprochene Organisation der Wahrnehmung bezeichnet dabei intentionales Handeln zur Beeinflussung von Bedeutungskonstruktionen, ist gleichzeitig aber auch Ausfluss kriegstechnologischer Entwicklungen zur Feindbeobachtung und dessen Irreführung.[27] Damit habe sich allerdings auch »Krieg« in seiner Bedeutung gewandelt: »[...] war has moved increasingly into the discursive space of logistics, a space within which it is treated technically rather than politically«.[28] Insbesondere der Aspekt der Beschleunigung – medien- wie kriegstechnologisch, aber auch allgemein auf gesellschaftliche Prozesse bezogen – markiert in diesem Zusammenhang das Kerninteresse des Ansatzes von Virilio.

Da Geschwindigkeit die Essenz der Kriegsführung darstelle, werde die Wahrnehmungsdimension sowohl teilnehmender wie auch beobachtender Gesellschaften zur strategischen Schlüsselressource.[29] In diesem Sinne ist es das Anliegen Virilios, »Geschwindigkeit zu politisieren« und die Beschleunigung gesellschaftlicher Prozesse auf technologische Entwicklungen im militärisch-medialen Sektor zurückzuführen, anstatt sie lediglich als Charakteristikum zunehmend globalisierter Zusammenhänge zu beschreiben.[30] In seinem von ihm selbst als »Dromologie« bezeichneten Zugang bewirken

---

22 McRobbie 1994: 216.
23 Vgl. Pias 2005: 285. Pias spricht von einer »pessimistischen Affirmation und utopischer Negation«, die sich um das zentrale Thema eines »Kollapses des Realen« ranken.
24 Ebd.: 285.
25 Zum Medium Kino programmatisch: Virilio 1994: 48-54, 85-91.
26 Vgl. Crogan 1999: 169.
27 Virilio 1997: 37.
28 Shapiro 1992: 144.
29 DerDerian 2009: 331.
30 DerDerian 1990: 307; vgl. auch Virilio selbst in: Virilio/Lothringer 1997: 35.

Massenmedien vor allem, dass deren Echtzeit-Kommunikation keine kritische Distanz mehr zulasse und gerade mit Blick auf »Interpretationskonflikte« allen Akteuren die Fähigkeit beschneide, im notwendigen Umfang über konkurrierende Deutungen zu reflektieren.[31] In dieser Verschränkung der Logik von Technologien virtualisierter Kriegsführung und massenmedialer Bedeutungsprägung wird die strategische Beherrschung von Zeit zentral, und zwar im Sinn einer pro-aktiven Prägung von Bedeutungen bzw. deren Unterminierung (anstatt reaktiver Kommentierung).[32]

Dies alles könnte einem Diskursiven Konstruktivismus zuarbeiten, versteht man Virilios Ansatz als den Versuch, die einbettenden Kontexte diskursiver Konstruktion insbesondere unter einem medientechnologischen Gesichtspunkt gründlicher zu analysieren. Wiederum aber gilt, dass das Hauptaugenmerk von Virilio (ebenso wie sein Stil, ganz ähnlich wie im Falle Baudrillards, gewissermaßen in einem Entsprechungsverhältnis) auf andere Ziele gerichtet ist. Seine Dromologie bedeutet für die Analyse internationaler Beziehungen (in einer Lesart, die Virilio gerecht zu werden versucht): »The instantaneity of communication, the ubiquity of the image, the flow of capital, the videographic speed of war made the reality of world politics a transitory, technologically contingent phenomenon.«[33] Damit einher geht die Vorstellung, dass sich jenseits einer den dominierenden Mediengattungen entspringenden Ästhetik, die letztlich allein den Zustand permanenter Mobilmachung für Krieg und tatsächliche Kriegsführung flankiert, ausschmückt und letztlich legitimiert[34], kaum etwas aus Virilios Ansatz ableiten lässt.

Ebenso wie bei Baudrillard wird auch bei Virilio die Eskalation des Arguments massenmedialer Konstruktion i.S. einer »Verzerrung« hin zur Proklamation einer apokalyptischen Vision ausgebaut. Ist ein Interesse an diskursiver Konstruktion zunächst noch angelegt in der Idee der »Logistik der Wahrnehmung«, löst sich diese zunehmend auf in anekdotischer Ausschmückung eines Gefühls. Virilio selbst dazu:

»I don't believe in explanations. I believe in suggestion, in the obvious quality of the implicit. […] I don't like two-and-two-is-four-writing. That's why, finally, I respect Michel Foucault more than I like him.«[35]

---

31 Virilio 1997: 18.
32 Vgl. u.a.: Albert 1994: 52; Virilio 1997: 62; Bartram 2004: 290f.; Reich et al. 2005: 89f.
33 DerDerian 1997: 64.
34 Kirchmann 1998: 145.
35 Virilio/Lothringer 1997: 44. Zu einer generellen Stil- wie Werkskritik siehe u.a.: Kirchmann 1998: 26-65. Kirchmann klassifiziert Virilios Stil mit dem einfachen Gegensatzpaar: »Rhetorik statt Methode« (ebd.: 46), dies aber nicht im Sinne einer *a priori* ablehnenden Haltung gegenüber poststrukturalistischem Philosophieren, sondern als Ergebnis seiner De-Konstruktion der vorliegenden Schriften Vi-

Offenkundig ist damit, dass Postmoderne Medientheorie ein ursprüngliches Interesse an diskursiver Konstruktion teilt, in ihrer Konzentration auf eine Omnipotenz von Medien (Schnelligkeit, Simulationen etc.) und der Hypostasierung von Impressionen für einen produktiven Einbezug im Rahmen eines Diskursiven Konstruktivismus nicht geeignet (und auch nicht angelegt) ist.

7.3 MECHANISMEN UND EFFEKTE DISKURSIVER KONSTRUKTION DURCH MASSENMEDIEN

Der Mehrwert eines solchen Diskursiven Konstruktivismus für die Analyse internationaler wie transnationaler Beziehungen soll im abschließenden Teil der Arbeit anhand prominenter Gegenwartsausschnitte und in ihnen lokalisierter Dynamiken massenmedialer Konstruktion herausgestellt werden. Zu diesem Zweck wurde oben zunächst ein Grundmodell diskursiver Konstruktion entwickelt, das im Folgenden mit Blickrichtung auf spezifische massenmediale Dynamiken ausgebaut wurde. Diesem Grundmodell der Dynamik von Konstruktionsprozessen muss allerdings noch ein drittes heuristisches Modell zur Seite gestellt werden, um die spezifische Einbettung *zwischen*-gesellschaftlicher Prozesse auf abstrakter Ebene sichtbar zu machen (vgl. Abb. 5). Ausgehend von der bereits oben angesprochenen Überlegung, dass im Zentrum eines prozessualen Modells diskursiver Konstruktion »[...] the reconstruction of [the] distribution of discourses, the mechanisms implied, the effects which are produced, and changes therein over time«[36] stehen sollten, werden für ein solches Modell vier Analysedimensionen abgeleitet. Diese umfassen: [1] die Anordnung bzw. Verteilung von Diskursen (i.S. der Entwicklung diskursiver Formationen), mithin deren: Inter-Diskursivität; [2] (massenmediale) Mechanismen diskursiver Konstruktion (eigene Akteursschaft, Privilegierung bestimmter Akteure; [3] Effekte massenmedialer diskursiver Konstruktion; sowie insgesamt: [4] Erklärungsmuster für Wandel im Rahmen eines solchen diskursiven Ensembles.

---

rilios. Interessanterweise hat sich Baudrillard ebenso von Foucault abgegrenzt, v.a. aufgrund dessen von Virilio als zu traditionalistisch (!) empfundener Methodik, vgl.: Best/Kellner 1991: 121-126.

36 Feindt/Oels 2005: 165.

Abbildung 5: Modell zur Erfassung einzelner Gesellschaften übergreifender, massenmedialer Konstruktionsdynamiken

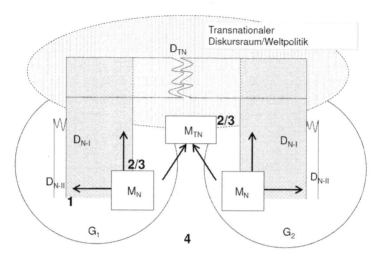

Hier schematisch für zwei Gesellschaften (G_1, G_2) sowie dort vorfindbare nationale Diskurse/Diskursformationen (D_{N-x}) und massenmediale (M_N) Beiträge zu ebendiesen; die transnationale Verknüpfung geschieht dabei sowohl in Form der Vermischung dieser ehedem nationalen Diskursräume (D_{TN}) als auch durch transnationale Medien (M_{TN})

Dieses Modell leistet v.a. eine Öffnung der Vorstellung diskursiver Konstruktionsprozesse über nationalstaatliche Handlungsräume (von politischen wie gesellschaftlichen Akteuren, maßgeblich aber auch: Massenmedien) hinaus. Dabei grenzt es einerseits massenmedial getragene, thematisch fokussierte Diskurse, die zunächst im nationalen Raum und auf nationale Gegebenheiten gerichtet sind, ab von nationalen Diskursen, die in einen grenzüberschreitenden Diskursraum hineinreichen. Es bildet, zweitens, per se transnationale massenmediale Diskursformationen ab, und zwar in dem Sinne, dass diese rückgebunden sind an transnational agierende Medien. Als Analyseraster dienen die drei Modelle (das Grundmodell diskursiver Konstruktion, das Modell spezifischer massenmedialer Konstruktionsdynamiken sowie das hier skizzierte Modell internationaler/transnationaler Verknüpfung) in ihrem Zusammenspiel dazu, spezifische Dynamiken diskursiver Konstruktion

- in grenzüberschreitenden Kontexten und
- mit Schwerpunkt auf deren massenmedialer Fundierung sichtbar und einer systematischen Analyse zugänglich zu machen.

Dies erfolgt im Kontext des Anliegens, *Prozessen* sozialer Konstruktion im Rahmen eines konstruktivistischen Ansatzes für die IB unter wissenssoziologisch inspirierter Perspektive analytisch mehr Aufmerksamkeit zu schenken.[37] Dies impliziert eine Abkehr vom Ansinnen (weit verbreitet in Arbeiten zu Massenmedien in außenpolitischen wie internationalen Kontexten[38]), allumfassende und gesetzesähnliche Thesen zu je gerichteten Medienwirkungen aufzustellen. Wie eingangs beschrieben, resultiert dies ohnehin eher in einer Kakophonie widersprüchlicher Behauptungen zu Medienwirkungen im internationalen Raum. Stattdessen sollen hier massenmediale Dynamiken über die Ebene der Bedeutungskonstruktion erfassbar gemacht und in ihrer politischen Bedeutsamkeit empirisch ergebnisoffen (!) beschrieben werden. Dies enthebt den in der Folge auf vier Ausschnitte internationaler/transnationaler Beziehungen angewandten Ansatz des Diskursiven Konstruktivismus andererseits nicht der Aufgabe, kenntlich zu machen, mit welcher Vorstellung von »Wirkung«, Einfluss oder Effekt er arbeitet bzw. wie eine solche Medienwirkung aufgezeigt, nicht nur unterstellt werden kann.[39]

---

37 Für einen frühen Hinweis vgl. die grundsätzliche Überlegung in: Jaeger 1996: 333.

38 Vgl. Hammond 2007; Rosefielde/Mills 2007. Hammond behauptet eine therapeutische Funktion von Massenmedien nahezu ausschließlich als Inszenierungsinstanzen militärischen Interventionismus', der seinerseits den inhaltlich »leeren« Charakter von Politik verdecken soll. Rosefielde/Mills bezeichnen Medien demgegenüber uniform als »mythomaniacs«, die durch spezifische Realitätskonstruktionen eine harmoniesüchtige Gesellschaft produzierten, welche in der Folge Gefahr laufe, über Wahlentscheidungen politisches Personal ins Amt zu heben, das seinerseits die falschen strategischen Grundsatzentscheidungen treffe.

39 Vgl. dazu den Austausch zwischen U. Brand (2003) und Weller (2003). Wirkung dürfe dabei, folgt man Weller, nicht auf Basis einer »unsystematischen Kenntnis von Textkorpora« geschlussfolgert werden, vgl. ebd.: 374.

III. Prozesse diskursiver Konstruktion in den internationalen Beziehungen durch Massenmedien

Hinführung zu den Fällen

Der Mehrwert eines diskursiv-konstruktivistischen Ansatzes für die Analyse internationaler Beziehungen liegt darin, eine zentrale Dimension grenzüberschreitender und Gesellschaften übergreifender, politisch bedeutsamer Dynamiken sichtbar zu machen. Dadurch rücken Prozesse der Bedeutungsschaffung (diskursive Konstruktionsprozesse) *in ihren politischen Konsequenzen* in den Mittelpunkt der Analyse. Mit Blick auf die Rolle von Massenmedien in den internationalen Beziehungen erlaubt es der Diskursive Konstruktivismus, so wie er im vorangegangenen Kapitel skizziert wurde, zum einen gegenüber anderen theoretischen Ansätzen der IB (vgl. Kap. 3), Massenmedien *überhaupt* systematisch in eine Analyseperspektive zu inkorporieren. Zum anderen wird als entscheidende Dimension massenmedialer Wirkungen, Effekte, Dynamiken etc. deren wirklichkeitskonstitutive Rolle als Produzenten, Vermittler und Verstärker von Bedeutungsgehalten identifiziert. Die in der politik- und kommunikationswissenschaftlichen Fachliteratur oftmals postulierten, teils einander widersprechenden Rollenzuschreibungen (Akteur = CNN-Effekt, Instrument = *manufacturing consent*, Technologie etc., vgl. Kap. 2) treten damit in den Hintergrund. Sie sind nicht »wahr(er)« oder »falsch(er)«, werden aber allenfalls im Sinne einer ergebnisoffenen Herangehensweise als mögliche Erklärungsfolien spezifischer, situativ bedingter Dynamiken massenmedialer Bedeutungskonstruktion relevant. Im Rahmen des Diskursiven Konstruktivismus ist somit vielmehr die Frage relevant, welches die zentralen, zugrunde liegenden *diskursiven* Dynamiken (im Sinne von sozialen Prozessen der Bedeutungsschaffung) sind. Für die hier verfolgten Zwecke wird es damit möglich, den Beitrag von Massenmedien beim Zustandekommen, der Reproduktion und dem Wandel bestimmter Realitätskonstruktionen für Akteurskollektive (nationale Gesellschaften, transnationale gesellschaftliche Akteure wie etwa Diaspora-Gemeinschaften etc.) sichtbar zu machen.

Im Folgenden (Kap. 8 bis 10) werden die Grundmodelle massenmedialer diskursiver Konstruktion, so wie sie in den Kapiteln 6 und 7 entworfen wurden, anhand vierer empirischer Fallbeispiele plausibilisiert, und zwar unter folgenden Prämissen:

- In den analysierten Problemzusammenhängen inter- und transnationaler Politik sollen jeweils zentrale Mechanismen massenmedialer Konstruktion sichtbar gemacht werden (Plausibilisierung der Modelle 1 und 2, Kap. 6).

- Insbesondere soll der spezifische Beitrag von Massenmedien im Hinblick auf einzelne Gesellschaften und politische Systeme übergreifende politische Prozesse verdeutlicht werden (Plausibilisierung Modell 3, Kap. 7).

- Damit verbunden ist das Anliegen, jeweils den »politischen Kern« diskursiver Konstruktionsprozesse (und damit das originär politikwissenschaftliche Interesse an diskursiver Konstruktion) in den analysierten Fällen herauszuarbeiten.

Auch wenn sich die Aufarbeitung der empirischen Fälle als anschlussfähig an eher linguistisch-textualistische Diskursanalysen im oben beschriebenen Sinne erweist, wird eine solche methodisch ausgefeilte Analyse im eigentlichen Sinne nicht geleistet. Die gewählte Plausibilisierungsstrategie strebt demgegenüber an, die Verallgemeinerungsfähigkeit der vorgeschlagenen Perspektive über einen Einzelfall hinaus unter Beweis zu stellen. Dies erkauft sie sich durch eine zugegebenermaßen lediglich »illustrierende« Handhabe der Analyse jeweiliger diskursiver Formationen und deren Wandels. Um dem Eindruck entgegenzutreten, dass ein solches Vorgehen auf eine stark selektive, beliebige Handhabe einzelner medialer Artikulationen hinausläuft, auf deren Basis dann die Produktion gesellschaftlicher »Wirklichkeiten« einfach unterstellt wird, habe ich mich für folgendes Vorgehen entschieden: Soweit möglich wird auf bereits existierende Forschungsarbeiten aus dem medien- und kommunikationswissenschaftlichen Bereich zurückgegriffen, die ihrerseits teils umfangreiche Textkorpora bereits analysiert haben. Diese Arbeiten, wiewohl sie in der Mehrzahl nicht über die Konzepte »Diskurs« und/oder »(diskursive) Konstruktion« argumentieren, erweisen sich in vielen Fällen als einem Diskursiven Konstruktivismus zuträglich. Die ihnen zugrundeliegenden Konzepte etwa des »framings« (»Rahmens«), »indexings«, der »coverage« (Berichterstattung) etc. verweisen wenigstens implizit auf die wirklichkeitskonstitutive Funktion von Medien bzw. spezifische Muster massenmedialer Realitätskonstruktion. Aus methodischer Sicht ließe sich die somit angestrengte Plausibilisierungsstrategie damit als Kombination aus dem Einfügen bereits präsentierten Datenmaterials in eine Perspektive diskursiver Konstruktion in Kombination mit ergänzenden qualitativen Fallstudien beschreiben.

Dabei versteht sich dieser gewählte Bezug auf empirisches Material einerseits als (erneuter) Hinweis darauf, dass mittels eines diskursiv-konstruktivistischen Ansatzes nicht notwendigerweise allein rein theorieorientierte Forschung möglich ist. Andererseits lässt sich bei erfolgreicher Plausibilisierung das skizzierte Projekt als Basis eines umfassenderen, empirisch orientierten Forschungsprojektes begreifen, welches Dynamiken diskursiver

Bedeutungsschaffung in den internationalen Beziehungen (im Fokus auf Massenmedien als »neues«, da nunmehr systematisch strukturiertes Forschungsfeld in den IB) in einer Vielzahl von Fällen zu analysieren sucht.

Die Einarbeitung der Befunde bereits existierender empirischer Untersuchungen/Fallstudien unter der oben skizzierten Forschungsperspektive erfolgt dabei mit Blick auf die Erklärung *politisch* bedeutsamer Prozesse und Dynamiken (Konflikt, Hegemonie, Hierarchie, Macht etc.). Gemeinsam ist ihnen das Interesse an der Rekonstruktion der Prozesse, in denen handlungsleitende Bedeutungen geschaffen werden. Dies bedeutet im Hinblick auf eine Vielzahl der zu Rate gezogenen medien- und kommunikationswissenschaftlichen Arbeiten, dass zwar nicht durchweg das »Rad neu erfunden« werden muss, weil gerade im Grenzbereich zwischen Politik- und Kommunikationswissenschaft (Stichwort: Politische Kommunikation) oftmals ein implizites Verständnis von »Konstruktions«leistungen seitens der Massenmedien vorliegt. Allerdings lassen sich Studien zu einzelnen Aspekten (etwa: Medien im Krieg, Medien und Terrorismus) insoweit nur teilweise in eine diskursiv-konstruktivistische Perspektive überführen, als sie primär an den eingangs postulierten Entscheidungsfragen (Akteur? Instrument? Symbiose?) interessiert sind. Dieser Problematik wurde im Folgenden entweder durch eine Ergänzung in Form illustrativer, qualitativer Fallstudien der vorliegenden Forschungsergebnisse oder durch Überlegungen zu weiterführendem Forschungsbedarf begegnet. Demgegenüber muss darauf hingewiesen werden, dass politik- und kommunikationswissenschaftliche Arbeiten durchaus unterschiedlicher theoretischer und/oder methodischer Provenienz (qualitative und quantitative Forschung, *framing*- wie diskursorientierte Arbeiten etc.) mit Blick auf die untersuchten Fälle bzw. Forschungsgegenstände zu durchaus ähnlichen, jedenfalls nur selten inkompatiblen oder gegenteiligen Schlüssen gelangen.

Insgesamt ist es damit das Anliegen des Teils III der vorliegenden Arbeit, den Mehrwert eines diskursiv-konstruktivistischen Modells gegenüber einer allenfalls selektiven, punktuellen Aufarbeitung von Medienwirkungen in inter- wie transnationalen Kontexten herauszustellen. Ein solcher Zugang beherrscht in den politikwissenschaftlichen IB allerdings (noch?) die Szenerie. Weder das bisweilen betriebene *scapegoating* (Schuldzuweisung an »die Medien«, maßgeblich in Fällen gescheiterter politischer Strategien) noch der sporadische Hinweis, dass Medien mehr und systematischer Aufmerksamkeit geschenkt werden *müsste*, liefern hier bisher befriedigende Antworten. Den Mehrwert herauszustellen und die Erklärungskraft eines vorgeschlagenen Modells zu plausibilisieren, bedeutet im Umkehrschluss aber auch: Das vorgeschlagene, abstrakte Modell komplexer Medien»wirkungen« wird im strengen Sinne nicht getestet. Es ist überdies mehr als fraglich, ob ein solcher, strengen Kriterien entsprechender Test überhaupt möglich wäre. Ich folge in dieser Hinsicht Wolfsfeld, der mit Blick auf sein Modell massenmedialer Beeinflussung von Konfliktdynamiken formuliert hat: »[…] it can only be applied with greater and lesser success. One can *demonstrate* but not ›prove‹ the validity of one's conclusions; the goal is to be *convincing*.«[1] Eine zweite Vorbemerkung erscheint zudem notwendig. Im vorliegenden Modell wird Medien*wirkung* in einem allgemeinen Sinne unterstellt; anderfalls ergäbe sich kein Interesse daran, ein Modell für die Analyse massenmedialer Dynamiken in den internationalen Beziehungen zu erarbeiten. In der Medien- und Kommunikationswissenschaft ist dies wesentlich umstrittener, zumindest mit Blick darauf, ob es *allgemein angebbare* Mechanismen, Randbedingungen und Konturen von Medienwirkung gibt. Im nachfolgenden Text wird demgegenüber mit einer gewissen Plausibilität davon ausgegangen, dass es Wirkungen massenmedialer Kommunikation auf der Ebene von Rezipienten und Rezipientengemeinschaften (sowie mit Blick auf interaktive Medientechnologien: Rezipienten/Produzenten) gibt. Wie Seib hinsichtlich einer spezifischen, aus politikwissenschaftlicher Sicht einschlägigen Klasse solcher Kommunikationsleistungen, der Nachrichtenberichterstattung, ausführt: »Beyond serving as a stimulus for the construction of agendas, news coverage *influences* how people look at the world around them – how much intellectual and emotional capital they are willing to invest in considering the issue at hand.«[2] In dem Maße, wie Seib die Beeinflussung voraussetzt, wird in den nachfolgenden Fallanalysen Medienwirkung vorausgesetzt, ohne diese im Einzelnen in einem strengen Sinne nachzuweisen.[3] Die Plausibilität dieser Annahme stützt sich im Umkehrschluss auf folgende Überlegungen:

- Kommunikation über größere Distanzen (Grenzen, Gesellschaften) hinweg geschieht primär mittels Massenmedien, wobei diese auch die sog. »Neue Medien« miteinschließen.
- Die Wahrnehmung der internationalen Umwelt ist für die überwiegende Zahl gesellschaftlicher Akteure massenmedial vermittelt. Dies gilt auch für exponierte politische Akteure, wiewohl sie zudem bisweilen einen privilegierten Zugang zur Sphäre internationaler Politik qua Verhandlungsteilnahmen, diplomatischem Austausch etc. besitzen. Exponierte politische Akteure sind darüber hinaus über verschiedene Mechanismen (Legitimitätsstiftung, Mobilisierungsleistungen, in Demokratien: an Wahlchancen gebundene Responsivität) an gesellschaftliche Akteure und deren Wahrnehmungshorizonte zurückgebunden.
- (Massen-)Mediale Kommunikation ist der Modus, über den kommunikative Zusammenhänge über größere Distanzen erst geschaffen werden. In

---

1   Wolfsfeld 1997: 7, eigene Herv.

2   Seib 2006: 1, eigene Herv.

3   Für eine Diskussion der Problematik des tatsächlichen Nachweises von Medienwirkung auf individueller Ebene und methodologische Probleme, diese wiederum an eine aggregierte Ebene (Gemeinschaften, transnationale Gemeinschaften etc.) zurückzubinden: Schrøder/Phillips 2008.

diesem Sinne etablieren Massenmedien Infrastrukturen (globale und regionale Nachrichtenagenturen, globale Medienunternehmen, Medientechnologien etc.), welche eine einzelne Gesellschaften übergreifende Verknüpfung von Handlungszusammenhängen im Wesentlichen erst ermöglichen.

- Die auf genereller Ebene unterstellte »Wirksamkeit« von Massenmedien wird im Folgenden auf die Dimension der Bedeutungsproduktion angewandt. Maßgeblich für diese Überlegung ist die eingangs beschriebene Tendenz einer zunehmenden Vergesellschaftung internationaler Politik/ Beziehungen.

Die vier nachfolgend präsentierten Fallanalysen beziehen sich auf vier thematische Cluster, die ihrerseits mehr oder weniger umfangreiche empirische Forschung auf sich gezogen haben. Die beiden Cluster »Konflikt/Krieg« sowie »Konflikt/Terrorismus« können dabei als stärker beforscht gelten, während die Cluster »mediatisierte Hegemonie« und »transnationaler Dissens« bis dato weniger analytische Aufmerksamkeit auf sich gezogen haben. Gleichzeitig lassen sich die vier Themencluster entlang der Trennlinie zwischen wenigstens tendenziell klassischer zwischenstaatlicher Politik (Konflikt/Krieg; mediatisierte Hegemonie) und stärker vergesellschafteten, transnationalen Politikprozessen (transnationaler Dissens; Konflikt/Terrorismus) unterscheiden. Sie streben damit in einem generellen Sinne nach »Repräsentativität«. In ihnen bilden sich verschiedenartige Facetten zeitgenössischer internationaler Beziehungen ab, die in je unterschiedlichem Maße bereits als legitime Untersuchungsgegenstände im Fach IB erforscht werden. Es ließe sich aber zugleich auch anführen, dass die Fallauswahl im Geiste eines »theoretical sampling« – und damit mit Blick auf eine theoriengenerierende Wirkung – erfolgte. In der Tat lässt sich aus der Abfolge der Fälle in der nachfolgenden Kapitelanordnung erkennen, dass die Fallauswahl auch unter dem Blickwinkel erfolgte, ob neue Erkenntnisse erwartbar waren bzw. neuartige Zusammenhänge unter der gewählten Forschungsperspektive mit einer Wahrscheinlichkeit sichtbar werden würden. Dies gilt nicht zuletzt mit Blick auf Prozesse (diskursiver) Transnationalisierung.

Zuschnitt der Problematik tendenziell stärker...		
	zwischenstaatlich	vergesellschaftet
Aufmerksamkeit bisheriger Forschung eher...	stärker	KONFLIKT/KRIEG	KONFLIKT/TERRORISMUS
	geringer	(MEDIATISIERTE) HEGEMONIE	TRANSNATIONALER DISSENS

Den umfangreichsten Forschungsstand gilt es zweifelsohne für die Thematik »Medien in Konflikten« bzw. »Medien im Krieg« zu konstatieren. Wie bereits in Kap. 2 besonders hinsichtlich der Rollenzuschreibungen entweder eines Instruments (Instrumentalisierung durch Konfliktparteien) oder eines Akteurs (CNN-Effekt) dargestellt, wird die wissenschaftliche Debatte von Vorannahmen über die spezifischen Wirkmechanismen von Massenmedien dominiert. Zu diesem auf analytischem Terrain ausgetragenen Streit (Akteur oder Instrument?) gesellt sich eine umfangreiche Literatur, in der Fragen hisichtlich normativer Implikationen, insbesondere der journalistischen Ethik und des journalistischen Selbstverständnisses nachgegangen wird. Im Gegensatz dazu wird hier vorgeschlagen, die »Mediatisierung« von Konflikten im Sinne eines Interesses für Dynamiken diskursiver Konstruktion/Bedeutungsschaffung ergebnisoffener zu betrachten. Die Notwendigkeit dazu wird in den Unterkapiteln 8.1. bzw. 8.2. geschildert. Unter dem Blickwinkel einer gesellschaftlichen, mediatisierten Einbettung konfliktbezogener Außenpolitik *in eine ebenfalls mediatisierte* (!) *internationale Umwelt* soll dementsprechend aufgezeigt werden, dass verschiedene massenmediale Dynamiken in ihrem Zusammenspiel die diskursive Rahmung von Kriegen und anderen Formen gewalthaltigen Konfliktaustrags bestimmen. Damit bestimmen sie gleichzeitig über deren gesellschaftlich relevante Bedeutungen. Die Darstellung geschieht zum einen anhand einer Skizze zur diskursiven Analyse des Irak-Kriegs seit 2003 in dessen Bedeutungen für die US-amerikanische Gesellschaft, vor allem hinsichtlich diskursiven Wandels (Kap. 8.3.1). Eine zweite Fallstudie zum sog. *war on terror* erweitert das Blickfeld um exponierte gesellschaftliche Akteure (transnationale Terroristen) und deren Kommunikationsleistungen. Ebenso rückt die zwischengesellschaftliche Komponente, hier mit Blick auf die Gegensätze zwischen US-amerikanischer und deutscher medialer wie gesellschaftlicher Wahrnehmungsmuster, deutlicher in den Blickpunkt (Kap. 8.3.2).

Kap. 9 beschäftigt sich im Anschluss daran mit der Frage nach dem Zusammenhang von Mediatisierung und Hegemonie im weltpolitischen Kontext. Ausgehend von der oftmals unterstellten »Amerikanisierung« – die Stärke US-amerikanischer »globaler« Medien- und Kommunikationsunternehmen und parallel dazu die Existenz eines auf Dominanz bzw. Führung gerichteten außenpolitischen Programms der Vereinigten Staaten – soll dabei untersucht werden, inwieweit die beiden Aspekte tatsächlich eine symbiotische Beziehung bilden. Der Rückgriff auf die Dimension diskursiver Bedeutungsschaffung ermöglicht dabei, ergebnisoffen medienökonomische, weltpolitische und massenmedial vermittelte, diskursive Dynamiken aufeinander zu beziehen. Ausgehend von einem spezifischen Verständnis von Hegemonie als einem Führungsverhältnis, das maßgeblich auf einer *Konsens*komponente beruht[4], erweist sich der Mehrwert des Diskursiven Konstruktivismus darin, Mechanismen massenmedialer Konsensschaffung bzw.

---

4   Vgl. für einen ersten Überblick: Robel 2001; Brand/Robel 2009.

Unterminierung eines solchen Konsenses sichtbar zu machen. Hegemonie (nicht nur US-amerikanische[5]) erweist sich damit als an die erfolgreiche Prägung von Vorstellungswelten zurückgebunden, jedenfalls stärker als dies materialistische Erklärungsansätze glauben machen wollen.

Kap. 10 widmet sich dem Phänomen transnationalen, zwischengesellschaftlichen Dissenses. Über die Darstellung und Analyse der jeweils zugrunde liegenden, in entscheidendem Maße massenmedial getragenen Dynamiken werden dabei die sog.»transatlantische Medienkluft« und der »Karikaturenstreit« analysiert. Lässt sich Ersteres auch als Unterfall von (temporär in Frage gestellter) US-amerikanischer Hegemonie verstehen, ist Letzteres Ausdruck einer zunehmenden kulturell-religiösen Konfliktdynamik quer zu national organisierten Gesellschaften. Beide Fälle illustrieren die zunehmende Vergesellschaftung von Politikprozessen, nicht nur innerhalb der OECD-Welt. Beide weisen zudem auf gestiegenes Konfliktpotenzial zwischen und innerhalb von Gesellschaften (sowie quer zu diesen) hin, nicht nur mit Blick auf die islamische Welt. Zudem verdeutlichen beide Phänomene die zentrale Bedeutung der Mediatisierung inter- und transnationaler Beziehungen insofern, als letztlich Prozesse medial getragener und verstärkter, diskursiver Bedeutungsproduktion den Kern beider Konflikte ausmach(t)en.

---

5 Vgl. die Überlegungen zu einem »Kampf ums Weltbild« in Kap. 9.

8. Massenmedien in gewalthaltigen internationalen Konflikten

Dass Massenmedien in Kriegen und Konflikten seit jeher eine bedeutsame Rolle spielen, ist eine triviale Feststellung. Welche Wirkungen von ihnen in zeitgenössischen gewalthaltigen Konflikten ausgehen, ist dagegen wesentlich umstrittener. Im Folgenden wird skizziert, welche Rolle ihnen aus Sicht eines Diskursiven Konstruktivismus zukommt und worin genau der Mehrwert einer diskursiv-konstruktivistischen Perspektive besteht, d.h., welche politisch bedeutsame Binnendifferenzierung einer plausibel zu unterstellenden Mediatisierung von Kriegen/Konflikten sie ermöglicht. Unter »gewalthaltigen internationalen Konflikten« subsumiere ich dabei sowohl klassische zwischenstaatliche Kriege als auch Formen der sog. »Neuen Kriege«, in denen die Gewaltakteure *auch* gesellschaftlicher Natur sein können (dies gilt insbesondere mit Blick auf Gewaltakte transnational agierender Terroristen). Letztere finden allerdings nach wie vor im Kontext einer größtenteils nationalstaatlich organisierten internationalen Umwelt statt und provozieren staatliche Gegenreaktionen. »Gewalthaltiger Konfliktaustrag« (im Sinne physischer Gewalt), der Grenzen und Gesellschaften überschreitend stattfindet, bildet damit den Mittelpunkt des Interesses, und zwar mit Schwerpunkt auf die Erfassung der Ebene massenmedialer Bedeutungskonstruktion in solchen Prozessen des Konfliktaustrags.

Das »Neue« bzw. Andersartige des hier vorgeschlagenen Zugangs besteht dabei zum einen darin, zu problematisieren, welche Arten von Bedeutungsprägung überhaupt zustande kommen. Die übliche Sichtweise beschränkt sich weitestgehend auf massenmediale Bedeutungsprägung innerhalb von Gesellschaften, also diskursive Prozesse in nationalstaatlichen Räumen. Eine wechselseitige »Beobachtung« von Gesellschaften über Massenmedien wird allenfalls angedeutet. Im Gegensatz dazu gehe ich davon aus, dass dieser nationale Bezugsrahmen massenmedialer Diskurse mehr und mehr aufgebrochen wird und so in zunehmendem Maße eine übernationale Verknüpfung von Prozessen massenmedialer Bedeutungskonstruktion stattfindet. Dies hat zum einen mit einer »Neuen Medienumwelt« (Medientechnologien, transnationalen Medien etc.) zu tun, zum anderen mit einer Pluralisierung der (Kommunikations-)Akteure. Beide Aspekte gewinnen mit zunehmender Dauer eines Konflikts an Bedeutung. In der konkreten Analyse diskursiver Dynamiken bietet es sich dabei an,»diskursive Episoden« zu analysieren. Unter einer solchen diskursiven Episode ist eine spezifische (Re-)Konstruktion eines diskursiven Ereignisses zu verstehen, die sich durch temporäre Stabilität der Bedeutungsgehalte auf einen Gegenstand bzw. ein Phänomen hin auszeichnet. Die Abfolge solcher Episoden bezeichnet folglich aufeinander folgende (Re-)Konstruktionen diskursiver Ereignisse[1], die sich durch jeweils gewandelte Bedeutungen auszeichnen. Der Wandel dieser Bedeutungen kann seinerseits auf die verschiedenartigen massenmedialen Beiträge im Rahmen gesellschaftlicher Realitätskonstruktion zurückgeführt werden. Sowohl der Krieg der USA und ihrer Verbündeten gegen den Irak (seit 2003) als auch die Terroranschläge des 11. September 2001 und der nachfolgende »Krieg gegen den Terror« lassen sich dabei als Abfolge diskursiver Ereignisse und je spezifischer (sich wandelnder) Realitätskonstruktionen verstehen.

8.1 DIE KERNFRAGE DER LEGITIMATION

In der überwiegenden Mehrzahl beschäftigen sich Forschungsarbeiten aus der Medien- und Kommunikationswissenschaft sowie der Politikwissenschaft – wenn sie sich mit dem Zusammenhang von Medien und Kriegsdynamiken auseinandersetzen – mit den Modi innergesellschaftlicher Konsensschaffung, d.h. mit der Legitimationsstiftung und Strategien des Medien-»Managements« seitens politischer Akteure.[2] Die grundsätzliche Überlegung lautet in diesem Zusammenhang: Sowohl in demokratischen Massengesellschaften als auch in autoritären Staaten werden Massenmedien seitens politischer Eliten genutzt, um ein Mindestmaß an Konsens über und Zustimmung zum Gewalteinsatz zu erzeugen. Während in erstgenannten aufgrund der Verschränkung von individueller Risikoaversion, moralischen

---

1 Vgl. dazu (wenn auch nicht vor dem Hintergrund einer explizit diskursiv-konstruktivistischen Perspektive): Wolfsfeld 1997: 34ff.; Bahador 2007. Für eine an diskursiver Konstruktion wenigstens implizit interessierte Perspektive auf »Ereignisse«: Ismail 2008.

2 Die Literatur zum sog. CNN-Effekt dreht den Wirkungszusammenhang gewissenmaßen um (anstatt: »Politische Akteure > über Massenmedien > Gesellschaft« wird dort behauptet:»Massenmedien [> ggf.: über Öffentliche Meinung] > Entscheidungen politischer Akteure«). Die Arbeiten, die in diesem Kontext strikt von einer privilegierten Akteursschaft auf Seiten der Medien ausgehen, sind allerdings in der Minderheit, siehe dazu auch die nachfolgenden Überlegungen. Einige Arbeiten (u.a. Robinson 2002) setzen sich mit dem CNN-Effekt auseinander, um in der Konsequenz dessen Vorhandensein allenfalls in spezifischen Ausnahmesituationen zu konzedieren; den Regelfall beschreibt demgegenüber der oben skizzierte Mechanismus.

Prinzipien und partizipatorisch herbeigeführter kollektiver Entscheidung davon ausgegangen wird, dass Kriege eine Bürde für die Gesellschaft darstellen und deswegen legitimiert werden müssen, sind auch in nichtdemokratischen Kontexten Mobilisierungsanstrengungen notwendig. Carruthers formuliert dazu:

»A feature of many twentieth century wars has been their greater involvement of civilians, whether as *spectators*, victims or active participants; and a feature of most twentieth century states has been greater concern with their own popular *legitimacy*.«[3]

Abbildung 6: Das vorherrschende Forschungsinteresse am Zusammenhang von Medien und Krieg

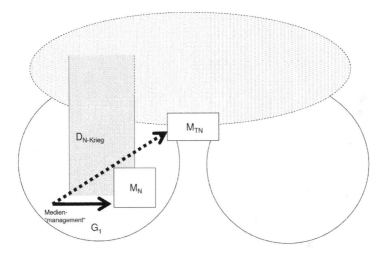

In oben stehender Grafik (Abb. 6) wird dieser Zusammenhang deutlich: Das Forschungsinteresse bzw. die Hauptaufmerksamkeit ist auf das Medien-»Management« exponierter politischer (und militärischer) Akteure gerichtet, deren Anstrengungen den Zweck verfolgen, *innerhalb* der Gesellschaft mittels nationaler und transnationaler Medienberichterstattung Konsens im Hinblick auf Notwendigkeit und Rechtfertigung eines Krieges zu schaffen. Die transnationale Komponente umfasst dabei etwa die Rolle internationaler Nachrichtenkanäle (CNN u.a.) sowie der globalen Nachrichtenagenturen und der internationalen Nachrichtenberichterstattung generell. Diese Sicht dominiert die meisten der vorliegenden Forschungsarbeiten (vgl. auch Kap.

---

3   Carruthers 2000: 5, eigene Herv.

2.1)[4], wobei wiederum eine Vielzahl dieser Arbeiten stärker von einer »faktisch gegebenen« Instrumentalisierung der Massenmedien ausgeht. Dies bedeutet, entweder diese Instrumentalisierung als allseits bekannten Fakt lediglich zu unterstellen oder aber Indikatoren für die Indienstnahme und Erklärungen für die Servilität von Massenmedien anzuführen.[5]

Auch wenn es im Einzelnen stichhaltige Belege und plausible Erklärungen für diese Phänomene gibt, bleibt die Argumentation aus diskursiv-konstruktivistischer Sicht damit noch zu wenig differenzierend angelegt. Dies bedeutet nicht, in Abrede stellen zu wollen, dass Massenmedien spezifischen Produktionsbedingungen unterliegen, die ihrem Handeln enge Grenzen setzen und sie – wissentlich, willentlich oder eben nicht – in politische Strategien exponierter politischer Akteure einspannen. Dies gilt zumal in Situationen gewalthaltigen Konfliktaustrags, in denen sie potenziell selbst zur Zielscheibe werden. Aber *allein* von dieser Dynamik auszugehen und damit andere, ebenfalls massenmedial vermittelte, teils gegenläufige Dynamiken auszublenden, bedeutet auch, einer selektiven, gefährlich anekdotischen und insgesamt zu starren Wahrnehmung zu folgen.[6] Es bedeutet zudem, ein Stück weit aus den Augen zu verlieren, welche spezifischen *diskursiven Konsequenzen* Prozesse massenmedialer Legitimationsschaffung nach sich ziehen. Dies gilt vor allem im Hinblick darauf, dass spezifischen massen-

---

4 Abzugrenzen sind hier eher kulturwissenschaftliche Arbeiten, deren Interesse sich auf Formen der Ästhetisierung von Kriegen in Massenmedien richtet, die eine »[...] Dramaturgie vom rauschhaften Konsens zur Kriegsbereitschaft« produzieren, vgl. Seeßlen/Metz 2002: 65. Auch postmoderne Ansätze in der Folge Virilios u.a. (vgl. Kap. 7) unterstellen mehr, als sie plausibel zu machen suchen: »Computer Simulations, cable news coverage, and feature movies all blur and converge in this *new virtual alliance* of the military, the media, and the entertainment industry« (DerDerian 2001: Buchumschlag; eigene Herv.). Welcher Art diese »Allianz« ist, welche Konsequenzen sie besitzt – dazu erfährt der Leser wenig oberhalb der Behauptung, dass Massenmedien in eine »Militärmaschinerie« eingespannt seien.

5 Becker (2007: 50f.) etwa verweist auf die zunehmende Sichtbarkeit von PR-Agenturen, die von politischen Akteuren beauftragt werden, sowie auf die gezielte Inszenierung von Ereignissen. Vgl. dazu auch: Gaus 2004: 48f. Die »Komplizenschaft« der Massenmedien wiederum lasse sich mit der Ökonomisierung und daraus resultierenden Zwängen, sich aus Gründen des materiellen Profits als Teil der Kriegsmaschinerie einbinden zu lassen, erklären.

6 Eine ähnliche, wenig differenzierende Wahrnehmung von massenmedialen Effekten unterliegt auch den (in ihrem Umfang überschaubaren) Arbeiten aus dem Bereich liberaler gesellschaftsorientierter Ansätze in den IB, die qua massenmedialer Manipulationsleistung eine »nicht authentische« Präferenzbildung und damit die situative Gewaltneigung von Demokratien erklären, vgl. dazu die ausführliche Diskussion in: Hils 2008: 240-246. Auch dort wird gleichsam gewiss allein von einer *Indienstnahme* der Massenmedien ausgegangen.

medialen Konstruktionsleistungen in ihrer politischen Bedeutsamkeit in der Mehrzahl der Studien weniger Aufmerksamkeit geschenkt wird als dem rituell wiederholten Nachweis, dass »die Medien« sich »wieder einmal haben instrumentalisieren lassen«.

Demgegenüber muss unter diskursiv-konstruktivistischer Perspektive zunächst gefragt werden, auf welche Art und Weise Massenmedien »Legitimität« für gewalthaltigen Konfliktaustrag in Gesellschaften schaffen, welchen Zuschnitt massenmediale Kommunikation in solchen Prozessen besitzt. In einem zweiten Schritt schließt sich die Frage an, auf welchen Wegen ein solcher Zuschnitt seitens interessierter exponierter Akteure beeinflusst werden kann (die Frage des Medien-»Managements«). Diese beiden Fragen werden im Folgenden unter Rückgriff auf einige empirische Arbeiten zum Zusammenhang von Massenmedien und Kriegen aufgegriffen. Dafür bietet es sich an, auf die Forschung zu Massenmedien in »demokratischen« Kriegen zurückzugreifen, nicht zuletzt was den Schwerpunkt der bisherigen Forschungen und die Zuspitzung des eigentlichen Forschungsrätsels[7] betrifft. Das ambivalente Verhältnis zwischen Massenmedien und Legitimationsschaffung speist sich dabei auf einer generellen Ebene aus dem Umstand, dass sich Krieg einerseits im Zeitalter avancierter und dispersiver Medientechnologien[8] und zunehmender Aufgeklärtheit des Publikums über massenmediale Dynamiken schwieriger rechtfertigen lässt. Andererseits wird das Management gesellschaftlicher Wahrnehmungen über eine Beeinflussung massenmedialer Kommunikation (Mobilisierung, Information, Überzeugung) in zunehmendem Maße seitens politischer Akteure bzw. Konfliktparteien als *die zentrale strategische Dimension* des Konfliktaustrags begriffen.[9] Dies gilt umso mehr, als Kriege eingangs des 21. Jahrhunderts immer häufiger, zumindest was den Kern genuin militärischer Operationen betrifft (weniger die nachfolgenden Stabilisierungsleistungen in zerrütteten Gesellschaften), als zeitlich begrenzte Militärschläge mit vergleichsweise geringem Truppenumfang geführt werden.

Ohne die noch aus dem 20. Jahrhundert bekannte (temporär wiederkehrende) Massenmobilisierung besitzen breite Teile der Bevölkerung in westlichen Demokratien damit allenfalls »[...] a very much expanded second hand experience in the particular sense of massively increased media coverage of conflicts«, wobei gilt: »[...] media coverage is the most important and most intrusive dimension of the wider public's experiences of war«.[10] Zwar ist, wie Gaus feststellt, zu allen Zeiten versucht worden, »[...] die Moral der eigenen Truppe und der Zivilbevölkerung mit Hilfe von

---

7   Da von Nichtdemokratien für gemeinhin angenommen wird, dass diese weniger kriegsabgeneigt wenigstens in dem Sinne sind, als deren interne Strukturierung des politischen Prozesses Kriegsführung weniger systematisch erschwert.

8   Palm 2002: 108.

9   Brown 2003: 87.

10 Webster 2003: 62f.

Kriegspropaganda und Heldenlegenden zu stärken«, unter heutigen Bedingungen von moderner Massenkommunikation sei es aber, insbesondere mit Blick auf Massendemokratien sowie spezifische Kriegs- und Interventionsformen, »[...] unabdingbar, eine möglichst breite Öffentlichkeit davon zu überzeugen, dass man einen ›gerechten‹ Krieg führt«.[11] Legitimitätsschaffung hängt dabei, so lässt sich der kommunikations- und politikwissenschaftliche Forschungsstand zusammenfassen, maßgeblich von der selektiven Informiertheit des Publikums, der Einschränkung des wahrgenommenen Spektrums von Deutungen und Bewertungen, Kommunikationsvorteilen regierungsnaher Akteure sowie – auf einer tieferen Ebene – rhetorischen Aspekten der Realitätsvermittlung ab.

Die selektive Informiertheit des Publikums bezieht sich ihrerseits auf ein Selektionsmuster, das den Deutungsangeboten um Legitimation bemühter politischer Akteure insofern zuarbeitet, als es die Entstehung eines konkurrierenden (kriegskritischen) Deutungsangebots verhindert. Lewis/Jhally/Morgan haben in dieser Hinsicht in ihrer Analyse der Konsequenzen der Berichterstattung von US-Medien im Vorfeld und während des zweiten Golfkriegs (1990/91) herausgearbeitet, dass diese Berichterstattung spezifische Wahrnehmungsmuster beförderte.[12] So korrelierte in der befragten Gruppe die starke Unterstützung für die Militäraktion der Vereinigten Staaten im Irak deutlich mit

- einem geringen Grad an Informiertheit über die Gegebenheiten im Nahen und Mittleren Osten (etwa über den zugrunde liegenden Strategiewechsel der US-Regierung),
- inkonsistenter Beantwortung inhaltlich gleich gelagerter Fragen zum israelisch-palästinensischen Konflikt,
- bei gleichzeitig nachgewiesenem Detailwissen über Militärtechnologie (81 Prozent konnten etwa den Namen des US-amerikanischen Raketenabwehrsystems, Patriot, benennen) sowie hinsichtlich der Verbrechen des irakischen Regimes (Chemiewaffeneinsatz gegen eigene Bevölkerung).

Dieses Muster selektiver Information erweist sich insofern als medieninduziert und relevant für den oben angesprochenen Aspekt der Legitimationsschaffung, als die Autoren in ihrer Studie nachweisen können, dass je nach Umfang des Fernsehkonsums der Befragten

- erstens deren Informationsgrad variierte (und zwar in einem entgegengesetzten Entsprechungsverhältnis: je mehr Fernsehen geschaut wurde, desto niedriger der Grad der Informiertheit),

---

11 Gaus 2004: 10.
12 Lewis/Jhally/Morgan 1991. Die nachfolgende Skizze fasst die Ergebnisse der Studie zusammen.

• und zweitens die dem Krieg in dessen Verlauf zugesprochene Legitimität unterschiedlich bewertet wurde.

Wie die Autoren betonen: »[...] clearly heavy viewers were more inclined than light viewers to buy into the idea that the war was fought cleanly and efficiently with ›smart‹ bombs that were only damaging buildings«.[13] Auch wenn es sich bei der in dieser Studie beschriebenen Legitimationsstiftung eher um die Aufrechterhaltung von Legitimität im Kriegsverlauf handelt, ergibt sich daraus ein wichtiger Hinweis darauf, dass »selektive Informiertheit«, die der Deutungshoheit politischer Akteure zuarbeitet, als Resultat massenmedialer Realitätskonstruktion von Bedeutung ist.[14]

Diese Deutungshoheit regierungsnaher und militärischer Quellen (die i.d.R. als kriegsbejahende Akteure fungieren) bildet sich zudem in den asymmetrischen Kommunikationschancen ab, die diesen gegenüber kritischen oder protestierenden Stimmen eingeräumt werden. Sowohl von der Häufigkeit als auch vom Umfang her wird regierungs- und militärnahen Sprechern dabei unmittelbar zu Beginn der Kampfhandlungen in massenmedialer Berichterstattung wesentlich mehr Raum als alternativen Deutungsangeboten eingeräumt. Hils hat so in seiner bereits zitierten Untersuchung der Berichterstattung der US-Medien im Vorfeld des Kosovo-Krieges herausgearbeitet, dass in den Abendnachrichten der großen US-amerikanischen Fernsehanstalten (zu dieser Zeit die mit Abstand wichtigste Informationsquelle) Regierungsakteure und Militärexperten, die einen Militäreinsatz befürworteten, deutlich stärker als kritische Stimmen repräsentiert waren. Der US-Kongress, in dem kein Konsens hinsichtlich eines militärischen Eingreifens bestand, existierte demgegenüber faktisch nicht in dieser Berichterstattung.[15] Die einzige Abweichung bildete in diesem Zusammenhang der Sender CNN, der dank ausgedehntem Auslandskorrespondentennetz und stärker transnationaler Orientierung gegenüber »rein« am US-Markt tätigen Fernsehsendern mehr internationale Stimmen auch in der Berichterstattung im amerikanischen Ableger seines Senders platzierte. Aus diesem Grund bot er eine weniger binnenorientierte Konstruktion der Problematik an.[16]

Melkote hat in einer jüngst veröffentlichten Studie diesen Trend der Orientierung an regierungsnahen Eliten, insbesondere im unmittelbaren Vorfeld der Kampfhandlungen und nach Beginn dieser, wiederum unterstrichen.[17] In seiner Analyse der Berichterstattung der (als nationales wie internationales Leitmedium fungierenden) *New York Times* wird deutlich, dass eine spezifische Realitätsdeutung den Einmarsch der US-Truppen im Irak rahmte. Dies

---

13 Ebd.

14 Vgl. dazu mit Blick auf den gleichen Fall (und ähnliche Ergebnisse): Iyengar/ Simon 1994; sowie die Diskussion in: Kellner 1993.

15 Hils 2002: 85f.

16 Ebd.: 88.

17 Vgl. Melkote 2009.

ist insofern augenfällig, als – anders etwa als im Vorfeld des zweiten Golfkrieges 1990/91 – die Öffentliche Meinung in der US-amerikanischen Gesellschaft bis zum Zeitpunkt des Kriegsbeginns im März 2003 deutlich
fragmentierter war. Die *New York Times* hingegen konstruierte über ihre Berichterstattung nicht nur einen deutlich geringeren Grad an gesellschaftli-
chem wie internationalem Dissens (als »Fakt«), sondern bot auch ein spezifisches Set von Interpretationsangeboten. Dort, wo über Dissens berichtet
wurde, etwa mit Blick auf abweichende politische Positionierungen in Europa[18], wurden diese in etwa so negativ gerahmt wie die Handlungen des
personalisierten Gegners Saddam Hussein. Zusammenfassend bemerkt er:
»The data suggest [... that] opposing and critical views were not vigorously
sought. [...] The issue [...] to attack Iraq, even in the absence of a UN resolution, was not problematized adequately.«[19] Die Orientierung an kriegsbefürwortenden politischen und militärischen Akteuren bei gleichzeitiger Aussparung sowohl innergesellschaftlicher wie internationaler Kritik macht somit einen spezifischen massenmedialen Beitrag innergesellschaftlicher Konsensschaffung aus.[20] Diese Befunde finden dabei ihre spiegelbildliche Ent-
sprechung in (allerdings deutlich weniger umfangreich durchgeführten) Studien zur massenmedialen Berichterstattung in Gesellschaften, die den
Kriegsanstrengungen anderer Staaten kritisch oder ablehnend gegenüberste-
hen. Hier werden militärische Quellen, so sie einen Waffengang nicht radikal kritisieren, nahezu gänzlich aus der Berichterstattung ausgespart und politische Akteure kommen bevorzugt dann zu Wort, wenn sie ihre ablehnende
Haltung äußern.[21]

Auf einer tiefer liegenden Ebene schließlich lassen sich spezifische rhetorische Techniken ausmachen, die eine weitgehend unkritische Kriegsberichterstattung der Massenmedien in solchen Gesellschaften, deren politische wie militärische Akteure zum Krieg »rüsten«, auszeichnen. Die Forschung beschreibt hier neben der Personalisierung des Konflikts und der Zuspitzung des »äußeren« Feindes auf einen seinerseits dämonisierten Akteur[22]
auch die verbreitete Verwendung von Euphemismen (»Mini-Nukes« für eine neue Generation von Nuklearwaffen mit geringerer Vernichtungskraft)
oder die Umdeutung bzw. Vermeidung des Wortes »Krieg«.[23] Porpora/
Nikolaev haben überdies herausgearbeitet, dass auf einer subtileren Ebene
sich gerade die Presseberichterstattung durch sog. *moral muting* auszeichnet. Damit beschreiben sie eine rhetorische Figur, die die moralisierende
Komponente von Aussagen entweder versteckt oder solcherart Aussagen
durch gegenläufige Moralisierungen, die aber weniger Konsistenz aufweisen

---

18 Ebd.: 554.
19 Ebd.: 556.
20 Vgl. auch Denton 1993: 31.
21 Vgl. Boaz 2005: 335. Vgl. weiterhin: Denton 1993: 62; Schechter 2004a: 28.
22 Vgl. Shohat 1994; Hils 2002: 88; Beham 2007: 51f.
23 Vgl. u.a. Loquai 2007: 62.

und daher nicht in einer gleichrangigen, alternativen Bedeutungskonstruktion münden, scheinbar ausbalanciert.[24] Die spezifische Realitätskonstruktion, die aus dieser Presseberichterstattung und der Darstellung des anstehenden Irak-Krieges 2003 resultiere, habe sich daher durch eine »[...] straightforward, in-group-justifying unfairness« ausgezeichnet. So sei der Irak fortlaufend an seinen Verstößen gegen völkerrechtlich bindende Resolutionen gemessen worden, während die Völkerrechtskonformität des Vorgehens der US-Regierung kaum zur Debatte stand.[25] Es ist in diesem Sinne, dass Massenmedien in der Tat, so sie denn in ihrer Breite und ohne prominenten Abweichler einer spezifischen, regierungsnahen Interpretationslinie folgen, vorgegebene Begriffe gebrauchen und einseitige moralische Wertungen in die Gesellschaft transportieren, einen spezifisch zugeschnittenen Bedeutungsrahmen schaffen. Insbesondere im Hinblick auf tendenziell fragmentierte Meinungsbilder in der Gesellschaft (und/oder der Legislative) erweist sich diese diskursive Dynamik als zentraler Motor der Legitimationsschaffung bzw. Aufrechterhaltung von Legitimität.[26]

Auffällig ist, dass angesichts der umfangreichen Literatur zu ebensolchen »Verzerrungen«, »Manipulationen« etc. der massenmedialen Berichterstattung weniger die tatsächliche Berichterstattung und deren diskursive Effekte, etwa auf die Öffentliche Meinung, thematisiert werden. Eine solche Wirkung wird in der Regel angenommen und (mit einiger Plausibilität) unterstellt, während sich das Interesse auf das Aufspüren und die Darstellung der seitens exponierter politischer wie militärischer Akteure eingesetzten Techniken des Medien-»Managements« richtet. Wesentlich umfangreicher ist daher die Literatur, die sich mit ebensolchen Techniken der Wahrnehmungslenkung beschäftigt. Denton hat in diesem Zusammenhang auf das erfolgreiche Nachrichtenmanagement des US-Militärs während des Golfkrieges zu Beginn der 1990er Jahre verwiesen. Es seien vor allem die »beruhigenden« Bilder hochtechnologischer Waffensysteme, »smarter« und treffsicherer Bomben, schneller und mit technischer Ausrüstung ausgestatteter Panzer sowie Bilder von hingebungsvollen und hoffnungsfrohen Soldaten gewesen, die die Berichterstattung bestimmt hätten. Daraus resultierte eine spezifische Antwort auf die Frage: »Can a nation, with today's technologies, fight a war, much less win one, by showing the instantaneous battles or the bodies – the horrors of killing and destroying people?«[27] Stam hat diese Me-

---

24 Porpora/Nikolaev 2008.

25 Ebd.: 181.

26 Vgl. nochmals Hils zur Entwicklung der öffentlichen Meinung in den Vereinigten Staaten angesichts des Luftkrieges gegen Serbien/Kosovo (2002: 88). Vgl. auch die Daten des Gallup Poll vom 25.03.1999, denen zufolge nur 50 Prozent der Bevölkerung für die US-Militäraktion, immerhin 39 Prozent dagegen waren. Vgl. zudem die differenzierte Darstellung der Entwicklung der öffentlichen Meinung in den USA zu Zeiten des Kosovo-Krieges in: Canan 2007.

27 Denton 1993: 33, 27.

dienkampagne im Verlauf des (kurzen) Irak-Krieges 1990/91 folgerichtig als »the recruitment of the spectator« bezeichnet.[28] Dabei herrscht mittlerweile Einigkeit, dass der Versuch, die Wahrnehmungen (der Legitimität des Krieges, der Kriegsführung sowie des »Krieges« als solchem) seitens verschiedener Publika (der eigenen Gesellschaft, der Gesellschaft des Konfliktgegners sowie interessierter, zuschauender Gesellschaften in der internationalen Umwelt) zu formen, nicht nur zunehmend als zentrale Dimension militärischer Anstrengungen verstanden wird.[29] Überdies werden die Erfolgschancen für solcherart Bemühungen in der Initialphase durch einen situativen Vorteil begründet.

Da über sicherheitspolitisch-militärische Aufmerksamkeitshorizonte in der Mehrzahl der Fälle nicht durch massenmediale Berichterstattung entschieden wird, sondern sich umgekehrt die Berichterstattung der Medien an den Verlautbarungen des »außenpolitischen Establishments« orientiert, erscheint eine Fokussierung auf den außenpolitischen Entscheidungsprozess *im politischen System* naheliegend. Sie ist wenigstens naheliegender als eine Berichterstattung über tragische und krisenhafte Zuspitzungen anderswo, für die unter heimischen politischen Akteuren kaum Aufmerksamkeit besteht. Wie Western ausführt, können Massenmedien diesen situativen Vorteil seitens politischer Akteure, der in eine faktische »Deutungshoheit« mündet, nur dann ausgleichen, wenn sie eine signifikante Auslands- bzw. Vorortexpertise besitzen.[30] Diese erscheint mit Blick auf generelle Entwicklungstendenzen der Auslandsberichterstattung im internationalen Kontext und im Besonderen hinsichtlich des US-Medienmarktes allerdings gerade im Abbau begriffen.[31] Somit gilt in einem abstrakten Sinne sicherlich, wie Hils es formuliert, dass der Manipulationsversuch noch lange nicht einen Manipulati-

---

28 Stam 1992.

29 Vgl. Maresch 2002: 162ff.; Brown 2003: 89; Rose 2007.

30 Western 2005: 18.

31 Vgl. die Diskussion zur nach wie vor nationalen Ausrichtung von Auslandsberichterstattung und den überzogenen Hoffnungen auf einen ausbalancierenden Trend durch die Internettechnologie in: Hafez 2005, 39-76, 135-158. Belegt ist der Trend, gerade mit Bezug auf die Vereinigten Staaten, einer stetigen Abnahme der personellen Ausstattung der Auslandsberichterstattung. Der »Media Misery Index«, veröffentlicht 2009 durch die Zeitschrift The New Republic, gibt die schrumpfende Anzahl der Auslandsberichterstatter US-amerikanischer Medien mit 141 im Jahr 2006 (von 188 im Jahr 2002) an. Der Christian Science Monitor zählt am Ende des Jahres 2006 demgegenüber 264 Auslandskorrespondenten US-amerikanischer Zeitungen (Rückgang von 282 im Jahr 2000). Wu/Hamilton (2004: 521) wiederum diskutieren – auf Basis anderer Zahlen für das Jahr 2004 (418 Auslandsreporter, wobei alle großen Fernsehanstalten und Nachrichtenmagazine einbezogen sein sollen) – den Einfluss des Internets auf die Auslandsberichterstattung. Im Sinne einer Auslandsexpertise scheint Internetrecherche allerdings gerade nicht die geforderten Qualitäten aufzuweisen.

onserfolg bedeutet und es zwingend einer Spezifizierung der Randbedingungen massenmedialer Berichterstattung bedarf, um die Erfolgschancen für versuchte Lenkung der Wahrnehmungen einzuschätzen.[32] Gerade aber medieninterne Dynamiken (Ökonomisierung, Kostendruck, Orientierung an unterstelltem Publikumsgeschmack usw.) mögen hier im Verbund mit dem beschriebenen situativen Vorteil sicherheitspolitischer und militärischer Eliten bewirken, dass Massenmedien sich im Vorfeld und unmittelbar nach Beginn eines gewalthaltigen Konflikts sehr erfolgreich in Dienst nehmen lassen. Daraus resultiert, dass sie oftmals über eine spezifisch zugeschnittene Darstellung des Krieges dessen Legitimität diskursiv absichern und so die Möglichkeiten von dessen Wahrnehmung begrenzen.

Diese diskursive Prägung von (Kriegs-)Realität ist eindrucksvoll von Wolfgram beschrieben worden, der sich mit den *Nach*wirkungen der Berichterstattung der US-amerikanischen, der britischen und der deutschen Presse im Vorfeld der NATO-Operation im Kosovo beschäftigt hat.[33] In seiner Studie analysiert er die Entwicklung der Medienberichterstattung, ausgehend von Pressekonferenzen (*briefings*) und öffentlichen Verlautbarungen exponierter sicherheitspolitischer Akteure bis hin zur Berichterstattung über die Berichterstattung und deren Sedimentation im »kollektiven Gedächtnis« nachfolgender Geschichtsschreibung. Sein Fazit fällt mit Blick auf die diskursive Wirksamkeit der Medien-»Management«-Strategien eindeutig aus:

»[...] I worked through some, but not all, of the extensive literature on Kosovo, looking *at how scholars used the narratives* first generated in the media. I wanted to see to what extent scholars *replicated the framework of the conflict constructed* in the media. The results suggest a pervasive presence of government propaganda in the scholarship on the Kosovo war.«[34]

Die Brisanz dieser Einschätzung speist sich dabei daraus, dass bestimmte Aspekte, die qua massenmedialer Vermittlung über wissenschaftliche Beschreibungen nun in den Fundus »gesellschaftlicher Wahrheit« übergegangen seien, nicht einmal mehr durch gegenteilige Rechercheergebnisse späterer investigativer Forschung oder durch Ermittlungen im Gerichtsverfahren vor dem Straftribunal in Den Haag kontextualisiert oder ausgeräumt werden konnten.[35] Die massenmediale Konstruktionsleistung *zur Zeit des Krieges* (und damit: das Medien-»Management« der NATO sowie einiger Regierungen, nicht zuletzt der damaligen deutschen) scheint somit entscheidende und nachhaltige Prägekraft hinsichtlich akzeptierter Wirklichkeitskonstruktionen besessen zu haben.

---

32 Vgl. Hils 2008: 265.
33 Wolfgram 2008.
34 Ebd.: 155.
35 Ebd.: 166.

Diesen Zusammenhang zwischen versuchter Wahrnehmungslenkung und spezifischen Folgen für die massenmediale Berichterstattung im Kontext eines Krieges haben in jüngster Zeit obendrein einige Studien zu den diskursiven Folgen des sog. *Embedding* (vgl. Kap. 2.1) näher beleuchtet. »Embedding« ist dabei seinerseits als Bestandteil neuerer militärischer Strategien zu verstehen, die die Erlangung von Informationsdominanz gegenüber den angesprochenen unterschiedlichen Publika wie dem militärischen Gegner anstreben. Eine solche Dominanz drückte sich dabei in ihrer Reinform darin aus, dass »nothing done makes any difference«.[36] Aus der Perspektive diskursiver Konstruktion hieße das, den *Möglichkeits*raum diskursiver Bedeutungsproduktion effektiv so zu begrenzen, dass Massenmedien eher unwillentlich Bedeutungen nur in einer spezifischen Bandbreite produzieren, dies weitestgehend konsensual und ohne Anspruch darauf, einen solchen Konsens zu untergraben. Die Idee des Möglichkeitsraumes bezieht sich dabei u.a. auf die Vorgabe von Vokabular und eines Spektrums möglicher Erklärungen bzw. plausibler Strategien sowie der strukturellen Überforderung der Berichterstatter mit einem Zuviel an Information; flankiert werden diese Techniken durch nicht allzu intrusive Zensur[37], die ihrerseits Abwehrgesten provozieren könnte. Subtile Formen der Selbstzensur wie des mangelnden Anspruchs daran, eine einmal etablierte Sicht zu hinterfragen, führen dann in der Folge dazu, alle möglichen Phänomene in bereits existierende Bedeutungsmuster einzuordnen oder auszublenden. Dies beschreibt, wie angedeutet, Informationsdominanz in ihrer Reinform und sollte nicht ohne kritische Prüfung als vorherrschende Dynamik in spezifischen Kriegssituationen unterstellt werden.

Gerade aber das »Embedding« hat sich in dieser Hinsicht als erfolgreiche Strategie erwiesen, und zwar vor allem mit Blick auf die diskursive Rahmung der Kriegsgeschehnisse. Ließen sich noch für das »Pooling« (vgl. Kap. 2.1) von Journalisten in Kriegssituationen ausgangs des 20. Jahrhunderts zwar einzelne Effekte auf den Zuschnitt der Berichterstattung beschreiben[38], so standen doch aufgrund einer offenkundig auf Wahrnehmungslenkung ausgerichteten Strategie wesentlich deutlicher auch journalistische Abwehrgesten und Kritik an der »Zensur« im Zentrum der Berichter-

---

36 Miller 2004: 8.

37 Vgl. ebd.: 10. Miller weist darauf hin, dass auch die Berichterstattung von »eingebetteten« Journalisten einer Militärzensur unterliegt. Interessanterweise, glaubt man der Darstellung einiger Betroffener, ist eine solche Zensur allerdings in vielen Fällen nicht nötig, da die Situation des »Eingebettet-Seins« bei vielen Journalisten zu subtileren Formen der Selbstzensur führt, vgl. Winkelmann 2009. Gaus (2004: 79ff.) diskutiert die Möglichkeiten journalistischer Distanzierung, räumt aber die Besonderheit der Situation und deren Prägekraft ein.

38 Vgl. u.a.: Martin 2006.

stattung.[39] Demgegenüber hat sich die »Einbettung« als probates Mittel zur Erlangung diskursiver Hoheit seitens des Militärs erwiesen. Pfau et al. zeigen in ihren Studien, dass die Produktionsbedingungen des Eingebettet-Seins in militärischen Kampfeinheiten der Presse- wie der Fernsehberichterstattung über den Krieg nicht nur eine spezifische formale Struktur auferlegen (deutlich mehr episodische Berichterstattung des Schicksals der jeweiligen Einheit). Sie beeinflussen auch die inhaltliche Darstellung des Kriegsverlaufs maßgeblich; so tauchen wesentlich stärker als bei nicht eingebetteten Berichterstattern *Human-Interest*-Themen auf, nicht zuletzt hinsichtlich der Schilderung persönlicher Umstände des Militärpersonals.[40] Gerade der Vergleich zwischen den Formen und Inhalten der Berichterstattung eingebetteter und nicht eingebetteter Journalisten zeigt offenkundig, dass der unterschiedliche Entstehungskontext zu deutlich voneinander abweichenden Realitätskonstruktionen führte. Mit Blick auf die eingebetteten Journalisten bedeutete dies u.a. eine wesentlich positivere Darstellung des US-Militärs. Auch wenn solcherart zugeschnittene Deutungsangebote noch nichts über Rezeptionsmuster aussagen, so darf doch mit einiger Plausibilität angenommen werden, dass im Angesicht der nur sporadisch und weitestgehend jenseits des Kontextes der US-Medien auftauchenden Berichte nicht eingebetteter Reporter die Definitionshoheit zunächst bei den *embedded journalists* und ihrer spezifisch zugeschnittenen Realitätskonstruktion lag.

Diese Studien geben aus Sicht eines Diskursiven Konstruktivismus wichtige Hinweise auf die diskursiven Konsequenzen oftmals lediglich angenommenen und beschriebenen Medienmanagements und somit auf die Möglichkeiten strategischer Beeinflussung gesellschaftlicher Realitätskonstruktion qua Massenmedien im Vorfeld und zu Beginn von Kriegen. In der (Über-)Betonung sowohl solcher Anstrengungen der Wahrnehmungslenkung, so anerkannt wichtig sie auch sein mögen[41], als auch massenmedialer Gefolgschaft liegt aus diskursiv-konstruktivistischer Sicht allerdings auch die Gefahr, spezifische massenmediale Dynamiken in zeitgenössischen Situationen gewalthaltigen Konfliktaustrags zu übersehen. Bevor aufgezeigt werden soll, welchen Dynamiken aus Sicht des Diskursiven Konstruktivismus vor dem Hintergrund v.a. einer »neuen Medienumwelt« Beachtung geschenkt werden muss, sollte allerdings erklärt werden, *warum* die Ebene der (massenmedialen, ihrerseits strategisch beeinflussten, diskursiven etc.) Bedeutungskonstruktion in der letzten Dekade vglw. wenig analytische Aufmerksamkeit erhalten hat. Dies ist nicht zuletzt merkwürdig, als diese Ebene

---

39 Ryan (2003) bemerkt: »But back then, the media were cranky and dyspeptic – the military tried to keep us from doing our jobs. Now, we have morphed into some strange sort of courtesans [...] We hear journalists telling each other how thrilling it all is, what smashing equipment we have.«

40 Vgl. Pfau et al. 2004, 2005a, 2005b; zudem: Aday/Livingston/Hebert 2005.

41 Aus militärischer Sicht vgl. u.a.: Cioppa 2009.

andererseits wie beschrieben aus Sicht politischer wie militärischer Akteure mittlerweile eine der zentralen Zieldimensionen des Handelns ausmacht.

Diese Vernachlässigung, die einem Diskursiven Konstruktivismus in Form einer Forschungslücke die Tür öffnet, gleichzeitig aber aufgrund nur spärlichen Forschungsstandes eine produktive Verortung innerhalb eines Forschungskontextes erschwert, rührt vor allem aus folgendem Umstand. Die zeitlich parallel aufkommende (Gegen-)These starker, unabhängiger Medienwirkung (die These vom »CNN-Effekt«) hat gerade verhindert, dass eine intensivere Beschäftigung mit tatsächlichen diskursiven Effekten stattfand. Stattdessen ging es in den seit Mitte der 1990er geführten Debatten um die allgemeinere Frage nach Medienwirkung in Form von Akteursschaft auf der Ebene politischer Entscheidung. Mit anderen Worten: Auch wenn man prinzipiell Medien*wirkung* sinnstiftend vornehmlich auf diskursivem Terrain, also im Hinblick auf gesellschaftliche Bedeutungsprägung, untersuchen sollte, so hat die Literatur im Fahrwasser der These eines »CNN-Effektes«[42] ganz zentral an der Frage angesetzt, ob Massenmedien politische Akteure (vor dem Fernsehgerät sitzend und auf Berichterstattung *reagie*rend[43]) entscheidend beeinflussen, indem sie ihnen politische Entscheidungen aufzwingen. Die Frage nach dem *inhaltlichen* Zuschnitt diskursiver Bedeutungskonstruktionen bzw. der eigentlichen Konstruktion von Bedeutungsgehalten trat damit aber merklich in den Hintergrund. Bedeutungsprägung im eigentlichen Sinne wurde weniger interessant als eine Sequenzialisierung von Handlungsformen (Bericht, Entscheidung, Intervention). Robinson hat dazu festgestellt:

»The central aim of CNN effect research has been to establish the degree of media influence on policy makers [...] Unfortunately influence cannot be observed in any obvious or straightforward fashion«.[44]

Und da es sich aus forschungsmethodischen Gründen zumindest darüber streiten lässt, inwiefern Prozesse der Bedeutungsprägung im »außenpolitischen Establishment« überhaupt erforschbar sind (Stichwort: »den Politikern in die Köpfe schauen«)[45], ist die Ebene der Bedeutungsprägung in der

---

42 Einschlägig: Robinson 2000a, b, 2002. Eine Kurzzusammenfassung der Diskussion bietet: Hafez 2005: 76-80. Eine interessante diesbezügliche Diskussion zwischen exponierten Medienvertretern und politischen Akteuren (mit dem üblichen Muster: Journalisten verneinen, Politiker bedauern die Existenz eines solchen Effektes) findet sich in: Hess/Kalb 2003: 63-81. Jakobsen (2000: 133ff.) macht klar, dass es v.a. politische/militärische Akteure sind, die die Existenz eines solchen Effekts behaupten.

43 Vgl. die überzeugende Kritik (hinsichtlich Timing und des Zusammenhangs von Berichtsintensität und Handlungsdruck) in: Mermin 1997.

44 Robinson 2002: 16.

45 Vgl. Robinson 2000a.

Diskussion um den CNN-Effekt nicht differenzierend thematisiert worden.[46] Brown bemerkt dahingehend kritisch zur CNN-Effekt-Forschung:

»[it] defines the problem too narrowly. Partly as a consequence of the research methodologies the media are treated as something external to the political process«.[47]

Es ist in diesem Sinne, dass diskursive Bedeutungsprägung zwar mittlerweile eine oder gar *die* zentrale Zieldimension des Handelns von Konfliktakteuren darstellt, die wissenschaftliche Debatte um den Zusammenhang von Massenmedien und Krieg aber weniger Aufmerksamkeit für diese Dimension erübrigt. Stattdessen wird Instrumentalisierung einem gängigen Verständnis folgend unterstellt oder punktuell aufgezeigt oder aber das Hauptinteresse richtet(e) sich auf die Frage, ob Medien nicht politischen Akteuren Handlungen aufzwingen.

8.2 FRATERNISIERUNG VERSUS VIETNAM-SYNDROM? ODER: IST DIE FRAGE FALSCH GESTELLT?

> Krieg ist ein Ausnahmezustand,
> den Gesellschaften *zu Beginn* seines Regiments
> oft freudig begrüßen.[48]

In den meisten Studien zum Zusammenhang zwischen Medien und Krieg, sofern sich die analysierten militärischen Aktionen über Jahre hinweg erstrecken, wird auf das sog. »Vietnam-Syndrom« Bezug genommen.[49] Dahinter verbirgt sich die generalisierend gewendete Formel der Erklärung des für das US-Militär desaströsen Kriegsverlaufs in Vietnam durch bröckelnde Legitimation im Inneren der US-Gesellschaft und in der Folge abflauende Unterstützung bzw. Mobilisierungsbereitschaft. Auch wenn die These einer generellen Unterminierung der Kriegsanstrengungen der Vereinigten Staaten in Vietnam durch die Fernsehberichterstattung (und die Bilder v.a. verwundeter und getöteter Soldaten, aber auch der Kriegsgräuel) näherer Be-

---

46 Allenfalls in Form von Häufigkeitsauszählungen zu formalen Aspekten der Berichterstattung oder spezifische *framings* illustrativ gebrauchend, vgl. Robinson 2002: 53, 56, 79. Siehe auch: Livingston 1997: 7-9. Die Ausnahme bildet Bahador (2007), der sich dem spezifischen Einfluss bestimmter (aus Stoßrichtung der vorliegenden Arbeit: »diskursiver«) Ereignisse und deren massenmedialer Berichterstattung für politische Entscheidungen zuwendet.

47 Brown 2002: 2.

48 Palm 2002: 112, eigene Herv.

49 Vgl. für eine kurze Zusammenfassung: Spencer 2005: 55-70.

trachtung kaum standhält[50], hat sie sich im »kollektiven Gedächtnis« politischer Akteure fest eingeschrieben und prägte das Interventionsverhalten sowie die Entwicklung von Medienstrategien im »Fernsehzeitalter« maßgeblich. Aus Sicht der in Kap. 8.1 beschriebenen Fraternisierungstendenzen der Medien zu Kriegszeiten ergibt sich mit Blick auf die nun beschriebene, wenigstens potenziell unterminierende Rolle der Kriegsberichterstattung durch Massenmedien die Frage, wie beides in Einklang zu bringen ist.

In gewisser Hinsicht ist es dabei nicht von der Hand zu weisen, dass die Länge eines gewalthaltigen Konflikts eine Rolle spielt, also das jeweilige Timing unterschiedlichen Zuschnitt von Medienberichterstattung erklären mag. Dies ist allerdings, mit Blick auf die Zusammenhänge eingangs des 21. Jahrhunderts, nicht die alleinige Erklärung. Dass die Dauer von Kriegen (oder generell: gewalthaltigen Auseinandersetzungen zwischen Konfliktparteien im internationalen Raum) Varianzen in der Medienberichterstattung erklärt, ist überzeugend von Wolfsfeld herausgearbeitet worden.[51] Mit zeitlicher Ausdehnung ergibt sich seinen Überlegungen zufolge ein negatives Entsprechungsverhältnis zwischen den Kontrollfähigkeiten politischer Akteure (sowohl hinsichtlich des Handelns anderer Akteure als auch hinsichtlich der definitorischen Hoheit) und den eigenständigen Handlungsmöglichkeiten von Massenmedien. Dies resultiert in einer dynamischen Grundstruktur massenmedialen Einflusses in Konflikten, die u.a. darauf basiert, dass in medien-»literaten« Gesellschaften die Rolle von Massenmedien in Konflikten und damit deren Einbettung in pro-aktive Medienmanagement-Strategien reflektiert und zunehmend kritisiert wird.[52] Da es im Endeffekt allein über Massenmedien möglich ist, vorherrschende Deutungsmuster zu unterminieren, und zwar sowohl für gesellschaftliche Akteure wie für Journalisten selbst, kommt es zum Einspeisen konkurrierender Deutungen in die gesellschaftliche Debatte qua Massenmedien und damit – im Sinne der vorliegenden Arbeit – zu »diskursivem Wandel«. Auf einer generellen Ebene erlaubt diese Konzeptualisierung freilich, unterschiedliches Medienhandeln im zeitlichen Verlauf zu erklären. Allein, sie scheint auf eine spezifische Vorstellung von Krieg (zwischenstaatlichem Krieg) und die Auswirkungen

---

50 Vgl. auch: Taylor 1997: 108-115. Nicht so sehr die Kritik und/oder direkte Infragestellung des Krieges prägte demgemäß die Berichterstattung, sondern die kriegskritische Dynamik entfaltete sich durch das Auseinanderklaffen offizieller Verlautbarungen und gezeigter Bilder. Überdies blieb die Darstellung der Anti-Kriegs-Bewegung in den USA im Verlauf des gesamten Krieges distanziert bis negativ, vgl. Spencer 2005: 68.

51 Vgl. Wolfsfeld 1997: 4f., 25.

52 Und zwar nicht zuletzt auch von Journalisten selbst, vgl. Carruthers 2000: 273.

massenmedialen Handelns primär in nationalstaatlich organisierten Gesellschaften gemünzt zu sein.[53]

Zudem wird die (zunehmende) Unfähigkeit exponierter staatlicher Akteure zu stark an den zeitlichen Verlauf zurückgebunden. Medienwirkungen, die eine vorherrschende Lesart unterminieren sollen, greifen im Modell erst mit einem gehörigen zeitlichen Verzug. Demgegenüber wird in der vorliegenden Arbeit behauptet, dass unter den Bedingungen einer »neuen Medienumwelt« (siehe dazu unten) komplexere massenmediale Dynamiken und mehrdimensionale Prozesse der Bedeutungskonstruktion schon wesentlich früher, prinzipiell als dauerhafte Hintergrundfolie politischen Handelns angenommen werden sollten (vgl. Abb. 7).

Abbildung 7: Die »neue Medienumwelt« von gewalthaltigen Konflikten

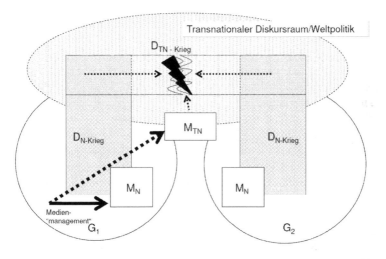

Über verschiedene massenmediale Kanäle (transnationale Medien, Medientechnologien wie das Internet, das die Produktionsbedingungen von Bedeutung(en) radikal pluralisiert hat) sind mehr und mehr Akteure involviert, ohne freilich die gleichen Chancen auf erfolgreiche Bedeutungsprägung zu besitzen. Dennoch: Der bereits vorher skizzierte transnationale Diskursraum, in dem mannigfaltige Bedeutungskonstruktionen nebeneinandergestellt werden und um Diskurshoheit ringen, verknüpft vielfache gesellschaftliche Prozesse von Bedeutungskonstruktion. Er dient nicht mehr nur als Umweg (Stichwort: CNN im US-amerikanischen Fall) für Strategien *inner*gesellschaftlicher Bedeutungsprägung. Exponierte Akteure mögen nach wie vor

---

53 Transnationaler Terrorismus, dessen Aktionsformen selbst initial eine Kommunikationsstrategie bedeuten, wird hierin kaum erfassbar, allerhöchstens als Reaktionsform auf lang andauernden gewalthaltigen Konflikt/Krieg, der vorangr.

zeitlich gebunden eine Definitionshoheit genießen oder diese strategisch zu erlangen suchen qua Massenmedien[54], aber der qualitative Wandel des medialen Umfeldes verändert auch die Kontextfaktoren solcher Bedeutungsprägung. Brown bemerkt dazu, dass Anstrengungen zu gerichteter Informations- und Kommunikationskontrolle (im Sinne eines Strebens nach Aufrechterhaltung diskursiver Dominanz) »[...] are happening in an environment where technology is working against that control«.[55]

Es sind dabei vornehmlich drei Aspekte des Wandels der massenmedialen Umwelt, die Versuche nachhaltiger Kommunikationsdominanz potenziell unterminieren[56]: transnationale Medien, spezifische Aspekte zeitgenössischer Auslandsreportage sowie die jüngere Tendenz einer »Berichterstattung von unten«. Transnationale (Nachrichten-)Medien tragen ebenso wie in anderen politisch-kulturellen Räumen agierende Leitmedien dazu bei, Realitätskonstruktionen und Interpretationsmuster bestimmter Provenienz in verschiedenen gesellschaftlichen Kontexten bekannt zu machen. Dies heißt beileibe nicht nur, als Sprachrohr für eine spezifische Gesellschaft und deren Eliten in den internationalen Kontext hinein zu dienen (etwa: CNN als US-amerikanisches Sprachrohr weltweit), sondern ist auf die Etablierung eines transnationalen Diskursraumes, in dem verschiedene Deutungsmuster platziert und berichtet werden, bezogen. CNN berichtet über seitens Al-Jazeera produzierte Bedeutungsmuster; BBC World distanziert sich von CNN etc. Im Umkehrschluss darf diese Sicht auch nicht zu der naiven Schlussfolgerung Anlass geben, dass es sich bei transnationalen Medienunternehmen im Endeffekt um neutrale Mittler handele, die politischer Einflussnahme entzogen seien. Auch wenn CNN in der Hinsicht zu Beginn der 1990er Jahre durch sein »[...] complex system of foreign bureaus, barter agreements, and satellite hook-ups« ein Netzwerk errichtet hatte, »[...] that circulates materials from and among many countries«[57], und damit einen *potenziell* unterminierenden Effekt im Hinblick auf die US-Kriegsanstrengungen im Irak besessen haben mag, so ist doch spätestens mit der CNN-Berichterstattung im Verlauf des Kosovo-Krieges offenbar geworden, dass auch transnationale Medien verstärkte Aufmerksamkeit durch die Öffentlichkeitsarbeit poli-

---

54 In diesem Sinne gilt auch die Einschätzung Moellers, dass unter der Perspektive der Beeinflussung gewalthaltiger Außenpolitik durch Massenmedien »[...] the media are most effective at raising questions about policy *after* that policy has been implementiert« (2002: 370; eigene Herv.).

55 Brown 2002: 3.

56 Ob dem tatsächlich so ist, ist wesentlich weniger erforscht, könnte aber Forschung insbesondere auf diskursivem Terrain anleiten.

57 Vgl. Andersen/Carpignano 1991. Emblematisch für die potenziell unterminierende Wirkung ist die damalige Reportageleistung von Peter Arnett aus der Dunkelheit Bagdads.

tisch-militärischer Akteure genießen.[58] In dieser Hinsicht ist nicht so sehr das Vorhandensein eines transnationalen/globalen Nachrichtenkanals von Bedeutung[59], sondern die *Pluralisierung* solcher Kanäle und die medientechnologisch vermittelte Empfangsmöglichkeit mehrerer Deutungen (qua Satellitenfernsehen und/oder Livestreams im Internet) in verschiedenen Gesellschaften.

Gerade mit Blick auf den weltpolitisch wie regional konfliktträchtigen Nahen und Mittleren Osten ist dabei der »Al-Jazeera«-Effekt in dieser spezifischen Begriffsprägung von Bedeutung:

>»With nearly 200 Arab satellite channels now on the air (although not all are newsoriented), policy makers in the region and elsewhere must be prepared to deal with an expanding flow of real-time reporting that can increase the volatility of already intense situations.«[60]

Die Pluralisierung der Kommunikationsquellen, die im internationalen Kontext Beachtung finden und mittelbar – über Prozesse massenmedialer Verknüpfung, Beobachtung, Reportage – auch im heimischen Medienkontext, bildet dabei nicht nur eine generell gestiegene Chance für politische wie gesellschaftliche Akteure weltweit auf Artikulation ihrer Situationsdeutungen und/oder strategisch platzierten Bedeutungsgehalte. Sie führt auch insofern zu einer potenziellen Chaotisierung, als es möglich ist, durch Bezugnahme auf bzw. Sichtbarmachung einzelner Bedeutungskonstruktionen den Versuch des Managements von Sichtweisen, Deutungsangeboten und Realitätskonstruktionen zu unterminieren.

Auch die Auslandsreportage[61] vornehmlich national orientierter Medien unterliegt dabei einer schleichenden Transnationalisierung, die im Zweifels-

---

58 Für eine Kritik schon der Berichterstattung aus dem Irak 1990/91: White 1994. Zum Kososvo-Krieg, in dessen Verlauf die Berichterstattung von CNN weitestgehend der Perspektivsetzung der NATO-Öffentlichkeitsarbeit folgte, vgl. Thussu 2000b. Zur weiterführenden Kritik an der zunehmenden »CNN-isierung« als Trivialisierung und Sensationalisierung vgl. Thussu 2003.

59 Wie es einigermaßen selbstgefällige Darstellungen Mitte der 1990er unterstellten, vgl. Flournoy/Stewart 1997.

60 Seib 2006: 4.

61 Hafez (2005: 69) bemerkt dazu mit Blick auf den Irak-Krieg 2003: »Die allermeisten Untersuchungen konzentrieren sich bislang auf die hauptkriegsführende Partei, die Vereinigten Staaten. Dabei wären gerade vergleichende Studien der Auslandsberichterstattung […] geeignet, die wichtige Frage zu beantworten, ob im Zeitalter der Globalisierung das Diktat nationalistischer Kriegspropaganda gebrochen ist.« Aus Sicht des hier präsentierten diskursiven Konstruktivismus wären demzufolge die Fragen, ob sich eine zunehmende, Grenzen übergreifende Verknüpfung medialer Diskurse ausmachen lässt, und worin deren spezifische Qualität hinsichtlich politischer Dynamiken besteht, zentral.

fall entscheidenden Einfluss auf Konfliktdynamiken und gewalthaltigen Konfliktaustrag besitzen kann. Als einschlägig erweist sich in dieser Hinsicht die Transnationalisierung im sog. »Fall Al-Dura«.[62] Während der zweiten Intifada palästinensischer Gruppen im Jahr 2000 war ein palästinensisches Kind (offenkundig oder vermeintlich, dies umschreibt den Kern des »Medienskandals«) in einem Feuergefecht mit israelischen Militärs getötet worden. Ein lokaler Kameramann des französischen Fernsehsenders France 2 hatte dies gefilmt und dem Jerusalemer Korrespondenten des Senders dazu diktiert, dieser Junge sei von israelischem Militär erschossen worden. Dieser Darstellung schlossen sich andere Nachrichtensender (wenn auch zögernd) an, nachdem der Kameramann seine Deutung mehrfach wiederholt und bekräftigt hatte.[63] Eine nachfolgend eingeforderte Untersuchung der Umstände, der Todesumstände bzw. der Frage, ob der Junge überhaupt getötet worden war, lehnten selbst israelische, wenn auch v.a. liberale Medien angesichts des weltweiten medialen und gesellschaftlich-politischen Echos ab.[64] Für hier verfolgte Zwecke ist dabei weniger von Belang, ob die Bilder bzw. deren Ausdeutung authentisch waren. (Widersprüchliche Aussagen des Kameramanns im Nachgang[65] sowie zusätzliches Filmmaterial, das am gleichen Tag am gleichen Ort aufgenommen wurde und Jugendliche beim Simulieren von Kampfhandlungen zeigt, ebenso auch ein nachfolgend angestelltes ballistisches Gutachten[66] lassen Zweifel an der Deutung »Israelischer Soldat erschießt wehrloses palästinensisches Kind« aufkommen).

Die nachfolgende gesellschaftliche und politische Diskussion um die Authentizität der Bilder bzw. deren bewusste Fälschung ist von den Prota-

---

62 Die Mehrzahl der wissenschaftlichen Forschungsarbeiten hierzu ist medienwissenschaftlich orientiert und wird dementsprechend hier auf politisch relevante Dynamiken hin befragt. Die Mehrzahl der verwendeten Darstellungen aus nichtwissenschaftlichen Quellen ist überdies tendenziell pro-israelisch in der Argumentation. Hollander (2007) etwa stellt einen Beitrag in CAMERA dar, einem deutlich pro-israelischen »Kommittee zur (Überwachung der) Genauigkeit der Berichterstattung über den Mittleren Osten in den USA«; der politische *bias* gilt ebenso für: Karsenty 2008; Poller 2005. Fallows Schilderung (2003) entstammt der Zeitschrift *Atlantic Monthly*, kein für besondere Kritik an offizieller israelischer Politik bekanntes Organ, wobei sich Fallows deutlich um eine ausbalancierte Schilderung bemüht. Die Auseinandersetzungen mit den geschilderten Ereignissen als Medienphänomen werden demgegenüber von *israelkritischer* Seite so gut wie nicht bedient, da dort ein »Medienskandal« gerade nicht unterstellt, sondern von objektiver Berichterstattung sattsam bekannter Fakten ausgegangen wird.

63 Fallows 2003; Poller 2005.

64 Fallows 2003.

65 Vgl. Gilboa 2006: 727.

66 Vgl. Fallows 2003.

gonisten in der Anlage zudem kaum sachlich-analytisch geführt worden.[67] Von zentraler Bedeutung für die hier angestellten Überlegungen ist demgegenüber, dass sich eine bestimmte Deutung in nahezu dem gesamten arabischen Raum, in vielen Gesellschaften mit einem hohen Anteil an arabischstämmigen Migranten sowie innerhalb gesellschaftlicher Gruppen mit tendenziell israelkritischer Orientierung in verschiedenen Staaten durchsetzte.[68] Im Hinblick auf den Nahostkonflikt hatte sie zudem gewaltverschärfende Wirkung insofern, als nicht nur Feindbilder (wenigstens auf Seiten einer Konfliktpartei) zementiert wurden[69], sondern sich auch eine Reihe von Terroranschlägen auf den »Kindsmord« bezog.[70] Mittelbar wurde aber auch – qua Berichterstattung in internationalen Medien, angestoßen durch France 2 – ein ohnehin regionalisiertes und transnationalisiertes Konfliktumfeld weiter transnationalisiert.[71] Sowohl die Berichterstattung als auch die mitgelieferte Bedeutungskonstruktion (weniger die anschließende Kontroverse) haben dabei aufgezeigt, dass die Auslandsberichterstattung[72] unter den Bedingungen einer neuen Medienumwelt kaum kontrollierbare Dynamiken entfalten kann.

---

67 Vgl. auch das Interview mit Philippe Karsenty, der von France 2 wegen Verleumdung verklagt wurde, weil er behauptete, die Fernsehaufnahmen seien eine fabrizierte Täuschung (Karsenty 2008). Karsentys Aussagen stellen seine Einschätzung allerdings deutlich in einen bestimmten Kontext, etwa hinsichtlich seiner Interpretation Frankreichs (französischer Medien) als »kleiner UdSSR« oder der Unterstellung, Frankreich habe »den Juden« nie verziehen, dass diese die französische Kollaboration im Rahmen des Holocaust offengelegt hätten.

68 Dies auch, weil offizielle israelische Stellen der Deutung von France 2 nicht sofort widersprachen, vgl. Gilboa 2006: 727; Karsenty 2008.

69 Vgl. Gilboa 2006: 728. Aber vgl. auch die Interpretation potenzieller Wirkung auf die andere Konfliktpartei in: Liebes/Kampf 2009. Liebes/Kampf gehen davon aus, dass insbesondere die mediale Berichterstattung (Täuschung oder nicht) den innerisraelischen Diskurs verändert und die Möglichkeit geschaffen habe, Empathie und Schuld zu fühlen (ebd.: 451).

70 Zum ikonographischen Umgang mit dem Jungen Al-Dura im arabischen Raum vgl. Fallows 2003.

71 In diesem Sinne ist der Fall Al-Dura eben kein (!) allein französischer Medienskandal, wie es einige Kommentatoren unterstellen, vgl. Hollander 2007.

72 In einem breiteren Sinne verstanden gilt das auch für andere Formen transnationaler Bezüge, die qua Auslandsberichterstattung über Massenmedien hergestellt werden, ohne dass politische Akteure ein Lenkungsinteresse besitzen, vgl. u.a.: Ruigrok 2008 (hier habe sog. »journalism of attachment« gesellschaftlich vermittelten politischen Handlungsdruck im Hinblick auf eine militärische Beteiligung am Einsatz in Bosnien bewirkt); sowie: Miklian (2008), der auf die unterschiedlichen Konstruktionen des gleichen Problemhaushalts aus Sicht anglo-amerikanischer Leitmedien oder Quellen vor Ort verweist, und damit auf die wirklichkeitskonstitutive Rolle von Medien im eigentlichen Sinne.

Schließlich offenbart sich mehr und mehr, dass mediale Berichterstattung zunehmend über die klassische Nachrichtenreportage hinausgeht und von der Herstellung medialer Formate und Inhalte seitens gesellschaftlicher bzw. individueller Akteure überlagert wird. Diese – falls sie über traditionelle Medien oder in spezifischen Kommunikationskanälen online Aufmerksamkeit generieren – beeinflussen wiederum Prozesse massenmedialer Bedeutungsgebung. Dieses Argument existiert sowohl in einer normativ-positiven als auch einer eher skeptischen Ausdeutung: Positiv gewendet ist die Zunahme einer »Berichterstattung von unten« Ausdruck einer zunehmenden Basisdemokratisierung:

»[…] the intellectual hegemony once enjoyed by a relatively small number of information providers is obsolete, replaced in an era of unmediated media by satellite broadcasters, Web sites, and bloggers, which contribute to agenda setting as they find constituencies throughout the world.«[73]

Hinsichtlich des Entstehens transnationaler Netzwerke und deren spezifischer Nutzung des Internets ist ebendieses Argument auch bereits mehrfach vertreten und damit auf eine Pluralisierung der Deutungsangebote und eine Ausweitung des Spektrums an Situationsdeutungen hingewiesen worden.[74] Mit Blick auf gewalthaltigen Konfliktaustrag wurde eine solche Pluralisierung dementsprechend auch milde positiv im Sinne einer Steigerung der Authentizität der Kriegsberichterstattung gedeutet. Per *YouTube* werde es dieser Logik folgend möglich, über selbst gedrehte und auf populären Internetplattformen eingestellte Videos ein wahrhaftigeres Bild des Krieges zu zeichnen, zumal wenn sich traditionelle Massenmedien dieser Kommunikationsangebote annähmen.[75]

Andererseits bieten diese medientechnologischen Entwicklungen auch Anknüpfungspunkte für neue Medienstrategien[76], wie die Einrichtung des

---

73 Seib 2005: 4. In diesem Kontext interessante, verlässliche Daten zur globalen Internetnutzung sind schwierig zu beschaffen: Der aktuelle Bericht des amerikanischen Marktforschungsunternehmens *comScore* weist die globale Internetnutzung im September 2009 mit einem neuen Rekordhöchststand von 1,2 Milliarden Menschen aus, vgl. www.newstin.de/tag/de/156835054. *Internet World Stats* geht von 1,7 Millarden Nutzern weltweit aus, vgl. www.internetworldstats.com/. Auch wenn Nutzungsmuster nicht durchweg »aktiv« sein müssen i.S. einer Produktion von Inhalten, so ist die Annahme einer exponentiell angestiegenen Zahl von Anbietern von Inhalten dennoch plausibel. Die entscheidende Frage, die sinnvoll nur ereignisbezogen zu beantworten sein dürfte, ist demnach, inwiefern solche Inhalte auch in einer breiteren Öffentlichkeit rezipiert werden.

74 Vgl. Bob 2005; Dartnell 2006.

75 Vgl. Glaser 2006.

76 Vgl. gerade in der Zuspitzung auf ein neues (globales) Medienumfeld: Riegert 2002: 68f.; Hills 2006; Rose 2007. Das Medienmanagement passt sich an (über

offiziellen Videokanals des US-Militärs auf *YouTube*, MNFIRAQ, und die Nutzung diverser Videoplattformen seitens terroristischer Akteure zeigen, die auf diese Art u.a. die Enthauptung Entführter publik machen.[77] Dass solcherart Kommunikationsangebote nicht ungesehen im Cyberspace stehen, zeigt der Umstand, dass etwa MNFIRAQ (und damit das seitens des US-Militärs zensierte Angebot!) binnen zweier Monate bereits über eine Million Betrachter aufweisen konnte und zeitweise auf der Liste der abonnierten *You-Tube*-Kanäle auf Platz 13 rangierte. Darüber hinaus mag, wie Christensen beschreibt, die Einrichtung von MNFIRAQ dazu geführt haben, dass in Reaktion auf ein solch offizielles, gelenktes Angebot noch wesentlich mehr und durchaus andersartige Kriegsimpressionen auf anderen Plattformen eingestellt wurden.[78] Christensen bezeichnet dies überzeugend als *uploading dissonance*. Dissonanz bzw. Dissens bezeichnet dabei nicht einen intentionalen Akt der Produktion und Publikation von (Gegen-)Botschaften, sondern das in seinen *Effekten*[79] wirksame Publizieren von individuellen und alltäglichen Sichtweisen und Betrachtungswinkeln. Diese untergraben wenigstens potenziell herrschende gesellschaftliche Realitätskonstruktionen und münden – je nach Aufmerksamkeit, die zu generieren sie imstande sind – in neue Wirklichkeitskonstruktionen, wenigstens beeinflussen sie deren Konturen.

Es ist diese Dimension individueller, global disperser Bereitstellung von Kommunikationsangeboten, die in Prozesse massenmedialer gesellschaftlicher Bedeutungsprägung einfließt, welche den weitestgehend anachronistischen Zuschnitt vieler Forschungsarbeiten kennzeichnet. Diese bleiben oftmals rein auf nationalstaatliche Politikformulierung in Regierung, Parlament, Medien und Gesellschaft fixiert in ihrem Anliegen, den Zusammenhang von Krieg und Massenmedien zu untersuchen. Gerade die Pluralisierung von Deutungsangeboten[80] in einem zunehmend transnationalisierten Medienumfeld (und die parallele Existenz, Sichtbarkeit und Verknüpfung von verschiedenen gesellschaftlichen Diskursformationen) macht dabei die

---

das Monitoring globaler Medien und der Internetkommunikation etwa, den Versuch der Okkupation des Deutungsraumes (*feeding*), ist aber (potenziell) immer weniger in der Lage, diskursive Hoheit über einen längeren Zeitraum aufrechtzuerhalten. Vgl. auch: Nye 2003: 67, wenn auch sehr optimistisch mit Blick auf die Einbettungsstrategie der US-Armee im Irak-Krieg 2003.

77 Vgl. Chinni 2007; Deer 2007: 7; Smith-Spark 2007.

78 Vgl. Christensen 2008. Zu solchen anderen Plattformen vgl. Andén-Papadopoulos 2009. Insbesondere das Online-Nachrichtenboard NTFU (*NowThat'sFuckedUP.com*) stellt ein solches, im Gegensatz zu MNFIRAQ konzipiertes Medium der Zurschaustellung von »Kriegsrealität« dar; als solches wirkt es tendenziell dem US-amerikanischen offiziellen Konsens der US-Truppen als »civilized protectors« entgegen.

79 Vgl. ebd.: 171.

80 Ihrerseits keineswegs per se konfliktberuhigend, vgl. Hamelink 2008.

neuartige Qualität der internationalen Umwelt aus, in die eingebettet gewalthaltige Konflikte ausgetragen werden.

Brown fasst dahingehend zusammen: »Political conflicts can rapidly have repercussions on the other side of the world; different groups can choose to be involved.«[81] Dem vorgelagert ist allerdings ein wesentlich komplexerer Prozess der Bedeutungs- und mittelbar auch Handlungsprägung, für den sich der Diskursive Konstruktivismus interessiert. Für diesen gilt, dass die »[…] construction and mediation of conflict-related events have been profoundly transformed […] into a dynamic discursive event ›sphere‹«.[82] Damit ist gleichzeitig angezeigt, dass einerseits Massenmedien und interaktive Medien eine markante, nie bedeutender gewesene Rolle in gewalthaltigen Konflikten spielen, die Richtung ihres Wirkens andererseits noch nie so unterbestimmt war. Zwar resultieren gesellschaftliche Diskursformationen nach wie vor innerhalb *nationaler* Bezugssysteme in Handlungen. Das Zustandekommen der Sinnumwelten, der Wandel von Bedeutungssystemen aber ist zunehmend transnationalisiert. Strategien des Medienmanagements einzelner, wenn auch exponierter Akteure ist eine Lenkung dieses Prozesses, zumal über einen längeren Zeitraum, mehr und mehr entzogen.

Im Folgenden werden auf Basis dieser Überlegungen zwei Fallbeispiele – der Irak-Krieg der USA und ihrer Verbündeten seit 2003 und die Terroranschläge des 11. September 2001 (als Kommunikationsstrategie von Al-Kaida) im Zusammenhang mit dem *war on terror* (in seinen Bedeutungen für unterschiedliche Gesellschaften) – unter der Perspektive diskursiver Konstruktion analysiert, um die jeweiligen massenmedialen Dynamiken der Bedeutungsprägung aufzuzeigen.

8.3 DIE DISKURSIVE TRANSNATIONALISIERUNG GEWALTHALTIGER KONFLIKTE

8.3.1 Der Irak-Krieg (seit 2003)

Gray führt mit Blick auf die kollektive Erinnerung und damit die Deutung des Vietnam-Krieges in der US-amerikanischen Gesellschaft aus:

»[…] a number of factors came together to eventually reframe the Vietnam War as it was understood in American culture. From a noble attempt to preserve democracy it became an insensitive, if not evil, attack on a distant land […] The struggle over meaning of the Vietnam War is not over […] The dynamics of such a struggle are very complicated. They range from the portrayal of Vietnam veterans in popular cul-

---

81 Brown 2003: 89. Vgl. auch: Truscott 2003.
82 Volkmer 2008: 90. Vgl. auch: Williams 2003.

ture through a fascination with what contemporary presidential candidates did during the war to technical debates about strategic bombing.«[83]

Der hier zu skizzierende Prozess diskursiver Transnationalisierung eines Krieges lässt sich ähnlich denken, mit zwei entscheidenden Qualifizierungen. Zum einen ist die innergesellschaftliche Debatte wie beschrieben in gestiegenem Maße über transnationale massenmediale Verknüpfung an diskursive Prozesse in anderen Gesellschaften und an Orte der Bedeutungsproduktion *außerhalb* der eigenen Gesellschaft gebunden (eine Erweiterung des diskursiven Repertoires). Zum anderen ist dieser Prozess der kollektiven Re-Interpretation heutzutage weniger den Kriegshandlungen nachgelagert, sondern qua Vergesellschaftung, medientechnologische Entwicklungen und die zunehmende Bedeutung von Medienkanälen für die Artikulation verschiedener Akteure integraler Bestandteil der Kriegsvorbereitung und des gesamten Kriegsverlaufs. Im Hinblick auf die anzustrengende Analyse ergibt sich daraus die Notwendigkeit, diskursive Bedeutungsproduktion in Kriegsgesellschaften von Beginn an als mit auswärtigen Prozessen der Realitätskonstruktion verknüpft zu betrachten (vgl. Abb. 8).

Abbildung 8: Die transnationale Verknüpfung massenmedialer
Bedeutungsproduktion in Kriegen

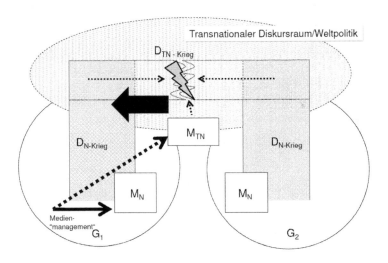

Zu analytischen Zwecken, um ebensolche diskursive Bedeutungsproduktion und deren Wandel zu erfassen, wird der Irak-Krieg der USA und ihrer Verbündeten in der Folge in diskursive Episoden unterteilt (vgl. Kap. 6), die

---

83 Gray 1997: 256.

sich ihrerseits um markante diskursive Ereignisse gruppieren. Grundlegend bei dieser Unterteilung ist die Annahme, dass diese Bedeutungsdimension Objekt von Kämpfen um Deutungshoheit (Managementstrategien diverser Akteure) in einem transnational verknüpften diskursiven Umfeld ist, aus denen je spezifische Konstruktionsleistungen resultieren. Das primäre Terrain, in dem sich Prozess und Ergebnisse solcher Konstruktionsleistungen abbilden, sind massenmedial konstruierte Bedeutungsgehalte. Ein besonderes Interesse richtet sich dabei auf diskursiven Wandel der innergesellschaftlichen Kriegswahrnehmung. Verschiedene nationale sowie über massenmediale Verknüpfungen auch aus dem internationalen Umfeld einfließende Deutungsmuster verstärken, ergänzen oder untergraben sich dabei wechselseitig. Dieses Pools möglicher Situationsdeutungen und Interpretationsmuster bedienen sich Massenmedien, um je spezifische Realitäten zu konstruieren und die Gesellschaft dadurch mit Bedeutungsgehalten zu versorgen.

Fünf diskursive Episoden werden dabei im Hinblick auf den Irak-Krieg aus Sicht eines diskursiven Ansatzes unterschieden. Diese sind primär auf die Konstruktion des Krieges in den US-Medien bezogen, wobei jeweils – soweit Ergebnisse/Befunde dazu vorliegen –konkurrierende diskursive Konstruktionen in europäischen Massenmedien und jenseits des westlichen Medienraums (v.a. aus der arabischen Welt) als alternative Deutungsmuster Berücksichtigung finden. Die fünf diskursiven Episoden tragen die Titel:

- »(Phase der) Legitimierung« des Krieges in den USA (von der Joint Resolution des US-Kongresses 2002, die den Einsatz militärischer Mittel erlaubte, über die Debatte im UN-Sicherheitsrat und die weltweiten Anti-Kriegs-Demonstrationen bis zum Beginn des Irak-Krieges im März 2003);
- »Kriegsgewinn« (April/Mai 2003: Fall der Statue Saddam Husseins in Bagdad, sowie »Mission accomplished«-Rede des Präsidenten Bush jr. an Bord des Flugzeugträgers U.S.S. Abraham Lincoln);
- »Bürgerkrieg« (März/April 2004: die Ermordung und öffentliche Zurschaustellung der Leichen von US-Söldnern in Falludscha);
- »Visual Blowback (und die Infragestellung der Legitimität)« (April 2004: die Öffentlichmachung des Abu-Ghraib-Skandals);
- sowie »(die Phase des) Innerer(n) Rückzug(s)« (ab Herbst 2007).

Entlang dieser Abfolge fand eine sukzessive Pluralisierung der zunächst die massenmediale Berichterstattung in den Vereinigten Staaten dominierenden regierungsnahen, offiziellen Deutung des Krieges statt. Dies umfasste sowohl das zunehmende Einsickern konkurrierender Deutungen aus dem transatlantischen Kontext bzw. dem globalen Nachrichtenraum als auch eine Veränderung der diskursiven Parameter durch die »neue Medienumwelt«.

Legitimierung

Die US-Regierung unter Führung von George W. Bush präsentierte im Vorfeld des Irak-Krieges fünf Kernbotschaften[84] zu dessen Legitimation: Das irakische Regime sei im Besitz von Massenvernichtungswaffen (besitze B- und C-Waffen, arbeite an der Herstellung von Nuklearwaffen); es unterhalte enge Verbindungen zu Terroristengruppen, u.a. Al-Kaida, die ihrerseits mitverantwortlich für die Terroranschläge des 11. September 2001 in New York und Washington/DC seien; es bestehe die Gefahr einer Weitergabe von Massenvernichtungswaffen durch den Irak an ebensolche Terroristen; überdies stelle der Irak unter Saddam Hussein ein repressives Regime dar; letztendlich aber liege die Entscheidung, ob die USA intervenierten, bei der Führung im Irak, indem diese etwa abrüste oder ihren Verpflichtungen gemäß UN-Resolutionen nachkomme. US-amerikanische Medien sind dieser Situationsdeutung, wenn nicht in Gänze und monolithisch, so doch in der Tendenz gefolgt, und zwar aus den bereits oben diskutierten Gründen.[85] Deutlich sichtbar wird dies in der im Nachgang selbstkritisch eingeräumten Neigung[86] auch eher als kritisch-liberal betrachteter Leitmedien wie der *New York Times*, die Deutungsangebote nicht kritisch hinterfragt, sondern stattdessen im Sinne einer Beweisführung für die Regierung recherchiert zu haben. Markant hierfür war etwa die Übernahme der Unterstellung eines laufenden Nuklearwaffenprogramms unter Umgehung der UN-Inspektionen. Eines der wenigen Gegenbeispiele für regierungskritische Berichterstattung liefert in diesem Kontext die Aufdeckung der falschen Behauptung, der Irak habe im Niger Uran zu kaufen versucht.[87] Insgesamt aber, darin stimmt die übergroße Mehrzahl der Studien überein, haben die US-Medien einen konsistent zugunsten der Bush-Administration ausfallenden *bias* in der Darstellung der Kriegsgründe aufgewiesen[88], der sich denn auch in einer »geradezu schulbuchmäßigen Entwicklung der öffentlichen Meinung« in der US-Gesellschaft niederschlug: »Vor dem Krieg gab es mehr Skeptiker, nach

---

84 Vgl. Kutz 2006: 97f. Vgl. zudem: Kutz 2008.

85 Vgl. u.a. Kap. 2 sowie 8.1. Wenig subtil wird dies für den Fall des Irak-Kriegs unterstellt in: Solomon/Erlich 2003. Western (2005: 179) identifiziert demgegenüber einen anderen Faktor als ausschlaggebend für die Meinungsführerschaft der Administration gegenüber den Medien: Die Kohärenz des politischen Willens innerhalb der US-Administration habe somit dazu geführt, sowohl die thematische Agenda zu setzen als auch das Timing zu kontrollieren, mit dem graduell über einen längeren Zeitraum v.a. gegenüber der US-amerikanischen Gesellschaft Legitimität erzeugt werden sollte. Für eine Demonstration der erfolgreichen Themensetzung seitens der US-Regierung (mittels Agendaverdichtung, die die Themensalienz in den US-Medien merklich steigerte): Viehrig 2008.

86 NYT 2004.

87 Bzw. indem Experten an prominenter Stelle Gehör verschafft wurde, die dies widerlegen konnten: Kutz 2006: 104.

88 Vgl. Western 2005: 206.

dem Krieg drückte die Sorge über die hohen menschlichen und finanziellen Kosten der Besatzung die Stimmung.«[89] Während der »Hauptkampfhandlungen« (ein Begriff, den Präsident Bush selbst prägte) überwog allerdings eine ausgeprägt patriotische und regierungsfreundliche Öffentliche Meinung parallel zu kaum kritisch und/oder alternativ berichterstattenden Medien.[90] Erneut ließ sich die Einschränkung des Meinungsspektrums durch asymmetrische Zuweisung von Kommunikationschancen beobachten, und dies trotz des im Nachgang zum zweiten Golfkrieg zu Beginn der 1990er Jahre ausführlich diskutierten »abgrundtiefen Versagens der Medien«, u.a. auch hinsichtlich der Ausblendung alternativer Stimmen.[91] Hafez zitiert aus einer Studie der medienkritischen Organisation FAIR unter dem Titel »Amplifying Officials, Squelching Dissent«, der zufolge das Verhältnis der zitierten Quellen in den US-Medien im Zeitraum 2002/03 in etwa 7:1 zugunsten von Kriegsbefürwortern ausfiel, wobei 60 Prozent der berichteten oder artikulierten Positionen dem Lager der US-Regierung (inkl. ehemaliger Regierungsmitglieder) entstammten und Stimmen aus dem US-Militär doppelt so häufig vertreten waren wie die von »Zivilisten«.[92] Es bedarf nicht allzu viel Vorstellungskraft, um zu schlussfolgern, dass die US-Gesellschaft in ihrer Breite im unmittelbaren Vorfeld des Irak-Krieges sowie in den ersten Wochen der Kampfhandlungen aus diesem Grunde einer spezifischen Realitätsdeutung folgte, die der von der US-Regierung vorgetragenen sehr ähnlich war und die Legitimation des Krieges nicht nur untermauerte, sondern eigentlich erst begründete. Nachfolgende Studien zu Mustern gesellschaftlicher Realitätsdeutung offenbarten überdies, dass die massenmedial transportierten Bedeutungsgehalte nachhaltigen Einfluss besaßen: So gaben noch in der Mitte des Jahres 2003 nur 7 Prozent der US-Bevölkerung an, davon überzeugt zu sein, dass es *keine* substanzielle Verbindung zwischen Saddam Hussein und Al-Kaida gegeben habe; 50 Prozent sahen demgegenüber eine deutliche Verbindungslinie zwischen dem irakischen Regime und den Terrorakten des 11. September.[93] Immerhin ein Fünftel der Befragten gab an, Saddam Hussein habe chemische Waffen gegen die US-Truppen eingesetzt, und mit 56 Prozent eine knappe Mehrheit glaubte, die Weltöffentlichkeit sei hinsichtlich des Irak-Krieges entweder auf Seiten der USA oder unentschieden, lediglich mit Blick auf Europa waren sich die US-Bürger mehrheitlich

---

89 Hafez 2005: 70.

90 Müller (2003: 3) beschreibt die politische Konsequenz mit Blick auf den Irak-Krieg folgendermaßen: »Das Versagen der [US-]Medien, hier die erforderliche kritische Skepsis an den Tag zu legen, beeinträchtigte die Chancen des Publikums, sich im Austausch kontroverser Positionen eine eigene Meinung zu bilden.«

91 Gottschalk 1992: 449.

92 Hafez 2005: 71.

93 PIPA 2003: 3, 5.

sicher, die europäischen Bevölkerungen seien mehrheitlich gegen den Krieg gewesen.[94]

Ebenso interessant war der Befund der hier zitierten Studie der University of Maryland, dass – eine Pluralität der Kriegsdeutungen in den US-Medien in gewissem Rahmen vorausgesetzt – unterschiedliche Grade der Internalisierung des Legitimationsarguments der US-Regierung existierten. Wer hauptsächlich den strikt republikanisch ausgerichteten Sender Fox News gesehen hatte, folgte mit hoher Wahrscheinlichkeit wenigstens einem, oftmals aber mehreren der im Nachhinein als »falsch« zu bezeichnenden Argumente (Verbindung zwischen Irak und Al-Kaida, Massenvernichtungswaffen etc.). Wer hingegen PBS als Hauptinformationsquelle angab, hing in vier von fünf Fällen keiner solchen »Fehlwahrnehmung« an.[95] Dies ist insofern bedeutsam, weil eben nicht ein monolithisches Deutungsmuster aller US-Medien im Vorfeld und während der ersten Wochen des Irak-Krieges unterstellt werden kann. Die gebotene Diversität[96] erreichte andererseits keine kritische Masse, um die legitimatorische Berichterstattung der übrigen Medien zu untergraben; und somit herrschte zunächst in der US-Gesellschaft eine vergleichsweise homogene, kriegsunkritische Realitätsdeutung vor, die sich in Teilen auf die massenmedial vermittelten und verstärkten Argumente der US-Regierung stützte.

Im internationalen Kontext war demgegenüber eine deutliche Pluralität der Deutungen und Bewertungen zu verzeichnen, wobei die Ablehnung bzw. Zustimmung der Gesellschaften zur Kriegsanstrengung in der Regel mit der Stoßrichtung der massenmedialen Berichterstattung konform ging, während einige Regierungen den Schulterschluss mit der US-Regierung *gegen* gesellschaftlichen Mehrheitswillen und ursprüngliche massenmediale Deutungsmuster suchten, u.a. in Australien und Großbritannien. Im Falle Australiens konnte aufgezeigt werden, dass Premierminister Howard zu diesem Zweck eine spezifische Strategie anwandte, um die mehrheitlich gegen eine Militäraktion ohne UN-Mandatierung votierende Bevölkerung zu überzeugen.[97] So gab er im Zeitraum Februar/März 2003 35 Interviews in Rundfunk und Fernsehen, in denen er – ganz im Gegensatz zu einer erwartbaren metaphorisch und moralisch aufgeladenen Überzeugungsanstrengung – die

---

94 Ebd.: 5f.

95 Ebd.: 13.

96 Vgl. auch die erkennbare Diversität innerhalb der US-Presse, die Massing (2008) am Beispiel des drittgrößten US-amerikanischen Verlagshauses McClatchy verdeutlicht: »In the months leading up to the Iraq war, when most news organizations were dutifully relaying the Bush administration's claims about the threat posed by Iraq, Knight Ridder/McClatchy ran several stories questioning their accuracy. Since the invasion, the company has run a lean but resourceful operation in Baghdad. All three of its bureau chiefs have been young Arab-American women with some fluency in Arabic.«

97 Vgl. Young 2008.

Beweggründe seiner Regierung für eine Beteiligung an den Militärschlägen in einer trockenen, legalistischen und bürokratischen Sprache darlegte. Young bezeichnet dies als eine »technique of boring repetition«.[98] Damit erreichte er eine »Normalisierung« des Krieges in der australischen Mediendebatte, die zwar keinen euphorischen Meinungsumschwung in der Bevölkerung bewirkte, gleichzeitig aber auch verhinderte, dass sich ein wirkmächtiger, die Kriegsanstrengungen untergrabender, massenmedial getragener Begründungszusammenhang etablieren konnte.

Im Falle Großbritanniens verlief die massenmedial getragene Debatte im Vorfeld des Irak-Krieges wesentlich kontroverser und weitestgehend entlang politischer Linien (konservativ vs. liberal).[99] Im Hinblick auf einige Aspekte war der Tenor der Medienberichterstattung der Deutung und Begründung der Regierung Blair überdies nahezu in Gänze diametral entgegengesetzt, etwa mit Blick auf die tendenziell insgesamt positive Berichterstattung des gesellschaftlichen Protestes *gegen* die Kriegsvorbereitungen.[100] Dies entspricht wenigstens einer indirekten (weil »aus Sicht der Bevölkerungsmehrheit« am Beispiel der Protestberichterstattung dargestellten) Konstruktion des Krieges als illegitim. Bemerkenswert war zudem die vglw. umfangreiche Berichterstattung von Protest/Dissens im Verbund mit dem Hinweis auf zu erwartende negative Konsequenzen des Krieges.[101] Müller ist damit Recht zu geben, dass den Strategien des Medienmanagements offenkundig Grenzen gesetzt sind und sich massenmediale Berichterstattung, gleichwohl aus welchen Gründen, nicht automatisch in Dienst nehmen lässt.[102] Wichtig erscheinen solche Prozesse der Etablierung wenigstens partiell konkurrierender Deutungsfolien auch vor dem Hintergrund kulturellbündnisorganisatorischer Nähe (hier: Großbritanniens zu den Vereinigten Staaten) insofern, als sie ein Reservoir an alternativen Realitätskonstruktionen und Situationsdeutungen bieten für den Fall, dass eine dominierende Realitätskonstruktion ins Wanken gerät.

Im Gegensatz dazu ist die kritisch-ablehnende Haltung etwa der chinesischen Medien[103] sowie in den arabischen Staaten[104] weder überraschend,

---

98   Ebd.: 627ff., die Bezeichnung findet sich auf Seite 629.

99   Vgl. Hafez 2005: 73; Spencer 2005: 159.

100   Vgl. Murray et al. 2008.

101   Ebd.: 14, 16.

102   Müller 2003: 4.

103   Vgl. Peng 2008.

104   Vgl. u.a. Berenger 2004: 29; Napoli 2004: 6ff. Medien und Öffentlichkeiten im arabischen Raum projizieren zu dieser Zeit ein relativ homogenes Bild US-amerikanischer Aggression, die sich begründen lasse: 1) durch den Willen zu einem Racheakt in familiärer Tradition (Bush jr. vollendet das Werk seines Vaters, des ehem. Präsidenten Bush sr.), 2) durch den »Öldurst« eines texanischen Ölunternehmers, der sich den Zugriff auf die Ölvorkommen im Irak sichern möchte, oder 3) durch einen ignoranten und »außer Kontrolle« geratenen Cow-

noch spielte diese zunächst eine wesentliche Rolle in Bezug auf die innergesellschaftliche Debatte in den USA. (Gerade die Berichterstattung chinesi-
scher Medien war dabei in sich interessant, u.a. im Hinblick auf den uner-
wartet großen Umfang der Berichterstattung über *gesellschaftlichen Protest*.
Dieser richtete sich allerdings gegen die US-Regierung bzw. fand auf den
Straßen Westeuropas statt.) Auch wenn die in den arabischen Medien gebotenen Rationalisierungen für die aggressive US-Außenpolitik im Mittleren
Osten anschlussfähig an die generell negativ Sicht US-amerikanischer politischer Eliten waren –

»[...] regular readers of the Arab press are hard-pressed to recall any favorable stories about the United States over the past decade, including perfunctory, carefully
parsed, and brief sentiments following 9/11«[105] –,

vermochten sie zu diesem Zeitpunkt keinerlei nennenswerten unterminierenden Einfluss auf die diskursive Bedeutungsproduktion in der US-
Gesellschaft auszuüben. Und auch hinsichtlich der Medienberichterstattung
in vielen westeuropäischen Ländern galt: Die dort vorgetragene, teils substanzielle, teils antiamerikanischen Reflexen folgende Kritik am Kriegskurs
der US-Regierung übte überraschend wenig Einfluss auf die gesellschaftliche Debatte in den USA aus.

Dies hat zum einen mit den spezifischen Aspekten der (mehr oder weniger) implizit formulierten Kritik am Irak-Krieg zu tun. Bei näherer Hinsicht
lässt sich etwa für den deutschen Fall im Gegensatz zur emotionalen, deutlich amerikakritischen gesellschaftlichen Debatte eine zurückhaltende Kommentierung in der deutschen Presse erkennen, die sich mehr mit dem Verhältnis Deutschlands zu den USA und dem »populistischen« Verhalten der
Regierung Schröder als mit einer substanziellen Diskussion der Kriegsgründe beschäftigte.[106]

Wichtiger aus Sicht der US-Gesellschaft erscheint aber, dass US-
amerikanische Medien (gerade auch Qualitäts- und Leitmedien) diesen Dis-

---

boy, der leichte Ziele zur Vergeltung der Terroranschläge des 11. September
suche. Überdies ist das in der medialen Berichterstattung deutlich präsente
Motiv eines unter der Kontrolle »der Zionisten« stehenden US-Präsidenten anschlussfähig an eine Vielzahl kollektiver Wahrnehmungen im arabischen
Raum.

105 Berenger 2004: 29.
106 Hafez 2005: 74. Vgl. auch die Daten der Vergleichsstudie zur europäischen
Kriegsberichterstattung, deren Ergebnisse referiert werden in: Saxer 2006. Saxer stellt heraus, dass sich allein in Italien eine offenkundige Diskrepanz zwischen der Medienberichterstattung und der Regierungslinie ergeben habe. Die
britische Berichterstattung (mit der oben geschilderten Bandbreite) wird demzufolge als weniger kritisch klassifiziert, die deutsche in der Tendenz als »kritischer« (dem eigentlichen Krieg gegenüber).

sens innerhalb des atlantischen Bündnisses auf eine ganz spezifische Art und Weise thematisierten. Die qualitative Studie von Melkote zur Berichterstattung der *New York Times* im Vorlauf zur Militärintervention wurde schon angesprochen: Das Ergebnis, dass kriegskritische Akteure (v.a. aus dem russischen, französischen, aber auch deutschen Lager) nicht nur in der Berichterstattung an den Rand gedrängt wurden, sondern dort, wo über diese abweichenden Situationsdeutungen berichtet wurde, dies mehrheitlich in einer deutlich negativen Rahmung (*framing*) geschah, muss erneut herausgestellt werden. Grosheks Studie zur Berichterstattung US-amerikanischer Leitmedien unterstreicht diese Ergebnisse.[107] Zwar schwindet, wie des Öfteren beschrieben, die Bandbreite berichteten Dissenses, nachdem innerhalb des politischen Systems Konsens über die prinzipielle Zulässigkeit einer Militäraktion hergestellt ist, hier nach der gemeinsamen Resolution des US-Kongresses.[108] Aber: Sowohl was die Intensität dann noch berichteten Dissenses anbetrifft, als auch mit Blick auf die Einbeziehung nichtamerikanischer Quellen ergab sich jeweils eine Steigerung.[109] Grosheks Deutung dieser Befunde lautet: »[...] once Congressional consensus increased with the passage of the resolution, journalists sought out elite voices in the international community where consensus was not reached and to where the debate ostensibly moved.«[110] Angesichts der parallel einsetzenden negativen Rahmung kriegskritischer Akteure und auch des Umstandes, dass die Öffentliche Meinung in den USA vor Kriegsbeginn eher konvergierte denn divergierte (kritische Sprecher also kaum mehr Überzeugungskraft entfalten konnten), ließe sich ebenso schlussfolgern, dass die Präsentation alternativer Deutungsmuster ab einem bestimmten Zeitpunkt nicht mehr zur Unterminierung des öffentlichen Konsenses, sondern zu dessen *Absicherung* beitrug – und zwar genau in dem Maße, wie die negative Rahmung äußeren Dissenses zur symbolischen Distanzierung von alternativen Realitätskonstruktionen beitrug.

Kriegsgewinn

Die im Vorfeld des Krieges bereits abnehmende Bandbreite der Berichterstattung über den Krieg in den US-amerikanischen Medien verringerte sich in den ersten beiden Monaten noch deutlicher. Choi hat so herausgearbeitet, dass die Diversität sowohl der Quellen als auch der berichteten Themen in der Auslandsberichterstattung in großen Tageszeitungen zunächst in der Regel abnahm.[111] Die damit einhergehende Fokussierung auf den Nahen und Mittleren Osten führte dabei mittelbar auch zu einem weiteren Schrumpfen der Möglichkeiten für alternative Deutungen des Krieges (von anderen Or-

---

107 Groshek 2008.
108 Ebd.: 321.
109 Ebd.: 325, 329.
110 Ebd.: 333.
111 Choi 2009: 532.

ten, aus der Sicht anderer Akteure). Trotz einer Vielzahl von in Kampfeinheiten eingebetteten Reportern nahm auch der Umfang der Berichterstattung durch eigene Korrespondenten überraschenderweise kaum zu.[112] Was in den ersten Wochen demgegenüber berichtet wurde, hatte in der Mehrzahl der Fälle einen ganz spezifischen Zuschnitt, wie Artz anhand der Fotoberichterstattung der *New York Times* in der ersten Kriegswoche darlegt.[113] Weder wurden US-Soldaten großflächig im Kampf noch kriegsbedingte Zerstörungen abgebildet: »[...] photos of the devastation of Iraq and the suffering of civilians were absent«.[114] Dies erscheint aus militärstrategischer Sicht einleuchtend (Stichworte: Kommunikationshoheit, »Vietnam-Syndrom« u.a.), ebenso kann dieses Berichtsmuster aus Mediensicht einleuchtend erklärt werden (Zugang zu Orten der Kampfhandlungen bewahren, Schutz, Zensur, Patriotismus u.a.).

Wesentlicher noch aber ist es, den geschilderten Zusammenhang von den Konsequenzen her zu denken: Auf diese Art wurde eine spezifische Realitätskonstruktion des Krieges *in dessen Verlauf* präsentiert, der es großen Teilen der US-Öffentlichkeit leicht machte, sich mit dem Krieg zu arrangieren, wenn sie ihn vielleicht auch nicht freudig begrüßt hatten. Nicht zu unterschätzen ist in diesem Zusammenhang die Präsentation des (erfolgreichen) »Endes der Hauptkampfhandlungen« in Form zweier ikonographischer Inszenierungen: der Fall der Statue Saddam Husseins in Bagdad am 07. April 2003[115] sowie die Rede des US-Präsidenten Bush an Bord des Flugzeugträgers U.S.S. Abraham Lincoln am 01. Mai 2003, bei der im Hintergrund ein Banner mit dem Slogan »Mission Accomplished« öffentlichkeitswirksam entrollt wurde.[116]

Beide Bilder zogen die Aufmerksamkeit der US-amerikanischen (und internationaler) Medien auf sich und wurden in ihrer wiederholten Ausstrahlung und Verwendung zur Illustration des Kriegsgeschehens gleichsam Metaphern für den »Sturz« des diktatorischen Regimes und einer Siegeserklärung des amtierenden *Commander-in-Chief*. Fahmy hat in dieser Hinsicht

---

112 Ebd.: 539.

113 Vgl. Artz 2004.

114 Ebd.: 88.

115 Zur Inszenierung dieser Bilder vgl. Artz 2004: 79; Kellner 2004, 75; Hafez 2005: 72; Kutz 2006: 127.

116 Die Bilder der Rede des damaligen US-Präsidenten Bush jr. vor dem Hintergrund des entrollten Transparentes »mission accomplished« sind zum damaligen Zeitpunkt zwar zentral für die Berichterstattung gewesen, wissenschaftliche Untersuchungen zu deren Wirkung bzw. Kontextualisierungen liegen allerdings nicht vor. Lediglich eine Fülle Bush-kritischer Essays und Abhandlungen beschäftigt sich mit der Ikonographie dieses Ereignisses, vgl. u.a.: Andersen 2007; Mitchell 2009. Mitchell (2009) beschreibt die Wirkung des Bildes folgendermaßen: »Everyone agreed the Democrats and antiwar critics were now on the run.«

die Bedeutsamkeit der Berichterstattung über den Sturz der Statue Husseins herausgestrichen, insbesondere im Hinblick auf die mitgelieferten Kontextualisierungsleistungen. Ihrer Untersuchung zufolge haben die US-Medien dabei wesentlich stärker der Interpretation angehangen, diesen Sturz als ein Symbol des Sieges und die (wenigen) tanzenden Iraker als Ausdruck einer Verbundenheit der lokalen Bevölkerung mit den US-Truppen, die sie »befreit« hätten, zu deuten.[117] Markant ist in diesem Zusammenhang der Unterschied in der Berichterstattung gerade auch zu Darstellungsformen in den Medien alliierter Partner:

»[...] while *The New York Times* portrayed the toppling of the statue of Saddam Hussein showing jubilant Iraqis celebrating with US soldiers [...] *The Guardian* ran on its cover page a long-shot photograph showing the whole scene of the square to emphasize how small the crowd of Iraqis at the event really was.«[118]

Die in den US-Medien zu diesem Zeitpunkt nach wie vor dominierende, kaum kriegskritische Sicht, die überdies einen sauberen und gerechten Krieg berichtete, dürfte dabei maßgeblich in die gesellschaftliche Vorstellung und Bewertung des Militäreinsatzes eingeflossen sein. Dass die gleichbleibende Zustimmung zur Intervention aufgrund ihrer vermeintlichen Kürze und des erfolgreichen Kriegsverlaufs[119] auch eine massenmediale Komponente besaß, erscheint folgerichtig.

Im internationalen Kontext waren demgegenüber zwei gegenläufige Entwicklungen zu beobachten. Einerseits veränderte sich die kriegskritische Berichterstattung in den Massenmedien innerhalb kriegsablehnender Gesellschaften, andererseits verringerte sich die Pluralität der gebotenen Blickwinkel in den Medien der US-Alliierten (und zwar trotz nach wie vor gespaltener öffentlicher Befindlichkeiten). In den arabischen Medien traten dabei zusätzlich zu der oben beschriebenen Fundamentalkritik an der US-Regierung zwei weitere Deutungsmuster. So wurden zum einen die Kampfhandlungen zunehmend unter einem parallelisierenden Blickwinkel zwischen der »Okkupation« Palästinas durch Israel und der »Invasion« der USA und ihrer Verbündeten im Irak gedeutet.[120] Der somit konstruierte Gegensatz zwischen (unschuldigen und hilflosen) »Opfern« und »Tätern«[121]

---

117 Vgl. Fahmy 2007. Fahmy/Kim schreiben dazu: »[...] in depicting the toppling of the Saddam Hussein statue in Baghdad, four US newspapers emphasized favorable images of the event, by running visuals of exhilarated Iraqis welcoming the US military« (2008: 447).

118 Ebd.: 456.

119 Vgl. Szukala 2003: 33.

120 Vgl. Hashem 2004: 61.

121 Interessant angesichts der Vorgeschichte des irakisch-iranischen Konflikts sowie des Antagonismus zwischen iranischen Regierungen und US-Regierungen in den vergangenen 30 Jahren ist das nahezu deckungsgleiche Berichtsschema

wurde sodann in der Folge von einer spezifischen »Ästhetisierung des Leidens« flankiert, die etwa die Kriegsberichterstattung der von Mellor analysierten pan-arabischen Zeitungen charakterisierte.[122] Insbesondere die Auswahl der vom Krieg gezeigten Bilder folge, so Mellor, hier einem eindeutigen Muster in der Gegenüberstellung der »Brutalität« und Massivität US-amerikanischen Militärs einerseits und der »Hilflosigkeit« irakischer Zivilisten andererseits.[123] Die Visualisierung von solcherart Gegensätzen (ein irakisches Kind, im Hintergrund ein Panzer der Kriegskoalition) arbeite in dieser Hinsicht zunächst einer Solidarisierung mit den »hilflosen Opfern« im Angesicht einer als illegitim wahrgenommenen Militäraktion zu. Gleichzeitig etabliere diese eingenommene Perspektive – willentlich oder nicht – eine deutlich alternative Deutung der Kriegsrealität, die nurmehr eskaliert werde von der steten Berichterstattung über zivile Opfer und zerstörte Infrastrukturen.

Maßgeblich diese Darstellung der Opferperspektive (einer *Opfer*perspektive im Sinne illegitimer Opfer des US-amerikanischen Militärschlages), an prominenter Stelle auch vom arabischen Nachrichtenkanal Al-Jazeera befördert, trug das Potenzial einer mit der US-Deutung im Wesentlichen konkurrierenden Realitätskonstruktion in sich. Auch wenn diese aufgrund der Bilder des Sieges und strategisch platzierter Heldenberichte über US-Soldaten[124] noch kaum in den innergesellschaftlichen Diskurs in den USA einflossen, bildeten sie ein Reservoir alternativer Deutungen. Ebenso lassen sich die zentralen Themen etwa der deutschen Berichterstattung zu dieser Zeit deuten, u.a. die Sicht einer durch die US-amerikanische Weltpolitik in Frage gestellten Zukunft des transatlantischen Bündnisses[125] oder die umfangreiche »Metaberichterstattung«[126] im deutschen Kontext, also die Reflexion über journalistisches Handeln in Kriegszeiten unter Einfluss von mannigfaltigen Manipulationsversuchen.

Die britische Medienberichterstattung macht insofern einen interessanten Fall aus, als hier eine zunächst fragmentierte, tendenziell eher kriegskritische Öffentliche Meinung mit pluralen massenmedialen Deutungen versorgt wurde, und dies im Angesicht einer um Legitimation des Militärschlags bemühten Regierung Blair. Auch wenn für *global* operierende britische Medienunternehmen wie etwa BBC World konstatiert werden konnte, diese hätten eine deutlich breiter gefächerte Kriegsberichterstattung gelie-

---

in iranischen Medien, vgl. Badii 2004. Dass es sich nicht um ein durchgängiges Konstruktionsmuster in der *islamischen* Welt handelte, wird mit Blick auf die massenmediale Berichterstattung in der Türkei deutlich, vgl. u.a.: Catalbas 2003; Ates et al. 2005.

122   Vgl. Mellor 2009.

123   Ebd.: 414.

124   Vgl. den Fall »Saving Private Lynch«: Kellner 2004: 73.

125   Vgl. Ates et al. 2005: 167.

126   Vgl. Esser 2009: 727.

fert[127] (u.a. auch Bilder von zivilen Opfern und das Bemühen um Präsentation einer »arabischen Sicht«[128]), so lässt sich für die Medien im heimischen Markt eine zunehmende Beschränkung der Pluralität in den akzaptablen Deutungsmustern erkennen. Goddard/Robinson/Parry verzeichnen in ihrer Studie eine mit Kampfbeginn deutlich patriotischere Presse[129], die auf verschiedenen Wegen versuchte, einer nach wie vor in ihrer Bewertung des Krieges fragmentierten Öffentlichkeit gegenüberzutreten, ohne ihre jeweilige Klientel als Leser zu verlieren. Insgesamt sei aber eine bemerkenswerte Übereinstimmung in der Themenzusammenstellung zu konzedieren mit einem deutlichen Übergewicht an (vermeintlich neutraler) Reportage von Kampfhandlungen und Strategiefragen. Deutliche Kriegskritik wurde dabei in den meisten Fällen durch die Berichterstattung von kriegsbefürwortenden Argumenten ausbalanciert[130], wobei mit fortschreitender Dauer der Kampfhandlungen die Kritik in Umfang und Tonlage abflaute. Der nachdrücklich und wiederholt geäußerte Standpunkt des *Daily Mirror*: »The Daily Mirror's view of this conflict could not be clearer – we believe it is wrong, wrong, wrong«[131] bildete in dieser Hinsicht eher die Ausnahme als die Regel. Somit war nach wie vor ein plurales Meinungs- und Berichtsspektrum[132] in der britischen Berichterstattung abgebildet, aber ebenso eines, das

---

127 Vgl. Kellner 2004: 74.

128 Vgl. Baker, R. 2003. R. Baker (2003) vergleicht die Art der Berichterstattung von US-Nachrichtensendern (Fox News und CNN) mit der britischen BBC folgendermaßen: »When it comes to presenting the ›Arab‹ side of the conflict, US networks favor footage of Iraqi officials looking ridiculous and making incredible statements. On the BBC, an Arab affairs specialist comments on shifting perceptions in the greater Arab world, how he is seeing anti-Saddam moderates suddenly rooting for the dictator and what this might portend for the United States in the long run.«

129 Vgl. Goddard/Robinson/Parry 2008. Die *Presse*berichterstattung in Großbritannien eignet sich insofern für eine Analyse des Nexus von *Medien*berichterstattung und Realitätskonstruktion, als: »[the national press] enjoys a proportionally larger readership than most comparable western countries and one which embraces all social classes« (ebd.: 2008: 12).

130 Ebd.: 22.

131 Ebd.: 25.

132 Vgl. Robinson et al. 2009: 684. Diese Diversität wird am deutlichsten sichtbar bei der Berichterstattung über humanitäre Belange (ihrerseits allerdings deutlich weniger umfänglich berichtet als militärstrategische Aspekte): »A very different picture emerges, however, when we consider the subjects of civilian casualties, humanitarian issues, coalition military casualties, and law and order. For civilian casualties, less than 11 % of reports played positively for the coalition whereas 68 % of press coverage was coded as negative. With respect to humanitarian issues, most reports were critical of coalition attempts to manage

deutlicheren Grenzziehungen (hinsichtlich Kritik und alternativen Deutungsmustern) unterlag. So änderten britische Medien mit Kriegsbeginn auch ihren Umgang mit dem Anti-Kriegs-Protest, der nur noch seltener thematisiert wurde, wiewohl er zunächst nicht wesentlich abflaute.[133] Damit wurde nach Beginn der Kampfhandlungen nicht nur ein freundlicheres Bild der (eigenen und verbündeten) Truppen gezeichnet, auch die nachhaltige und an prominenter Stelle von zwei Abgeordneten des Unterhauses geäußerte Kritik am Kriegskurs zog nun verstärkt negative Presseberichterstattung nach sich: »By voicing opposition [several weeks into the conflict] they violated a consensus [...] that ›once military action was under way, arguments over the validity should be suspended.‹«[134] Die Bilder des vermeintlichen schnellen Sieges dürften dabei zu einer Abnahme der Kriegskritik in der britischen Nachrichtenberichterstattung weiter beigetragen haben. Wie Hafez ausführt, verschafften erst die Bilder der stürzenden Statue Saddam Husseins in Bagdad Tony Blair die innergesellschaftliche Unterstützung für dessen Bündnistreue an der Seite der US-Regierung.[135]

Für den Rest der europäischen Staaten, insbesondere diejenigen, die sich nicht an den Militärschlägen gegen den Irak beteiligten, lassen sich demgegenüber Indizien für verschiedenartige, allesamt kritisch-alternative Realitätskonstruktionen beibringen. Mit anderen Worten: Der Krieg wurde in diesen Gesellschaften, v.a. in den betreffenden Massenmedien, anders diskursiv konstruiert als etwa in Großbritannien oder gar den Vereinigten Staaten. Neben dem angesprochenen deutschen Beispiel liegen dafür auch Studien etwa zur schwedischen (umfangreiche Protestberichterstattung und ein vglw. ausgeprägtes Interesse an der »Verantwortungsfrage«[136] und griechischen Medienberichterstattung (Anlehnung an die »Ästhetisierung des Leidens« im arabischen Raum) vor. Wie Andén-Papadopoulos ausführt:

»[...] the Greek press attempted to counterbalance the high-tech image of a bloodless war [... it] published and recontextualized images of dead, injured or mourning people, especially women and children as ideal victims [as against the] supremacy of the US/UK armies and the imagery of sophisticated military equipment«.[137]

Vor dem Hintergrund der Annahme, dass Massenmedien in Gesellschaften den Krieg je unterschiedlich ausdeuteten bzw. mit unterschiedlichen Bedeutungsgehalten versahen und diese verschiedenen diskursiven Formationen des »Irak-Kriegs« in einem transnationalen Diskursraum wenigstens poten-

---

humanitarian operations, with 40 % of press coverage being coded as critical whereas only 25 % of press coverage gave more-positive assessments« (ebd.).

133   Vgl. Murray et al. 2008.
134   Ebd.: 23.
135   Vgl. Hafez 2005: 72.
136   Vgl. Dimitrova/Strömbäck 2008.
137   Andén-Papadopoulos 2008: 147.

ziell in Kontakt treten konnten, ließ sich somit Folgendes konstatieren. Nach und nach bildete sich ein Reservoir an alternativen und konkurrierenden Deutungen heraus, das den Kontext für nachfolgend einsetzenden diskursiven Wandel sowohl in der US-amerikanischen Mediendebatte als auch der US-amerikanischen Gesellschaft bildete.

Bürgerkrieg

Bereits gegen Ende des Jahres 2003 begann sich die öffentliche Bewertung des Irak-Krieges in den Vereinigten Staaten, insbesondere hinsichtlich der Aussichten auf nachhaltigen Erfolg im Sinne einer Stabilisierung und Befriedung, zu wandeln. Vor allem wurden zu dieser Zeit der »Wiederaufbau« der politisch-institutionellen Strukturen und die Chancen für einen baldigen Machttransfer an irakische Akteure von einer Mehrheit zunehmend skeptisch betrachtet.[138] Auch der generelle Ansatz, mit einer Militärintervention im Irak transnationalen Terrorismus einzudämmen bzw. Frieden und Stabilität im Nahen und Mittleren Osten zu schaffen, wurde von der überwiegenden Mehrheit nun in einem anderen Licht gesehen. Trotz sich mehrender Anzeichen für Widerstand und bürgerkriegsähnliche Zerfallserscheinungen waren diese Aspekte allerdings noch nicht auf der Agenda einer breiten US-Öffentlichkeit. Erst im Frühjahr 2004 kippte die Stimmung, wobei maßgeblich ein wiederum visualisiertes und mediatisiertes Ereignis dazu beitrug. Am 31. März 2004 wurden in Falludscha vier Angehörige des US-Militärs (Mitarbeiter der privaten Sicherheitsfirma *Blackwater Security Consulting*, nicht zivile Aufbauhelfer, wie zunächst vermeldet[139]) getötet, verstümmelt und an einer Brücke aufgehängt. Die Bilder dieses Terroranschlags waren in unmittelbarer zeitlicher Nähe im Internet verfügbar und riefen die Ereignisse im Rahmen der US-/UN-Intervention in Somalia 1993 in Erinnerung, in deren Folge die medial publik gemachte Ermordung und Leichenschändung US-amerikanischer Soldaten von der damaligen Administration Clinton zum Anlass genommen wurde, die US-Truppen in Antizipation wachsender öffentlicher Skepsis und Bestürzung zurückzuziehen.

In den traditionellen US-Medien wurden die Bilder aus Falludscha dabei zunächst nur in editierter Version bzw. mit zeitlicher Verzögerung gezeigt.[140] NBC strahlte die Nahaufnahmen der erhängten Söldner so aus, dass der Grad der Verstümmelung unkenntlich gemacht war, während CNN Bilder eines in einem Auto verbrennenden Opfers erst am Abend und nach expliziter vorheriger Warnung ausstrahlte. *USA Today* druckte auf der Titelseite das Bild einer Leiche ab, die von umstehenden Menschen mit Schuhen geschlagen wurde, ebenso die *Washington Post*. Einzig die *New York Times* bildete die Erhängten und Verstümmelten auf der ersten Seite ab, während eine Vielzahl kleinerer, regionaler Zeitungen lediglich Bilder des brennen-

---

138 World Public Opinion 2003.

139 Lardner 2007.

140 Für die Angaben im Folgenden siehe: Johnson 2004.

den Militärfahrzeugs in ihrer Darstellung verwendeten. Von wesentlicher Bedeutung in diesem Zusammenhang ist, dass die Berichtsformen in den US-Medien sich unterschieden, aber nahezu alle Medien ausführlich darüber berichteten, wobei zugleich davon ausgegangen werden kann, dass der Hinweis auf diesen Überfall und die Existenz ggf. deutlich schockierender Bilder im Internet die Möglichkeit bot, bei Interesse die Berichterstattung der traditionellen Medien durch eine Online-Suche zu ergänzen.

In ihrer Studie zum Verhalten verschiedener US-Nachrichtenredaktionen im Umgang mit den Bildern aus Falludscha stellt Robertson denn auch zusammenfassend fest:

»In April 2004 the public saw[141] the mutilated, burned and beaten bodies of four American contractors in Fallujah; the rows of flag-draped coffins coming home from Iraq [...] The images changed as the nature of the conflict changed.«[142]

Mit den medial publizierten Bildern aus Falludscha[143] und der Berichterstattung über die Vorfälle und den Kontext der Entstehung der Bilder verstärkte sich eine wachsende Skepsis gegenüber positiven Zukunftsszenarien des Militäreinsatzes im Irak, der Sinnhaftigkeit US-amerikanischen Engagements, aber auch hinsichtlich der generellen Legitimation des Krieges.[144] Der US-amerikanische Meinungsforscher Zogby meinte dazu: »Diese Bilder sprechen Bände. Das ist genau das, was die Regierung Bush nicht haben wollte. Amerikaner werden hier als reale Opfer gezeigt.«[145] Das Auseinanderklaffen der bis dato vorherrschenden generellen Tendenz der Medienberichterstattung, die sich eng an die »Rahmung« des Kriegsverlaufs seitens der US-Regierung anlehnte, und der nun offenbar gewordenen, anders lautenden *facts on the ground* führte zur endgültigen Infragestellung der bisher dominanten Realitätskonstruktion. Diese war um das Motiv einer schwierigen, aber dennoch mittelfristig erreichbaren Pazifizierung des Iraks und des

---

141 Die Bilder wurden zunächst nicht von Al-Jazeera ausgestrahlt, wiewohl der Sender es sich zur Aufgabe gemacht hatte, die »blutige Realität des Krieges« zu zeigen. Auf einer späteren Diskussionsveranstaltung äußerte sich der UN-Korrespondent von Al-Jazeera Abderrahim Foukara auf Nachfrage dazu, indem er ausführte, Al-Jazeera sei im Endeffekt davor zurückgeschreckt, die wirklich abstoßenden Dinge zu zeigen, wohl auch um der Kontroverse gerade in den Vereinigten Staaten, ob diese Berichterstattung (getötete US-Soldaten) nicht »Terroristen« in die Hände spiele, keine neue Nahrung zu geben, vgl. Robertson 2004.

142 Ebd.

143 Und zwar den Bildern der vier getöteten und erhängten US-Militärs, weniger den im arabischen Raum deutlich umfangreicher berichteten nachfolgenden Militäraktionen der US-Truppen in und um Falludscha.

144 Vgl. u.a.: Cole 2004.

145 SpiegelOnline 2004.

weitestgehend positiven Ansehens des US-Militärs als »Befreier« gruppiert. Stattdessen wurden die Kampfhandlungen nach Beendigung der »Hauptkampfhandlungen« mehr und mehr als das wahrgenommen, was sie im Endeffekt waren: teils bürgerkriegsähnliche, gewalthaltige Auseinandersetzungen nicht primär *zwischen* irakischen Gruppen, sondern in zunehmender Zahl gegen die US-Truppen und deren Verbündete gerichtet.

Die US-Medien folgten dieser Änderung der Wahrnehmung eher, als dass sie diese aktiv beförderten. Wesentlich pro-aktiver war etwa das US-Verteidigungsministerium, das im unmittelbaren Nachgang zum Anschlag von Falludscha damit begann, seine Berichtspraxis hinsichtlich der Opferzahlen des Krieges zu ändern. Nachdem vorher eher vage über eigene Opferzahlen und die des »Gegners« gesprochen wurde, verstärkte sich ab dem Frühjahr 2004 die Tendenz, einen vglw. genauen *body count* zu veröffentlichen, dies aber in Zusammenhang mit einer Gegenüberstellung eigener Opfer und getöteter Gegner (*casualty ratio*).[146] Laut Selbstaussage des US-Militärs sei dies notwendig geworden, um in der US-Öffentlichkeit, der solcherart Statistik über massenmediale Berichterstattung zugänglich gemacht wurde, einen verständlichen Indikator für den Erfolg der Militäroperation zu liefern. Der »Erfolg« der US-Truppen sollte sich dabei aus der Kontextualisierungsleistung der hohen irakischen Verlustzahlen im Vergleich zu den (schmerzlichen, aber vglw.) wenigen US-Opfern bemessen. In diesem Sinne stellte die Änderung des Umgangs mit den Opferzahlen seitens des US-Militärs eine dezidierte Medienstrategie dar: »[...] frustration regarding the media focus on American casualties and sagging public support for the war drove the release of body count and casualty ratio data«.[147] Die zeitliche Nähe zu der Berichterstattung über den Anschlag in Falludscha legt zudem nahe, dass die Notwendigkeit eines verstärkten Perzeptionsmanagements einherging mit der schrittweisen Unterminierung der lange Zeit vorherrschenden diskursiven Deutung eines gewinnbaren und bereits gewonnenen Krieges, die nun der Wahrnehmungsfolie eines »Bürgerkrieges« Platz machte. Im Mai 2004 äußerte sich eine (relative) Mehrheit (von 49 Prozent) der Befragten denn auch dahingehend, dass die US-Truppen umgehend abgezogen werden sollten, während 60 Prozent den Verlauf des Krieges negativ beurteilten (von 36 Prozent im Juli 2003 angestiegen).[148]

---

146 Boettcher/Cobb 2006: 832f.

147 Ebd.: 834. Boettcher und Cobb zeigen in ihrer Experimentalstudie, dass diese Strategie in der Tat auf Wahrnehmungsdynamiken beruht, die wissenschaftlich nachweisbar sind: Die Kontextualisierungsleistung der *casualty ratio* besteht darin, die Schwere der eigenen Verluste unterschiedlich einzuschätzen; die generell hohe moralische/normative Aufladung des Themas zeigte sich u.a. darin, dass ein Viertel der Probanden es verweigerte, eine Antwort auf die Frage nach einer »akzeptablen Opferzahl« zu geben.

148 CBS News 2004. Für den markanten Meinungswandel im Verlauf eines Jahres vgl. auch: CAP 2008.

Auch wenn keine Studien zur internationalen Medienberichterstattung über die Bilder aus Falludscha vorliegen: Indirekt lässt sich aus den verstärkten Kommunikationsanstrengungen des US-Militärs ableiten, dass dessen Bemühen deutlich darauf ausgerichtet war, sowohl gegenüber der US-Bevölkerung seine Deutungshoheit soweit als möglich aufrechtzuerhalten als auch im globalen Medienkontext dem Aufkommen und der Verbreitung alternativer Deutungsmuster entgegenzuwirken. Der Versuch, aggressives Informationsmanagement weniger durch gezielte Beeinflussung der massenmedialen Deutungsmuster in anderen Kontexten zu erreichen, sondern deren Arbeits- und Berichtsbedingungen einzuschränken, ist in diesem Zusammenhang von Winseck treffend als »Information Operations *Blowback*«[149], also als mittelfristig nicht nur wirkungslose, sondern gar schädliche Strategie beschrieben worden. Diese Feststellung ruht ihrerseits auf einem doppelten Argument: Erstens erwies sich der Versuch, die Berichterstattung arabischer Sender wie Al-Jazeera oder Al-Arabia im Irak zu beschränken[150], in der Folge als Pyrrhussieg. Nicht nur verfing die Argumentation, arabische Sender würden mit ihrer Berichterstattung (dem Zeigen ziviler Opfer und zivilen Leids[151], Bilder getöteter Soldaten der Koalitionstruppen[152], Ausstrahlung von Tonbändern mit Botschaften Saddam Husseins etc.) den »Geist des alten Regimes wiederbeleben«, kaum. Noch kontroverser wurde die Deutung des damaligen US-Verteidigungsministers Rumsfeld, die antizipierte Berichterstattung arabischer Sender würde Gewalttaten erst provozieren[153], diskutiert. Von zentraler Bedeutung erwies sich aber eine andere Dynamik. Indem die Sender im arabischen Raum (in dem eine negative Wahrnehmung der US-Regierung und der Koalitionstruppen bereits vorherrschte) diese Beschränkungsversuche thematisierten, erreichten sie einen wesentlich kritischeren Effekt gegenüber globalen Publika, als eine fortgesetzte Berichterstattung nach altem Muster allein hätte bewirken können.

Zudem setzten diese Versuche der Beschränkung von Medien, wie die *Washington Post* kommentierte, ein negatives Signal, das im Endeffekt die eigens projizierten, hohen moralischen Ansprüche an eine »Demokratisierung« auf augenfällige Art und Weise untergrabe.[154] In strategischem Sinne, so könnte man schlussfolgern, hat sich diese mittelfristige Stabilisierung von Vorurteilen über den »Feind« USA (im arabischen Raum) bzw. die Illegitimität US-amerikanischer Methoden (selektiv im transatlantischen Kontext)

---

149 Vgl. Winseck 2008.

150 Gegen Ende des Jahres 2003 mehrfach angekündigt, wurde gegen Al-Arabia schließlich seitens der provisorischen irakischen Regierung ein temporäres Arbeitsverbot verhängt, vgl. dazu Miller 2004: 13; Shadid 2003.

151 Vgl. Massing 2003.

152 Vgl. Gladney 2004: 20.

153 Associated Press 2003.

154 WP 2003.

als durchaus nachteilig erwiesen. Ebenso wurde offenbar, dass sich »alternative« Berichterstattung unter den Bedingungen einer neuen globalen Medienumwelt nicht ohne Weiteres vollständig kanalisieren lässt und untaugliche Versuche eher zu einer Steigerung der Attraktivität solcher Berichtskanäle führen. Zweitens und damit in Zusammenhang stehend: Auch wenn dies offenkundig zunächst auch nur für bestimmte Teilöffentlichkeiten der US-amerikanischen Gesellschaft gilt (spezifische Segmente dieser Öffentlichkeit, wie etwa politische Aktivisten oder die arabische Diaspora, verfolgen über Satellit oder Internet die Berichterstattung sowohl des Kriegsverlaufs aus Sicht Al-Jazeeras als auch über gegen den Sender verhängte Zensurmaßnahmen), sickert in diesem begrenzten Sinne eine alternative Sicht auf den Krieg ohnehin in die US-Gesellschaft ein. Zudem berichteten mehr und mehr US-amerikanische Unternehmen wie etwa CNN in der nationalen Berichterstattung und C-SPAN über den sich abzeichnenden Kampf um Deutungshoheit.[155]

Unter diesem Blickwinkel wandelten sich die Realitätskonstruktionen der US-amerikanischen Medien in einem globalen Medienumfeld, das ein Reservoir an alternativen Deutungen offerierte, im Hinblick auf den Krieg im Irak im Frühjahr 2004 deutlich. Erster Kristallisationspunkt (diskursives Ereignis) war dabei die Berichterstattung über die Bilder des Anschlags auf US-Militärangehörige in Falludscha. Mehr und mehr kam dabei der Gegensatz, idealtypisch gedacht, zweier Realitätskonstruktionen zum Tragen. Die offizielle, von der US-Regierung getragene Konstruktion umfasste, in den Worten Kristofs: »Altruistic Americans risk their lives to topple an evil dictator and establish democracy and human rights«, während die v.a. dem arabischen Raum entstammende Sicht (die nicht in dieser Radikalität, aber in der Stoßrichtung tendenziell auch einige massenmediale Sichtweisen in Westeuropa beeinflusste[156]) lautete: »The same Yankees who pay for Israelis to blow up Palestinians are now seizing Iraqi oil fields and maiming Iraqi women and children.«[157] Auch wenn keine systematischen Untersuchungen zur Berichterstattung des Falludscha-Anschlags in europäischen Medien vorliegen[158], hat sich die in der Gesamttendenz eher US- bzw. kriegskritische Tonalität zu diesem Zeitpunkt auf den ersten Blick nicht sichtbar verändert. In oben geschildertem Sinn ergibt sich daraus eine »Reservoirfunktion« alternativer Realitätsdeutungen und -bewertungen, die

---

155 Gladney 2004: 20.

156 Siehe dazu die Überlegungen zur »transatlantischen Medienkluft« in Kap. 10.

157 Kristof 2004.

158 Auch in puncto Internetpräsenz ist die Aufarbeitung der Bilder der erhängten US-Militärangehörigen deutlich weniger vertreten als Auseinandersetzungen mit den nachfolgenden mehrfachen Militäraktionen in Falludscha, über deren Ursachen, Verlauf und Opferbilanz keinerlei Einigkeit herrscht, vgl. für einen kritischen Blick aus US-Sicht: Cole 2004; Schechter 2004b.

vor dem Hintergrund einer zunehmend transnationalisierten Medienumwelt den Kontext inneramerikanischer Prozesse diskursiven Wandels bilden. Ein solcher Wandel zeichnete sich im Kontext der US-Gesellschaft in den letzten Jahren deutlich ab. Umfangreiche Studien, die dies kommunikationswissenschaftlich bzw. auf spezifische mediale Konstruktionsleistungen bezogen nachweisen, existieren allerdings kaum. Ich werde daher im Folgenden zwei weitere diskursive Episoden beschreiben (einen *visual blowback* infolge der Berichterstattung zum Folterskandal in Abu Ghraib sowie eine sich anschließende»Phase des inneren Rückzugs«) und mich dabei auf die wenigen vorhandenen, teils eher kulturwissenschaftlich ausgerichteten Studien sowie einige Forschungsskizzen beziehen. Ein diskursivkonstruktivistischer Ansatz könnte hier aus Sicht der IB zweifelsohne viel zur Klärung beitragen, müsste aber deutlich stärker den Nexus von massenmedialer Bedeutungsprägung, Dynamiken eines zunehmend transnationalisierten Medienkontextes und innergesellschaftlicher Deutungsmuster zum Forschungsgegenstand (im Sinne primärer Forschung) erheben.

Visual blowback[159]

Ende des Monats April 2004 wurde einer breiteren Öffentlichkeit in den Vereinigten Staaten über massenmediale Berichterstattung bekannt[160], dass gegen US-amerikanisches Wachpersonal im irakischen Militärgefängnis von Abu Ghraib schwere Missbrauchs- und Foltervorwürfe erhoben wurden. CBS zeigte in einer ausführlichen Dokumentation Aufnahmen[161] von an Foltergeräte angeschlossenen, mit Wachhunden konfrontierten, teils nackten Gefangenen sowie erzwungene sexualisierte Posen zwischen den Gefängnisinsassen. Die Dynamik des Skandals wurde allerdings maßgeblich nicht von der Ausstrahlung der Bilder verantwortet (wiewohl diese eine breitere Publizität erzeugten), sondern von der nachfolgenden (massenmedial vermittelten) Empörung im Ausland und den Reaktionen der US-Regierung.[162]

Wiederum Al-Jazeera und Al-Arabia als dominierende Nachrichtenstationen im arabischen Raum berichteten umfangreich über die Foltervorwürfe und die Bilder, die den Missbrauch dokumentierten. US-amerikanische

---

159 Vgl. die Begriffsprägung in diesem Zusammenhang: Kennedy 2008: 288.

160 Die Berichterstattung über Foltervorwürfe gegen Gefangene und Verdächtige reichen dabei bis ins Jahr 2002 (Afghanistan) zurück. Im Irak wurden bereits 2003 illegale Verhörmethoden des amerikanischen wie britischen Militärpersonals thematisiert. Erst die Ausstrahlung der Bilder auf CBS am 28. April 2004 verschaffte der Thematik jedoch eine breitere Publizität in den USA.

161 Diese Aufnahmen wurden von Amateurfotografen angefertigt, nicht von professionellen (Foto-)Reportern. Einige Kommentatoren sehen darin einen weiteren Ausdruck der wachsenden Verschmelzung einzelner Mediensphären (hier: einer »Amateur«-Dimension und professionellem Journalismus), vgl.: Robertson 2004.

162 Ricchiardi/Cirilo 2004; Ruß-Mohl 2006.

Journalisten waren demgegenüber eher »in a catch-up frenzy«, wie Ricchiardi und Cirilo bemerken.[163] D.h. sie verfolgten die Berichterstattung im arabischen Raum und den anschwellenden Proteststurm und widmeten sich erst in diesem Kontext umfangreicher den Bildern und den dahinterliegenden Vorwürfen, die teils seit Jahren (generell) bzw. Monaten (in Bezug auf Abu Ghraib) sporadisch von einzelnen Akteuren geäußert wurden. Im arabischen Raum erwies sich die Veröffentlichung der Bilder – weniger deren Veröffentlichung als deren Faktizität – als desaströs. Nasr fasst die Wirkungen der arabischen Berichterstattung über den Folter-/Missbrauchsskandal in dieser Hinsicht folgendermaßen zusammen: »The United States was already unpopular in the Arab world [...] After Abu Ghraib in most quarters, it became despised with a vengeance.«[164] Vor allem die Nacktheit bzw. Körperlichkeit der Bilder sowie die (erzwungene) Sexualisierung trafen hier auf kulturell bedingte, gesteigerte Sensibilität.[165]

In den Vereinigten Staaten erzeugten die Bilder ein großes, allerdings nicht einseitig gerichtetes Medienecho. Wenn auch die Autoren einer Studie zu den spezifischen Effekten der *Visualisierung* der Missbrauchs- und Folterpraktiken von Abu Ghraib (gegenüber einer dichten und ausführlichen schriftlichen Beschreibung der Geschehnisse etwa) unsicher über eine eindeutige »Macht der Bilder« sind[166], so kann doch davon ausgegangen werden, dass mit den Bildern und der »provozierten« umfangreicheren Berichterstattung in den US-Medien die Thematik erst für eine breitere Öffentlichkeit sichtbar und zugänglich gemacht wurde. Aus dieser Sicht ist die Frage nach der Billigung von Folter und »brutaler« Behandlung in der US-Öffentlichkeit zunächst eher von nachrangigem Interesse.[167] Vielmehr ist von Belang, dass mit der Berichterstattung eine Bewusstseinsschaffung in Gang gesetzt wurde, *dass* in Militärgefängnissen seitens des US-Personals (systematisch ermöglicht bzw. befördert oder nur aufgrund defizitärer Persönlichkeitsmerkmale des Wachpersonals, dies blieb vorläufig Gegenstand einer Kontroverse) solcherart Praktiken Anwendung finden.[168]

---

163 Ricchiardi/Cirilo 2004.

164 Vgl. Nasr 2009.

165 Nasr weist zudem darauf hin, dass im Jahr 2006, als eine neue Welle von Missbrauchsfotografien veröffentlicht wurde, diese keinen vergleichbaren Protest hervorriefen: »[...] the reaction wasn't as strong because it seemed by then that the Arab world had given up on America« (ebd.).

166 Fulwider et al. 2007.

167 Umfragen belegen zudem, dass die US-Bevölkerung in unmittelbarem Nachgang zum Folterskandal in Abu Ghraib mehrheitlich eindeutig gegen die Anwendung verschiedenartiger Foltermethoden (58-89 Prozent) war bzw. diese als illegitim betrachtete (81 Prozent): World Public Opinion 2004. Siehe auch: CBS News 2004.

168 Kennedy eskaliert die Logik dieser Bewusstseinswerdung, indem er unterstellt, dass die Betrachtung der Bilder dazu geführt habe, dass die (US-)Betrachter

Auch wenn die Formen der je individuellen Reaktion auf die Bilder unterschiedlich ausgefallen sein mögen, so entziehen sie sich aufgrund einer gewissen »Eindeutigkeit« doch einer beliebigen Ausdeutung bzw. Kontextualisierung. In jedem Falle trugen sie dazu bei, den Widerspruch zwischen öffentlich bekundeten hehren Zielen und noblen Ansprüchen (Demokratisierung, Regimewandel usw.) und einiger angewandter Praxen offenbar zu machen.[169] Damit unterminierten sie die Bemühungen um die Aufrechterhaltung der vorherrschenden Sichtweisen des Irak-Kriegs als »legitim« und »erfolgreich«. Ismail et al. bemerken dazu, dass spätestens mit Abu Ghraib für die US-amerikanische (Medien-)Öffentlichkeit »[...] the romantic promise of *Operation Iraqi Freedom* was called into question«.[170] Nachdem Falludscha (und die Berichterstattung darüber) vor allem die Erfolgsaussichten auf diskursivem Terrain untergraben hatten, setzte der Abu-Ghraib-Skandal stärker am Aspekt der Legitimität an. Die gewählte Metapher eines »visuellen Rückschlages« trifft dabei insofern den Nagel auf den Kopf, als die Missbrauchsbilder in Form eines Gegenstücks zu den inszenierten Bildern des Sieges (der Fall der Statue, *mission accomplished*) fungieren und einer alternativen Realitätsdeutung zuarbeiten.[171]

Auf diskursivem Terrain hatte somit eine ehemals vglw. homogene Deutung des Irak-Krieges einer Verunsicherung Platz gemacht, die potenziell offen für konkurrierende Deutungsmuster war. Mit der Medienberichterstattung zu Abu Ghraib war, dies belegen Studien, endgültig ein größeres Maß an Diversität in der Kriegsdarstellung in der US-Gesellschaft angelangt.[172] Diese Diversität der massenmedialen Berichterstattung in den USA unterlag nach wie vor bestimmten Grenzziehungen insofern, als etwa in der Mehrheit nicht von »Folter«, sondern »Missbrauch« gesprochen (und damit der Deu-

---

sich automatisch als eine »complicit audience« hätten verstehen müssen, vgl. Kennedy 2008: 288.

169 Vgl. die Argumentation in: Andén-Papadopoulos 2008: 23.

170 Ismail et al. 2009: 19.

171 Dies gilt, auch wenn die US-Öffentlichkeit nicht in Gänze zum Protest gegen den Krieg und die (offensichtlich) illegitimen Methoden des Umgangs mit Gefangenen auf die Straße ging. Signifikante Teile der US-Bevölkerung mögen sich einer Sicht der veröffentlichten Fotografien als »skandalös« nicht angeschlossen haben, auch mag die US-Regierung in ihrer Reaktion auf die Fotografien (diese sprächen nicht für systematische Folter, sondern Verirrungen einzelner Militärangehöriger) diese Wahrnehmung bedient haben, vgl. Philpott 2005: 239. Allein, der Fakt, dass eine Debatte um deren Bewertung (Folter oder sporadischer Missbrauch, wer trägt die Verantwortung, was sind mögliche Konsequenzen etc.) geführt wurde, spricht für ein nun wahrnehmbar breiteres Spektrum an Deutungsangeboten sowohl in der Gesellschaft als auch in den Medien.

172 Vgl. zur Berichterstattung der nachfolgenden Militäraktionen in Falludscha: Entman 2006.

tung der US-Regierung Folge geleistet) wurde.[173] In vergleichenden Studien zur Presseberichterstattung regionaler US-Medien, denen unterstellt werden kann, stärker als international ausgerichtete oder sog. Leitmedien an den Befindlichkeiten breiter Bevölkerungsschichten orientiert zu berichten, kommen Ismail et al. allerdings zu folgendem Schluss. Unterhalb der konsensualen Einschätzung, die »Verantwortlichen für Abu Ghraib zu bestrafen«, herrschte eine große Bandbreite von Deutungen vor, wer denn als »Verantwortlicher« auszumachen sei: die US-Regierung, das Wachpersonal, »die Medien«, die Gefangenen selbst etc.[174] Ebenso dürfte die Bandbreite der Deutungen, ob bzw. im Hinblick auf welche Methoden es sich um legitime Behandlungsformen handelte (und wo zugesprochene Legitimität endet), zugenommen haben.[175]

Die skizzierte zunehmende Diversität der Berichterstattung in den US-amerikanischen Medien wurde dabei von zwei zusätzlichen Mediendynamiken flankiert. So begannen seit Mai 2004 mehrere US-amerikanische Medienunternehmen, sich selbstkritisch und öffentlich mit ihrer Rolle im Vorfeld und während der ersten Wochen bzw. Monate des Irak-Kriegs auseinanderzusetzen.[176] Dabei erklärten sie ihre tendenziell einseitige Berichterstattung maßgeblich mit einem zu starken Verlass auf irakische Regimegegner im Exil, die ihrerseits der US-Regierung nahestanden. Ihre Selbstkritik richtete sich somit weniger gegen die von ihnen vermittelte spezifische Realitätskonstruktion, die die Deutung der US-Regierung in weiten Teilen übernommen hatte, sondern auf prozedurale Aspekte, etwa die ungleiche Zuweisung von Kommunikationschancen.[177] Trotzdem trug diese Reflexion über das eigene Tun zu einem gestiegenen öffentlichen Bewusstsein hinsichtlich der Rolle von Medien in Kriegszeiten bei. Dies äußerte sich nicht zuletzt in der Folge in deutlich umfangreicher und kritischer Berichterstattung zum Versuch des US-Militärs, das Informationsumfeld im Irak mit strategisch platzierten und teils erfundenen Berichten zu lenken.[178] Eine solche Einnahme eines kritischen Berichtswinkels auf US-amerikanische Strategien seitens US-amerikanischer Medien ermöglichte dabei nachfolgend (wenigstens potenziell) eine größere Durchlässigkeit für alternative Bedeutungskonstruktionen und eine Pluralisierung der Deutungen des Krieges. Gegenläufig zu dieser tendenziellen Öffnung der Kommunikationsräume sind allerdings

---

173 Vgl. Jones 2006. Der Unterschied ist markant im Vergleich zur westeuropäischen Berichterstattung, wie die Vergleichsstudie nahelegt.

174 Vgl. Ismail et al. 2009: 156.

175 Dahinter verbirgt sich ein Moment der Verunsicherung, die in der Folge noch gestiegen sein dürfte durch die (Berichterstattung über die) selbstproduzierten und per Internet zugänglich gemachten gewalthaltigen Videoclips US-amerikanischer Soldaten, vgl. dazu: Andén-Papadopoulos 2009.

176 Vgl. u.a.: NYT 2004.

177 NZZ 2004.

178 Vgl. Gerth 2005; White/Graham 2005.

medienökonomische und konfliktbezogene Tendenzen zu betrachten: So führten die dramatisch verschärfte Sicherheitslage für Journalisten im Irak, Interviewverbote für Teile des US-Militärpersonals (insbesondere für private Sicherheitsfirmen)[179] und teils drastische Mittelkürzungen für die kostspielige Auslandsreportage[180] nicht dazu, dass der Umfang der Berichterstattung anwuchs, im Gegenteil.

Innerer Rückzug

Der brüchiger gewordene diskursive Konsens in der US-amerikanischen Gesellschaft bewirkte somit im Verlauf der letzten Jahre, dass es nicht mehr *eine* herrschende alternative Realitätskonstruktion gab oder eine begrenzte Anzahl wirkmächtiger konkurrierender Realitätsdeutungen festzustellen war. Vielmehr lässt sich auf diskursivem Terrain – sowohl was die massenmediale Berichterstattung betrifft, als auch die affektive Komponente der öffentlichen Meinung – ablesen, dass der Irak-Krieg zwar zunehmend pluraler gedeutet wurde, als Thema auf der Agenda gesellschaftlicher Prioritäten allerdings schleichend an Relevanz verloren hat. Dazu mag das Aufkommen anderer Problemzusammenhänge (u.a. die globale Finanz- und Wirtschaftskrise in ihren Auswirkungen auf die Vereinigten Staaten, die inneramerikanische Debatte um die Reform der Gesundheitsvorsorge) beigetragen haben, der »Rückzug« aus dem Thema ist aber auch ein Indikator für eine breite gesellschaftliche Verunsicherung darüber, was dieser Krieg eigentlich bedeutet, welche Zwecke er erfüllt und welcher/n Situationsdeutung/en er entspricht.

Die teilweise in Ignoranz umschlagende Verunsicherung der US-Gesellschaft hat dabei im Wesentlichen drei Gründe. Erstens: Eine generell gewachsene Sensibilisierung für diverse Kommunikationsanstrengungen der Konfliktparteien und die offene Thematisierung von Lenkungsabsichten, journalistischen Fehlern sowie unterstellter Manipulationen hat im Sinne einer gesteigerten Medien-»Lesbarkeit« augenscheinlich auch zu einer wachsenden Medienskepsis geführt.[181] Zweitens ist die Berichterstattung der US-Medien in etwa in dem Maße zurückgegangen, wie die US-Nachrichtenorganisationen vor Ort ihre Korrespondenten zurückbeordert haben. Das Personal der großen Fernsehanstalten vor Ort schrumpfte von 2003 bis 2008

---

179   Hinzu kam zeitweise eine Verhaftungswelle irakischer Reporter, vgl.: Reuters 2005.

180   Vgl. Massing 2008.

181   »Medienskepsis« allerdings in einer anderen Sicht als das in der Kommunikationswissenschaft gebräuchliche Konzept des *media scepticism* (u.a. Tsfati/ Cappella 2003), das sich stärker auf das Vertrauen richtet, das einzelnen Medienprodukten aufgrund deren politischer Ausrichtung entgegengebracht wird. Hier richtet sich die Idee eher auf eine generelle Skepsis gegenüber Massenmedien als einem »umkämpften«, seitens diverser Akteure manipulierten Terrain. Für die jüngste Medienstrategie des US-Militärs vgl.: Cioppa 2009.

um zwei Drittel, von 2007 bis 2008 sank die Anzahl eingebetteter Journalisten um vier Fünftel, während der Umfang der Berichterstattung allein im Zeitraum 2007 bis 2008 um drei Viertel schrumpfte.[182] Dies mag – trotz nach wie vor aufflackernder Gewalt und regional vorfindbaren bürgerkriegsähnlichen Dynamiken – mit einer partiellen Befriedung des Irak infolge der massiven Truppenaufstockung zu tun haben. Dass andererseits der Irak nach wie vor für Journalisten ein gefährliches Arbeitsumfeld ist bzw. als solches wahrgenommen wird, verweist auf eine andere Wahrnehmung der Lage vor Ort.[183]

Paradox mutet dennoch an, dass, drittens, trotz einer Pluralisierung der Deutungsangebote durch medientechnologische Entwicklungen und journalistische Neuerungen das Publikum, die US-amerikanische Gesellschaft, eher »abschaltet«. So existierten ab 2007 Blogs vor Ort, die von prominenten US-Verlagshäusern in der Online-Presseberichterstattung eingesetzt wurden, etwa um einen spezifisch »irakischen Blickwinkel« zu präsentieren.[184] Auch ließ sich ab 2007/08 die zunehmende Tendenz einer »Reportage von unten«, wie sie mittels der beschriebenen Videoplattformen im Internet stattfindet, beobachten. Nur: Das Publikum für diese Berichterstattung schwand. Carruthers merkt dazu an, dass eine zunehmende kollektive Aversion, sich mit dem Krieg auseinanderzusetzen, feststellbar sei.[185] Trotz des Anstiegs recherchierter Hintergrundberichte und kritischer Dokumentationen habe sich ein »anämisches Anti-Kriegs-Gefühl« breit gemacht, das sich – wenn überhaupt – allein auf einen Pazifismus in Form eines eingeforderten baldigen Truppenrückzugs beziehe.[186]

Lässt sich dieser »innere Rückzug aus dem Irak« auch mit einem generellen sozialen Mechanismus der Kriegsmüdigkeit erklären, für den es keines diskursiv-konstruktivistischen Erklärungsansatzes bedarf, so bleibt die Dynamik diskursiven Wandels, die hier beschrieben wurde, doch relevant. Sie ist es, um das letztendliche Zustandekommen sowohl dieser Kriegsmüdigkeit als auch die Dynamik des Umschwungs von patriotischer Folgebereitschaft hin zu Siegesgewissheit hin zu Skepsis und Verunsicherung zu erklären. Von Bedeutung hat sich in diesem Zusammenhang erwiesen, die übliche Sicht auf den Zusammenhang von innergesellschaftlicher Bedeutungsprägung und massenmedialen Konstruktionsleistungen in Situationen gewalthaltigen Konfliktaustrags nicht allein aus der Sicht der »Instrumentalisierungsthese« (Kap. 8.1) zu betrachten. Gerade die zunehmende Transnationalisierung massenmedial getragener diskursiver Konstruktionsprozesse, die Verknüpfung von vormals national versäulten Kriegsdiskursen, hat sich

---

182 Vgl. Neesen 2008.
183 Für Letzteres vgl. u.a.: Fischer 2009: 33.
184 Vgl. Massing 2008.
185 Vgl. Carruthers 2008: 70.
186 Ebd.: 73.

in diesem Zusammenhang als wichtiger, qualitativ neuer Zusammenhang herausgestellt, und zwar aus zwei Gründen:

Konkurrierende, alternative Realitätsdeutungen der Legitimität des Krieges und des Kriegsverlaufes bilden ein Reservoir an diskursiven Konstruktionen, auf das Massenmedien und/oder gesellschaftliche Akteure zurückgreifen können, wenn die vorherrschende, massenmedial in weiten Teilen getragene Situationsdeutung aus welchen Gründen auch immer an Erklärungskraft verliert. Dies bedeutet nicht, dass die alternativen Kriegsdeutungen im internationalen Kontext letztlich über die offizielle Deutung der US-amerikanischen Regierung »gesiegt« hätten. Es bedeutet aber sehr wohl, dass anzunehmen ist, dass gesellschaftliche Akteure unter den heutigen Bedingungen transnationaler Mediatisierung von solcherart konkurrierenden Deutungen nur schwerlich auszuschließen sind. In diesem Sinne ist Hafez' Einschätzung –

»Es ist daher *völlig falsch*, anzunehmen, dass wir uns gegenwärtig bereits in einer Ära befinden, in der globale Meinungslagen [...] die Medien und die öffentliche Meinung in kriegsbereiten Staaten signifikant beeinflussen [...] können«[187] –

überzogen. Sie ist es wenigstens mit Blick auf die darin angelegte Geringschätzung des Einflusses des globalen Medienkontextes.

Die zunehmende transnationale Verknüpfung von massenmedialer Berichterstattung und die Einspeisung von Berichterstattung »von unten« über das Internet[188] verändern den Kontext ehemals stark national ausgerichteter Auslandsberichterstattung deutlich und wirken tendenziell der Erlangung von Informationshoheit entgegen. Auch wenn der optimistische Unterton angesichts des beschriebenen nachfolgenden »inneren Rückzugs« relativiert wird, ist Spencer zuzustimmen, wenn er ausführt:

»[The] internet in relation to Iraq allowed users to criticize and evaluate events and occurences which were shown on television, bringing into question the immediate experience of reported acts [... as such, it] offered *alternative thinking space*.«[189]

---

187 Vgl. Hafez 2005: 74, eigene Herv. Hafez ist allerdings zuzustimmen, dass von einer »globalen Meinungslage« schwerlich die Rede sein kann.

188 Dabei ist es zunächst unerheblich, dass auch das Internet mittlerweile zu einem Objekt von Medien- bzw. Wahrnehmungsmanagement-Strategien nahezu aller Konfliktparteien geworden ist, und zwar sowohl staatlicher wie auch und (qualitativ neuwertig:) nichtstaatlicher Akteure. Vgl. dazu die Metapher von »Propaganda 2.0« mit Blick auf die online ausgetragenen Kämpfe um Deutungshoheit zwischen Israel und Hamas, in die sowohl interessierte gesellschaftliche Akteure weltweit wie auch traditionelle Massenmedien hineingezogen werden: Ehrenberg/Sagatz 2009.

189 Spencer 2005: 161, eigene Herv.

8.3.2 Die Terroranschläge des 11. September 2001 und der »war on terror«

Gewalthaltige Konflikte im zwischenstaatlichen und zwischengesellschaftlichen Kontext beinhalten eingangs des 21. Jahrhunderts in vielen Fällen eine spezifische Komponente physischer Gewalt, die sich dadurch auszeichnet, dass sie von gesellschaftlichen, nichtstaatlichen Akteuren ausgeht. Im Kontext einer »Revolution in militärischen Angelegenheiten«[190], die den Vorsprung mächtiger Staaten und ihrer militärischen Strukturen durch technologische und strategische Neuerungen gegenüber weniger mächtigen Staaten noch vergrößert hat, ergibt sich dabei eine paradox anmutende Situation. Die geschilderte militärtechnologische Überlegenheit lässt sich nicht durchweg bzw. tendenziell immer weniger in einen entscheidenden Vorteil im Rahmen gewalthaltigen Konfliktaustrags ummünzen. Vielmehr provoziert diese Überlegenheit neue Gewaltstrategien zumal gesellschaftlicher Akteure, die ebenjene Überlegenheit mittelfristig unterminieren. Daase schreibt dazu:

»Mit der Transformation ihrer Streitkräfte haben die USA zwar eine Revolution eingeleitet, aber sie haben verkannt, dass sie damit eine Konterrevolution hervorrufen, die ihren strategischen Vorteil wieder zunichte macht«,

und weiter:

»[n]icht-staatliche Akteure haben […] nur begrenzte Möglichkeiten zur technologischen Innovation. Aber im Hinblick auf Organisation und Strategie zeigen sie sich deutlich innovationsfreudiger als Staaten.«[191]

Im Anschluss an diese Feststellung wird im Folgenden davon ausgegangen, dass Gewaltakte des transnationalen Terrorismus[192] Formen dieser Konterrevolution darstellen, die sich sowohl in der Hinwendung zu bestimmten Guerillataktiken als auch einer spezifischen Form der Medien- bzw. Kommunikationsstrategie äußern.

Die zugrunde liegende These lautet dabei, dass die diskursive Ebene – bedeutsam schon als Zieldimension der Konfliktparteien in eher klassischen zwischenstaatlichen Konflikten – mit Blick auf transnationalen Terrorismus die zentrale Ebene des Konflikts bildet. Unter transnationalem Terrorismus wird dabei in der Folge ohne Anspruch auf definitorische Letztklärung die grenzüberschreitende Ausübung physischer Gewalt seitens grenzüberschreitend vernetzter gesellschaftlicher Akteure zur Beförderung politischer Ziele

---

190 Ich folge hier: Daase 2005.

191 Ebd.: 250.

192 Zur chamäleonhaften Diskussion um den Begriff des Terrorismus grundlegend: Daase 2001.

verstanden. Diese Ziele werden sowohl direkt als auch vermittels symbolhafter Taten artikuliert. Die Unterminierung existierender Deutungsmuster seitens des ausgemachten »Feindes« bzw. ihn tragender Gesellschaften ist dabei Bestandteil der Kommunikationsstrategie. Das Zusammenspiel solch diskursiver Dynamiken, die Kommunikationsstrategien terroristischer Gewaltakte ebenso umfassen wie massenmedial vermittelte Reaktionen von Staaten/Gesellschaften auf solche Gewaltakte, wird hier anhand der Terrroranschläge des 11. September 2001 und des nachfolgenden sog. »Krieges gegen den Terror« beleuchtet. Damit ist die Betrachtung einerseits auf das Terrornetzwerk Al-Kaida (bzw. mit Al-Kaida in enger Verbindung stehende Gruppierungen) beschränkt, andererseits richtet sich das Augenmerk zunächst wesentlich auf die Reaktionen innerhalb des US-amerikanischen politischen Systems und dessen Gesellschaft.

Um spezifische massenmediale Beiträge im Rahmen der Dynamiken einer gesellschaftlichen Konstruktion des Phänomens »Terrorismus« (und damit auch der Etablierung von handlungsprägenden Sinnumwelten) sichtbar zu machen, werde ich als weiteren Fall die deutsche Debatte um globalen islamistischen Terrorismus in der Folge der Anschläge des 11. September in ihrer medialen Prägung skizzieren. Dies geschieht u.a. auch, um die wechselseitige Verknüpfung von massenmedial (re-)produzierten Diskursformationen sichtbar zu machen, wo sie in Dynamiken von Realitätskonstruktionen einfloss. Mit Blick auf die plausibel behauptete »Kommunikationsstrategie«[193] des Terrornetzwerks Al-Kaida soll zudem aufgezeigt werden, inwiefern diese Strategie in die massenmedialen Bedeutungskonstruktionen in der US-amerikanischen sowie der deutschen Gesellschaft einbezogen wurde.[194]

Unter dem Blickwinkel, dass es sich bei gewalthaltigem Konfliktaustrag im Zusammenhang mit transnationalem Terrorismus um ein qualitativ anderes Phänomen als klassischen zwischenstaatlichen Krieg handelt, folge ich in der internen Strukturierung des vorliegenden achten Kapitels keiner chronologischen Betrachtung. Der Irak-Krieg der Vereinigten Staaten und ihrer Verbündeten wurde von den Regierungen der Kriegskoalition zwar als Teil ebendieses globalen *war on terror* gedeutet, entsprach dabei aber eher dem Grundmuster eines zwischenstaatlichen Krieges. Transnationaler Terror, maßgeblich seitens des Terrornetzwerkes Al-Kaida, ebenso wie das zugrunde liegende Phänomen der Gewaltausübung seitens gesellschaftlicher Akteure, folgt einer anderen Logik, der zwar zunächst umfangreich seitens

---

193 Vgl. für das generelle Argument: Münkler 2001: 11. In Bezug auf Al-Kaida im Besonderen: Taylor 2003: 101; Williams 2007: 269.

194 Und dies vor dem Hintergrund, dass plausibel davon ausgegangen werden kann, dass »[t]he global ›information space‹ is a key battlefront in the ongoing war against terrorism, with all parties increasingly engaged in the production, distribution and mobilization of images to support their cause« (Andén-Papadopoulos 2009: 921).

staatlicher Akteure durch »konventionelle« Strategien begegnet wurde; mehr und mehr gewinnen aber auch diese Bearbeitungsformen eine neue Qualität. Dieser Wandel der Strategien hat dabei nicht zuletzt auch mit veränderten Wahrnehmungshorizonten der Problematik (Terrorismus) und der als angemessen empfundenen Reaktionsstrategien zu tun. Als solche wurden diese Aspekte umfangreich massenmedial in Gesellschaften »konstruiert«, vermittelt, begründet und in ihren Begründungsformeln hinterfragt.

Abbildung 9: Transnationaler Terrorismus als gewalthaltiger Konflikt, der primär auf massenmediale Aufmerksamkeitsschaffung und mittelbar auf die diskursive Dimension der Bedeutungskonstruktion gerichtet ist

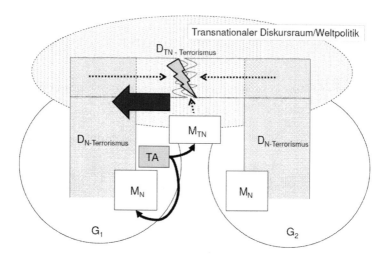

TA = Terroristischer Akteur, dessen Botschaften – als »Kommunikationsstrategie« konzipiert – durch nationale wie transnationale Medienberichterstattung, M_N bzw. M_{TN}, gefiltert werden

Die Forschung zum allgemeinen Zusammenhang von Medien(-berichterstattung) und (transnationalem) Terrorismus ist kaum noch überschaubar.[195] Zwei Aspekte kennzeichnen die von ihr hervorgebrachte reich-

---

195 Neben den nachfolgend zitierten Arbeiten vgl. u.a. Paletz 1992; Nacos 1994; Palm/Rötzer 2002; Schicha/Brosda 2002a; Hess/Kalb 2003; Norris/Kern/Just 2003; Kavoori/Fraley 2006; Münkler 2006, 2008; Glaab 2007; Nacos 2007. Jeweils in Abschnitten widmen sich die folgenden Sammelbände u.a. der Thematik: Thussu/Freedman 2003; Allan/Zelizer 2004; Kamalipour et al. 2004. Hinzu kommen eher medien- und kulturwissenschaftliche Arbeiten, die sich

haltige Literatur; beide Aspekte sind hinsichtlich der hier verfolgten Ziele zentral. Zum einen wird beständig darauf hingewiesen, dass es sich bei Terrorakten (auch bzw. primär, vgl. Abb. 9) um eine Kommunikationsstrategie handele, die sich an verschiedene Publika – den Gegner, die Sympathisanten und ggf. zu involvierende,»interessierte Dritte« – wendet. Zum anderen wird oftmals eine beinahe»symbiotische Beziehung« zwischen Massenmedien und terroristischen Akteuren insofern unterstellt, als beider Interessen (an publikumswirksamer Berichterstattung sowie an Schaffung von Publizität) nahtlos miteinander verknüpft seien.[196]

Auch wenn auf einer generellen Ebene nicht von der Hand zu weisen ist, dass – wie Hoffman es beschreibt – Terrorismus gewalttätiges Handeln sei, das *bewusst* so präsentiert werde, dass es Aufmerksamkeit auf sich lenke, um mittels dieser Publizität Botschaften zu übermitteln[197], so liefert diese Sicht noch keinerlei Einblicke in spezifische massenmediale Konstruktionsleistungen/Dechiffrierungen der Botschaft. Dies sollte eher als Frage gestellt werden: Fließen die symbolisch aufgeladenen»Botschaften« auf allgemeiner Ebene überhaupt in die gesellschaftlichen Realitätskonstruktionen ein? Spielen Motive wie das Aufzeigen von Verwundbarkeit gegenüber dem »Gegner«,»Erfolg von Guerillataktiken« gegenüber Sympathisanten, des »politischen Programms« gegenüber»interessierten Dritten« eine Rolle? Obendrein führt die Unterstellung einer»symbiotischen Beziehung«[198] am ehesten in eine normativ gewendete Kritik an Massenmedien, die aber aufgrund der Produktionsbedingungen und der gesellschaftlichen Anforderungen an Massenmedien kaum handlungsweisenden Charakter haben kann.[199] Auch Hoffman erkennt dabei an, dass Aufmerksamkeit sich nicht gleichförmig in Sympathie seitens des Publikums übersetzt.[200] Aus Sicht der vorliegenden Arbeit wäre demzufolge gerade die Frage interessant, in *welche* inhaltlichen, massenmedial vermittelten Deutungsangebote sich terroristische Akte übersetzen.

Zu den beiden genannten, mit Plausibilität behaupteten, aber in ihren diskursiven Wirkungen in Prozessen gesellschaftlicher Bedeutungsproduktion kaum untersuchten Annahmen über das Verhältnis von Massenmedien und Terrorismus treten weitere wissenschaftliche Interpretationsfolien. So habe die US-amerikanische Exekutive eine eindeutige Definitionsmacht gegenüber der US-amerikanischen Gesellschaft (und anderen westlichen Ge-

---

mit spezifischen medialen Inszenierungs- und Dramatisierungstechniken beschäftigen, vgl. u.a.: Weichert 2006.

196 Für Ersteres: Münkler 2001; für Zweiteres: Hoffman 1999: 172-208; Nacos 1994, 2007.

197 Hoffman 1999: 172.

198 Ebd.: 182, 188.

199 Vgl. etwa die These intendierter Nichtberichterstattung (»Aushungern«), diskutiert in: Spiro 2001.

200 Hoffman 1999: 189.

sellschaften) besessen, die eine Durchsetzung der Strategie des *war on terror* ermöglichte.[201] Oder aber: Die Symbiose terroristischer Gewalt, ihrer massenmedialen Darstellung und der gewählten militärischen Antwort resultiere in einer Situation »postmoderner Nicht-Politik«[202] bzw. führe das Grundmuster des archaischen »Ausnahmezustands« mit resultierenden Schmittschen Freund-Feind-Dynamiken als zentralem Mechanismus vor Augen.[203]

Solchen Ausdeutungen gegenüber schlage ich vor, die jeweiligen diskursiven Dynamiken, die aus den Terroranschlägen und dem militärischen *war on terror* als Teil eines gewalthaltigen Konfliktzusammenhangs resultieren, differenzierter zu analysieren. Indem damit gesellschaftliche Prozesse einer (Re-)Konstruktion der »Wirklichkeit des Terrors/Krieges gegen den Terror« zum primären Analyseobjekt werden, verlagert sich der Interessenschwerpunkt auf massenmediale Dynamiken der Deutung von Terror und des »Krieges gegen den Terror«. Wiederum aus arbeitspragmatischen Gründen werde ich nachfolgend zu diesem Zweck diskursive Episoden unterscheiden, die sich um zentrale Ereignisse in der Nachfolge der Anschläge des 11. September 2001 gruppieren und in denen das Moment massenmedialer (Re-)Konstruktionsleistung zum Tragen kommt. In der Gegenüberstellung jeweils des massenmedialen Konstruktionsprozesses in den USA und der Bundesrepublik Deutschland werde ich darüber hinaus zu ergründen suchen, ob und inwiefern sich Terrorakte als Kommunikationsstrategien gegenüber »Gegnern« bzw. »interessierten Dritten« in den als feindlich erachteten Staaten/Gesellschaften niederschlagen.[204] Als ausgewählte diskursive Episoden werde ich dabei im Folgenden schlaglichtartig analysieren:

- »9/11 – Terror als Kriegserklärung« (die Anschläge des 11. September 2001 und die Reaktion darauf);
- »Globaler Terror, anderswo« (die Anschläge auf Bali 2002 sowie die Entführung und gefilmte Hinrichtung des Journalisten D. Pearl 2002);
- »Terror, nun auch in Europa« (die Anschläge in Madrid 2004 und London 2005).

---

201 Vgl. die Beiträge u.a. in: Thussu/Freedman 2003; Kavoori/Fraley 2006. Für eine differenzierte Diskussion siehe: Kutz 2006.

202 Vgl. Hammond 2007: 59ff.

203 Vgl. den Tagungsbericht in: Teti 2008. Im Gegensatz zu einigen dort mit Agamben und Schmitt vorgebrachten Argumenten zu »Ausnahmezuständen« und der Außerkraftsetzung normaler Handlungs- und Bewertungsstandards etc. interessieren mich im Rahmen der vorliegenden Arbeit stärker »inhaltliche« Sinnsetzungen und deren politische Implikationen denn (hoch-)abstrakte Generalisierungen.

204 Und zwar nicht in Form »versteckter Anweisungen« bzw. koordinierender Botschaften innerhalb des transnationalen Terrornetzwerks, vgl. für einen kurzen Überblick zur Debatte um solcherart »versteckte Botschaften«: Campbell 2002.

9/11 – Terror als Kriegserklärung

Ein Großteil der (medien-)wissenschaftlichen Aufmerksamkeit richtete sich im Nachgang der Terroranschläge des 11. September 2001, bei denen in New York und Washington/DC (wahrscheinlich mehr als) 3.000 Menschen starben, und der Reaktion der US-Regierung in Form des »Krieges gegen den Terror« auf die Erklärung[205] bzw. Kritik des Einschwenkens der meisten US-Massenmedien auf Regierungslinie. Aus Sicht eines Diskursiven Konstruktivismus ergibt sich dagegen ein Interesse an den diskursiven Konsequenzen dieses »Einschwenkens« auf der Ebene der Bedeutungsproduktion (in den USA). Dabei kann grundsätzlich davon ausgegangen werden, dass die massenmediale Berichterstattung über die Anschläge – zunächst die Bilder v.a. des zweiten Anschlags in New York in Echtzeit, dann die Wiederholung der Anschlagsbilder, schließlich die Echtzeitberichterstattung von den Orten der Anschläge – in den USA enorme Aufmerksamkeitsraten erzielte.[206] Schicha berichtet, dass mehr als 80 Mio. Zuschauer die Entwicklungen am Anschlagsort des *World Trade Center* live verfolgten.[207] Da diese Ereignisse zunächst mit keiner programmatischen Botschaft eines Terrorakteurs unterlegt waren, bestand für die Medien, die live Bericht erstatteten, ein zusätzlicher Druck, die Bilder zu kontextualisieren und im wahrsten Sinne des Wortes Bedeutungsgehalte zu »konstruieren«, um die Ereignisse verständlich zu machen.[208] Dieser Zustand der aufgezwungenen Bedeutungs*gebung* ohne Zeit für Reflexion führte zunächst zu einer Hinwendung zu Metaphern, Analogien, Metonymien, die durch Ungläubigkeit geprägt waren.[209] Er eröffnete aber auch und im Besonderen exponierten Akteuren des politischen Systems die Möglichkeit, Realität über deren kommunizierte Wahrnehmung (strategisch gewendet oder nicht) zu prägen.

So ist die im Verlauf des 11. September in der US-amerikanischen medialen Berichterstattung sich wandelnde Rahmung – von *America under*

---

205 U.a. wurde dieses Einschwenken aufgrund fehlender eigener mobilisierbarer Deutungsangebote angesichts mangelnder Befassung mit *Kontexten* terroristischer Akte vs. Bericht solcher Ereignisse im vorangegangenen Jahrzehnt (Storin 2002) erklärt, sowie mit Konformitätsdruck seitens der US-Regierung (Hess/Kalb 2003: 73f.; Taylor 2003: 101) bzw. Werbepartner (Neuber 2002: 128), einer Selbstzensur aus patriotischen Gefühlen (Meyrowitz 2002), im Falle politisierter Medien wie Fox mit ideologischen Gründen (Williams 2003: 177), sowie Berufsnormen in einer als solchen wahrgenommenen Notstandssituation und der erforderlichen therapeutischen Funktion von Berichterstattung (Morgensen 2008).

206 Vgl. Williams 2003: 176.

207 Schicha 2002: 125.

208 Weller 2002: 3.

209 DerDerian 2003b.

attack zu *America strikes back* hin zu *America at war*[210] – auch als Reaktion auf die vom US-Präsidenten vorgegebene Interpretationsdynamik zu beziehen. Dieser hatte in drei massenmedial berichteten Reden zunächst von einer »nationalen Tragödie« gesprochen, dann davon, dass die »Täter« gejagt und zur Verantwortung für »böse, verachtenswerte terroristische Akte« gezogen werden würden, und schließlich darauf hingewiesen, dass das US-Militär handlungsstark und darauf vorbereitet sei, einen »Krieg gegen den Terrorismus« zu gewinnen.[211] Dabei ist weniger bedeutsam, ob die »Kriegsrhetorik« eher dem Wunsch entsprang, gegenüber Kongress und US-Gesellschaft Zustimmung und Mobilisierungsbereitschaft zu generieren, oder sich bereits zu diesem frühen Zeitpunkt auf den dezidierten Willen zu einer militärischen Operation richtete.[212] Schwerer wiegt, dass über diese erfolgreiche Rahmung der Anschläge als »Kriegserklärung« anstatt eines kriminellen Aktes in der Folge – wiewohl auch durch die nachfolgenden Kommunikationsanstrengungen der US-Regierung befördert – eine ebensolche Deutung in der massenmedialen Berichterstattung aufgegriffen und gleichsam durch Wiederholung verstärkt und gegenüber der US-Gesellschaft naturalisiert wurde.[213]

Zwar erfolgte bereits frühzeitig aus kritischen Teilöffentlichkeiten und der Wissenschaft auch in den Vereinigten Staaten vereinzelt der Hinweis, dass ein Krieg im Nahen/Mittleren Osten als militärische Antwort auf die Anschläge des 11. September gleichsam wenig Konstruktives zur Bearbeitung historischer und politischer Wurzeln terroristischer Akte beitrage, allenfalls schwelende und latente Konflikte eskaliere oder die latente und offene Sympathie mit den Terrorakteuren potenziell befördere.[214] Allerdings hatte diese Sicht kaum Durchsetzungschancen in breiten Gesellschaftsschichten bzw. dem US-Kongress als institutionalisiertem Korrektiv zur Deutung der Exekutive. Stattdessen setzte sich mehr und mehr die Sichtweise der US-Regierung durch, indem der zunächst wenig differenzierende »Krieg« dahingehend präzisiert wurde, dass »[w]e're going against people who don't have armies and navies and air forces. We're going against people who hide in caves and tunnel complexes«, wie es die damalige Beauftragte des US-Verteidigungsministeriums für Öffentlichkeitsarbeit Victoria Clarke prägnant beschrieb.[215]

---

210 Zu den einzelnen Slogans und ihrer Abfolge liegen unterschiedliche Darstellungen vor, vgl.: Maresch 2002: 168; Seaton 2003: 52.

211 Zur Entwicklung dieses »rhetorischen Kriegszustandes« in den Reden des damaligen US-Präsidenten vgl. Kutz 2006: 93ff.

212 Oder ob es sich um ein rhetorisches Bemühen handelte, die immensen Ausmaße des Verbrechens vermittels eines Ausweisens als »Kriegs«erklärung zu vergegenständlichen.

213 Vgl. Brown 2003: 94ff.

214 Vgl. Downey/Murdock 2003: 83.

215 Hess/Kalb 2003: 97.

Diese Deutung des »neuartigen« Krieges gegen einen Feind, dessen Zeichnung antiislamische Ressentiments bediente (und weltweit beförderte, u.a. in Indien)[216] und dessen globales wie innergesellschaftliches Gefährdungspotenzial konstant hoch ausgewiesen wurde durch die Bush-Administration, wurde in der Breite von den großen US-Medien so übernommen und unkritisch kommuniziert. Gerade mit Blick auf Letzteres ergaben Umfragen, dass sich die Wahrnehmung unmittelbar gegebener, eminent gestiegener Gefährdung tief im kollektiven Bewusstsein der US-Bevölkerung eingegraben hatte. Dies galt nicht zuletzt auch hinsichtlich der massenmedialen Übernahme und Verstärkung dieser Deutung im Kontext eines »Krieges gegen den Terror« und trotz tendenziell gegenläufiger wissenschaftlicher Interpretationen des Gefährdungspotenzials auf Basis von Statistiken.[217] So war das gesellschaftliche Bedrohungsgefühl Umfragen zufolge knapp zwei Jahre nach den Terroranschlägen zwar um die Hälfte gegenüber den Herbstmonaten des Jahres 2001 gesunken, aber immerhin noch fünfmal höher als vor dem 11. September 2001.[218]

Ähnliche Dynamiken wie mit Blick auf die massenmedial vermittelte Deutungshoheit der US-Exekutive in der Definition des »Feindes« und der notwendigen Reaktion in militärischer Form ließen sich dabei zunächst auch für die Anfangszeit des Afghanistan-Krieges ausmachen. Auch dort folgten die US-Massenmedien in ihrer Berichterstattung zunächst im Wesentlichen den Vorgaben der Regierung bzw. des Verteidigungsministeriums, das einen Krieg mit Präzisionstechnologie und entsprechend ausgerüsteten militärischen Einheiten präsentierte. Im Vergleich zu außeramerikanischen Nachrichtenkanälen war dementsprechend die Übernahme dieser Kriegsrahmung (des *war frame*) in Form einer sauberen, antiseptischen und kontrollierbaren Abfolge von Ereignissen auf CNN markant. Man beachte im Unterschied dazu etwa den Berichtswinkel pan-arabischer Medien wie Al-Jazeera, die militärtechnologische und -strategische Aspekte in etwa gleichauf mit einer Schilderung der Konsequenzen des Krieges für die Zivilbevölkerung vor Ort in den Mittelpunkt ihrer Berichterstattung stellten.[219]

Zu der geschilderten massenmedialen Verstärkerleistung in den USA kommt, dass die Vereinigten Staaten und ihre Verbündeten im Verlauf des ersten Jahres ihres Krieges gegen das (als Unterstützer von Al-Kaida aus-

---

216 Vgl. Abrahamian 2003; Karim 2004; Thussu 2006. Dies gilt trotz aller Gesten exponierter politischer Akteure, kein generelles Konfliktmuster »des Westens« gegen »den Islam« zu konstruieren, v.a. um die Unterstützung mehrheitlich muslimischer Verbündeter im Nahen und Mittleren Osten nicht zu riskieren (Louw 2003: 228) und innergesellschaftlich keine offenen Feindseligkeiten etwa gegenüber arabischstämmigen Einwanderergemeinschaften vom Zaun zu brechen.

217 Vgl. Kern et al. 2003.

218 Ebd.

219 Vgl. Jasperson/El-Kikhia 2003: 119ff.

gemachte) Taliban-Regime in Afghanistan wiederum zunehmend ihre Anstrengungen auf ein Management der Medienberichterstattung richteten. Dieses richtet sich zuerst auf die Errichtung einer Deutungshoheit vor Ort (im Kriegsgebiet) gegenüber den dort berichterstattenden Auslandskorrespondenten. Die Einrichtung eines *Coalition Information Centers* in Islamabad folgte dabei der wahrgenommenen Notwendigkeit, den temporalen Informationsvorsprung der Taliban, der sich aus der Zeitverschiebung zwischen Afghanistan/Pakistan und der westlichen Welt ergab, auszugleichen.[220]

Somit kann für die Vereinigten Staaten ein spezifisches Muster massenmedialer (Re-)Konstruktion der Terroranschläge, das im Großen und Ganzen zunächst den Deutungsvorgaben der US-Regierung folgte, ausgemacht werden. Dies ist einerseits wenig verwunderlich angesichts der unmittelbaren Betroffenheit als Zielgebiet der Terroranschläge, angesichts der Dimensionen von Gewalt und Zerstörung und im Kontext des Überraschungsmoments der Anschläge. Andererseits stellt sich damit die Frage, wie in anderen Gesellschaften die Terroranschläge gedeutet wurden; dies nicht zuletzt, wenn diese etwa als (potenzielle) künftige Zielobjekte des Terrors – durch ihre Zugehörigkeit zum atlantischen Bündnis – oder über ebendiese ideologisch-organisatorische Nähe vermittelt als »natürliche« Partner in der Bekämpfung dieses Terrorismus in Frage kamen.

In dieser Hinsicht markiert die Bundesrepublik Deutschland einen interessanten Fall. Auch in der Bundesrepublik war die Medienresonanz enorm: Schicha und Brosda verweisen auf eine Studie, der zufolge am 11. September 2001 fast 70 Prozent der deutschen Bevölkerung ab 16 Jahren über die Anschläge, über die durch Live-Zuschaltungen aus den USA in den Fernsehkanälen berichtet wurde, informiert gewesen seien.[221] In seiner minutiösen Analyse dieser Live-Berichterstattung des deutschen Fernsehens hat Weller dabei aufgezeigt, dass sich hier ebenfalls das Deutungsmuster »Krieg« durchsetzte, wiewohl im deutschen Fall weniger plausibel eine politische Absicht unterstellt werden kann, die damit verbunden war.[222] Dessen ungeachtet besaß diese Realitätskonstruktion allerdings eine spezifische politische Konsequenz dergestalt, als dass über die Deutung der Terroranschläge als eine »Kriegserklärung« auch an den Bündnispartner (wie die gesamte westliche Welt) eine Empfänglichkeit der dortigen Öffentlichkeit für eine militärische Strategie der Terrorismusbekämpfung zumindest latent hergestellt wurde. Wesentlich akzentuierter als im US-amerikanischen Fall ist daher die Konstruktion der Terroranschläge *als* einer »Kriegserklärung« anstelle eines Hinweises auf die Schlagkraft des (eigenen) Militärs als handlungsfähiges Instrument *im Rahmen eines* Krieges gegen den Terror.

---

220   Vgl. Palm 2002; Brown 2003: 93; Louw 2003: 224.

221   Schicha/Brosda 2002b: 7.

222   Vgl. für die Überlegungen, die im Folgenden kurz referiert werden: Weller 2002.

Weller beschreibt in diesem Zusammenhang, wie aus der Unsicherheit darüber, wie die gezeigten Bilder überhaupt zu verbalisieren seien (Unglück? Anschlag?) und je individuellen Formen des Umgangs einzelner Reporter mit dieser Interpretationsleistung, auf die Berichterstattung in CNN aufbauend zunächst bei RTL immer deutlicher von einem »Anschlag« gesprochen wurde.[223] In diesem Kontext wandelte sich auch der Titel der Sondersendungen von »Terror *in* Amerika« zu »Terror *gegen* Amerika«. Aus der Analyse von Weller ist dabei im Folgenden zu entnehmen, dass die Logik eines Krieges/einer Kriegserklärung – im Unterschied zu der eines Terroranschlages/Verbrechens – vor allem über die Kriegsdeutung einzelner zu Rate gezogener (Nahost-)Experten zustande kam.[224] Maßgeblich für die Popularisierung dieser Deutung im deutschen Kontext waren laut Weller demzufolge im Anschluss die Beobachtung verschiedener Medien (und deren Berichterstattung) untereinander sowie eine Vertrautheit im Umgang mit einer »Kriegslogik« als bekanntem Konfliktmuster seitens zu Rate gezogener Experten. Diese betrachteten militärische Gegenmaßnahmen als angemessener im Gegensatz zu einer allenfalls vagen Logik polizeilich-justizieller Verfolgung von »Terroristen«.[225]

Von zentraler Bedeutung erscheint in diesem Zusammenhang zudem, dass die massenmediale Konstruktionsleistung zumindest im Hinblick auf deren Sichtbarkeit für einen breiten Teil der deutschen Öffentlichkeit ein Eigenleben zu entwickeln schien, das erst am späten Nachmittag bzw. Abend von maßgeblichen Akteuren des politischen Systems übernommen wurde.[226] Dabei bleibt zunächst offen, inwieweit sich eine solche Deutung der Anschläge innerhalb der verantwortlichen Exekutive unabhängig von der Medienberichterstattung herausgebildet hat. In der politischen Konsequenz aber – und augenfällig angesichts der Sensibilität des Themas »Militäreinsätze« in der deutschen politischen wie gesellschaftlichen Debatte – vermochte diese massenmediale Interpretationsfolie eine spezifische Realitätsdeutung zu naturalisieren:

»Die massenmediale Konstruktion der Terroranschläge [...] hat Schröders Deutung sowohl vorweggenommen als ihr auch den Resonanzboden bereitet, auf dem wie selbstverständlich kriegerische Reaktionen gegen bestimmte Länder diskutiert wurden und somit am Ende die militärische Intervention in Afghanistan auch der deutschen Öffentlichkeit als fast unvermeidliche Antwort auf die ›Kriegserklärung‹ erschien.«[227]

---

223 Ebd.: 19f.
224 Ebd.: 23f.
225 Ebd.: 28.
226 Ebd.: 41.
227 Ebd.: 42.

Ergebnisse verschiedener Analysen sichern den Befund ab, dass sich in der deutschen (ebenso wie in der US-amerikanischen) massenmedialen Berichterstattung bereits im Laufe des 11. September 2001 eine vorherrschende Interpretation durchsetzte, auch *ohne* unmittelbare Betroffenheit, auch *ohne* ähnlich plausibel zu unterstellende strategische Motive seitens exponierter politischer Akteure. Diese Realitätsdeutung wurde in der Folge in der Berichterstattung deutscher Medien nicht wesentlich unterminiert, sondern in der Breite ausgebaut. Hülsse und Spencer haben etwa herausgearbeitet, dass gerade für die Situation unmittelbar nach dem 11. September galt, dass eine Selbstdarstellung der Terroristen in dem Sinne nicht vorlag (die durch massenmediale Interpretationshorizonte hätte gefiltert werden können) und die Akteure zunächst seitens der Massenmedien diskursiv in einem grundlegenden Sinne zu »konstruieren waren«.[228] In ihrer Analyse der vorherrschenden Metaphorik in der deutschen Boulevardpresse skizzieren die Autoren dabei die unmittelbare Anschlussfähigkeit der Interpretationsfolie »Krieg«: So waren militärisch eingefärbte Metaphern (»Kamikaze«, »Armee (bin Ladens)«, »Militärbasen (bin Ladens)«) mit Blick auf die Verdächtigen der Terroranschläge zunächst ubiquitär.[229] Damit wurde auf diskursiver Ebene der »Gegner« gleichsam als »Kriegsgegner« in einem reichlich traditionellen Sinne konstruiert.

Werthes et al. zeigen zudem in ihrer Inhaltsanalyse der deutschen Presseberichterstattung bis zum Beginn der US-Militärschläge in Afghanistan im Oktober 2001 auf, dass die Darstellung der Terroranschläge Hand in Hand ging mit einer Feindbildkonstruktion, die eine nationale Umdeutung der Krise implizierte.[230] Hafez bemerkt darauf aufbauend mit Blick auf die Unterschiede zwischen der deutschen Medienberichterstattung und etwa der im arabischen Raum, dass erst ab Mitte November 2001 in den deutschen Medien überhaupt wieder die Grundsatzfrage nach Sinn und Zweck an prominenter Stelle gestellt wurde.[231] Dieser, nach Hafez' Worten: »phasenverschobene Pazifismus« ist in der Tat bemerkenswert, nicht zuletzt auch angesichts dessen, dass bei allen weltweiten Sympathie- und Empathiebekundungen für die Vereinigten Staaten das »globale Meinungsklima«, wie es sich in Leitmedien verschiedener Weltregionen äußerte, und die zugrunde liegenden Realitätskonstruktionen sich teils maßgeblich voneinander unterschieden.[232]

---

228 Hülsse/Spencer 2008.

229 Ebd.: 581f.

230 Vgl. Werthes et al. 2002: 83.

231 Vgl. Hafez 2005: 65.

232 Ebd.: 65f. Für das »globale Meinungsklima« vgl. grundlegend: Rusciano 2003, v.a. 162f. Neuber (2002: 134f.) bietet als eine Erklärungsmöglichkeit für die Durchsetzung der Interpretationsfolie »Krieg« die situative Orientierung der deutschen Medien an US-Medien an. Somit sei die Deutungshoheit indirekt an diese übergegangen. Weitere Forschung zur zeitlichen Abfolge der massenme-

Schließlich kann insbesondere hinsichtlich der mittlerweile beinahe als Binsenweisheit geltenden Feststellung, bei terroristischen Akten handele es sich um Kommunikationsakte, danach gefragt werden, inwiefern sich eine »Botschaft« der Terroranschläge des 11. September 2001 tatsächlich in den jeweiligen massenmedialen Realitätskonstruktionen niederschlug. Dies ist notwendig, um im Rahmen eines diskursiv-konstruktivistischen Ansatzes die auf genereller Ebene zunächst plausible Einschätzung, Terroristen wollten bestimmte Botschaften kommunizieren, von deren möglichen Konsequenzen her zu denken. Finden folglich solcherart Botschaften wie Unsicherheit, Furcht beim Gegner, Ermunterung bei Sympathisanten und Aufmerksamkeit bei »interessierten Dritten« ihren Weg in die jeweiligen massenmedial vermittelten Realitätskonzepte? Die nachfolgenden Überlegungen dazu sind notwendigerweise skizzenhaft, da systematische Studien hierzu kaum vorliegen. Sie sollen aber gleichsam aufzeigen, dass sich die beinahe konsensuale Deutung von Terrorismus als Kommunikationsstrategie unter einer diskursiv-konstruktivistischen Perspektive nach wie vor skeptisch betrachtet werden muss und allenfalls eine offene Forschungsfrage darstellt.

So ist es – mit Blick auf generelle mediale Rezeptionsmuster – sicherlich einleuchtend, eine bestimmte »Semiotik des Terrors«[233] auszumachen, die die Aufmerksamkeitsregeln der Massenmedien bedient, indem sie auf überraschend lancierte Gewalt enormen Ausmaßes setzt, die qua medialer Berichterstattung eine diffuse Atmosphäre von Unsicherheit und Furcht schafft. Nur schwerlich verkennbar ab dem Moment, als die Terroranschläge *als Anschläge* identifiziert waren, ist ebenso der Versuch, auf symbolischer Ebene US-amerikanische Dominanz zu unterminieren und die Verletzlichkeit und Angreifbarkeit[234] der sich teils als übermächtig inszenierenden, in den meisten Fällen als solche wahrgenommenen Vormacht USA aufzuzeigen. Wesentlich aussagekräftiger (bisher aber auch: weniger beforscht) wäre es allerdings, Prozesse des Umgangs diverser Gesellschaften und ihrer Massenmedien mit diesen eher generellen Botschaften und nachfolgenden Präzisierungen seitens einzelner Terrorakteure zu analysieren. In den Vereinigten Staaten wie in der Bundesrepublik Deutschland wirkte dabei zunächst die Konstruktion eines »Kriegszustandes« (wiewohl auf verschiedenen Wegen zustande gekommen) kanalisierend im Sinne einer spezifischen Ausdeutung der Terrorakte. Ähnlich gestaltete sich zunächst auch der massenmediale Umgang mit nachfolgenden, spezifischen Kommunikationsangeboten von Al-Kaida bzw. dessen zentraler Figur Osama bin Laden.

---

dial vermittelten Deutungen in den Vereinigten Staaten bzw. der Bundesrepublik Deutschland (Sequenzialisierung) wären hier notwendig, um dies zu untermauern. Die Gegenthese, die in der Tendenz Wellers Argument unterliegt, liefe auf eine in den Konsequenzen der Bedeutungsproduktion ähnliche, im Blick auf die Ursachen aber unterscheidbare Dynamik hinaus.

233 Debatin 2002: 25ff.
234 Münkler 2001: 12f.

So bot dieser dem Nachrichtensender CNN (ebenso wie Al-Jazeera) im Oktober 2001 ein Interview in der Form an, dass er vorab gestellte Fragen per Video beantworten werde; CNN veröffentlichte daraufhin umgehend sechs Fragen im Internet, erklärte sich aber im Nachgang – ebenso wie andere US-Medien (ABC, CBS, NBC und Fox) – nicht dazu bereit, diese Videos live oder ungeschnitten und unkommentiert zu senden. Deutsche Fernsehsender (ARD, ZDF, RTL, n-tv und N24) kündigten daraufhin ebenfalls an, etwaiges Filmmaterial nur in Ausschnitten zu senden und in jedem Fall in einen redaktionellen Kontext zu stellen. Damit entsprachen die US- (und in der Folge auch die deutschen) Medien zwar nicht einer Bitte der US-Regierung, keinerlei Videomaterial von bin Laden auszustrahlen. Dies ist insofern nicht weiter verwunderlich, als der pan-arabische Fernsehsender Al-Jazeera bereits vorher Videomaterial gesendet und damit potenziell einer breiteren Öffentlichkeit zugänglich gemacht hatte. Gleichzeitig verhinderte diese spezielle Strategie, auf das »Angebot« einzugehen, aber auch, dass bin Laden letztendlich bereit war, zu diesen Konditionen seine Botschaft gegenüber westlichen Medien/Gesellschaften zu präzisieren. Gegen Ende Oktober 2001 gab bin Laden folgerichtig dem pan-arabischen Nachrichtensender Al-Jazeera ein Interview, das auszugsweise jedoch erst im Februar 2002 auf CNN gezeigt wurde.

Es ist diese bekundete Bereitschaft der Kommunikation mit dem »Gegner« (*communicating with the enemy*)[235] bei gleichzeitiger transnationaler, in Bezug auf dessen Internetpräsenz potenziell globaler Reichweite, die das Vorhandensein von Al-Jazeera im Kontext des Krieges gegen Terror auch in der Folge zu einem maßgeblichen Akteur in der Konfliktdynamik machte. Zwar ruht das journalistische Credo der Berichterstattung des Senders auf einem Bemühen um sog. »Kontextobjektivität«.[236] Darunter versteht Al-Jazeera die Orientierung an einer Realitätskonstruktion, die eingebettet in einen spezifischen regional-kulturellen Kontext die Aufmerksamkeit und Akzeptanz des dortigen Publikums sucht, indem sie den wahrgenommenen, inhärenten *bias* ausländischer Berichterstattung auszubalancieren sucht. In der Konsequenz produziert der Sender damit aber ein zu ebenjener Berichterstattung alternatives Deutungsmuster, das qua transnationaler Verknüpfung in andere, u.a. auch: westliche Gesellschaften einsickert. Insbesondere die in Folge der Berichterstattung aus dem Krieg in Afghanistan ab Ende des Jahres auch in westlichen Medien stärker thematisierten humanitären Konsequenzen des Krieges können dabei als Resultat (auch) des Agierens Al-Jazeeras gedeutet werden.[237]

---

235 El-Nawawy/Iskandar 2003: 321.

236 Vgl. ebd.; Khanfar 2005.

237 Ein leitender Redakteur des Online-Portals von Al-Jazeera formulierte so 2003 gegenüber einer britischen Tageszeitung, dass im Fortgang des Krieges gegen den Terror Al-Jazeera sich zu einem der meistgefragtesten Anbieter von Be-

Dieser Zusammenhang ist wiederum von US-amerikanischen Strategie-planern und Politik- wie Kommunikationsberatern frühzeitig erkannt worden, so formulierte etwa Metzl bereits kurze Zeit nach den Terroranschlägen:»[We] must do more to project America's perspectives via broadcast channels [... We] must do everything we can to support more moderate and reliable news organizations in the Arab world.«[238] Gerade in ihrem Umgang mit Al-Jazeera und den Medien im arabischen Raum offenbarte sich allerdings die Unzulänglichkeit der Gesamtanlage des Vorgehens der US-Regierung bzw. des US-Militärs, die auf punktuelle Konfrontation und Ignoranz gegenüber dem Berichtskonzept dieser Sender beruhte.

So wurde die relative Nichtbeachtung, die arabische Nachrichtensender im Vergleich zu ihren westlichen Konkurrenten den Ende 2001 gefundenen Videobändern entgegenbrachten[239], als »Beweis« der Voreingenommenheit dieser Sender dem Westen gegenüber gedeutet. Auf den genannten Bändern war zu sehen – so die vorherrschende Deutung in den US-amerikanischen und europäischen Medien –, dass bin Laden mit einem saudischen Geschäftsmann über die Anschläge des 11. September und deren Vorbereitung spricht. Die mangelnde Anschlussfähigkeit der westlichen Berichterstattung im internationalen Kontext (CNN u.a.), die Kontextualisierungen der Terroranschläge vornehmlich aus US-amerikanischer Sicht (»Gut gegen Böse«, »sauberer Krieg« usw.) mitführte, wurde hingegen nicht als Problem identifiziert.[240] Als symptomatisch erweist sich in diesem Zusammenhang auch der Raketenbeschuss des Büros von Al-Jazeera in Kabul 2001, der von Seiten des US-Militärs und des Verteidigungsministeriums mit dem Hinweis auf terroristische Aktivitäten im Gebäude gerechtfertigt wurde (im Inneren wurde, so die Darstellung des Senders, ein Interview mit Vertretern der Taliban aufgezeichnet).[241] Ähnlicher Beschuss musste zu späteren Zeitpunkten wiederholt vermeldet werden, wenngleich er seitens offizieller US-Stellen jeweils als versehentlich beschrieben wurde.

Es ist müßig, über die Intentionalität solcherart Handlungen zu spekulieren; es führt in einem generellen Sinne auch lediglich in eindimensionale Unterstellungen.[242] Wesentlich bedeutsamer ist es, vor dem Hintergrund der beschriebenen neuen Medienumwelt (transnationalisierte Nachrichtenflüsse, Akzeptanz von Al-Jazeera, auch Online-Nachrichtenflüsse) herauszustellen, dass die physische Bedrohung oder Schädigung eines »unliebsamen« Kommunikators die Dynamik des Konflikts insofern beeinflusste, als auf diesem

---

richterstattung über den Krieg auch in den westlichen Gesellschaften entwickelt habe, vgl. Bosi 2003.

238 Metzl 2001.

239 Vgl. Elliott et al. 2001.

240 Vgl. Farmanfarmaian 2002: 162; Thussu 2006: 3.

241 Vgl. Miller 2004: 11.

242 Vgl. dazu in der Tendenz der Argumentation: Neuber 2002: 130; Miller 2004; differenzierter in: Jasperson/El-Kikhia 2003: 16.

Wege mittelfristig der Anspruch auf eigene Kommunikationshoheit ausgehöhlt wurde. Meyrowitz bemerkt dazu, dass es zu diesem Zeitpunkt (2001/02) nur eine Frage der Zeit gewesen sei, bis die »[...] Spannung zwischen dem durch die Medien erzeugten Selbstbild Amerikas und der Flut von Nachrichten und Bildern, die durch [das Internet] ins Land strömen«, Konsequenzen haben musste.[243] Diese Dynamik wurde seitens des US-Militärs augenscheinlich eskaliert, indem ein mit wachsendem Einfluss ausgestatteter Nachrichtensender (Al-Jazeera), der bereit war, mit dem »Feind« zu sprechen, wiederholt physisch attackiert wurde, ohne dass ein Wort des Bedauerns angesichts versehentlichen Beschusses geäußert wurde.[244]

Dass wiederum über diese Zwischenfälle berichtet wurde, weitere Videobotschaften der Terroristen (editiert) ausgestrahlt[245] und vor allem Zerstörungen infolge des Krieges gezeigt wurden und dass auf doppelte Standards in der westlichen Berichterstattung hingewiesen wurde[246]: Dies alles trug dazu bei, dass den Deutungsmustern der US-Regierung und ihrer Verbündeten nicht nur im Nahen und Mittleren Osten mit wachsender Ablehnung begegnet wurde.[247] Es steigerte – aufgrund der Sichtbarkeit von Al-Jazeera und des Umstands, dass auch westliche Medien sich auf dessen Berichterstattung bezogen – auch die Skepsis gegenüber den vorherrschenden Deutungsmustern gerade der US-Regierung auch in westlichen Gesellschaften.

In diesem Sinne lässt sich festhalten, dass es weniger die Kommunikationsanstrengungen des Terrornetzwerkes Al-Kaida als solche waren, die in der etwaigen Spezifizierung der Botschaften des Terrors westliche Gesellschaften erreichten. Vielmehr erwies sich der Umgang mit Nachrichtensendern im globalen Kontext, die einen alternativen Berichtswinkel auf den »Krieg gegen den Terror« einnahmen, als mittelfristig bedeutsam hinsichtlich einer etwaigen Unterminierung der massenmedialen Deutungsfolien in

---

243 Meyrowitz 2002. Taylor (2003: 102) bemerkt dazu, dass in ansteigendem Maße »[... a] mixture of rumor, gossip and misinformation from Palestine to Pakistan was picked up in the Western media and, where it was not, on the internet«. Es stellt sich also weniger die Frage nach dem Wahrheitsgehalt einzelner Meldungen; bedeutsam ist, dass diese aufgegriffen wurden.

244 Vgl. Khanfar 2005.

245 Vgl. Baker 2003; Khanfar 2005.

246 Vgl. Bosi 2003, der darauf hinweist, dass Al-Jazeera von britischer Seite konstant für die Abbildung getöteter britischer Soldaten kritisiert werde, während getötete feindliche Soldaten im britischen Fernsehen selbstverständlich präsentiert wurden.

247 Seib (2006: 4) beschreibt vor allem dies als einen »Al-Jazeera-Effekt«. Demgegenüber wäre detaillierter zu untersuchen, ob und in welchem Umfang Al-Jazeera auch die Berichterstattung westlicher Nachrichtenmedien, und zwar entscheidend mit Blick auf die Reproduktion von Bedeutungsgehalten, beeinflusste.

westlichen Gesellschaften, aufgrund unterschiedlicher unmittelbarer Betroffenheit in der Bundesrepublik stärker als in den Vereinigten Staaten.[248]

Globaler Terror (anderswo)

Die massenmediale Realitätskonstruktion in den führenden US-Medien wandelte sich dabei zunächst kaum. Insofern ist die zweite hier skizzierte diskursive Episode weniger aussagekräftig dahingehend, was in der Berichterstattung geschah, als was *nicht* geschah. Die Deutungsfolie eines »Krieges« gegen einen weltweit operierenden »Feind neuen Typs« erwies sich in diesem Zusammenhang nicht nur als wirkmächtig, sie wurde auch – im Gefolge einer weitgehend unkritischen Kriegsberichterstattung aus Afghanistan – durch zwei Ereignisse des Jahres 2002 und deren (Re-)Konstruktion noch verstärkt. Sowohl die Entführung und anschließende, aufgezeichnete Ermordung des US-Journalisten Daniel Pearl zu Beginn des Jahres als auch die Anschläge auf der indonesischen Insel Bali, die am 12. Oktober 2002 über 200 Tote und 240 Verletzte forderten, fügten sich dabei in die vorherrschende diskursive Konstruktion eines globalen Terrornetzwerkes ein, das einen Kampf nicht nur gegen die US-amerikanische, sondern auch gegen die gesamte westliche Welt führe.

Umfassender stand die Entführung und Enthauptung des Journalisten Pearl im Blickpunkt der US-amerikanischen Berichterstattung.[249] Dieser war durch eine Terrorgruppe im engeren Umfeld von Al-Kaida, die wahrscheinlich durch den derzeit prominentesten Insassen des Militärgefängnisses Guantanamo Khalid Sheikh Mohammed angeführt wurde, einige Zeit nach seiner Entführung hingerichtet worden. Ebenjene Hinrichtung wurde von den Terroristen auf Video mitgeschnitten, wobei das im Internet zur Verfügung gestellte Video eine dreieinhalb Minuten lange Montage von Liveaufnahmen des Entführten, gesprochenen Botschaften und Bildern palästinensischer und anderer »arabischer« Opfer US-amerikanischer und israelischer Militärschläge sowie weiteren politischen Ereignissen und schließlich der Enthauptung Daniel Pearls darstellte.[250] In den US-amerikanischen Medien entbrannte in diesem Kontext eine Debatte darum, ob die ins Internet einge-

---

248   Es ist darauf aufbauend eben fraglich, ob unterstellt werden sollte, dass angesichts einer zunehmend pluralistischen Medienlandschaft nach wie vor von einer Dominanz englischsprachiger Medien des Nordens/Westens ausgegangen werden kann, wie es etwa Thussu (2006: 7f.) vorschlägt. Vielmehr wäre zu fragen: Worin äußert sich eine solche Dominanz? Mit Blick auf die Dimension diskursiver Bedeutungsprägung schlägt sich ja offenkundig eine »Übermacht« in journalistischen und informationsbezogenen Infrastrukturen nicht einseitig gerichtet in erfolgreicher Bedeutungsprägung nieder, weder im internationalen noch automatisch im innergesellschaftlichen Kontext.

249   Vgl. die Berichterstattung bereits *vor* der medial inszenierten Hinrichtung, etwa in: Hussain/Klaidman 2002.

250   Grindstaff/De Luca 2004: 306.

stellten Videos der Enthauptung Gegenstand der Berichterstattung sein sollten, die primär im Hinblick auf die Persönlichkeitsrechte des Ermordeten als
auch unter einer strategischen Perspektive (Bedeutet die Ausstrahlung einen
Verstärkereffekt für Terrorakte?) geführt wurde.

Im Mai/Juni des Jahres zeigte CBS News schließlich eine editierte Version, während der *Boston Phoenix* einen Link zum ungeschnittenen Video in
seiner Internetpräsenz anlegte.[251] Mehrheitlich wurde ein solcher Verweis
allerdings von US-Medienunternehmen abgelehnt. In der Diskussion um die
Veröffentlichung der Bilder bzw. der Rechtfertigung, diese nicht zu veröffentlichen, lassen sich dabei interessante Deutungsmuster erkennen, die –
wie oben beschrieben – die vorherrschende Sicht auf den Krieg gegen den
Terrorismus bekräftigten: Somit wurde in der Konsequenz an dem Verbrechen gegen Daniel Pearl, und damit der Exekution eines Zivilisten, in der
US-amerikanischen Mediendebatte die Deutung des Kampfes »Gut gegen
Böse« anhand eines Helden exemplifiziert. Grindstaff und DeLuca bemerken dazu, dass die mediale Debatte um die (möglichen) Folgen einer Berichterstattung über die Tat sowie die Tat an sich: »[…] transform[ed] a
brutally victimized body into an agent in the ›war on terrorism‹«.[252] Dies
sollte nicht vorschnell als der Vorwurf einer etwaigen verzerrten Darstellung oder einer ungerechtfertigten Manipulation missverstanden werden;
vielmehr zeigt es an, dass die Mediendebatte um die Bilder der Exekution
die Rationalität massiver Vergeltung gegenüber Terroristen und damit eine
Logik des *war on terror* unterstützte. In diesem Sinne markiert die Berichterstattung über die Ermordung von Daniel Pearl gerade einen Fall, in dem
die vermeintliche Botschaft der Terroristen (diese dürfte in etwa gelautet
haben: Wir richten einen der Euren hin, so wie Ihr »uns« im Nahen Osten
bekämpft) das Publikum des »Gegners« gerade *nicht* in der avisierten Form
erreichte.

Die Anschläge auf Bali im Oktober des gleichen Jahres zogen demgegenüber deutlich weniger Aufmerksamkeit in den US-Massenmedien auf
sich. In gewisser Hinsicht fügten sie sich, abgesehen von dem geringen Anteil getöteter US-Amerikaner, in das bereits etablierte und weitgehend vorherrschende Bild eines global operierenden Terrorismus, der versuchte,
westliche Bevölkerungen zu treffen. Letztlich erlangten nur einige zentrale
Aspekte der Gerichtsverhandlung gegen den Hauptverdächtigen mehr als
sporadische Aufmerksamkeit[253]; ganz im Gegensatz etwa zu der umfangreichen Beschäftigung australischer Medien mit den Anschlägen[254] (Betroffenheit und geographische Nähe gaben hier augenscheinlich den Ausschlag).
Die in der US-Gesellschaft vorherrschende, massenmedial vermittelte Rah-

---

251 Vgl. Brown/Rosen 2002. Weitere, kleinere Websites folgten, vgl. etwa: Grind-
     staff/DeLuca 2004: 317.
252 Ebd.: 312.
253 Vgl. Schechter 2003; Philpott 2005: 235.
254 Vgl. Mummery/Rodan 2003; Blacklow 2005; Vickers 2005.

mung des Phänomens »transnationaler (islamistischer) Terrorismus« wurde dadurch allerdings ebenso wenig in Frage gestellt wie die Kriegsanstrengungen in Afghanistan. Letzteres befand sich – auch angesichts des sich anbahnenden Militärschlages gegen den Irak – in wachsendem Widerspruch zu europäischen, gerade auch in dortigen Medien publizierten Einschätzungen. Dort wurde angesichts globaler Anschläge lose vernetzter Terrorgruppen die Frage nach der Sinnhaftigkeit der militärischen Strategie nun intensiver gestellt.[255]

In den deutschen Medien wurden die Ereignisse (der Mord an Daniel Pearl und die Anschläge von Bali, Letztere ausgeführt von der islamistischen Splittergruppe Jemaah Islamiyah, der Kontakte zu Al-Kaida nachgesagt wurden) berichtet, wobei die Rahmung dieser Terrorakte einen zunehmend generellen Islambezug aufwies. Hafez beschreibt diese Form der Thematisierung als eine Islamberichterstattung, bei der Terrorakte als solche zunehmend in den Hintergrund gedrängt wurden.[256] Andere Studien bestätigen diesen Befund, wobei der in der medialen Berichterstattung zunehmend angebotene Nexus von Terrorgefahr und Migrationsdebatte durch die Anschläge von Bali (im deutschen Fall ebenso auch die Anschläge von Djerba) maßgeblich popularisiert wurde.[257] Die Analysten des Medienforschungsinstituts »Medien-Tenor« sprachen mit Blick auf diese spezifische diskursive Realitätskonstruktion von einer »Betroffenheitsberichterstattung«. Zum einen sei die Berichterstattung über Terrorakte im globalen Kontext im Vergleich etwa zu den USA deutlich in ihrem Umfang abgeflaut; zum anderen aber sei eine Zunahme der negativen Berichterstattung über (muslimische) Migranten im Zeitraum von April 2002 bis August 2003 zu beobachten gewesen.[258] In diesem Sinne wich die Berichterstattung über transnationalen Terrorismus (und in Teilen des Krieges gegen diesen Terrorismus) zunehmend einer intensiveren Beschäftigung mit Migration bzw. mit bestimmten gesellschaftlichen Segmenten, eben Zuwanderern aus muslimischen Gesellschaften bzw. muslimischen Gemeinden in der Bundesrepublik.

Dass, wie oben aufgezeigt, »Botschaften« einzelner Terrorgruppen[259] – unterhalb einer Induzierung diffuser Furcht – in der Regel im US-amerikanischen wie deutschen Kontext nicht massenmedial vermittelt wurden, sondern in einen bereits etablierten Kontext von Bedeutungsgehalten eingefügt wurden, relativiert die ubiquitäre Rede vom Terrorismus als Kommunikationsstrategie. Stattdessen wurde zunehmend offenkundig, dass sich einige Aspekte der neuen Medienumwelt auf die Konfliktdynamik auswirkten. Die US-Regierung war in diesem Zusammenhang merklich darum be-

---

255 Vgl. Jones 2002.

256 Hafez 2005: 67.

257 Haußecker 2003: 36, 66; Ruhrmann/Sommer/Uhlemann 2006: 52ff.

258 Vgl. Medien-Tenor 2003c.

259 Für eine kurze Zusammenfassung der (inhaltlichen) Botschaften Al-Kaidas siehe: Louw 2003: 213.

müht, einen Zugang zu Prozessen diskursiver Bedeutungsprägung im Nahen und Mittleren Osten zu finden. So unterschieden sich das vom US-Außenministerium 2003 gestartete Projekt einer Lifestyle-Zeitschrift (»Hi«) und die Etablierung des popkulturell ausgerichteten Senders Radio Sawa in ihrer teils dezidiert apolitischen Anlage deutlich von den traditionelleren Flugblattaktionen, die das erste Jahr des Krieges in Afghanistan prägten.[260] Dass das Magazin »Hi« den innerministeriellen Überprüfungsprozess Ende des Jahres 2005 nicht überlebte, dürfte dabei vor allem dem Umstand geschuldet gewesen sein, dass die Kluft zwischen einer militärischen Außenpolitik in der Region und der gleichzeitigen medialen Projektion kultureller Attraktivität sich als nicht anschlussfähig an lokale Wahrnehmungen erwies.[261] Auf tieferer Ebene verdeutlicht die Bemühung um einen Zugang allerdings, dass sich in den Reihen derer, die den Krieg gegen den Terror planten, die Ansicht durchsetzte, dass

»[i]n the battle of perception managment, where the enemy is clearly using the media to help manage perceptions of the general public, our job is not perception management but to counter the enemy's perception management«.[262]

Parallel dazu wurde das Internet in seiner Bedeutung als Kommunikationsplattform gegenüber (interessierten) Öffentlichkeiten und traditionellen Massenmedien stärker von terroristischen Gruppen genutzt. Ebenso verstärkte sich auch die wissenschaftliche und politische Aufmerksamkeit hinsichtlich der Nutzung dieses Mediums durch Terrorakteure. Insbesondere die prinzipielle Möglichkeit, verschiedene Publika Gesellschaften übergreifend im oben dargestellten Sinne (Erklärung, Drohung, Erlangen von Unterstützung) vglw. unkompliziert und ungefiltert zu erreichen, kristallisierte sich in diesem Kontext als Vorteil aus Sicht der Terroristen, denen qua Gewaltakte automatisch massenmediale und gesellschaftliche Aufmerksamkeit zuteil wird, gegenüber einer »Fernseh-«Strategie heraus. Weimann geht auf Basis seiner umfangreichen Forschungen zudem davon aus, dass viele Websites von transnationalen Terrorgruppen seit dieser Zeit gezielt ausländische Journalisten (als Multiplikatoren in Prozessen gesellschaftlicher Bedeutungskonstruktion) anzusprechen versuch(t)en.[263] In diesem Sinne erwies sich eine Internetpräsenz als relativ effektives Mittel der (Des-)Informationsstreuung, deren Relevanz zunahm, als solcherart Online-Kommunikation vor dem Hintergrund wachsender Skepsis über Erfolgs-

---

260 Vgl. Carlson 2003.

261 Im Gegensatz zu Radio Sawa und dem Fernsehsender Al-Hurra, die beide vom US-Kongress unterhalten werden und (im Falle Al-Hurras primär, Radio Sawas: auch) mit politischer Berichterstattung befasste Medien im arabischen Raum darstellen.

262 Shanker/Schmitt 2004.

263 Weimann 2004: 4.

chancen eines militarisierten *war on terror* auch potenziell an Bedeutung für Prozesse der Bedeutungs(-re-)konstruktion in westlichen Gesellschaften gewann.

Terror, nun auch in Europa

Die Terroranschläge in einem Madrider Vorortzug im Jahre 2004 sowie in der Londoner U-Bahn und anderen Verkehrsmitteln 2005, bei denen insgesamt fast 250 Menschen starben und über 2.500 Verletzte zu beklagen waren, riefen in den Vereinigten Staaten nur eine vglw. kurze mediale Aufmerksamkeit hervor.[264] In gewissem Sinne setzte sich hier die bereits mit Blick auf die Attentate auf Bali beschriebene Tendenz einer Einordnung in das vorhandene Interpretationsmuster »(globaler) Terrorismus« fort. Einzelne Studien zur weiterführenden, auch massenmedial vermittelten Bedeutungsprägung im Kontext der gesellschaftlichen Terrorismus-Debatte zeichnen in diesem Zusammenhang ein widersprüchliches Bild. So hat Nagar einerseits beschrieben, dass sich im Kontext der wirkmächtigen diskursiven Formation »Terrorismus/Krieg gegen den Terrorismus« die begriffliche und argumentative Rahmung anderer Formen politischer Gewalt seitens gesellschaftlicher Akteure nicht durchweg gewandelt habe.[265] Auch nach den Anschlägen des 11. September habe sich so die massenmediale Darstellung von Gewaltakteuren nur im Falle der baskischen ETA maßgeblich verändert, als diese verstärkt als »transnationale Terroristen« in einen *rhetorischen* Kontext mit dem islamistischen Terrorismus gestellt wurden.[266]

Das Interpretationsschema »Terrorismus« schien damit keineswegs generell auf ähnliche Phänomene überzugehen, wiewohl andere Autoren einen ebensolchen Übersprungseffekt zumindest auf einer sehr abstrakten Ebene (im Sinne eines eingeforderten Patriotismus im Inneren) für die gesamte US-Gesellschaft behaupten.[267] Andererseits unterlag die zunehmend in der US-Gesellschaft ausgetragene Debatte um die Erfolgschancen und den Sinn des Krieges gegen den Terror auch offenkundigen Grenzziehungen, insbesondere was den Versuch einer Umdeutung der Geschehnisse des 11. September betraf. So verdeutlichte die sog. »Churchill-Affäre« (2005), dass – argumentative Überzeugungskraft und moralische Güte der zur Debatte stehenden Deutung anheimgestellt – die Terroranschläge auch dank der aus massenmedialer Berichterstattung resultierenden Bedeutungsgehalte vornehmlich als traumatisierende Erfahrungen einer »Opfergemeinschaft« im kollektiven Erinnerungsschatz verankert waren.

Churchill, damals Professor für *Ethnic Studies* an der University of Colorado, forderte diese Bedeutung bereits kurz nach den Anschlägen in einem provokanten Essay heraus, in dem er die Opfer der Terroranschläge als

---

264 Ruigrok/van Attefeldt 2008: 78.

265 Nagar 2007.

266 Ebd.: 14.

267 Vgl. u.a.: Altheide 2007.

(mit)schuldig auswies, da diese »säkulare Aktivisten« des US-Imperialismus und damit wenigstens indirekt ebenso mitverantwortlich für »terroristische« Akte der US-Außenpolitik im Irak, Vietnam usw. gewesen seien.[268] Diese Deutung existierte wie beschrieben seit Jahren[269], wurde aber angesichts der übermächtigen, medial unterfütterten Konstruktion der Terroranschläge als Kriegserklärung an die *zivilisierte* Welt und des wenig spektakulären Ortes seiner Veröffentlichung nicht wahrgenommen: »[... the] essay languished in cyberspace obscurity«.[270] Erst dreieinhalb Jahre nach dessen Publikation wurde er zum Politikum, als Churchill auf einem Symposium im Bundesstaat New York auftreten sollte und die dortige Studentenzeitung den »Skandal-Essay« als solchen thematisierte. Der folgende massenmedial getragene Proteststurm bezog sich dabei zuallererst auf die generelle Ablehnung seiner Bezeichnung der Anschlagsopfer als »little Eichmanns« sowie in der Folge auch darauf, welches Spektrum an Meinungen eine demokratische Debatte zu ertragen habe.[271] Aus Sicht der vorliegenden Arbeit wird demgegenüber angeführt, diesen »Medienskandal« sowohl als Ausdruck einer nach wie vor wirkmächtigen (vor allem auch normativ konnotierten) Bedeutungskonstruktion der Terroranschläge zu verstehen, gleichzeitig aber auch den Umstand, *dass* über solche radikal-alternativen Ausdeutungen debattiert wurde, als möglichen Indikator für sich andeutenden diskursiven Wandel.

Durch die Terroranschläge in Madrid und London stieg das Bedrohungsgefühl in Europa demgegenüber stark an, der (islamistische) Terrorismus stellte nun eine nicht mehr allzu abstrakte bzw. ferne Gefahr dar. Dieser Wahrnehmung zeitlich voraus ging ein Wandel der Berichterstattung zum Thema »Terrorismus« in den deutschen Medien. So weisen Hülsse und Spencer in bereits zitierter Studie darauf hin, dass die Darstellung des islamistischen Terrorismus in der deutschen Boulevardpresse im Unterschied

---

268 Vgl. King/deYoung 2008.

269 Ebenso wie die zahlreichen Verschwörungstheorien rund um *9/11* in den westlichen Gesellschaften dies- und jenseits des Atlantiks. Diese zogen (und ziehen) zweifelsohne die Aufmerksamkeit auf sich, werden allerdings nur von einer Minderheit beim Wort genommen. Im massenmedialen Diskurs fungieren sie in der Tendenz als Ausweis von Devianz und damit als Markierung des Akzeptanzrahmens; sie haben in dieser Sicht gerade kaum inhaltlichen, bedeutungsprägenden Einfluss auf breite gesellschaftliche Konstruktionsprozesse von Realität.

270 King/deYoung 2008: 128.

271 Vgl. die Darstellung des sich anschließenden Skandals, in dessen Verlauf Churchills wissenschaftliche Integrität in Frage gestellt wurde, in: King/deYoung 2008: 132ff. Für einen ausgewogenen Überblick über die kontroverse Debatte vgl. die andauernde Berichterstattung der *New York Times* (http://topics.nytimes.com/top/reference/timestopics/people/c/ward_l_churchill/index.html).

zum Herbst 2001 nun deutlich weniger von militärischen Metaphern geprägt war. Vielmehr hatte sich im Kontext der Berichterstattung zu den Anschlägen in Madrid die Sicht auf das Al-Kaida-Netzwerk dergestalt gewandelt, dass jetzt zumeist von einer kriminellen Organisation die Rede war, die »verbrecherische Anschläge« verübe und eine »mörderische Strategie« besäße.[272] Damit verschob sich im Umkehrschluss gleichsam die Wahrnehmung eines angemessenen Vorgehens zugunsten polizeilich-justizieller Maßnahmen.

In ihrer vergleichenden Untersuchung der Terrorismusberichterstattung in deutscher und arabischer Elitepresse zu den Terroranschlägen in London und Sharm El-Sheikh 2005 wies Glück zudem nach, dass die Anschläge in London aufgrund einer kulturellen und geographischen Nähe nicht nur eine deutlich breitere Aufmerksamkeit in der Bundesrepublik erfuhren. Die Berichterstattung besaß auch einen spezifisch deutschen Zuschnitt insofern, als die Sicherheitslage im Land und das Gefahrenpotenzial des Islamismus für die BRD immerhin 30 Prozent bis 40 Prozent des Berichtsumfanges ausmachten, während die arabische Presse deutlich ereignisbezogener berichtete.[273] Ebenso zeichnete die deutsche (Re-)Konstruktion der Terroranschläge in London aus, dass als häufigste Ursachen für die Wahl des Anschlagsortes die britische Gefolgschaft an der Seite der Vereinigten Staaten im Irak-Krieg und allgemein die militärische Dimension des *war on terror* ausgemacht wurden.[274] Damit ist die Lokalisierung[275] der Thematik an spezifische Deutungsmuster gekoppelt, die einerseits die mediale und gesellschaftliche Debatte um Migration und Islam(ismus) aufgreifen und an diese anknüpfen.

Andererseits muss in diesem Zusammenhang aber auch auf eine zunehmende Infragestellung der Nützlichkeit militärischen Instrumentariums zur Terrorbekämpfung hingewiesen werden. Trends in der öffentlichen Meinung belegen letztgenannte Dynamik insofern, als die unmittelbar nach den Terroranschlägen des 11. September 2001, auch vermittels einer massenmedialen Konstruktion einer »Kriegssituation«, breite Akzeptanz einer deutschen Beteiligung an Militäreinsätzen in Afghanistan auch im Kontext der

---

272 Hülsse/Spencer 2008: 582.

273 Glück 2008: 105ff.

274 Ebd.: 131.

275 Zur spezifisch britischen Medienberichterstattung über die Anschläge in London und welche medialen (Re-)Konstruktionsleistungen diese bewirkten: Jones/Smith 2006; Durodié 2007. Durodié (2007) weist in diesem Zusammenhang auf den entscheidenden Beitrag hin, den Medien (Journalisten und »Experten« mittels exponierter Medien) bei der Rekonstruktion möglicher Motivlagen der Terroristen leisteten. Jones/Smith (2006) kritisieren vornehmlich die spezifisch medial vermittelte Interpretation (des von ihnen so betitelten »commentariats«) der Terroristen als verirrter Einzeltäter, die nicht in einem gewaltbereiten, islamistischen Kontext in Immigrantengemeinden betrachtet werden sollten.

medialen Berichterstattung über Terroranschläge weltweit seitdem anderen Deutungs- und Bewertungsmustern Platz gemacht hat.[276] Auch wenn andere Aspekte – etwa eine zunehmend in gewalthaltige Auseinandersetzungen und offiziellen Dementi zum Trotz in »Krieg« involvierte Bundeswehr – hier zweifelsohne eine Rolle spielen, ist die spiegelbildliche Umkehr der öffentlichen Befindlichkeiten auch im Lichte der Deutung und in der Folge der Anschläge von Madrid und London zu betrachten. Befürworteten so 2002 noch 62 Prozent der befragten Deutschen den Einsatz deutscher Soldaten, so sprachen sich 2007 bereits 50 Prozent, 2008 59 Prozent und 2009 61 Prozent der Befragten für einen sofortigen Truppenabzug aus Afghanistan aus. Insbesondere auch die hohe Prozentzahl derer, die eine Erhöhung der Anschlagsgefahr in der Bundesrepublik durch den Bundeswehreinsatz in Afghanistan unterstellen (2009 waren dies mehr als 60 Prozent), erscheint vor dem Hintergrund der spezifischen massenmedialen Konstruktion verständlich.

Auch wenn letztlich die in der Literatur beschriebene Ausweitung der Nutzung des Internets durch Terrorakteure vor allem im Umfeld des islamistischen Terrorismus eher die bereits skizzierte Forschungsfrage aufwirft, ob sich diese Kommunikationsanstrengungen in Prozessen der Bedeutungsproduktion in westlichen Gesellschaften überhaupt niederschlagen (und ggf. wie), so lässt sich doch eines plausibel annehmen. Eine zunehmend pluralisierte Sicht auf die Terroranschläge und deren Bedeutungen für westliche Gesellschaften bietet für solcherart Anstrengungen auf Diffusion von Botschaften einen Ansatzpunkt. Dies gilt umso mehr, als Terrorgruppen verstärkt nicht nur auf Vermittlung und Legitimation ihrer Gewaltakte setzen[277], sondern strategisch auf den Zugang zu traditionellen Massenmedien in der westlichen Welt, etwa mittels interaktiver Formate und in Aussicht gestellter Beantwortung von Fragen.[278] Dabei bleibt abzuwarten, ob der zweifellos intendierte *two-step-flow* der Terrorismuskommunikation[279] in der Tat formativen Einfluss auf diskursive Bedeutungsprägung erlangen kann. Dies würde die beschriebene Kommunikationsstrategie im Sinne eines diskursiv-konstruktivistischen Ansatzes in der Tat auf eine differenziertere Art greifbar machen.

Die hier skizzenartig präsentierte Abfolge dreier diskursiver Episoden (die keinen Anspruch auf umfassende Beschreibung »des« Krieges gegen den Terror von der Warte der US-amerikanischen und der deutschen Medienbe-

---

276 Die folgenden Umfragedaten sind entnommen: *Die Zeit*/statista, 09.08.07 (Daten 2007); *Süddeutsche Zeitung*, 09.09.07 (Daten 2007); *Hamburger Abendblatt*, 01.07.09 (Daten zu 2002, 2007, 2008, 2009); *N24*/statista, 11.09.09 (Daten 2009, Verknüpfung Anschlagsrisiko-Bundeswehreinsatz).

277 Weimann 2008: 80.

278 Whitlock 2008.

279 Meckel 2008: 253.

richterstattung erhebt[280]) sollte vor allem die folgenden Punkte verdeutlichen:

- Auf abstrakter Ebene mögen Terroranschläge als intendierte Kommunikationsstrategie beim avisierten »Gegner« diffuse Furcht und Verunsicherung auslösen. Auf Ebene gesellschaftlicher Bedeutungsproduktion in »gegnerischen« Gesellschaften fanden terroristische Botschaften im Nachgang zu den Anschlägen des 11. September 2011 in differenzierter Form demgegenüber zunächst kaum Wiederhall.
- Vielmehr sind die spezifischen Dynamiken massenmedial vermittelter bzw. aktiv konstruierter Bedeutungsproduktion zu analysieren, die zu unterschiedlichen Bedeutungskonstruktionen im Laufe der Zeit und auf Basis unterschiedlich (re-)konstruierter diskursiver Ereignisse führen.
- Bedeutsam ist dabei sowohl die unmittelbare politische Konsequenz (Terror als Kriegserklärung) solcher Realitätskonstruktionen als auch diskursiver Wandel und dessen politische Implikationen (vgl. den deutschen Fall und die Öffentliche Meinung zum Afghanistan-Einsatz).
- Insofern ist es richtig, wie Nabers feststellt, dass der »Krieg gegen den Terror« ein diskursives Projekt darstellt, das (eingebettet in gesellschaftliche Sinngebungsprozesse) in bestimmte institutionalisierte sicherheitspolitische Handlungen mündet.[281] Wesentlich bedeutsamer als die Frage nach der Deutungshoheit der Vereinigten Staaten ist allerdings, wie innerhalb der US-amerikanischen Gesellschaft über Zeit vermittels Massenmedien Deutungsangebote/Sinnsetzungen konstruiert wurden und wie diese mit anderen (massenmedialen) Alternativdeutungen im transnationalen Kontext verknüpft sind.
- Dynamiken einer neuen (tendenziell globalen, pluralisierten) Medienumwelt schaffen in dieser Hinsicht Bedingungen, die eine nachhaltige Aufrechterhaltung von Deutungshoheit erschweren. Über transnationale Verknüpfungen (Internet, Diaspora-Medien, Beobachtung internationaler Medien etc.) entsteht das Potenzial für alternative diskursive Deutungen, das sich zurzeit zugegebenermaßen allenfalls beschränkt auf einzelne Öffentlichkeitssegmente auswirkt.
- Wenn allerdings in diesem Sinne Terroristen Impulsgeber für spezifische Realitätskonstruktionen sein sollen[282], müsste sich dieser »Beitrag«

---

280 Weitere Episoden wären denkbar wie etwa »Folter/Guantanamo« oder »Polizeiliche Strategien wirken: Die aufgedeckten Flughafen-Attentate«. Zudem ist die hier eher holzschnittartige Trennung des Irak-Krieges und des *war on terror* eher der Sichtbarmachung variierender Dynamiken geschuldet (die auftreten, sobald gesellschaftliche Gewaltakteure in Gestalt von Terroristen involviert sind).

281 Vgl. Nabers 2005: 316.

282 Vgl. Liebes/Kampf 2004.

im Hinblick auf diskursiven Wandel bestimmen lassen. Dies gleicht allerdings eher einer offenen Forschungsfrage.[283]

---

283 Die Darstellung, Terroristen inszenierten unter Nutzung moderner Technologien ein globales Medienspektakel (Nabers 2006: 319), führt hier nicht viel weiter. Ebenso inhaltsarm bleibt die Feststellung, die Kommunikationsstrategie der Terroristen hätte sich als »[...] stunningly triumphant in exploiting the news media for their publicity goals« erwiesen, vgl. Nacos 2003: 1.

9. »Mediatisierte« Hegemonie

Das außenpolitische Programm der Vereinigten Staaten war seit Ende des Ost-West-Konfliktes offen auf die Projektion amerikanischer Stärke im weltpolitischen Kontext hin ausgelegt. Zunächst die Schaffung einer »Neuen Weltordnung« unter George Bush sr., in der Folge *assertive multilateralism* unter Clinton (später dessen innenpolitisch motivierte Flucht in eine aktivere, interventionistische Außenpolitik[1]) und schließlich der globale »Krieg gegen den Terror« sowie der demonstrierte Wille zu unilateraler Machtpolitik unter George Bush jr.[2] kulminierten dabei eingangs des 21. Jahrhunderts nicht nur in einer Renaissance des »Empire«-Begriffs.[3] Gerade im Verbund mit Veränderungen des globalen Medien- und Kommunikationssektors und angesichts einer Vorreiterrolle US-amerikanischer Unternehmen im globalen Medien- und Kommunikationsbereich hatte auch die These einer (zunehmenden) »Amerikanisierung« der internationalen Kommunikation zwischenzeitlich wieder stärker an Popularität gewonnen.[4] Darüber hinaus war festzustellen, dass einige Erklärungsansätze in den IB, v.a. politökonomische und neogramscianische, eine Verquickung der beiden Formen von Vorherrschaft unterstellten. Demgemäß beförde die Vormachtstellung der Vereinigten Staaten im globalen Kontext die Entfaltungschancen US-amerikanischer Medienunternehmen, welche wiederum im Umkehrschluss durch ihr Wirken, ihre Produkte und Berichterstattung wie durch die subtilen kulturellen Implikationen ihrer Kommunikationsangebote ebendiese weltpolitische Vorherrschaft absicherten.[5]

Diese Annahme wirkt auf den ersten Blick einigermaßen plausibel, zumal wenn sie auf einem spezifischen Verständnis von Vorherrschaft im in-

---

1 Vgl. Czempiel 1996b.

2 Vgl. u.a.: Bacevich 2002; Czempiel 2002.

3 Wiewohl dessen analytischer Mehrwert und Nutzen mehr als fraglich ist, vgl.: Robel/Ristau 2008: 178ff. Zur Empire-Debatte u.a.: Ferguson 2002; Cox 2003; Mann 2004.

4 Vgl. Fabbrini 2004; van Elteren 2006.

5 Vgl. u.a.: Ruf 2007.

ternationalen Kontext[6] – im Folgenden: Hegemonie – gründet. Einem solchen Verständnis folgend beruht Hegemonie nicht allein auf simpler Überlegenheit in der Ressourcenausstattung sowie Willen und strategischer Kompetenz des Hegemons, sondern auch auf Attraktivität und Akzeptanz eines führenden Staates (mindestens auf nicht offenem Widerstand gegen diesen) auf Seiten der Geführten.[7] Dieser Aspekt wird im Folgenden kurz skizziert, um im Anschluss daran die unkritische Übernahme der Überlegung, solcherart Akzeptanz werde von US-basierten, global operierenden Medienunternehmen getragen, befördert oder abgesichert, zu problematisieren. Maßgeblich für eine solche Kritik ist die Befassung mit den tatsächlich seitens US-amerikanischer Unternehmen in ausländischen Märkten verfolgten Strategien, deren Wirkungen im Sinne einer Akzeptanzschaffung sich aus konstruktivistischer Sicht gerade auf »diskursivem Terrain« zeigen müssten. Mit anderen Worten: Nicht die Vormacht solcher Medien- und Kommunikationsunternehmen *als solche* oder deren (relativ betrachtet) großzügigere Ausstattung mit Infrastrukturen, Ressourcen gegenüber »kleineren«, regionalen Unternehmen zeitigt politische Wirkungen. Allenfalls lassen sich solche politischen Wirkungen innerhalb der Dimension diskursiver Bedeutungsprägung festmachen, die ihrerseits aus spezifischen Produkten dieser Unternehmen resultieren.

Eine differenziertere Betrachtung des Wirkens US-amerikanischer »Mega«-Konzerne in der Medien- und Kommunikationsbranche in ausländischen Märkten verdeutlicht allerdings, dass diese in puncto wirklichkeitskonstitutiver Effekte der von ihnen mitunter verfolgten Strategien schwerlich als »Garanten US-amerikanischer Hegemonie« betrachtet werden können. Es lässt sich vielmehr in Frage stellen, ob es einseitig gerichtete politische Wirkungen (im Sinne eines gerichteten Durchgriffs auf Prozesse der Bedeutungskonstruktion in anderen Gesellschaften) seitens solcher global operierenden Medienunternehmen gibt.

Auch wenn damit eine vorschnell unterstellte »Amerikanisierung« auf empirischem Boden wesentlich weniger Überzeugungskraft entwickelt[8], lässt sich im Umkehrschluss feststellen, dass das Handeln diverser politischer und gesellschaftlicher Akteure in der vergangenen Dekade demgegenüber nahezu weltweit daraufhin ausgerichtet war, eine solche *wahrgenommene* Amerikanisierung auszubalancieren. Gerade im Medien- und Kommunikationsbereich sprechen einige Anzeichen dafür, dass ausgehend von der Situationsanalyse einer »US-amerikanischen Informationsdominanz« teils erhebliche Mittel aufgewandt wurden, um der vermeintlichen Deu-

---

6 Dies unterscheidet die meistens innergesellschaftlich konzipierten Hegemoniemodelle (vgl. u.a.: Evans 2002) der Medienwissenschaft vom hier skizzierten.

7 Das grundsätzliche hier vertretene Argument basiert auf: Brand/Robel 2009. Das zugrunde gelegte Hegemoniekonzept wurde von Robel (2001) entwickelt.

8 Vgl. auch: Brand 2008a.

tungshoheit der Vereinigten Staaten gerade im globalen Nachrichtenmarkt entgegenzuwirken. Damit kann einerseits erneut festgestellt werden, dass die Sphäre der Bedeutungskonstruktion in und zwischen Gesellschaften – nicht nur zu Kriegszeiten (vgl. Kap. 8) – zunehmend zu einem zentralen Handlungsfeld politischer Akteure geworden ist. Dies gilt nicht zuletzt mit Blick auf die massenmediale Vermittlung von *Bedeutung*sgehalten. Andererseits untergräbt eine *als solche wahrgenommene* US-amerikanische Vorherrschaft im globalen Medien- und Kommunikationssektor und darauf fußende Gegenstrategien den weltpolitischen Führungsanspruch der Vereinigten Staaten augenscheinlich weiter.

Unter diesem Blickwinkel lässt sich angesichts eines prinzipiell plausiblen Mechanismus der medial flankierten Absicherung weltpolitischer Hegemonie – Absicherung über die erfolgreiche Beeinflussung diskursiver Sinnsetzung in anderen Gesellschaften im Sinne einer Schaffung von Konsens bzw. Akzeptanz des Führungsverhältnisses – nunmehr Folgendes schlussfolgern. Eine Überlegenheit in den Ressourcen und Infrastrukturen im Mediensektor allein muss sich keineswegs automatisch in diskursive Vorherrschaft übersetzen; vielmehr ist, wiederum von den Konsequenzen der jeweiligen massenmedialen Bedeutungsproduktion her gedacht, zu eruieren, inwieweit sich das Handeln von Medienunternehmen im internationalen Kontext auf Strategien der Hegemoniegewinnung bzw. der Aufrechterhaltung der Hegemonie einzelner Staaten im regionalen wie globalen Kontext auswirkt.

»Mediatisierte Hegemonie« bezeichnet dabei einen oftmals unterstellten, seltener empirisch erforschten Zusammenhang. Im Folgenden werde ich die beiden Argumente zur Problematisierung dieses unterstellten Zusammenhangs näher erläutern. Prozesse der diskursiven Bedeutungsproduktion stellen in diesem Zusammenhang stärker den gedanklichen Hintergrund, werden daher auch nicht in Form einzelner »diskursiver Episoden« diskutiert. Vielmehr versteht sich das vorliegende Kapitel als der Versuch, eine tendenziell eher unhinterfragt übernommene Annahme als eigentliche Forschungsfrage auszuweisen. Es ist dies eine Forschungsfrage, die in sinnstiftender Weise unter Rückgriff auf eine Analyse tatsächlicher Prozesse massenmedialer Wirklichkeitskonstruktion(en) zu beantworten wäre. Abbildung 10 illustriert dabei den oftmals unterstellten Wirkungszusammenhang einer massenmedial getragenen Flankierung politischer Hegemonie (gegenüber anderen Gesellschaften).

Diese zugrunde liegende Annahme wäre demgemäß auf doppelte Weise zu problematisieren: erstens mit Blick auf das Handeln von Medienunternehmen, die ihren Stammsitz bzw. größere Teile des Unternehmens im Land eines »Hegemons« haben, in auswärtigen Gesellschaften; und zweitens mit Blick auf etwaige »gegenhegemoniale« Phänomene in auswärtigen Mediensektoren. Der Bedarf für eine nähere Analyse dieser beiden Aspekte unter diskursiv-konstruktivistischer Perspektive wird dabei anhand der beschriebenen US-amerikanischen »Doppelhegemonie« (weltpolitisch/global-medial) geschildert.

Abbildung 10: Mediatisierte Hegemonie als offene Forschungsfrage

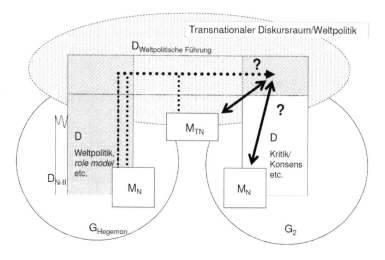

M_N *bezeichnen jeweils »nationale Medien(sektoren)«, aus denen heraus diskursive Prozesse im zunächst binnengesellschaftlichen Rahmen in die internationale Umwelt diffundieren; das Wirken solcher national/transnational operierenden Unternehmen (M_{TN}) gegenüber anderen Gesellschaften bzw. Reaktionen andernorts darauf (schematisch: M_N in G_2) wären in ihren jeweiligen wirklichkeitskonstitutiven Aspekten zu untersuchen*

9.1 AMERIKANISIERUNG DER INTERNATIONALEN KOMMUNIKATION?

Bemisst man eine »Vormachtstellung« im globalen Medien- und Kommunikationssektor an der Stellung heimischer Unternehmen im internationalen Markt bzw. der Anzahl von global operierenden (Groß-)Unternehmen, deren Stammsitz sich in ein und demselben Land befindet, so kommt US-amerikanischen Unternehmen zweifelsohne eine solche Vorreiterrolle zu. Mittlerweile fünf der sieben weltweit operierenden Medienkonzerne entstammen dem US-amerikanischen Kontext: Zu Time Warner, Disney, Viacom und NBC Universal gesellt sich seit 2004 News Corp. als (ehemals in Australien angesiedeltes) nunmehr »amerikanisches« Unternehmen mit Sitz in New York und Delaware sowie Börsennotierung in New York. Dies allein weist auf eine außergewöhnliche Konzentration von US-Unternehmen im globalen Mediensektor hin[9], die durch Hinweis auf die herausgehobene Position US-amerikanischer Nachrichtenagenturen im internationalen Kontext (Associated Press, deutlich weniger UPI, dafür aber CNN als »Quasi-Nachrichtenagentur«[10] bzw. seit 2009 in Form von CNN *Wire*) noch verstärkt wird. Hinzu tritt obendrein das nach wie vor im globalen Maßstab einzigartig dichte Vertriebsnetz der US-amerikanischen Filmindustrie sowie deren globale Magnetwirkung (im Vergleich etwa zu stärker regionalisierten Industrien wie »Bollywood« in Indien oder »Nollywood« in Nigeria). Obendrein gesellen sich mit Google und Yahoo! zwei bedeutende Unternehmen der globalen Kommunikationsbranche hinzu, die gemäß Börsenkapitalisierung, Diversifizierung ihrer Handlungsräume sowie ihres strukturierenden Einflusses auf den Medien- und Kommunikationssektor[11] zweifelsohne zu den *global players* gehören.

»Globale Medien« in Form von Konzernkonglomeraten, die unter ihrem Dach eine Vielzahl verschiedenartiger massenmedialer Anbieter vereinen und in verschiedenen regionalen Märkten weltweit als Produzenten oder Teilhaber aktiv sind, weisen damit eine deutlich US-amerikanische Prägung auf. Auch wenn mitnichten von einem völlig integrierten globalen »Medienmarkt« zu sprechen ist (vgl. Kap. 2.5), verleiht auch der Aufstieg von sog. regionalen Medienunternehmen in der »zweiten Reihe« (*second tier corporations*[12], etwa Globo in Brasilien und Televisa in Mexiko) in vielen Fällen der These Geltung, dass es sich hier nicht um Gegenbewegungen zu US-amerikanischer Dominanz im Medienbereich handele. Dies gilt nicht zuletzt, da die oben aufgeführten US-amerikanischen Medienkonzerne qua Beteiligungen und Kooperationsvereinbarungen neben einer Vielzahl weiterer US-amerikanischer Investoren deren Aufstieg erst ermöglicht haben.

Es ist in diesem Sinne, dass die These einer »Amerikanisierung« der internationalen Kommunikation ihren spezifischen Sinn gewinnt:

---

9   Vgl. Compaine 2002; McChesney 2004b; Chalaby 2006.

10 Zur Rolle von Nachrichtenagenturen im globalen Kontext: Bielsa 2008. Von einer angloamerikanischen »Dominanz« kann dabei nach Bielsa nur unter Hinzuziehung der »britischen« Agentur Reuters gesprochen werden. Zur Rolle von CNN im Kontext internationaler Nachrichtenagenturen: Boyd-Barrett 2000: 11.

11 Die Börsenkapitalisierung von Google betrug im Oktober 2009 immerhin noch rd. 175 Mrd. US-Dollar; zudem bietet Google nicht nur die weltweit beliebteste Internet-Suchmaschine an, sondern expandiert sukzessive auch in andere Marktsegmente (Google Books, Google News etc.). Der Börsenwert von Yahoo! betrug im Februar 2009 nur noch etwa 13 Mrd. US-Dollar, dafür bietet das Unternehmen eines der nach wie vor weltweit beliebtesten Internetportale an.

12 Zu diesen Unternehmen vgl. die Einschätzungen in: Herman/McChesney 2000; McChesney 2004b. Zur wechselseitigen Verbindung solcher Medienunternehmen aus dem US-amerikanischen und verschiedenen lateinamerikanischen Märkten vgl.: Sinclair 2003.

»At the background of this we see the persistent hegemonic position of the United States in the construction of [...] a new unipolar world order – not only in terms of geopolitics, economic, diplomatic or military power, but also in terms of its *leadership in cultural, media or communication domains.*«[13]

Die *politische* Implikation bezieht sich dabei auf eine unterstellte Absicherung weltpolitischer Vorherrschaft der USA vermittels der starken Stellung US-amerikanischer Unternehmen im globalen Medienmarkt.

Umgekehrt ruht ein solches Verständnis von Vorherrschaft als »Hegemonie« auf einem spezifischen Verständnis auf, das seinerseits – etwa im Gegensatz zu purer Dominanz oder einfacher Überlegenheit in der Ausstattung mit Machtmitteln – ein Führungsverhältnis bezeichnet, dessen Zustandekommen und Dauer zentral von anderen Komponenten abhängt. Dazu zählen neben dem Willen eines ressourcenstarken Staates zur Führung dessen strategische Kompetenz sowie ein Mindestmaß an Akzeptanz dieses Verhältnisses seitens der übrigen Staaten und ihrer Gesellschaften. Die kann bei Verbündeten die Form offener Gefolgschaft annehmen, seitens der übrigen zentralen Staaten im internationalen System darf wenigstens kein offener Widerstand artikuliert werden.[14] Mit anderen Worten: Die angesichts der Vormachtstellung US-amerikanischer Unternehmen im globalen Medien- und Kommunikationsmarkt behauptete Flankierung der weltpolitischen Hegemonie der Vereinigten Staaten richtet sich im Endeffekt auf die Herstellung eines Mindestmaßes an zugesprochener Legitimität zu diesem Führungsverhältnis seitens der nichthegemonialen Staaten im internationalen System. Hegemonie ist im Umkehrschluss dann von Dauer, wenn Konsens im Sinne einer Abwesenheit offenen Widerstands zu dieser Führung vorherrscht. Dieser Konsens mag darauf beruhen, dass über den Nutzen der Führung weitestgehend Einigkeit besteht, andere Staaten/Gesellschaften maßgebliche eigene Interessen in dieser weltpolitischen Konstellation hinreichend gewahrt sehen, oder aber seitens anderer maßgeblicher Systemteilnehmer Hegemonie als solche kaum thematisiert[15] oder gar als »natürlicher« Zustand wahrgenommen wird.

Unterhalb dieses generell formulierten Zusammenhangs lassen sich einige Binnendifferenzierungen einführen, etwa hinsichtlich regionaler Präferenzen eines globalen Hegemons (der Vereinigten Staaten im euroatlantischen Kontext bzw. gegenüber als »Außenseiter« gebrandmarkten Schurkenstaaten etc.) und daraus resultierender, je unterschiedlicher Grade an Konsens. So lässt sich ein »Konsens« hinsichtlich dieser Vorherrschaft außerhalb eines inneren Zirkels eng integrierter Staaten allenfalls in der po-

---

13 Biltereyst 2003: 59; eigene Herv.
14 Vgl. Robel 2001: 21. Robel stützt sich seinerseits auf die Konzeption von Triepel, baut diese aber wesentlich aus.
15 Vgl. Robel 1999; Brand/Robel 2009: 12.

litischen Führung anderer Staaten vermuten.[16] Im Kern erfordert internationale Hegemonie dabei allerdings, wie oben definiert, die Etablierung von »Konsens« und damit prinzipiell »freiwilliger«, als legitim anerkannter Fügung in ein hierarchisches Verhältnis seitens je relevanter Akteursgruppen. Im »inneren Einzugsbereich« US-amerikanischer Hegemonie, der OECD-Welt, bezieht dieser Konsens auch maßgebliche Teile der Öffentlichkeit mit ein; im äußeren Einzugsbereich betrifft er v.a. politische Eliten, teil- oder zweitweise in offenkundigem Widerspruch zur mehrheitlichen Bevölkerungsmeinung.

Die beschriebene »notwendige Konsenskomponente« weist dabei ihrerseits die unterstellte Wirkung US-amerikanischer Medienunternehmen im internationalen Raum als lohnendes Untersuchungsobjekt aus und macht diese in ihren Konsequenzen hinsichtlich US-amerikanischer Hegemonie analytisch fruchtbar. Maßgeblich Arbeiten in der Folge Gramscis[17], die US-Hegemonie in deren Wirkweisen zu ergründen suchen, haben dabei auf die Entstehung und Verbreitung »hegemonialer« Ideen verwiesen, v.a. auf die ideelle Basiertheit hegemonialer Projekte im internationalen Raum. In dieser Hinsicht ergibt sich für das transnationale Agieren US-amerikanischer Medienunternehmen aus neogramscianischer Perspektive eine ähnlich instrumentelle Sicht wie für internationale Organisationen.[18] Indem sie über Grenzen und Gesellschaften hinweg bestimmte Sichtweisen artikulieren, verbreiten und »naturalisieren«[19], mögen sie einem hegemonialen Staat ähnlich nützlich sein wie internationale Organisationen. Mit deren Hilfe legitimiert der Hegemon aus neogramscianischer Sicht den weltpolitischen Status quo und sichert diesen ab, primär, indem er transnationale Eliten in einen ideellen Konsens (über die »richtigen« Politikinhalte und Politikstrategien) einbindet.

Auch wenn hinsichtlich der konkreten Einbindung von (US-) Massenmedien kaum differenzierende Überlegungen angestellt werden, so herrscht doch ein implizites Verständnis dergestalt vor, dass diese – vor allem US-amerikanische – Unternehmen in internationalen Märkten US-Hegemonie im ideellen Bereich abzusichern helfen. Mittelman etwa argumentiert mit Blick auf globale Konsensschaffung über die Sinnhaftigkeit neoliberaler Restrukturierung in Form des sog. »Washington Consensus«: »A set of organizing institutions bundles neoliberalism and globalization,

---

16 Vgl. Robel/Lempp 2004; Robel/Ristau 2008.

17 Vgl. Cox 1993; Gill 1993. Germain/Kenny (1998: 6) beschreiben den Kern der neogramscianischen Analyse in den IB damit, dass diese den Hegemoniebegriff in seiner »sozialen« Komponente ausgedeutet hat: »[…] its construction as a social artefact and its inherent points or moments of contradiction«. Vgl. auch: Puchala 2005; Burges 2008; für eine Kritik ebendieser Fokussierung auf die »ideelle« Ebene in Form der »Konsenskomponente«: Joseph 2008.

18 Vgl. Cox 1993: 62ff.

19 Vgl. Murphy 2004: 13.

and seeks to universalize the core ideas. Among these diverse institutions are the *media*, the lecture circuit, schools, and universities.«[20] Im Folgenden werde ich diese simple Feststellung als Aufforderung begreifen, »hegemoniale Steuerung« qua Massenmedien im Wesentlichen in Gestalt einer Arbeitshypothese zu betrachten und damit angelagerte Prozesse der Bedeutungskonstruktion[21], die aus dem Wirken US-amerikanischer Medien in ausländischen Märkten resultieren, ergebnisoffener zu betrachten. Kann also eine etwaige »diskursive Vorherrschaft« der Vereinigten Staaten auf die *pole position* US-amerikanischer Medienunternehmen im globalen Kontext[22] zurückgeführt werden?

Diese geschilderte »Vormachtstellung« US-amerikanischer gegenüber anderen international operierenden Medienunternehmen entspringt ihrerseits zweifelsohne zu einem bedeutenden Teil Politiken, die verschiedene US-Regierungen seit den 1980er Jahren zunächst im nationalen Kontext in Form von Liberalisierung und Deregulierung eines vglw. bereits liberalisierten Medien- und Kommunikationsmarktes vorangetrieben haben.[23] Die resultierende Herausbildung von großen Medienkonzernen, die über Ressourcen, Strategien und Willen verfügten, in internationalen Märkten zu operieren, verschaffte diesen eine Vorsprung gegenüber potenziellen ausländischen Konkurrenten. In diesem Zusammenhang greift es zu kurz, auf internationaler Ebene lediglich zu konzedieren, dass dieses US-amerikanische Modell der Fortentwicklung des Medien- und Kommunikationssektors in den internationalen Kontext »exportiert« wurde.[24] Vielmehr lässt sich aufzeigen, dass die Vereinigten Staaten in zahlreichen bi-, pluri-, v.a. aber multilateralen Verhandlungen ein spezifisches Set von Vorstellungen verfochten und

---

20 Mittelman 2005: 49; eigene Herv. Ruf (2007: 78ff.) identifiziert dabei »strukturelle Aspekte«, die einer massenmedialen Absicherung von (US-)Hegemonie zuträglich sind. Die aufgeführten Aspekte tendieren stärker in Richtung eines »Manipulations-« oder »Verzerrungs«-Arguments, während »Konsensschaffung« im (neo-)gramscianischen Sinne m.E. auf *diskursive Effekte* massenmedialer Berichterstattung zu beziehen wäre.

21 Die hier vorgetragene Argumentation bezieht sich primär auf das Wirken US-amerikanischer Medienunternehmen in anderen regionalen Kontexten. Zusätzlich unterminiert wird die These eines »gerichteten Durchgriffs« auf regionale Befindlichkeiten (eine Art neuzeitlicher »Kulturimperialismus«-These) durch die Forschungen zu kulturell gebundenen Mustern der Aneignung von Medien- und Kulturprodukten. Die resultierende »Hybridisierung« (vgl. u.a.: Chan/Ma 2002; Juluri 2003: 218) widerspricht der Annahme einer äußeren Steuerung von Sinngebungsprozessen auf einer tieferen Ebene.

22 Vgl. Biltereyst 2003: 57.

23 Für einen kondensierten Überblick über die Deregulierungspolitik *im* US-amerikanischen Medien- und Kommunikationsmarkt siehe: Bar/Sandvig 2008; Freedman 2008: 80-121.

24 Vgl. McChesney 2004b: 7.

Handlungsmaximen etabliert haben, das den Erfolgschancen US-amerikanischer Medienunternehmen zuarbeitete. Maßgebliche Verhandlungsforen waren dabei im Bereich des Welthandels die WTO; flankierend hinzu traten die Debatten zur Weltkommunikationsordnung bzw. zur Weltinformationsgesellschaft innerhalb der Vereinten Nationen.

Dies geschah, indem einerseits der »Privatsektor« und Unternehmen als legitime und zentrale Akteursgruppe in internationalen Verhandlungen zu Fragen »globaler Mediensteuerung« (*global media governance*[25]) auserkoren wurde und Versuche anderer Staatengruppen, globale kommunikative Prozesse als Objekte kooperativer *politischer* Regulierung zu begreifen, abgewehrt werden konnten. Andererseits konnte in WTO-Verhandlungsrunden die Öffnung ausländischer Medien- und Kommunikationssektoren durchgesetzt werden.[26] Diese Mischung aus einer aktiven Liberalisierungsstrategie in anderen Weltregionen, der Beförderung von Deregulierungsstrategien in heimischen wie internationalen Märkten (mit Ausnahme des Wirkens hin auf die Absicherung intellektueller Eigentumsrechte) sowie der Abwehr von international zu vereinbarenden Politiken der Steuerung und Umverteilung ergab sich nicht von ungefähr. Sie basierte zweifelsohne auf wiederholten und massiven Lobby-Kampagnen und Überzeugungsanstrengungen US-amerikanischer Medienunternehmen.[27] Im Umkehrschluss stellt sich demgemäß die Frage, inwiefern sich diese erfolgreiche Privatisierungs- und Marktöffnungsstrategie, von der US-amerikanische Unternehmen im Medien- und Kommunikationssektor maßgeblich profitiert haben, in etwaige »Unterstützungsleistungen« mit Blick auf US-amerikanische Hegemonie übersetzt.

Vor dem Hintergrund einer zunehmenden Pluralisierung im globalen Medien- und Kommunikationssektor erweist es sich dabei als von entscheidender Bedeutung, welche integrierenden Impulse von US-amerikanischen Unternehmen im globalen Kontext[28] ausgehen. Es ließe sich ja auch argumentieren, dass der sprunghafte Anstieg potenzieller Kommunikatoren/Anbieter von Medieninhalten in grenzüberschreitenden Kontexten qua Me-

---

25 Siochrú et al. 2002; Siochrú 2004; Hintz 2009: 56-63.

26 Vgl. etwa für die Verhandlungsrunden zum Beitritt Chinas: Zhao 2004: 203.

27 Vgl. Wunsch-Vincent 2003; Zhao 2004; Freedman 2005. Für unterschiedliche Konfigurationen von Unternehmensinteressen, Interessen US-amerikanischer Politik und multilateralen Verhandlungsrunden im Medien-, Informations- und Kommunikationssektor: Singh 2008: 19, 28-75. Vgl. auch Schiller (2007: 118ff.) für eine historische Einbettung der Transnationalisierung US-amerikanischer Medienunternehmen. Vgl. für eine auf internationale Organisationen selbst ausgerichtete Strategie von Unternehmen der Informations- und Kommunikationsbranche: Leye 2007: 975ff.

28 Für eine statistische Aufarbeitung der Transnationalisierung US-amerikanischer Medien- und Kommunikationsunternehmen siehe: Jin 2008.

dientechnologie[29] und ebenso die Zunahme von an einzelnen kulturell-geographisch definierten Welt*regionen* orientierten Medienunternehmen[30] hier zentrifugale Kräfte freisetzen. Betrachtet man dagegen die konkreten Unternehmensstrategien US-amerikanischer Unternehmen in manchen ausländischen Märkten, wird deutlich, dass diese, ebenso wie die per se stärker regional-kulturell orientierten Medien, vor allem Regionalisierungs- bzw. Lokalisierungsstrategien zur Anwendung bringen.

Mit anderen Worten: US-amerikanische Unternehmen tendieren in internationalen Märkten dazu, ihre jeweiligen Produkte (kulturelle Produkte ebenso wie ihre Berichterstattung und den Zuschnitt von Informationen) an regionalen/lokalen Geschmäckern, Rezeptionsmustern, Akzeptanzrahmen und ggf. politischen Vorgaben zu orientieren. Dies wiederum impliziert auch bedeutende politische Konsequenzen, weil es auf genereller Ebene der These einer »Medienglobalisierung als Amerikanisierung« in Bezug auf eine überdeutliche inhaltliche Prägung von Sinnwelten »nach amerikanischem Muster« widerspricht. Im Bestreben, in ausländischen Märkten profitabel zu arbeiten, haben US-amerikanische Unternehmen dabei ihre Produkte in zunehmendem Maße auf lokale Geschmäcker zugeschnitten und an existierenden regionalen/lokalen Wahrnehmungsmustern ausgerichtet.[31] Oder aber sie haben ihnen gesetzte Vorschriften so nachhaltig verinnerlicht, dass ihr Agieren in den jeweiligen Gesellschaften durchaus ambivalente Rückwirkungen hinsichtlich US-amerikanischer Hegemonie im weltpolitischen Kontext vermuten lässt. Das Wirken von News Corp. im chinesischen Kontext sowie die sog. Google/Yahoo!-»Affäre« sind dafür beredte Beispiele, wie im Folgenden aufgezeigt wird. Beide entsprechen dabei dem Grundtypus eines transnational agierenden Medienunternehmens (M_{TN})[32], das im heimischen US-Markt verankert ist (und damit in der Gesellschaft des hegemonialen Staats) und dessen Aktivitäten in anderen Gesellschaften (G_2) für gemeinhin unterstellt wird, das diese den weltpolitischen Führungsanspruch des Hegemons flankieren. Dies wäre allerdings nachzuweisen, und zwar primär auf der Ebene diskursiver Konsequenzen dieses Agierens in ausländischen Märkten.

Rupert Murdochs News Corp. stellt in diesem Zusammenhang den Archetypus eines »politischen Medienunternehmens« dar, nicht zuletzt, da der formative Zugriff seines charismatischen Besitzers auf die politische Aus-

---

29 Vgl. Compaine 2002.

30 Vgl. etwa für die Bedeutung australischer und japanischer Medienunternehmen in der asiatisch-pazifischen Region: Becker/Luger 2005; Keane 2006.

31 Vgl. Banerjee 2002: 533; Schiller 2007: 132; Sparks 2007a: 142-144.

32 Ich bezeichne sie damit als »transnationale Medienunternehmen«, da sie in einem transnationalen Kontext arbeiten; nichtsdestotrotz besitzen sie ihren Stammsitz in den Vereinigten Staaten. Zur definitorischen Diskussion vgl. u.a.: Gershon 2000; Artz 2007.

richtung der Medienprodukte im *heimischen* US-Markt deutlich belegt ist.[33] Politisch konservativ, den Republikanern nahestehend und insgesamt einer markt- und unternehmerfreundlichen wie Rüstungsanstrengungen zugeneigten Ideologie anhängend, repräsentiert Murdoch selbst seinerseits unzweifelhaft einen Unternehmertypus mit klar erkennbarer »politischer Agenda«[34], zumindest im US-amerikanischen Kontext. Einige Studien, die sich mit der Präsenz von News Corp. in anderen Märkten und somit transnationalen Aktivitäten[35] des Medienunternehmens auseinandersetzen, *gehen* dabei zumeist von einer auch dort vorfindbaren politischen Tendenz *aus*[36], schließen in dieser Überlegung aber augenscheinlich vom markanten politischen Profil des Unternehmens im heimischen Markt auf dessen Auslandsaktivitäten.

Demgegenüber kommt Curtin in seiner Analyse der internationalen Aktivitäten von News Corp. zu dem Schluss, dass der Erfolg des Unternehmens gerade nicht auf der Propagierung einseitig gerichteter politischer Botschaften oder uniformer kultureller Standards gegenüber internationalen Publika beruht.[37] STAR TV[38], die – gemessen an der Zuschauerzahl – stärkste Unternehmung von News Corp. im asiatischen Raum, funktioniere eben nicht als Einfallstor für westliche bzw. US-amerikanische Programme, sondern richte sich sehr deutlich an lokalen Nachfragemustern aus.[39] Dies geschah in nicht unmaßgeblichem Umfang auch auf Druck seitens der chinesischen Staatsführung, nicht zuletzt in Form strenger Auflagen im Rahmen der üblichen Joint-Venture-Vereinbarungen. Diese untersagten es ausländischen Anbietern etwa zunächst, im Bereich der politischen Berichterstattung tätig zu sein. In China offerierte News Corp. damit anfangs vor al-

---

33 Vgl. Tatham 2006: 35f. Vgl. auch die bereits zitierten Ergebnisse der PIPA-Studie (PIPA 2003) zum Zusammenhang zwischen der Fernsehberichterstattung unterschiedlicher Nachrichtensender im Vorfeld des Irak-Krieges und daraus resultierenden verschiedenen Wahrnehmungen in der US-Bevölkerung. Fox News, das zu News Corp. gehört, berichtete dementsprechend nahezu deckungsgleich mit den Deutungsvorgaben der republikanischen US-Regierung.

34 Vgl. Kirkland 2007.

35 Kirkland (ebd.) verweist darauf, dass News Corp. in der Tat ein international orientiertes Unternehmen darstellt, das im Jahr 2006 etwa die Hälfte seiner Umsätze außerhalb der Vereinigten Staaten realisierte. Insbesondere im asiatischen Markt ist News Corp. über STAR (Satellite Television Asian Region) eine Größe.

36 Vgl. etwa: Thussu 2004. Dabei geht Thussu selbst auch von »Lokalisierungsstrategien« aus, vgl. ebd.: 94.

37 Vgl. Curtin 2005: 155.

38 STAR erreicht etwa 300 Mio. Zuschauer (Thussu 2004) und besitzt ein tägliches Publikum von mehr als 100 Mio. Zuschauern, meistenteils in Indien (Kirkland 2007).

39 Vgl. Curtin 2005: 162.

lem Unterhaltungsformate und Sportberichterstattung.[40] Die schleichende Zunahme der Tätigkeiten von News Corp. auch im Bereich der Nachrichtenberichterstattung »erkaufte« sich das Unternehmen in der Folge mit einer wiederholt unter Beweis gestellten Loyalität gegenüber der chinesischen Staatsführung bzw. der kommunistischen Parteiführung. Damit gilt – wenig überraschend aus betriebswirtschaftlicher Sicht, überraschender allerdings angesichts der teils eigenen Bekundungen politischer Absichten[41] –, dass die Orientierung an Unternehmensgewinnen im Endeffekt das Verhalten der US-amerikanischen Medienunternehmen im internationalen Kontext deutlicher bestimmt als etwaige »politische Agenden«.

So folgte beispielsweise die Entfernung des Senders BBC World News aus dem nordasiatischen Angebot von STAR den Wünschen der chinesischen Staatsführung. Das im chinesischen Raum auch medial inszenierte Bekenntnis des Sohns von Rupert Murdoch, bei »Falun Gong« handele es sich wie von den chinesischen Machthabern behauptet um einen »gefährlichen Kult«, folgte im unmittelbaren Nachgang zur offiziellen Erlaubnis für News Corp., mit Phoenix TV in China einen Kooperationsvertrag zu schließen.[42] Die damit offenkundige und erfolgreiche Einflussnahme der chinesischen Regierung mag in den geschilderten Fällen kaum Auswirkungen im *welt*politischen Kontext, jedenfalls nicht maßgeblich hinsichtlich US-amerikanischer Hegemonie besessen haben.

Deutlicher lässt sich eine solche mögliche Rückwirkung jedoch in Fällen beobachten, in denen die politische Berichterstattung von Unternehmungen, an denen News Corp. maßgeblich beteiligt ist, auf eine fundamentale Kritik an US-amerikanischer Außenpolitik gemünzt war. Wiederum Curtin berichtet in diesem Zusammenhang davon, dass insbesondere Phoenix TV (und damit per Joint Venture auch News Corp.) für seinen dezidiert an der »chinesischen Sicht« (*Chineseness*) orientierten Blickwinkel bekannt ist, der auf einer kulturell konservativen Ausrichtung und den politischen Überzeugungen der chinesischen Partei- und Staatsführung ruht.[43] Damit richtet sich

---

40 Vgl. Atkins 2003; Curtin 2005: 164.

41 Immerhin hatte Rupert Murdoch STAR TV 1993 als eine eindeutige Bedrohung totalitärer Regime in der Region bezeichnet (Barraclough 2000: 264); diese Bemerkung stieß seitens offizieller Regierungsvertreter in China auf wenig Gegenliebe. Tonalität und Stoßrichtung des Handelns in China von News Corp. haben sich seitdem grundlegend gewandelt, vgl. u.a.: Kahn 2007; Sparks 2007a: 164f. Zum Umgang verschiedener US-amerikanischer Unternehmen mit lokalen Geschmäckern und politischer Reglementierung in China: Fung 2008.

42 Vgl. Flew/McElhinney 2006: 292.

43 Vgl. Curtin 2005: 164ff. Sinclair/Harrison (2000) bemerken dazu: »The practical outcome of government regulation is a complex regime of control which sets limits on programming that might explicitly challenge the power of the Communist Party and its nation-building ideology but allows significant freedom within the scope of the creation of a Chinese consumer culture.«

Phoenix TV einerseits an lokalen Zuschauergeschmäckern, andererseits an dem politisch vorgegebenen Akzeptanzrahmen aus, was insbesondere in Situationen der Konfrontation zwischen China und den Vereinigten Staaten zu einer bemerkenswerten Dynamik führt(e). So war die Berichterstattung des Senders anlässlich der Bombardierung der chinesischen Botschaft in Belgrad im Rahmen der NATO-Luftschläge gegen Serbien im Wesentlichen darauf ausgerichtet, die Entrüstung in der Bevölkerung zu schüren und in eine nationalistisch gestimmte Begeisterung für die »chinesische Sache« umzumünzen. Damit wirkte das von News Corp. (und Murdoch) mit zu verantwortende Programm gerade *nicht* im Sinne einer *public diplomacy* für US-amerikanische Außen- und Weltpolitik, sondern beförderte mittelbar eine amerikakritische Sicht und Bewertung.

Auch wenn unbestritten mehr Forschung hinsichtlich des *tatsächlichen* inhaltlichen Zuschnitts politischer Berichterstattung der lokalen Sender wie der spezifischen »Lokalisierungsstrategien« stärker kulturell ausgerichteter Medienformate von News Corp. vonnöten wäre, lässt sich die nachfolgende These plausibel aufstellen. Die beschriebene Tendenz des US-Medienkonzerns, sich innerhalb des Akzeptanzrahmens zu bewegen, den die Kommunistische Partei Chinas vorgibt, mag vor dem Hintergrund des nicht spannungsarmen Verhältnisses zwischen den Vereinigten Staaten und China[44] dem Anspruch der USA auf weltpolitische Führung gerade gegenüber einem potenziellen hegemonialen Konkurrenten zuwiderlaufen.[45] Damit ist zudem in Frage gestellt, dass vom (politisch motivierten) Verhalten im Heimatmarkt ohne Weiteres auf Orientierungen im internationalen Kontext geschlossen werden kann.

Dies bedeutet andererseits allerdings kaum, dass News Corp. in allen internationalen Kontexten zwangsläufig zu derartigen, sich in offenem Widerspruch zu US-amerikanischen Führungsansprüchen befindenden Berichtsstrategien übergehen muss. Vielmehr richtet sich der Grad der jeweils voranzutreibenden »Lokalisierung« nach den lokal gesetzten Akzeptanzrahmen und rechtlichen Vorgaben, wie etwa das Beispiel Indien zeigt. In seiner Studie zur »Murdochisierung« der Nachrichtenkultur in Indien weist Thussu darauf hin, dass die Beteiligung ausländischer Medienunternehmen im

---

44 Dies gilt trotz, teils gerade wegen der »symbiotischen« Verschränkung der Volkswirtschaften beider Länder, vgl. dazu u.a. die kurze Konjunktur des Begriffes »Chimerica«: Ferguson/Schularick 2007, 2009. Auch wenn die enge wirtschaftlich-finanzielle Interdependenz eine einseitig verengte Sicht auf »notwendigerweise kommende« (militärische) Hegemonialkonkurrenz verbietet, lässt sich gerade auf dem Terrain massenmedialer Bedeutungsprägung die Wahrnehmung zunehmender Konflikthaftigkeit der Beziehung im US-amerikanischen Kontext beschreiben, vgl. u.a.: Liss 2003: 300ff.; Stone/Xiao 2007.

45 Wobei wie beschrieben gilt: Letztendlich erklärt die primär ökonomische Orientierung dieser Unternehmen (gegenüber politischen Ambitionen) diesen zunächst, gerade im Falle Murdochs/News Corp., anklingenden Widerspruch.

Nachrichtensektor dort im Gegensatz zu China bereits vorab erlaubt war und nicht erst durch unternehmensseitige Zugeständnisse schrittweise erlangt werden musste.[46] Die Analyse des spezifischen Zuschnitts der Berichterstattung in den indischen Sendern, die News Corp. zugerechnet werden können, ergab dabei, dass in struktureller Hinsicht »westliche« Berichtsformate (»Politainment« und populäre Ausdeutung/*soft news*) deutlicher als bei anderen Sendern zum Tragen kamen.[47] Inwiefern sich daraus ableiten lässt, welche inhaltlichen Präferenzen überwogen (ob überhaupt), bleibt wesentlich unbestimmter. Zwar seien, so Thussu, die zu News Corp. gehörenden Nachrichtenprogramme auch in Indien den Deutungsvorgaben der US-Regierung etwa im Kontext des *war on terror* gefolgt.[48] Dies kann im oben beschriebenen Sinne aber auch als Indikator dafür stehen, dass die »offizielle US-Perspektive« in wesentlichen Punkten deckungsgleich gerade mit dem seitens politischer und gesellschaftlicher Eliten in Indien gesetzten Akzeptanzrahmen – v.a. hinsichtlich islamkritischer oder offen antiislamischer Tendenzen – war, der Berichterstattung also keine Anpassungsleistung unterlegt werden musste.

Die tatsächliche Wirkmächtigkeit solcher lokal-regionaler Akzeptanzrahmen (als Grenzziehungen für die Profitabilität des Agierens von US-Medienunternehmen im internationalen Kontext) wurde andererseits im Kontext der sog. Google/Yahoo!-Affäre erneut deutlich. Wiederum offen-

---

46 Vgl. Thussu 2007.

47 Eine wiederum anders geartete These, mit der ich mich an dieser Stelle nicht auseinandersetze, lautet: US-amerikanische Medienunternehmen trügen, durch ihre Präsenz und ihr Agieren in anderen kulturellen und politischen Kontexten weltweit, zu einer Verbreitung »westlicher« Lebensstile und Wertmaßstäbe bei, etwa eines »Konsumerismus«, vgl. u.a.: Artz 2003; Murphy 2003; McChesney 2004b. Im Hinblick auf diese These ergeben sich zwei Schwierigkeiten: Erstens müsste solcherart »Wertewandel« methodisch greifbar, wenigstens abbildbar gemacht, nicht nur unterstellt werden – dies verlangt nach umfangreicher Feldforschung in größeren Forschungsverbünden, kann zumindest auf Basis einer »einfachen« Korrelation zwischen Inhaltsanalysen und Bevölkerungsumfragen (so diese Daten überhaupt existieren!) nicht einfach geschlussfolgert werden. Zweitens und mit Blick auf das hier angestrengte Forschungsinteresse: Es ist nicht einsichtig, warum etwa die Übernahme von Berichtsformen, Berichtsstilen, etwa auch: implizit mitgelieferten Werteorientierungen aus dem euro-atlantischen Raum notwendigerweise US-amerikanischer Hegemonie zuarbeiten muss. Auch der oftmals beschriebene »Neoliberalismus« oder die »Ausbreitung einer kapitalistischen Logik« (als vermeintlich »US-amerikanischer Ideologie«, siehe etwa: Schiller 2007: 121) mag in den Konsequenzen ihrer Umsetzung gesellschaftliche Spannungen und Unruhen hervorrufen, die ihrerseits einen destabilisierenden Effekt auf US-amerikanische Führung in weltpolitischen Zusammenhängen besitzen.

48 Thussu 2007: 605.

barten sich dabei auch die möglichen negativen Folgen des Handelns US-amerikanischer Unternehmen im Hinblick auf die strategischen Interessen US-amerikanischer Außen- und Weltpolitik. Google, bekannt als Anbieter der weltweit insgesamt beliebtesten Internet-Suchmaschine[49], war 2006 in die Schlagzeilen geraten (und nachfolgend auch Gegenstand einer Anhörung im US-Kongress geworden), als bekannt wurde, dass das Unternehmen gemeinsam mit Microsoft und Yahoo! auf die Forderungen der chinesischen Regierung eingegangen war, den Zugang zu politisch »sensiblen« bzw. »unerwünschten« Websites und Online-Inhalten zu blockieren.[50] Dieses aus US-amerikanischer Sicht im markanten Kontrast zur sonst propagierten »Don't be evil«-Unternehmenspolitik und wenigstens in einem ambivalentem Verhältnis zum eigenen *mission statement* (»alle möglichen Informationen jedem zugänglich zu machen«[51]) stehende Verhalten löste eine Welle der Empörung aus.[52] Wiederum ist diese Entscheidung ohne Zweifel erklärbar vor dem Hintergrund ökonomischen Kalküls, da auf Basis der Übereinkunft mit der chinesischen Regierung die Stationierung von technischer Infrastruktur durch Google auf dem chinesischen Festland ermöglicht wurde. Es war dies ein Schritt, der aus Unternehmenssicht als notwendig erachtet wurde, um mittelfristig mit der lokal präferierten Suchmaschine Baidu zu konkurrieren.[53]

---

49 *SearchEngineWatch.com* bietet einen Fundus an Daten; globalen Vergleichsdaten zufolge war und ist Google weltweit (aggregiert) in den letzten Jahren die beliebteste Suchmaschine (vgl. u.a.: http://searchenginewatch.com/3625072; http://searchenginewatch.com/3634922), wobei in einigen regionalen Kontexten andere Suchmaschinen beliebter sind, Baidu im chinesischen Markt etwa.

50 Vgl. FAZ 2006, NZZ 2006a, b; Pan 2006; Vise 2006; für das Verhalten von Yahoo/Microsoft, u.a. auch an der Strafverfolgung von Regimegegnern durch Überwachung von Internetnutzung mitzuwirken: Ang 2006.

51 Wobei die selektive Sperrung des Zugangs zu bestimmten politischen Webinhalten keineswegs auf China (und andere autoritäre Staaten) beschränkt ist; in Frankreich sind Webinhalte, die zum »Rassenhass« anstacheln, ebenso gesperrt wie in anderen europäischen Ländern Angebote extremistischer Gruppierungen. Vgl. dazu: Deibert et al. 2008: 186-196. Die spezifische Problematik ergibt sich im vorliegenden Kontext denn auch nicht aus der Debatte um Sinn und Unsinn von Internetzensur (diese ist gang und gäbe, vgl. den Überblick in: Faris/Villeneuve 2008), sondern daraus, dass ein *US-amerikanisches* Unternehmen an solcherart Zensurmaßnahmen in einem anderen Land an prominenter Stelle mitwirkt und dabei – wenigstens mittelbar – eben gerade nicht als »Instrument« US-amerikanischer *public diplomacy* fungiert, sondern allenfalls US-amerikanische Ansprüche auf (Aufrechterhaltung von) Hegemonie auf diskursivem Terrain zu untergraben hilft.

52 Vgl. Noguchi 2006; Reich 2006; Watts 2006.

53 Baidu ist in China nach wie vor die beliebteste Suchmaschine mit einem Marktanteil von 61 Prozent (2009) gegenüber Google (29 Prozent), vgl. Reuters 2009.

Für die hier verfolgten Zwecke wiederum interessanter ist allerdings der Aspekt, dass die Unternehmensstrategie damit auf mehrfache Art und Weise – wenn auch nicht willentlich, so dies doch in Kauf nehmend – in Widerspruch zu US-amerikanischen Führungsambitionen im weltpolitischen Rahmen geriet. Zum einen untergräbt sie eine Menschenrechtspolitik, die wenigstens auf rhetorischer Ebene (und dies wesentlich akzentuierter vor Guantanamo und Abu Ghraib) darauf gerichtet war, China im internationalen Kontext an dessen autoritärer Vorgehensweise zu messen und dementsprechend zu kritisieren. Zum anderen eröffnet Googles Zugeständnis den chinesischen Machthabern die Möglichkeit, vor dem Hintergrund des wie angedeutet nicht spannungsarmen Verhältnisses zwischen den Vereinigten Staaten und China, Deutungshoheit über politische Sachverhalte der Tendenz nach in stärkerem Maße zu erlangen, und zwar vermittels einer Zensur ungewünschter Web-Inhalte.

Der im Vorfeld mit Bezug auf eine »neue Medienumwelt« beschriebene Mechanismus der Diffusion mannigfaltiger Situationsdeutungen aus verschiedenen nationalen Kontexten in andere Gesellschaften ist demzufolge außer Kraft gesetzt, wenn die entsprechenden Infrastrukturen (hier: eine prominente, »ausländische« Internet-Suchmaschine) diese Diffusion nicht ermöglichen. Dabei ist hinzuzufügen, dass das Verhalten von Google nicht singulär, sondern gerade im chinesischen Fall die Regel für US-amerikanische Unternehmen, im weiteren Sinne: der Informations- und Kommunikationsbranche, ist. So hatte Yahoo! bereits 2003 eine standardmäßige Übereinkunft mit der chinesischen Staatsführung unterzeichnet (»Public Pledge on Self-Discipline for China's Internet Industry«), die den Internetanbieter auf Unterstützung der Behörden bei der Verfolgung von Regimegegnern verpflichtete.[54] Mehr noch als die in dieser Übereinkunft enthaltenen Zugeständnisse hinsichtlich der Überwachung der Nutzung von Internetdiensten ist dabei das Einverständnis von Bedeutung, keine Informationen zu veröffentlichen, denen gemäß die »staatliche Sicherheit gefährdet« werden könnte. Aus Sicht der chinesischen Regierung hat sich solcherart Druck auf US-amerikanische Medien- und Kommunikationsunternehmen dabei rückblickend als wesentlich wirksamer als die Zensur bzw. Blockade des aus dem Budget einer US-amerikanischen Regierungsbehörde finanzierten *Radio Free Asia* erwiesen. Angesichts bisweilen aufflackernder Gesten hegemonialer Konkurrenz zwischen den Vereinigten Staaten und China ergeben sich aus dem Einschwenken US-amerikanischer Medienunternehmen auf die chinesische Regierungslinie mindestens potenziell unterminierende Effekte für einen US-Führungsanspruch.

In jedem Fall ergibt sich angesichts der unterstellten »Amerikanisierung« internationaler Kommunikation und der Vorstellung einer sich *wechselseitig* flankierenden und stützenden Vorherrschaft der Vereinigten Staaten im

---

54 Vgl. Kurlantzick 2003: 55ff.

weltpolitischen Kontext und US-amerikanischer Unternehmen im globalen Medien- und Kommunikationssektor ein deutlich nuancierteres Bild. Ein solcher Automatismus kann bestritten werden, da das Agieren US-amerikanischer Unternehmen in internationalen Märkten zwar nicht notwendigerweise US-Hegemonie unterminiert, dies aber andererseits, wo Gewinninteressen betroffen sind, auch keineswegs ausschließt. Dass einerseits politische Vorherrschaft der USA den Unternehmen einen Konkurrenzvorteil verschafft hat, um international agieren zu können, deren konkretes Handeln aber einer Unterminierung solcher politischer Vorherrschaft zuzuarbeiten scheint, wenn (kurz- und mittelfristige) Gewinninteressen eine Ausrichtung an lokalen Regeln *auch zu Ungunsten der Vereinigten Staaten* befördern, gleicht einem Paradox. Dieses lässt sich mit Hilfe der Metapher »asymmetrischer Loyalitäten« (*asymmetrical allegiances*[55]) beschreiben. Darin angelegt ist ein wesentlich ambivalenteres Verhältnis zwischen der starken Stellung US-amerikanischer Medienunternehmen und der (welt-) politischen Hegemonie der Vereinigten Staaten. Auch wenn eine Unterminierung dieses Führungsanspruches auf diskursivem Terrain in den genannten Beispielen damit eher angedeutet werden konnte, so muss der umstandslosen Unterstellung einer Doppelherrschaft (in einem undifferenzierten politökonomischen Verständnis[56]) widersprochen werden. Wie Sparks es treffend formuliert: »[a] unity of purpose in imperial planning«[57], wie sie durch einige Imperialismustheoretiker mit Blick auf US-Hegemonie und die Vorreiterrolle US-amerikanischer Medien- und Kommunikationsunternehmen skizziert wird, erscheint nicht haltbar. Sicht- und analysierbar könnte diese prinzipielle Unterminierung US-amerikanischer Hegemonie eben (auch) durch das Agieren US-amerikanischer Medienunternehmen mittels einer Befassung mit den tatsächlichen diskursiven Resultaten dieses Agierens gemacht werden. In diesem Sinne stellte eine intensivere Befassung mit den *diskursiven Konsequenzen* der oben beschriebenen Lokalisierungsstrategien einen lohnenden zukünftigen Forschungsbereich dar.[58]

---

55 Vgl. Brand/Robel 2007.

56 Vgl., allerdings mit Blick auf eher kulturell-unterhaltende Medienformate: Jin 2007. Für die politische Berichterstattung: Xia 2003; El-Din Aysha 2005. Für die gesamte Medien- und Kommunikationsbranche: Boyd-Barrett 2006.

57 Sparks 2007a: 208.

58 Allerdings würde damit auch ein methodisch höchst anspruchsvolles und nur im Rahmen eines Forschungsverbundes zu realisierendes Projekt formuliert.

9.2 DER »KAMPF UMS WELTBILD«[59]

> Only if you are a member of
> [...the] ›faculty club international‹,
> staying at Hilton overseas and watching cable,
> it is possible to believe that
> U.S. television programming
> rules the airwaves.[60]

Auch wenn damit »Amerikanisierung« qua transnational operierender US-Medienunternehmen im Sinne eines politisch bedeutsamen, einseitigen »Durchgriffes« auf Prozesse der Bedeutungskonstruktion innerhalb anderer Gesellschaften anzuzweifeln ist, ergibt sich angesichts jüngerer Tendenzen im Bereich internationaler politischer Kommunikation ein weiterer überraschender Befund. So lässt sich aufzeigen, dass gerade im Bereich internationaler Nachrichtenberichterstattung – infolge des weltweiten »Krieges gegen den Terror« seit 2001, v.a. aber im Fahrwasser der Intervention der Vereinigten Staaten und ihrer Verbündeten im Irak – zunehmend ein »Kampf ums Weltbild« ausgetragen wird.

Nunmehr viele verschiedene globale Nachrichtenmedien treten demgemäß auf Basis anerkannt unterschiedlicher Realitätsdeutungen (aus je regionaler, nationaler oder regierungsnaher Sicht)[61] in eine Konkurrenz um Deutungshoheit und Legitimität spezifischer außenpolitischer Handlungsformen zentraler Akteure im internationalen System. Dabei kann unterstellt werden, dass eine der Hauptursachen für die Entstehung verschiedener international orientierter Nachrichtenkanäle in der vergangenen Dekade das Bemühen ist, eine *als solche wahrgenommene* Informations- und Kommunikationsdominanz der Vereinigten Staaten auszubalancieren. Ihren Ausdruck fand diese Wahrnehmung maßgeblich in der Ansicht, die Existenz des »globalen Nachrichtenkanals« CNN, der gleichwohl seinen Stammsitz in den USA hat, resultiere in einem automatischen Informationsvorsprung seitens der Vereinigten Staaten.[62] Dabei ergibt sich bei näherer Hinsicht ein deutlich diffe-

---

59 Vgl. Meckel (2006) für die Umschreibung der zunehmenden Konkurrenz auf dem Markt internationaler Nachrichtenberichterstattung. Mit BBC World als prominentem Nachrichtenkanal werde ich mich an dieser Stelle nicht auseinandersetzen, da dessen Agieren zum einen keine jüngere Entwicklung darstellt, zum anderen mit Blick auf transatlantischen Dissens (vgl. dazu ausführlicher: Kap. 10) eine Rolle spielt.

60 Marling 2006: 39.

61 Wobei ein strategisches Moment der intendierten Bedeutungsprägung nicht abgestritten werden kann. Von den Konsequenzen her gedacht ist eine solche Konkurrenz der Bedeutungsgehalte aber zunächst bedeutsamer als das Aufzeigen möglicher Intentionalitäten.

62 Vgl. u.a.: El-Din Aysha 2005: 196.

renzierteres Bild. Dies gilt einerseits für die Regionalisierungsstrategie von CNN; der Sender präsentiert deutlich in ihrer jeweiligen thematischen Zusammensetzung und teils auch in der Berichtsperspektive unterscheidbare Programme in unterschiedlichen internationalen Kontexten.[63] Darüber hinaus weisen auch das oftmals nach außen projizierte Selbstverständnis des Senders (ausgenommen die patriotischen Bekundungen einiger CNN-Journalisten im unmittelbaren Nachgang der Terroranschläge 2001) und die gegenüber anderen »westlichen« Nachrichtenkanälen relativ häufige Bezugnahme CNNs auf andere internationale Nachrichtenanbieter, gerade jene aus dem arabischen Raum, auf einen hohen Grad an Internationalisierung hin.[64] Auch wenn sich damit bezweifeln lässt, inwieweit die Unterstellung eines US-Informationsmonopols qua CNN plausibel ist, ist es insbesondere diese *Deutung* von CNN als Instrument US-amerikanischer *public diplomacy* (wahlweise:»Propaganda«) gewesen, die eine Pluralisierung internationaler Nachrichtenkanäle bewirkt hat.

In diesem engen Sinne hat eine »wahrgenommene« Amerikanisierung Gegenreaktionen provoziert, die entweder eine verstärkte Hinwendung zu alternativen Berichtsquellen (Al-Jazeera) oder die Etablierung neuer Nachrichtenkanäle für ein regionales *und internationales* Publikum (France 24, TeleSUR, auch Russia Today) nach sich zogen. Im Hinblick auf die Möglichkeiten US-amerikanischer »hegemonialer Steuerung« geht allerdings im Umkehrschluss von einer solchen Pluralisierung eine potenziell destabilisierende Wirkung aus. Dies gilt, zumal die Notwendigkeit für die Schaffung von mehr Pluralität seitens der maßgeblich involvierten politischen und gesellschaftlichen Eliten vor allem in Abgrenzung zu einer unerwünschten US-amerikanischen Vorherrschaft gesehen wurde, und zwar sowohl deren vermeintliche kommunikative wie deren weltpolitische Dimension betreffend. Damit ist, unabhängig vom jeweiligen Zuschnitt der politischen Berichterstattung auf einer generellen Ebene, zumindest der Mechanismus erfolgreicher Hegemonie, der darauf beruht, dieses Führungsverhältnis so wenig als möglich als ein *Problem* zu debattieren, außer Kraft gesetzt.

---

63 Groshek (2006) zeigt in seiner vergleichenden Studie, dass sich CNN (USA) und CNNi (in verschiedenen Varianten) jeweils deutlich wahrnehmbar in Themenzusammenstellung, Prioritäten und Berichtsperspektive unterscheiden. Hafez (2005: 24f.) weist ebenfalls darauf hin, dass CNN kein »globales Vollprogramm« ausstrahle, geht aber im Gegensatz zu Groshek davon aus, dass die Herkunft des Programms hinsichtlich Agenda und *Framing* »gut erkennbar« bleibe. Vgl. auch: Sparks 2007a: 146f.

64 Vgl. Wessler/Adolphsen 2008: 448f. Dabei hielten sich neutrale wie negative/absetzende Bewertungen der arabischen Sender durch westliche Nachrichtenkanäle in etwa die Waage, knapp ein Viertel der Bewertungen, die aus dem Datensample herausgefiltert werden konnten, charakterisierten die Sender dabei (neutral) als »eine andere Perspektive offerierend« (ebd.: 452ff.).

Die angesprochenen Gegentendenzen zu einer wahrgenommenen US-Informationsdominanz resultieren ihrerseits in der Produktion und Verbreitung alternativer Weltsichten, die (prinzipiell und faktisch) einerseits die vorherrschenden Deutungsangebote der US-Regierung global auszubalancieren suchen. Andererseits bewirken sie eine Erweiterung der Bedeutungsgehalte auch innerhalb der US-amerikanischen Gesellschaft, indem konkurrierende Realitätsdeutungen zur Verfügung gestellt werden. Das ist offenkundig der Fall hinsichtlich des (mit einer Anschubfinanzierung des Emirats Katar ins Leben gerufenen und seitdem finanziell von diesem unterstützten[65]) pan-arabischen Nachrichtenkanals Al-Jazeera. Es kennzeichnet auch die Entstehung des öffentlichen französischen, auf den internationalen Kontext ausgerichteten Nachrichtenkanals France 24 (jetzt Teil von FranceMonde) sowie des lateinamerikanischen Fernsehkonglomerats TeleSUR, das durch ein Kooperationsabkommen u.a. von Venezuela, Argentinien und Kuba[66] geschaffen wurde. In all diesen Fällen lassen sich explizite Referenzen exponierter Akteure finden, die die Etablierung des jeweiligen Mediums in den Kontext einer so definierten Notwendigkeit setzen, US-amerikanischer Informationsdominanz entgegenzuwirken.

France 24 wurde demnach gegründet, um (im Nachgang des Irak-Krieges der USA und ihrer Verbündeten) eine dezidiert »französische Perspektive«[67] und damit eine kriegsablehnende wie amerikakritische Berichtsperspektive auf weltpolitische Vorgänge in den trans- bzw. internationalen Kommunikationsraum einzuspeisen. Der damalige Präsident des Senders, Alain de Pouzilhac, wurde in diesem Zusammenhang nicht müde, auf die Einseitigkeit der Berichterstattung des US-amerikanischen (und aus dieser Sicht eben nicht »globalen«) Nachrichtensenders CNN hinzuweisen. Dessen Berichterstattung habe eine »amerikanische Sicht« auf die einmarschierenden US-Truppen allein als »Freiheitsbringer« im Mittleren Osten propagiert.[68] Zudem präsentierte die damalige französische Regierung im Mai 2003 eine Liste mit Artikeln namhafter US-Zeitungen und Zeitschriften, in denen Frankreich (ungerechtfertigterweise) mehrfacher Waffenlieferungen an den Irak beschuldigt wurde.[69] In diesem Kontext bedeutete das Lancieren von »French CNN« eine offizielle Kampfansage, »Frankreich sollte stärker im Bilderkampf vertreten sein«[70], vor allem im Sinne eines Abwehrkampfes

---

65 Vgl. Khanfar (2005), der die Unabhängigkeit des Senders von dieser Unterstützungsleistung damit begründet, dass dessen Reputation davon abhänge, als quasi-unabhängiger Sender wahrgenommen zu werden.

66 Gegenwärtig beteiligen sich zudem Bolivien, Ecuador, Nicaragua und Uruguay an dem Satellitenkanal, Brasilien in geringerem Umfang, da es zudem mit TV Brasil ein eigenes (regional ausgerichtetes) Medienprojekt betreibt.

67 France 24 2007.

68 Economist 2007.

69 Vgl. Altwegg 2004.

70 Ebd.

gegenüber US-amerikanischer Nachrichtenberichterstattung. Auch wenn sich die von der französischen Regierung wahrgenommene Notwendigkeit, eine solcherart einseitige Berichterstattung auszubalancieren, seit Sendestart von France 24 im Jahre 2006 deutlich abgeschwächt hat, nicht zuletzt auch im Fahrwasser des Wechsels im Präsidentenamt[71], existiert der Sender nach wie vor und verfolgt laut eigens bekundeter Absicht: »[...to] provid[e] a ›Third Way‹ in today's polarized global news environment«.[72]

Die lateinamerikanische Fernsehkooperative TeleSUR verfolgte demgegenüber unter programmatischem Blickwinkel auf den ersten Blick ein breiter angelegtes Ziel. Wie deren aus Uruguay stammender Generaldirektor Aram Aharonian bekundete, bestand dieses primär darin, in Form eines von mehreren Staaten getragenen öffentlichen Mediums[73] ein »Werkzeug« im »Kampf der Ideen gegen das hegemoniale Projekt der Globalisierung« zu schaffen.[74] Vor dem Hintergrund einer spezifischen (weil dort mehrheitlichen) lateinamerikanischen Lesart von »Globalisierung«[75], die sich maßgeblich auf eine Zurückweisung US-amerikanischer Vorherrschaft in der westlichen Hemisphäre richtet, ließ sich aber auch im Falle TeleSURs der US-kritische Impetus deutlich erkennen. Als dezidiert politisches Projekt (gegenüber einem vermeintlich »neutralen« CNN Espanõl) einer kritischen Hinterfragung US-amerikanischer Außenpolitik sowie einer Berichterstattung über bisher kaum gesendete »Informationen aus dem Süden« hat TeleSUR andererseits mehrfach in seinen Berichtsentscheidungen dokumentiert, kein Haussender der Regierung Chavez zu sein.[76] Dies geschah auch vor dem Hintergrund, dass ein maßgeblicher Teil des Budgets aus venezolanischen Öleinnahmen stammte. Das journalistische Credo, dem TeleSUR dabei laut wiederholter Eigenauskunft folgt, lautet, nicht per se antiamerikanisch, sondern US-kritisch zu berichten, so wie auch lateinamerikanische Regierungen ggf. einer kritischen Bewertung unterzogen werden.[77] Nichtsdestotrotz ergibt sich aus dem selbst bekundeten Anspruch, einen »anderen lateinamerikanischen Kontinent zu zeigen« (als es etwa CNN Espanõl bis dato getan habe) und insgesamt eine eigene, von US-

---

71 Als amerikakritische »Medienstrategie« stellte France 24 vor allem ein Projekt Chiracs dar. Dessen Nachfolger Sarkozy versuchte relativ bald, v.a. aus ökonomischen Gründen, France 24 mit dem Sender TV5 zusammenzulegen.

72 Vgl. die Ausführungen des Präsidenten von France 24 in: Carlin 2006.

73 In diesem Sinne bildet TeleSUR laut eigenem Anspruch auch ein »Gegengewicht« zu den privaten Medienkonglomeraten in Lateinamerika, vgl.: Najjar 2007. Zu der Struktur des lateinamerikanischen Medienmarktes: Lozano 2007.

74 Vgl. Burch 2007: 227.

75 Vgl. dazu u.a.: Rovira Kaltwasser 2004.

76 Vgl. dazu: Dilger 2007. Schiller (2007: 128) gibt einen kurzen Überblick über die strategischen Interessen der beteiligten Akteure. Zum Einfluss Chavez' auf den Sender: Cañizález/Lugo 2007.

77 Vgl. Kozloff 2007.

amerikanischer Berichterstattung unabhängige Perspektive in den internationalen Kontext zu projizieren, potenziell auch ein unterminierender Effekt für US-amerikanische Hegemonie. Dies verdeutlicht gerade auch das beschriebene, in vielen Fällen ambivalente Verhältnis zwischen den Vereinigten Staaten und Staaten in Lateinamerika.[78]

Während France 24 und TeleSUR damit eher traditionelleren staatlichen Medienstrategien im Sinne einer *public diplomacy* bzw. der Unterminierung von solcherart Anstrengungen einer Öffentlichkeitsarbeit in den internationalen Raum hinein durch die Vereinigten Staaten ähneln, stellt sich die Lage im Fall Al-Jazeeras anders dar. Der pan-arabische Nachrichtenkanal steht demzufolge im Lichte seiner gestiegenen *Rezeption* und *Akzeptanz* in internationalen Kontexten eher als ein Rollenmodell für die Verbreitung alternativer, vor allem auch US-kritischer Berichtsperspektiven und Bedeutungsgehalte. Während Al-Jazeeras Wirkung auf den unmittelbaren regionalen Kontext vielfach im Zentrum der wissenschaftlichen Befassung mit dem Nachrichtenkanal steht[79], darf nicht vergessen werden, dass ein Interesse am »Bruch des Nachrichtenmonopols westlicher Medien« die Gründung des Senders seinerzeit maßgeblich vorantrieb.[80] Wie Bielsa verdeutlicht, richtet sich Al-Jazeera dabei mittlerweile an ein globales Publikum, wiewohl der Sender ursprünglich mit seinem Ansinnen einer alternativen Berichtsperspektive vor allem auf den Mittleren Osten und Diaspora-Publika (v.a. dortige wirtschaftliche und gesellschaftliche Eliten) abzielte.[81] Dabei ist, wie die jüngsten Entwicklungen, etwa die Expansion von Al-Jazeera Arabic hin zu Al-Jazeera *International* bzw. *English* belegen, die zunehmende Orientierung auf eine Berichterstattung aus arabischer Perspektive, aber für einen überregionalen Kontext, nicht zu verkennen. Auch wenn sich die Selbstauskunft des Nachrichtenkanals zurückhaltend gibt, indem sie formuliert, dass es Al-Jazeeras Ziel sei, »[…to] balance the current typical information flow by reporting from the developing world back to the West and from the southern to the northern hemisphere«[82], lässt sich ein potenziell unterminieren-

---

78 Vgl. u.a. Robel/Lempp 2004. In diesem Sinne ist TeleSUR »gegen-hegemonial« intendiert, vgl.: Harris 2005.

79 El-Nawawy/Iskandar 2003; Lamloum 2004; El Oifi 2005; Zayani 2005; Miles 2006; Tatham 2006; Radsch 2007; Pintak/Ginges 2008. Wojcieszak (2007: 120ff.) beschreibt Al-Jazeera als eine gegenhegemoniale Kraft im arabischen Raum, weil der Sender im Vergleich zu anderen (pan-)arabischen Kanälen deutlich weniger unter der Kuratel einer Staatsführung in für gewöhnlich autoritären politischen Systemen stand. Nicht zuletzt die Berichterstattung im Nahen und Mittleren Osten brachte Al-Jazeera dabei im arabischen Raum mehrfach den Ruf eines »westlichen«, »zionistischen« oder »CIA-finanzierten« Mediums ein (vgl. ebd.: 124).

80 Vgl. Armbrust, k.D.

81 Vgl. Bielsa 2008: 363.

82 Al-Jazeera English 2007a.

der Effekt für US-amerikanische Hegemonie schlussfolgern. Noch deutlicher wird dies sowohl hinsichtlich des bekundeten eigenen Anspruchs: »The channel *gives voice to untold stories, promotes debate,* and *challenges established perceptions*«[83], sowie angesichts der Berichterstattung aus Konfliktgebieten mit Beteiligung US-amerikanischer Truppen (Afghanistan, Irak u.a., siehe Kap. 8).

Die Einnahme der Perspektive ziviler Opfer solcherart militarisierter Außenpolitik, die oben beschriebene »Ästhetisierung des Leidens«, ebenso die Ausstrahlung von Videobotschaften bin Ladens und Tonbändern Saddam Husseins, aber auch die Berichterstattung über Einschläge US-amerikanischer Raketen in Senderbüros und von Al-Jazeera genutzte Hotelräume wirkte als wesentliche Quelle der Kritik an der US-amerikanischen Außenpolitik im Nahen und Mittleren Osten und verstärkte diese durch Visualisierungseffekte.[84]

Dass der bekundete Wille zu einer Herausforderung der »westlichen Berichtsperspektive« im Endeffekt größtenteils auf die Herausforderung US-amerikanischer Darstellungen (seitens US-amerikanischer Medien übernommener Deutungen der US-Regierung wie des als zu eng empfundenen Blickwinkels der US-Medien) hinauslief, verdeutlicht nicht zuletzt das Kooperationsabkommen zwischen Al-Jazeera und TeleSUR. Dieses kam 2006 unter großer Anstrengung nicht zuletzt der Regierung Venezuelas zustande und erreichte eines der augenscheinlichen Ziele, als der Abgeordnete des Repräsentantenhauses Connie Mack mit Blick auf das Abkommen die in der Folge oft zitierte Metapher einer »arising global TV station for terrorists« prägte und damit bekundete, dass die Botschaft einer Herausforderung als solche im politischen System der USA angekommen war.[85]

Damit lässt sich festhalten, dass auf einer generellen Ebene seitens politischer und gesellschaftlicher Eliten in verschiedenen Weltregionen in der vergangenen Dekade verstärkt eine Notwendigkeit empfunden wurde, ein vermeintliches US-amerikanisches Informationsübergewicht auszugleichen und durch konkurrierende, regionale Perspektiven zumindest in einen Kontext zu setzen. Dies kann mit Blick auf die diskursive Dimension von Hegemonie durchaus als Infragestellung US-amerikanischer Vorherrschaft gedeutet werden. Daraus, dass Bedeutungsgehalte geprägt und global lanciert werden, die ein solches Führungsverhältnis im internationalen Kontext gerade nicht per se absichern bzw. Hegemonie als Problem ausmachen oder offen angreifen, resultiert potenziell ein unterminierender Effekt. Mindes-

---

83 Ebd.; eigene Herv. Vgl. auch: El-Nawawy/Iskandar 2003: 182. Der »anderswo nicht berichteten arabischen Meinung« eine Stimme zu geben, heißt in vielen Fällen, eine latent oder offen antiamerikanische Meinung zu berichten.

84 Vgl. dazu u.a.: Zayani 2005: 21ff.

85 NZZ 2006c. Wiewohl TeleSUR ebenso mit dem US-finanzierten Sender *Voice of America* kooperiert (Kozloff 2007).

tens gilt dies mit Blick auf die Möglichkeiten einer fortdauernden (Re-) Produktion von »Akzeptanz« zu einem solchen Führungsverhältnis.

Wesentlich weniger deutlich präsentiert sich die Lage mit Blick auf *tatsächliche diskursive Konsequenzen* der Etablierung solcher alternativer Berichtsperspektiven und -quellen. Wessler und Adolphsen verdeutlichen in ihrer Studie zu solch »gegenläufigen« Nachrichtenflüssen, dass die empirisch messbaren Effekte der alternativen Berichterstattung etwa durch Al-Jazeera[86] im europäischen Raum begrenzt gewesen sind:

»[...] the impact of Arab news channels on the Iraq War coverage by Western channels mainly lies in showing that a different (Arab) perspective *exists* – rather than in actually infusing Western coverage with this different perspective«.[87]

Dies wiederum weist zwar auf eine mögliche Veränderung der Wahrnehmungsmuster in der internationalen Umwelt hin (insofern als eben bekundet wird, dass mehrere Lesarten existieren), schlägt sich zunächst aber allenfalls in einem subtilen Wandel (re-)produzierter Bedeutungsgehalte nieder.[88]

Eine tatsächliche Beeinflussung relevanter Segmente einzelner Gesellschaften durch einzelne Nachrichtenkanäle ist dabei nur schwer nachzuweisen. Eine solche Beeinflussung, auch angesichts allgegenwärtiger Mediatisierung, einfach zu unterstellen, ist nicht ohne Risiko. Dies gilt im Hinblick auf mindestens zwei Aspekte: den tatsächlichen Zuschauerkreis bzw. die Frage nach den tatsächlich bei Rezipienten ankommenden, je spezifischen Realitätsdeutungen, aber auch hinsichtlich eines tatsächlich *unterscheidbaren* inhaltlichen Zuschnitts der Berichtsmuster, also realiter vorliegenden verschiedenartigen Realitätskonstruktionen. Beide Aspekte sind vergleichsweise wenig beforscht.

So lassen sich schon für den im Zentrum der Aufmerksamkeit stehenden US-amerikanischen/transnationalen Nachrichtenkanal CNN nur schwer »verlässliche« (i.S. von mehr als punktuell gültige) Daten zu dessen Reichweite zu finden. Gemäß Selbstdarstellung erreicht CNN in den USA derzeit rd. 90 Mio. Zuschauer, während CNN International (CNNi) in 212 Staaten empfangbar ist und im Jahr 2006 176 Mio. Zuschauer erreichte. Potenzielle Erreichbarkeit entspricht dabei keineswegs den tatsächlichen Nutzungsmustern der Berichterstattung, wie sich anhand des Umstandes verdeutlichen

---

86 Zu anderen pan-arabischen Nachrichtenkanälen siehe: Tatham 2006: 71ff.

87 Wessler/Adolphsen 2008: 458; eigene Herv.

88 Deutlich offensiver: Schiller 2007: 127. Schiller attestiert, dass Al-Jazeera die Vormacht »westlicher« Nachrichtenberichterstattung gebrochen habe, und zwar nicht nur hinsichtlich der Medienberichterstattung in der Region, sondern auch als Lieferant von Bildern/Informationen an US-amerikanische und europäische Nachrichtensender. Dabei wäre – ganz im Sinne der Studie von Wessler/ Adolphsen (2008) – stärker nach tatsächlichen Konsequenzen dieser »strukturellen Pluralisierung« zu fragen.

lässt, dass bereits 1991 mehr als eine Mrd. Zuschauer weltweit der CNN-Berichterstattung (auch und v.a. aufgrund der Übernahme der Reportagen durch andere Sender) im zweiten Golfkrieg folgten, während die im heimischen Markt höchste Einschaltquote für November 2008 (13,3 Mio.) im Zusammenhang mit den Präsidentschaftswahlen zu verzeichnen war.[89] Zudem setzt CNN vermehrt auf seine Online-Kommunikation, so wurde CNN.com 2008 zur meistbesuchten globalen Nachrichten-Website gekürt; derzeit verzeichnet die Seite laut eigener Angaben etwa 1,4 Mrd. Aufrufe monatlich.[90]

Al-Jazeera, dessen *Fernseh*kanal wohl gerade aufgrund vglw. geringer Alphabetisierungsraten im arabischen Raum die meiste Resonanz erfährt, verweist auf ca. 40 bis 50 Mio. Zuschauer von Al-Jazeera Arabic, während im internationalen Kontext bis zu 100 Mio. Zuschauer erreicht werden können.[91] Damit sind aber weder Nutzungsdaten noch jene Kontakte mit der Berichterstattung des Senders erfasst, die über Weitergabe von Material entstehen.[92] Ebenso existieren keine verlässlichen Zahlen zur Nutzung des Internetangebots, in dessen Rahmen u.a. auch Berichterstattung zur freien Verwendung für alle Internetnutzer zur Verfügung gestellt wird. France 24 gibt die Reichweite seines Fernsehkanals mit etwa 100 Mio. Zuschauern weltweit an, wobei der Fokus auf Europa, den Nahen und Mittleren Osten, Afrika sowie New York gelegt wird.[93] Augenfällig ist dabei sowohl angesichts der Vermarktungsstrategie als auch der erhobenen Nutzungszahlen (empfangbar in 750.000 Hotelräumen der gehobenen Klasse, eine Mio. regelmäßige Zuschauer im gehobenen Einkommensbereich) die dezidierte Fokussierung des Senders auf mobile wirtschaftliche und gesellschaftliche Eliten und »Meinungsmacher«. TeleSURs Generaldirektors Aharonian schließlich gibt zu bedenken, dass es schwierig sei, die tatsächliche Zuschauerzahl eines solchen Nachrichtenangebots genau zu beziffern: Diese schwanke im Falle TeleSURs zwischen mindestens sieben Mio. und potenziell um die 70 Mio., wobei laut Selbstauskunft in Spitzenzeiten bis zu 1,7 Mio. Seitenaufrufe im Internet hinzukämen.[94]

Darüber hinaus gilt: Selbst wenn tatsächliche quantitative *Nutzungsmuster* bekannt wären, ließe sich über die spezifischen inhaltlichen Zuschnitte der einzelnen Berichterstattungen weitestgehend nur spekulieren anhand des

---

89 Die Zahlen entstammen: Groshek 2006; CNN 2008.

90 Vgl. Stelter 2009; jeweils aktuelle Angaben finden sich für das Online-Angebot auf der Informationsseite für potenzielle Werbekunden (www.cnn.com/services/advertise/audience_profile.html).

91 Wojcieszak 2007: 120; Al-Jazeera English 2007b.

92 Ebenso auch nicht die Impulse für eine fortschreitende Pluralisierung, die durch den Erfolg Al-Jazeeras ausgelöst wurden, etwa hinsichtlich der Gründung weiterer Nachrichtensender im arabischen Raum (Al-Arabia, BBC Arabic TV) und im Mittleren Osten (Al-Alam, Iran).

93 Die Daten sind entnommen: AME Info 2009; France 24 2009.

94 Vgl. Kozloff 2007.

derzeitigen Forschungsstandes.[95] Dies gilt nicht für eine plausibel zu unterstellende »Pluralisierung« sowie eine anekdotisch sichtbar gemachte unterschiedliche Schwerpunktsetzung globaler Nachrichtenkanäle. Systematische Vergleichsstudien der je spezifischen Realitätskonstruktionen (mit Blick auf eine Klasse zusammengehöriger Phänomene bzw. diskursive Ereignisse im obigen Sinne) in den konkurrierenden globalen Nachrichtensendern liegen bisher nicht vor. Auf genereller Ebene lässt sich dabei allein anhand einer »Pluralisierung« ein potenziell unterminierender Effekt für US-amerikanische Hegemonie behaupten.[96] In seinen konkreten diskursiven Konturen harrt dieser Effekt noch seiner Beschreibung.

Sowohl weitere Forschung hinsichtlich möglicher Konsequenzen für das Spektrum massenmedial vermittelter Realitätskonstruktionen als auch zu tatsächlichen Rezeptionsmustern sind hier vonnöten. Eine etwaige Absicherung/Unterminierung US-amerikanischer Hegemonie qua internationaler Nachrichtenmedien[97] müsste dabei empirisch (auf Ebene gesellschaftlicher, massenmedial vermittelter Bedeutungskonstruktion, hier: in deutlich pluralisierten Wahrnehmungskontexten) erfasst werden. So haben Nisbet und Shanahan als Schlussfolgerung aus einer der wenigen Studien, in denen sowohl die Berichterstattung verschiedener Nachrichtenmedien (im europäischen und pan-arabischen Raum) als auch Trends in Meinungsumfragen der entsprechenden Bevölkerungen (als *potenzielle* Rezipientengemeinschaften) in deren zeitlicher Abfolge untersucht wurden, festgehalten, dass der messbare Zusammenhang zwischen Berichterstattung und Umfragetrends nur gering war.[98] Dies mag auch an methodischen Aspekten wie der problematischen Messbarkeit eines *tatsächlichen Einflusses* der Mediennutzung im Rahmen der Studie liegen. Nichtsdestotrotz vermerken die Autoren der Studie, dass die Berichterstattung über US-amerikanische Außenpolitik sowohl in den untersuchten europäischen als auch den pan-arabischen Medien im Untersuchungszeitraum Herbst 2005 (a) mehrheitlich negativ und (b) in den arabischen Medien zudem wesentlich negativer ausfiel.[99] Der weltweit (wenigstens bis zu den US-Präsidentschaftswahlen im November 2008) anwachsende Trend einer Skepsis der Bevölkerungen gegenüber den Vereinigten Staaten als Führungsmacht[100] lässt sich dabei plausibel *auch* als Effekt

---

95 Eine Ausnahme bildet: Schenk 2009. Die zentrale Kategorie (»Islamberichterstattung«) ist dabei allerdings vglw. allgemein ausgelegt. Aus der Sicht der vorliegenden Arbeit wären systematische Vergleichsstudien zu den gleichen (diskursiven) Ereignissen von größerem Interesse.

96 Vgl. u.a.: Seib 2004: 105; Hafez 2005: 11.

97 US-amerikanische Hegemonie wird dabei ohne Zweifel nicht allein von deren massenmedialer Darstellung unterminiert, sondern maßgeblich durch bestimmte Politiken und deren greifbare Konsequenzen »vor Ort«.

98 Nisbet/Shanahan 2008: 26.

99 Ebd.: 16.

100 Vgl. Pew Global Attitudes 2008.

einer zunehmend diversifizierten Medienberichterstattung aus verschiedenen Berichtsperspektiven deuten. Die hier skizzierten Tendenzen einer wahrgenommenen Notwendigkeit des Ausbalancierens US-amerikanischer Informationsdominanz, die in der Etablierung spezifischer »gegenhegemonialer« Nachrichtenkanäle mündete, hat diese Diversifizierung an prominenter Stelle vorangetrieben.

9.3 HEGEMONIE ALS DISKURSIVE VORHERRSCHAFT

Als Führungsverhältnis, das letztendlich nicht nur auf Ressourcen, Wille und Kompetenz eines Führungsstaates, sondern auf einem Maß an Akzeptanz und Zustimmung seitens der Geführten beruht (auf dessen Basis sich Führung überhaupt etablieren und reproduzieren lässt), weist Hegemonie unzweifelhaft eine diskursive Dimension auf. Dies gilt, da »Konsensschaffung«, zumal unter den heutigen Bedingungen von Vergesellschaftung und Mediatisierung, sich maßgeblich im Hinblick auf massenmediale Prozesse der Bedeutungsschaffung erfassen lassen müsste. »Konsens« bzw. »Akzeptanz« stehen dabei weder für den *generellen* Ausschluss abweichender Meinungen noch *durchweg euphorische* Folgebereitschaft vor allem der involvierten Gesellschaften, sondern bezeichnen eher vorherrschende Trends in den Befindlichkeiten bzw. ein Maß nicht offen und breit artikulierten Widerstandes gegen ein solches Führungsverhältnis.

In seinen hinsichtlich Hegemonie »positiv« gedachten Aspekten kann massenmediales Handeln damit in seinen Konsequenzen die Etablierung wie Aufrechterhaltung von Hegemonie unterstützen. Mittels Massenmedien ist es möglich, spezifische, dem Hegemon zuarbeitende Weltdeutungen zu etablieren, die dessen Führungsanspruch mindestens nicht offen bestreiten. Dies kann etwa in Form einer »Naturalisierung« dieser Vormachtstellung oder über die positive Vermittlung kultureller Orientierungen, für die diese Führungsmacht steht, geschehen. Marmura fasst diese im Anschluss an Gramsci gewonnene Überlegung folgendermaßen zusammen:

»[...] by providing the basis of a *shared symbolic universe*, the mass media ultimately foster a common (if contested and unstable) culture as a lived system of meanings and values«.[101]

Angesichts der Strukturmerkmale des internationalen Systems ließ sich »globale Hegemonie« eines Staates *vermittels* Massenmedien damit von jeher ohnehin nur als eine heuristische Annäherung an »reale Verhältnisse« verstehen. Ihre Plausibilität auf genereller Ebene gewann diese Vorstellung allenfalls angesichts einer aufzeigbaren näherungsweisen Informations- und Kommunikationsdominanz des führenden Staates. Eine ebensolche lässt

---

101 Marmura 2008: 6; eigene Herv.

sich demgegenüber mit Blick sowohl auf die *pole position* US-amerikanischer Medienunternehmen *in den Konsequenzen* ihres Agierens (Kap. 9.1) als auch angesichts einer dramatischen Pluralisierung der politischen Berichterstattung in den letzten beiden Dekaden (Kap. 9.2) für die Vereinigten Staaten kaum mehr behaupten.

Angesichts dieser Bedingungen und hinsichtlich zukünftiger Erfolgschancen US-amerikanischer Hegemonie im globalen Kontext lässt sich demzufolge aufzeigen, dass sich einerseits die Vorreiterrolle US-amerikanischer Unternehmen im Medien- und Kommunikationsbereich keineswegs einseitig in diskursive Vorherrschaft übersetzt. Andererseits hat allerdings eine solche »wahrgenommene Amerikanisierung« des globalen Informationsmarktes gegenläufige Prozesse initiiert, die eine Pluralisierung gerade der globalen politischen Berichterstattung nach sich gezogen haben. Massenmediale politische Berichterstattung wie andere Effekte des Wirkens von Medienunternehmen in gesellschaftlichen Kontexten[102] vermögen somit realiter immer weniger, das Spektrum *international* produzierter Bedeutungsgehalte maßgeblich einzuschränken (*innerhalb* einzelner Gesellschaften im internationalen Kontext vermögen sie dies wenigstens temporär, wie in Kap. 9.1 geschildert wurde). Vielmehr treiben sie dessen offenkundige und sichtbare Pluralisierung und die wechselseitige Sichtbarkeit alternativer Realitätsdeutungen voran.

Es ist in diesem Sinne, dass »hegemoniale Steuerung« (*hegemonic governance*[103]) im weltpolitischen Kontext unter zeitgenössischen Bedingungen maßgeblich schwieriger zu bewerkstelligen sein dürfte.[104] Mit Blick auf US-amerikanische Hegemonie und deren angestrebte »Erneuerung« in der Amtszeit Präsident Obamas[105] ergibt sich daraus ein ambivalentes Bild, auch und vor allem mit Blick auf die geschilderten Phänomene. So lässt sich hinsichtlich spezifischer Strategien US-amerikanischer Medienunternehmen durchaus eine gewachsene Skepsis politischer Akteure im US-Kontext ausmachen. Nicht zuletzt äußerte sich dies in den teils aggressiv ausgetragenen Anhörungen von Google vor dem US-Kongress im Zusammenhang mit dessen Engagement in China. Ob sich daraus eine generelle Bereitschaft ableiten lässt, (auch) Unternehmen aus der Medien- und Kommunikationsbranche mit dem Entzug »positiver Unterstützung« für den Fall zu drohen, dass deren Gewinninteresse mittelfristig einem »nationalen Interesse der Verei-

---

102 Etwa die Diffusion von Werten und Haltungen durch eher unterhaltende Medienformate.

103 Für eine differenzierte Diskussion vgl.: Beyer 2008: 17-35. Siehe auch: Brand/Robel 2009.

104 Hegemonie ist vor dem Hintergrund der geschilderten Dynamiken im globalen Medien- und Kommunikationssektor wesentlich »komplexer« geworden (und damit: diffiziler zu gewinnen bzw. aufrechtzuerhalten), vgl.: Youngs 2007: 127-142.

105 Dass diese als solche intendiert ist, gilt als ausgemacht, vgl.: Obama 2007.

nigten Staaten« schade, bleibt abzuwarten. In der erneuten verstärkten Hinwendung politischer Akteure und politischer Kommunikationsberater gerade auch zu US-Medienunternehmen im Unterhaltungsbereich[106] offenbart sich allerdings auch, dass die »diskursive Dimension« wieder deutlicher als zentrale Dimension einer Rückgewinnung bzw. Absicherung US-amerikanischer Hegemonie im globalen Rahmen interpretiert wird.[107]

Dass »Hegemonie« im Sinne einer Konsensschaffung durch die angesprochene Pluralisierung globaler politischer Berichterstattung (ebenso wie durch eine Pluralisierung transnationaler Kommunikation »von unten«, also qua Internettechnologie) erheblich erschwert wird, steht außer Frage. Wesentlich umstrittener ist allerdings, inwiefern eine veränderte *public diplomacy* der Obama-Administration eine geeignete Strategie hegemonialer Renaissance darstellen könnte. Zum einen, konzedieren Beobachter, habe sich durch den veränderten Politikstil und (in Teilen) außenpolitischen Wandel bereits ein »Obama-Effekt« ergeben. Zum anderen wird dieser, gerade im Nahen und Mittleren Osten, auch bei noch so gewieften Strategien der Öffentlichkeitsarbeit abflauen, wenn es zu keinem von den dortigen Bevölkerungen anerkannten Politikwechsel kommt. Hayden formuliert es prägnant: »It's the policy, stupid!«[108] Dies gilt maßgeblich für die vorrangi-

---

106 Dies bedeutet nicht, einen generellen Trend der Unterminierung US-amerikanischer Hegemonie durch das Agieren von US-Medienunternehmen in ausländischen Märkten zu unterstellen, ebenso wenig, dass keine engen, institutionalisierten Verbindungen etwa der Filmindustrie zum Verteidigungsministerium bzw. zur CIA bestehen, vgl. etwa das Interview mit dem derzeitigen CIA-Verbindungsoffizier für die Unterhaltungsindustrie, Paul Barry, in: Jenkins 2009.

107 Vgl. etwa: Gardels/Medavoy 2009.

108 Hayden 2007: 247. Diese Einschätzung ist plausibler als die These, dass allein die traditionelle »Mache« US-amerikanischer *public diplomacy* Schuld sei, vgl. dazu: Zaharna 2005, 2007. Vgl. auch für eine ähnliche Sicht auf eine notwendige Neuausrichtung der »Öffentlichkeitsarbeit in den internationalen Raum hinein«: Fulton 2007; Entman 2008. Ein wie auch immer geartetes Konzept wird dabei angesichts offenkundig negativ bewerteter Politiken und Politikergebnisse in Regionen mit einem hohen Betroffenheitsgrad nicht die gewünschten Ergebnisse zeitigen. In diesem Sinne gilt: »Die beste Public Diplomacy kann schlechte politische Entscheidungen nicht wettmachen« (Tittel 2009: 60), zumindest in deren massenmedial verstärkten Wirkungen und resultierender Unterminierung der eigenen Glaubwürdigkeit als Kommunikator. Im Umkehrschluss bedeutet dies: »Once the people in the [Arab] street feel that American policies in the region are fair, the image of America will change« (Khanfar 2005), wobei der Umfang eines zu erwartenden Stimmungswandels offenbleibt. Vgl. auch: Zayani 2005: 28. Zudem lassen Studien Zweifel an der generellen »Lenkbarkeit« der Wahrnehmungen aufkommen. So berichtet El-Nawawy (2006: 198), dass Probanden die Glaubwürdigkeit des US-finanzierten Radio

gen »Zielgebiete« (militärischer) Außenpolitik der Vereinigten Staaten[109], während sich für die übrigen Publika im internationalen Kontext aufgrund der geschilderten Pluralisierung eine eher diffuse Situation ergibt. Ist das Konzept »internationaler Hegemonie« damit, gerade vor dem Hintergrund der beschriebenen spezifischen Mediatisierungsdynamiken, obsolet?[110] Auch wenn dies derzeit einem voreiligen Schluss gliche, so lässt sich andererseits mit Blick auf die eingangs beschriebene Konjunktur der »Amerikanisierungs«-These und die nach wie vor oftmals unterstellte weltpolitische Vorherrschaft der Vereinigten Staaten *vermittels* Massenmedien doch aufzeigen, dass der Nexus zwischen Hegemonie und medialer Konsensschaffung oberflächlich betrachtet zwar plausibel erscheinen mag. Bezogen auf identifizierbare gegenläufige Dynamiken im massenmedialen Bereich kann von einer US-Hegemonie zuarbeitenden Form von »Amerikanisierung« allerdings kaum gesprochen werden.

Sawa deutlich positiver bewerteten als die des ebenfalls US-finanzierten Fernsehkanals Al-Hurra, wiewohl die zugesprochene Glaubwürdigkeit sich nicht auf dessen politische Berichterstattung bezog, sondern von denen attestiert wurde, die primär (Pop-)Musik über Radio Sawa hörten.

109 Dies zumal, weil gerade in diesem Fall (wie für den Fall einer Hegemonialmacht im internationalen System generell stärker) gilt, dass dessen Wahrnehmung in anderen Gesellschaften zwar auch massenmedial vermittelt und damit diskursiv konstruiert ist, aber wesentlich stärker durch die sichtbaren Formen globalen Engagements und global betriebener Politiken angeleitet wird. Vgl. dagegen zur stärker (in manchen Fällen: nahezu allein) massenmedial vermittelten Wahrnehmung kleinerer Staaten: Kiousis/Wu 2008.

110 Clark (2009: 35) formuliert diese Position vage als die, dass »unter den derzeitigen Bedingungen eine breite Legitimität US-amerikanischer Führung nicht erreichbar sei«, wobei offenbleibt, was genau die »derzeitigen Bedingungen« charakterisieren soll.

10. Medien und die gesellschaftliche Dimension internationaler Beziehungen: Transnationaler Konsens/Dissens

Wie im vorherigen Kapitel dargestellt, besitzt US-amerikanische Hegemonie im globalen Kontext eine gesellschaftliche Komponente, und zwar dergestalt, dass die massenmediale Vermittlung von Hegemonie (deren Absicherung wie Unterminierung) primär in *gesellschaftlichen* Zusammenhängen geschieht bzw. maßgeblich auf diesen beruht. Politisch relevante Dynamiken massenmedialer Bedeutungsproduktion lassen sich darüber hinaus aber auch in einem umfassenderen Sinne nachweisen. Vor dem Hintergrund einer zunehmenden Vergesellschaftung internationaler Politik treten in diesem Zusammenhang Prozesse massenmedialer Sinngebung *zwischen* Gesellschaften wie *quer* zu nationalstaatlich organisierten Gesellschaften mehr und mehr ins Blickfeld. Zwar stellen außenpolitische Entscheidungsträger nach wie vor eine exponierte Klasse von Akteuren dar, die Massenmedien über bestimmte Medienstrategien etwa zur Legitimationsschaffung einzuspannen suchen. Markantes Charakteristikum grenzüberschreitender politischer Prozesse ist aber, dass »autonome« Muster massenmedialer Berichterstattung ebenso wie die Nutzung bestimmter Medien durch gesellschaftliche Akteure zunehmend an Bedeutung gewinnen, sodass politische Akteure im traditionellen Sinne zunehmend auch auf massenmedial getragene, gesellschaftliche Sinnsetzungsprozesse *reagieren* müssen.

Im Folgenden werden zwei unterschiedliche Fälle solch massenmedial untersetzter gesellschaftlicher Dynamiken im inter- bzw. transnationalen Kontext untersucht: die sog. »transatlantische Medienkluft« (v.a. 2002/03 bis 2008) und der Karikaturenstreit (2005 bis 2006). Während im Falle der »transatlantischen Medienkluft« Gesellschaften dies- und jenseits des Atlantiks vornehmlich als Rezipientengemeinschaften massenmedialer Berichterstattung jeweils über »den Anderen« (das »Alte Europa« im Falle der US-Gesellschaft, die US-Regierung, später die USA generell im Falle einiger westeuropäischer Staaten) fungierten, zeichnete sich der Karikaturenstreit durch andere Wesensmerkmale aus. Hier agierten Massenmedien durch ihre Berichtsentscheidungen bzw. stellten politische Zusammenhänge erst her. Überdies wurden sie seitens gesellschaftlicher Akteure eingesetzt, um spezifische Bedeutungen innerhalb bestimmter gesellschaftlicher Gruppen in grenzüberschreitenden Kontexten zu verbreiten und zu etablieren. Darüber hinaus vermittelte und stabilisierte die nachfolgende Berichterstattung der Medien über die (medial produzierte) Konfliktdynamik vorab »gesellschaftlich konstruierte Realität«.

Als Träger vornehmlich innergesellschaftlicher Bedeutungskonstruktion bildeten Massenmedien im Fall des transatlantischen Dissenses gegenseitige Wahrnehmungsmuster ab und intensivierten diese durch Beobachtung des Gegenübers sowie der sich herausbildenden Deutungs*konkurrenz*, die schließlich zu einer verstärkten Abgrenzung der jeweiligen Gesellschaften gegeneinander führte. Im Falle des Karikaturenstreits bestand der Dissens zunächst innergesellschaftlich in Form einer Konfliktlinie zwischen integrations- und immigrationsskeptischen Teilen der dänischen Mehrheitsgesellschaft und Immigrantengemeinschaften mit muslimischem Hintergrund. Dieser Dissens wurde in der Folge internationalisiert und schließlich – an zentraler Stelle auch durch Massenmedien – in transnationalen, zwischengesellschaftlichen Kontexten etabliert. Massenmedien dienten hier weniger der Abgrenzung von nationalstaatlich organisierten Gesellschaften untereinander als vielmehr der Verknüpfung von Segmenten innerhalb dieser Gesellschaften in grenzüberschreitenden Handlungsräumen. Die Dynamik der entstehenden Konkurrenz von Sinngebungen führte dabei zur Intensivierung von Konfliktlinien quer zu nationalen Gesellschaften und zur »Konstruktion« politischer Gemeinschaften auf kulturell-religiöser Basis vor dem Hintergrund grenzüberschreitender Sinngebungsprozesse.

Damit lässt sich eine zunehmende Transnationalisierung medial getragener, diskursiver Sinnsetzung nicht mehr nur glaubhaft auf Basis einer plausiblen Annahme zunehmender kommunikativer Verknüpfungsmöglichkeiten modellieren. Prozesse der Mediatisierung, die einzelne Gesellschaften übergreifen und in Dynamiken der Bedeutungsproduktion in transnationalisierten Räumen resultieren, können darüber hinausgehend als eine neue Form sozialer Konflikte in den internationalen Beziehungen beschrieben werden. Es lässt sich überdies davon ausgehen, dass es sich dabei um eine generelle Entwicklungstendenz internationaler Beziehungen handelt, nicht zuletzt weil die beiden analysierten Fälle sowohl im Kontext der West-West-Beziehungen als auch der Nord-Süd-Beziehungen angesiedelt sind und damit vglw. hochgradig politisch wie wirtschaftlich integrierte ebenso wie weniger stark verflochtene internationale Handlungsräume umfassen.

In der folgenden kurzen Analyse der beiden Fälle lassen sich die jeweils zugrunde liegenden, maßgeblichen Dynamiken wiederum im Grundmodell »massenmedialer Verknüpfung eines transnationalen Diskursraumes« (vgl. Kap. 7) abbilden. Darüber hinaus ließe sich sowohl die hier jeweils geschilderte Phase als eine diskursive Episode untersuchen bzw. es ließen sich prinzipiell auch unterschiedliche Phasen des je beschriebenen eskalierenden Konflikts als Abfolge einzelner diskursiver Episoden beschreiben. Auf Basis der bereits vorliegenden Studien habe ich für den Fall des »Karikaturenstreits« die letztgenannte Variante als Analyseraster gewählt (und demzufolge drei aufeinander folgende Phasen jeweils als diskursive Episoden ausgezeichnet). Für die »transatlantische Medienkluft« habe ich auf die Einteilung in solche Phasen verzichtet, da der bisherige Forschungsstand kaum Hinweise darauf bietet, dass unterscheidbare Phasen der Bedeutungskonstruktion in eine sinnvolle zeitliche Abfolge zu setzen sind.[1] In beiden Fällen lassen sich allerdings spezifische Dynamiken massenmedialer Realitätskonstruktion nachzeichnen, so wie sie im Grundmodell massenmedialer diskursiver Konstruktion (Abb. 4, Kap. 6) angelegt sind. Demgemäß wurden der jeweiligen Fallanalyse die folgenden drei Leitfragen zugrunde gelegt:

- Worin bestand der jeweilige (massen-)mediale Beitrag im Hinblick auf die Dynamiken der Bedeutungsproduktion?
- Welche diskursiven Folgen lassen sich jeweils als Konsequenz ausmachen?
- Welche politischen Implikationen bergen diese diskursiven Folgen?

10.1 DIE »TRANSATLANTISCHE MEDIENKLUFT« (*TRANS-ATLANTIC MEDIA DIVIDE*), 2002/03-2008

Dass verschiedene nationalstaatlich organisierte Gesellschaften im internationalen System unterscheidbaren Aufmerksamkeitsmustern folgen und aus einem jeweils aufzeigbaren Spektrum von Bewertungen heraus teils zu konträren Einschätzungen hinsichtlich weltpolitischer Probleme gelangen, erscheint an sich nicht ungewöhnlich. Im Gegensatz dazu hat die sog. »transatlantische Medienkluft« eingangs des 21. Jahrhunderts wahrscheinlich deshalb verstärkt Aufmerksamkeit auf sich gezogen, weil sie diskursi-

---

1 Die meisten der hier zugrunde gelegten Studien begreifen ihre Aufgabe weniger darin, eine Konflikt*dynamik* bzw. -eskalation aufzuzeigen, als vielmehr den zunächst in seiner Intensität und deren Offenlegung überraschenden Dissens im transatlantischen Kontext zu beschreiben. Die Mehrzahl der Studien zum transatlantischen Auseinanderdriften (v.a. hinsichtlich der Invasion der Vereinigten Staaten und ihrer Verbündeten im Irak 2003) verweist zudem auf dessen massenmediale Dimension eher am Rande bzw. analysiert sie nicht als *zentrale* Dimension. Wie in der nachfolgend eingeführten Unterscheidung zwischen Realitätsdeutungen und Stereotypisierungen angelegt, ließe sich durch eine intensive Analyse der jeweiligen Medienberichterstattungen (in Abgleich etwa mit Umfragedaten im zeitlichen Verlauf) möglicherweise auch eine Abfolge einzelner »diskursiver Episoden« nachweisen.

ven Konflikt (i.S. divergierender Realitätsdeutungen) in einem Zusammenhang sichtbar machte und eskalierte, der gemeinhin als relativ homogene »westliche Wertegemeinschaft« im internationalen Raum wahrgenommen wird.[2]

Das aus heutiger Sicht weniger offenkundig Paradoxe an der zugrunde liegenden Situation bestand darin, dass gerade intensive Amerikakritik und der anwachsende Antiamerikanismus in westeuropäischen Gesellschaften erstaunlich schien,

»[...] when it is seen to be emerging in the developed countries of Western Europe where American power was crucial in re-establishing democracy [... and] the prolonged American military presence on the European continent has been a condition for its pacification and integration«.[3]

Aber auch die Intensität der teils hämischen und mit popkulturellem Tamtam gerahmten Attacken etwa gegen (vermeintliche) französische Symbole in der US-Gesellschaft überraschte. Im Folgenden wird argumentiert, dass die Dynamik dieser Eskalation zwischengesellschaftlichen Dissenses an maßgeblicher Stelle medieninduziert war. Dies bedeutet nicht, die Verantwortung »bei den Medien« zu suchen oder vordergründig danach zu fragen, welche Akteure Massenmedien denn in dieser Hinsicht am erfolgreichsten »für ihre Zwecke einzuspannen« verstanden.

Vielmehr lässt sich aus diskursiv-konstruktivistischer Sicht aufzeigen, dass unterschiedliche Realitätsdeutungen und Bewertungen einzelner Handlungsstrategien dies- und jenseits des Atlantiks massenmedial vermittelt, gestärkt und teilweise eskaliert wurden. Daraus resultierte ein Auseinanderdriften gesellschaftlicher Bewertungsmuster weltpolitischer Phänomene, dessen wenigstens mittelfristig negative Wirkungen auf US-amerikanische Hegemonie ebenso zu politisch bedeutsamen Konsequenzen zählt wie die Unterminierung des kulturell-ideologischen Zusammenhalts der transatlantischen Sicherheitsgemeinschaft insgesamt. Der Begriff der »transatlantischen

---

2   Eine Übersicht zum gegenwärtigen Stand der transatlantischen Beziehungen liefern u.a.: Sola/Smith 2009. Die dort versammelten Beiträge sind insofern beispielhaft für den gegenwärtigen Diskussionsstand, als massenmedialen und insgesamt gesellschaftlichen Dynamiken allenfalls nachrangige Bedeutung eingeräumt wird. Der Band von Kopstein (2008) thematisiert demgegenüber u.a. auch Nachrichtenmedien dies- und jenseits des Atlantiks (vgl. Morrison 2008), weist diesen bzw. den Konsequenzen medialer Berichterstattung aber ebenfalls einen nur geringen Stellenwert für das allseits konzedierte Auseinanderdriften der Wertegemeinschaft zu. Demgegenüber lässt sich gerade anhand des oben beschriebenen Auseinanderklaffens der medialen Berichterstattung übereinander eine in ihren Konsequenzen bedeutsame Dimension des transatlantischen Dissenses ausmachen.

3   Fabbrini 2006: 6.

Medienkluft« (*trans-atlantic media divide*) wurde von Krugman geprägt, der mit Blick auf die wahrnehmbare Abnahme gegenseitigen Verständnisses und wechselseitiger Akzeptanz dies- und jenseits des Atlantiks seit Mitte 2002 ausführte:

»There has been much speculation about why Europe and the United States are suddenly at such odds. [...] I haven't seen much discussion of an obvious point: We have different views partly because we see different news.«[4]

Pointierter, aber auf eine ähnliche Konsequenz hinauslaufend formulierte Lambert ein paar Wochen später:

»Anti-Americanism has been a feature of the European news media for years [...] However, t]he past couple of years have seen a marked change of tone in the reporting and commentary on Western Europe in the US print media.«[5]

Auf diesen Einschätzungen aufbauend lässt sich die transatlantische Medienkluft folglich als ein Auseinanderdriften der Berichterstattung in den USA einerseits und (maßgeblich West-)Europa[6] andererseits charakterisieren, und zwar sowohl hinsichtlich der Darstellung und Einschätzung genereller weltpolitischer Thematiken wie im Besonderen auch der Berichterstattung *übereinander*. Zu unterschiedlichen Berichtsmustern über die jeweiligen weltpolitischen Entwürfe und konkrete außenpolitische Strategien, v.a. im Umgang mit dem Irak, sowie deren divergierender Bewertung unter Normativitäts- und Effektivitätsgesichtspunkten gesellte sich damit auch eine verstärkende Tendenz der skeptischen wechselseitigen Beobachtung, die maßgeblich in den jeweiligen Massenmedien stattfand.

Damit soll nicht von der Hand gewiesen werden, dass punktuelle Reserviertheiten, abwertende kulturelle Stereotypisierungen und vornehmlich westeuropäische Abwehrgesten gegenüber als zu dominant wahrgenommener US-Kultur oder US-Medienunternehmen (etwa hinsichtlich der französi-

---

4   Krugman 2003.

5   Lambert 2003.

6   Die im Folgenden skizzierte Kluft entwickelte sich weniger stark hinsichtlich der Berichterstattung in den 2004 hinzugekommenen, »atlantizistisch« orientierten Staaten Mittel- und Osteuropas. Gleichwohl sind ihre Konturen in Europa auch nicht deckungsgleich mit der vom damaligen US-Verteidigungsminister Rumsfeld beschriebenen Teilung in ein »Altes« und ein »Neues Europa« (wobei Letzteres auch die westeuropäischen US-Verbündeten im Irak-Krieg umschloss), v.a. da die Medienberichterstattung in westeuropäischen Ländern, deren Regierungen den Vereinigten Staaten maßgeblich im Irak-Krieg folgten, deutlich heterogener und in der Tendenz US-kritisch war.

schen Quotenregelung für einheimische Filme und Musik etc.[7]) das transatlantische Verhältnis auch in der zweiten Hälfte des 20. Jahrhunderts geprägt haben. Die bisweilen dezidiert artikulierte Angst vor einer unbotmäßigen »Amerikanisierung« hat sich in diesem Zusammenhang von jeher als Mobilisierungskern rechter wie linker Feindbildkonstruktion in westeuropäischen Gesellschaften erwiesen.[8] Dennoch lassen sich Intensität und Verlaufsmuster des seit spätestens Mitte 2002 im Wesentlichen öffentlich – und damit für breite Gesellschaftsschichten sichtbar – ausgetragenen Disputs zwischen US-amerikanischer Regierung und westeuropäischen politischen wie gesellschaftlichen Akteuren nur bedingt auf ein *prinzipiell* vorhandenes Reservoir an gesellschaftlichen Vorurteilen zurückführen. Auch persönliche Animositäten zwischen einzelnen politischen Akteuren oder die veränderte weltpolitische Lage (v.a. veränderte Strukturmerkmale des internationalen Systems nach Ende des Ost-West-Konflikts)[9] allein erklären die Herausbildung und Eskalation transatlantischen Dissenses nur mittelbar.

Demgegenüber bietet die Dimension massenmedial vermittelter Realität (hier: der internationalen Beziehungen, ihrer Sicherheitsgefährdungen und der Wahrnehmung des Gegenübers im transatlantischen Bündnis) einen fruchtbaren Ausgangspunkt. Mit ihrer Hilfe lassen sich die gesellschaftlich induzierten und auf Gesellschaften zurückwirkenden Abgrenzungseffekte als Dynamiken divergierender Bedeutungskonstruktion erfassen, auf deren Basis sich ein generell erklärbares Auseinanderdriften in seiner Prozesshaftigkeit abbilden lässt.[10] Eine solche divergierende Entwicklung gesellschaftlicher Befindlichkeiten ist dabei mehrfach auf Basis von Umfragedaten beschrieben worden[11], ohne dass das *Zustandekommen* der Befindlichkeiten als solcher näherer Analyse unterzogen wurde. Einzelne Dynamiken in den jeweils untersuchten Mustern öffentlicher Meinung laden dabei allerdings zu einer ebensolchen Analyse ein.

So beschreiben Asmus et al. in ihrer Auswertung der Umfrageergebnisse der *Transatlantic Trends*-Studien aus den Jahren 2002 und 2003 eine generelle Polarisierung zwischen den Gesellschaften im transatlantischen Raum, deren Regierungen den Irak-Krieg der Vereinigten Staaten ablehnten, und den Gesellschaften, deren Regierungen als offizielle Verbündete an der Militäraktion teilhatten.[12] Dabei verweisen die Autoren darauf, dass die Kritik

---

7 Zur Vorgeschichte antiamerikanischer Haltungen gerade in der französischen Presse und Gesellschaft vgl. u.a.: Napoli 2004: 8f. Vgl. auch: Chalaby 2006.

8 Vgl. Maase 1996.

9 Vgl. u.a.: Rudolf 2005: 143.

10 Dies bedeutet keineswegs, Massenmedien als einzige oder einzig relevante Akteure in diesem Zusammenhang auszuweisen: Es heißt aber, massenmedialer Berichterstattung (und deren bedeutungskonstitutiven Effekten) eben nicht nur nachrangige Bedeutung beizumessen, vgl. dazu beispielhaft: Morrison 2008.

11 Vgl. u.a. Asmus et al. 2004; Fabbrini 2006; Isernia 2006.

12 Vgl. Asmus et al. 2004.

und Ablehnung der befragten Gesellschaften sich jeweils deutlich auf spezifische Politiken sowie vornehmlich auf die damalige US-Regierung richtete und gepaart war mit einer generell bekundeten Verbundenheit europäischer Öffentlichkeiten mit »Amerika«.[13] Dieses Muster wurde in nachfolgenden Studien, etwa der *Pew Global Attitudes*-Umfrage 2004, bestätigt; während in Frankreich, der Bundesrepublik Deutschland und Großbritannien jeweils zwischen 64 und 70 Prozent der Bevölkerungen »den Amerikanern« generell zugeneigt waren, wurden die Vereinigten Staaten als politische Einheit (als »Staat«/Regierung) wesentlich weniger geschätzt (tendenzielle Ablehnungsraten zwischen 38 und 57 Prozent).[14] Im Nachgang zur Wiederwahl Präsident Bushs 2004 hatte sich dieses Differenzierungsmuster europäischer öffentlicher Meinung aber deutlich eingeebnet. So bekundeten teilweise signifikante Mehrheiten in den befragten europäischen Bevölkerungen, dass ebendiese Wiederwahl auch eine positive Bewertung »Amerikas« und der US-amerikanischen Gesellschaft generell deutlich erschwerten.[15] Umfragewerte aus den Jahren 2007 und 2008 belegen dabei einen eindeutigen Trend der Zunahme von Amerikakritik und teils offen amerikafeindlicher Haltungen (siehe dazu unten). Sowohl die graduelle Intensivierung westeuropäischer Kritik an den Vereinigten Staaten als auch die Aufhebung der Unterscheidung zwischen Regierungskritik und positiver Sicht auf die US-amerikanische Gesellschaft ist dabei insofern erklärungsbedürftig, als sowohl der weltpolitische Kurs der Vereinigten Staaten in der zweiten Amtszeit wesentlich moderater ausfiel als auch auf politischer Ebene die Animositäten abnahmen (markant im deutsch-amerikanischen wie im französisch-amerikanischen Verhältnis jeweils nach dem Regierungswechsel). Im Gegensatz dazu hatten sich die Wahrnehmungs- und Bewertungsmuster gerade in westeuropäischen Gesellschaften im Verlauf der ersten Dekaden des 21. Jahrhunderts fortschreitend amerikakritisch entwickelt. Auch im britischen Kontext (und damit in der Gesellschaft eines US-Verbündeten aus dem Kreis des sog. »Neuen Europa«) galt ausgangs der zweiten Amtszeit der Regierung Bush: »[...] knowing that the Bush administration favours a particular policy may be sufficient for a [considerable segment of the population] to reject it«.[16]

Ebenso erweist sich bei näherem Hinsehen die ursprüngliche, rigide Ablehnung des Irak-Krieges in den betreffenden westeuropäischen Gesellschaften als erklärungsbedürftig. So gelangen Asmus et al. wiederum zu der überzeugenden Einschätzung, dass in den betreffenden Gesellschaften die

---

13 Ebd.: 74.

14 Vgl. Ramsay 2005: 25.

15 Vgl. ebd.: 26. Ramsay zitiert eine Umfrage der BBC, der zufolge zwischen 48 und 65 Prozent der Befragten (in Frankreich, Deutschland, aber auch Großbritannien!) nach der Wiederwahl Bushs eine deutlich negativere Wahrnehmung der USA generell erwarteten bzw. besaßen.

16 Johns 2009: 577.

generelle Unterstützungsbereitschaft für militärische Invasionen geringer gewesen sei und somit auch »[... the] pool of support for military action in Iraq«.[17] Die Gesellschaften der Vereinigten Staaten wie Großbritanniens verfügten demzufolge über ein vglw. starkes Segment »pragmatischer« Befürworter militärischer Instrumente für den Fall, dass deren Einsatz notwendig erscheine, während sich etwa in der Bundesrepublik solcherart »Pragmatiker« und tendenzielle Kriegsbefürworter (*hawks*) einerseits sowie pazifistisch gesinnte Bevölkerungssegmente andererseits ausbalancierten. Daraus lässt sich allerdings keinesfalls ein prinzipieller Pazifismus etwa der deutschen oder französischen Bevölkerung ableiten, wie etwa die gerade im deutschen Fall beobachtbare schrittweise Ausdehnung (auch der zurückhaltenden wie offenen Akzeptanz) der deutschen Beteiligung an Militäreinsätzen im internationalen Kontext im Laufe der 1990er verdeutlicht.[18] Für den französischen Fall dürfte sich ein solcher Schluss angesichts des nach wie vor starken (und gesellschaftlich akzeptierten) militärischen Engagements etwa in einigen ehemaligen Kolonien ohnehin verbieten.

Vielmehr ist damit angezeigt, dass eine tendenzielle Kriegsskepsis in einigen westeuropäischen Bevölkerungen sowohl von mangelnder Überzeugungskraft der »Kriegsbefürworter« als auch von einer Ablehnung *dieses spezifischen* Militäreinsatzes als eines unilateral seitens der Vereinigten Staaten durchgesetzten Vorhabens flankiert wurde. Nicht zuletzt der markante Gegensatz in Form der NATO-Luftschläge im Kosovo, gegen die signifikante Minderheiten in den entsprechenden Bevölkerungen votierten, aber keine Mehrheiten wie im Vorfeld des Irak-Krieges, verdeutlicht dies. Die extrem niedrigen Unterstützungsraten für den Krieg – 15 Prozent in Deutschland, 13 Prozent in Frankreich[19] – fielen dementsprechend auch deswegen so gering aus, weil diese Ablehnung eine Kritik am Vorgehen der Vereinigten Staaten implizierte ebenso wie eine im zeitlichen Verlauf anwachsende generelle Amerikakritik. Die Entstehung und Intensivierung dieser Kritik ebenso wie deren konkrete Konturen sind dabei ihrerseits maßgeblich auch an die zugrunde liegenden, massenmedial vermittelten Realitätskonstruktionen gebunden gewesen.

Massenmedien kann in diesem Zusammenhang nicht nur *plausibel unterstellt* werden, gerade im Hinblick auf außen- und weltpolitische Zusammenhänge als ein primärer Kanal der Umweltwahrnehmung zu fungieren. Jüngere Studien haben zudem nachgewiesen, dass eine solche Umweltwahrnehmung politischer Sachverhalte zwar durch exponierte Akteure (Meinungsführer in politischen Parteien, »Parteilinien« etc.) kanalisiert wird; diese exponierten Akteure wiederum sind allerdings für ihre Artikulation gegenüber der breiten Öffentlichkeit ebenso auf Massenmedien angewiesen. Obendrein lässt sich beobachten, dass gesellschaftliche Prozesse der

---

17 Asmus et al. 2004: 82.

18 Vgl. Baumann/Hellmann 2001.

19 Vgl. Asmus et al. 2004: 82.

Meinungsbildung über außenpolitische Zusammenhänge in der Tat nicht unmaßgeblich auch durch eine »Delegation« der Informationssammlung und der Bewertungsfindung an Massenmedien vonstattengehen.[20] Willnat et al. haben in ihrer internationalen Vergleichsstudie zum Zusammenhang von Mediennutzung und politischen Haltungen im Vorfeld des Einmarschs US-amerikanischer Truppen im Irak zudem belegt, dass diejenigen westeuropäischen Mediennutzer, die sich in den Medien in ihren jeweiligen Ländern über die Kriegsvorbereitungen informierten, eine überwiegend ablehnende Haltung zu diesem Krieg besaßen.[21] Dies ist insofern ein nichttrivialer Befund, weil die beiden untersuchten westeuropäischen Kontexte mit Spanien und Großbritannien Länder darstellten, deren damalige Regierungen als Verbündete der Vereinigten Staaten den Krieg offiziell bzw. regierungsseitig unterstützten. Zwar fiel mit einer Ablehnungsrate von 80 Prozent die Kritik in Spanien wesentlich deutlicher als in Großbritannien (54 Prozent) aus[22], dennoch ergibt sich mit Blick auf die massenmediale Berichterstattung daraus der interessante Befund, dass Medien in westeuropäischen Gesellschaften, deren Regierungen zum Krieg rüsteten, offensichtlich gerade *nicht* umfassend als Legitimationsstifter einer Politik fungierten, die sowohl von der US-Regierung als auch Mehrheiten der US-Gesellschaft getragen wurde.[23]

Damit lässt sich als Kern der »transatlantischen Medienkluft« wie beschrieben ein deutliches Auseinanderdriften der Medienberichterstattung dies- und jenseits des Atlantiks beschreiben, und zwar v.a. hinsichtlich der Berichterstattung übereinander, über die jeweiligen außen- und weltpolitischen Entwürfe, konkrete Strategien und Handlungen sowie deren Einschätzung hinsichtlich Legitimität und Effektivität. Im Fall der Vereinigten Staaten tritt dies zu den bereits in Kap. 8.3 geschilderten Legitimierungsanstrengungen der US-Regierung gegenüber der US-amerikanischen Gesellschaft hinzu (auf die an dieser Stelle nicht noch einmal gesondert eingegangen wird). Hinsichtlich westeuropäischer Gesellschaften bildeten Berichterstattung über und Einschätzungen der Politik der Regierung Bush demgegenüber den zentralen Fokus massenmedialer Realitätskonstruktion des Irak-Kriegs.

Dabei lässt sich eine »Kluft« weniger ausmachen hinsichtlich der Zusammenstellung der Themen als vielmehr in unterschiedlichen Darstellungs- und Bewertungsmustern der US-Außenpolitik und der weltpolitischen Rolle der EU, der Notwendigkeit und Legitimität des Irak-Krieges, des politischen Prozesses im Vorfeld des Irak-Krieges sowie dessen regionaler Einbettung

---

20 Vgl. etwa: Johns 2009.

21 Vgl. Willnat et al. 2006.

22 Ebd.: 539.

23 Dies umso mehr, als Willnat et al. (2006: 542) auch herausfanden, dass zunehmender Medienkonsum (Fernsehberichterstattung) zu einer Zunahme positiver Haltungen gegenüber dem Irak (!) führte.

(insbesondere hinsichtlich des israelisch-palästinensischen Konflikts). Unterschiedliche Realitätskonstruktionen resultieren aus den im Folgenden aufgezeigten Berichtsmustern, die in ihrer Gesamtheit unterschiedlich gut (bzw. tiefenscharf) erforscht sind; wo vergleichende Studien zu divergierenden Realitätsdeutungen vorliegen, habe ich diese den Ausführungen zugrunde gelegt.

Abbildung 11: Die transatlantische Medienkluft als Auseinanderdriften der Berichterstattung über den jeweils Anderen

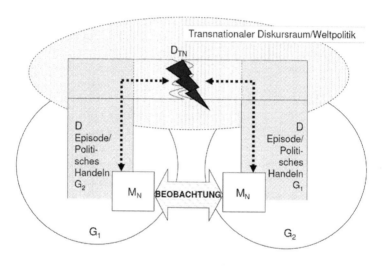

[im Vorfeld des Irak-Krieges und danach; wobei G_1 für die US-Gesellschaft, G_2 entweder (schematisch vergröbernd) für die Gesamtheit der westeuropäischen Gesellschaften oder eine spezifische (etwa die deutsche) steht]

Am deutlichsten tritt die Divergenz der Berichterstattung nach Maßgabe vorliegender Studien im Hinblick auf den Irak-Krieg sowie insbesondere die Aspekte seiner etwaigen Notwendigkeit und seiner Legitimität zu Tage. Lehmann hat so aufgezeigt, dass im Kontrast zu einer frühzeitigen Orientierung der US-Medien an den regierungsseitig produzierten Aufmerksamkeitsmustern in der deutschen Berichterstattung der Irak im September 2002 allenfalls als Thema innenpolitischer Mobilisierungsstrategien im Bundestagswahlkampf eine Rolle spielte.[24] Während die US-Medien also konstant und maßgeblich entlang der Deutungsvorgaben der US-Regierung über den Irak als nationale wie internationale Sicherheitsgefährdung (Massenvernich-

---

24 Lehmann 2005a: 69.

tungswaffen [MVW], Verbindung zu Al-Kaida) berichtete, ebbte in den deutschen Medien die Aufmerksamkeit zunächst stärker ab. Nach der Wiederaufnahme der Waffeninspektionen im Irak und dem Hinweis des Leiters dieser Inspektionen Blix zu Beginn des Jahres 2003, man habe keine »smoking gun« (also keine überzeugenden Beweise für die Existenz eines Nuklearwaffenprogramms) gefunden, wandelte sich diese Divergenz in der Aufmerksamkeit in zwei unterscheidbare Realitätsdeutungen. So wurde in den deutschen Medien der Hinweis Blix' mehrheitlich als Indiz einer nicht vorhandenen Notwendigkeit für eine militärische Intervention gedeutet, während US-Medien tendenziell wesentlich stärker auf die irakkritischen Aspekte des nachfolgenden Blix-Berichtes abhoben. Diese betrachteten sie mehrheitlich als Indikator für eine unzureichende Kooperation des Irak und damit einer potenziellen Verschleierungstaktik, welche die Dringlichkeit eines Militärschlages gegen einen »auf Zeit spielenden Gegner« gerade verdeutliche.[25] Diese diametral entgegenlaufenden Interpretationsmuster verfestigten sich in der politischen Berichterstattung im Januar dergestalt, dass in deutschen wie westeuropäischen Medien milde optimistisch angemerkt wurde, dass das Inspektionsregime wirke, während in den US-Medien die mangelnde Offenlegungsbereitschaft des Irak eher als Zeichen der Schwäche der Inspektionen gedeutet wurde.[26]

Dabei lässt sich feststellen, dass gerade hinsichtlich des politischen Prozesses (Waffeninspektionen, Debatten im UN-Sicherheitsrat) unterschiedliche und über Zeit stärker auseinanderdriftende Berichtmuster in den USA und Westeuropa entstanden. So wurde in deutschen Fernseh- und Zeitungsberichten, gerade auch in Zeitungen, die den Kurs der Regierung Schröder (insbesondere das unkonditionale »Nein« zur deutschen Beteiligung am Irak-Krieg) kritisch begleiteten, die Gültigkeit des Prozesses im Rahmen der Vereinten Nationen und damit die Legitimität der Waffeninspektionen kaum in Frage gestellt.[27] Daneben findet sich durchaus auch Kritik an einzelnen Personen (Blix) und der taktischen Nutzung der Vereinten Nationen (VN) seitens einzelner Akteure, die Sinnhaftigkeit des Inspektionsprozesses an sich bildete aber keinen Anlass zur Debatte. In den US-Medien wurden die Vereinten Nationen dagegen selbst von der gemeinhin als liberal eingestuften *New York Times* mehrfach als »ineffizientes Gremium« beschrieben.[28] Dies erfolgte im Kontext einer zunehmend skeptisch bis ablehnenden Positionierung vieler US-Medien gegenüber den Vereinten Nationen, die im Vorfeld des Irak-Krieges mehr und mehr als eine Institution charakterisiert wurden, die sich instrumentalisieren ließe und selbst ein »Problem« bzw. eine Hürde im globalen Kampf gegen den Terror darstelle. Im unmittelbaren zeitlichen Vorfeld zur Militärintervention sind die VN dabei nach Maßgabe

---

25 Ebd.: 77.
26 Ebd.: 78.
27 Vgl. Lehmann 2005b: 359; Lehmann 2005a: 83.
28 Vgl. Lehmann 2005b: 359.

der Berichterstattung US-amerikanischer Leitmedien auch kaum noch als ein bedeutender Akteur geschildert worden; wo sie allerdings in der Berichterstattung auftauchten, wurde ihre Rolle tendenziell negativ bewertet.[29]

Dass sich aus der medialen Darstellung des Vorlaufs zum Irak-Krieg wesentlich unterscheidbare Zugänge zur Bedeutung völkerrechtlicher Aspekte wie der normativen Gebundenheit der Interventionsentscheidung ableiten lassen[30], wurde nicht zuletzt auch mit Blick auf die Rede des damaligen US-amerikanischen Außenministers Powell vor dem Sicherheitsrat deutlich. Während US-Medien mehrheitlich der Deutung anhingen, dieser habe erfolgreich eine militärische Intervention legitimiert, weil er unwiderlegbare Beweise (*irrefutable evidence*) präsentiert habe[31], fand die Präsentation in westeuropäischen Medien ein nuancenreicheres, in der hauptsächlichen Stoßrichtung aber doch gegenteiliges Echo. So beantworteten deutsche Zeitungen (u.a. die FAZ) die Glaubwürdigkeitsfrage hinsichtlich der Beweise zunächst positiv, ohne aber daraus die Nutzlosigkeit der Waffeninspektionen abzuleiten. Die deutsche Fernsehberichterstattung etwa forderte demgegenüber, die Glaubwürdigkeit der Beweise durch weitere Inspektionen zu untermauern, während in anderen westeuropäischen Staaten (Schweden, Dänemark, Österreich, teils auch Großbritannien) Powells Rede als ein »Flop« gedeutet wurde.[32]

Dieses Auseinanderklaffen der Berichterstattung hielt auch in den kommenden Jahren mit Blick auf die je unterschiedlichen Rahmungen der Berichterstattungen und resultierende Deutungsmuster an. So hat Boaz in einer vergleichenden Analyse von Nachrichtenmagazinen im transatlantischen Kontext herausgearbeitet, dass die Rechtfertigungs- bzw. Begründungsmuster für die Notwendigkeit des Irak-Krieges sich grundlegend unterschieden hätten.[33] Während US-amerikanische Magazine in knapp 60 Prozent des untersuchten Materials auf eine »unmittelbare Bedrohung« durch irakische Massenvernichtungswaffen und die Notwendigkeit einer Beseitigung des autoritären Regimes hinwiesen, wurden diese Argumente im westeuropäischen Kontext wesentlich seltener (zwischen 22 und 50 Prozent) gebraucht. Dafür erfreute sich die Begründung des Irak-Krieges auf Basis eines »US-amerikanischen Imperialismus« größerer Popularität, stellte im analysierten deutschen Medium[34] sogar die mehrheitlich ausgemachte Begründungsformel.

---

29 Vgl. Melkote 2009: 554.

30 Vgl. allgemein: Johnston 2004.

31 Vgl. Lehmann 2005b: 361f.

32 Vgl. ebd.: 362.

33 Vgl., auch für die nachfolgenden Zahlen: Boaz 2005: 354.

34 Wiewohl angemerkt werden muss, dass die Auswahl des Mediums (die Zeitschrift »Stern« im deutschen Fall) hier als ursächlich für diese pointierte Ausdeutung angesehen werden kann. Der Tendenz nach, *dass überhaupt* eine solche Begründung in namhaften Medien artikuliert wurde, entsprach dies allerdings der

In ihrer Analyse der massenmedialen Berichterstattung über die ersten vier Wochen des Krieges gelangen Kolmer und Semetko schließlich ebenfalls zu dem Befund, dass unterschiedliche Realitätskonstruktionen dies- und jenseits des Atlantiks vorherrschten.[35] Während sich etwa die berichteten negativen Aspekte/Bewertungen der Kriegskoalition in den US-amerikanischen und den westeuropäischen Medien geähnelt hätten (Anteil an der Gesamtberichterstattung jeweils um 15 Prozent), habe sich die US-Berichterstattung gegenüber der westeuropäischen gerade zu Beginn des Krieges in einer deutlich umfangreicheren positiven Berichterstattung über die Koalitionstruppen niedergeschlagen.[36] Ebenso wies die Berichterstattung der untersuchten US-Medien doppelt so häufig explizit irakkritische Züge auf wie die westeuropäischen Medien.[37] Auf die unterschiedlichen Bewertungen und Berichtsperspektiven des Falls der Statue Saddam Husseins in Bagdad im April 2003 in US-amerikanischen und westeuropäischen Medien – als Symbol der Befreiung und der Dankbarkeit gegenüber den Koalitionstruppen bzw. inszeniertes Ereignis mit wenig lokaler Attraktivität – ist bereits hingewiesen worden (vgl. Kap. 8.3). Es ist in diesem Zusammenhang ebenso notwendig zu betonen, dass die tendenziell skeptische und negative Ausdeutung dieses Ereignisses in westeuropäischen Medien auch kaum gemäß unterscheidbarer politischer Ausrichtung im Heimatmarkt variierte. Fahmy und Kim vermerken dazu mit Blick auf die französische Berichterstattung:

»Right-wing newspapers, such as *Le Figaro* of France, did not differ in the portrayal of the toppling of the statue from its French left-wing counterpart, *Le Monde*. Both newspapers portrayed the event negatively.«[38]

Nicht allein die Legitimität des Krieges an sich, auch die Legitimität der Methoden der Kriegsführung maßgeblich seitens des US-amerikanischen Militärs hat sich dabei in der Folgezeit als Kristallisationspunkt differierender Realitätsdeutungen in den transatlantischen Medien erwiesen. So hat Jones in seiner Studie zur internationalen Berichterstattung über die Geschehnisse im US-Militärgefängnis Abu-Ghraib (vgl. Kap. 8.3) ermittelt, dass sich in der schematischen Gegenüberstellung der Berichterstattung US-

---

geschilderten Kluft zwischen den jeweiligen Berichtsmustern. Vgl. auch: Johnston 2004: 4.

35 Vgl. Kolmer/Semetko 2009.

36 Ebd.: 364. Dies ist aufschlussreich gerade hinsichtlich des britischen Falls. Die Berichterstattung britischer Medien war demgegenüber durch größere Schwankungen ausgezeichnet: tendenziell negativer die Koalitionstruppen betreffend zu Beginn, zwischenzeitlich wesentlich positiver (als US-Medien), schließlich: wieder zu den Ausgangswerten zurückkehrend, vgl. ebd.

37 Ebd.

38 Fahmy/Kim 2008: 447.

amerikanischer Mainstream-Medien und der internationalen Presseberichterstattung ein markanter Unterschied hinsichtlich der Rahmung des Missbrauchs irakischer Gefangener ergäbe.[39] So haben US-Medien (mit Ausnahme des *New Yorker*, dessen Reporter Seymour Hersh den Skandal ausführlich und begründet als *Folter*skandal im US-Kontext beschrieb) die Bezeichnung »Folter« nur sehr zurückhaltend eingesetzt und damit eine
Systematizität, gar intendierte Strategie kaum unterstellt.[40] Demgegenüber
findet sich der Begriff »Folter« wesentlich häufiger gerade in der europäischen Berichterstattung, wenn auch nicht durchweg als dominierende Bezeichnung in Berichtsüberschriften (*first label*). In Italien, Spanien und
Deutschland taucht der Begriff allerdings wesentlich häufiger auf als etwa
der des »Missbrauchs«. Jones stellt dabei fest: »[The] German press was
nearly 15 times more likely than the American press to include ›torture‹ as a
prominent first label.«[41] In dessen beschriebener Konnotation als systematisch herbeigeführter, geduldeter wie strategisch eingesetzter Missbrauch
steht der Begriff »Folter« dabei nachweislich für einen Entzug von Legitimität. Seine Prominenz in der westeuropäischen Mediendebatte signalisiert
dabei nicht nur ein von den US-Medien unterscheidbares Berichtsmuster,
sondern auch fundamentale Kritik am Vorgehen der Vereinigten Staaten bzw.
bzw. des US-Militärs.

Eingebettet ist das beschriebene Auseinanderklaffen der Medienberichterstattungen über den Irak-Krieg im transatlantischen Kontext dabei in eine
Vielzahl anderer divergierender medialer Wirklichkeitskonstruktionen auf
beiden Seiten. Diese sind bisher weniger systematisch untersucht, als vielmehr zu illustrierenden Zwecken gebraucht worden. Nichtsdestoweniger
bilden auch sie mit hoher Wahrscheinlichkeit wichtige Facetten des transatlantischen – massenmedial vermittelten und verstärkten, gesellschaftlichen –
Dissenses ab. So ist auf europäischer Seite die damalige US-Regierung nicht
erst zu Zeiten des Irak-Krieges kritisch und skeptisch beäugt worden, gerade
die öffentlich inszenierte Ablehnung des Internationalen Strafgerichtshofes
und des Kyoto-Protokolls hat in der europäischen Öffentlichkeit in Teilen
für Unbehagen gesorgt.[42] Die Plausibilität, westeuropäische Gesellschaften
hätten die zunehmende Tendenz zu unilateralem Handeln der US-Regierung
dabei als eine »Ausdrucksform neuen Nationalismus« und somit als nicht
anschlussfähig an etwaige eigene übernationale Politikvorstellungen (vor
dem Hintergrund der EU) abgelehnt[43], gestaltet sich dabei eher als Forschungsfrage denn als nachgewiesener Zusammenhang. Augenfällig ist allerdings in diesem Zusammenhang das Umschwenken der massenmedialen
Berichterstattung im westeuropäischen Kontext vom »Nous sommes tous

---

39 Vgl. Jones 2006.
40 Vgl. ebd.: 15f.
41 Ebd.: 20.
42 Vgl. Fabbrini 2006: 7, 21; Kroes 2006: 99.
43 Vgl. Johnston 2004; Fabbrini 2006.

Américains« (*Le Monde*) im Nachgang zu den Terroranschlägen des 11. September 2001 hin zur Beschreibung der US-Außenpolitik als »arrogant, kriegstreiberisch, taub gegenüber aller Kritik und in einen gefährlichen Messianismus führend« (wiederum *Le Monde*) nur ein Jahr später.[44]

Ihren Widerpart fand diese (auch massenmedial vorgetragene) westeuropäische Kritik am Unilateralismus der Vereinigten Staaten dabei in der zunehmenden Beschäftigung mit der Thematik eines Ausbalancierens dieses Dominanzstrebens durch die Europäische Union (im Bündnis oder außerhalb). Seib etwa weist darauf hin, dass diese Thematisierung der »europäischen Rolle« zunehmend auch in der westeuropäischen Presse von Belang war.[45] Ates et al. haben dahingehend herausgearbeitet, dass die deutsche Presseberichterstattung im Nachgang zum »Nein« der deutschen Regierung zu einer Beteiligung am Irak-Krieg wesentlich stärker auf Fragen der Zukunftschancen des transatlantischen Bündnisses allgemein und der Rolle der EU in diesem Zusammenhang gerichtet war.[46] Unterstellt man, wie oben geschildert mit einiger Plausibilität, dass Tendenzen in der Öffentlichen Meinung gerade hinsichtlich außenpolitischer Themen immer auch maßgeblich Indikatoren vorangegangener Medienberichterstattung sind, so lassen Umfragedaten aus den Jahren 2002 bis 2005 zudem den Schluss zu, dass sich westeuropäische Gesellschaften in zunehmendem Maße eine stärkere Rolle der EU im weltpolitischen Kontext wünschten, die allerdings explizit nicht auf militärischem Gebiet die Konkurrenz zu den Vereinigten Staaten suchen sollte.[47]

Demgegenüber lässt sich für die US-amerikanische Medienberichterstattung ausmachen, dass »Europa« als politischer Akteur, die EU und deren Institutionen kaum von Berichtswert sind, weder als potenzieller Gegenspieler noch als politisches Phänomen. Williams und Kaid haben etwa anhand der US-Medienberichterstattung über die Osterweiterung der Europäischen Union 2004 (und die Wahlen zum Europäischen Parlament) aufgezeigt, dass diese Berichterstattung, so sie denn überhaupt stattfand, oberflächlich und widersprüchlich blieb und tendenziell stärker negativen Charakter hinsichtlich der Institution »EU« besaß.[48] Wiederum Lambert bemerkt hierzu, dass die Einschätzungen Europas (wie der EU) in der amerikanischen Gesellschaft ohnehin eher von »tiefem Misstrauen und Abneigung« am rechten

---

44 Vgl. Napoli 2004: 9. Vgl. auch für die Situation unmittelbar nach den Terroranschlägen: Morrison 2008: 92.

45 Vgl. Seib 2004: 120.

46 Vgl. Ates et al. 2005: 167.

47 Vgl. Bobrow 2008: 242ff. Bobrow (ebd.: 245) fasst demgemäß zusammen, dass immer größere Teile der befragten Bevölkerungen: »[...] called for the EU to become a superpower and strong leader in international affairs but not the large-scale military power required to play a full ›balancer‹ role vis-à-vis the United States«. Vgl. auch: Fabbrini 2006: 23.

48 Vgl. Williams/Kaid 2009.

Rand bis hin zu allenfalls »Irritation und Amüsement« bei eher moderaten Politikinteressierten reiche. Geringes Interesse an den Institutionen werde dabei durch die Berichterstattung über eine »barocke Ansammlung von Regulationen und Formalismus« (*Washington Post*) nicht unbedingt ausbalanciert.[49]

Eine weitere Dimension gegenläufiger Berichterstattung, auf die zwar von denen, die eine transatlantische Medienkluft schildern, in der Regel verwiesen wird, die selbst aber noch nicht umfassend wissenschaftlich untersucht wurde, bezieht sich auf den israelisch-palästinensischen Konflikt. So merkt wiederum Lambert an, dass der stärkeren Verbundenheit der US-amerikanischen Gesellschaft mit Israel im europäischen Kontext (der dortigen Gesellschaften wie medialer Berichterstattung) durch pronouciertere Israelkritik begegnet werde, die an den Rändern des politischen Spektrums in offenen Antisemitismus ausschlage.[50] Kroes weist darauf hin, dass in der westeuropäischen Berichterstattung häufiger israelkritische Stimmen *aus* der israelischen Gesellschaft (wie dem »halboffiziellen« politischen Milieu) Gelegenheit zur Artikulation bekämen.[51] So sei 2004 mit dem ehemaligen israelischen Justizminister Lapid in französischen, britischen, italienischen und deutschen Medien ein dezidierter (israelischer) Kritiker der israelischen Politik im Gazastreifen zu Wort gekommen, während US-Medien mehrheitlich der Deutung anhingen, dass »[...] everything Israel does to the Palestinians is done in legitimate self-defence against acts of terrorism«.[52] Damit erweist sich einerseits die politische Berichterstattung im transatlantischen Kontext hinsichtlich des Nahen und Mittleren Ostens als unterscheidbar aufgrund unterschiedlicher medialer Realitätskonstruktionen vor je spezifischen kulturellen Kontexten (Antisemitismus wie reflexartige Abgrenzung vom Antisemitismus-Vorwurf in Europa, eine »solidarische Siedlermentalität« in US-Medien[53]). In der Folge verstärken solcherart unterschiedliche, gegenläufige Realitätsdeutungen, die in die Berichtsperspektive über den jeweils Anderen einfließen, augenscheinlich wechselseitige Wahrnehmungsmuster. Wenn auch überraschend wenige empirische Studien zu tatsächlich verschiedenartigen Zuschnitten der Berichterstattung über den Nahostkonflikt und dessen Protagonisten *im transatlantischen Kontext* existieren[54], so weisen die vorliegenden Arbeiten doch auf eine mehrheitlich tendenziell gegensätzliche medial vermittelte Wahrnehmung des israelisch-palästinensischen Konflikts in den USA und Westeuropa hin.

---

49 Vgl. Lambert 2003: 62.

50 Vgl. ebd.: 63, 69.

51 Vgl. Kroes 2006: 100f.

52 Ebd.: 100.

53 Vgl. dazu u.a.: Mead 2008.

54 Im Gegensatz zu Studien über die lokalen bzw. regionalen, unterschiedlichen wechselseitigen Wahrnehmungen der Konfliktparteien, vgl. dafür u.a.: Liebes/Kampf 2009.

Dunsky hat die selektive Präsentation des Konfliktgeschehens in den US-Medien kritisiert, der zufolge die Vereinigten Staaten als (indirekte) Konfliktpartei kaum thematisiert werden; Beller wiederum argumentiert, die vermeintliche Voreingenommenheit der westeuropäischen Medien gegenüber Israel stelle vielmehr eine ausgewogenere Form der Konfliktberichterstattung dar; Goldfarb schließlich verortet Berichtsunterschiede in den jeweiligen lokalen Blickwinkeln der Berichterstattung (*all journalism is local*) und begründet die vglw. israelfreundliche Sicht der US-Medien mit dem oben angedeuteten kulturell ähnlichen Kontext.[55] Auch wenn auf dieser Basis nur schwerlich eine eindeutige Einschätzung zu treffen ist, so dürfte insbesondere die tendenziell stärker israelkritisch ausgerichtete westeuropäische Berichterstattung – wobei die Kritik mitunter spezifische Formen annimmt[56] – einen markanten Berichtsunterschied zu US-amerikanischen Medien ausmachen, der im Umkehrschluss in einem seitens US-amerikanischer politischer und publizistischer Kommentatoren zunehmend unterstellten europäischen Antisemitismus resultiert.

Neben der Ebene divergierender Deutung US-amerikanischer Politiken wie weltpolitischer Konfliktlagen zeichnete sich die transatlantische Medienkluft zudem durch eine weitere Besonderheit aus, die die Wahrnehmung einer Kluft noch verstärkte. So ist bereits dargestellt worden (Kap. 8.3), dass die Varianz und Quellenvielfalt, die der Berichterstattung zugrunde lagen, in den US-Medien und den westeuropäischen Medien unterschiedlich waren. Lehmann etwa stellte im Vergleich der deutschen und US-amerikanischen Fernsehberichterstattung im Vorfeld des Irak-Krieges ein wesentlich stärkeres Bemühen um Einbeziehung unterschiedlicher Quellen und Standpunkte in den deutschen Medien fest. Dort kamen auch irakische Akteure sowie der damalige UN-Chefwaffeninspektor Blix zu Wort, während etwa im amerikanischen Fernsehkanal NBC nahezu ausschließlich ehemalige Waffeninspekteure, die den Krieg befürworteten, interviewt wurden.[57] Ates et al. konnten für den Verlauf der ersten Kriegswochen zudem zeigen, dass sich selbst die deutsche Boulevardberichterstattung zunehmend auf eine breitere

---

55   Vgl. Dunsky 2001; Goldfarb 2001; Beller 2007. Vgl. dazu unlängst: Ismail 2008 (für eine Untersuchung der einseitigen Konfliktdarstellung in US-Medien, der zufolge das Opfer-Täter-Schema eindeutig zu Ungunsten palästinensischer Akteure ausfällt).

56   So verweisen Barkho (2008) und Richardson/Barkho (2009) darauf, dass die Berichtsstrategie der BBC sich dadurch auszeichne, keinen offenen Konflikt mit Israel zu provozieren.

57   Lehmann 2005b: 359. Vgl. auch Boaz (2005) für einen Vergleich der Berichtshäufigkeit von NGO-Quellen im deutschen, britischen und US-amerikanischen Kontext, wobei NGOs generell unterrepräsentiert waren, in den untersuchten US-amerikanischen Medien aber praktisch nicht existent.

Basis an Experten und Quellen stützte.[58] Dies wiederum schlug – nach einem anfänglichen Kriegsoptimismus der Bild-Zeitung und einer Phase der ausgewogenen Darstellung – schließlich in die Fokussierung auf eine eher kriegskritische Berichtsperspektive um, wie bspw. der umfangreiche Abdruck US-kritischer Leserbriefe untermauert. Dies griff eine mehrheitliche Haltung der deutschen Bevölkerung auf, verstärkte diese aber unzweifelhaft auch, indem dieser Haltung eine solch breitenwirksame Plattform zur Artikulation geboten wurde.

Auf die unterschiedlichen Aufmerksamkeits- und Berichtsmuster der Berichterstattung über die mancherorts massiven Anti-Kriegs-Proteste in Europa (aber auch in den Vereinigten Staaten selbst) wurde ebenfalls bereits verwiesen (Kap. 8.3). Diese lagen auch Krugmans zunächst intuitiver Diagnose einer »transatlantischen Medienkluft« zugrunde, die er maßgeblich daran festmachte, dass Zuschauer des US-Kabelfernsehens einen »anderen Planeten« wahrnehmen müssten als das internationale Fernsehpublikum. Dahinter verbarg sich die Feststellung, dass die ohnehin spärliche US-Berichterstattung über die Anti-Kriegs-Demonstrationen diese Aktionen als das Tagewerk der »üblichen Protestierenden« (Fox News) abtat, deren Protest im Wesentlichen »den Irak freue« (CNN).[59] Die im transatlantischen Vergleich nur sporadische, selektive und eher negative Wahrnehmung des Anti-Kriegs-Protests in den US-Medien ist dabei mittlerweile durch vergleichende Studien belegt.[60] Boaz fasst deren Ergebnisse prägnant folgendermaßen zusammen: »U.S. press coverage in the days leading up to war portrayed protest as unpatriotic and the arguments against war as irrelevant, when it spoke of these phenomena at all«.[61]

Zusätzlich zur bereits geschilderten legitimatorischen Wirkung der Beschränkung der Quellen und der Nichtbeachtung bzw. der negativen Berichterstattung über die Kriegsgegner im US-Kontext tritt aber für den transatlantischen Zusammenhang eine weitere Dynamik hinzu. So lässt sich nachweisen, dass gerade die deutsche Berichterstattung über den Irak-Krieg und US-amerikanische Außenpolitik in diesem Kontext deutlich stärker auch sog. »Metaberichterstattung« beinhaltete.[62] Die journalistische Reflexion über Möglichkeiten und Begrenzungen des eigenen Tuns, hier vor al-

---

58 Ates et al. 2005: 155. Für Leitmedien wie die FAZ setzen die Autoren der Studie ein solches »professorales Bemühen um gediegene Ausgewogenheit« voraus, vgl. ebd.: 156.

59 Vgl. Krugman 2003.

60 Dimitrova/Strömbäck 2005; Murray et al. 2008.

61 Boaz 2005: 349.

62 Vgl. Esser 2009: 721. Solche Metaberichterstattung hat der Studie zufolge gegenüber dem Irak-Krieg 1991 um 75 Prozent zugenommen und machte im Untersuchungszeitraum März 2009 ca. 16 Prozent der gesamten Berichterstattung zum Irak-Krieg/zur US-Strategie im Irak-Krieg aus. Vgl. auch die Überlegungen in: Alterman 2003b; Nehls 2003.

lem die Auseinandersetzung mit der selektiven und als einseitig wahrgenommenen Berichterstattung der US-Medien[63], dürfte vor dem Hintergrund der bereits existierenden Kluft in Berichts- und Wahrnehmungsmustern diese noch verstärkt haben. Wenigstens hat sie die Skepsis gegenüber den Vereinigten Staaten und ihren Institutionen in der deutschen Gesellschaft nicht gemindert. Nicht nur ein wiederum divergierendes Berichtsmuster – hier: über Formen, Zensur und Wirkungen der Berichterstattung vor allem im US-Kontext[64] –, sondern gerade die Implikationen einer solchen kritischen Berichterstattung erweisen sich aus dieser Sicht als wichtige Impulsgeber für ein weiteres Auseinanderdriften. Wahrnehmungsmuster der US-Regierung als »Medienstrategen«, der US-amerikanischen Medien als »willige Werkzeuge« und folglich einer »manipulierten« Gesellschaft verfestigten sich auf diese Weise.

Weitere Aspekte der politischen Berichterstattung, die in der publizistisch wie wissenschaftlich ausgefochtenen Debatte um ein transatlantisches Auseinanderdriften eine herausragende Rolle spielten, deren Stellenwert *in der jeweiligen massenmedialen Berichterstattung* aber bisher noch nicht systematisch aufgezeigt wurde, wären etwa:

- die stärker als solche wahrgenommene Rolle religiöser Bezüge in der US-Außenpolitik (gegenüber einem sich als säkular verstehenden politischen Europa);[65]
- spezifische Charakteristika der Amtsführung des US-Präsidenten Bush (die »neokonservative Bewegung«, die Querverbindungen des einflussreichen Vizepräsidenten Cheney zu verschiedenen Industrieunternehmen);[66]
- auf einer allgemeineren Ebene auch die Angemessenheit militärischer Machtpolitik mit Blick auf zeitgenössische Sicherheitsgefährdungen.[67]

All diese Themen sind dabei unzweifelhaft dies- und jenseits des Atlantiks berichtet worden; aber sie wurden – im Kontext der geschilderten divergierenden Wahrnehmungen des Irak-Krieges – auf unterschiedliche Art und Weise berichtet bzw. auf die wechselseitig sich voneinander abgrenzenden Deutungsfolien bezogen.

In Bezug auf die hier geschilderten, divergierenden Realitätskonstruktionen in US-amerikanischen und westeuropäischen Massenmedien gilt zudem: Es gliche einer unbotmäßigen Vergröberung, von faktisch homogener

---

63 Esser 2009: 718, 722.

64 Kolmer/Semetko (2009: 646) sprechen die deutsche Debatte über »embedded journalism« an, während die Praxis des Einbettens in den großen US-Medien als *Debatten*gegenstand praktisch inexistent war.

65 Vgl. u.a.: Szabo 2004; Victor 2005; Fischer/Jager 2006.

66 Vgl. u.a.: Bromwich 2008.

67 Vgl. u.a.: Johnston 2004; Seib 2004: 117.

Berichterstattung innerhalb der jeweiligen Mediensysteme bzw. medialer Handlungsräume auszugehen.[68] Das *Wall Street Journal* ist nicht die *New York Times,* und die (politische) Ausrichtung der Berichterstattung von *Fox News* gleicht schwerlich der Berichtsperspektive von CNN; ebenso unterscheidet sich die Realitätsdeutung des *Guardian* von der der *(London) Times, Tagesschau* und *Bild*-Zeitung verfolgen unterschiedliche Strategien etc.[69] Dennoch, und dies begründet die Haltbarkeit der These einer »transatlantischen Medienkluft«, lässt sich anhand der analysierten Medienberichterstattung aufzeigen, dass zwischen der US-amerikanischen und der westeuropäischen Darstellung der weltpolitischen Problemlage Unterschiede bestehen, die in der Tendenz *größer* sind als die Varianz der Berichterstattung innerhalb des US-Kontextes bzw. unter den westeuropäischen Berichtsperspektiven.

Bei aller internen Heterogenität ergibt sich somit ein augenfälliger Unterschied zwischen einer »US-amerikanischen Mediensicht« und einer »(west-)europäischen Mediensicht«. Diese Sichten reflektierten teils die offiziellen Positionen der jeweiligen Regierungen (markant im US-amerikanischen Fall, tendenziell auch im deutschen Fall).[70] Die britische Medienberichterstattung weicht von diesem Muster allerdings wenigstens partiell ab insofern, als hier ein deutlich höherer Grad an interner Heterogenität zu beobachten war, der sich in der Auffächerung der gesamteuropäischen medialen Berichtsperspektive äußerte.[71] Die britischen Medien folgten dabei der politischen Linie der Regierung Blair keineswegs uniform (wie an der kritischen Sicht des *Independent* abzulesen ist, ebenso im internationa-

---

68 Vgl. PIPA 2003. Mooney (2004) charakterisiert das Spektrum der Presseberichterstattung in den USA im Vorfeld des Krieges folgendermaßen: »They ranged from hawkish without a shade of doubt (*The Wall Street Journal* and, to a lesser extent, the *Chicago Tribune*), to prowar but conflicted (*The Washington Post* and *USA Today*), to antiwar without United Nations approval (*The New York Times* and the *Los Angeles Times*).« Da sich parallel dazu in den US-Medien die Deutung einer Zustimmung der Vereinten Nationen über den nachgewiesenen Bruch der SR-Resolution 1441 durch den Irak durchsetzte (vgl. dazu: Lehmann 2005a), ist das beschriebene Meinungsspektrum letztendlich innerhalb *eines* vglw. einheitlichen, kriegsbefürwortenden Deutungsrahmens zu verorten.

69 Überdies gilt, dass gerade mit fortschreitender Dauer des Irak-Krieges bzw. der Präsenz US-amerikanischer Truppen im Irak Teile der US-Gesellschaft sich anderen Berichtsquellen zuwandten, nicht zuletzt BBC World im transatlantischen Kontext, vgl. dazu u.a.: Seib 2004: 116. Dabei handelte es sich angesichts der ermittelten Zahlen aber allenfalls um interessierte Teilöffentlichkeiten. Siehe dazu u.a.: Bicket/Wall 2009: 366.

70 Vgl. u.a.: Johnston 2004.

71 Dies gilt zudem für die Medienberichterstattung in mittelosteuropäischen Ländern, vgl. etwa für den tschechischen Fall: Kolmer/Semetko 2009.

len Kontext an der »alternativen« Sicht von BBC World[72]), lehnten sie aber auch nicht mehrheitlich ab. Lediglich der Kriegsbeginn schränkte temporär das Spektrum der heterogenen Bedeutungskonstruktionen britischer Medien ein.[73]

Spanien markiert demgegenüber einen Fall, in dem sich die offizielle Linie der Regierung Aznar (als Kriegsverbündeter an der Seite der Vereinigten Staaten) nicht nur in dezidiertem Widerspruch zu Mehrheiten der Öffentlichen Meinung, sondern – nach Maßgabe der vorliegenden Studien[74] – auch zur Gesamttendenz der politischen Berichterstattung der heimischen Medien befand. Kaitatzi-Whitlock und Kehagia schließlich verdeutlichen anhand des griechischen Beispiels, dass interne Heterogenität der Medien entlang politischer Parteilinien mit Blick auf US-amerikanische Außen- und Weltpolitik sich im Binnenkontext eines europäischen Landes gerade nicht automatisch in divergierende Realitätskonstruktionen umsetzte.[75] In ihrer qualitativ angelegten Studie zur griechischen Berichterstattung über die Terroranschläge des 11. September 2001 gelangen sie so zu der Einschätzung, dass sich der Ton in den kommunistischen Zeitungen von dem ihrer eher konservativen Gegenspieler unterschieden habe; über das gesamte politische Spektrum hinweg ließ sich allerdings die generelle argumentative Stoßrichtung aufzeigen, eine Mitverantwortung für die Anschläge im außenpolitischen Auftreten der USA auf weltpolitischer Bühne selbst zu suchen.[76]

Das aus solcherart unterschiedlichen Realitätskonstruktionen resultierende »Auseinanderdriften« wurde darüber hinaus durch eine zweite Dynamik überlagert und verstärkt. Die wechselseitige Beobachtung und kritische Bewertung des jeweils seitens »des Anderen« in dessen Massenmedien (und durch politische Akteure über Massenmedien) produzierten Spektrums konstruierter Bedeutungsgehalte wirkte in diesem Zusammenhang insgesamt eskalierend. Neben der oben geschilderten »medialen Versäulung« nationaler (im US-Fall) und übernationaler (im europäischen Fall) Diskursräume haben Massenmedien demgemäß einen zweiten Beitrag zum Entstehen bzw. der Verstärkung einer »transatlantischen Kluft« geleistet. Die Thematisierung der aufgezeigten Wahrnehmungs- und Berichtsunterschiede und divergierender Bewertungen wurde so wenigstens punktuell ergänzt um eine gezielte Stereotypisierung des Anderen. Dies geschah nicht zuletzt auch, um über die Bedienung latent vorhandener, negativer kultureller Stereotypisierungen Gewinne zu erwirtschaften.[77] Latent vorhandene Antiamerikanismen

---

72 Vgl. Bicket/Wall 2009.

73 Vgl. Murray et al. 2008; Kolmer/Semetko 2009.

74 Vgl. Willnat et al. 2006.

75 Kaitatzi-Whitlock/Kehagia 2004.

76 Vgl. ebd.: 140f.

77 Dies geht über die Annahme einer Kontextgebundenheit journalistischer Berichterstattung (vgl. u.a.: Lehmann 2005b: 357, 2005c) hinaus. Zum Gewinnmotiv u.a.: Newsweek 2002; Rai 2003; Lehmann 2005a: 85f.; Malzahn 2006.

zu bedienen, hat sich dabei wenigstens in Teilen westeuropäischer Publika als Gewinnstrategie erwiesen, ebenso wie die an antifranzösische Ressentiments anknüpfende und massenmedial stark berichtete Umbenennung der *French fries* in *Freedom fries*[78] in den Vereinigten Staaten. Die mediale Berichterstattung über diesen Akt demonstrativer Tilgung des Namens aus Protest über das Verhalten der französischen Regierung – inszeniert oder authentisch[79] – führte schließlich u.a. auch zur Verbannung des Attributs »French« von den Speisekarten gastronomischer Einrichtungen des US-Repräsentantenhauses. Auch wenn es sich um ein temporär aufflackerndes Phänomen handelte, knüpfte die mediale Aufarbeitung an ein Reservoir antifranzösischer (dort, wo auch deutsche Autos und belgische Waffeln betroffen waren: antieuropäischer) Vorurteile an und aktivierte diese Stereotypisierungen in einer breiten Öffentlichkeit. Die Haltung US-amerikanischer Journalisten in dieser Hinsicht bringt ein in Europa arbeitender Auslandsreporter eines US-Senders auf den Punkt, der angab, dass sich das US-amerikanische Publikum aus der Sicht der Reporter zwar nicht für europäische Politik interessiere, wohl aber für »[...] negative stories about France [which] Americans like«.[80]

Der Tenor der US-amerikanischen Medienberichterstattung über Frankreich wurde dabei spätestens seit Herbst 2002 in Form wiederholter Kommentare sichtbar, die eine ehemalige Großmacht im Abstieg zeichneten, deren Verweigerungshaltung selbstgefällige Ignoranz und Selbstüberschätzung vermuten lasse. Der prominente Kommentator der *Washington Post* Kagan bemerkte etwa: »American global superpower goes back to being a global superpower, and France goes back to being France«[81], *Fox News* bot dem republikanischen Abgeordneten King ein Podium für dessen Forderung, die Vereinigten Staaten dürften sich nicht durch ein »[...] second-or-third rate country, a has-been country like France« vom außenpolitischen Kurs abhalten lassen; und der renommierte Publizist Friedman sinnierte in seiner Kolumne in der *New York Times* darüber, Frankreichs Sitz im Sicherheitsrat Indien zu überantworten.[82] Deutschland als ein weiterer europäischer Gegner des Irak-Krieges wurde in US-amerikanischen Medien ebenfalls als ein Land im ökonomischen Abstieg, in sozialer Auflösung befindlich und von zunehmender politischer Bedeutungslosigkeit gezeichnet.[83] Dabei ist die Verquickung solcherart wenig subtil vorgetragener politischer Einschätzungen und Wertungen mit populären, kulturell untersetzten Stereotypen das markante Charakteristikum der US-Medienberichterstattung über Europa

---

78 Vgl. Seib 2004: 119. Diese führen allerdings das »Französische« nur im Namen, stammen aber nicht von dort.

79 Vgl. dazu u.a. die Schilderung in: Rawson 2003.

80 Hahn/Lönnendonker 2009: 507.

81 Lambert 2003: 67.

82 Vgl. Rai 2003.

83 Vgl. Medien-Tenor 2003a.

(i.S. des »Alten Europa« als Sammelkategorie der Kriegsskeptiker und Kriegsgegner) gewesen. Wie Lambert zusammenfasst: »At a more impressionistic level, the news columns tell you that the French are interested in sex as well as food, that the Germans suffer from angst and have plenty to be anxious about, and that the British are seriously eccentric.«[84]

In der westeuropäischen Berichterstattung über die Vereinigten Staaten wurden demgegenüber ebenso verschiedene Ebenen eines breit definierten »Antiamerikanismus« als tendenziell negative bzw. ablehnende Einschätzung der Vereinigten Staaten bedient. Dieser existierte sowohl in Form emotional basierter, diffuser Ablehnung und damit generell negativer Bewertungen dessen, wofür »die USA« stehen; er richtete sich aber auch auf eine Zurückweisung spezifischer US-Politiken, die eher auf rationaler Abwägung fußte.[85] Markanter Kristallisationspunkt der negativen Stereotypisierung war allerdings die Person des US-Präsidenten, dessen (unterstellte wie inszenierte) Persönlichkeitsmerkmale den Fokus einer teils abschätzigen europäischen Berichterstattung jenseits aller legitimen Kritik an dessen politischer Amtsführung wie Programmatik bildeten. Von Beginn an stand dabei weniger Bushs emotionaler Zugang zur US-Öffentlichkeit als »Barbecue-Präsident«[86] (der u.a. auch mitverantwortlich für seine Wiederwahl 2004 gegenüber einem als eher unnahbar wahrgenommenen Kandidaten Kerry war) im Blickpunkt der medialen Aufmerksamkeit als vielmehr defizitäre Wissensbestände und Versprecher des US-Präsidenten. Zwar gab es – ebenso wie in den US-Medien im Hinblick auf exponierte europäische Politiker – zweifelsohne ein gewisses Spektrum an Darstellungen und Bewertungen. Allenfalls aber Medien unter dem Dach von News Corp. (und damit zum Konzern des US-Republikanern nahestehenden Eigentümers Murdoch) wählten bisweilen das Attribut »brillant«, wenn sie vom US-Präsidenten sprachen.[87]

Hinzu kommt, dass die Darstellung Bushs als Cowboy, die auf einem seitens des US-Präsidenten und seiner Kommunikationsberater für die eigene Gesellschaft inszenierten Bild beruhten, in westeuropäischen Kontexten eine andere Rahmung erfuhr. So wandelte sich das Image eines »geradlinigen Machers« in der europäischen Berichterstattung eher in das eines (negativ konnotierten) »anti-intellektuellen Draufgängers«.[88] Die offenkundige Geringschätzung, die westeuropäische Medien dem US-Präsidenten Bush

---

84 Lambert 2003: 69.

85 Vgl. Isernia 2006: 130. Für die differenzierende Variante der Definition nach Isernia: Johnston 2005: 9.

86 Vgl. Bowman 2004.

87 Lambert (2003: 66) verweist auf die britische *Sun*.

88 Vgl. Malphurs 2008: 189. Vgl. auch Hall (2003) für die Berichterstattung über George W. Bush im US-Kontext.

entgegenbrachten[89], hatte damit von Beginn an und bis zum Ende seiner zweiten Amtszeit auch eine »persönliche« Komponente. Den Kern der wechselseitigen Stereotypisierung dies- und jenseits des Atlantiks bildete demzufolge eine in Teilen gehässige Darstellung des politischen Führungspersonals. Das in vielen westeuropäischen Gesellschaften und Medien populäre *Bush-Bashing* wurde dabei durch eine Verhöhnung etwa des deutschen Regierungschefs Schröder wie des französischen Präsidenten Chirac in US-Medien beantwortet, wobei Schröder eher als unzuverlässiger Partner, Chirac eher als selbstgefälliger Vertreter einer Nation im Abstieg geschildert wurde.[90] Zudem wurden Frankreich und Deutschland von der konservativen *New York Post* emblematisch in eine »axis of weasels« (eine in Anlehnung an die sog. »Achse des Bösen« als »Achse der Hinterhältigen« beschriebene Koalition der Kriegsgegner) eingereiht, während die jeweiligen UN-Botschafter später als ebensolche Wiesel verfremdet auch deren Titelblatt zierten. Das *Wall Street Journal* brandmarkte Schröder als »Husseins eifrigsten Verteidiger in Europa«, ebenso wie der rechtskonservative Kolumnist der *Washington Post* Krauthammer die französische UN-Delegation als Husseins »Anwälte« vor dem UN-Sicherheitsrat bezeichnete.[91] Solcherart Verquickung von divergierenden Realitätskonstruktionen und Deutungsangeboten mit auf Popularität abzielender Stereotypisierung des jeweils Anderen markierte dabei die doppelte Dynamik der »transatlantischen Medienkluft«.

---

89 Nisbet/Shanahan (2008: 17) berichten, dass die Person Bush in der westeuropäischen Berichterstattung im Untersuchungszeitraum 2005 deutlich negativer dargestellt wurde als im US-Kontext und in markantem Kontrast zur dortigen Berichterstattung kaum irgendwelche positiven Bewertungen erhielt.

90 Vgl. Lambert 2003: 66.

91 Vgl. ebd.: 67. Rai (2003) gibt weitere Beispiele: »Rupert Murdoch's Sun published a French edition with a huge cartoon of Jacques Chirac morphing into a worm. And asked, ›What's the difference between toast and Frenchmen?‹ Answer: ›You can make soldiers out of toast‹.«

Tabelle 4: Die »transatlantische Medienkluft« 2003: Schematische Gegenüberstellung der jeweils massenmedial vermittelten Realitätsdeutungen und wechselseitigen Stereotypisierungen

Gesellschaft	Realitätsdeutung in den dortigen Medien	»Rationalisierung«/ Stereotypisierung des Gegenüber in Massenmedien
USA	[Orientierung an US-Regierung] - Terrorismus als nationale Sicherheitsgefährdung - Irak & MVW; Irak & Al-Kaida - Vereinte Nationen als »Problem«/ Blockierer - militärische Mittel als zielführendes Instrumentarium - breite Zustimmung zu möglicher Invasion	- Europa als »alter Kontinent« - (ökonomischer, demographischer etc.) Abstieg Europas - barockes Ensemble von Institutionen (EU) - (latenter) Antisemitismus - opportunistische Politiker
	Erweiterung der europäischen Realitätsdeutungen (»neues Europa«) **- Irak-Krieg gerechtfertigt** **- militärische Mittel notwendig**	
(West-) Europa/ (»altes Europa«)	- Terrorismus als globale Gefahr - Kritik des US-Unilateralismus - Irak-Krieg unnötig und illegitim - Sinnhaftigkeit militärischer Machtpolitik? - weltweiter Protest gegen Invasion	- sekundäre Motive/ »US-Imperialismus« - manipulierte US-Medien und (ignorante) US-Gesellschaft - Cowboy-Mentalität (US-Präsident)

Jäger und Viehrig formulieren in dieser Hinsicht treffend: »Wenn jedoch die Aufmerksamkeit der Gesellschaften auf die Reproduktion der jeweils eigenen Auto- und Heterostereotypen konzentriert werden kann, und ein Austausch der durch Medien vermittelten Wahrnehmungen [...] nicht stattfindet, entwickeln sich die Interpretationen der internationalen Ordnung und des in ihr angemessenen Verhaltens auseinander.«[92] Dieser beschriebene Mechanismus bedarf hinsichtlich der transatlantischen Medienkluft zweier zusätzlicher Präzisierungen. Erstens darf der politische Wille, die jeweils eigenen Deutungsmuster zu stabilisieren, zwar mit Blick auf Medienstrategien exponierter politischer Akteure v.a. im US-Kontext und in Teilen auch Großbritanniens (unter der Perspektive der Legitimitätsschaffung, vgl. Kap. 8.1) angenommen werden. Hinsichtlich des europäischen Kontextes griff allerdings ein etwas anderer Mechanismus. Hier wurde eine solche Konzentration auf die jeweils eigenen Wahrnehmungsmuster maßgeblich durch eine Orientierung der Massenmedien am wahrgenommenen »politischen Konsens« (Mehrheiten der Öffentlichen Meinung, nicht durchweg die Regierungslinie, vgl. etwa Spanien) bewirkt. Zweitens: Sowohl in der US-amerikanischen Medienberichterstattung wie in der westeuropäischen tritt als markantes Charakteristikum hinzu, dass jeweils latent vorhandene Vorurteile durch negative Stereotypisierungen bedient wurden. Somit zeichnet nicht nur ein irgendwie »blockierter Austausch von divergierenden Wahrnehmungen«, sondern ein genau auf dieser Wahrnehmung divergenter Realitätskonstruktionen fußender wechselseitiger *Abgrenzungs-* und Abschottungsprozess für die beschriebene, zunehmende Kluft in den Realitätswahrnehmungen verantwortlich.

Welche Auswirkungen besitzen nun solcherart massenmedial getragene Prozesse konfligierender Realitätskonstruktion im transatlantischen Zusammenhang? Auf der Ebene medialer (Re-)Produktion von gesellschaftlicher Realität internationaler Beziehungen lässt sich die These aufstellen, dass die transatlantische Medienkluft infolge des Irak-Krieges zu einer wenigstens mittelfristig stabilen Divergenz der Wahrnehmungen politischer Sachverhalte im internationalen Kontext auf beiden Seiten des Atlantiks beigetragen hat. Dies bedeutet nicht, dass ein Auseinanderdriften der gesellschaftlichen, kulturell-normativen Orientierungsmuster zwischen den Vereinigten Staaten und Westeuropa vorher nicht zu verzeichnen war. Sichtbar wurde dieses spätestens seit Ende des Ost-West-Konflikts.[93] Aber es bedeutet, dass dieses Auseinanderdriften auf der Ebene der massenmedialen Realitätskonstruktion nicht nur sichtbar und manifest wurde, sondern durch die geschilderten Verstärkereffekte vermittelt die Divergenz der Wahrnehmungen potenziell noch verstärkt hat. Jäger und Viehrig konnten in dieser Hin-

---

92 Jäger/Viehrig 2005: 6.
93 Medick-Krakau 2007. Zu punktuell unterscheidbaren Aufmerksamkeitsmustern US-amerikanischer und europäischer Nachrichtenmedien hinsichtlich des Irak bereits seit den 1990ern: Szukala 2003.

sicht mit Blick auf den zeitlich nachgelagerten Darfur-Konflikt (der zudem nicht im Zentrum der Aufmerksamkeit im transatlantischen Raum stand) nachweisen, dass unterschiedliche Mediensichten die jeweiligen gesellschaftlichen bzw. politischen Debatten flankierten.[94] Akzentuiert trat dies angesichts der sich krisenhaft zuspitzenden Lage in Darfur zu Tage, als US-Medien primär über die Vereinigten Staaten als (möglichen) Akteur im Rahmen der Konfliktbearbeitung berichteten, während in europäischen Medien auch andere Akteure (lokale Regierungen, die Afrikanische Union etc.) eine Rolle spielten. Ebenso adressierten Massenmedien im europäischen Kontext an prominenter Stelle die Vereinten Nationen, während diese in der US-Berichterstattung zum Darfur-Konflikt allenfalls sporadisch auftauchten. Schließlich: Während sich eine Vielzahl europäischer Medien umfangreich mit den Ursachen der Krise beschäftigte, dominierte in den US-Medien eher die Schilderung der Auswirkungen des Konflikts anhand personalisierter Einzelschicksale.[95]

Dem kann entgegengehalten werden, dass Berichtsperspektiven und daraus resultierende Realitätskonstruktionen sich über Zeit verändern könnten, je nach »politischer Großwetterlage«, die transatlantische Medienkluft also nur ein vorübergehender Reflex, maßgeblich auf konfrontative US-Außenpolitik in den zwei Amtszeiten des US-Präsidenten Bush jr., gewesen sei. Demgegenüber verorte ich die politische Konsequenz der transatlantischen Medienkluft auf grundsätzlicherer Ebene in der Aktivierung, Erneuerung und Erweiterung eines beiderseits des Atlantiks vorfindbaren Repertoires wechselseitiger negativer Stereotypisierungen. Diese flankierten zunächst nur die jeweiligen, unterscheidbaren Realitätskonstruktionen, vermögen es aber, auf nachfolgende Prozesse der Realitätsdeutung einzuwirken. Der qualitative Unterschied, den das massenmedial vermittelte, auch und vor allem gesellschaftliche Auseinanderdriften im transatlantischen Bündnis markierte, besteht demzufolge darin, dass auch eine vglw. populäre neue US-Regierung auf eine prinzipiell wesentlich skeptischere (und latent wie offen stärker amerikakritische) europäische Öffentlichkeit stößt.

Aus den Befunden zur Öffentlichen Meinung in Westeuropa herausgegriffen, ergibt eine kurze Schau dahingehend etwa folgende Bestandsaufnahmen: Bereits im Sommer 2002 waren die Bevölkerungen in mehreren westeuropäischen Staaten (Großbritannien, Italien, Frankreich, Deutschland) mehrheitlich der Meinung, dass US-amerikanische Außenpolitik zu den Terroranschlägen des 11. September beigetragen hätte.[96] Im Verlauf des folgenden Jahres ließ sich dann der deutlichste Anstieg antiamerikanischer Haltungen binnen Jahresfrist seit Beginn der Befragungen in den 1950er Jahren feststellen; zum ersten Mal wurde dabei in der Bundesrepublik Deutschland und Italien eine mehrheitlich negative Einschätzung der USA

---

94 Vgl. Jäger/Viehrig 2005.
95 Vgl. zu den Ergebnissen: ebd.: 36.
96 Isernia 2006: 140.

registriert, ein deutliches Absinken der Wertschätzung der Vereinigten Staaten zudem auch in Großbritannien (und damit der Gesellschaft des Kriegsverbündeten).[97] Aus den in den Jahren 2004 bzw. 2005 vom *German Marshall Fund* erhobenen Daten ließ sich erkennen, dass »US-amerikanische Führung« im weltpolitischen Kontext in Frankreich (24 Prozent Zustimmung) und Deutschland (37 Prozent, abgesunken von 68 Prozent noch 2002[98]) nur noch von Minderheiten gewünscht wurde. Und auch in den Gesellschaften der kriegsbefürwortenden Staaten fanden sich zumindest starke Minderheiten, die eine solche US-Führung ablehnten (in Großbritannien etwa wünschten nur 54 Prozent eine US-Führungsrolle).[99]

In seiner Sekundäranalyse aggregierter Umfragedaten aus den Jahren 2001 bis 2006 kommt Bobrow darauf aufbauend zu dem Schluss, dass gerade in den westeuropäischen Gesellschaften (weniger ausgeprägt in Großbritannien, aber auch dort tendenziell nachzuzeichnen) ein deutlich negatives Meinungsbild gegenüber den Vereinigten Staaten überwogen habe, und zwar am prononciertesten negativ im Hinblick auf deren Beitrag für einen »Weltfrieden«.[100] Nachdem noch ausgangs der 1990er Jahre die genannten Gesellschaften (auch Deutschland und Frankreich) eine überwiegend positive Einschätzung der internationalen Rolle der USA bekundeten, sahen diese nunmehr »[...] predominantly or massively [...] the impact of U.S. policies as adverse and inattentive to their interests«.[101] Der *Pew Global Attitudes Survey* 2008 verzeichnete zwar angesichts der Präsidentenwahlen eine »Aufbruchstimmung« für den Fall der Wahl Barack Obamas, gerade aber Langzeitstudien lassen ermessen, wie dramatisch und auf welch tiefes Niveau die Beliebtheit der Vereinigten Staaten in den Gesellschaften der westeuropäischen Verbündeten abgesunken ist.

Eine weitere Studie des Pew-Forschungszentrums verzeichnete ein Absinken des Anteils derer, die am Ende der zweiten Amtszeit Bushs angaben, generell ein positives Amerikabild zu besitzen, von 83 auf 53 Prozent in Großbritannien, von 78 auf 31(!) Prozent in Deutschland – damit rangierten die USA nur noch knapp vor China (26 Prozent positiv). Selbst im traditionell USA-freundlichen Polen war ein signifikantes Absinken der positiven Evaluationen (von 86 auf 68 Prozent) zu beobachten.[102] Es ist dies maßgeblich *auch* und mit Blick auf die Zentralität medialer Realitätsdeutung für die Wahrnehmung politisch-gesellschaftlicher Trends in der internationalen Umwelt: *im Besonderen* ein Ergebnis der transatlantischen Medienkluft. Dies wird nicht zuletzt deutlich mit Blick auf einzelne Befunde zur Ent-

---

97 Ebd.: 138.

98 Vgl. dazu: Schmidt 2008: 60. 2006 hatte sich die Zustimmungsrate allerdings leicht erhöht (auf 43 Prozent).

99 Vgl. Ramsay 2005: 26.

100 Vgl. Bobrow 2008: 233.

101 Ebd.: 232.

102 Vgl. Gallup 2008; Pew Global Attitudes 2008.

wicklung der Wahrnehmung Westeuropas in der US-amerikanischen Gesellschaft. Zwar lässt sich dort wesentlich schwieriger als im europäischen Fall ermessen, inwieweit sich die Wahrnehmungsmuster in Bezug auf die transatlantischen Partner generell verändert haben. Nicht zuletzt der Umstand, dass Europa bzw. das transatlantische Verhältnis in einschlägigen Untersuchungen zur Öffentlichen Meinung in den USA gar nicht auftauchen, zum Beispiel in der Zusammenstellung *Americans & the World*[103], begründet dies. (Ebenso fragen Langzeitstudien die Befindlichkeiten der US-amerikanischen Gesellschaft gegenüber einzelnen europäischen Staaten bzw. »Europa« nicht kontinuierlich ab.[104])

Gerade aber hinsichtlich medienzentrierter Dynamiken veränderter Wahrnehmungen ließ sich ein (wenigstens zwischenzeitlich) deutliches Absinken der Bewertung Frankreichs in der Folge massenmedial vermittelter, negativer Stereotypisierung des Landes und dessen politischer Vertreter nachweisen.[105] Auch wenn sich daraus kein allgemeiner Trend ableiten lässt, so erscheint dieser Befund doch bemerkenswert, v.a. da »Außenpolitik« traditionell kein primäres gesellschaftliches Aufmerksamkeitsfeld in den Vereinigten Staaten bildet, was durch den tendenziell abnehmenden Umfang der Auslandsberichterstattung eher noch verstärkt worden sein dürfte.[106] Umfragen im Zusammenhang mit Haltungen der US-Bevölkerung zum Irak-Krieg belegen zudem, dass eine deutliche Mehrheit prinzipiell kooperative Formen US-amerikanischer Außenpolitik bevorzugen würde, aber zugleich davon ausgeht, sich damit in einer Minderheitenposition zu befinden.[107] Ob sich dies als ein realitätskonstitutiver Effekt der Medienberichterstattung beschreiben lässt, müsste ggf. durch nachfolgende Forschungen eruiert werden, erscheint aber hinsichtlich der durch die US-Medien projizierten Selbst- und Fremdbilder im transatlantischen Kontext zumindest plausibel.

Kurzum: Massenmedien haben im transatlantischen Kontext offenkundig zum Entstehen und zur Verstärkung divergierender Realitätsdeutungen beigetragen.[108] Unterschiedlicher inhaltlicher Zuschnitt, abweichende Bewertungen und deren Einbettung in negative Stereotypisierungen haben dabei diskursiv gesellschaftlichen Dissens, der zwischen politischen Entscheidungsträgern nicht unbedingt entlang der kontinentalen Grenzen verteilt war

---

103 Vgl. die fortlaufende Aktualisierung unter: www.americans-world.org/.

104 Transatlantic Trends (2007) beschreibt so etwa bemerkenswerte Ähnlichkeiten, was die sinkende Zustimmung zu Politiken der Bush-Administration betrifft, benennt gleichzeitig aber auch divergierende Problemwahrnehmungen (Guantanamo, Kyoto). Vgl. ebd.: 6.

105 Medien-Tenor 2003b.

106 Zur Öffentlichen Meinung: Holsti 2002; für die Auslandsberichterstattung u.a.: Arnett 1998; Franks 2005.

107 Vgl. Todorov/Mandisodza 2004.

108 Vgl. auch (maßgeblich für den deutschen und den französischen Fall): Nisbet/ Shanahan 2008: 21.

(vgl. Blair, Aznar im europäischen Kontext), produziert und eskaliert. Die Intensität des Dissenses, der sich v.a. in Westeuropa in einer dramatischen, nicht nur punktuellen Verschlechterung des Amerikabildes äußerte, lässt sich dabei maßgeblich auch als eine medial induzierte Dynamik verstehen. Nachhaltig(er) hat dies in der ersten Dekade des 21. Jahrhunderts die Bedeutungshorizonte westeuropäischer Gesellschaften geprägt[109], als nunmehr die artikulierte Ablehnung US-amerikanischer Führung eine Option für breitere Segmente der Gesellschaften wurde.

Es bleibt abzuwarten, ob damit angezeigt ist, dass die Skepsis gegenüber den USA generell angewachsen ist, ohne durch »Obamania« bereits wieder vollends beseitigt worden zu sein.[110] Auch wenn jüngere Umfragen zeigen, dass US-Führung im transatlantischen Kontext wieder mehrheitlich akzeptiert wird[111], dürfte es sich im Besonderen um einen zunächst an die – wiederum medial vermittelte und popkulturell überhöhte – Persönlichkeit des Präsidenten Obama gekoppelten Effekt handeln. Sollte sich die Obama-Administration mit ihren außenpolitischen Zielen (Afghanistan, Irak, Guantanamo etc.), die angesichts der Binnenthemen »Gesundheitsreform« und »Auswirkungen der Finanzkrise auf den Arbeitsmarkt« nicht durchweg Priorität genießen, nicht durchsetzen, steht zu erwarten, dass die Sympathiewerte internationaler öffentlicher Meinung wiederum deutlich nachlassen. Die divergierenden Wahrnehmungs- und Berichtsmuster der Massenmedien im transatlantischen Kontext, die während der vergangenen Dekade tendenziell stärker auseinanderdrifteten als bereits vorher, werden durch einen solchen personengebunden Popularitätseffekt dabei nicht notwendigerweise nachhaltig ausgeräumt.

---

109 Konventionellere Analysen beschreiben demgegenüber – in Bezug etwa auf die deutsch-amerikanischen Beziehungen – eher ein generelles, v.a. auf Ebene der politischen Entscheidungsträger sich abbildendes »Auseinanderdriften«, Wandlungsprozesse außenpolitischer Identitäten oder innenpolitisch motiviertes Taktieren bzw. Mobilisierung antiamerikanischer Ressentiments, vgl. u.a.: Schmidt 2008.

110 Vgl. dazu: Brand 2009.

111 Umfragedaten des *Pew Research Center* im Sommer 2009 weisen auf massiv veränderte, nunmehr wieder mehrheitlich positive Einschätzungen der USA in westeuropäischen Ländern hin (Pew Research Center 2009). Dieser Effekt dürfte im Wesentlichen der Wirkung des charismatischen US-Präsidenten Obama geschuldet sein, so wie das Absinken der Werte vorher in großen Teilen der medialen Darstellung und der Wahrnehmung seines Amtsvorgängers geschuldet war. Vgl. auch: Gallup 2009.

10.2 DER »KARIKATURENSTREIT« (2005-06)

Dass sich mit der transatlantischen Medienkluft die Dynamik mediatisierten zwischengesellschaftlichen Dissenses in einer politisch, wirtschaftlich und kulturell hochgradig vernetzten und (institutionell) integrierten Weltregion manifestierte, bedeutet im Umkehrschluss nicht, dass solcherart Prozesse auf die OECD-Welt beschränkt sind. Vielmehr lässt sich aufzeigen, dass die mediale Schaffung von konfligierenden Deutungsmustern über einzelne Gesellschaften bzw. Segmente von Gesellschaften hinweg in anderen Fällen erst intensivere Verflechtungsmuster erzeugt. Der sog. »Karikaturenstreit« zwischen muslimischen Gesellschaften und islamischen Einwanderungsgemeinschaften in westlichen Gesellschaften einerseits und v.a. den immigrationsskeptischen Teilen dieser westlichen Mehrheitsgesellschaften (im Verlauf aber auch zunehmend dort beheimateter publizistischer Eliten generell) in den Jahren 2005 und 2006 verdeutlicht dies.

Der Kern dieses Streits bestand dabei je nach Lesart auf einer generellen Ebene in der nunmehr manifest gewordenen Auseinandersetzung zwischen den abstrakten Prinzipien Rede- und Pressefreiheit (im »säkularen westlichen« Lager) und der Achtung religiöser Bestimmungen (im »islamischen« Lager). Ausgehend vom konkreten Kontext, aus dem heraus die Konfliktdynamik entstand, handelte es sich dagegen eher um eine transnationalisierte Form des Konflikts zwischen Immigranten-*Communities* in westlichen Gesellschaften und dortigen Mehrheitsgesellschaften vor dem Hintergrund einer globalen Zuspitzung kulturell-religiös aufgeladener Konfliktmuster zwischen Muslimen und Nichtmuslimen.

An dieser Stelle folge ich primär der zweiten Lesart mit dem Zusatz, dass die Mechanismen der Initiierung wie auch der Transnationalisierung vornehmlich medienzentrierter Natur waren.[112] Der Karikaturenstreit lässt sich in dieser Hinsicht anhand des je unterschiedlichen Grades der »Mediatisierung« und je unterscheidbarer massenmedialer Dynamiken der Realitätskonstruktion in drei Phasen einteilen. Initialisiert wurde er durch die Publikation der sog. »Mohammed-Karikaturen« in Dänemark, internationalisiert wurde er durch islamische Aktivisten (z.T. unter Nutzung transnationaler Medien). Seine eigentliche Transnationalisierung erfuhr er aber in einer dritten Phase durch die mehrfache Re-Publikation der Karikaturen in meistenteils europäischen Zeitungen und Zeitschriften einerseits wie durch die nachfolgend medial getragene und vermittelte Organisation von Protest im Nahen und Mittleren Osten, in Ländern mit einem signifikanten Anteil an muslimischer Bevölkerung sowie muslimischen Einwanderungsgemeinschaften in einer Vielzahl westeuropäischer Länder andererseits.

In der ersten Phase spielten Massenmedien eine entscheidende, wenn auch zunächst lokal/regional begrenzte Rolle. So erschienen am 30. September 2005 in der dänischen Tageszeitung *Jyllands-Posten* zwölf Karikatu-

---

112 Vgl. u.a.: Powers 2008: 347.

ren, die den Propheten Mohammed abbildeten (u.a. in den Kontext des Terrorismus gerückt und gewalttätig, aber nicht durchweg offenkundig abschätzig[113]). Daneben wurde eine Stellungnahme der Herausgeber publiziert, die als Grund für deren Veröffentlichung den seitens des Redaktionsteams wahrgenommenen Prozess der »Selbstzensur« angesichts religiöser Befindlichkeiten der muslimischen Bevölkerung in Dänemark anführte. Dies entspreche, so die Logik der vorgetragenen Begründung, einer unbotmäßigen Einschränkung der Presse- und Redefreiheit und sollte durch die gezielte Herausforderung einer Positionierung muslimischer Gemeinden thematisiert werden.

Markant ragt in diesem Zusammenhang der Kontext der dänischen Gesellschaft als einer Zuwanderungsgesellschaft, innerhalb derer in der letzten Dekade immigrationsfeindliche Parteien Wahlerfolge verbuchen konnten, in die Entscheidung hinein, die maßgeblich vom Kulturchef der Zeitung, Rose, vorangetrieben worden war.[114] *Jyllands-Posten* hatte sich zudem in Dänemark (und außerhalb) bereits einen Ruf als konservatives, tendenziell Immigration ablehnendes, v.a. aber islamkritisches und teils offen islamfeindliches Medium erworben.[115] So berichtet Hervik, dass die Zeitung nach den Terroranschlägen des 11. September 2001 wiederholt dänische Muslime mit Taliban-Kämpfern gleichgesetzt habe und die Berichterstattung über islamische Länder und Gesellschaften durch eine nachhaltig negative semantische Rahmung auffalle.[116] Rostbøll fasst demgemäß zusammen:

>»If the cartoons had been published in an atmosphere that was otherwise characterized by mutual respect and attempts to try to understand and listen to Danish Muslims, there would have been no reason for moral reproach of Jyllands Posten.«[117]

Dennoch gilt: Lässt man die Kontakte des Journalisten Rose, der die Veröffentlichung initiierte, zu einigen Vertretern des US-amerikanischen Neokonservatismus ebenso beiseite wie die potenzielle Anbindung der muslimischen Diaspora, an die die Publikation adressiert war, zu den jeweiligen Herkunftsländern außer Acht, so präsentiert sich der Streit in seiner Entstehung als ein weitestgehend lokaler Konflikt mit nur einem geringen Grad an Transnationalisierung. In der Folge waren es denn auch allenfalls lokale Ak-

---

113 Die Karikaturen finden sich u.a. auf der Website des *Brussels Journal* (www.brusselsjournal.com/node/698/). Eine andere Diskussion kreist um die grundsätzliche Frage der Zulässigkeit einer solchen graphischen Darstellung, vgl.: Hussain 2007.

114 Pieterse 2007: 67; Hervik 2006: 226f.

115 Vgl. u.a. Hervik 2006: 226f.

116 Ebd.: 228. Hervik nennt in diesem Zusammenhang die Attribute »verachtenswert«, »unaufgeklärt«, »obskur«, »vertrauensunwürdig«, »mittelalterlich« und »abscheulich«, die die Islamberichterstattung der Zeitung kennzeichneten.

117 Rostbøll 2009: 627. Vgl. auch: Lawler 2007.

teure, die innerhalb des dänischen politischen Systems ihren Unmut äußerten, etwa die Vertreter der Gemeinschaft des Islamischen Glaubens, die von der Zeitung eine Entschuldigung verlangten.[118] Auch die Forderung einiger islamischer Botschafter an den dänischen Premierminister, etwas in dieser Sache zu unternehmen und eine Entschuldigung seitens *Jyllands-Posten* zu erwirken, spielte sich im dänischen Kontext ab. (Der Premier lehnte die Forderung nach einem Treffen mit der Begründung ab, die Politik habe kein Weisungsrecht gegenüber der Presse.)

Zwar berichteten die saudische Zeitung *Al-Hayat*, die französische *Le Monde* und auch Al-Jazeera über die Publikation der Karikaturen[119], aber diese Berichte riefen kaum ein Echo im internationalen Kontext hervor. Auch publizierte Teile der Karikaturensammlung etwa im ägyptischen Boulevardblatt *Al-Fajr* und auf der populären indonesischen Website *Rakyat Merdeka* erregten kaum Aufsehen. Die sich anschließende zweite Phase des Karikaturenstreits ist demgegenüber durch eine bewusst herbeigeführte Internationalisierung des Konflikts seitens exponierter dänischer Muslime gekennzeichnet. Einige dänische Imame entschieden sich so aus Verärgerung über die Publikation und eine ausbleibende politische Sanktionierung seitens der dänischen Regierung, den Konflikt mittels einer Internationalisierungsstrategie zu eskalieren.[120] Wiederum Hervik berichtet in diesem Zusammenhang von der Schilderung eines dänischen Imams, der bekundete, dass man in islamischen Ländern bisher der Klage über antiislamische Tendenzen in Dänemark kaum Aufmerksamkeit geschenkt habe, insbesondere aber die graphische Darstellung des Propheten mit einer tickenden Bombe im Turban die Galvanisierung von Protest versprach.[121] Indem die dänischen Imame ein 43-seitiges Dossier zusammenstellten, das sowohl die ursprünglichen zwölf Karikaturen als auch u.a. drei weitaus gewagtere Darstellungen und zusätzliches Material enthielt[122], und dieses der Organisation der Islamischen Konferenz zukommen ließen, involvierten sie die der Organisation angehörenden Länder.

Mittelbar zogen sie damit auch die islamisch geprägten Gesellschaften dieser Länder in den Streit hinein, da das nach den Protagonisten benannte Akkari-Laban-Dossier spätestens mit der Publikation über das transnationa-

---

118 Hansen, R. 2006: 8

119 Vgl. Amitzbøll/Vidino 2006; Kunelius/Eide 2007: 10; Strömbäck et al. 2008: 122.

120 Amitzbøll/Vidino 2006: 6.

121 Vgl. Hervik 2006: 225.

122 Vgl. dazu Oring 2008. Oring beschreibt, dass einige dieser Darstellungen als bewusste Kritik am Anliegen bzw. Ironisierung des Anliegens von *Jyllands-Posten* gedacht waren, im Kontext des Dossiers aber eine gänzlich andere Bedeutung entfalteten. O'Leary (2008) plädiert aufgrund der Zusammenstellung des Dossiers dafür, statt von »dänischen Karikaturenepisode« vom »islamistischen Karikaturenschwindel« zu sprechen.

le Satellitenprogramm der Hizbollah, *Al-Manar*, auch breiten Teilen der Bevölkerung zugänglich gemacht wurde. Dennoch hielt sich der Aufruhr zunächst in Grenzen, sieht man von der Aussetzung eines Lösegeldes auf die Karikaturisten seitens der pakistanischen Partei Jamaat-e-Islami ab.[123] Exponierte Mitglieder dänischer islamischer Gemeinden bereisten allerdings weiterhin Staaten im Nahen und Mittleren Osten (Ägypten, Libanon, Syrien), um dort bei Treffen mit religiösen und politischen Führern um Unterstützung für ihren Protest zu werben. Dabei gaben sie punktuell auch arabischen Fernsehsendern und Radiostationen Interviews und wiederholten dort ihre Anschuldigungen gegen *Jyllands-Posten* und die dänische Regierung, der sie zudem vorwarfen, den Koran zensieren zu wollen.[124]

Die dritte und letztendlich zum offenen Konflikt führende Phase des Karikaturenstreits nahm ihren Ausgang zu Beginn des Jahres 2006, als dem Beispiel der norwegischen christlichen Zeitschrift *Magazinet* folgend Dutzende von Zeitungen vor allem in westlichen Ländern die ursprünglichen Karikaturen wenigstens teilweise erneut veröffentlichten. Neben dem *Brussels Journal* waren dies in mehreren Schüben u.a. auch einige deutsche (*Die Welt, Die Zeit*, die FAZ und der *Tagesspiegel*[125]), mehrere französische (*France Soir, Charlie Hebdo* und *Le Monde* u.a.) und insgesamt 143 Zeitungen in 56 Staaten.[126] Diese Re-Publikation erfolgte dabei aus unterschiedlichen Gründen. Der offiziellen und von nahezu allen Medien im westlichen Raum gelieferten Begründung, es sei ausschließlich um Solidarität mit angefeindeten Journalisten gegangen und damit um die Erhaltung der Presse- und Redefreiheit[127] etc., steht in einigen Fällen das plausible Argument eines relativ hohen Nachrichtenwerts wenigstens ein Stück weit entgegen. In einigen Fällen ist ebenso dokumentiert, dass die Veröffentlichung primär unter dem Gesichtspunkt einer Auflagensteigerung erfolgte, etwa bei *France Soir*, einer zu dieser Zeit in Existenznöten schwebenden französischen Zeitung.[128] Insgesamt lässt sich aber aufzeigen, dass die Begründung einer »empfundenen Notwendigkeit« als Akt der Verteidigung von Presse- und Redefreiheit in den überwiegenden Fällen die Veröffentlichung diskursiv rahmte. Dies geschah in durchaus unterschiedlicher Nuancierung: Während französische Zeitungen (unabhängig von deren Verortung auf dem innenpolitischen Meinungsspektrum) eher dazu tendierten, auf den »säkularen

---

123 Feldt/Seeberg 2006: 15.

124 Vgl. Amitzbøll/Vidino 2006.

125 Die *taz (tageszeitung)* und die *Berliner Zeitung* druckten Auszüge, während etwa *Bild* und *Spiegel Online* eine Publikation ablehnten.

126 Vgl. dazu: Hansen, R. 2006: 9; Berkowitz/Eko 2007: 784; Eko/Berkowitz 2009: 183; Olesen 2009: 418.

127 Vgl. Kunelius/Eide 2007: 11.

128 Müller, Ch. 2006. Das Insolvenzverfahren der Zeitung läuft bereits seit 2005, unlängst wurde eine mögliche Übernahme durch einen russischen Großinvestor debattiert.

Republikanismus« Frankreichs und eine daraus folgende Priorisierung der Presse- und Meinungsfreiheit hinzuweisen, lässt sich im deutschen Kontext eine deutlichere Verknüpfung zwischen der gestiegenen Bedrohungswahrnehmung hinsichtlich des Islam/Islamismus und der bekundeten Unverhandelbarkeit der Pressefreiheit feststellen.[129]

Die massive Re-Publikation der Karikaturen auf westlicher Seite trug die Karikaturen wie den darum entstandenen Meinungskonflikt zweifelsohne in eine breite Öffentlichkeit. Die Wahrnehmung dieser (Re-)Publikationsentscheidung wie der Berichterstattung bzw. Rechtfertigung in den betreffenden Medien resultierte dabei in vielen muslimischen Gemeinden weltweit in einer Interpretation, die Khouri folgendermaßen auf den Punkt bringt: »[...] European political and press leaders flat-out [told] the Islamic world that Western freedom of press was a higher moral value and a greater political priority than Muslim's concern«.[130] »Medienaktivismus« bildete in dieser Hinsicht auch in muslimischen Gesellschaften und Immigrantengemeinden das zentrale Element der dritten Phase: Der orchestrierte Protest in Ländern mit islamischer Bevölkerungsmehrheit oder starkem Anteil von Muslimen an der Gesamtbevölkerung wäre ohne die mediale Berichterstattung nicht denkbar gewesen, wenn auch eine Intentionalität bzw. Gerichtetheit des Medienhandelns bisweilen fraglich bleibt. So trug das vom saudischen Nachrichtenkanal *Al-Arabiya* als »Entschuldigungsinterview« angekündigte Gespräch mit dem dänischen Premierminister, in dessen Verlauf keine Entschuldigung (nur das Bekenntnis zu generellem Respekt vor Religionen und Pressefreiheit) zu hören war, zur Emotionalisierung des Meinungsbildes in arabischen Ländern bei.[131] Andere Fernsehstationen wie der religiöse *Al-Majd* riefen offen zum Boykott dänischer Waren auf; Al-Jazeera bot zumindest islamischen Geistlichen[132] eine Plattform, um diesen Boykott publik zu machen bzw. zu dessen Unterstützung aufzurufen. Ebenso konnte der syrischstämmige Geistliche Barazi, der seit 15 Jahren in Dänemark lebte, über Al-Jazeera öffentlichkeitswirksam die These verbreiten, Koranverbrennungen stünden unmittelbar bevor.

Interessanterweise lässt sich für die Phase der intensiven Transnationalisierung vermittels Medien auch feststellen, dass einige (internationale Leit-) Medien bewusst die Option des Nichtpublizierens wählten, etwa die *Was-*

---

129 Vgl. Eko/Berkowitz 2009: 197; Miera/Sala Pala 2009.

130 Khouri 2006. Dies dürfte explizit auch für die Stellungnahmen politischer Akteure im europäischen Kontext gelten; der damalige Innenminister Schäuble etwa wies das Ansinnen auf Entschuldigung unter Hinweis darauf zurück, dass sich die deutsche Regierung nicht für etwas entschuldigen könne, was in Ausübung der Pressefreiheit geschehen sei.

131 Sakr 2008: 290f.

132 Wie etwa dem Islamgelehrten Qaradawi, dessen wöchentliches Programm »Shia und Leben« *Al-Jazeera* ebenfalls ausstrahlte, oder dem Vorsitzenden der Islamischen Gemeinde in Dänemark, Abu Laban.

hington Post, die *New York Times* oder CBS, wobei sich dies oftmals als Schutzstrategie für Journalisten vor Ort entpuppte.[133] Auch gaben pan-arabische Sender (*Iqra*) und Medienunternehmen (MBC – *Middle East Broadcasting*) um Moderation bemühten Stimmen eine Plattform bzw. starteten Initiativen, die auf kulturellen Dialog und Verständigung ausgerichtet waren.[134] Insgesamt blieb allerdings festzustellen, dass eine Vielzahl der Massenmedien im arabischen Raum, im Nahen und Mittleren Osten etc., die auf ein muslimisches Publikum abzielen, zu einer Homogenisierung der Wahrnehmungen beitrugen insofern, als sie die Veröffentlichung der Karikaturen in einen Zusammenhang mit der generellen Geringschätzung des Islams in westlichen Gesellschaften, neokolonialen Politiken des »Nordens« sowie Rassismen gegenüber und der generellen Marginalisierung muslimischer Einwanderer stellten.

Eine besondere Dynamik entwickelte sich dabei aus dem Zusammenspiel von transnational agierenden Massenmedien (etwa transnationalen Nachrichtenkanälen und sog. Diaspora-Medien[135]), deren wechselseitiger Beobachtung und der Flankierung durch Kommentare und Diskussionen in onlinegestützten Kommunikationsplattformen.[136] So lassen jüngere Studien einerseits in der Tat den Schluss zu, dass der Konflikt maßgeblich eskalierte, nachdem die beiden pan-arabischen Nachrichtenkanäle Al-Jazeera und Al-Arabiya ausführlicher über die erneute Veröffentlichung berichtet hatten.[137]

Andererseits legen Analysen zu neu entstandenen Mustern transnationaler Vernetzung und Mobilisierung infolge der Wiederveröffentlichung der Karikaturen nahe, dass exponierte gesellschaftliche bzw. religiöse Akteure den Karikaturenstreit nutzen konnten, um das »politische Projekt« der Schaffung einer globalen islamischen Gemeinschaft (*global ummah*) voranzutreiben.[138] Diese spezifische Form der Identitätspolitik fußte ihrerseits maßgeblich auf der Schaffung eines gemeinsamen, geteilten Bedeutungszusammenhanges (qua geteilter Bedeutungsgehalte und Realitätsdeutungen) über Diaspora-Medien und Internetkommunikation. In diesem Zusammenhang dienten Online-Netzwerke – durchaus in ihren Bezügen zu traditionelleren Massenmedien, deren Berichterstattung sie aufgriffen und die sie im Umkehrschluss beeinflussten – als zentrale Dimension gemeinschaftlicher Bedeutungsproduktion. Saunders fasst dahingehend zusammen, dass diese Online-Medien europäischen Muslimen Zugang zu einer »[...] responsive

---

133 Im Gegensatz zum (neokonservativen) *Weekly Standard* und einigen kleineren, lokalen Zeitungen, vgl.: Rahman 2006. Zum US-Kontext überdies: Kuipers 2008: 9.

134 Vgl. Sakr 2008: 291.

135 Vgl. auch: Karim 1998; Sinclair/Cunningham 2000; Hirji 2006.

136 Zur Rolle von Online-Medien: Feldt/Seeberg 2006; Sullivan 2006.

137 Vgl. Olesen 2009: 414.

138 Vgl. Saunders 2008: 304.

virtual community that [...] banishes their confusion, while offering a geographic space where some semblance of Islamic unity can be facilitated«, verschaffte.[139] Als ausgemacht kann demzufolge gelten, dass auf Errichtung einer globalen Gemeinschaft der Muslime abzielende Eliten den Karikaturenstreit gleichsam instrumentalisierten; wichtiger aber noch ist, mit welchen *diskursiven Konsequenzen* sie dies taten. Indem sie den Impuls identitärer Abgrenzung zwischen Nichtmuslimen und Muslimen[140], der insbesondere aus der ursprünglichen Publikation resultierte, aufgriffen und medialer Verstärkung zuführten, beförderten sie maßgeblich eine kulturell-religiöse (diskursive) Konfliktdynamik.

Die politischen Folgen des Karikaturenstreits lassen sich dabei in unmittelbare (unmittelbar zu beschreibende) und mittelbare unterscheiden. Unmittelbar führte der Streit in seiner dritten Phase zu Protestkundgebungen in vielen Staaten der sog. »islamischen« Welt (Pakistan, Bangladesch, Malaysia, Jemen u.a.[141]) und zu gewalttätigen Übergriffen auf Christen (etwa in Nigeria mit über 100 Toten).[142] Im Gazastreifen stürmten Aksa-Brigaden das Büro der EU[143], auf diplomatischer Ebene kam es zu (zeitweisen) Botschaftsschließungen bzw. dem Abzug des diplomatischen Personals (Saudi-Arabien, Libyen). Auch wenn der wirtschaftliche Schaden insgesamt überschaubar blieb[144], so spielten der zeitweise Boykott dänischer Waren (etwa in Kuwait und Saudi-Arabien[145]) und der Abbruch der Handelsbeziehungen zu Dänemark seitens des Iran auf symbolischer Ebene eine Rolle. Zudem wurden nachfolgende vereinzelte Angriffe auf Filialen westlicher Unternehmen in Indonesien, Syrien, Pakistan, Iran und Libyen sowie der Anschlag auf die dänische Botschaft in Islamabad (Pakistan) im Juni 2008 seitens der Attentäter unter Hinweis auf die Veröffentlichung der Karikaturen begründet.[146]

Mittelbar hat der »Karikaturenstreit« aber auch zu einer verstärkten Wahrnehmung kulturell-religiöser Differenzen als Antagonismus beigetragen. Auch wenn Studien zur Öffentlichen Meinung in unmittelbarem Zusammenhang mit dem Karikaturenstreit oder Langzeittrends für die meisten relevanten Gesellschaften kaum aufzufinden sind[147]: Die Wirkung der medi-

---

139 Ebd.: 311. Vgl. auch Qvortrup 2006.

140 Saunders 2008: 318.

141 Bergmann 2006.

142 Vgl. Polgreen 2006. Post (2007: 72) verweist auf eine Schätzung von weltweit 139 im Zuge der Proteste getöteten Menschen.

143 Hansen, R. 2006: 9.

144 Amitzbøll/Vidino 2006, S. 8.

145 Saunders (2008: 317) spricht von insgesamt 134 Mio. US-Dollar Verlust.

146 Vgl. für die Anschläge auf die Unternehmen: Codina/Rodríguez-Virgili 2007: 34.

147 Eine Ausnahme, allerdings in ihrer Reichweite begrenzt, bildet: Imra 2006. Die Ergebnisse untermauern die hier getroffenen Annahmen tendenziell.

alen Berichterstattung an sich hat der Idee eines wechselseitigen Ausschlusses von Redefreiheit und Achtung islamischer Gebote auf beiden Seiten zu mehr Prominenz verholfen. Die Deutung des Verhältnisses als konfliktbeladen i.s. einander ausschließender kulturell-religiöser Konzepte gewinnt dabei vor dem Hintergrund von muslimischer Migration nach bzw. deren Integration in westeuropäischen Gesellschaften ebenso wie hinsichtlich der Invasionspolitik des Westens im Nahen und Mittleren Osten eine besondere Bedeutung. Die Verstärkung einer Wahrnehmung eines »wechselseitigen Kreuzzuges« in der Folge des Karikaturenstreits scheint in diesem Zusammenhang plausibel.

Am ehesten systematisch erforscht wurde diese Dynamik in Studien der diskursiven Rahmung der Berichterstattung *über den Streit* in westlichen Zeitungen. Strömbäck et al. konnten so etwa die Bedeutung des Interpretationsrahmens »Islam versus Westen« in der Berichterstattung der US-amerikanischen, weniger der schwedischen Presse nachweisen.[148] Shehata zeigt zudem in seiner Analyse ebenfalls der schwedischen und US-amerikanischen Presseberichterstattung, dass die Berichtsperspektive der »Pressefreiheit« in der nachfolgenden Schilderung des Konflikts wesentlich weniger prominent vertreten war als der Aspekt der »Intoleranz«, auf die seitens muslimischer Akteure angesichts der Veröffentlichung der Karikaturen und der Behandlung muslimischer Einwanderer in Dänemark generell hingewiesen wurde.[149] Dabei bleibt zunächst offen, in welchem Umfang die Berichterstattung über diese Wahrnehmung seitens muslimischer Akteure auch Bewertungen, Einschätzungen oder Zurückweisungen ebendieser Kritik enthielt. Allein, offenkundig richteten sich die massenmedialen Berichtsmuster an der *Konflikthaftigkeit* und der sich abzeichnenden Lagerbildung aus und gaben damit der Perspektive eines anstehenden »Kulturkampfes« Nahrung.[150] Müller hat dahingehend darauf verwiesen, dass auf diese Weise Konflikt dergestalt kanalisiert wurde, als bestünde gesellschaftlich-kulturelle Einheitlichkeit in gegeneinander stehenden Lagern.[151]

Im Kern ist es diese diskursive Zuspitzung des jeweiligen Deutungsangebots (und damit auch gesellschaftlicher Bedeutungshorizonte), welche die politische Bedeutsamkeit des Karikaturenstreits ausmacht. In diesem Sinne schuf die massenmedial vermittelte Transnationalisierung (die Re-Publikation und deren Begründung, die Organisation von Protest und sich abgrenzende Berichterstattung im islamischen Raum und schließlich die begleitende Schilderung dieser Konfliktdynamik) eine neue Qualität des bereits schwelenden kulturell-religiösen Konflikts zwischen Muslimen und Nichtmuslimen. Dabei war nicht zuletzt auch die massenmedial vermittelte

---

148   Strömbäck et al. 2008.

149   Vgl. Shehata 2007.

150   Vgl. in kritischer Absicht maßgeblich gegenüber westlichen Massenmedien: Powers 2008: 353.

151   Müller 2008: 97.

Zuspitzung auf den Konfliktkern – bei großflächiger Aussparung moderaterer Bearbeitungsversuche seitens einzelner Akteure – zu beobachten. Powers weist darauf hin, dass

»[...] non-stereotypical Islamic or Western reactions were each under-reported and de-emphasized. Alternative frames, such as ones focusing on reconciliation and respect, two themes outlined in the letter sent from Egyptian Minister of Foreign Affairs to the United Nations Secretary-General, rarely commanded the newspaper headlines or televised images surrounding the affair.«[152]

Dass die Transnationalisierung beiderseits vor allem unter dieser Berichtsperspektive geschah, hatte mit Blick gerade auf die muslimischen Gesellschaften im Nahen und Mittleren Osten vor allem mit der dort vorherrschenden Sicht auf die westliche Nahost-Politik und die Invasion der Vereinigten Staaten und ihrer Verbündeten im Irak zu tun. Wie der Herausgeber einer marokkanischen Wochenzeitung bemerkte: »The cartoons are adding insult to injury. Not only are you invading and robbing our lands, you are insulting our faith.«[153] Das Bemerkenswerte ist, dass eine solche Wahrnehmung sich gegenüber teils von prominenter Seite gerade im US-amerikanischen Kontext geäußerter Kritik an der Veröffentlichung der Karikaturen so umfassend durchsetzte, dass diese kaum wahrgenommen wurde.[154] Im Gegenzug kaprizierte sich auch die westliche Berichterstattung weniger auf die moderate Artikulation muslimischer Organisationen in westlichen politischen Systemen (Dänemark, Frankreich, Deutschland[155]), sondern stellte einen Zusammenhang zwischen muslimischem Protest und genereller Militanz und Fundamentalisierungstendenzen des Islam her.[156] Damit provozierten Massenmedien durch ihre Berichtsmuster in verschie-

---

152 Powers 2008: 350.

153 Time 2006. Vgl. auch: Ahmed et al. 2006: 7ff.

154 So stellte der ehemalige US-Präsident Clinton die Veröffentlichung der Karikaturen in den Kontext europäischer Islamfeindlichkeit und verglich diesen mit dem europäischen Antisemitismus der Vorkriegszeit, vgl.: Hansen, R. 2006: 10. Die damalige Sprecherin des US-Außenministeriums Higgins bezeichnete die Karikaturen ebenfalls als »beleidigend«, vgl. Codina/Rodríguez-Virgili 2007: 34. Dies mag auch einer strategisch motivierten Überlegung angesichts desaströser Imagewerte der Vereinigten Staaten in muslimischen Ländern im Gefolge des Irak- und des Afghanistan-Krieges geschuldet gewesen sein. Der springende Punkt aber ist: Es veränderte die Wahrnehmungsmuster in »islamischen« Medien kaum.

155 Vgl. Miera/Sala Pala 2009: 400; Olesen 2009.

156 Vgl. etwa für den deutschen Fall: Jäger/Jäger 2007.

denen »westlichen« Gesellschaften auf diskursivem Terrain eine wesentlich rigidere Konturierung des Feindbildes Islam.[157]

Die sich in drei Phasen vollziehende diskursive Dynamik ist in unten stehender Übersicht (Tab. 5) noch einmal schematisch dargestellt. Entscheidungen der Massenmedien erfolgten damit in allen drei Phasen des Karikaturenstreits, ja waren ursächlich für Konfliktgenese und -verlauf. Dies impliziert keine eindimensionale Aussage über die Gemengelage von Motivationen (politische Agenda, journalistisches Ethos, Nachrichtenwerte, Auflagesteigerung, Instrumentalisierung) auf beiden Seiten. Das herausstechende Charakteristikum ist, dass Massenmedien nicht allein zu Zwecken der politischen Mobilisierung instrumentalisiert wurden, sondern über (Re-) Publikationsentscheidungen und Begründungen ebenso wie über die wechselseitige Berichterstattung (vorangegangenen Medienhandelns) aktiv involviert waren. Insbesondere die letzte Phase der Transnationalisierung[158] ist für hier verfolgte Zwecke von entscheidender Bedeutung (vgl. Abb. 12), weil in ihr sowohl qualitativ neuartige diskursive Dynamiken griffen als auch und insbesondere diskursive Bedeutungsproduktion in einem grenzüberschreitenden Handlungskontext erfolgte. Der resultierende transnationale Dissens zwischen jeweiligen Segmenten von Gesellschaften und eine quer zu nationalstaatlich organisierten Gesellschaften entstehende Konfliktlinie (die ihrerseits auf Prozessen der Bedeutungsproduktion beruht) kann dabei als entscheidendes Resultat massenmedialer Bedeutungsprägung betrachtet werden. Mediale Diffusion in grenzüberschreitenden Kontexten, wie Olesen ausführt, fußte dabei zweifelsohne auf verschiedenen Akteursstrategien (politischen Agenden, ökonomischen Kalkülen etc.), »[b]ut once an event [...] migrates out of its local or national context it sets in motion a dialectical dynamic that is difficult to both control and predict«.[159]

---

157 Für einen Bezug der Karikaturenkrise auf zunehmende Islamophobie in Großbritannien und Australien: Poynting/Mason 2007. Siehe auch die einzelnen Beiträge in: Kunelius et al. 2007.

158 Vgl. auch: Olesen 2007, 2009. Ich folge hier Olesens Begriffsverwendung (2009: 412), der zufolge »transnational« steht für »[...] it appeared in many places [across borders] at the same time or at least as part of the same sequence of events«.

159 Ebd.: 418.

Tabelle 5: Der Karikaturenstreit als Abfolge dreier diskursiver Phasen (Episoden), in denen (basierend auf massenmedialem Handeln) zwei konkurrierende und konfligierende Realitätsdeutungen quer zu nationalstaatlichen Gesellschaften verstärkt wurden

PHASE	KONKUR-RENZ REALITÄTS-DEUTUNGEN SEITENS...	DEUTUNGEN	MASSENMEDIALER EINFLUSS
INITIALISIE-RUNG (DÄNEMARK)	Islam-Kritiker/ Immigrati-ons-Skeptiker	Publikation = Provokation[160] *angesichts »Parallel-gesellschaft«, Tabuisierung*	Massenmediale Beein-flussung diskursiver Konstruktion durch: - Auftrag, Karikaturen anzufertigen - Publikationsent-scheidung - Rechtfertigung
	Muslimische Gemeinden	Publikation = Provokation *als Ausdruck einer Marginali-sierung[161], Verun-glimpfung*	
INTERNATIO-NALISIERUNG	»Offizielles Dänemark«	Pressefreiheit schützt Publi-kation	... Berichterstattung im arabischen Raum, muslimischen Ländern
	Muslimische Staaten (und teils: Gesellschaf-ten)	»Westen vs. Islam«	

---

160 Ich folge hier der (moderaten) Einschätzung von Codina/Rodríguez-Virgili (2007: 31), die die Publikationsentscheidung als Teil einer Strategie betrachten, »[...] to challenge moderate European Muslims to speak out on the social consequences of some radical Islamist standpoints«. Dies widerspricht nicht ei-ner Deutung, dass gerade *Jyllands-Posten* bisweilen offen islamfeindliche Positi-onen bezogen hat und nicht primär um Verständigung bemüht gewesen ist.

161 Vgl. Müller/Özcan 2007: 290.

TRANSNATIO-NALISIERUNG	Westliche Medien (Europa: Re-Publikation; USA: eher »Bericht«[162])	Pressefreiheit, Meinungsfrei-heit prioritär (Europa: »Islam vs. Westen«)	... - Re-Publikation der Karikaturen - Berichterstattung (westliche Medien, arabische Medien/ muslimische Länder, Diaspora-Medien) - Online-Aktivismus, »neue Medien«, - Organisation von Protest/Mobilisierung qua Realitätsdeutung
	Muslimische Einwande-rungsgemein-schaften & Staaten/ Ge-sellschaften; »muslimische Welt« = »virtuelle Umma«	»Doppel-standards«[163], Respekt vor Islam nicht vorhanden, »Westen vs. Islam«, Rassismus	

10.3 DIE TRANSNATIONALITÄT DISKURSIVER WELTPOLITIK

Die beiden geschilderten Fälle verdeutlichen, dass Massenmedien in grenz-überschreitenden Kontexten sowohl als Produzenten geteilter Bedeutungs-gehalte als auch miteinander konkurrierender, sich diametral gegenüberste-hender Realitätsdeutungen fungieren. Ersteres leisten sie innerhalb einer be-stimmten Gruppe von Gesellschaften; im Falle der transatlantischen Medi-enkluft in Form einer Angleichung der meisten nationalen Berichtsperspek-tiven im westeuropäischen Kontext gegenüber dem atlantischen Partner USA. Im zweiten Fall bewirkten sie im Wesentlichen die Schaffung einer übergreifenden »islamischen« Berichtsperspektive, tendenziell auch eine Angleichung westlicher Medienperspektiven gegenüber einem islamischen Konfliktgegner. Dass die geschilderten Prozesse jeweils »gegenüber« ande-ren Akteuren erfolgten, kennzeichnet die zweite Dimension und damit die einer massenmedial vermittelten und beförderten Abgrenzung von Gesell-

---

162 Vgl. Berkowitz/Eko 2007: 788.

163 Vgl. u.a. Hussain 2007: 113. Es ist dabei nicht bedeutsam, ob westliche Karika-turisten (in einem christlichen Kontext) Ähnliches oder »Blasphemischeres« zeichnen würden – sie tun es nachgewiesenermaßen. Was zählt, ist die umfang-reiche Durchsetzung einer solchen Wahrnehmung von Doppelstandards (»Eure Künstler dürften sich das gegenüber *Eurer* Religion nicht erlauben«) in musli-mischen Gesellschaften, die durch die kolportierte Nichtveröffentlichung von »Jesus-Karikaturen« in der Zeitung *Jyllands-Posten* noch verstärkt wurde, vgl. ebd.: 126.

schaften bzw. Segmenten von Gesellschaften untereinander, teils quer zu bzw. innerhalb nationalstaatlicher Grenzen. Diese auf abstrakter Ebene als gruppendynamische Prozesse auszuweisenden Dynamiken haben dabei nicht nur *auch* einen, sondern einen *primär* diskursiven Charakter insofern, als ihnen Prozesse der sozialen Bedeutungskonstruktion unterliegen. Dabei sind sie, trotz Steuerungsversuchen einzelner (teils »traditioneller« politischer) Akteure primär gesellschaftliche Prozesse und als solche von zunehmend zentraler Bedeutung für Außen- und internationale Politik. In *diesem* Sinne kanalisieren Prozesse massenmedial vermittelter, produzierter, verstärkter und/oder eskalierter Realitätskonstruktion das Handeln exponierter außenpolitischer Akteure in zunehmendem Maße. In *diesem* Sinne ist Öffentliche Meinung und sind Formen gesellschaftlicher Mobilisierung nicht mehr nur ein nachrangiges Phänomen oder eines unter vielen anderen.[164]

Welche Formen von diskursiver Transnationalisierung lassen sich in den beiden geschilderten Fällen ausmachen? Hinsichtlich der transatlantischen Medienkluft entfalten Massenmedien ihre Wirkung in einem transnationalen Kontext, sie agieren aber zumeist in nationalen Räumen. Transnationalität stellt sich vor allem über eine Gesellschaften übergreifende Angleichung der bereitgestellten Deutungsangebote bzw. eine gemeinsame Abgrenzung gegenüber einem anderen Akteur (in dem Fall: der USA) her. Die transnationale Komponente umschreibt damit im eigentlichen Sinne die (auch) durch Medien vorangetriebene, wenigstens temporäre Schwächung des sozietalen Unterbaus des transatlantischen Bündnisses bei gleichzeitiger Annäherung der Deutungshorizonte im westeuropäischen Kontext.

---

164 Emblematisch für eine solche Sicht, gerade mit Blick auf das transatlantische Verhältnis: de Castro 2009: 41. Unter »ferner liefen« wird dort angemerkt, dass »auch die Öffentliche Meinung« hinsichtlich der Dynamiken des transatlantischen Verhältnisses eine Rolle spiele, wobei der an dieser Stelle gesetzte Verweis lapidar ausführt, diese Öffentliche Meinung bestehe aus: »Population plus Mass Media« (ebd.: 46, FN 33). Aus Sicht der vorliegenden Arbeit gleicht dies einem unbotmäßig verkürzten Blick auf politische Prozesse im Verhältnis der Vereinigten Staaten und Europas.

Abbildung 12: Der Karikaturenstreit als Sonderfall der massenmedial vermittelten Transnationalisierung von Dissens

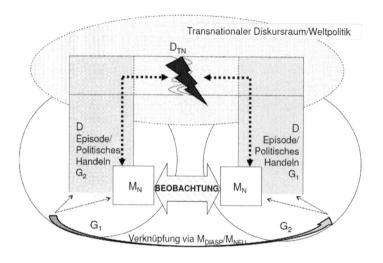

Die besondere Dynamik ergibt sich dabei aus dem Primat gesellschaftlicher Akteure (Journalisten, religiöse Eliten etc.) gegenüber Akteuren der jeweiligen politischen Systeme und der Sonderrolle von transnationalen Medien (M_{DIASP}/M_{NEU}, also v.a. Online-Netzwerken und Kommunikationsplattformen)

Im Fall des Karikaturenstreits ist die transnationale Komponente[165] deutlicher, findet zu einem maßgeblichen Teil auch im Agieren transnationaler Massenmedien bzw. der Nutzung transnationaler Medientechnologien ihren Ausdruck. Hier werden durch Medienhandeln und Berichterstattung konfligierende Bedeutungshorizonte bereitgestellt, die Segmente von Gesellschaften miteinander vernetzen. Darauf kann nicht umstandslos geschlossen werden allein auf Basis des Vorhandenseins bestimmter Medientechnologien oder allein der Präsenz sozialer Bewegungen/Netzwerke (vgl. dazu Kap. 2.5 für eine vorherrschende Gleichsetzung von Medientechnologien und bestimmten Klassen von Effekten).[166] Lässt sich mit Blick auf den Karikaturenstreit auch plausibel davon ausgehen und punktuell beschreiben,

---

165 Dies ist nicht ohne historische Vorläufer, wie die Rushdie-Affäre eingangs der 1990er zeigte (vgl. Davies 2008); allerdings unterscheidet sich Konfliktdynamik und -intensität, v.a. der Grad der Involviertheit von Gesellschaften, des »Karikaturenstreits« erheblich davon, nicht zuletzt auch wegen des »neuen Medienumfeldes«.

166 Stein 2009.

dass die komplexen mediatisierten Dynamiken auch eine verstärkte Nutzung von Diaspora-Medien und »neuen Medientechnologien« umfassten, so ist deren je spezifischer Einfluss auf diskursive Bedeutungsprägung allerdings durch weitere Forschung differenzierter abzubilden. Dies gilt insbesondere für die Erforschung des Zusammenhangs zwischen eher traditionellen Massenmedien (hier: pan-arabischen Nachrichtenkanälen) und der Nutzung von Online-Netzwerken sowie Kommunikationsplattformen[167] hinsichtlich der resultierenden Zuschnitte konstruierter Bedeutungsgehalte. Nachdem somit bisher eher in illustrierender Absicht kenntlich gemacht wurde, *dass* Medienaktivismus formative Effekte auf trans- wie internationale politische Prozesse über die Beeinflussung diskursiver Bedeutungsprägung ausübt[168], gilt es für zukünftige Forschung, diesen Nexus von mediatisierten Handlungskontexten und resultierender Bedeutungsprägung einer genaueren Analyse zu unterziehen.

---

167 Vgl. u.a.: Waltz, M. 2005: 90; Lester/Hutchins 2009.
168 Aksoy/Robins 2003: 383. Vgl. auch: Aday/Livingston 2008.

Zusammenfassung

Der Untertitel des vorliegenden Buches gibt vor, eine Erklärung zu liefern. *Wie aber beeinflussen Massenmedien nun die internationale Politik?* Zunächst erst einmal versteht sich der präsentierte Ansatz als der Versuch, eine Antwort darauf zu finden. Mehr noch, er versteht sich als der Hinweis, dass man zunächst einmal herausfinden muss, in welchem Sinne die Frage überhaupt Sinn macht und gestellt werden sollte. Wer hier apodiktisch vorgibt, eine schnittige Antwort zu besitzen, der riskiert, die Konsequenzen medialen Agierens und medialer Präsenz auf bestimmte Aspekte engzuführen und andere zu vernachlässigen.

Aus diesem Grunde habe ich vorgeschlagen, als primären medialen Einflusskanal die Reproduktion und Veränderung handlungsleitender *Bedeutungsgehalte* für Gesellschaften in Augenschein zu nehmen. Dies impliziert keine gerichtete Wirkung oder Beeinflussung, sondern ist ergebnisoffen genug, um auch diffuse Wirkmechanismen in deren Konsequenzen (eben auf Ebene der Bedeutungsprägung) zu erfassen. Viele Dynamiken sind demgemäß unter diskursiver Perspektive möglich: Produktion und Reproduktion von Stereotypen, Legitimation von Politiken und politischen Gegebenheiten wie deren Delegitimierung, Veränderung von Weltbildern, Konfliktsteigerung und Fundamentalisierung ebenso wie Fragmentierung, Heterogenisierung und Demokratisierung usw. Tatsächlich bestehen diese Dynamiken auch parallel nebeneinander. Forschungslogisch allerdings ergibt sich durchaus die Frage, wie dieser Vielgestaltigkeit von Medienwirkung beizukommen ist. Das »Wie« (wie Massenmedien internationale Politik beeinflussen) erfährt so vermittels des hier präsentierten Ansatzes eine Wendung. Nunmehr von Interesse ist stattdessen, wie die mediale Beeinflussung internationaler Politik überhaupt zu erfassen ist. In Frageform ließe sich formulieren:»In welcher Dimension lässt sich Medienwirkung in grenzüberschreitenden politischen Kontexten überhaupt ablesen (anstatt sie zu unterstellen)?«

Die vorliegende Arbeit hatte es sich zum Ziel gesetzt, darauf eine umfassende und systematische politikwissenschaftliche Antwort in Form einer Forschungsperspektive auf das Wirken von Massenmedien in internationalen Beziehungen zu geben. Die grundsätzliche Notwendigkeit einer solchen

Ausarbeitung ergab sich zum einen aus dem aufzeigbaren politikwissenschaftlichen Interesse daran, Prozesse der Bedeutungsschaffung und des Bedeutungswandels als zentrale Analysedimension auszuweisen. Damit rücken die Herstellung von Intersubjektivität, die Entstehung von geteilten Sinnumwelten/Wissenshorizonten und ebenso die Herausbildung von konkurrierenden Bedeutungsgehalten in den Mittelpunkt des Interesses. Diese liegen dem Handeln einer Vielzahl von Akteuren (Akteuren des politischen Systems wie gesellschaftlichen Akteuren) in deren grenzüberschreitenden Handlungskontexten zugrunde. Mit anderen Worten: Sozial konstruierte Sinnumwelten dienen als Handlungsgrundlagen für diese Akteure in inter- wie transnationalen Zusammenhängen. *Dass* Massenmedien in den genannten Prozessen sozialer Konstruktion von Bedeutungsgehalten eine Rolle spielen, wird kaum bezweifelt; *welchen* Beitrag sie allerdings leisten, bleibt in der bisher vorliegenden Literatur umstritten und analytisch weitestgehend unbestimmt.

Ausgehend von den beiden eingangs dargelegten Vorannahmen einer fortschreitenden Vergesellschaftung internationaler Politik und der zunehmenden Mediatisierung internationaler Beziehungen wurde in Teil I ausführlich die Forschungslücke beschrieben, die im Zentrum der vorliegenden Arbeit steht. Diese besteht in der Diskrepanz zwischen einem latenten, punktuell auch offen artikulierten Interesse an einer stärkeren, systematischeren Befassung mit Massenmedien aus Sicht der Disziplin IB und der tatsächlichen Erforschbarkeit der Konturen massenmedialer Wirkung(en) im internationalen Raum. Diese Diskrepanz ist erklärungsbedürftig. Aufgezeigt werden konnte in diesem Zusammenhang, dass eine einfache Übertragung der Befunde und Konzepte aus der umfangreichen politik- und kommunikationswissenschaftlichen Diskussion um die Mediatisierung *innenpolitischer* Phänomene auf zwischenstaatliche und zwischengesellschaftliche Phänomene wenig Sinn stiftet. Dies verdankt sich nicht zuletzt der andersartigen Qualität des internationalen politischen Handlungsumfeldes. Ebenso erscheint es unbefriedigend, allein über die mediatisierte innenpolitische und innergesellschaftliche Fundierung von Außenpolitik ein Einwirken von Massenmedien auf *internationale* Beziehungen erfassen zu wollen. Auf diese Weise befänden sich die Konsequenzen mediatisierter Außenpolitik innerhalb der internationalen Umwelt bzw. von dort ausgehende Impulse außerhalb des Forschungsrasters. Schließlich eignen sich auch Konzepte aus dem medienwissenschaftlichen Forschungsfeld »Internationale Kommunikation« nur bedingt für eine Übernahme, da deren Medienzentriertheit eine umfassende Orientierung auf politische Dynamiken hin verhindert (Kap. 1).

Des Weiteren wurde herausgearbeitet, dass dort, wo Massenmedien in internationalen Kontexten im Blickpunkt bisheriger Analysen stehen, verschiedenartige Vorverständnisse, Rollenzuschreibungen und »Bilder« deren Erfassung strukturieren (Kap. 2). Ein solch fragmentierender Zugang resultiert, wie aufgezeigt werden konnte, nicht nur in teilweise widersprüchlichen und inkommensurablen Einschätzungen der Rolle von Massenmedien (Akteur *oder* Instrument? etc.). Wesentlich schwerer wiegt, dass auf diese Weise jeweils *nur bestimmte Aspekte medialen Handelns bzw. medialer Präsenz* untersucht werden, was wiederum zu stark selektiven Wahrnehmungsmustern hinsichtlich der Wirkmechanismen und des Einflusses von Massenmedien auf internationale Beziehungen sowie der Stärke ebendieses Einflusses führt. Schließlich ergibt sich eine weitere Hürde für die umfassende und systematische Erforschung von Medienwirkung(en) in den internationalen Beziehungen aus dem Umstand, dass die innerhalb der Disziplin IB gängigen Forschungsperspektiven sich dem Untersuchungsgegenstand »Massenmedien« oftmals verschließen. Realismus, Institutionalismus und Liberale Theorie erlauben deren Erfassung, Abbildung im sowie deren Einbindung in das jeweilige Modell kaum bzw. nur unter spezifischen Restriktionen (Kap. 3). Medien bleiben entweder qua systemische Orientierung der Ansätze nahezu gänzlich aus dem Modell ausgespart oder finden allenfalls als ad hoc angefügte randständige Variablen Eingang. Im Rahmen einer subsystemisch konzipierten »liberalen Theorie« könnten sie prinzipiell im Modell erfasst werden, allerdings nur unter ganz bestimmter Perspektive. Sie wären dann entweder als (a priori anzunehmender) eigenständiger »Interessenträger« oder (potenziell) als Einflussgröße im Prozess des Präferenzwandels gesellschaftlicher Akteure auszuweisen. Gerade Letzteres ist allerdings in jüngeren, um Konturierung des liberalen Modells bemühten Ansätzen (Moravcsik) eher ausgespart, wird jedenfalls kaum in Form einer »Wahrnehmungsdimension« auf Seiten der gesellschaftlichen Akteure konzipiert. Aus diesen genannten Gründen ergibt sich somit die Notwendigkeit, eine *systematische und umfassende Forschungsperspektive* auf Massenmedien unter dem Blickwinkel der *Forschungsinteressen der Internationalen Beziehungen* erst einmal zu erstellen.

Teil II der vorliegenden Arbeit führte den Konstruktivismus als eine unter dieser Maßgabe vielversprechende Forschungsperspektive ein. Dies lässt sich zunächst ganz prinzipiell behaupten, etwa anhand einer Skizze genuin konstruktivistischer Interessen auf Basis klassischer Arbeiten der Sprachphilosophie, Wissenssoziologie und Erkenntnistheorie (Kap. 4). Demzufolge begreift »der« Konstruktivismus (in seiner allgemeinen Anlage) Prozesse sozialer Konstruktion von Sinnumwelten und Bedeutungsgehalten als ubiquitäres Phänomen und damit als zentralen Forschungsgegenstand. »Das Politische« in Form der Handlungsprägung bzw. Handlungsorientierung sozialer Akteure, die aus Sinnsetzungsprozessen resultieren, stellt sich somit als Kerninteresse einer konstruktivistischen Perspektive dar. Im Rahmen einer solchen Forschungsperspektive erscheint es sinnvoll, Massenmedien als Infrastrukturen für bzw. maßgebliche Kontextfaktoren ebender genannten Prozesse zu betrachten. In Kap. 4 wurde dieser Vorstellung folgend ein konzeptioneller Maßstab skizziert, mit dessen Hilfe sich das konstruktivistische Kerninteresse an Dynamiken der Bedeutungsproduktion beschreiben lässt. Dieses richtet sich auf: die Prozesshaftigkeit der Bedeutungsproduktion, die Schaffung von Intersubjektivität (und die inhärenten *politics of reality*), deren Reproduktion wie Infragestellung und damit Machtdynamiken, sowie gesteigerte analytische Aufmerksamkeit für die (infra-)strukturellen Kontexte, innerhalb derer dies alles geschieht. Damit grenzt sich der hier skizzierte Begriff des Konstruktivismus gleichsam deutlich von der Behauptung voluntaristischer Konstruierbarkeit ab, indem er sich an dem Interesse ausrichtet, *faktische* Prozesse der Bedeutungskonstruktion untersuchen zu wollen.

Vor diesem Hintergrund wurde in Kap. 5 geschildert, warum sich der in den IB mittlerweile etablierte (Sozial-)Konstruktivismus in der Breite *nicht* für die hier verfolgten Zwecke eignet. Der in bestimmten Spielarten im Fach anerkannte »IB-Konstruktivismus« unterliegt seinerseits spezifischen Engführungen: Er fokussiert spezifische Aspekte bzw. Analysekategorien wie »Identitäten« im Rahmen einer systemischen Theorie internationaler Politik oder »Argumentationsprozesse« in der Ausarbeitung einer nicht exklusiv rationalistisch orientierten Handlungstheorie. Zudem lässt sich aufzeigen, dass auch und gerade die Konstruktivismusdebatte in den IB zunehmend mit der Forderung belegt wurde, ihre hehren theoretischen Ziele »endlich« empirisch zu grundieren. Da dies zu einem Zeitpunkt geschah, als konzeptionell die Weichen entweder in Richtung »Identität« oder in Richtung »Argumentation/Normen« gestellt waren, resultierte es in einer eigentümlichen Engführung des Konstruktivismus in den Internationalen Beziehungen. Solcherart Engführung wiederum mündete darin, wie aufgezeigt werden konnte, dass wenigstens zwei zentrale Aspekte in der Konstruktivismusdebatte im Fach IB kaum eine zentrale Rolle spielen: Sprache (in ihren wirklichkeitskonstitutiven Wirkungen) und Erkenntnistheorie. Letztendliches Resultat der geschilderten Entwicklungen ist, dass Prozesse der sprachlich basierten *Bedeutungsschaffung* vom IB-Konstruktivismus in der Breite *nicht* als zentrale Analysedimension begriffen werden. Aus dem Abgleich zwischen den erwartbaren Konturen einer konstruktivistischen Forschungsperspektive (Kap. 4) und dem tatsächlichen Zuschnitt des Konstruktivismus in den IB (Kap. 5) ergibt sich somit eine weitere Diskrepanz.

Um den Konstruktivismus für die Analyse von Medienwirkungen in grenzüberschreitenden politischen Kontexten fruchtbar zu machen, muss folglich der enge Rahmen des IB-Konstruktivismus verlassen werden. Im nachfolgenden Teil der Arbeit (Kap. 6) wurde daher unter Rückgriff auf Foucaults Begriff des Diskurses sowie eine wissenssoziologische Wendung dieser Idee (maßgeblich durch Berger/Luckmann beeinflusst) argumentiert, dass die soziale Konstruktion von Bedeutungsgehalten und Sinnumwelten als diskursiver Prozess konzipiert werden sollte. Der entwickelte Begriff des Diskurses *als Prozess* vermeidet dabei eine entweder akteurs- oder aber strukturzentrierte Ausdeutung der konstruktivistischen Perspektive. In Prozessen der Bedeutungskonstruktion werden Bedeutungsstrukturen geschaffen, die das nachfolgende Handeln der Akteure anleiten, ermöglichen, aber nicht determinieren, und von diesen in wiederum nachfolgenden Handlungen re-produziert und/oder gewandelt werden.

Mit Blick auf das hier verfolgte Ziel, Mediatisierungsprozesse in den internationalen Beziehungen analytisch sichtbar zu machen, wurde dementsprechend vorgeschlagen, diese in ihren bedeutungs- und wirklichkeitskonstitutiven Beiträgen zu erfassen. Zu diesem Zweck wurden »diskursive Episoden« als heuristisches Modell diskursiver Reproduktion/diskursiven Wandels skizziert (Kap. 6). Dieses Grundmodell umschreibt die Konstitution und Re-Artikulation von Bedeutungsgehalten im Hinblick auf ein »diskursives Ereignis«. Darunter wurde eine Klasse von Phänomenen verstanden, die sprachlich-diskursiv als zusammenhängendes Ereignis mit einem bestimmten Bedeutungsgehalt konstruiert werden, und zwar potenziell variierend über Zeit. Im Prozess des Wandels von Diskursformationen – also bestimmter Repertoires an Realitätsdeutungen – und somit in der Abfolge diskursiver Ereignisse, so die These, lassen sich Massenmedien in ihren bedeutungskonstitutiven Wirkungen *im* Modell abbilden. Sie wirken dabei als Bedeutungsproduzenten, als Verstärker von anderweitig generierten Bedeutungsgehalten und als Stabilisatoren von bereits etablierten Bedeutungsgehalten. Damit leisten sie einen wesentlichen Beitrag sowohl zur Etablierung von intersubjektiven Wahrnehmungen als auch bei der Schaffung von Diskursräumen und Diskursgemeinschaften neuen (nicht notwendigerweise nationalen) Zuschnitts.

In Ergänzung zum Modell »diskursiver Episoden« wurde in Kap. 7 ein heuristisches Modell zur Erfassung und Abbildung spezifischer massenmedialer Dynamiken im transnationalen Raum skizziert. Mit Hilfe dieses Modells ist es möglich, die geschilderten medialen Einflüsse auf über einzelne Gesellschaften hinausgehende Sinnsetzungsprozesse abzubilden. Zudem ermöglicht dieses zweite Modell die Abbildung des (infra-)strukturellen Kontextes, in dem sich solche Prozesse vollziehen. Es sind diese Prozesse sozialer Konstruktion, für die sich die Internationalen Beziehungen an zentraler Stelle, zumindest: mehr als bisher, interessieren sollten. Sie umfassen ihrerseits: in internationale Kontexte hineinwirkende Außenpolitiken in deren mediatisierter Dimension; aus anderen gesellschaftlichen Zusammenhängen heraus auf gesellschaftliche Kontexte einwirkende mediale Dynamiken; sowie zwischengesellschaftliche Verknüpfungen und Abgrenzungsprozesse auf der Ebene medial vermittelter Bedeutungsprägung. In seiner Orientierung auf bestimmte empirische Phänomene hin weist dieses Modell grenzüberschreitender Medienwirkung gleichsam darauf hin, dass die in der vorliegenden Arbeit entwickelte Forschungsperspektive keinesfalls »antiempirisch« ist. Im Gegenteil, sie strebt gerade an, einen zunehmend bedeutsamer werdenden empirischen Bereich analytisch besser sichtbar und erfassbar zu machen.

Teil III der vorliegenden Arbeit widmete sich der Aufgabe, empirische Bezüge herzustellen und damit den Wert der Modelle bzw. des dahinterstehenden Forschungsansatzes eines Diskursiven Konstruktivismus für die Analyse konkreter Prozesse in den internationalen Beziehungen aufzuzeigen. Da-

bei wurden vier Themenfelder auf Basis einer Sekundäranalyse bereits existierender Studien, unter Zuhilfenahme punktuell ergänzender Analysen sowie maßgeblich *mit Blick auf die jeweiligen politischen Implikationen medi-*
aler/mediatisierter Dynamiken erschlossen. Die vier Themenfelder umfassten: den Zusammenhang von Medien und Krieg (hier: mediale Konstruktionsprozesse des Irak-Krieges seit 2003); den Zusammenhang von Medienberichterstattung und Terrorismus (hier: die Terroranschläge des 11. September 2001 und der nachfolgende *war on terror* in seinen mediatisierten
Konturen); die mediale Dimension internationaler Hegemonie (US-
Hegemonie im globalen Kontext und die vermeintliche »Amerikanisierung«
internationaler Kommunikation); sowie mediatisierte Prozesse der Entstehung transnationalen Dissenses/Konsenses (die »transatlantische Medienkluft« und der sog. »Karikaturenstreit«).

Der aus der Analyse der genannten vier Fälle resultierende Mehrwert
umfasste dabei im Kern zwei Einsichten. Zum einen war es möglich, bestimmte Aspekte des Zusammenwirkens von Vergesellschaftung und Mediatisierung in den internationalen Beziehungen vermittels der skizzierten
Modelle *überhaupt erst als politisch relevant* auszuweisen und abzubilden.
Hier sei etwa auf die zunehmende Diffusion und Pluralisierung der Bedeutungsproduktion im Kontext des Irak-Krieges oder die Prozesse diskursiver
Transnationalisierung im transatlantischen Zusammenhang wie hinsichtlich
des Karikaturenstreits hingewiesen. Zum zweiten konnte gezeigt werden,
dass sich unter diskursiv-konstruktivistischer Perspektive gerade *nicht* ohne
Weiteres von prinzipiellen staatlichen Interessen, abstrakten Unternehmensinteressen oder Versuchen der Einflussgewinnung gesellschaftlicher Akteure auf tatsächlich medial produzierte und transportierte Inhalte schließen
lässt. Dies wird sowohl im Hinblick auf die oftmals bemühte Formel vom
»Terrorismus als Kommunikationsstrategie« deutlich als auch bei differenzierender Betrachtung von »Amerikanisierungs-«Dynamiken. Mit anderen
Worten: Welche konkreten Bedeutungen Medien konstruieren, ist wesentlich öfter als angenommen eine *offene Forschungsfrage*! Ein diskursiv-
konstruktivistischer Ansatz liefert hier neben dem generellen Argument für
die wirklichkeitsstiftende Rolle von Massenmedien auch den Hinweis darauf, letztlich konkrete Medienwirkungen in der Dimension tatsächlicher
Bedeutungsprägung zu erfassen.

So lässt sich der Irak-Krieg der Vereinigten Staaten und ihrer Verbündeten aus Sicht der US-Gesellschaft etwa als eine Abfolge sich wandelnder,
immer aber an prominenter Stelle medial konstruierter Vorstellungen dessen, wofür dieser Krieg steht und was er bedeutet, zeichnen (Kap. 8.3.1).
Zudem lässt sich aufzeigen, dass konkurrierende, alternative Realitätsdeutungen der Legitimität des Krieges und des Kriegsverlaufes (auch im internationalen Kontext) ein Reservoir an diskursiven Konstruktionen formten,
auf das einzelne Massenmedien und/oder gesellschaftliche Akteure zurückgreifen konnten, wenn die vorherrschende Situationsdeutung aus welchen
Gründen auch immer an Erklärungskraft einbüßte. Insbesondere die ge-

schilderte Dynamik des »inneren Rückzugs« ist dabei ohne Rückgriff auf Prozesse mediatisierter Bedeutungs- und Wahrnehmungsproduktion kaum zu erklären. Sie ist markant v.a. in der Abgrenzung zu anfänglicher patriotischer Folgebereitschaft, Siegesgewissheit und später folgender Skepsis bzw. Verunsicherung. Sie ist wenigstens auffällig, wenn man bedenkt, dass Kriegsmüdigkeit auch in öffentlich bekundete Ablehnung und politischen Protest münden könnte. Zudem haben medientechnologische und redaktionelle Entwicklungen (Stichworte wären: »Reportage von unten«, Blogging, Amateur»journalismus«) zu einer Pluralisierung konkurrierender Deutungsangebote geführt. Ebenso haben sie der zunehmenden Entkopplung der Orte der Produktion von Bedeutungsgehalten und deren Rezeption Vorschub geleistet. Informationshoheit in nationalen Kontexten droht, auch hinsichtlich solcher nach wie vor »national definierten« Angelegenheiten wie Militäroperationen und trotz deutlich ausgebauter Kapazitäten staatlicher bzw. militärischer Informationskontrolle, immer weiter zu zerbröckeln.

Hinsichtlich der Gewaltakte transnationaler Terroristen lässt sich demgegenüber die häufig formulierte These vom »Terrorismus als Kommunikationsstrategie« nachhaltig problematisieren. Dies gilt unter diskursiver Perspektive wenigstens mit Blick darauf, dass auf Ebene gesellschaftlicher Bedeutungsproduktion in »gegnerischen« bzw. »zu interessierenden« Gesellschaften die terroristischen Botschaften im Nachgang zum 11. September 2001 in differenzierter Form zunächst kaum Widerhall fanden. Und auch ein knappes Jahrzehnt – und, wie bedauerlicherweise zu konzedieren ist, einige verheerende Anschläge – später finden »terroristische Botschaften« trotz der geschilderten Pluralisierung medialer Deutungsangebote kaum den Weg in die Debatten in der Mitte westlicher Gesellschaften. Die gilt zumindest, wenn man abseits einer generell gestiegenen Bedrohungswahrnehmung nach dem Einsickern von konkreten Bedeutungsgehalten sucht. Aus der Analyse je *spezifischer* massenmedial vermittelter bzw. aktiv konstruierter Bedeutungsgehalte lässt sich demgegenüber dennoch eine ganze Reihe politischer Implikationen ableiten (Kap. 8.3.2).

Dies ist für die geschilderte Interpretation des Terrorismus als *Kriegs*erklärung, zumal mit Blick auf die Diskussion in den Vereinigten Staaten, bereits breit in der Literatur diskutiert worden. Weniger im Blickpunkt standen dabei die Rückwirkungen, die das Einsickern der (medial wenigstens oftmals getragenen, wenn nicht beförderten) *Interpretationsfolie* eines globalen Zusammenhangs islamistischen Terrors in westliche Gesellschaften bewirkt hat. Sowohl zunehmende Immigrationsfurcht und Islamophobie als auch eine wachsende Ablehnung militärischer Mittel in der Terrorismusbekämpfung aus Angst vor Vergeltung sind dabei Resultat nicht zuletzt auch der medial vermittelten Zusammenhänge. Mit anderen Worten: Dass die öffentliche Zustimmung zum Bundeswehreinsatz in Afghanistan in der Bundesrepublik im Verlauf der letzten zehn Jahre gekippt ist, dürfte weniger dem Anwachsen eines prinzipienbasierten Pazifismus oder allein einer nüchternen Bewertung der Leistungsbilanz geschuldet sein. Vielmehr verdankt sie sich den medial konstruierten und reproduzierten Vorstellungsmustern zu Gefahrenpotenzialen des zeitgenössischen (= islamistischen) Terrorismus.

Kap. 9 widmete sich demgegenüber der Konjunktur der »Amerikanisierungs«-These eingangs des 21. Jahrhunderts. Mehr noch stand die in dieser These mitschwingende Diagnose einer auf Vorherrschaft ausgerichteten Strategie der Vereinigten Staaten im globalen Kontext im Zentrum, die sich u.a. auch auf die Vorreiterrolle US-amerikanischer Unternehmen im internationalen Medien- und Kommunikationsmarkt stütze. Dabei ließ sich aufzeigen, dass sich der Nexus zwischen »Hegemonie« und medial vermittelter Schaffung von Konsens zu einem solchen Führungsverhältnis zwar abstrakt modellieren lässt. Unter diskursiver Perspektive i.s. einer Analyse *tatsächlicher* Strategien von US-Unternehmen in ausländischen Medienmärkten erweist sich dieser Zusammenhang aber als wesentlich prekärer. Dies wird offenbar, wenn man deren Einfluss auf wirklichkeitskonstitutive Prozesse in den dortigen Gesellschaften[1] in Augenschein nimmt.

US-amerikanische *global players* im Medien- und Kommunikationssektor sichern keineswegs durchweg US-amerikanische politische Hegemonie ab. Vielmehr kann gezeigt werden, dass ihr Agieren – über ihr Gewinnstreben vermittelt – solcherart politische Ambitionen wenigstens in Teilen unterminiert. Am Beispiel des qua Standortwahl US-amerikanischen Medienunternehmens News Corp. lässt sich so nachweisen, dass es nicht zweckmäßig ist, von gemeinsamer räumlicher Herkunft und ideologischer Nähe zwischen Unternehmen und politischen Akteuren im Heimatmarkt auf Interessenähnlichkeit in auswärtigen Regionen/Märkten zu schließen. Ebenso erscheint es unzulässig verkürzt, von abstrakter politökonomischer Warte aus auf Basis der Profitorientierung von Medienunternehmen auf eine eindimensional gerichtete Qualität der von ihnen produzierten und transportierten Inhalte zu schließen. Vielmehr stellt sich mit Blick auf das Wirken von US-amerikanischen (und anderen) Medienunternehmen in ausländischen Märkten die Frage nach den tatsächlich produzierten Bedeutungsgehalten. Dies wirft allerdings, zumal unter diskursiv-konstruktivistischer Sicht, Forschungsfragen mit zunächst offenem Ausgang auf. So mögen Zuschnitt, Berichtsformat und Mediengattungen »westlicher« Prägung in andere Kulturkreise getragen werden. Dies führt aber, wie aufgezeigt, allenfalls zu Hybridisierungsprozessen (Orientierung an lokalen Regelwerken und/oder Geschmäckern). Auf der Inhaltsebene – also der Ebene der Bedeutungsproduktion – werden keineswegs zwangsläufig Deutungsangebote offeriert, die politischen Steuerungsabsichten i.S. einer US-amerikanischen oder »westlichen« Hegemonie zupass kommen.

Ebenso lässt sich unter diskursiver Perspektive nachzeichnen, dass trotz dieses Umstandes (und ironischerweise in Widerspruch zum Befund allenfalls »prekärer Amerikanisierung«) eine seitens anderer Gesellschaften, politischer Akteure und Massenmedien *wahrgenommene* »Amerikanisierung«

---

1 Maßgeblich hierfür: der Zuschnitt der produzierten und transportierten Inhalte.

internationaler Kommunikation Ergebnisse gezeitigt hat. Sie hat zu einer deutlichen Pluralisierung, insbesondere der globalen Nachrichtenberichterstattung, geführt. Damit ist es unter diskursiver Perspektive möglich, entgegen der üblichen Vorstellungen eines symbiotischen Verhältnisses US-amerikanischer Politik und US-amerikanischer, global agierender Medienunternehmen, zu differenzierenden Einschätzungen zu gelangen. Konkretes Agieren solcher Unternehmen ebenso wie die seitens Dritter unterstellte fortschreitende »Amerikanisierung« im Medienbereich (bzw. Abwehrreaktionen dieser gegenüber) legen dabei den folgenden Schluss nahe. Gerade im globalen Medien- und Kommunikationsbereich wird die global ausgerichtete US-amerikanische Hegemonie eingangs des 21. Jahrhunderts unterminiert, nicht abgesichert.

Im abschließenden empirischen Abschnitt (Kap. 10) konnte herausgestrichen werden, dass im Kontext einer zunehmenden Vergesellschaftung internationaler Beziehungen Prozesse massenmedialer Sinngebung *zwischen* Gesellschaften wie *quer* zu nationalstaatlich organisierten Gesellschaften mehr und mehr an Bedeutung gewinnen. Sowohl die »transatlantische Medienkluft« (2002/03 bis 2008) als auch der »Karikaturenstreit« (2005 bis 2006) stehen dabei für eine diskursive Transnationalisierung. Im Falle der transatlantischen Medienkluft stellte sich Transnationalität vor allem vermittels der einzelne Gesellschaften erfassenden Abgrenzungsbemühung gegenüber einem anderen Akteur (in dem Fall der USA) her. Die transnationale Komponente bezog sich zudem auf die (auch) durch Medien vorangetriebene, wenigstens temporäre Schwächung des sozietalen Unterbaus des transatlantischen Bündnisses. Dies, wie beschrieben, fand parallel zu einer Annäherung der Deutungshorizonte im westeuropäischen Kontext statt. Im Fall des Karikaturenstreits trat die massenmediale-transnationale Komponente (das Agieren transnationaler Massenmedien bzw. die Nutzung transnationaler Medientechnologien) deutlicher zu Tage. Dabei wurden durch Medienhandeln konfligierende Bedeutungshorizonte bereitgestellt, die ihrerseits Segmente verschiedener nationaler Gesellschaften miteinander vernetzten. Die Schaffung quer zu nationalstaatlichen Grenzziehungen verlaufender, miteinander geteilter Diskursformationen erwies sich dabei als maßgeblich medial vermittelt und verstärkt. Dies betraf sowohl die Verteidigung der Pressefreiheit in westeuropäischen Mehrheitsgesellschaften und die dortige zunehmende Islamfeindlichkeit der Immigrationsskeptiker als auch die Wahrnehmung auf Seiten einer transnationalen muslimischen Gemeinschaft, dass »der Westen« Muslime diskriminiere und marginalisiere. Es galt zudem für die aus der Berichterstattung *über* den Karikaturenstreit resultierende beiderseitige Wahrnehmung eines sich zuspitzenden kulturell-religiösen Konflikts.

Weitestgehend un(ter)bestimmt geblieben ist in der vorliegenden Arbeit dagegen die Frage nach den methodischen Implikationen der skizzierten Forschungsperspektive. Dies hat einerseits mit der theoretisch-konzeptionellen

Schwerpunktsetzung der Arbeit zu tun. Zwei miteinander verwobene konzeptionelle Probleme standen zur Bearbeitung: die Frage nach der Erfassbarkeit von Medienwirkung unter einem analytischen Blickwinkel der IB sowie die notwendige Re-Konstruktion einer konstruktivistischen Forschungsperspektive *für* die IB, die die Dimension der Bedeutungsschaffung zentral stellt. Dieser Fokus führte dazu, dass der empirische Teil hauptsächlich der Plausibilisierung des vorgeschlagenen alternativen Ansatzes diente. Die beiden skizzierten Modelle der »diskursiven Episode« und der transnationalen medialen Verknüpfungen stellten dabei heuristische Hilfsmittel dar, um die fraglichen medialen Dynamiken abzubilden; sie mündeten nicht in eine spezifische Technik der empirischen Forschung. In diesem Sinne wirkt der Diskursive Konstruktivismus, wie er hier präsentiert wurde, lediglich als – in Kellers Worten[2] – »organisierende Perspektive«.

Die empirisch orientierten Kapitel (Kap. 8-10) selbst waren in der Hauptsache sekundäranalytisch angelegt, mit punktuellen Ergänzungen und Erweiterungen, jeweils um die politischen Implikationen medialen Agierens und medialer Präsenz aufzuzeigen. Im strikten Sinne aber lag keine »eigene« Methode bzw. keine spezifische Klasse von Methoden zugrunde. Warum? Die einfache Antwort lautet: um des Methodenpluralismus willen. Diese Antwort ist jedoch zu einfach gestrickt, wenn sie auch nicht gänzlich in die Irre führt. In der Tat habe ich bei der Rekonstruktion der empirischen Fälle aus diskursiv-konstruktivistischer Perspektive Befunde einer Vielzahl von Arbeiten einfließen lassen, die auf z.T. ihrerseits ganz unterschiedlichen Methoden fußten: Inhaltsanalysen qualitativer wie quantitativer Natur, *Framing*-Analysen, Zeitreihenanalysen medialer Berichterstattung, stärker diskursanalytisch orientierte Arbeiten verschiedenster Provenienz (von textualistischen Verfahren bis hin zur Kritischen Diskursanalyse); auch Befunde aus der Forschung zu Öffentlicher Meinung/Umfrageforschung fanden Berücksichtigung.

Andererseits darf ein Plädoyer für Methodenmixe bzw. -pluralismus nicht zur Beliebigkeit verleiten. Nicht alle Methoden haben nachgewiesenermaßen den gleichen Nutzen im Rahmen der hier vorgeschlagenen Analyseperspektive. Die »organisierende Perspektive« wirkt somit in gewisser Hinsicht auch als Methoden»selektor« – bestimmte Methoden eignen sich zweifelsohne besser als andere für die hier verfolgten Zwecke. Um im Rahmen zukünftiger *Primäranalysen* konkreter Fälle, Dynamiken und Phänomene der Mediatisierung internationaler Politik sinnvoll Anwendung zu finden, müssen die eingesetzten Methoden dabei vor allem Folgendes zu leisten imstande sein:

Sie müssen Bedeutungsstiftung in (Massen-)Medien in *grenzüberschreitenden politischen Kontexten* zunächst greifbar machen. Dies bezieht sich auf die Ebene produzierter und transportierter Medieninhalte und deutet auf eher »text«orientierte Verfahren der Inhaltsanalyse hin. Da »Texte« ver-

---

2   Keller 2006: 137.

schiedenen kommunikativen Gattungen innewohnen, bieten sich für eine *Medien*inhaltsanalyse zunächst v.a. inhaltsanalytische Verfahren zur Aufarbeitung von: Texten im engeren Sinne (Nachrichtenberichterstattung, internationale Leitmedien im Printbereich, unter bestimmten Fragestellungen auszuwählende Textgattungen in Print- und Onlinemedien u.a.), Bildern (ikonographisch-inhaltsanalytische Verfahren, Symbolanalysen u.a.), Video- und Filmmaterial (insbesondere wiederum politische Berichterstattung, aber auch popkulturelles Material wie Filme u.a.) an. Das Kriterium zur Bestimmung der spezifischen Technik der Inhaltsanalyse besteht dabei darin, eine möglichst passgenaue Rekonstruktion der medial produzierten Bedeutungsgehalte zu ermöglichen. Dies können sowohl qualitative als auch quantitative Verfahren – Letztere allerdings unter der gegebenen konstruktivistischen Perspektive mit leicht modifiziertem Anspruch[3] – leisten.

Die angewandten Methoden müssen des Weiteren Bedeutungsstiftung *durch* Massenmedien *gegenüber* Akteuren in solcherart zugeschnittenen Handlungsräumen greifbar machen. D.h., sie müssen nicht nur Bedeutungen rekonstruieren, sondern auch plausibel aufzeigen, dass medial produzierte Bedeutungen das Wahrnehmungs- und in der Folge das Handlungsrepertoire von Akteuren beeinflusst haben. Eine solche stärker diskursanalytische Herangehensweise impliziert einen Methodenmix, der von eher wirkungsorientierten *Framing*-Analysen bis zu Techniken der soziologischen Diskursanalyse reicht. Dies wiederum bedeutet wesentlich mehr, als die Frage nach den Auswahlkriterien für die zu analysierenden Texte zu klären.[4] Da

---

3   Zentral sind dann weniger deren Replizierbarkeit oder eine qua Repräsentativität des Samples und statistischer Auswertungsverfahren zugeschriebene Objektivität der Ergebnisse, sondern die gewonnenen Befunde zu Aussagenhäufigkeiten oder Mustern inhaltlicher Verknüpfung usw. Diese beschreiben *eine* mögliche Form der Textrekonstruktion neben anderen (nicht quantitativen).

4   Darauf kapriziert sich allerdings die methodenorientierte Diskussion diskursanalytischer Verfahren. Eine »Repräsentativität« der ausgewählten »Texte« (im breitesten Sinne verstanden, Träger von Bedeutungen, d.h. Texte im eigentlichen Sinne, Bilder usw.) ist in diesem Sinne anstrebenswert, ebenso wie die Auswahlentscheidungen zu plausibilisieren sind. Es bleiben aber letztendlich immer *Auswahl*entscheidungen, wenn auch technisch anmutender Jargon glauben machen will, man könne den subjektiven Faktor gering halten. Aus diskursivkonstruktivistischer Perspektive muss hingegen eingewandt werden, dass die jeweilige Auswahl höchstens reflektiert, transparent gemacht und plausibilisiert werden kann und sollte (um sie gegebenenfalls kritischer Prüfung zu unterziehen). Anders herum formuliert: Wer die Dimension sozialer Bedeutungsprägung einbeziehen möchte, muss sich vom Mythos lösen, mit Hilfe passgenau arbeitender Methoden soziale Realität als solche/neutral, und zwar ohne Weiteres replizierbar, erklären zu können. Der Tauschhandel ist in der Tat: Aufschluss der sozialen Tiefenstruktur politischen Handelns unter Preisgabe eines an Striktheit

sich Diskursanalyse im oben beschriebenen Verständnis nicht auf die kleinteilige Analyse von Diskursfragmenten[5] beziehen soll, muss die Einbettung von Prozessen der Bedeutungsprägung in soziale Handlungskontexte ermöglicht werden. Die Hauptaufgabe besteht dabei nicht darin, die linguistisch-textualisitisch orientierte Diskursanalyse mit einem (noch stärker) verfeinerten Instrumentarium der Textanalyse zu übertrumpfen. Vielmehr muss es möglich sein, Texte und Textwirkung auf den sozialen Kontext rückzubeziehen. Die hauptsächliche Aufmerksamkeit sollte also der Zusammenstellung eines Methodenmixes, der dies erlaubt, gewidmet werden.

Dazu müssen die zum Einsatz gebrachten Methoden die (Re-) Konstruktion von Prozessen der Entstehung und des Wandels handlungsleitender Bedeutungsgehalte in zeitlicher Sequenzialisierung ermöglichen. D.h., mediale Bedeutungsprägung ist, wenn etwa das Grundmodell »diskursiver Episoden« zum Einsatz kommen soll, zu aufeinander folgenden Zeitpunkten zu erfassen (Längsschnittstudien-Design). Wiederum gilt: Nicht allein der Wandel von Medieninhalten, sondern der Nexus von Bedeutungsprägung und Handlungsprägung steht dabei im Vordergrund. In der vorliegenden Arbeit habe ich für Letzteres v.a. Befunde aus der Forschung zu Öffentlicher Meinung als *proxy* herangezogen. Es wären freilich auch andere Methoden zur Erforschung von Wahrnehmungs- und Handlungsrepertoires, etwa im Hinblick auf Diaspora-Gemeinschaften und andere segmentierte Medienöffentlichkeiten denkbar. Die im Rahmen ethnomethodologischer Ansätze zum Einsatz gebrachten Methoden der Rekonstruktion des Zusammenhangs von Sinngebung und Handlungspraxen sind in diesem Zusammenhang allerdings nur insoweit von Nutzen, als mit ihrer Hilfe auch Aussagen über mehr als nur kleinteilige Akteurskollektive oder einzelne, privilegierte Akteure generiert werden können (vgl. aber Kap. 7.1).[6]

Denn schließlich soll bei aller Notwendigkeit differenzierender Handhabe den primären Erkenntnisinteressen der IB Folge geleistet werden. In diesem Sinne sollte Medienwirkung gerade auch für potenziell größere Akteurszusammenhänge und Akteurskollektive analysiert werden. Unter diesem Blickwinkel stehen an der Erforschung wirklichkeitskonstitutiver Prozesse auf der Ebene individueller Akteure orientierte Techniken (Mikroorientierung) in einem Spannungsverhältnis zur Makroorientierung des Faches IB. Auch wenn, mit anderen Worten, dort die *black box* Staat zu Recht geöffnet wird, so werden doch, zumeist mit aggregierten Akteursformen,

---

und Exaktheit im Sinne von *Eindeutigkeit* bzw. »Objektivität« orientierten Einsatzes von Methoden empirischer Sozialforschung.

5   Hier könnte polemisch – und im Geiste Foucaults – gefragt werden: Warum auf »Texte« schauen? Doch, um etwas über soziale Realität zu erfahren und nicht etwas über die Texte selbst.

6   Die Frage ist allerdings, ob nicht aber genau in einer solchen Mikroorientierung die eigentliche Stärke der Ethnomethodologie liegt. Konversationsanalysen etwa dürften einen inhärenten *bias* zu kleinteilig definierten Ethnien aufweisen.

gesellschaftliche Akteursgruppen usw. im Zentrum der Beobachtungen stehen.

Abschließend lassen sich die eingangs aufgestellten Forschungsfragen unter Würdigung der in der vorliegenden Arbeit erzielten Einsichten damit prägnant folgendermaßen beantworten:

- Das Verhältnis von Massenmedien und internationalen Beziehungen wird allenfalls punktuell und wenig systematisch erfasst. Zudem befördern Vorverständnisse eine selektive, teils einander widersprechende Wahrnehmung von Massenmedien in internationalen Kontexten. Aus Sicht der Disziplin IB gilt zudem: Die traditionellen Forschungsperspektiven erlauben kaum eine umfassende oder an zentraler Stelle vorzunehmende Abbildung von Massenmedien im Modell.
- Dies ist problematisch, da die mit wachsender Häufigkeit behauptete »Mediatisierung« auch der internationalen Beziehungen damit analytisch un(ter)bestimmt bleibt. Die Diskrepanz zwischen der Annahme zunehmender Bedeutung von Massenmedien und deren ausbleibender systematischer Erforschung ist offenkundig.
- Der Mehrwert einer systematische(re)n Perspektive auf Medienwirkungen im internationalen Kontext bestünde darin, grenzüberschreitende massenmediale Dynamiken in ihrer Komplexität, ihrer spezifischen Qualität gegenüber »rein« innenpolitischen Phänomenen sowie in ihren politischen Implikationen zunächst überhaupt erst einmal erfassen und beschreiben zu können und zudem weiterer Analyse zuzuführen.
- Trotz der prinzipiellen Eignung eines konstruktivistischen Ansatzes für die Erfassung von Massenmedien unter der Perspektive sozialer Konstruktion von Bedeutungsgehalten und Sinnumwelten eignet sich der IB-Konstruktivismus kaum für dieses Anliegen. Er interessiert sich an zentraler Stelle für andere Aspekte. Maßgeblich die im Rahmen des Sozial-Konstruktivismus in den IB vorgetragene Abgrenzung gegenüber der Erkenntnisproblematik trägt dabei dazu bei, Prozesse der tatsächlichen Bedeutungsschaffung eher auszusparen.
- Ein am »Sozialen« (= Prozesse der intersubjektiven Bedeutungsschaffung) wie am »Politischen« (= Herstellung von Intersubjektivität, deren Konsequenzen, die Schaffung von Handlungsgrundlagen) interessierter Konstruktivismus für die IB muss demgegenüber andere Schwerpunkte setzen. Er muss solcherart Prozesse der Bedeutungs- und Wissenskonstruktion als zentrales Forschungsfeld begreifen. Prozesse diskursiver Bedeutungskonstruktion bilden dabei den vorrangigen Aufmerksamkeitshorizont, und zwar nicht allein im Sinne einer linguistisch-textualistischen Diskursanalyse, sondern auch und vor allem mit Blick auf die Modellierung der zugrunde liegenden Dynamiken, Infrastrukturen etc.

- Massenmedien lassen sich darauf aufbauend in deren wirklichkeitskonstitutiven Wirkungen auf der Ebene der Bedeutungsproduktion analysieren. Dies gilt im Besonderen hinsichtlich Sinnsetzungsprozessen, welche einzelne Gesellschaften übergreifen. Die hier skizzierten Modelle (mediatisierter) diskursiver Episoden wie der transnationalen massenmedialen Verknüpfung erlauben dabei die Einbeziehung heterogener Effekte und Wirkmechanismen von Massenmedien in grenzüberschreitenden Kontexten. Sie lokalisieren deren politische Bedeutsamkeit aber letztlich in den je resultierenden diskursiven Konsequenzen.

Damit ist nicht angezeigt, dass Massenmedien die in jedem erdenklichen Fall wichtigste oder dominante Rolle hinsichtlich gesellschaftlicher Wirklichkeitskonstruktion spielen. Sie spielen aber eine zunehmend bedeutsame, auch und gerade in internationalen Zusammenhängen.

Literaturverzeichnis

Abdelal, Rawi, et al., 2006: Identity as a Variable, in: *Perspectives on Politics* 4, 4, 695-711.

Abels, Heinz, 1997: Berger und Luckmann: Die gesellschaftliche Konstruktion der Wirklichkeit, in: ders.: Interaktion, Identität, Präsentation. Kleine Einführung in interpretative Theorien der Soziologie, Opladen: Westdeutscher Verlag, 87-114.

Abrahamian, Ervand, 2003: The US Media, Huntington, and September 11, in: *Third World Quarterly* 24, 3, 529-544.

Ackerly, Brooke, und Jacqui True, 2008: Reflexivity in Practice: Power and Ethics in Feminist Research on International Relations, in: *International Studies Review* 10, 693-707.

Aday, Sean, und Steven Livingston, 2008: Taking the State out of State-Media Relations Theory. How Transnational Advocacy Networks Are Changing the Press-State Dynamic, in: *Media, War & Conflict* 1, 1, 99-107.

Aday, Sean, Steven Livingston, und Mayce Hebert, 2005: Embedding the Truth: A Cross-Cultural Analysis of Objectivity and Television Coverage of the Iraq War, in: *Harvard International Journal of Press/Politics* 10, 1, 3-21.

Adler, Emanuel, 1997: Seizing the Middle Ground. Constructivism in World Politics, in: *European Journal of International Relations* 3, 3, 319-363.

Adler, Emanuel, 2002: Constructivism and International Relations, in: Walter Carlsnaes et al. (Hg.): Handbook of International Relations, London etc.: SAGE, 95-118.

Adler, Emanuel, 2005: Communitarian International Relations. The Epistemic Foundations of International Relations, London/New York: Routledge.

Adler, Emanuel, und Michael Barnett (Hg.), 1998: Security Communities. Cambridge: Cambridge University Press.

Adler, Emanuel, und Steven Bernstein, 2005: Knowledge in Power. The Epistemic Construction of Global Governance, in: Michael Barnett und Raymond Duvall (Hg.): Power in Global Governance, Cambridge: Cambridge University Press, 294-318.

Agathangelou, Anna M., und L. H. M. Ling, 2004: The House of IR: From Family Power Politics to the Poisies of Worldism, in: *International Studies Review* 6, 21-49.

Aguigah, Rene, 2000: Unternimm dich selbst, in: *taz – die Tageszeitung*, 09.10.00, 13.

Ahmed, Shahab, et al., 2006: The Prophet Muhammed Cartoon Controversy, Transcript of Discussion, 21.02.06, Institute of Politics, Harvard University.

Aksoy, Asu, und Kevin Robins, 2003: The Enlargement of Meaning. Social Demand in a Transnational Context, in: *International Communication Gazette* 65, 4/5, 365-388.

Allan, Stuart, und Barbie Zelizer (Hg.), 2004: Reporting War. Journalism in Wartime, London: Routledge.

Albers, Markus, 2001: Sag ›Servus‹ zum Absoluten, in: Die Welt, 01.07.01 [*www.welt.de/print-wams/article613111/Sag_Servus_zum_Absoluten. html*; letzter Zugriff: 25.10.05].

Albert, Mathias, 1994: ›Postmoderne‹ und Theorie der internationalen Beziehungen, in: *Zeitschrift für Internationale Beziehungen* 1, 1, 45-63.

Albert, Mathias, 2004: Zehn Jahre ZIB: Erfolg und erfolgreiches Scheitern, in: *Zeitschrift für Internationale Beziehungen* 11, 2, 281-285.

Albert, Mathias, Oliver Kessler, und Stephan Stetter, 2008: On Order and Conflict: International Relations and the ›Communicative Turn‹, in: *Review of International Studies* 34, 43-67.

Albizu, Josu A., 2007: Geolinguistic Regions and Diasporas in the Age of Satellite Television, in: *International Communication Gazette* 69, 3, 239-261.

Albrecht, Ulrich, 1989: Der Wissenschaftsanspruch der Disziplin Internationale Politik, in: ders. et al. (Hg.): Was heißt und zu welchem Ende betreiben wir Politikwissenschaft?, Opladen: Westdeutscher Verlag, 25-51.

Albrecht, Ulrich, und Jörg Becker (Hg.), 2002: Medien zwischen Krieg und Frieden, Baden-Baden: Nomos.

Alden, Chris, 2003: Let them Eat Cyberspace: Africa, the G8 and the Digital Divide, in: *Millennium – Journal of International Studies* 32, 3, 457-476.

Al-Jazeera English 2007a = ›Corporate Profile‹ [*http://english.aljazeera.net/ NR/exeres/DE03467F-C15A-4FF9-BAB0-1B0E6B59EC8F.htm*; letzter Zugriff: 01.04.07].

Al-Jazeera English 2007b = ›AJE Breaks 100 Million Barrier‹, Pressemitteilung, 29.07.07.

Alleyne, Mark, 1995: International Power and International Communication, Houndsmills: Palgrave.

Aloize, Emmanuel C., 2004: African Perspectives on Events before the 2003 Iraq War, in: Ralph D. Berenger (Hg.): Global Media Go To War, Spokane: Marquette Books, 39-55.

Alterman, Eric, 2003a: What Liberal Media? The Truth about Bias and the News, New York: Basic Books.

Alterman, Eric, 2003b: Keine ernsthafte Debatte in den US-Medien, in: NG/Frankfurter Hefte, 4, 30-33.

Altheide, David L., 2007: The Mass Media and Terrorism, in: Discourse & Communication 1, 3, 287-308.

Altwegg, Jürg, 2004: Paris plant »French CNN«, in: Frankfurter Allgemeine Zeitung, 02.09.04, 38.

Alzouma, Gado, 2005: Myths of Digital Technology in Africa, in: Global Media & Communication 1, 3, 339-356.

AME Info 2009 = ›France 24 Reaches 670 000 Hotel Rooms‹, AMEInfo. com, Pressemitteilung, 09.06.09.

Amitzbøll, Pernille, und Lorenzo Vidino, 2006: After the Danish Cartoon Controversy, in: Middle East Quarterly 14, 1, 3-11.

Ammon, Royce J., 2001: Global Television and the Shaping of World Politics, Jefferson: McFarland & Co.

Andén-Papadopoulos, Kari, 2008: The Abu Ghraib Torture Photographs: News Frames, Visual Culture, and the Power of Images, in: Journalism 9, 1, 5-30.

Andén-Papadopoulos, Kari, 2009: Body Horror on the Internet: US Soldiers Recording the War in Iraq and Afghanistan, in: Media, Culture & Society 31, 6, 921-938.

Andersen, Robin, 2007: »Mission Accomplished«, Four Years Later, Center for Media and Democracy/PR Watch.org, 01.05.07 [www.prwatch.org /node/6005; letzter Zugriff: 30.12.08].

Andersen, Robin, und Paolo Carpignano, 1991: Iraqi Dupes or Pentagon Promoters? CNN Covers the Gulf War [www.fair.org/extra/best-of-extra/gulf-war-cnn.html; letzter Zugriff: 17.12.03].

Ang, Andrea, 2006: Yahoo Accused of Helping China to Jail User, in: Washington Post, 20.04.06, D05.

Ansolabehere, Stephen, und Shanto Iyengar, 1995: Going Negative. How Political Adverstisements Shrink & Polarize the Electorate, New York: Free Press.

Antoniades, Andreas, 2003: Epistemic Communities, Epistemes and the Construction of (World) Politics, in: Global Society 17, 1, 21-38.

Apter, David, 1987: Rethinking Development. Modernization, Dependency, and Postmodern Politics, Newbury Park: SAGE.

Arfi, Badredine, 1998: Ethnic Fear: The Social Construction of Insecurity, in: Security Studies 8, 1, 151-203.

Armbrust, Walter, k.D.: Al Jazeera is not a Medium!, in: TBS Journal online [www.tbsjournal.com/LetterPF.html; letzter Zugriff: 07.03.06].

Arnett, Peter, 1998: State of the American Newspaper. Goodbye, World, in: American Journalism Review [www.ajr.org/Article.asp?id=3288; letzter Zugriff: 28.08.07].

Arno, Andrew, 1984: Communication, Conflict and Storylines: The News Media as Actors in a Cultural Context, in: ders. und Wilmal Dissanayake (Hg.): The News Media in National and International Conflict, Boulder: Westview Press, 1-15.

Artz, Lee, 2003: Globalization, Media Hegemony, and Social Class, in: ders. und Yahya R. Kamalipour (Hg.): The Globalization of Corporate Media Hegemony, Albany: SUNY Press, 3-31.

Artz, Lee, 2004: War as Promotional »Photo Op«: The *New York Times*'s Visual Coverage of the U.S. Invasion of Iraq, in: Yahya Kamalipour et al. (Hg.): War, Media, and Propaganda. A Global Perspective, Lanham: Rowman & Littlefield, 79-92.

Artz, Lee, 2007: The Corporate Model from National to Transnational, in: ders. und Yahya Kamalipour (Hg.): The Media Globe: Trends in International Mass Media, Lanham: Rowman & Littlefield, 141-161.

Artz, Lee, und Yahya R. Kamalipour (Hg.), 2003: The Globalization of Corporate Media Hegemony, Albany: SUNY Press.

Asmus, Ronald, Philip Everts, und Pierangelo Isernia, 2004: Power, War, and Public Opinion. Looking behind the Transatlantic Divide, in: *Policy Review*, 123, 73-88.

Associated Press 2003 = ›Rumsfeld: Arab TV Worked with Insurgents‹, in: *The New York Times*, 25.11.03.

Ates, Seref, et al., 2005: ›Europa kann Nein zu Amerika sagen‹. Die Berichterstattung über den Irak-Krieg in ausgewählten deutschen und türkischen Zeitungen, in: *Ankara Zeitschrift für Europa Studien* 4, 2, 145-175.

Atkins, William, 2003: Brand Power and State Power: The Rise of New Media Networks in East Asia, in: *Pacific Review* 16, 465-487.

Auerbach, Nancy Neiman, 2007: The Meanings of Neoliberalism, in: Ravi K. Roy et al. (Hg.): Neoliberalism. National and Regional Experiments with Global Ideas, London: Routledge, 26-50.

Auerbach, Yehudith, und Yaeli Bloch-Elkon, 2005: Media Framing and Foreign Policy: The Elite Press vis-à-vis US Policy in Bosnia, 1992-95, in: *Journal of Peace Research* 42, 1, 83-99.

Auth, Günther, 2002: A ›New‹ International Relations: More Social than Science, in: *Global Politics Network* [*www.globalpolitics.de/essays/Guenther_Auth.pdf*; letzter Zugriff: 28.12.07].

Auth, Günther, 2008: Theorien der Internationalen Beziehungen kompakt, München: Oldenbourg.

Axelrod, Robert, und Robert O. Keohane, 1986: Achieving Cooperation under Anarchy: Strategies and Institutions, in: Kenneth A. Oye (Hg.): Cooperation under Anarchy, Princeton: Princeton University Press, 226-254.

Ba, Alice, und Matthew Hoffmann, 2003: Making and Remaking the World for IR 101: A Resource for Teaching Social Constructivism in Introductory Classes, in: *International Studies Perspectives* 4, 1, 15-33.

Bacevich, Andrew J., 2002: American Empire. The Realities and Consequences of U.S. Diplomacy, Cambridge: Harvard University Press.

Badie, Bertrand, und Marie-Claude Smouts, 2000: The Turnaround of the World, in: *Geopolitics* 5, 2, 85-93.

Badii, Naiim, 2004: Iranians and Media Coverage of the War in Iraq: Rhetoric, Propaganda, and Contradiction, in: Yahya Kamalipour et al. (Hg.): War, Media, and Propaganda. A Global Perspective, Lanham: Rowman & Littlefield, 171-178.

Baerwolff, Stephan, 2003: Wie konstruiere ich mir ein ADHS?, in: *System Schule* 7, 4, 111-113.

Bahador, Babak, 2007: The CNN Effect in Action. How the News Media Pushed the West toward War in Kosovo, Houndsmills: Palgrave.

Bailey, Olga G., et al., 2008: Blogs in the Second Iraqi War: Alternative Media Challenging the Mainstream?, in: dies.: Understanding Alternative Media, London: Open University Press, 72-83.

Baker, Kieran, 2003: Conflict and Control: The War in Afghanistan and the 24-hour News Cycle, in: Daya Kishan Thussu und Des Freedman (Hg.): War and the Media. Reporting Conflict 24/7, London etc.: SAGE, 241-247.

Baker, Russ, 2003: The US vs. The UK, in: *The Nation online*, 11.04.03 [*www.thenation.com/doc.mhtml?i=20030428&s=baker*; letzter Zugriff: 24.04.03].

Baker, Russell, 2007: Goodbye to Newspapers?, in: *The New York Review of Books* 54, 13 [*www.nybooks. com/articles/20471*; letzter Zugriff: 10.12.07].

Balabanova, Ekaterina, 2004: The CNN Effect in Eastern Europe – Does It Exist?, in: *Perspectives on European Politics and Society* 5, 2, 273-304.

Baldwin, John D., 2009: Ending the Science Wars, Boulder: Paradigm.

Bammé, Arno, 2004: Science Wars. Von der akademischen zur postakademischen Wissenschaft, Frankfurt a.M.: Campus.

Banerjee, Indrajit, 2002: The Locals Strike Back? Media Globalization and Localization in the New Asian Television Landscape, in: *International Communication Gazette* 65, 6, 517-535.

Bar, François, und Christian Sandvig, 2008: US Communications Policy after Convergence, in: *Media, Culture & Society* 30, 4, 531-550.

Barkho, Leon, 2008: The BBC's Discursive Strategy and Practices vis-à-vis the Palestinian-Israeli Conflict, in: *Journalism Studies* 9, 2, 278-294.

Barraclough, Steven, 2000: Satellite Television in Asia: Winners and Losers, in: *Asian Affairs* 31, 3, 263-272.

Bardmann, Theodor M., 1997: Einleitung, in: ders. (Hg.): Zirkuläre Positionen. Konstruktivismus als praktische Theorie, Opladen: Westdeutscher Verlag, 7-18.

Barnett, Michael, und Martha Finnemore, 2004: Rules for the World. International Organisations in Global Politics, Ithaca: Cornell University Press.

Barnett, Michael, und Raymond Duvall, 2005: Power in Global Governance, in: dies. (Hg.): Power in Global Governance, Cambridge: Cambridge University Press, 1-32.

Bartram, Rob, 2004: Visuality, Dromology, and Time Compression: Paul Virilio's New Ocularcentrism, in: *Time & Society* 13, 2/3, 285-300.

Bates, Stephen R., und Laura Jenkins, 2007: Teaching and Learning Ontology and Epistemology in Political Science, in: *Politics* 27, 1, 53-63.

Baudrillard, Jean, 1983: Simulations, New York: Semiotext(e).

Baudrillard, Jean, 1995: The Gulf War Did Not Take Place, Bloomington: Indiana University Press.

Baum, Matthew, 2005: Soft News Goes to War: Public Opinion and American Foreign Policy in the New Media Age, Princeton: Princeton University Press.

Baum, Matthew, 2007: Soft News and Foreign Policy: How Expanding the Audience Changes the Policies, in: *Japanese Journal of Political Science* 8, 1, 115-145.

Baumann, Rainer, 2006: Der Wandel des deutschen Multilateralismus. Eine diskursanalytische Untersuchung deutscher Außenpolitik, Baden-Baden: Nomos.

Baumann, Rainer, und Gunther Hellmann, 2001: Germany and the Use of Military Force: ›Total War‹, the ›Culture of Restraint‹, and the Quest for Normality, in: *German Politics* 10, 1, 61-82.

Baylis, John, und Steve Smith (Hg.), 2004: The Globalization of World Politics, 3. Aufl., Oxford/New York: Oxford University Press.

Bea, Franz Xaver, et al., 2008: Projektmanagement, Stuttgart: UTB.

Becker, Jörg, 2002a: Medien im Krieg, in: Ulrich Albrecht und Jörg Becker (Hg.): Medien zwischen Krieg und Frieden, Baden-Baden: Nomos, 13-26.

Becker, Jörg, 2002b: Afghanistan: Der Krieg und die Medien, in: Ulrich Albrecht und Jörg Becker (Hg.): Medien zwischen Krieg und Frieden, Baden-Baden: Nomos, 142-172.

Becker, Jörg, 2007: Die globale Manipulation, in: Karin Bock-Leitert und Thomas Roithner (Hg.): Der Preis des Krieges. Gespräche über die Zusammenhänge von Wirtschaft und Krieg, Münster: MV Wissenschaft, 50-60.

Becker, Jörg, und Kurt Luger, 2005: Zwischen Giant Neighbours und US-Kulturindustrie. Medienentwicklung und kultureller Wandel im asiatischen Zeitalter, in: Andreas Hepp, Friedrich Krotz und Carsten Winter (Hg.): Globalisierung der Medienkommunikation. Eine Einführung, Wiesbaden: VS-Verlag, 261-277.

Beckerman, Gal, 2005: Wie von Scharon diktiert. Israelische Medien haben ihre kritische Distanz zur Regierung verloren, in: *der überblick*, 4, 48-53.

Beham, Mira, 2007: Kriegsberichterstattung – Vom Telegrafen zum Echtzeitkrieg und Internet, in: ÖSFK (Hg.): Gute Medien – Böser Krieg?

Medien am schmalen Grat zwischen Cheerleadern des Militärs und Friedensjournalismus, Münster/Wien: LIT, 39-55.

Behnke, Andreas, 2001: Grand Theory in the Age of its Impossibility, in: *Cooperation and Conflict* 36, 1, 121-134.

Bell, Steve, 1999: Impact of the Global Media Revolution, in: *USA Today Magazine*, 127, 28-31.

Beller, Steven, 2007: In Zion's Hall of Mirrors: A Comment on »Neuer Antisemitismus?«, in: *Patterns of Prejudice* 41, 2, 215-238.

Bennett, W. Lance, 1990: Toward a Theory of Press-State Relations in the United States, in: *Journal of Communication* 40, 2, 103-127.

Bennett, Stephen, und Staci L. Rhine, 1999: ›Video Malaise‹ Revisited. Public Trust in the Media and Government, in: *Harvard International Journal of Press/Politics* 4, 4, 8-23.

Berenger, Ralph D., 2004: Introduction, in: ders. (Hg.): Global Media Go To War, Spokane: Marquette Books, xxvii-xxxiv.

Berger, Peter L., und Thomas Luckmann, 2000[1966]: Die gesellschaftliche Konstruktion der Wirklichkeit, Frankfurt a.M.: Suhrkamp.

Bergmann, Kristin, 2006: West-östlicher Karikaturenstreit ohne Ende, in: *Neue Zürcher Zeitung*, 03.02.06, 1.

Berkowitz, Dan, und Lyombe Eko, 2007: Blasphemy as Sacred Rite/Right. The »Mohammed Cartoons Affair« and Maintenance of Journalistic Ideology, in: *Journalism Studies* 8, 5, 779-797.

Bernstein, Steven, Richard Ned Lebow, Janice Gross Stein, und Steven Weber, 2000: God Gave Physics the Easy Problems: Adapting Social Science to an Unpredictable World, in: *European Journal of International Relations* 6, 1, 43-76.

Best, Steven, und Douglas Kellner, 1991: Postmodern Theory: Critical Interrogations, London/New York: Guilford Press.

Beyer, Cornelia, 2008: Violent Globalisms. Conflict in Response to Empire, Aldershot: Ashgate.

Bially Mattern, Janice, 2007: Why ›Soft Power‹ Isn't So Soft: Representational Force and Attraction in World Politics, in: Felix Berenskoetter und M.J. Williams (Hg.): Power in World Politics, London etc.: Routledge, 98-119.

Bicket, Douglas, und Melissa Wall, 2009: BBC News in the United States. A ›Super-alternative‹ News Medium Emerges, in: *Media, Culture & Society* 31, 3, 365-384.

Bieler, Andreas, und Adam D. Norton, 2008: The Deficits of Discourse in IPE: Turning Base Metal into Gold?, in: *International Studies Quarterly* 52, 1, 103-128.

Bielsa, Esperança, 2008: The Pivotal Role of News Agencies in the Context of Globalization: A Historical Approach, in: *Global Networks* 8, 3, 347-366.

Billeaudeaux, Andre, et al., 2003: News Norms, Indexing and a Unified Government. Reporting During the Early Stages of a Global War on

Terror, in: *Global Media Studies* 2, 3 [*http://lass.calumnet.purdue.edu /cca/gmj/fa03/gmy-fa03-bdhg1.html*; letzter Zugriff: 20.12.07].

Biltereyst, Daniel, 2003: Globalisation, Americanisation and Politicisation of Media Research, in: Stig Hjarvard (Hg.): Media in a Globalized Society, Kopenhagen: MTP, 55-89.

Blacklow, Nancy, 2005: The Media in the Age of Terrorism: An Australian Experience. Manuskript.

Blaney, David L., und Naeem Inayatullah, 2002: Neo-Modernization? IR and the Inner Life of Modernization Theory, in: *European Journal of International Relations* 8, 1, 103-137.

Bleiker, Roland, 1997: Forget IR Theory, in: *Alternatives* 22, 57-85.

Bleiker, Roland, 2000: Popular Dissent, Human Agency and Global Politics, Cambridge: Cambridge University Press.

Bleiker, Roland, 2001: The Aesthetic Turn in International Relations Theory, in: *Millennium – Journal of International Studies* 30, 3, 509-533.

Bloch-Elkon, Yaeli, 2007: Studying the Media, Public Opinion, and Foreign Policy in International Crises: The United States and the Bosnian Crisis, 1992-1995, in: *Harvard International Journal of Press/Politics* 12, 4, 20-51.

Blyth, Marc, 2003: Structures Do Not Come with an Instruction Sheet: Interests, Ideas, and Progress in Political Science, in: *Perspectives on Politics* 1, 695-706.

Boaz, Cynthia, 2005: War and Foreign Policy Framing in International Media, in: *Peace Review* 17, 349-356.

Bob, Clifford, 2005: The Marketing of Rebellion. Insurgents, Media, and International Activism, Cambridge: Cambridge University Press.

Bobrow, Davis, 2008: International Public Opinion: Incentives and Options to Comply and Challenge, in: ders. (Hg.): Hegemony Constrained. Evasion, Modification, and Resistance to American Foreign Policy, Pittsburgh: University of Pittsburgh Press, 222-260.

Böckenförde, Stephan, und Arne Niemann, 2006: Wissenschaftliche Politikberatung in Deutschland, in: Arne Niemann (Hg.): Herausforderungen an die deutsche und europäische Außenpolitik, Dresden: TUDpress, 9-26.

Boekle, Henning, Volker Rittberger, und Wolfgang Wagner, 1999: Normen und Außenpolitik. Konstruktivistische Außenpolitiktheorie, Tübinger Arbeitspapiere zur Internationalen Politik und Friedensforschung Nr. 34.

Boer, Leen, 2001: Technology and Development: A Case of Schizophrenia, in: *Third World Quarterly* 22, 5, 865-871.

Boettcher, William A., und Michael D. Cobb, 2006: Echoes of Vietnam? Framing and Public Perceptions of Success and Failure in Iraq, in: *Journal of Conflict Resolution* 50, 6, 831-854.

Bohnen, Johannes, und Jan-Friedrich Kallmorgen, 2009: Wie Web 2.0 die Politik verändert, in: *Internationale Politik*, 64, 4, 18-25.

Borgman, Christine L., 2003: From Gutenberg to the Global Information Infrastructure. Access to Information in the Networked World, Cambridge: MIT Press.

Börzel, Tanja, 1997: Zur (Ir-)Relevanz der »Postmoderne« für die Integrationsforschung, in: Zeitschrift für Internationale Beziehungen 4, 1, 125-137.

Börzel, Tanja, und Thomas Risse, 2001: Die Wirkung internationaler Institutionen: Von der Normanerkennung zur Normeinhaltung. Max-Planck-Projektgruppe, Arbeitspapier [www.coll.mpg.de/pdf_dat/2001_15.pdf; letzter Zugriff: 20.12.07].

Bosi, Faisal, 2003: Al-Jazeera Tells the Truth About War, in: Guardian, 28.03.03.

Bowman, Karlyn, 2004: Americans Eager for Transfer of Power, but Doubt It Will Happen, AEI Comments, 16.06.04 [www.aei.org/article/20738; letzter Zugriff: 28.10.09].

Boyd-Barrett, Oliver, 2000: National and International News Agencies. Issues of Crisis and Realignment, in: International Communication Gazette 62, 1, 5-18.

Boyd-Barrett, Oliver, 2003: Globalizing the News Agency, in: Journalism Studies 4, 3, 371-385.

Boyd-Barrett, Oliver, 2006: Cyberspace, Globalization and Empire, in: Global Media & Communication 2, 1, 21-42.

Braman, Sandra (Hg.), 2004: The Emergent Global Information Policy Regime, Houndsmills: Palgrave.

Brand, Alexander, 2001: ›Social Constructivism is What Political Scientists Make of it‹ – Die Rolle von Sprache und Erkenntnistheorie in sozialkonstruktivistischen Ansätzen in den Internationalen Beziehungen, Magisterarbeit, Technische Universität Dresden.

Brand, Alexander, 2008a: Amerikanisierung der internationalen Kommunikation? Implikationen für den Diskurs und die Deutungsmacht globaler Politik, in: Matthias Fifka und Daniel Gossel (Hg.): Mediendemokratie in den USA: Politische Kommunikation und Politikvermittlung am Beginn des 21. Jahrhunderts, Trier: WVT, 157-180.

Brand, Alexander, 2008b: Konstruktivistische Zugänge zur internationalen politischen Ökonomie – Nouvelle Vogue oder Nouveau Vague?, in: ders. und Stefan Robel (Hg.): Internationale Beziehungen – Aktuelle Forschungsfelder, Wissensorganisation und Berufsorientierung, Dresden: TUDpress, 403-430.

Brand, Alexander, 2009: Beyond Obamania: Change in U.S. Foreign Policy and the Consequences for German-American Relations, in: Adam Fireš und Igor Varga (Hg.): Crucial Problems of International Relations through the Eyes of Young Scholars, Prag: UEP Press, 36-71.

Brand, Alexander, 2010: Die Suche nach Weltordnung als Suche nach Wahrheit. Weltbilder und Welterklärer in den Internationalen Beziehungen, in: Thomas Groh und Jörn Lorenz (Hg.): Interpretatio mundi, Dresden: Thelem, 97-123.

Brand, Alexander, 2011a: Just Another Media Company? Google as a Player in International Relations, Paper presented at the 52th ISA Convention, Montréal.

Brand, Alexander, 2011b [i.V.]: »Wissen« als Globales Gemeinschaftsgut? Konstruktivistische Überlegungen zur politischen Praxis der Wissenschaft Internationale Beziehungen, in: Jost Halfmann und Melanie-Morisse Schilbach (Hg.): Wissen, Wissenschaft und Global Commons. Konturen eines interdisziplinären Forschungsfeldes. Manuskript.

Brand, Alexander, und Dirk Schröter, 2002: Identitätsbildung in der Ostseeregion. Kultur als Fundament wirtschaftlicher Integration, Dresdner Arbeitspapiere Internationale Beziehungen, Nr. 4.

Brand, Alexander, und Stefan Robel, 2007: Hegemonic Governance, Asymmetrical Allegiances and the Regionalization of Global Media: How U.S. Hegemony Might Eat Itself, Paper presented at the 6th Convention of the CEEISA, Wrocław.

Brand, Alexander, und Stefan Robel, 2009: Hegemonic Governance? Global Media, U.S. Hegemony and the Transatlantic Divide, Paper presented at the 50th Annual ISA Convention, New York City.

Brand, Ulrich, 2003: Nach der Krise des Fordismus. Global Governance als möglicher hegemonialer Diskurs des internationalen Politischen, in: Zeitschrift für Internationale Beziehungen 10, 1, 143-166.

Braude, Joseph, 2005: The Internet and Arab Politics. Climate Change, in: The New Republic Online, 07.02.05 [www.tnr.com; letzter Zugriff: 09.03.05].

Bretherton, Charlotte, und John Vogler, 1999: The European Union as a Global Actor, London: Routledge.

Brieler, Ulrich, 2004: Der Riss in der Rezeption, in: taz – die Tageszeitung, 25.06.04, 15.

Bromwich, David, 2008: The Co-President at Work, in: The New York Review of Books 55, 18 [www.nybooks.com/articles/22060; letzter Zugriff: 17.11.08].

Bronfenbrenner, Kate (Hg.), 2007: Global Unions: Challenging Transnational Capital through Cross-Border Campaigns, Ithaca: Cornell University Press.

Brown, Robin, 2002: Clausewitz in the Age of Al-Jazeera. Rethinking the Military-Media-Relationship, Paper prepared for the APSA Political Communication Division Workshop, Harvard/Ma.

Brown, Robin, 2003: Spinning the War: Political Communications, Information Operations and Public Diplomacy in the War on Terrorism, in: Daya Kishan Thussu und Des Freedman (Hg.): War and the Media. Reporting Conflict 24/7, London: SAGE, 87-100.

Brown, Robin, 2005: Getting to War: Communications and Mobilization in the 2002-03 Iraq Crisis, in: Philip Seib (Hg.): Media and Conflict in the 21ˢᵗ Century, New York etc.: Palgrave, 57-81.

Brown, Dan, und Jill Rosen, 2002: How Much Is Too Much?, in: *American Journalism Review* 24, 6, 10-11.

Brozus, Lars, Ingo Take, und Klaus Dieter Wolf, 2003: Vergesellschaftung des Regierens? Der Wandel nationaler und internationaler politischer Steuerung unter dem Leitbild der nachhaltigen Entwicklung, Opladen: Leske + Budrich.

Brunkhorst, Hauke, 2002: Globalising Democracy Without a State: Weak Public, Strong Public, Global Constitutionalism, in: *Millennium – Journal of International Studies* 31, 3, 675-690.

Bublitz, Hannelore, et al., 1999: Diskursanalyse – (k)eine Methode? Eine Einleitung, in: dies. (Hg.): Das Wuchern der Diskurse. Perspektiven der Diskursanalyse Foucaults, Frankfurt/M: Campus, 10-21.

Büger, Christian, und Frank Gadinger, 2006: Große Gräben, Brücken, Elfenbeinturm und Klöster? Die ›Wissensgemeinschaft Internationale Beziehungen‹ und die Politik – Eine kulturtheoretische Neubeschreibung, in: Gunther Hellmann (Hg.): Forschung und Beratung in der Wissensgesellschaft. Das Feld der internationalen Beziehungen und der Außenpolitik, Baden-Baden: Nomos, 149-188.

Büger, Christian, und Frank Gadinger 2007: Reassembling and Dissecting: International Relations Practice from a Science Studies Perspective, in: *International Studies Perspective* 8, 90-110.

Büger, Christian, und Frank Gadinger, 2008: Praktisch gedacht! Praxistheoretischer Konstruktivismus in den Internationalen Beziehungen, in: *Zeitschrift für Internationale Beziehungen* 15, 2, 273-302.

Bührmann, Andrea, 1999: Kritische Ontologie als (Re-)Konstruktion von Diskursen. Methodologische und methodische Konsequenzen des Foucault'schen Diskursbegriffs, in: Hannelore Bublitz et al. (Hg.): Das Wuchern der Diskurse. Perspektiven der Diskursanalyse Foucaults, Frankfurt/M: Campus, 49-62.

Bull, Hedley, 2002 [1977]: The Anarchical Society. A Study of Order in World Politics, 3. Aufl., Houndsmills: Palgrave.

Burch, Kurt, 2002: Toward a Constructivist Comparative Politics, in: Daniel Green (Hg.): Constructivism and Comparative Politics, Armonk: M.E. Sharpe, 60-87.

Burch, Sally, 2007: Telesur and the New Agenda for Latin American Integration, in: *Global Media & Communication* 3, 2, 227-232.

Burchill, Scott, et al. (Hg.), 2001: Theories of International Relations, 2. Aufl., Houndsmills: Palgrave.

Burges, Sean, 2008: Consensual Hegemony. Theorizing Brazilian Foreign Policy after the Cold War, in: *International Relations* 22, 1, 65-84.

Busch, Christoph, 2005: Rechtsradikale Vernetzung im Internet, in: *WeltTrends*, 48, 67-78.

Busekist, Astrid von, 2004: Uses and Misuses of the Concept of Identity, in: *Security Dialogue* 35, 1, 81-98.

Busse, Nikolas, 2000: Die Entstehung kollektiver Identitäten. Das Beispiel der ASEAN-Staaten, Baden-Baden: Nomos.

Bussemer, Thymian, 2003: Medien als Kriegswaffe. Eine Analyse der amerikanischen Militärpropaganda im Irak-Krieg, in: *Aus Politik und Zeitgeschichte*, B49-50, 20-28.

Buzan, Barry, 1995: The Level of Analysis Problem in International Relations Reconsidered, in: Steve Smith und Ken Booth (Hg.): International Relations Theory Today, Oxford: Polity Press, 198-216.

Buzan, Barry, Ole Wæver, und Jaap de Wilde, 1998: Security. A New Framework for Analysis, Boulder: Lynne Rienner.

Callewaert, Staf, 2006: Bourdieu, Critic of Foucault. The Case of Empirical Social Science against Double-Game-Philosophy, in: *Theory, Culture & Society* 23, 6, 73-89.

Campbell, David, 2001: International Engagements. The Politics of North American IR Theory, in: *Political Theory* 29, 3, 432-448.

Campbell, Duncan, 2002: Benutzen Terroristen versteckte Botschaften?, in: Goedart Palm und Florian Rötzer (Hg.): Medien – Terror – Krieg. Zum Kriegsparadigma des 21. Jahrhunderts, Hannover: Heise, 78-85.

Canan, Eric, 2007: Public Opinion on Use of Force: The European Synchronicity of Cold War Realist Thinking with post-Cold War Principle of Legitimacy vs. the American Cost-Benefit Calculus, Paper presented at the APSA 103rd Annual Meeting, Chicago.

Cañizález, Andrés, und Lugo, Jairo, 2007: Telesur. Estrategia geopolitica con fines integracionistas, in: *CONfines de Relaciones Internacionales y Ciencia Política* 4, 6, 53-64.

Carlin, Dan, 2006: CNN, BBC, Al Jazeera … and France 24?, in: *BusinessWeek Online*, 12.05.06, 19.

Carlsnaes, Walter, et al. (Hg.), 2002: Handbook of International Relations, London etc.: SAGE.

Carlson, Peter, 2003: America's Glossy Envoy, in: *Washington Post*, 09.08.03, A01.

CAP 2008 = Center for American Progress, 2008: What the Public Really Wants on Iraq [*www.americanprogress.org/issues/2008/03/pdf/public_iraq.pdf*; letzter Zugriff: 22.11.09].

Carnegie Endowment, 2003: Russia's Media Policy, Summary of a Discussion, 25.09.03 [*www.ceip.org/files/events/events.asp?EventID=646*; letzter Zugriff: 16.03.04].

Carruthers, Susan, 2000: The Media at War. Communication and Conflict in the Twentieth Century, New York: St. Martin's Press.

Carruthers, Susan, 2004: Tribalism and Tribulation. Media Constructions of ›African Savagery‹ and ›Western Humanitarianism‹ in the 1990s, in: Stuart Allan und Barbie Zelizer (Hg.): Reporting War. Journalism in Wartime, London: Routledge, 155-173.

Carruthers, Susan, 2008: No One's Looking: The Disappearing Audience for War, in: *Media, War & Conflict* 1, 1, 70-76.

Catalbas, Dilruba, 2003: Divided and Confused: The Reporting of the First Two Weeks of the War in Iraq on Turkish Television Channels, in: *TBS Journal*, 10 (Spring) [*www.tbsjournal.com/Archives/Spring03/catalbas %20turkey.html*; letzter Zugriff: 18.11.09].

CBS News, 2004: Poll: Iraq Taking Toll on Bush, 24.05.04.

Cederman, Lars-Erik, und Christopher Daase, 2003: Endogenizing Corporate Identities: The Next Step in Constructivist IR Theory, in: *European Journal of International Relations* 9, 1, 5-35.

Chalaby, Jean K., 2006: American Cultural Primacy in a New Media Order. A European Perspective, in: *International Communication Gazette* 68, 1, 33-51.

Chan, Joseph, 2005: Global Media and the Dialectics of the Global, in: *Global Media & Communication* 1, 1, 24-28.

Chan, Joseph, und Eric Ma, 2002: Transculturating Modernity, in: Joseph Chan (Hg.): In Search of Boundaries: Communication, Nation-State and Cultural Identities, Westport: Ablex, 1-18.

Chang, Tsan-Kuo, 1998: All Countries Not Created Equal to Be News. World System and International Communication, in: *Communication Research* 25, 5, 528-565.

Chang, Tsan-Kuo, Itai Himelboim, und Dong Dong, 2009: Open Global Networks, Closed International Politics, in: *International Communication Gazette* 71, 3, 137-159.

Chang, Tsan-Kuo, Tuen-Yu Lau, und Hao Xiaoming, 2000: From the United States with News and More. International Flow, Television Coverage and World System, in: *International Communication Gazette* 62, 6, 505-522.

Chatterjee, Shibashis, 2005: Ethnic Conflicts in South Asia: A Constructivist Reading, in: *South Asian Survey* 12, 1, 75-89.

Checkel, Jeffrey T., 1997: International Norms and Domestic Politics: Bridging the Rationalist-Constructivist Divide, in: *European Journal of International Relations* 3, 4, 473-495.

Checkel, Jeffrey T., 1998: The Constructivist Turn in International Relations Theory, in: *World Politics* 50, 324-348.

Checkel, Jeffrey T., 2003: ›Going Native‹ in Europe? Theorizing Social Interactions in European Institutions, in: *Comparative Political Studies* 36, 1/2, 209-231.

Checkel, Jeffrey T., 2004: Social Constructivisms in Global and European Politics. A Review Essay, in: *Review of International Studies* 30, 229-244.

Checkel, Jeffrey T. (Hg.), 2005: International Institutions and Socialization in Europe, Cambridge: Cambridge University Press.

Checkel, Jeffrey T., 2006: Tracing Causal Mechanisms, in: *International Studies Review* 8, 362-370.

Chénau-Loquay, Annie, 2002: Afrika am Netz, in: *le monde diplomatique*, Januar, 11.

Chinni, Dante, 2007: The Military's Iraq Channel on YouTube, in: *Pew Research Center's Project for Excellence in Journalism*, 11.05.07 [*www.journalism.org/print/5553*; letzter Zugriff: 13.02.09].

Choi, Jihyang, 2009: Diversity in Foreign News in US Newspapers before and after the Invasion of Iraq, in: *International Communication Gazette* 71, 6, 525-542.

Chomsky, Noam, 2002: Media Control. The Spectacular Achievements of Propaganda, New York: Seven Stories Press.

Chong, Alan, 2007: Global Information Space, Discursive Community, and Soft Power, in: ders.: Foreign Policy in Global Information Space, Houndsmills: Palgrave, 22-58.

Christensen, Christian, 2008: Uploading Dissonance: YouTube and the US Occupation of Iraq, in: *Media, War & Conflict* 1, 2, 155-175.

Chwieroth, Jeffrey M., 2007: Testing and Measuring the Role of Ideas. The Case of Neoliberalism in the IMF, in: *International Studies Quarterly* 51, 1, 5-30.

Cioppa, Thomas M., 2009: Operation Iraqi Freedom Strategic Communication Analysis and Assessment, in: *Media, War & Conflict* 2, 1, 25-45.

Clark, Ian, 2009: Bringing Hegemony Back In: The United States and International Order, in: *International Affairs* 85, 1, 23-36.

Cleaver, Harry M., 1998: The Zapatista Effect: The Internet and the Rise of an Alternative Political Fabric, in: *Journal of International Affairs* 51, 2, 621-640.

CNN 2008 = ›CNN Milestones‹, Pressemappe [*http://news.turner.com/press_kits_detail.cfm?presskit_id=66 &press_section_id=2650*; letzter Zugriff: 01.11.09].

Codina, Mónica, und Jordi Rodríguez-Virgili, 2007: Journalism for Integration. The Muhammad Cartoons, in: *javnost – the public* 14, 2, 31-46.

Cole, Juan, 2004: Our Photo Wars, in: *TomDispatch.com*, 02.05.04 [*www.tomdispatch.com/post/1416/juan_cole_on_our_photo_wars*; letzter Zugriff: 29.12.08].

Coll, Steve, 2010: The Internet: For Better or Worse, in: *The New York Review of Books*, 07.04.11 [*www.nybooks.com/articles/archives/2011/apr/07/internet-better-or-worse*; letzter Zugriff: 21.04.11].

Compaine, Benjamin, 2002: Think Again: Global Media, in: *Foreign Policy*, 133, 20-28.

Cook, Timothy E., 1998: Governing with the News. The News Media as a Political Institution, Chicago: University of Chicago Press.

Copeland, Dale, 2000: The Constructivist Challenge to Structural Realism, in: *International Security* 25, 2, 187-212.

Corner, John, 2003: Debate: The Model in Question, in: *European Journal of Communication* 18, 3, 367-375.

Cottrell, Patrick, und Erika F. Fowler, 2007: The Globalization of Local News: The Indexing Hypothesis and Congressional World Affairs, Paper presented at the 48th Annual ISA Convention, Chicago.

Couldry, Nick, 2007: Bourdieu and the Media. The Promise and Limits of Field Theory, in: *Theory & Society* 36, 209-213.

Couldry, Nick, 2008: Mediatization or Mediation? Alternative Understanding of the Emergent Space of Digital Storytelling, in: *new media & society* 10, 3, 373-391.

Couldry, Nick, 2009: Does ›the Media‹ Have a Future?, in: *European Journal of Communication* 24, 4, 437-449.

Couldry, Nick, und James Curran, 2003: The Paradox of Media Power, in: dies. (Hg.): Contesting Media Power. Alternative Media in a Networked World, Lanham: Rowman & Littlefield, 3-16.

Couldry, Nick, und James Curran (Hg.), 2003: Contesting Media Power. Alternative Media in a Networked World, Lanham: Rowman & Littlefield.

Cowan, Geoffrey, 2004: Can We Make Them Love Us? Public Diplomacy after 9/11, in: Yahya Kamalipour et al. (Hg.): War, Media, and Propaganda. A Global Perspective, Lanham: Rowman & Littlefield, 227-236.

Cox, Robert W., 1993: Gramsci, Hegemony, and International Relations. An Essay in Method, in: Stephen Gill (Hg.): Gramsci, Historical Materialism and International Relations, Cambridge/New York: Cambridge University Press, 49-66.

Cox, Michael, 2003: The Empire's Back in Town: Or America's Imperial Temptation – Again, in: *Millennium – Journal of International Studies* 23, 1-27.

Crawford, Robert M.A., und Darryl S.L. Jarvis (Hg.), 2001: International Relations – Still an American Social Science? Toward Diversity in International Thought, Albany: SUNY Press.

Crogan, Patrick, 1999: The Tendency, the Accident and the Untimely: Paul Virilio's Engagement with the Future, in: *Theory, Culture & Society* 16, 161-176.

Curran, James, 2003: Global Journalism: A Case Study of the Internet, in: Nick Couldry und James Curran (Hg.): Contesting Media Power. Alternative Media in a Networked World, Lanham: Rowman & Littlefield, 227-241.

Curran, James, 2005: Media and Power, London: Routledge.

Curtin, Michael, 2005: Murdoch's Dilemma, or ›What's the Price of TV in China?‹, in: *Media, Culture & Society* 27, 2, 155-175.

Czempiel, Ernst-Otto, 1981: Internationale Politik, Paderborn: Schöningh.

Czempiel, Ernst-Otto, 1993: Weltpolitik im Umbruch. Das internationale System nach dem Ende des Ost-West-Konflikts, München: Beck.

Czempiel, Ernst-Otto, 1996a: Theorie und Strategie. Überlegungen nach Hajo Schmidts Kommentar, in: *Zeitschrift für Internationale Beziehungen* 3, 1, 117-122.

Czempiel, Ernst-Otto, 1996b: Rückkehr in die Führung: Amerikas Weltpolitik im Zeichen der konservativen Revolution, HSFK-Report, Nr. 4.

Czempiel, Ernst-Otto, 1999: Kluge Macht. Außenpolitik für das 21. Jahrhundert, München: Beck.

Czempiel, Ernst-Otto, 2002: Weltpolitik im Umbruch. Die Pax Americana, der Terrorismus und die Zukunft der internationalen Beziehungen, München: Beck.

Czempiel, Ernst-Otto, 2004: Internationale Beziehungen: Begriff, Gegenstand und Forschungsabsicht, in: Manfred Knapp und Gert Krell (Hg.): Einführung in die Internationale Politik, München: Oldenbourg, 2-28.

Daase, Christopher, 2001: Terrorismus – Begriffe, Theorien und Gegenstrategien. Ergebnisse und Probleme sozialwissenschaftlicher Forschung, in: Die Friedens-Warte 76, 1, 55-79.

Daase, Christopher, 2005: Den Krieg gewonnen, den Frieden verloren – Revolution und Konterrevolution in Military Affairs, in: Jan Helmig und Niklas Schörnig (Hg.): Die Transformation der Streitkräfte im 21. Jahrhundert, Frankfurt a.M.: Campus, 249-269.

Daase, Christopher, 2006: Wissen, Nichtwissen und die Grenzen der Politikberatung – Über mögliche Gefahren und wirkliche Ungewissheit in der Sicherheitspolitik, in: Gunther Hellmann (Hg.): Forschung und Beratung in der Wissensgesellschaft. Das Feld der internationalen Beziehungen und der Außenpolitik, Baden-Baden: Nomos, 189-212.

Dahlgren, Peter, 2001: The Public Sphere and the Net: Structure, Space and Communication, in: W. Lance Bennett und Robert Entman (Hg.): Mediated Politics. Communication in the Future of Democracy, Cambridge: Cambridge University Press, 33-55.

Dahlgren, Peter, 2005: The Internet, Public Spheres, and Political Communication: Dispersion and Deliberation, in: Political Communication 22, 2, 147-162.

Dartnell, Michael, 2003: Weapons of Mass Instruction. Web Activism and the Transformation of Global Security, in: Millennium – Journal of International Studies 32, 3, 477-499.

Dartnell, Michael, 2006: Insurgency Online: Web Activism and Global Conflict, Toronto: University of Toronto Press.

Davies, Christie, 2008: The Danish Cartoons, the Muslims and the Battle of Jutland, in: Humor 21, 1, 2-7.

Debatin, Bernhard, 2002: Semiotik des Terrors: Luftschiffbruch mit Zuschauern, in: Christian Schicha und Carsten Brosda (Hg.): Medien und Terrorismus. Reaktionen auf den 11. September 2001, Münster: LIT, 25-38.

de Beer, Arnold, Herman Wassermann, und Nicolene Botha, 2004: South Africa and Iraq: The Battle for Media Reality, in: Yahya Kamalipour et al. (Hg.): War, Media, and Propaganda. A Global Perspective, Lanham: Rowman & Littlefield, 179-188.

Debiel, Tobias, et al., 2009: Vom »neuen Interventionismus« zur R2P. Die Entwicklung einer Menschenrechtsschutznorm im Rahmen des Sicherheitsrates der Vereinten Nationen, in: *Die Friedens-Warte* 84, 1, 53-88.

Debrix, Francois, 2003: Language, Nonfoundationalism, International Relations, in: ders. (Hg.): Language, Agency, and Politics in a Constructed World, Armonk: M.E. Sharpe, 3-25.

Debrix, Francois, 2004: The Terror of the Image: International Relations and the Global Image Circuitry, in: Mehdi Semati (Hg.): New Frontiers in International Communication Theory, Lanham: Rowman & Littlefield, 93-115.

Debrix, Francois, 2009: Jean Baudrillard, in: Jenny Edkins und Nick Vaughan-Williams (Hg.): Critical Theorists and International Relations, London etc.: Routledge, 54-65.

de Castro, Rubén Herrero, 2009: Foreign Policy and Transatlantic Relations: A Matter of Perceptions, Images, Objectives, and Decisions, in: Natividad Fernández Sola und Michael Smith (Hg.): Perceptions and Policy in Transatlantic Relations. Prospective Visions from the US and Europe, London/New York: Routledge, 26-46.

Deer, Patrick, 2007: Introduction. The Ends of War and the Limits of War Culture, in: *Social Text* 25, 2, 1-11.

Deibert, Ronald, et al. (Hg.), 2008: Access Denied. The Practice and Policy of Global Internet Filtering, Cambridge: MIT Press.

Deitelhoff, Nicole, 2006: Überzeugung in der Politik. Grundzüge einer Diskurstheorie internationalen Regierens, Frankfurt a.M.: Suhrkamp.

Deitelhoff, Nicole, und Harald Müller, 2005: Theoretical Paradise – Empirically Lost? Arguing with Habermas, in: *Review of International Studies* 31, 167-179.

Delanty, Gerard, 1997: Social Science. Beyond Constructivism and Realism, Buckingham: Open University Press.

Demirovic, Alex, 2008: Das Wahr-Sagen des Marxismus: Foucault und Marx, in: *Prokla* 38, 2, 179-201.

Denton, Robert E., 1993: Television as an Instrument of War, in: ders. (Hg.): The Media and the Persian Gulf War, Westport: Praeger, 27-42.

DerDerian, James, 1990: The S(p)ace of International Relations, in: *International Studies Quarterly* 34, 295-310.

DerDerian, James, 1997: Post-Theory: The Eternal Return of Ethics in International Relations, in: Michael Doyle und G. John Ikenberry (Hg.): New Thinking in International Relations Theory, Boulder: Westview Press, 54-76.

DerDerian, James, 2000: Virtuous War/Virtuous Theory, in: *International Affairs* 76, 4, 771-788.

DerDerian, 2001: Virtuous War. Mapping the Military-Industrial-Media-Entertainment Network, Boulder: Westview Press.

DerDerian, James, 2003a: The Question of Information Technology in International Relations, in: *Millennium – Journal of International Studies* 32, 3, 441-456.

DerDerian, James, 2003b: 9.11: Before, After, and In Between, Social Science Research Council, Manuskript.

DerDerian, James, 2009: Paul Virilio, in: Jenny Edkins und Nick Vaughan-Williams (Hg.): Critical Theorists and International Relations, London etc.: Routledge, 330-340.

Dessler, David, 1989: What's at Stake in the Agent-Structure Debate?, in: *International Organization* 43, 3, 441-473.

Dessler, David, 1999: Constructivism within a Positivist Social Science, in: *Review of International Studies* 25, 123-137.

Detraz, Nicole, und Michele Betsill, 2009: Climate Change and Environmental Security: For Whom the Discourse Shifts, in: *International Studies Perspectives* 10, 3, 303-320.

Diaz-Bone, Rainer, 1999: Probleme und Strategien der Operationalisierung des Diskursmodells im Anschluß an Michel Foucault, in: Hannelore Bublitz et al. (Hg.): Das Wuchern der Diskurse. Perspektiven der Diskursanalyse Foucaults, Frankfurt/M: Campus, 119-135.

Dietrich, Sandra, 2007: Embedded Journalism: Ursprünge, Ziele, Merkmale, Probleme und Nutzen von »Embedding« am Beispiel des Irak-Krieges 2003, Saarbrücken: VDM.

Diez, Thomas, 1995: Neues Europa, altes Modell. Die Konstruktion von Staatlichkeit im politischen Diskurs zur Zukunft der europäischen Gemeinschaft, Frankfurt a.M.: Haag + Herchen.

Diez, Thomas, 1996: Postmoderne und europäische Integration. Die Dominanz des Staatsmodells, die Verantwortung gegenüber dem Anderen und die Konstruktion eines alternativen Horizonts, in: *Zeitschrift für Internationale Beziehungen* 3, 2, 255-281.

Diez, Thomas, 1998: Perspektivenwechsel. Warum ein »postmoderner« Ansatz für die Integrationsforschung doch relevant ist, in: *Zeitschrift für Internationale Beziehungen* 5, 1, 139-148.

Diez, Thomas, 1999a: Die EU lesen. Diskursive Knotenpunkte in der britischen Europadebatte, Opladen: Leske + Budrich.

Diez, Thomas, 1999b: Constructing Threat, Constructing Political Order. On the Legitimisation of an Economic Community in Western Europe, in: *Journal of International Relations and Development* 2, 1, 29-49.

Diez, Thomas, 2001: Europe as a Discursive Battleground. Discourse Analysis and European Integration Studies, in: *Cooperation and Conflict* 36, 1, 5-38.

Diez, Thomas, 2003: Postmoderne Ansätze, in: Siegfried Schieder und Manuela Spindler (Hg.): Theorien der Internationalen Beziehungen, Opladen: Leske + Budrich, 449-476.

Diez, Thomas, 2005a: Politics, Modern Systems Theory and the Critical Purpose of International Relations Theory, in: Mathias Albert und Lena

Hilkermeier (Hg.): Observing International Relations. Niklas Luhmann and World Politics, London/New York: Routledge, 30-43.

Diez, Thomas, 2005b: Constructing the Self and Changing Others: Reconsidering ›Normative Power Europe‹, in: *Millennium – Journal of International Studies* 33, 3, 613-636.

Diez, Thomas, und Jill Steans, 2005: A Useful Dialogue? Habermas and International Relations, in: *Review of International Studies* 31, 127-140.

Dilger, Gerhard, 2007: Links, kultig und gut, in: *taz – die Tageszeitung*, 21.03.07, 17.

Dimitrova, Daniela, und Jesper Strömbäck, 2005: Mission Accomplished? Framing of the Iraq War in the Elite Newspapers in Sweden and the United States, in: *International Communication Gazette* 67, 5, 399-417.

Dimitrova, Daniela, und Jesper Strömbäck, 2008: Foreign Policy and the Framing of the 2003 Iraq War in Elite Swedish and US Newspapers, in: *Media, War & Conflict* 1, 2, 203-220.

Dingler, Johannes, 2005: The Discursive Nature of Nature: Towards a Post-Modern Concept of Nature, in: *Journal of Environmental Policy & Planning* 7, 3, 209-225.

Donati, Paolo R., 2006: Die Rahmenanalyse politischer Diskurse, in: Reiner Keller et al. (Hg.): Handbuch Sozialwissenschaftliche Diskursanalyse, Band 1: Theorien und Methoden, 2., aktualisierte Aufl., Wiesbaden: VS-Verlag, 147-177.

Donges, Patrick, und Otfried Jarren, 2001: Politische Kommunikation, in: Otfried Jarren und Heinz Bonfadelli (Hg.): Einführung in die Publizistikwissenschaft, Bern: Haupt, 417-438.

Donsbach, Wolfgang, 1993: Journalismus versus journalism – ein Vergleich zum Verhältnis von Medien und Politik in Deutschland und in den USA, in: ders. et al. (Hg.): Beziehungsspiele – Medien und Politik in der öffentlichen Diskussion, Gütersloh: Bertelsmann Stiftung, 283-315.

Donsbach, Wolfgang, 2006: The Identity of Communication Research, in: *Journal of Communication* 56, 437-448.

Donsbach, Wolfgang, et al. (Hg.), 1993: Beziehungsspiele – Medien und Politik in der öffentlichen Diskussion, Gütersloh: Bertelsmann Stiftung.

Donsbach, Wolfgang, et al. (Hg.), 1999: Kampa. Meinungsklima und Medienwirkung im Bundestagswahlkampf 1998, Freiburg: Alber.

Doty, Roxanne Lynn, 1993: Foreign Policy as Social Construction: A Post-Positivist Analysis of U.S. Counterinsurgency Policy in the Philippines, in: *International Studies Quarterly* 37, 297-320.

Doty, Roxanne Lynn, 1996: Sovereignty and the Nation. Constructing the Boundaries of National Identity, in: Thomas J. Biersteker und Cynthia Weber (Hg.): State Sovereignty as Social Construct, Cambridge: Cambridge University Press, 121-147.

Doty, Roxanne Lynn, 1997: Aporia: A Critical Exploration of the Agent-Structure Problematique in International Relations Theory, in: *European Journal of International Relations* 3, 3, 365-392.

Doty, Roxanne Lynn, 2000: Desire all the Way Down, in: *Review of International Studies* 26, 137-139.

Dowding, Keith, 2006: Three-Dimensional Power: A Discussion of Steven Lukes' *Power: A Radical View*, in: *Political Studies Review* 4, 136-145.

Downey, John, und Graham Murdock, 2003: The Counter-Revolution in Military Affairs: The Globalization of Guerilla Warfare, in: Daya Kishan Thussu und Des Freedman (Hg.): War and the Media. Reporting Conflict 24/7, London: SAGE, 70-86.

Doyle, Michael W., 1995: Liberalism and World Politics Revisited, in: Charles W. Kegley (Hg.): Controversies in International Relations Theory, New York etc.: Wadsworth, 83-106.

Drake, William J., 2001: Communications, in: P. J. Simmons und Chantal de Jonge Oudraat (Hg.): Managing Global Issues. Lessons Learned, Washington: Carnegie Endowment for International Peace, 25-74.

Drezner, Daniel W., und Henry Farrell, 2004: Web of Influence, in: *Foreign Policy Online*, November/Dezember [*www.foreignpolicy.com/story/files/story2707.php*; letzter Zugriff: 20.12.07].

Duffield, John, 2007: What are International Institutions?, in: *International Studies Review* 9, 1, 1-22.

Dunne, Timothy, 1995: The Social Construction of International Society, in: *European Journal of International Relations* 1, 3, 367-389.

Dunsky, Marda, 2001: Missing: The Bias Implicit in the Absent, in: *Arab Studies Quarterly* 23, 3, 1-29.

Durodié, Bill, 2007: Fear and Terror in a Post-Political Age, in: *Government and Opposition* 42, 3, 427-450.

Ecker-Ehrhardt, Matthias, 2002: Alles nur Rhetorik? Die ideelle Vorder- und Hintergrund der deutschen Debatte über die EU-Osterweiterung, in: *Zeitschrift für Internationale Beziehungen* 9, 2, 209-252.

Ecker-Ehrhardt, Matthias, 2007: Rhetorik der Osterweiterung. Politisches Argumentieren mit Normen, Kausalitäten, Gemeinschaftlichkeiten, Baden-Baden: Nomos.

Eckert, Dirk, 2003a: PR aus dem Pentagon, in: *taz – die Tageszeitung*, 27.01.03, 17.

Eckert, Dirk, 2003b: Vierte Gewalt auf Schmusekurs, in: *taz – die Tageszeitung*, 28.08.03, 17.

Economist 2007 = ›Everybody Wants One Now‹, in: *Economist*, 02.12.06, 63-64.

Edkins, Jenny, und Véronique Pin-Fat, 2004: Introduction. Life, Power, Resistance, in: dies. (Hg.): Sovereign Lives. Power in Global Politics, London etc.: Routledge, 1-21.

Edwards, David V., 1990: The Theorist as Reflexive Reflective Practitioner, Paper prepared for the Annual Conference of the American Political Science Association, San Francisco.

Ehrenberg, Markus, und Kurt Sagatz, 2009: Mein Youtube, mein Krieg, in: *Tagesspiegel*, 08.01.09.

Eilders, Christiane, und Albrecht Lüter, 2000: Germany at War: Competing Framing Strategies in German Public Discourse, in: *European Journal of Communication* 15, 3, 415-428.

Eisenstadt, Shmuel N., 1999: Die Konstruktion kollektiver Identität im modernen Nationalstaat, in: Bernd Henningsen und Claudia Beindorf (Hg.): Gemeinschaft. Eine zivile Imagination, Baden-Baden: Nomos, 197-211.

Eko, Lyombe, und Dan Berkowitz, 2009: Le Monde, French Secular Republicanism and ›The Mohammed Cartoons Affair‹: Journalistic ›Re-Presentation‹ of the Sacred Right to Offend, in: *International Communication Gazette* 71, 3, 181-202.

El-Din Aysha, Emad, 2005: September 11 and the Middle East Failure of US Soft Power: Globalisation contra Americanisation in the New US Century, in: *International Relations* 19, 2, 193-210.

Elliott, Michael, et al., 2001: ›We Calculated in Advance the Number of Casualties from the Enemy...‹, in: *Time (Europe)*, 26, 32-35.

Ellis, David, 2007: The Organizational Turn in International Organization Theory, Paper presented at the 49th Annual ISA Convention, San Francisco.

Elman, Colin, 1996a: Horses for Courses: Why Not Neorealist Theories of Foreign Policy?, in: *Security Studies* 6, 1, 7-53.

Elman, Colin, 1996b: Causes, Effect, and Consistency. A Response to Kenneth Waltz, in: *Security Studies* 6, 1, 58-61.

Elman, Colin, und Miriam Fendius Elman, 2002: How Not to Be Lakatos Intolerant: Appraising Progress in IR Research, in: *International Studies Quarterly* 46, 231-262.

El-Nawawy, Mohammed, 2006: US Public Diplomacy in the Arab World. The News Credibility of Radio Sawa and Television Alhurra in Five Countries, in: *Global Media & Communication* 2, 2, 183-203.

El-Nawawy, Mohammed, und Adel Iskandar, 2003: Al-Jazeera, Boulder: Lynne Rienner.

El-Oifi, Mohammed, 2005: Influence without Power: Al Jazeera and the Arab Public Sphere, in: Mohammed Zayani (Hg.): The Al-Jazeera Phenomenon, Boulder: Paradigm, 66-79.

Elsenhans, Hartmut, 2004: Konstruktivismus, Kooperation, Industrieländer – IB, in: *Zeitschrift für Internationale Beziehungen* 11, 2, 301-306.

Entman, Robert, 2006: Punctuating Homogeneity of Institutionalized News: Abusing Prisoners at Abu Ghraib versus Killing Civilians at Fallujah, in: *Political Communication* 23, 2, 215-224.

Entman, Robert, 2008: Theorizing Mediated Public Diplomacy: The U.S. Case, in: *Harvard International Journal of Press/Politics* 13, 2, 87-102.

Eriksson, Johann, und Giampero Giacomello, 2006: The Information Revolution, Security, and International Relations: (IR)relevant Theory?, in: *International Political Science Review* 27, 3, 221-244.

Escobar, Arturo, 2004: Beyond the Third World: Imperial Globality, Global Coloniality and Anti-Globalisation Social Movements, in: *Third World Quarterly* 25, 1, 207-230.

Esser, Frank, und Barbara Pfetsch 2004: Comparing Political Communication: Theories, Cases, and Challenges, Cambridge: Cambridge University Press.

Esser, Frank, 2009: Metacoverage of Mediated Wars, in: *American Behavioral Scientist* 52, 5, 709-734.

Evans, Michael Robert, 2002: Hegemony and Discourse. Negotiating Cultural Relationships through Media Production, in: *Journalism* 3, 3, 309-329.

Fabbrini, Sergio, 2004: Layers of Anti-Americanism: Americanization, American Unilateralism and Anti-Americanism in a European Perspective, in: *European Journal of American Culture* 23, 2, 79-94.

Fabbrini, Sergio, 2006: US Unilateralism and American Conservative Nationalism, in: ders. (Hg.): The United States Contested. American Unilateralism and European Discontent, New York: Routledge, 3-29.

Fahmy, Shahira, 2005: Emerging Alternatives or Traditional News Gates?, in: *International Communication Gazette* 67, 5, 381-398.

Fahmy, Shahira, 2007: »They Took It Down«: Exploring Determinants of Visual Reporting in the Toppling of the Saddam Statue in National and International Newspapers, in: *Mass Communication & Society* 10, 2, 143-170.

Fahmy, Shahira, und Daekyung Kim, 2008: Picturing the Iraq War: Constructing the Image of War in the British and the US Press, in: *International Communication Gazette* 70, 6, 443-462.

Fahmy, Shahira, und Mohammed Al Emad, 2011: Al-Jazeera vs. Al-Jazeera: A Comparison of the Network's English and Arabic Online Coverage of the US/Al Quaeda Conflict, in: *International Communication Gazette* 73, 3, 216-232.

Fallows, James, 2003: Who Shot Mohammed Al-Dura?, in: *Atlantic Monthly*, 5, 49-56.

Faris, Robert, und Nart Villeneuve, 2008: Measuring Global Internet Filtering, in: Ronald Deibert et al. (Hg.): Access Denied. The Practice and Policy of Global Internet Filtering, Cambridge: MIT Press, 5-28.

Farmanfarmaian, Roxanne, 2002: The Media and the War on Terrorism: Where Does the Truth Lie?, in: *Cambridge Review of International Affairs* 15, 1, 159-163.

Farrands, Christopher, 2000: Language and the Possibility of Inter-Community Understanding, in: *Global Society* 14, 1, 79-99.

Farrell, Henry, 2006: The Political Economy of the Internet and E-Commerce, in: Richard Stubbs und Geoffrey R.D. Underhill (Hg.): Political Economy and the Changing Global Order, New York/Oxford: Oxford University Press, 211-221.

FAS 2006 = ›Ein Kontinent beginnt zu telefonieren‹, in: *Frankfurter Allgemeine Sonntagszeitung*, 15.01.06.

FAZ 2006 = ›Google spürt Gegenwind‹, in: *Frankfurter Allgemeine Zeitung*, 20.03.06, 14.

Fearon, James, und Alexander Wendt, 2002: Rationalism vs. Constructivism: A Skeptical View, in: Walter Carlsnaes et al. (Hg.): Handbook of International Relations, London etc.: SAGE, 52-72.

Fearon, James, und David Laitin, 2000: Violence and the Social Construction of Ethnic Identity, in: *International Organization* 54, 4, 845-877.

Feindt, Peter, und Angela Oels, 2005: Does Discourse Matter? Discourse Analysis in Environmental Policy Making, in: *Journal of Environmental Policy & Planning* 7, 3, 161-173.

Feldt, Jakob, und Peter Seeberg, 2006: New Media in the Middle East. An Introduction, in: dies. (Hg.): New Media in the Middle East, CCMES, University of Southern Denmark, Working Paper Nr. 7, 9-24.

Feng, Liu, und Zhang Ruizhuang, 2006: The Typologies of Realism, in: *Chinese Journal of International Politics* 1, 109-134.

Ferguson, Niall, 2002: Empire. The Rise and Demise of the British World Order and Lessons for Global Power, New York: Basic Books.

Ferguson, Niall, und Moritz Schularick, 2007: Chimerica and the Global Asset Market Boom, in: *International Finance* 10, 3, 215-239.

Ferguson, Niall, und Moritz Schularick, 2009: The End of Chimerica, Working Paper 10-037, Harvard Business School [*www.hbs.edu/research/pdf/10-037.pdf*; letzter Zugriff: 25.11.09].

Fierke, Karin M., 2001: Critical Methodology and Constructivism, in: dies. und Knud Erik Jørgensen (Hg.): Constructing International Relations. The Next Generation, Armonk: M.E. Sharpe, 115-136.

Fierke, Karin M., 2002: Language Across the Abyss: Language and Logic in International Relations, in: *International Studies Quarterly* 46, 331-354.

Fierke, Karin M., 2003: Breaking the Silence. Language and Method in International Relations, in: Francois Debrix (Hg.): Language, Agency, and Politics in a Constructed World, Armonk: M.E. Sharpe, 66-86.

Fierke, Karin M., und Michael Nicholson, 2001: Divided by a Common Language: Formal and Constructivist Approaches to Games, in: *Global Society* 15, 1, 7-25.

Filtenborg, Mette S., Stefan Gänzle, und Elizabeth Johansson, 2002: An Alternative Theoretical Approach to EU Foreign Policy, in: *Cooperation and Conflict* 37, 4, 387-407.

Finnemore, Martha, und Kathryn Sikkink, 1998: International Norm Dynamics and Political Change, in: *International Organization* 52, 4, 887-917.

Fischer, Ernst Peter, 2005: Wieso können wir die Welt erkennen?, in: *Merkur* 59, 794-804.

Fischer, Hans-Rudi, 1995: Abschied von der Hinterwelt? Zur Einführung in den Radikalen Konstruktivismus, in: ders. (Hg.): Die Wirklichkeit des Konstruktivismus, Heidelberg: Carl Auer Verlag, 11-34.

Fischer, Susanne, 2009: Journalisten im Irak, in: *Aus Politik und Zeitgeschichte*, B46, 33-38.

Fisher, Cathleen, und Kerstin Jager, 2005: The »Religion Debates«: What Are We Talking About? AICGS Issue Brief 10, Johns Hopkins University, Baltimore.

Flatz, Christian, 2001: ICT for Africa – Ein neues entwicklungspolitisches Paradigma, in: *asien afrika lateinamerika* 29, 585-608.

Flew, Terry, und Stephen McElhinney, 2006: Globalization and the Structure of New Media Industries, in: Leah A. Lievrouw und Sonia Livingstone (Hg.): Handbook of New Media, London u.a.: SAGE, 287-306.

Flockhart, Trine, 2006: ›Complex Socialization‹: A Framework for the Study of State Socialization, in: *European Journal of International Relations* 12, 1, 89-118.

Flournoy, Don M., und Robert K. Stewart, 1997: CNN: Making News in the Global Market, Luton: University of Luton Press.

Flowers, Julianne F., Audrey A. Haynes, und Michael Crespin, 2003: The Media, the Campaign, and the Message, in: *American Journal of Political Science* 47, 2, 259-273.

Foreign Policy, 2005: Inside the Ivory Tower, in: *Foreign Policy Online*, November/Dezember [*www.foreignpolicy.com/story/files/story3299.php*; letzter Zugriff: 01.11.05].

Forndran, Erhard, 1996: Grenzen des Realismus. Zu Erklärungsversuchen internationaler Beziehungen (I), in: *Zeitschrift für Politikwissenschaft* 6, 4, 997-1041.

Forndran, Erhard, 1997: Grenzen des Realismus. Zu Erklärungsversuchen internationaler Beziehungen (II), in: *Zeitschrift für Politikwissenschaft* 7, 1, 33-77.

Forum 2000 = ›Forum on *Social Theory of International Relations*‹, in: *Review of International Studies* 26, 123-180.

Forum 2005a = ›Roundtable. The Battle Rages On‹, in: *International Relations* 19, 3, 337-360.

Forum 2005b = ›Forum on Habermas in IR‹, in: *Review of International Studies* 31, 1, 127-209.

Forum 2008a = ›Forum on Foucault and International Political Sociology‹, in: *International Political Sociology* 2, 3, 265-277.

Forum 2008b = ›Forum on IR Theory outside the West‹, in: *International Studies Review* 10, 722-775.

Forum 2009 = ›Forum on Pragmatism in International Relations‹, in: *International Studies Review* 11, 638-662.

Foucault, Michel, 1982: The Subject and Power, in: *Critical Inquiry* 8, 777-795.

Foucault, Michel, 1991: Politics and the Study of Discourse, in: Graham Burchell, Colin Gordon und Peter Miller (Hg.): The Foucault Effect. Studies in Governmentality, London etc.: Harvester Wheatsheaf, 53-72.

Foucault, Michel, 1997a: Essential Works of Foucault 1954-1984, Vol. I: Ethics, Subjectivity, and Truth, New York: The New Press.

Foucault, Michel, 1997b: Essential Works of Foucault 1954-1984, Vol. II: Aesthetics, Method, and Epistemology, New York: The New Press.

Foucault, Michel, 2004: Geschichte der Gouvernementalität I. Sicherheit, Territorium, Bevölkerung, Frankfurt a.M.: Suhrkamp.

France 24 2007 = ›About France 24‹ [*www.france24.com/france24Public/ en/page-footer/about-france-24.html*; letzter Zugriff: 10.03.07].

France 24 2009 = ›Figures/Advertising‹ [*www.france24.com/en/advertising*; letzter Zugriff: 01.11.09].

Franda, Marcus, 2002: Launching into Cyberspace: Internet Development and Politics in Five World Regions, Boulder: Lynne Rienner.

Franke, Steffi, 2004: Politische Räume und nationale Identität. Der Mitteleuropadiskurs in der Tschechischen Republik, in: *Zeitschrift für Internationale Beziehungen* 11, 2, 203-238.

Franks, Suzanne, 2005: Lacking a Clear Narrative. Foreign Reporting after the Cold War, in: *The Political Quarterly* 76, 91-101.

Frederick, Howard, 1992: Global Communication and International Relations, Belmont: Wadsworth.

Freedman, Des, 2005: GATS and the Audiovisual Sector, in: *Global Media & Communication* 1, 1, 124-128.

Freedman, Des, 2008: The Politics of Media Policy, Oxford: Polity.

Freyberg-Inan, Annette, 2004: What Moves Man. The Realist Theory of International Relations and its Judgement of Human Nature, Albany: SUNY Press.

Frieden, Jeffry A., und David A. Lake, 2005: International Relations as a Social Science: Rigor and Relevance, in: *The Annals of the American Academy of Political and Social Science*, 600, 136-156.

Friedrichs, Jörg, 2004: European Approaches to International Relations Theory. A House with Many Mansions, London etc.: Routledge.

Frindte, Wolfgang, 1995: Radikaler Konstruktivismus und Social Constructionism, in: Hans-Rudi Fischer (Hg.): Die Wirklichkeit des Konstruktivismus, Heidelberg: Carl Auer Verlag, 103-130.

Fromm, Rainer, und Barbara Kernbach, 2001: Rechtsextremismus im Internet. Die neue Gefahr, München: Olzog.

Frye, Marylin, 1983: The Politics of Reality: Essays in Feminist Theory, Trumansburg: Crossing Press.

Fulwider, John, et al., 2007: The Power of Pictures? A First Look at the Evidence from the Case of Abu Ghraib, Paper prepared for the 48th Annual ISA Convention, Chicago.

Fulton, Barry, 2007: Geo-Social Mapping of the International Communications Environment or Why Abdul Isn't Listening, in: *The Hague Journal of Diplomacy* 2, 3, 307-315.

Fung, Anthony Y.H., 2008: Global Capital, Local Culture. Transnational Media Corporations in China, Frankfurt a.M. etc.: Lang.

Gallup 2008 = ›Gallup Polls: Understanding Anti-Americanism‹, 04.04.08 [*www.gallup.com/video/106135/Understanding-AntiAmericanism.aspx*; letzter Zugriff: 15.07.09].

Gallup 2009 = ›Gallup Poll: U.S. Leadership Gets Approval Boost in Parts of Europe‹, Oktober [*www.gallup.com/poll/123710/Leadership-Gets-Approval-Boost-Parts-Europe.aspx*; letzter Zugriff: 15.11.09].

Gardels, Nathan, und Mike Medavoy, 2009: American Idol after Iraq. Competing for Hearts and Minds in the Global Media Age, Oxford: Wiley-Blackwell.

Gaupp, Peter, 1983: Staaten als Rollenträger. Die Rollenträgertheorie als Analyse-Instrument der Außenpolitik und der internationalen Beziehungen, Bern.

Gaus, Bettina, 2004: Front-Berichte. Die Macht der Medien in Zeiten des Krieges, Frankfurt a.M.: Campus.

Gehring, Thomas, 1996: Arguing und Bargaining in internationalen Verhandlungen, in: Volker von Prittwitz (Hg.): Verhandeln und Argumentieren, Opladen: Westdeutscher Verlag, 207-238.

George, Alexander, 1993: Bridging the Gap. Theory and Practice in Foreign Policy, Washington: USIP Press.

George, Alexander, 1999: Knowledge for Statecraft (Lecture), in: *Scandinavian Political Studies* 22, 2, 89-97.

Gerbner, George, et al., 1993: The Global Media Debate: Its Rise, Fall, and Renewal, Norwood: Ablex.

Germain, Randall D., und Michael Kenny, 1998: Engaging Gramsci: International Relations Theory and the New Gramscians, in: *Review of International Studies* 24, 3-21.

Gershon, Richard, 2000: The Transnational Media Corporation: Environmental Scanning and Strategy Formulation, in: *The Journal of Media Economics* 13, 2, 81-101.

Gerth, Jeff, 2005: Military's Information War Is Vast and Often Secretive, in: *The New York Times*, 11.12.05.

Gilboa, Eytan, 2003: Television News and U.S. Foreign Policy. Constraints of Real-Time Coverage, in: *Harvard International Journal of Press/Politics* 8, 4, 97-113.

Gilboa, Eytan, 2005a: The CNN Effect: The Search for a Communication Theory of International Relations, in: *Political Communication* 22, 27-44.

Gilboa, Eytan, 2005b: The Theory and Practice of Media-Broker Diplomacy. Paper presented at the 46th Annual ISA Conference, Honolulu.

Gilboa, Eytan, 2005c: Effects of Global Television News on U.S. Policy in International Conflict, in: Philip Seib (Hg.): Media and Conflict in the 21st Century, New York: Palgrave, 1-31.

Gilboa, Eytan, 2006: Public Diplomacy: The Missing Component in Israel's Foreign Policy, in: Israel Affairs 12, 4, 715-747.

Gilboa, Eytan, 2008: Searching for a Theory of Public Diplomacy, in: The Annals of the American Academy of Political and Social Science, 616, 55-77.

Gill, Stephen (Hg.), 1993: Gramsci, Historical Materialism and International Relations, Cambridge/New York: Cambridge University Press.

Gilpin, Robert, 1981: War and Change in World Politics, Cambridge: Cambridge University Press.

Glaab, Sonja (Hg.), 2007: Medien und Terrorismus – Auf den Spuren einer symbiotischen Beziehung, Berlin: BWV.

Gladkov, Sabine A., 2002: Macht und Ohnmacht der »vierten Gewalt«. Die Rolle der Massenmedien im russischen Transitionsprozess, Münster: LIT.

Gladney, George A., 2004: Global Village Disconnected?, in: Ralph D. Berenger (Hg.): Global Media Go To War, Spokane: Marquette Books, 15-27.

Glaser, Mark, 2006: Your Guide to Soldier Videos from Iraq, PBS Online, 01.08.06 [www.pbs.org/mediashift/2006/08/your-guide-to-soldier-videos-from-iraq213.html; letzter Zugriff: 13.02.09].

Glasersfeld, Ernst von, 1985: Einführung in den Konstruktivismus, Frankfurt/M: Suhrkamp, 9-39.

Glück, Antje, 2008: Terror im Kopf. Terrorismusberichterstattung in der deutschen und arabischen Elitepresse, Berlin: Frank & Timme.

Goddard, Peter, Piers Robinson, und Katy Parry, 2008: Patriotism Meets Plurality: Reporting the 2003 Iraq War in the British Press, in: Media, War & Conflict 1, 1, 9-30.

Goddard, Stacie E., und Daniel H. Nexon, 2005: Paradigm Lost? Reassessing »Theory of International Politics«, in: European Journal of International Relations 11, 1, 9-61.

Goldfarb, Michael, 2001: All Journalism is Local, in: Harvard International Journal of Press/Politics 6, 3, 110-115.

Görg, Christoph, 2002: Einheit und Verselbstständigung. Probleme einer Soziologie der ›Weltgesellschaft‹, in: Zeitschrift für Internationale Beziehungen 9, 2, 275-304.

Gottschalk, Marie, 1992: Operation Desert Cloud: The Media and the Gulf War, in: World Policy Journal 9, 3, 449-486.

Gould, Harry D., 1998: What Is at Stake in the Agent-Structure Debate?, in: Vendulka Kubalkova, Nicholas Onuf und Paul Kowert (Hg.): International Relations in a Constructed World, Armonk: M.E. Sharpe, 79-98.

Gould, Harry D., 2003: Constructivist International Relations Theory and the Semantics of Performative Language, in: Francois Debrix (Hg.):

Language, Agency, and Politics in a Constructed World, Armonk: M.E. Sharpe, 50-65.

Gray, Chris Hables, 1997: Postmodern War. The New Politics of Conflict, New York: Guilford Press.

Greene, Daniel, 2002: Constructivist Comparative Politics: Foundations and Framework, in: ders. (Hg.): Constructivism and Comparative Politics, Armonk: M.E. Sharpe, 3-59.

Green, Donald P., und Ian Shapiro, 1994: Pathologies of Rational Choice Theory. A Critique of Applications in Political Science, New Haven: Yale University Press.

Grindstaff, David Allen, und Kevin Michael DeLuca, 2004: The Corpus of Daniel Pearl, in: *Critical Studies in Media Communication* 21, 4, 305-324.

Groshek, Jacob, 2006: News for America, News for the Rest of the World: Comparing the Agendas of CNN and CNN International, Paper presented at the 47th Annual ISA Convention, San Diego.

Groshek, Jacob, 2008: Coverage of the pre-Iraq War Debate as a Case Study of Frame Indexing, in: *Media, War & Conflict* 1, 3, 315-338.

Groshek, Jacob, 2009: The Democratic Effects of the Internet, 1994-2003. A Cross-National Inquiry of 152 Countries, in: *International Communication Gazette* 71, 3, 115-136.

Groth, Alexander J., 1970: Structural Functionalism and Political Development: Three Problems, in: *The Western Political Quarterly* 23, 485-499.

Guilhot, Nicolas, 2008: The Realist Gambit: Postwar American Political Science and the Birth of IR Theory, in: *International Political Sociology* 2, 4, 281-304.

Gunnell, John G., 2009: Let's Get Real. Social Scientific Inquiry and Metatheoretical Fantasy, Paper presented at the 50th Annual ISA Convention, New York.

Gunter, Barrie, 2009: The Public and Media Coverage of the War in Iraq, in: *Globalizations* 6, 1, 41-60.

Gurevitch, Michael, und Jay G. Blumler, 1995: Political Communication Systems and Democratic Values, in: Judith Lichtenberg (Hg.): Democracy and the Mass Media, Cambridge: Cambridge University Press, 269-289.

Guzzini, Stefano, 1997: Robert Gilpin: The Realist Quest for the Dynamics of Power, in: Iver B. Neumann und Ole Wæver (Hg.): Masters in the Making, London etc.: Routledge, 121-144.

Guzzini, Stefano, 2000: A Reconstruction of Constructivism in International Relations, in: *European Journal of International Relations* 6, 2, 147-182.

Guzzini, Stefano, 2004: The Enduring Dilemmas of Realism in International Relations, in: *European Journal of International Relations* 10, 4, 533-568.

Guzzini, Stefano, 2007: The Concept of Power: A Constructivist Analysis, in: Felix Berenskoetter und M.J. Williams (Hg.): Power in World Politics, London etc.: Routledge, 23-42.

Guzzini, Stefano, und Anna Leander, 2001: A Social Theory of International Relations: An Appraisal of Alexander Wendt's Theoretical and Disciplinary Synthesis, in: *Journal of International Relations and Development* 4, 4, 316-338.

Haacke, Jürgen, 1996: Theory and Praxis in International Relations: Habermas, Self-Reflection, Rational Argumentation, in: *Millennium – Journal of International Studies* 25, 2, 255-289.

Haas, Ernst P., 1990: International Organizations: Adapters or Learners?, in: ders.: When Knowledge is Power, Berkeley: University of California Press, 17-50.

Haas, Peter M., 1992: Introduction: Epistemic Communities and International Policy Coordination, in: *International Organization* 46, 1, 1-35.

Hachigan, Nina, 2002a: China's Cyber-Strategy, in: *Foreign Affairs* 81, 2, 118-133.

Hachigan, Nina, 2002b: The Internet and Power in One-Party East Asian States, in: *The Washington Quarterly* 25, 3, 41-58.

Hafez, Kai, 1999: International News Coverage and the Problems of Media Globalization. In Search of a ›New Global-Local Nexus‹, in: *Innovation* 12, 1, 47-62.

Hafez, Kai, 2005: Mythos Globalisierung. Warum die Medien nicht grenzenlos sind, Wiesbaden: VS-Verlag.

Haftendorn, Helga, Robert Keohane, und Celeste Wallander (Hg.), 1999: Imperfect Unions. Security Institutions over Time and Space, Oxford: Oxford University Press.

Hahn, Martina, 2005: Venezuelas Medien: Katerstimmung, in: *KAS-Auslandsinformationen*, 12, 94-105.

Hahn, Oliver, und Julia Lönnendonker, 2009: Transatalantic Foreign Reporting and Foreign Correspondents after 9/11: Trends in Reporting Europe in the United States, in: *Harvard International Journal of Press/Politics* 14, 4, 497-515.

Hall, Jane, 2003: Coverage of George W. Bush, in: *Harvard International Journal of Press/Politics* 8, 2, 115-120.

Hall, Rodney Bruce, 2005: Private Authority. Non-State Actors and Global Governance, in: *Harvard International Review* 27, 2 [*www.harvardir.org/articles/print.php?article=1390*; letzter Zugriff: 28.12.08].

Halliday, Fred, 2001: The Great Anomaly, in: *Review of International Studies* 27, 693-699.

Hamelink, Cees, 2004: Did WSIS Achieve Anything at all?, in: *International Communication Gazette* 66, 3/4, 281-290.

Hamelink, Cees, 2008: Media between Warmongers and Peacemakers, in: *Media, War & Conflict* 1, 1, 77-83.

Hammond, Philip, 2007: Media, War & Postmodernity, London etc.: Routledge.

Hansen, Lene, 2006: Security as Practice. Discourse Analysis and the Bosnian War, London etc.: Routledge.

Hansen, Randall, 2006: The Danish Cartoon Controversy. A Defense of Liberal Freedom, in: *International Migration* 44, 5, 7-16.

Hanson, Elizabeth C., 2008: The Information Revolution and World Politics, Lanham: Rowman & Littlefield.

Hanrieder, Tine, 2008: Moralische Argumente in den Internationalen Beziehungen, in: *Zeitschrift für Internationale Beziehungen* 15, 2, 161-186.

Harnisch, Sebastian, 2003: Theorieorientierte Außenpolitikforschung, in: Gunther Hellmann, Klaus Dieter Wolf und Michael Zürn (Hg.): Die neuen Internationalen Beziehungen. Forschungsstand und Perspektiven in Deutschland, Baden-Baden: Nomos, 313-360.

Harris, Richard, 2005: Resistance and Alternatives to Washington's Agenda for the Americas, in: *Journal of Developing Societies* 21, 3/4, 403-428.

Hartmann, Jürgen, 2001: Internationale Beziehungen, Opladen: Leske und Budrich.

Hasenclever, Andreas, Peter Mayer, und Volker Rittberger, 1996: Interests, Power and Knowledge: The Study of International Regimes, in: *Mershon International Studies Review* 40, 2, 177-228

Hasenclever, Andreas, Peter Mayer, und Volker Rittberger, 1997: Theories of International Regimes, Cambridge: Cambridge University Press.

Hashem, Mahboub E., 2004: War on Iraq and Media Coverage: A Middle Eastern Perspective, in: Yahya Kamalipour et al. (Hg.): War, Media, and Propaganda. A Global Perspective, Lanham: Rowman & Littlefield, 147-170.

Haußecker, Nicole, 2003: Zur Berichterstattung über Terrorismus in TV-Nachrichtensendungen am Beispiel der Terroranschläge in Kenia, Magisterarbeit, Friedrich-Schiller-Universität Jena.

Hayden, Craig, 2006: Public Diplomacy and Argument Formations in Foreign Policy Rhetoric, Paper presented at the 47th Annual ISA Convention, San Diego.

Hayden, Craig, 2007: Arguing Public Diplomacy: The Role of Argument Formations in US Foreign Policy Rhetoric, in: *The Hague Journal of Diplomacy* 2, 3, 229-254.

Heathershaw, John, 2008: Unpacking the Liberal Peace: The Dividing and Merging of Peacebuilding Discourses, in: *Millennium – Journal of International Studies* 36, 3, 597-621.

Hellmann, Gunther, 2002: Creative Intelligence. Pragmatism as a Theory of Thought and Action, Paper presented at the *Millennium*-Conference »Pragmatism in International Relations Theory«, 12.10.02, London.

Hellmann, Gunther, 2006: Forschung und Beratung in der Wissensgesellschaft – Einführung und Überblick, in: ders. (Hg.): Forschung und Beratung in der Wissensgesellschaft. Das Feld der internationalen Beziehungen und der Außenpolitik, Baden-Baden: Nomos, 9-44.

Hepp, Andreas, Friedrich Krotz, und Carsten Winter, 2005a: Einleitung, in: dies. (Hg.): Globalisierung der Medienkommunikation. Eine Einführung, Wiesbaden: VS-Verlag, 7-17.

Hepp, Andreas, Friedrich Krotz, und Carsten Winter (Hg.), 2005b: Globalisierung der Medienkommunikation. Eine Einführung, Wiesbaden: VS-Verlag.

Herborth, Benjamin, 2004: Die via media als konstitutionstheoretische Einbahnstraße. Zur Entwicklung des Akteurs-Struktur-Problems bei Alexander Wendt, in: *Zeitschrift für Internationale Beziehungen* 11, 1, 61-87.

Herman, Edward, und Noam Chomsky, 2002: Manufacturing Consent. The Political Economy of Mass Media, New York: Pantheon.

Herman, Edward, und Robert McChesney, 2000: The Global Media, in: David Held und Anthony McGrew (Hg.): The Global Transformations Reader, Oxford: Polity Press, 216-229.

Herring, Eric, und Piers Robinson, 2003: Too Polemical or Too Critical? Chomsky on the Study of the News Media and US Foreign Policy, in: *Review of International Studies* 29, 553-568.

Hervik, Peter, 2006: The Predictable Responses to the Danish Cartoons, in: *Global Media & Communication* 2, 2, 225-230.

Hess, Stephen, und Marvin Kalb, 2003: The Media and the War on Terrorism (Conversations), Washington: Brookings.

Hill, Christopher, 1994: Academic International Relations. The Siren Song of Policy Relevance, in: ders. und Pamela Beshoff (Hg.): Two Worlds of International Relations, London/New York: Routledge, 3-25.

Hills, Jill, 2006: What's New? War, Censorship and Global Transmission, in: *International Communication Gazette* 68, 3, 195-216.

Hils, Jochen, 2002: Asymmetrische Kommunikation? – »Newsbeats«, »sound bites« und US-Fernsehnachrichten im Vorfeld des Golf- und des Kosovokrieges, in: Ulrich Albrecht und Jörg Becker (Hg.): Medien zwischen Krieg und Frieden, Baden-Baden: Nomos, 75-95.

Hils, Jochen, 2006a: Missionary Foreign Policy? Demokratie und gewaltsamer Demokratieexport der USA aus Sicht der liberalen Theorie der Internationalen Beziehungen, in: ders. und Jürgen Wilzewski (Hg.): Defekte Demokratie – Crusader State? Die Weltpolitik der USA in der Ära Bush, Trier: WVT, 21-75.

Hils, Jochen, 2006b: Manipuliertes Volk?, Baden-Baden: Nomos.

Hils, Jochen, 2008: Der ›demokratische Krieg‹ als Folge verfälschter Präferenzbildung? Eine systematische Formulierung des Manipulationsverdachts der liberalen Theorie der Internationalen Beziehungen, in: *Zeitschrift für Internationale Beziehungen* 15, 2, 237-271.

Hils, Jochen, und Jürgen Wilzewski (Hg.), 2006: Defekte Demokratie – Crusader State? Die Weltpolitik der USA in der Ära Bush, Trier: WVT.

Hilsum, Lindsey, 1996: Reporting Rwanda: The Media and the Aid Agencies [www.idrc.ca/en/ev-108200-201-1-DO_TOPIC.html; letzter Zugriff: 01.10.07].

Hintz, Arne, 2009: Civil Society Media and Global Governance. Intervening into the World Summit on the Information Society, Münster etc.: LIT.

Hirji, Faiza, 2006: Common Concerns and Constructed Communities. Muslim Canadiens, the Internet, and the War in Iraq, in: Journal of Communication Inquiry 30, 2, 125-141.

Hitzel-Cassagnes, Tanja, 2002: Warten auf Godot. Anmerkungen zur Konzeptualisierung von Kommunikationsmodi und Handlungstypen, in: Zeitschrift für Internationale Beziehungen 9, 1, 139-154.

Hoffman, Bruce, 1999: Terrorismus. Der unerklärte Krieg, Frankfurt a.M.: Fischer.

Hoffmann, Matthew J., 2009: Is Constructivist Ethics an Oxymoron?, in: International Studies Review 11, 2, 231-252.

Hoffmann, Stanley, 1977: An American Social Science: International Relations, in: Daedalus 106, 3, 41-60.

Höijer, Brigitta, 2004: The Discourse of Global Compassion: The Audience and Media Reporting of Human Suffering, in: Media, Culture & Society 26, 4, 513-531.

Hollander, Ricki, 2007: Timeline of the Al-Dura Affair: A French Media Scandal, Committee for Accuracy in Middle East Reporting in America, 14.11.07 [www.camera.org/index.asp?x_context=3&x_outlet=167&x_article=1401; letzter Zugriff: 16.11.08].

Hollis, Martin, und Steve Smith, 1991a: Explaining and Understanding in International Relations, Oxford: Clarendon.

Hollis, Martin, und Steve Smith, 1991b: Beware of Gurus: Structure and Action in International Relations, in: Review of International Studies 17, 393-410.

Holsti, Ole, 2002: Public Opinion and Foreign Policy, in: Robert J. Lieber (Hg.): Eagle Rules? Foreign Policy and American Primacy in the Twenty-First Century, New Jersey: Prentice Hall, 16-46.

Holtz-Bacha, Christina, 1989: Verleidet uns das Fernsehen die Politik? Auf den Spuren der ›Videomalaise‹, in: Max Kaase und Winfried Schulz (Hg.): Massenkommunikation. Theorien, Methoden, Befunde, Opladen: Westdeutscher Verlag, 239-252.

Holzinger, Katharina, 2001: Kommunikationsmodi und Handlungstypen in den Internationalen Beziehungen. Anmerkungen zu einigen irreführenden Dichotomien, in: Zeitschrift für Internationale Beziehungen 8, 2, 243-286.

Holzscheiter, Anna, 2005: Discourse as Capability – Non-State Actors Capital in Global Governance, in: Millennium – Journal of International Studies 33, 3, 723-746.

Hook, Derek, 2001: Discourse, Knowledge, Materiality, History, in: Theory & Psychology 11, 4, 521-547.

Hopf, Ted, 1998: The Promise of Constructivism in International Relations Theory, in: *International Security* 23, 1, 171-200.

Hopf, Ted, 2002: Identity, Foreign Policy and IR Theory, in: ders.: Social Construction of International Politics: Identities & Foreign Policies, Moscow 1955 & 1999, Ithaca: Cornell University Press, 259-296.

Hopf, Ted, 2006: Identity-Relations and the Sino-Soviet Split, in: Rawi Abdelal et al. (Hg.): Measuring Identity, Cambridge: Cambridge University Press, 279-315.

Hopkins, Raymond F., 1992: Reform in the International Food Aid Regime. The Role of Consensual Knowledge, in: *International Organization* 46, 1, 225-264.

Houghton, David Patrick, 2007: Reinvigorating the Study of Foreign Policy Decision-Making: Toward a Constructivist Approach, in: *Foreign Policy Analysis* 3, 1, 24-45.

Howarth, David, 2002: An Archaeology of Political Discourse? Evaluating Michel Foucault's Explanation and Critique of Ideology, in: *Political Studies* 50, 117-135.

Howell, William G., und Jon Pevehouse, 2004: Congress, the Media, and the Use of Force [*www.polisci.wisc.edu/~behavior/papers/Howell Pevehouse2004-Paper.pdf*; letzter Zugriff: 01.10.07].

Howell, William G., und Jon Pevehouse, 2007: While Dangers Gather. Congressional Checks on Presidential War Powers, Princeton: Princeton University Press.

Hülsse, Rainer, 2003: Sprache ist mehr als Argumentation. Zur wirklichkeitskonstitutiven Rolle von Metaphern, in: *Zeitschrift für Internationale Beziehungen* 10, 2, 211-246.

Hülsse, Rainer, und Alexander Spencer, 2008: Terrorism Studies and the Constructivist Turn, in: *Security Dialogue* 39, 6, 571-592.

Hurd, Ian, 2007: After Anarchy. Legitimacy and Power in the UN Security Council, Princeton: Princeton University Press.

Hussain, Ali J., 2007: The Media's Role in a Clash of Misconceptions: The Case of the Danish Muhammad Cartoons, in: *Harvard International Journal of Press/Politics* 12, 4, 112-130.

Hussain, Zahid, und Daniel Klaidman, 2002: A Struggle in the Shadows, in: *Newsweek*, 8, 30.

Huysmans, Jef, 2004: A Foucaultian View on Spill-over: Freedom and Security in the EU, in: *Journal of International Relations and Development* 7, 294-318.

Ibrahim, Dina, 2010: The Framing of Islam on Network News Following the September 11th Attacks, in: *The International Communication Gazette* 72, 1, 111-125.

Imra 2006 = ›IMRA: Poll of Palestinians on The Danish Cartoons Issue‹, 13.02.06 [*www.imra.org.il/story.php3?id=28497*; letzter Zugriff: 15.07.09].

Isernia, Pierangelo, 2006: Anti-Americanism and European Public Opinion during the Iraq War, in: Sergio Fabbrini (Hg.): The United States Contested. American Unilateralism and European Discontent, New York: Routledge, 130-158.

Iskandar, Adel, und Mohammed El-Nawawy, 2004: Al Jazeera and War Coverage in Iraq. The Media's Quest for Contextual Objectivity, in: Stuart Allan und Barbie Zelizer (Hg.): Reporting War. Journalism in Wartime, London: Routledge, 315-332.

Ismail, Amani, 2008: Mission Statehood: Portraits of the Second Palestinian Intifada in US News Media, in: *Media, War & Conflict* 1, 2, 177-201.

Ismail, Amani, Mervat Yousef, und Dan Berkowitz, 2009: ›American‹ in Crisis: Opinion Discourses, the Iraq War and the Politics of Identity, in: *Media, War & Conflict* 2, 2, 149-170.

Iyengar, Shanto, und Adam Simon, 1994: News Coverage of the Gulf Crisis and Public Opinion, in: W. Lance Bennett und David L. Paletz (Hg.): Taken by Storm. The Media, Public Opinion, and U.S. Foreign Policy in the Gulf War, Chicago: University of Chicago Press, 167-185.

Jabri, Vivienne, 2007: Michel Foucault's Analytics of War: The Social, the International, and the Racial, in: *International Political Sociology* 1, 1, 67-82.

Jackson, Patrick Thaddeus, 2001: Constructing Thinking Space. Alexander Wendt and the Virtues of Engagement, in: *Cooperation and Conflict* 36, 1, 109-120.

Jackson, Patrick Thaddeus, 2008: Hunting for Fossils in International Relations, in: *International Studies Perspectives* 9, 1, 99-105.

Jackson, Robert, und Georg Sørensen, 2003a: Introduction to International Relations, 2. Aufl., New York/Oxford: Oxford University Press.

Jackson, Robert, und Georg Sørensen, 2003b: Methodological Debates: Post-Positivist Approaches, in: dies.: Introduction to International Relations, 2. Aufl., New York/Oxford: Oxford University Press, 247-266.

Jacobi, Daniel, 2011: On the Construction of »Knowledge« and the Knowledge of »Construction«, in: *International Political Sociology* 5, 1, 94-97.

Jacobs, Andreas, 2003: Realismus, in: Siegfried Schieder und Manuela Spindler (Hg.): Theorien der Internationalen Beziehungen, Opladen: Leske + Budrich, 35-59.

Jacobsen, John Kurt, 2003: Duelling Constructivisms: A Post-mortem on the Ideas Debate in Mainstream IR/IPE, in: *Review of International Studies* 29, 39-60.

Jaeger, Hans-Martin, 1996: Konstruktionsfehler des Konstruktivismus in den Internationalen Beziehungen, in: *Zeitschrift für Internationale Beziehungen* 3, 2, 313-340.

Jäger, Siegfried, 1993: Kritische Diskursanalyse. Eine Einführung, Duisburg: DISS-Studien.

Jäger, Siegfried, 1999: Einen Königsweg gibt es nicht. Bemerkungen zur Durchführung von Diskursanalysen, in: Hannelore Bublitz et al. (Hg.): Das Wuchern der Diskurse. Perspektiven der Diskursanalyse Foucaults, Frankfurt/M: Campus, 136-147.

Jäger, Siegfried, 2006: Diskurs und Wissen. Theoretische und methodische Aspekte einer Kritischen Diskurs- und Dispositivanalyse, in: Reiner Keller et al. (Hg.): Handbuch Sozialwissenschaftliche Diskursanalyse, Band 1: Theorien und Methoden, 2., aktualisierte Aufl., Wiesbaden: VS-Verlag, 83-114.

Jäger, Siegfried, und Margarete Jäger, 2007: Rassisierende Deutungen. Der »Karikaturenstreit« in deutschen Printmedien und seine Auswirkungen auf den Einwanderungsdiskurs, in: dies.: Deutungskämpfe. Theorie und Praxis kritischer Diskursanalyse, Wiesbaden: VS-Verlag, 131-160.

Jäger, Thomas, und Henrike Viehrig, 2005: Internationale Ordnung und transatlantische Wahrnehmungen: Die medial vermittelte Interpretation der Darfur-Krise in den USA, Deutschland, Frankreich und Großbritannien, Arbeitspapiere zur internationalen Politik und Außenpolitik, 3/2005, Universität zu Köln.

Jakobsen, Peter Viggo, 2000: Focus on CNN Effect Misses the Point: The Real Media Impact on Conflict Management is Invisible and Indirect, in: *Journal of Peace Research* 37, 2, 131-143.

Jandura, Olaf, und Wolfgang Donsbach (Hg.), 2003: Chancen und Gefahren der Mediendemokratie, Konstanz: UVK.

Jasperson, Amy E., und Mansour O. El-Kikhia, 2003: CNN and al Jazeera's Media Coverage of America's War in Afghanistan, in: Pippa Norris, Montague Kern und Marion Just (Hg.): Framing Terrorism. The News Media, Government and the Public, New York/London: Routledge, 113-132.

Jayyusi, Lena, 2007: Internationalizing Media Studies: A View from the Arab World, in: *Global Media & Communication* 3, 3, 251-255.

Jenkins, Tricia, 2009: How the CIA Works with Hollywood: An Interview with Paul Barry, the CIA's New Entertainment Industry Liaison, in: *Media, Culture & Society* 31, 3, 489-495.

Jentleson, Bruce W., 2002: The Need for Praxis. Bringing Policy Relevance Back In, in: *International Security* 26, 4, 169-183.

Jepperson, Ronald L., Alexander Wendt, und Peter J. Katzenstein, 1996: Norms, Identity, and Culture in National Security, in: Peter J. Katzenstein (Hg.): The Culture of National Security. Norms and Identity in World Politics, New York: Columbia University Press, 33-75.

Jin, Dal Yong, 2007: Reinterpretation of Cultural Imperialism: Emerging Domestic Market vs Continuing US Dominance, in: *Media, Culture & Society* 29, 5, 753-771.

Jin, Dal Yong, 2008: Neoliberal Restructuring of the Global Communication System: Mergers and Acquisitions, in: *Media, Culture & Society* 30, 3, 357-373.

Johns, Robert, 2009: Tracing Foreign Policy Decisions: A Study of Citizens' Use of Heuristics, in: *The British Journal of Politics and International Relations* 11, 574-592.

Johnson, James, 1997: Communication, Criticism, and the Postmodern Consensus, in: *Political Theory* 25, 4, 559-583.

Johnson, Peter, 2004: Media Careful about What Images to Show, in: *USA Today*, 01.04.04, 11A.

Johnston, Karin, 2004: Clashing Worlds and Images. Media and Politics in the United States and Germany, AICGS Issue Brief 01, August, Johns Hopkins University, Baltimore.

Johnston, Karin, 2005: The Media, Perceptions, and Policy in German-American Relations, AICGS Policy Report 20, Johns Hopkins University, Baltimore.

Johnstone, Ian, 2005: The Power of Interpretive Communities, in: Michael Barnett und Raymond Duvall (Hg.): Power in Global Governance, Cambridge: Cambridge University Press, 185-204.

Jones, David M., und Mike L. Smith, 2001: Noise but No Signal: Strategy, Culture, and the Poverty of Constructivism, in: *Studies in Conflict & Terrorism* 24, 485-495.

Jones, David M., und M. L. R. Smith, 2006: The Commentariat and Discourse Failure: Language and Atrocity in Cool Britannia, in: *International Affairs* 82, 6, 1077-1100.

Jones, Lucy, 2002: Bali Bombing Leads to Questioning of Whether Bush War on Terror Is Working (European Press Review), in: *Washington Report on Middle East Affairs*, December, 26-27.

Jones, Tim, 2006: Abuse or Torture? How Social Identity, Strategic Political Communication and Indexing Explain U.S. Media Coverage of Abu Ghraib. Paper presented at the 47th Annual ISA Convention, San Diego.

Jönsson, Christer, 1990: Communication in International Bargaining, London etc.: Pinter.

Jönsson, Christer, 2002: Diplomacy, Bargaining and Negotiation, in: Walter Carlsnaes et al. (Hg.): Handbook of International Relations, London etc.: SAGE, 212-234.

Jordan, Richard, et al., 2009: One Discipline or Many? TRIP Survey of International Relations Faculty in Ten Countries, Report, College of William and Mary, Williamsburg/Va.

Joseph, Jonathan, 2008: On the Limits of Neo-Gramscian International Relations: A Scientific Realist Critique of Hegemony, in: Alison J. Ayers (Hg.): Gramsci, Political Economy, and International Relations Theory, Houndsmills: Palgrave, 67-88.

Juluri, Vamsee, 2003: ›Ask the West, Will Dinosaurs Come Back?‹: Indian Audiences/Global Audience Studies, in: Patrick D. Murphy und Marwan M. Kraidy (Hg.): Global Media Studies. Ethnographic Perspectives, New York etc.: Routledge, 215-233.

Jupille, Joseph, et al., 2003: Integrating Institutions. Rationalism, Constructivism, and the Study of the European Union, in: *Comparative Political Studies* 36, 1/2, 7-41.

Kahn, Joseph, 2007: Murdoch's Dealings in China: It's Business and it's Personal, in: *The New York Times*, 26.06.07.

Kahn, Richard, und Douglas Kellner, 2004: New Media and Internet Activism: From the ›Battle of Seattle‹ to Blogging, in: *new media & society* 6, 1, 87-95.

Kaiser, Karl, 2000: Wie verändert das Internet die Weltpolitik?, in: Wolfgang Wagner et al. (Hg.): Jahrbuch Internationale Politik 1997/98, München: Oldenbourg, 346-355.

Kaitatzi-Whitlock, Sophia, und Dimitra Kehagia, 2004: »All that is Solid Melts into Air«. How the September 11 Tragedy Was Presented in the Greek Press, in: Stig A. Nohrstedt und Rune Ottosen (Hg.): U.S. and the Others. Global Media Images on »The War on Terror«, Göteborg: Nordicom, 131-154.

Kalathil, Shanti, 2002: Chinese Media and the Information Revolution [*www.carnegieendowment.org/publications/index.cfm?fa=view&id=92*; letzter Zugriff: 15.12.04].

Kalathil, Shanti, und Taylor C. Boas, 2001: The Internet and State Control in Authoritarian Regimes: China, Cuba, and the Counterrevolution, Carnegie Endowment for International Peace, Global Policy Program, Working Paper Nr. 21.

Kalathil, Shanti, und Taylor C. Boas, 2003: Open Networks, Closed Regimes: The Impact of the Internet on Authoritarian Rule, New York: Carnegie Endowment for International Peace.

Kamalipour, Yahya, et al. (Hg.), 2004: War, Media, and Propaganda. A Global Perspective, Lanham: Rowman & Littlefield.

Kamarck, Elaine Ciulla, und Joseph S. Nye (Hg.), 2002: governance.com – Democracy in the Information Age, Washington: Brookings.

Karim, Karim H., 1998: From Ethnic Media to Global Media: Transnational Communication Networks among Diasporic Communities, Working Paper WPTC-99-02, International Comparative Research Group, Canada.

Karim, Karim H., 2004: War, Propaganda, and Islam in Muslim and Western Societies, in: Yahya Kamalipour et al. (Hg.): War, Media, and Propaganda. A Global Perspective, Lanham: Rowman & Littlefield, 107-116.

Karsenty, Philippe, 2008: Interview: »We Need to Expose the Muhammad al-Dura Hoax«, in: *Middle East Quarterly* 15, 4, 57-65.

Kavoori, Anandam P., und Todd Fraley (Hg.), 2006: Media, Terrorism, and Theory. A Reader, Lanham: Rowman & Littlefield.

Keane, Michael, 2006: Once Were Peripheral: Creating Media Capacity in East Asia, in: *Media, Culture & Society* 28, 6, 835-855.

Keck, Otto, 1993: Information, Macht und gesellschaftliche Rationalität, Baden-Baden: Nomos.

Keck, Otto, 1995: Rationales kommunikatives Handeln in den internationalen Beziehungen. Ist eine Verbindung von Rational-Choice-Theorie und Habermas' Theorie des kommunikativen Handelns möglich?, in: *Zeitschrift für Internationale Beziehungen* 2, 1, 5-48.

Keck, Otto, 1997: Zur sozialen Konstruktion des Rational-Choice-Ansatzes. Einige Klarstellungen zur Rationalismus-Konstruktivismus-Debatte, in: *Zeitschrift für Internationale Beziehungen* 4, 1, 139-151.

Keller, Reiner, 2006: Wissenssoziologische Diskursanalyse, in: ders. et al. (Hg.): Handbuch Sozialwissenschaftliche Diskursanalyse, Band 1: Theorien und Methoden, 2., aktualisierte Aufl., Wiesbaden: VS-Verlag, 115-145.

Keller, Reiner, et al., 2006: Zur Aktualität sozialwissenschaftlicher Diskursanalyse. Eine Einführung, in: dies. (Hg.): Handbuch Sozialwissenschaftliche Diskursanalyse, Band 1: Theorien und Methoden, 2., aktualisierte Aufl., Wiesbaden: VS-Verlag, 7-30.

Kellner, Douglas, 1993: The Crisis in the Gulf and the Lack of Critical Media Discourse, in: Bradley S. Greenberg und Walter Gantz (Hg.): Desert Storm and the Mass Media, Cresskill/NJ: Hampton Press, 37-47.

Kellner, Douglas, 2004: Spectacle and Media Propaganda in the War on Iraq: A Critique of U.S. Broadcasting Networks, in: Yahya Kamalipour et al. (Hg.): War, Media, and Propaganda. A Global Perspective, Lanham: Rowman & Littlefield, 69-78.

Kennedy, Liam, 2008: Securing Vision: Photography and US Foreign Policy, in: *Media, Culture & Society* 30, 3, 279-294.

Keohane, Robert O., 1984: After Hegemony. Cooperation and Discord in the World Political Economy, Princeton: Princeton University Press.

Keohane, Robert O., 1988: International Institutions: Two Approaches, in: ders. [1989]: International Institutions and State Power, Boulder: Westview Press, 158-179.

Keohane, Robert O., 1989: Neoliberal Institutionalism: A Perspective on World Politics, in: ders.: International Institutions and State Power, Boulder: Westview Press, 1-20.

Keohane, Robert O., 1993: Institutional Theory and the Realist Challenge after the Cold War, in: David Baldwin (Hg.): Neorealism and Neoliberalism. The Contemporary Debate, New York: Columbia University Press, 269-300.

Keohane, Robert O., 2000: Ideas Part-Way Down, in: *Review of International Studies* 26, 1, 125-130.

Keohane, Robert O., und Joseph S. Nye, 1977: Power and Interdependence. World Politics in Transition, Boston: Little, Brown & Co.

Keohane, Robert, und Joseph S. Nye, 1998: Power and Interdependence in the Information Age, in: *Foreign Affairs* 77, 5, 81-94.

Keohane, Robert O., und Lisa L. Martin, 2003: Institutional Theory as a Research Program, in: Miriam F. Elman (Hg.): Progress in International Relations Theory: Appraising the Field, Cambridge: MIT Press, 71-107.

Kepplinger, Hans-Matthias, 2005: Die Mechanismen der Skandalierung. Die Macht der Medien und die Möglichkeiten der Betroffenen, 2. Aufl., München: Olzog.

Kern, Montague, et al., 2003: The Lessons of Framing Terrorism, in: Pippa Norris, Montague Kern und Marion Just (Hg.): Framing Terrorism. The News Media, Government and the Public, New York/London: Routledge, 281-302.

Kersbergen, Kees van, und Bertjaan Verbeek, 2007: The Politics of International Norms: Subsidiarity and the Imperfect Competence Regime of the European Union, in: *European Journal of International Relations* 13, 2, 217-238.

Khanfar, Wadah, 2005: Al Jazeera's Brand Name News, in: *Foreign Policy Online*, April [*http//www.foreignpolicy.com/story/cms.php?story_id =2822*; letzter Zugriff: 25.04.05].

Khiabany, Gholam, 2005: Faultlines in the Agendas of Global Media Debates (Review Essay), in: *Global Media & Communication* 1, 2, 203-211.

Khouri, Rami G., 2005: Terrorism Experts? Hardly, in: *TomPaine.com*, 24.08.05 [*http//www.tompaine.com/print/terrorism_experts_hardly.php*; letzter Zugriff: 25.08.05].

Khouri, Rami G., 2006: Decoding the Cartoon Crisis, in: *TomPaine.com*, 08.02.06 [*http//www.tompaine.com/print/decoding_the_cartoon_crisis .php*; letzter Zugriff: 09.02.06].

King, Erika G., und Mary deYoung, 2008: Imag(in)ing September 11. Ward Churchill, Frame Contestation, and Media Hegemony, in: *Journal of Communication Inquiry* 32, 2, 123-139.

Kiousis, Spiro, und Xu Wu, 2008: International Agenda-Building and Agenda-Setting, in: *International Communication Gazette* 70, 1, 58-75.

Kirchmann, Kay, 1998: Blicke aus dem Bunker. Paul Virilios Zeit- und Medientheorie aus der Sicht einer Philosophie des Unbewußten, Stuttgart: VIP.

Kirkland, Rik, 2007: Think Again: Rupert Murdoch, in: *Foreign Policy Online* [*www.foreignpolicy.com/story/cms.php?story_id=3655*; letzter Zugriff: 09.01.07].

Kirste, Knut, 1998: Rollentheorie und Außenpolitikanalyse. Die USA und Deutschland als Zivilmächte, Frankfurt a.M.: Peter Lang.

Kirste, Knut, und Hanns W. Maull, 1996: Zivilmacht und Rollentheorie, in: *Zeitschrift für Internationale Beziehungen* 3, 2, 283-312.

Klaehn, Jeffery, 2003: A Critical Review and Assessment of Herman and Chomsky's ›Propaganda Model‹, in: *European Journal of Communication* 17, 2, 147-182.

Kleinsteuber, Hans J., 2005a: Medienpolitik, in: Andreas Hepp, Friedrich Krotz und Carsten Winter (Hg.): Globalisierung der Medienkommunikation. Eine Einführung, Wiesbaden: VS-Verlag, 93-116.

Kleinsteuber, Hans J., 2005b: Zum Engagement globaler Medienkonzerne, in: Friedrich-Ebert-Stiftung (Hg.): Medien und Entwicklung. Neue Impulse für die Entwicklungszusammenarbeit, Bonn: FES, 21-26.

Klotz, Audie, und Cecilia Lynch, 1999: Le constructivisme dans la théorie des relations internationales, in: *Critique internationale*, 2, 51-62.

Klotz, Audie, und Cecilia Lynch, 2007: Strategies for Research in Constructivist International Relations, Armonk: M.E. Sharpe.

Kluver, Alan R., 2002: The Logic of New Media in International Affairs, in: *new media & society* 4, 4, 499-517.

Knoblauch, Hubert, 2006: Diskurs, Kommunikation und Wissenssoziologie, in: Reiner Keller et al. (Hg.): Handbuch Sozialwissenschaftliche Diskursanalyse, Band 1: Theorien und Methoden, 2., aktualisierte Aufl., Wiesbaden: VS-Verlag, 209-226.

Knorr-Cetina, Karin, 1999: Epistemic Cultures. How the Sciences Make Knowledge, Cambridge: Harvard University Press.

Knudsen, Olav F., 2001: Post-Copenhagen Security Studies: Desecuritizing Securitization, in: *Security Dialogue* 32, 3, 355-368.

Koenig, Matthias, 2008: Institutional Change in the World Polity: International Human Rights and the Construction of Collective Identities, in: *International Sociology* 23, 1, 95-114.

Kögler, Hans Herbert, 1994: Michel Foucault, Stuttgart: Metzler.

Kolmer, Christian, und Holli A. Semetko, 2009: Framing the Iraq War: Perspectives from American, U.K., Czech, German, South African and Al-Jazeera News, in: *American Behavioral Scientist* 52, 5, 643-656.

Konstantinidou, Christina, 2008: The Spectacle of Suffering and Death: The Photographic Representation of War in Greek Newspapers, in: *Visual Communication* 7, 2, 143-169.

Koopmans, Ruud, und Paul Staham (Hg.), 2010: The Making of a European Public Sphere: Media Discourse and Political Contention, Cambridge: Cambridge University Press.

Kopstein, Jeffrey (Hg.), 2008: Growing Apart? America and Europe in the 21st Century, Cambridge: Cambridge University Press.

Kornprobst, Markus, 2009: International Relations as a Rhetorical Discipline: Toward (Re-)Newing Horizons, in: *International Studies Review* 11, 1, 87-108.

Koslowski, Rey, und Friedrich Kratochwil, 1994: Understanding Change in International Politics: The Soviet Empire's Demise and the International System, in: *International Organization* 48, 2, 215-247.

Kotzian, Peter, 2007: Arguing and Bargaining in International Negotiations: On the Application of the Frame-Selection Model and its Implications, in: *International Political Science Review* 28, 1, 79-99.

Kovach, Bill, 1996: Do the News Media Make Foreign Policy? (Review Essay), in: *Foreign Policy*, 102, 169-179.

Kowert, Paul A., 1998: Agent versus Structure in the Construction of National Identity, in: Vendulka Kobalkova et al. (Hg.): International Relations in a Constructed World, Armonk: M.E. Sharpe, 101-122.

Kowert, Paul A., 2001: Toward a Constructivist Theory of Foreign Policy, in: Vendulka Kubalkova (Hg.): Foreign Policy in a Constructed World, Armonk: M.E. Sharpe, 266-287.

Kozloff, Nikolas, 2007: Interview with Aram Aharonian (Telesur), April [https://brooklynrail.org/2007/04/express/telesurs-programTELESUR'S PROGRAM; letzter Zugriff: 08.11.09].

Krasner, Stephen, 2000: Wars, Hotel Fires, and Plane Crashes, in: Review of International Studies 26, 1, 131-136.

Kratochwil, Friedrich, 1972: Strukturfunktionalismus und methodologische Probleme der politischen Entwicklungslehre, in: Zeitschrift für Politik 19, 1, 32-48.

Kratochwil, Friedrich, 1984: Thrasymmachos Revisited. On the Relevance of Norms and the Study of Law for International Relations, in: Journal of International Affairs 34, 2, 343-356.

Kratochwil, Friedrich, 1988: Regimes, Interpretation and the ›Science‹ of Politics. A Reappraisal, in: Millennium – Journal of International Studies 17, 2, 263-284.

Kratochwil, Friedrich, 1989: Rules, Norms, and Decisions. On the Conditions of Practical and Legal Reasoning in International Relations and Domestic Affairs, Cambridge: Cambridge University Press.

Kratochwil, Friedrich, 1993: Norms versus Numbers. Multilateralism and the Rationalist and Reflexivist Approaches to Institutions. A Unilateral Plea for Communicative Rationality, in: John G. Ruggie (Hg.): Multilateralism Matters. The Theory and Praxis of an Institutional Form, New York: Columbia University Press, 443-474.

Kratochwil, Friedrich, 2000: Constructing a New Orthodoxy? Wendt's ›Social Theory of International Politics‹ and the Constructivist Challenge, in: Millennium – Journal of International Studies 29, 1, 73-101.

Kratochwil, Friedrich, 2001: Constructivism as an Approach to Interdisciplinary Study, in: Karin M. Fierke und Knud Erik Jørgensen (Hg.): Constructing International Relations. The Next Generation, Armonk: M.E. Sharpe, 13-35.

Kratochwil, Friedrich, 2007a: Of False Promises and Good Bets. A Plea for a Pragmatic Approach to Theory Building, in: Journal of International Relations and Development 10, 1, 1-15.

Kratochwil, Friedrich, 2007b: Of Communities, Gangs, Historicity and the Problem of Santa Claus, in: Journal of International Relations and Development 10, 1, 57-78.

Kratochwil, Friedrich, und John G. Ruggie, 1986: International Organization: A State of the Art on an Art of the State, in: International Organization 40, 4, 753-775.

Krause, Peter, 2008: Medienanalysen als kulturwissenschaftlicher Zugang zum Politischen, in: Birgit Schwelling (Hg.): Politikwissenschaft als Kulturwissenschaft, Wiesbaden: VS-Verlag, 83-106.

Krell, Gert, 2000a: Weltbilder und Weltordnung. Einführung in die Theorie der Internationalen Beziehungen, Baden-Baden: Nomos.

Krell, Gert, 2000b: Konstruktivismus, in: ders.: Weltbilder und Weltordnung. Einführung in die Theorie der Internationalen Beziehungen, Baden-Baden: Nomos, 239-260.

Kremp, Werner, und Jürgen Wilzewski (Hg.), 2003: Weltmacht vor neuer Bedrohung. Die Bush-Administration und die US-Außenpolitik nach dem Angriff auf Amerika, Trier: WVT.

Kristof, Nicholas, 2004: Al Jazeera: Out-Foxing Fox, in: *The New York Times*, 03.07.04.

Kroes, Rob, 2006: Anti-Americanism in Europe: What's New? An Appraisal and Personal Account, in: Sergio Fabbrini (Hg.): The United States Contested. American Unilateralism and European Discontent, New York: Routledge, 95-111.

Krotz, Friedrich, 2005: Von Modernisierungs- über Dependenz- zu Globalisierungstheorien, in: Andreas Hepp, Friedrich Krotz und Carsten Winter (Hg.): Globalisierung der Medienkommunikation. Eine Einführung, Wiesbaden: VS-Verlag, 21-43.

Krotz, Ulrich, 2007: Parapublic Underpinnings of International Relations: The Franco-German Construction of Europeanization of a Particular Kind, in: *European Journal of International Relations* 13, 3, 385-417.

Krugman, Paul: The Great Trans-Atlantic Media Divide, in: *The International Herald Tribune*, 19.02.03.

Kubalkova, Vendulka, 1998: Reconstructing the Discipline: Scholars as Agents, in: dies., Nicholas Onuf und Paul Kowert (Hg.): International Relations in a Constructed World, Armonk: M.E. Sharpe, 193-201.

Kubalkova, Vendulka, 2001a: Foreign Policy, International Politics and Constructivism, in: dies. (Hg.): Foreign Policy in a Constructed World, Armonk: M.E. Sharpe, 15-37.

Kubalkova, Vendulka, 2001b: A Constructivist Primer, in: dies. (Hg.): Foreign Policy in a Constructed World, Armonk: M.E. Sharpe, 56-76.

Kubalkova, Vendulka, Nicholas Onuf, und Paul Kowert, 1998: Constructing Constructivism, in: dies. (Hg.): International Relations in a Constructed World, Armonk: M.E. Sharpe, 3-21.

Kühne, Ulrich, 2003: Die kleine Wahrheit, in: *Süddeutsche Zeitung*, 13.08.03 [*www.sueddeutsche.de/kultur/46/408820/text/print.html*; letzter Zugriff: 25.10.05].

Kuipers, Giselinde, 2008: The Muhammad Cartoon Controversy and the Globalization of Humor, in: *Humor* 21, 1, 7-11.

Kulikova, Svetlana V., und David D. Perlmutter, 2007: Blogging Down the Dictator? The Kyrgysz Revolution and Samizdat Websites, in: *International Communication Gazette* 69, 1, 29-50.

Kunelius, Risto, et al. (Hg.), 2007: Reading the Mohammed Cartoons Controversy, Working Papers in International Journalism, 2007/1, Bochum: Projekt Verlag.

Kunelius, Risto, und Elisabeth Eide, 2007: The Mohammed Cartoons, Journalism, Free Speech and Globalization, in: Risto Kunelius et al. (Hg.): Reading the Mohammed Cartoons Controversy, Working Papers in International Journalism, 2007/1, Bochum: Projekt Verlag, 9-23.

Kurki, Milja, 2008: Causation in International Relations. Reclaiming Causal Analysis, Cambridge: Cambridge University Press.

Kurki, Milja, 2009: Roy Bhaskar, in: Jenny Edkins und Nick Vaughan-Williams (Hg.): Critical Theorists and International Relations, London etc.: Routledge, 89-101.

Kurlantzick, Joshua, 2003: The Dragon Still Has Teeth, in: *World Policy Journal* 20, 1, 49-58.

Kurlantzick, Joshua, 2004: The Web Won't Topple Tyranny. Dictatorship. com, in: *The New Republic Online*, 25.03.04 [*www.tnr.com*; letzter Zugriff: 31.03.04].

Kutz, Magnus-Sebastian, 2006: Public Relations oder Propaganda? Die Öffentlichkeitsarbeit der US-Administration zum Krieg gegen den Irak 2003, Münster: LIT.

Kutz, Magnus-Sebastian, 2008: »Facing Clear Evidence of Peril...«: Das Framing der US-Administration zur Vorbereitung des Irak-Krieges, in: Matthias Fifka und Daniel Gossel (Hg.): Mediendemokratie in den USA: Politische Kommunikation und Politikvermittlung am Beginn des 21. Jahrhunderts, Trier: WVT, 151-168.

Laffey, Mark, 2003: Discerning the Patterns of World Order: Noam Chomsky and International Theory after the Cold War, in: *Review of International Studies* 29, 587-604.

Lambert, Richard, 2003: Misunderstanding Each Other, in: *Foreign Affairs* 82, 2, 62-74.

Lamloum, Olfa, 2004: Al-Jazira, Miroir Rebellee et Ambigu du Monde Arabe, Paris: Ed. La Découverte.

Langer, Ana Ines, 2007: A Historical Exploration of the Personalisation of Politics in the Print Media: The British Prime Ministers (1945-1999), in: *Parliamentary Affairs* 60, 3, 371-387.

Lapid, Yosef, 1996: Culture's Ship: Returns and Departures in International Relations Theory, in: ders. und Friedrich Kratochwil (Hg.): The Return of Culture and Identity in IR Theory, Boulder: Lynne Rienner, 3-20.

Lapid, Yosef, 2002: Sculpting the Academic Identity. Disciplinary Reflections at the Dawn of a New Millennium, in: Donald Puchala (Hg.): Visions of International Relations, Columbia: University of South Carolina Press, 1-15.

Lardner, Richard, 2007: Blackwater: Fallujah Death Unavoidable, in: *USA Today*, 24.10.07.

Larsen, Henrik, 1997: Foreign Policy and Discourse Analysis. France, Britain and Europe, London etc.: Routledge.

Latham, Robert, 2002: Information Technology and Social Transformation, in: *International Studies Review* 4, 1, 101-115.

Lawler, Peter, 2007: Janus-Faced Solidarity: Danish Internationalism Reconsidered, in: *Cooperation and Conflict* 42, 101-126.

Lawson, George, 2008: For a Public International Relations, in: *International Political Sociology* 2, 1, 17-37.

Leander, Anna, 2000: A Nebbish Presence. Undervalued Contributions of Sociological Institutionalism to IPE, in: Ronen Palan (Hg.): Global Political Economy, London etc.: Routledge, 184-196.

Leander, Anna, 2002: The Cunning of Imperialist Reason: Using a Bourdieu Inspired Constructivism in IPE, IIS (COPRI) Working Paper 33/02.

Lebedeva, Marina M., 2004: International Relations Studies in the USSR/Russia: Is There a Russian National School of IR Studies?, in: *Global Society* 18, 3, 263-278.

Lebow, Richard Ned, 2007: Social Science as an Ethical Practice, in: *Journal of International Relations and Development* 10, 1, 16-24.

Lebow, Richard Ned, und Thomas Risse-Kappen (Hg.), 1995: International Relations Theory and the End oft he Cold War, New York: Columbia University Press.

Lehmann, Ingrid, 2005a: Exploring the Transatlantic Media Divide over Iraq, in: *Harvard International Journal of Press/Politics* 10, 1, 63-89.

Lehmann, Ingrid, 2005b: The Transatalantic Media and Opinion Divide over Iraq, in: *Peace Review* 17, 357-363.

Lehmann, Ingrid, 2005c: ›Taking the Bull by the Horns‹, Interview, Düsseldorfer Institut für Außen- und Sicherheitspolitik [*http://www2.diasonline.org/interview/lehmann*; letzter Zugriff: 02.07.07].

Lehmann-Waffenschmidt, Marco, 2006: Konstruktivismus und Evolutorische Ökonomik, in: Gebhard Rusch (Hg.): Konstruktivistische Ökonomik, Marburg: Metropolis, 27-54.

Leif, Thomas, und Peter Kuleßa, 2003: Auf dem Boulevard oder im stillen Kämmerlein? Das Spannungsverhältnis zwischen Politik und Medien, in: *Forschungsjournal NSB* 16, 4, 10-19.

Lepgold, Joseph, und Miroslav Nincic, 2001: Beyond the Ivory Tower. International Relations Theory and the Issue of Policy Relevance, New York: Columbia University Press.

Lester, Libby, und Brett Hutchins, 2009: Power Games: Environmental Protest, News Media and the Internet, in: *Media, Culture & Society* 31, 4, 579-595.

Lewis, Justin, Sut Jhally, und Michael Morgan, 1991: The Gulf War: A Study of the Media, Public Opinion and Public Knowledge, The Center for the Study of Communication, University of Massachusetts, Amherst.

Leye, Veva, 2007: UNESCO, ICT Corporations and the Passion of ICT for Development: Modernization Resurrected, in: *Media, Culture & Society* 29, 6, 972-993.

Lezaun, Javier, 2002: Limiting the Social: Constructivism and Social Knowledge in International Relations, in: *International Studies Review* 4, 2, 229-234.

Lieber, Kenneth A., 2005: War and the Engineers. The Primacy of Politics over Technology, Ithaca: Cornell University Press.

Liebes, Tamar, und Zohar Kampf, 2004: The PR of Terror. How New-style Wars Give Voice to Terrorists, in: Stuart Allan und Barbie Zelizer (Hg.): Reporting War. Journalism in Wartime, London: Routledge, 77-94.

Liebes, Tamar, und Zohar Kampf, 2009: Black and White and Shades of Grey: Palestinians in the Israeli Media During the 2nd Intifada, in: *Harvard International Journal of Press/Politics* 14, 4, 434-453.

Link, Jürgen, 1999: Diskursive Ereignisse, Diskurse, Interdiskurse: Sieben Thesen zur Operativität der Diskursanalyse, am Beispiel des Nominalismus, in: Hannelore Bublitz et al. (Hg.): Das Wuchern der Diskurse. Perspektiven der Diskursanalyse Foucaults, Frankfurt/M: Campus, 148-161.

Lisle, Debbie, 2009: How Do We Find Out What's Going on in the World?, in: Jenny Edkins und Maja Zehfuss (Hg.): Global Politics. A New Introduction, London/New York: Routledge, 147-169.

Liss, Alexander, 2003: Images of China in the American Print Media. A Survey from 2000 to 2002, in: *Journal of Contemporary China* 12, 299-318.

Livingston, Steven, 1997: Clarifying the CNN Effect. An Examination of Media Effects according to the Type of Military Intervention, Research Paper R-18 (June), Joan Shorenstein Center of Press/Politics, Harvard University.

Livingston, Steven, und Todd Eachus, 1996: Indexing News after the Cold War: Reporting U.S. Ties to Latin American Paramilitary Organizations, in: *Political Communication* 13, 4, 423-436.

Loquai, Heinz, 2007: Sprache des Krieges, Bilder des Krieges – Medien als Kriegstreiber, in: ÖSFK (Hg.): Gute Medien – Böser Krieg? Medien am schmalen Grat zwischen Cheerleadern des Militärs und Friedensjournalismus, Münster/Wien: LIT, 56-74.

Lorey, Isabell, 1999: Macht und Diskurs bei Foucault, in: Hannelore Bublitz et al. (Hg.): Das Wuchern der Diskurse. Perspektiven der Diskursanalyse Foucaults, Frankfurt/M: Campus, 87-96.

Louw, P. Eric, 2003: The ›War against Terrorism‹. A Public Relations Challenge for the Pentagon, in: *International Communication Gazette* 65, 3, 211-230.

Louw, P. Eric, 2010: The Media and Political Process, 2. Aufl., London u.a.: SAGE.

Lozano, José-Carlos, 2007: Latin America: Media Conglomerates, in: Lee Artz und Yahya Kamalipour (Hg.): The Media Globe: Trends in International Mass Media, Lanham: Rowman & Littlefield, 99-118.

Luckmann, Thomas, 2005: On the Communicative Construction of Reality, Lecture to the LSE Dept. Of Information Systems, 02.02.05 [*www.lse.ac.uk/collections/informationSystems/pdf/events/2005/LuckmannLecture.pdf*; letzter Zugriff: 20.09.09].

Luhmann, Niklas, 2004: Die Realität der Massenmedien, 3. Aufl., Wiesbaden: VS-Verlag.

Lührman, Thomas, 2004: ›Leadership is like catching a cold‹: Zur (sozialen) Konstruktion von Führung, in: *Organisationsberatung, Supervision, Coaching* 11, 1, 79-93.

Luke, Timothy W., 2003: Real Interdependence: Discursivity and Concursivity in International Politics, in: Francois Debrix (Hg.): Language, Agency, and Politics in a Constructed World, Armonk: M.E. Sharpe, 101-120.

Lukes, Steven, 2007: Power and the Battle for Hearts and Minds: On the Bluntness of Sift Power, in: Felix Berenskoetter und M.J. Williams (Hg.): Power in World Politics, London etc.: Routledge, 83-97.

Lull, Stephen, und Stephen Hinerman (Hg.), 1997: Media Scandals. Morality and Desire in the Popular Culture Marketplace, Oxford: Polity Press.

Lynch, Cecilia, 2008: Reflexivity in Research on Civil Society. Constructivist Perspectives, in: *International Studies Review* 10, 708-721.

Maase, Kaspar, 1996: Amerikanisierung von unten. Demonstrative Vulgarität und kulturelle Hegemonie in der Bundesrepublik der 50er Jahre, in: Alf Lüdtke et al. (Hg.): Amerikanisierung. Traum und Alptraum im Deutschland des 20. Jahrhunderts, Stuttgart: Steiner, 291-313.

Maass, Peter, 2003: Kuwait City Dispatch: Pressed, in: *The New Republic Online*, 20.03.03 [*www.tnr.com*; letzter Zugriff: 15.12.04].

Machin, David, und Theo van Leeuwen, 2007: Global Media Discourse. A Critical Introduction, London: Routledge.

Magder, Ted, 2003: Watching What We Say: Global Communication in a Time of Fear, in: Daya Kishan Thussu und Des Freedman (Hg.): War and the Media. Reporting Conflict 24/7, London: SAGE, 28-44.

Maguire, Thomas E.R., 2005: Islamist Websites, in: *Global Media & Communication* 1, 1, 121-123.

Mahoney, Inez, 2010: Diverging Frames: A Comparison of Indonesian and Australian Press Portrayals of Terrorism and Islamic Groups in Indonesia, in: *The International Communication Gazette* 72, 8, 739-758.

Maletzke, Gerhard 1998[1963]: Kommunikationswissenschaft im Überblick, Opladen: Westdeutscher Verlag.

Maliniak, Daniel, et al., 2007: The View from the Ivory Tower: TRIP Survey of International Relations Faculty in the United States and Canada, College of William & Mary, Williamsburg/Va.

Malphurs, Ryan, 2008: The Media's Frontier Construction of President George W. Bush, in: *Journal of American Culture* 31, 2, 185-201.

Maluf, Ramez, 2005: Urgent: How to Sell America, in: *Foreign Policy*, 149, 74-78.

Malzahn, Claus Christian, 2006: Böse Amis, arme Mullahs, in: *Spiegel Online*, 28.03.06 [*www.spiegel.de/politik/debatte/0,1518,474554,00.html*; letzter Zugriff: 28.08.09].

Manager-Magazin 2008 = ›Direkte Interaktion‹, in: *Manager-Magazin*, 1/2008, 26.

Manheim, Jarol B., 2004: Why Does Political Communication Start With Volume 10? ... and Other Mysteries of the Scholarly Infrastructure, in: *Political Communication Report* 14, 3 [*www.unr.edu/organizations/pcr/1403_2004_autumn/commentary.htm*; letzter Zugriff: 01.10.07].

Mann, Michael, 2004: Failed Empire, in: *Review of International Studies* 30, 631-653.

Manners, Ian, 2003: The ›Difference Engine‹. Constructing and Representing the International Identity of the European Union, in: *Journal of European Public Policy* 10, 3, 380-404.

Marchart, Oliver, 1998: Einleitung: Undarstellbarkeit und »ontologische Differenz«, in: Judith Butler et al. (Hg.): Das Undarstellbare der Politik. Zur Hegemonietheorie Ernesto Laclaus, Wien: Turia und Kant, 7-20.

Maresch, Rudolf, 2002: Das Publikum fernlenken, in: Goedart Palm und Florian Rötzer (Hg.): Medien – Terror – Krieg. Zum Kriegsparadigma des 21. Jahrhunderts, Hannover: Heise, 156-174.

Marling, William H., 2006: How ›American‹ Is Globalization? Baltimore: The Johns Hopkins University Press.

Marmura, Stephen E., 2008: Hegemony in the Digital Age. The Arab/Israeli Conflict Online, Lanham: Lexington Books.

Marsh, David, und Paul Furlong, 2002: A Skin, not a Sweater: Ontology and Epistemology in Political Science, in: David Marsh und Gerry Stoker (Hg.): Theory and Method of Political Science, Houndsmills: Palgrave, 17-43.

Martin, Shannon E., 2006: US Media Pools and Military Interventions in the 1980s and 1990s, in: *Journal of Peace Research* 43, 5, 601-616.

Massing, Michael, 2003: The Bombing of Al-Jazeera, in: *Columbia Journalism Review* 42, 1, 37.

Massing, Michael, 2004: Iraq, the Press and the Election, in: *The New York Review of Books* 51, 20 [*www.nybooks.com/articles/17633*; letzter Zugriff: 06.12.04].

Massing, Michael, 2005a: The End of News?, in: *The New York Review of Books* 52, 19 [*www.nybooks.com/articles/18516*; letzter Zugriff: 01.10.07].

Massing, Michael, 2005b: The Press: The Enemy Within, in: *The New York Review of Books* 52, 20 [*www.nybooks.com/articles/18555*; letzter Zugriff: 30.11.05].

Massing, Michael, 2008: As Iraqis See It, in: *The New York Review of Books* 55, 1 [*www.nybooks.com/articles/20934*; letzter Zugriff: 04.01.08].

Matthews, Jessica, 1997: Power Shift, in: *Foreign Affairs* 76, 1, 50-66.

Maull, Hanns W., 2008: Wissenschaftliche Außenpolitik-Beratung: Ein Oxymoron?, in: *Zeitschrift für Internationale Beziehungen* 15, 1, 113-124.

Mayer, Peter, 2003: Die Epistemologie der Internationalen Beziehungen: Anmerkungen zum Stand der ›Dritten Debatte‹, in: Gunther Hellmann, Klaus Dieter Wolf und Michael Zürn (Hg.): Die neuen Internationalen Beziehungen. Forschungsstand und Perspektiven in Deutschland, Baden-Baden: Nomos, 47-97.

McChesney, Robert, 2004a: The Problem of the Media. U.S. Communication Politics in the 21st Century, New York: Monthly Review Press.

McChesney, Robert, 2004b: The Political Economy of International Communications, in: Pradip N. Thomas und Zaharom Naim (Hg.): Who Owns the Media? Global Trends and Local Resistances, London: Zed Books, 3-22.

McChesney, Robert, und Dan Schiller, 2003: The Political Economy of International Communication. Foundations for the Emerging Global Debate about Media Ownership and Regulation. Technology, Business and Society Programme Paper Nr. 11, UN Research Institute for Social Development.

McLaughlin Mitchell, Sara, und Paul R. Hensel, 2007: International Institutions and Compliance with Agreements, in: *American Journal of Political Science* 51, 4, 721-737.

McNamara, Kevin J., 1996: International Media and U.S. Foreign Policy, in: *Orbis* 40, 4, 664-673.

McNair, Brian, 2003: An Introduction to Political Communication. 3. Aufl., London: Taylor & Francis.

McRobbie, Angela, 1994: Postmodernism and Popular Culture, London etc.: Routledge.

Mead, Walter R., 2008: The New Israel and the Old. Why Gentle Americans Back the Jewish State, in: Foreign Affairs 87, 4, 28-46.

Mearsheimer, John J., 2001: The Tragedy of Great Power Politics, New York: Knopf.

Meckel, Miriam, 2006: Kampf ums Weltbild, in: *Neue Zürcher Zeitung*, 17.11.06, 29.

Meckel, Miriam, 2008: Zwischen Informationspflicht und Instrumentalisierung. Zur widersprüchlichen Rolle der Medien in der Symbolkommunikation des Terrorismus, in: Bernhard Pörksen et al. (Hg.): Paradoxien des Journalismus. Theorie – Empirie – Praxis, Wiesbaden: VS-Verlag, 247-266.

Medick-Krakau, Monika, 2004: Internationale Beziehungen: Die amerikanische und die deutsche Disziplin, in: Michael Dreyer et al. (Hg.): Amerikaforschung in Deutschland. Themen und Institutionen der Politikwissenschaft nach 1945, Stuttgart: Steiner, 119-136.

Medick-Krakau, Monika, 2006: Währung und Identität. Globalisierung und Regionalisierung in Europa, in: Alexander Karmann und Joachim Klose (Hg.): Geld regiert die Welt? Wirtschaftliche Reflexionen, Marburg: Metropolis, 181-197.

Medick-Krakau, Monika, 2007: Bröckeln die Fundamente? Deutsch-amerikanische Beziehungen, öffentliche Meinung und gesellschaftliche Identitäten, in: Werner J. Patzelt et al. (Hg.): Res publica semper reformanda. Wissenschaft und politische Bildung im Dienste des Gemeinwohls, Wiesbaden: VS-Verlag, 539-550.

Medien-Tenor, 2003a: Forschungsbericht Nr. 129, Bonn etc.

Medien-Tenor, 2003b: France's Image Deterioriates after Media Criticism, in: Forschungsbericht Nr. 131, Bonn etc.

Medien-Tenor, 2003c: Betroffenheits-Berichterstattung statt Aufklärung, Newsletter, 05.09.03.

Mellor, Noha, 2009: War as a Moral Discourse, in: *International Communication Gazette* 71, 5, 409-427.

Melvern, Linda, 2001: Missing the Story. The Media and the Rwandan Genocide, in: *Contemporary Security Policy* 22, 3, 91-106.

Menzel, Ulrich, 2001: Zwischen Idealismus und Realismus. Die Lehre von den Internationalen Beziehungen, Frankfurt a.m.: Suhrkamp.

Melkote, Srinivas R., 2009: News Framing during a Time of Impending War, in: *International Communication Gazette* 71, 7, 547-559.

Mermin, Jonathan, 1997: Television News and American Intervention in Somalia: The Myth of a Media-Driven Foreign Policy, in: *Political Science Quarterly* 112, 3, 385-403.

Mermin, Jonathan, 2004: The Media's Independence Problem, in: *World Policy Journal* 21, 3 [*www.worldpolicy.org/journal/articles/wpj04-3/mermin.htm*; letzter Zugriff: 01.10.07].

Metskas, Amanda, 2006: How Do You Feel About Batia? Experimenting with Identities, Affect, and Policy Choices, Paper presented at the 47th Annual ISA Convention, San Diego.

Metzinger, Udo, 2005: Hegemonie und Kultur. Die Rolle kultureller *soft power* in der US-Außenpolitik, Frankfurt a.M. etc.: Peter Lang.

Metzl, Jamie F., 2001: United States Must Win Battle of Images, in: *The Baltimore Sun*, 03.10.01.

Meyer, Thomas, 2001: Mediokratie. Die Kolonisierung der Politik durch die Medien, Frankfurt a.M.: Suhrkamp.

Meyers, Reinhard, 1994: Die Theorie der internationalen Beziehungen im Zeichen der Postmoderne, in: *WeltTrends*, 1, 51-79.

Meyn, Hermann, 2004: Massenmedien in Deutschland, Konstanz: UVK.

Meyrowitz, Joshua, 2002: Die Monster, die wir rufen (Interview), in: *Freitag*, 51, 13.12.02, 7.

Miera, Frauke, und Valérie Sala Pala, 2009: The Construction of Islam as a Public Issue in Western European Countries through the Prism of the Muhammad Cartoons Controversy, in: *Ethnicities* 9, 3, 383-408.

Miklian, Jason, 2008: International Media's Role on U.S.-Small State Relations: The Case of Nepal, in: *Foreign Policy Analysis* 4, 4, 399-418.

Miles, Hugh, 2006: Think Again: Al Jazeera, in: *Foreign Policy Online* [*www.foreignpolicy.com/story/cms.php?story_id=3497*; letzter Zugriff: 03.07.06].

Miller, David, 2004: Information Dominance: The Philosophy of Total Propaganda Control?, in: Yahya Kamalipour et al. (Hg.): War, Media, and Propaganda. A Global Perspective, Lanham: Rowman & Littlefield, 7-16.

Miller, Jade, 2009: Soft Power and State-Firm Diplomacy: Congress and IT Corporate Activity in China, in: *International Studies Perspectives* 10, 3, 285-302.

Miliken, Jennifer, 1999: The Study of Discourse in International Relations: A Critique of Research and Methods, in: *European Journal of International Relations* 5, 2, 225-254.

Milliken, Jennifer, 2001: Discourse Study: Bringing Rigour to Critical Theory, in: Karin M. Fierke und Knud Erik Jørgensen (Hg.): Constructing International Relations. The Next Generation, Armonk: M.E. Sharpe, 136-159.

Min, Eungjun, 2003: Political and Sociocultural Implications of Hollywood Hegemony in the Korean Film Industry: Resistance, Assimilation, and Articulation, in: Lee Artz und Yahya R. Kamalipour (Hg.): The Globalization of Corporate Media Hegemony, Albany: SUNY Press, 245-261.

Mitchell, Greg, 2009: A 6th Anniversary Look back at Media Coverage of ›Mission Accomplished‹, in: *Editor & Publisher*, 01.05.09.

Mittelman, James, 2005: Whither Globalization? The Vortex of Knowledge and Ideology, London: Routledge.

Moeller, Susan D., 1999: Compassion Fatigue. How the Media Sell Disease, Famine, War, and Death, New York: Routledge.

Moeller, Susan D., 2002: Locating Accountability. The Media and Peacekeeping, in: *Journal of International Affairs* 55, 2, 369-390.

Mols, Manfred, 1998: Politikberatung im außenpolitischen Entscheidungsprozeß, in: Karl Kaiser und Wolf-Dieter Eberwein (Hg.): Deutschlands neue Außenpolitik, Bd. 4, München: Oldenbourg, 253-264.

Mols, Manfred, Hans-Joachim Lauth, und Christian Wagner, 2006: Politikwissenschaft: Eine Einführung. 5. Aufl., Stuttgart: UTB.

Monge, Peter, 1998: Communication Structures and Processes in Globalization, in: *Journal of Communication* 48, 4, 142-153.

Mooney, Chris, 2004: The Editorial Pages and the Case for War, in: *Columbia Journalism Review*, 2 [*www.cjr.org/issues/2004/2/mooney-war.asp*; letzter Zugriff: 22.11.04].

Moravcsik, Andrew, 1996: Federalism and Peace: A Structural Perspective, in: *Zeitschrift für Internationale Beziehungen* 3, 1, 123-132.

Moravcsik, Andrew, 1997: Taking Preferences Seriously. A Liberal Theory of International Politics, in: *International Organization* 51, 4, 513-553.

Moravcsik, Andrew, 2001: Liberal International Relations Theory: A Social Scientific Assessment, Working Paper 01-02, Harvard University.

Moravcsik, Andrew, 2003: Theory Synthesis in International Relations: Real Not Metaphysical, in: *International Studies Review* 5, 1, 131-136.

Morgan, April, 2006: The Poisonwood Bible: An Antidote for What Ails International Relations?, in: *International Political Science Review* 27, 4, 379-403.

Morgensen, Kirsten, 2008: Television Journalism during Terror Attacks, in: *Media, War & Conflict* 1, 1, 31-49.

Morgenthau, Hans J., 1963[1948]: Macht und Frieden. Grundlegung einer Theorie der internationalen Politik, Gütersloh: Bertelsmann.

Morozov, Evgeny, 2010a: Think Again: The Internet, in: *Foreign Policy*, 179 (May/June), 40-45.

Morozov, Evgeny, 2010b: The Net Delusion. The Dark Side of Internet Freedom, New York: Public Affairs.

Morrison, Donald, 2008: On Different Planets. News Media in the United States and Europe, in: Jeffrey Kopstein (Hg.): Growing Apart? America and Europe in the 21st Century, Cambridge: Cambridge University Press, 80-108.

Morton, Adam D., 2005: A Double Reading of Gramsci: Beyond the Logic of Contingency, in: *Critical Review of International Social and Political Philosophy* 8, 4, 439-453.

Mouritzen, Hans, 1997: Kenneth Waltz: A Critical Rationalist between International Politics and Foreign Policy, in: Iver B. Neumann und Ole Wæver (Hg.): Masters in the Making, London etc.: Routledge, 66-89.

Müller, Christian, 2006: Paris im Wirbel der Mohammed-Karikaturen, in: *Neue Zürcher Zeitung*, 03.02.06, 3.

Müller, Harald, 1994: Internationale Beziehungen als kommunikatives Handeln. Zur Kritik der utilitaristischen Handlungstheorien, in: *Zeitschrift für Internationale Beziehungen* 1, 1, 15-44.

Müller, Harald, 1995: Spielen hilft nicht immer. Die Grenzen des Rational-Choice-Ansatzes und der Platz der Theorie kommunikativen Handelns in der Analyse internationaler Beziehungen, in: *Zeitschrift für Internationale Beziehungen* 2, 2, 371-391.

Müller, Harald, 2001: International Relations as Communicative Action, in: Karin M. Fierke und Knud Erik Jørgensen (Hg.): Constructing International Relations. The Next Generation, Armonk: M.E. Sharpe, 160-178.

Müller, Harald, 2003: Demokratie, die Medien und der Irak-Krieg. HSFK-Standpunkte, 06/03.

Müller, Harald, 2004: Arguing, Bargaining and All That: Communicative Action, Rationalist Theory and the Logic of Appropriateness in International Relations, in: *European Journal of International Relations* 10, 3, 395-435.

Müller, Harald, 2006: Politikberatung in unterschiedlichen Kontexten: Notizen aus der Praxis, in: Gunther Hellmann (Hg.): Forschung und Beratung in der Wissensgesellschaft. Das Feld der internationalen Beziehungen und der Außenpolitik, Baden-Baden: Nomos, 213-248.

Müller, Harald, 2007: Internationale Verhandlungen, Argumente und Verständigungshandeln. Verteidigung, Befunde, Warnung, in: Peter Niesen und Benjamin Herborth (Hg.): Anarchie der kommunikativen Freiheit. Jürgen Habermas und die Theorie der internationalen Politik, Frankfurt a.M.: Suhrkamp, 199-223.

Müller, Harald, 2008: Wie kann eine neue Weltordnung aussehen? Frankfurt a.M.: Fischer.

Müller, Harald, und Thomas Risse-Kappen, 1990: Internationale Umwelt, gesellschaftliches Umfeld und außenpolitischer Prozeß in liberaldemokratischen Industrienationen, in: Volker Rittberger (Hg.): Theorien der Internationalen Beziehungen, Opladen: Westdeutscher Verlag, 375-400.

Müller, Marion G., und Esra Özcan, 2007: The Political Iconography of Muhammad Cartoons. Understanding Cultural Conflict and Political Action, in: *PS – Political Science and Politics* 40, 287-291.

Mummery, Jane, und Debbie Rodan, 2003: Discourses of Democracy in the Aftermath of 9/11 and Other Events: Protectivism Versus Humanitarianism, in: *Continuum: Journal of Media & Cultural Studies* 17, 4, 433-443.

Münkler, Herfried, 2001: Terrorismus als Kommunikationsstrategie, in: *Internationale Politik* 56, 12, 11-18.

Münkler, Herfried, 2006: Bilder als Waffen: Die neue Rolle der Medien, in: ders.: Vom Krieg zum Terror, Schriftenreihe der Vontobel-Stiftung, Heft 1720, 72-77.

Münkler, Herfried, 2008: Prime-Time Terrorismus, in: IMK (Hg.): Jahrbuch Fernsehen 2008, Berlin: IMK, 56-64.

Murphy, Patrick D., 2003: Without Ideology? Rethinking Hegemony in the Age of Transnational Media, in: Lee Artz und Yahya Kamalipour (Hg.): The Globalization of Corporate Media Hegemony, Albany: SUNY Press, 55-75.

Murphy, Craig N., 2004: Global Institutions, Marginalization, and Development, London: Routledge.

Murray, Craig, et al., 2008: Reporting Dissent in Wartime: British Press, the Anti-War Movement and the 2003 Iraq War, in: *European Journal of Communication* 23, 1, 7-27.

Nabers, Dirk, 2005: Allianz gegen den Terror. Deutschland, Japan und die USA, Wiesbaden: VS-Verlag.

Nacos, Brigitte L., 1994: Terrorism and the Media, New York: Columbia University Press.

Nacos, Brigitte L., 2003: The Terrorist Calculus Behind 9-11: A Model for Future Terrorism?, in: *Studies in Conflict & Terrorism* 26, 1, 1-16.

Nacos, Brigitte L., 2007: Mass-Mediated Terrorism: The Central Role of the Media in Terrorism and Counterterrorism, Lanham: Rowman & Littlefield.

Nadoll, Jörg, 2000: Diskursanalyse und Außenpolitikforschung, PAFE-Arbeitspapier Nr. 2, Universität Trier.

Nadoll, Jörg, Bernhard Stahl und Henning Boekle, 2000: Identität, Diskurs und vergleichende Analyse europäischer Außenpolitiken. Theoretische Grundlegung und methodische Vorgehensweise, PAFE-Arbeitspapier Nr. 1, Universität Trier.

Nagar, Na'ama, 2007: Frames That Don't Spill: The News Media and the »War on Terrorism«. Paper presented at the 48th Annual ISA Convention, Chicago.

Najjar, Orayb, 2007: New Trends in Global Broadcasting, in: *Global Media Journal* 6, 10 [*http://lass.calumet.purdue.edu/cca/gmj/sp07/gmj-sp07-najjar.htm*; letzter Zugriff: 15.05.07].

Naim, Moses, 2007: The YouTube Effect, in: *Foreign Policy Online*, Januar/Februar [*www.foreignpolicy. com/story/cms.php?story_id=3676*; letzter Zugriff: 01.10.07].

Napoli, James J., 2004: Hating America: The Press in Egypt and France, in: Ralph D. Berenger (Hg.): Global Media Go To War, Spokane: Marquette Books, 3-13.

Nasr, Octavia, 2009: Abu Ghraib Photos Provoked Shock, then Anger, for Arabs, in: *CNN.com*, 21.05.09 [*www.cnn.com/2009/WORLD/meast/05/21/Iraq.abu.ghraib.impact/index.html*; letzter Zugriff: 15.11.09].

Naßmacher, Hiltrud, 2004: Politikwissenschaft, 5. Aufl., München: Oldenbourg.

Naveh, Chanan, 2002: The Role of Media in Foreign Policy Decision-Making: A Theoretical Framework, in: *conflict & communication online* 1, 2, 1-14.

Navon, Emmanuel, 2001: The ›Third Debate‹ Revisited, in: *Review of International Studies* 27, 611-625.

Ndela, Nkosi, 2007: Reflections on the Global Public Sphere: Challenges to Internationalizing Media Studies, in: *Global Media & Communication* 3, 3, 324-329.

Neal, Andrew W., 2009: Michel Foucault, in: Jenny Edkins und Nick Vaughan-Williams (Hg.): Critical Theorists and International Relations, London etc.: Routledge, 161-170.

Neesen, Ron, 2008: The News Media's Withdrawal from Iraq, *Brookings Opinions*, 15.10.08.

Nehls, Thomas, 2003: US-Medien im Gleichklang. Verbales Bombardement, in: *Der Journalist*, 3, 13-14.

Neuber, Harald, 2002: Erstes Opfer: Pressefreiheit, in: Goedart Palm und Florian Rötzer (Hg.): Medien – Terror – Krieg. Zum Kriegsparadigma des 21. Jahrhunderts, Hannover: Heise, 125-139.

Neufeld, Mark, 1994: Reflexivity & International Relations Theory, in: Claire Turenne Sjolander und Wayne S. Cox (Hg.): Beyond Positivism. Critical Reflections on International Relations, Boulder: Lynne Rienner, 11-35.

Neuman, Johanna, 1996a: Lights, Camera, War: Is Media Technology Driving International Politics? New York: St. Martin's Press.

Neuman, Johanna, 1996b: Media Developments and Public Policy [*http://usinfo.state.gov/journals/itgic/0996/ijge/gjcom4.htm*; letzter Zugriff: 20.12.07].

Neumann, Iver B., 1996: Self and Other in International Relations, in: *European Journal of International Relations* 2, 2, 139-174.

Neumann, Iver B., 1999: Uses of the Other. ›The East‹ in European Identity Formation, Minneapolis: University of Minnesota Press.

Neumann, Iver B., 2008: Tabloid Terror (Review), in: *International Studies Review* 10, 306-307.

Neumann, Iver B., und Ole Jacob Sending, 2007: ›The International‹ as Governmentality, in: *Millennium – Journal of International Studies* 35, 3, 677-701.

Newsweek 2002 = ›Selling Anti-Americanism‹, in: *Newsweek*, 13.05.02 [*www.newsweek.com/id/64449*; letzter Zugriff: 28.08.09].

Newton, Kenneth, 2006: May the Weak Force Be With You: The Power of the Mass Media in Modern Politics, in: *European Journal of Political Research* 45, 209-234.

Neyer, Jürgen, 2004: Postnationale politische Herrschaft. Verrechtlichung und Vergesellschaftung jenseits des Staates, Baden-Baden: Nomos.

Nicholson, Michael, 1996: The Continued Significance of Positivism?, in: Steve Smith, Ken Booth und Marysia Zalewski (Hg.): International Theory: Positivism and Beyond, Cambridge: Cambridge University Press, 128-145.

Nicholson, Michael, 2000: What's the Use of International Relations?, in: *Review of International Studies* 26, 183-198.

Nicholson, Michael, und Peter Bennett, 1994: The Epistemology of International Relations, in: A.J.R. Groom und Margot Light (Hg.): Contemporary International Relations: A Guide to Theory, London: Pinter, 197-205.

Niemann, Arne, 2004: Between Communicative Action and Strategic Action: The Article 133 Committee and the Negotiations on the WTO Basic Telecommunications Services Agreement, in: *Journal of European Public Policy* 11, 3, 379-407.

Niehr, Thomas, und Karin Böke (Hg.), 2000: Einwanderungsdiskurse. Vergleichende diskurslinguistische Studien, Opladen: Westdeutscher Verlag.

Niethammer, Lutz, 2000: Kollektive Identität. Heimliche Quellen einer unheimlichen Konjunktur, Hamburg: Rowohlt.

Nisbet, Erik, und James Shanahan, 2008: Anti-Americanism as a Communication Problem? Foreign Media and Public Opinion toward the United States in Europe and the Middle East, in: *The American Journal of Media Psychology* 1, 1/2, 7-35.

Noguchi, Yuki, 2006: Internet Firms Adress China Practices, in: *Washington Post*, 16.02.06, D05.

Nordmann, Jürgen, 2009: Keine Alternative. Neoliberale Positionen in den Printmedien nach dem Finanzcrash, in: Walter O. Ötsch und Claus Thomasberger (Hg.): Der neoliberale Markt-Diskurs. Ursprünge, Geschichte, Wirkungen, Marburg: Metropolis, 257-275.

Nørgaard, Asbjørn S., 2008: Political Science: Witchcraft or Craftsmanship? Standards for Good Research, in: *World Political Science Review* 4, 1, 1-28.

Norris, Christopher, 1992: Uncritical Theory. Postmodernism, Intellectuals, and the Gulf War, Amherst: University of Massachusetts Press.

Norris, Pippa, 2001: A Failing Grade? The News Media and Campaign 2000, in: *Harvard International Journal of Press/Politics* 6, 2, 3-9.

Norris, Pippa, Montague Kern, und Marion Just (Hg.), 2003: Framing Terrorism. The News Media, Government and the Public, New York/London: Routledge.

Nowotny, Helga, 1975: Zur gesellschaftlichen Irrelevanz der Sozialwissenschaften, in: Nico Stehr et al. (Hg.): Wissenschaftssoziologie (Sonderheft der KZfSS), Opladen: Westdeutscher Verlag, 445-456.

Nowotny, Helga, Peter Scott und Michael Gibbons, 2008: Wissenschaft neu denken, Weilerswist: Velbrück.

Nullmeier, Frank, 2006: Politikwissenschaft auf dem Weg zur Diskursanalyse?, in: Reiner Keller et al. (Hg.): Handbuch Sozialwissenschaftliche Diskursanalyse, Band 1: Theorien und Methoden, 2., aktualisierte Aufl., Wiesbaden: VS-Verlag, 287-313.

Nye, Jospeh S., Jr., 2003: U.S. Power and Strategy after Iraq, in: *Foreign Affairs* 82, 4, 60-73.

Nye, Joseph S., Jr., 2004: Soft Power. The Means to Success in World Politics, New York: Public Affairs.

Nye, Joseph S., Jr., 2007: Notes for a Soft-Power Research Agenda, in: Felix Berenskoetter und M.J. Williams (Hg.): Power in World Politics, London etc.: Routledge, 162-172.

NYT 2004 =: ›From the Editors: The Times and Iraq‹, in: *The New York Times*, 26.05.04.

NZZ 2004 = ›Nach der New York Times auch Selbstkritik der Washington Post‹, in: *Neue Zürcher Zeitung*, 13.08.04, 3.

NZZ 2006a = ›Google übt Selbstzensur in China‹, in: *Neue Zürcher Zeitung*, 26.01.06, 1.

NZZ 2006b= ›Ellbögeln um Googles Gunst‹, in: *Neue Zürcher Zeitung*, 10.02.06, 32.

NZZ 2006c = ›Interkontinentale Brücke‹, in: *Neue Zürcher Zeitung*, 17.02.06, 29.

NZZ 2006d = ›Ein Glasfaserkabel rund um Afrika‹, in: *Neue Zürcher Zeitung*, 14.03.06, 13.

Obama, Barack, 2007: Renewing American Leadership, in: *Foreign Affairs* 86, 4, 2-16.

Ogan, Christine, et al., 2009: Development Communication: The State of Research in an Era of ICTs and Globalization, in: *International Communication Gazette* 71, 8, 655-670.

O'Leary, Brendan, 2006: Liberalism, Multiculturalism, Danish Cartoons, Islamist Fraud, and the Rights of the Ungodly, in: *International Migration* 44, 5, 22-33.

Olesen, Thomas, 2007: The Porous Public and the Transnational Dialectic: The Muhammed Cartoons Conflict, in: *Acta Sociologica* 50, 295-308.

Olesen, Thomas, 2009: The Muhammad Cartoon Conflict and Transnational Activism, in: *Ethnicities* 9, 3, 409-426.

Onuf, Nicholas, 1989: World of Our Making. Rules and Rule in Social Theory and International Relations, Columbia: University of South Carolina Press.

Onuf, Nicholas, 1998a: Constructivism: A User's Manual, in: Vendulka Kubalkova, Nicholas Onuf und Paul Kowert (Hg.): International Relations in a Constructed World, Armonk: M.E. Sharpe, 58-78.

Onuf, Nicholas, 1998b: The New Culture of Security Studies, in: *Mershon International Studies Review* 42, 132-134.

Onuf, Nicholas, 2001: The Politics of Constructivism, in: Karin M. Fierke und Knud Erik Jørgensen (Hg.): Constructing International Relations. The Next Generation, Armonk: M.E. Sharpe, 236-254.

Onuf, Nicholas, 2002: Worlds of Our Making. The Strange Career of Constructivism in International Relations, in: Donald Puchala (Hg.): Visions of International Relations, Columbia: University of South Carolina Press, 119-141.

Onuf, Nicholas, 2003: Parsing Personal Identity: Self, Other, Agent, in: Francois Debrix (Hg.): Language, Agency, and Politics in a Constructed World, Armonk: M.E. Sharpe, 26-49.

Oppermann, Kai, und Alexander Spencer, 2008: Don't Mention the War or the World Cup. A Report on a British-German IR Conference, in: *Zeitschrift für Internationale Beziehungen* 15, 2, 303-314.

Oring, Elliott, 2008: The Muhammad Cartoon Affair, in: *Humor* 21, 1, 21-26.

Owen, David, 2002: Re-orienting International Relations: On Pragmatism, Pluralism and Practical Reasoning, in: *Millennium – Journal of International Studies* 31, 3, 653-673.

Padovani, Claudia, und Kaarle Nordenstreng, 2005: From NWICO to WSIS: Another World Information and Communication Order?, in: *Global Media & Communication* 1, 3, 264-272.

Palan, Ronen, 2000a: A World of Their Making: An Evaluation of the Constructivist Critique in International Relations, in: *Review of International Studies* 26, 575-598.

Palan, Ronen, 2000b: The Constructivist Underpinnings of the New International Political Economy, in: ders. (Hg.): Global Political Economy. Contemporary Theories, London etc.: Routledge, 215-228.

Palan, Ronen, 2004: Constructivism and Globalisation: From Units to Encounters in International Affairs, in: *Cambridge Review of International Affairs* 17, 11-23.

Paletz, David L. (Hg.), 1992: Terrorism and the Media, London u.a.: Sage.

Palm, Goedart, 2002: But we are under attack, in: ders. und Florian Rötzer (Hg.): Medien – Terror – Krieg. Zum Kriegsparadigma des 21. Jahrhunderts, Hannover: Heise, 106-124.

Palm, Goedart, und Florian Rötzer (Hg.), 2002: Medien – Terror – Krieg. Zum Kriegsparadigma des 21. Jahrhunderts, Hannover: Heise.

Pan, Philip P., 2006: Chinese Media Assail Google, in: *Washington Post*, 22.02.06, A09.

Panke, Diana, 2006: More Arguing Than Bargaining? The Institutional Designs of the European Convention and Intergovernmental Conferences Compared, in: *Journal of European Integration* 28, 4, 357-379.

Papacharissi, Zizi, und Maria de Fatima Oliviera, 2008: News Frames Terrorism: A Comparative Analysis of Frames Employed in Terrorism Coverage in U.S. and U.K. Newspapers, in: *Harvard International Journal of Press/Politics* 13, 1, 52-74.

Patomäki, Heikki, 1996: How to Tell Better Stories about World Politics, in: *European Journal of International Relations* 2, 1, 105-133.

Patomäki, Heikki, und Colin Wight, 2000: After Postpositivism? The Promises of Critical Realism, in: *International Studies Quarterly* 44, 213-237.

Patterson, Thomas E., 1993: Out of Order, New York: Knopf.

Patterson, Thomas E., 1998: Time and News. The Media's Limitations as an Instrument of Democracy, in: *International Political Science Review* 19, 1, 55-67.

Patterson, Thomas E., 2003: The Vanishing Voter. Public Involvement in an Age of Uncertainty, New York: Knopf.

Patzelt, Werner J., 1987: Grundlagen der Ethnomethodologie. Theorie, Empirie und politikwissenschaftlicher Nutzen einer Soziologie des Alltags, München: Wilhelm Fink Verlag.

Patzelt, Werner J., 2003: Massenmedien, in: ders.: Einführung in die Politikwissenschaft, Passau: Wissenschaftsverlag Rothe, 389-401.

Payne, Rodger A., 2001: Persuasion, Frames and Norm Construction, in: *European Journal of International Relations* 7, 1, 37-61.

PBS 2002 = ›The Unreported Stories‹, 02.03.02 [*www.pbs.org/newshour/ bb/media/jan-june02/uncovered_3-4.html*; letzter Zugriff: 08.04.03].

Peet, Richard, 2002: Ideology, Discourse, and the Geography of Hegemony: From Socialist to Neoliberal Development in Postapartheid South Africa, in: *Antipode* 34, 1, 54-84.

Peng, Zengjun, 2008: Framing Anti-War Protests in the Global Village: A Comparative Study of Newspaper Coverage in Three Countries, in: *International Communication Gazette* 70, 5, 361-377.

Peterson, John, und Michael E. Smith, 2003: The EU as a Global Actor, in: Elizabeth Bomberg und Alexander Stubb (Hg.): The European Union: How Does It Work?, Oxford: Oxford University Press, 195-215.

Pettman, Ralph, 2002: Commonsense Constructivism and Foreign Policy: A Critique of Rule-Oriented Constructivism, in: Vendulka Kubalkova (Hg.): Foreign Policy in a Constructed World, Armonk: M.E. Sharpe, 249-265.

Pew Global Attitudes, 2008: Global Public Opinion in the Bush Years 2001-2008, 18.12.08 [*http://pewglobal.org/reports/display.php?ReportID =263*; letzter Zugriff: 08.02.09].

Pew Research Center, 2009: Confidence in Obama Lifts U.S. Image around the World, Juli [*http://pewglobal.org/reports/display.php?ReportID =264*; letzter Zugriff: 15.11.09].

Pfau, Michael, et al., 2004: Embedding Journalists in Military Combat Units: Impact on Newspaper Story Frames and Tone, in: *Journalism & Mass Communication Quarterly* 81, 1, 74-88.

Pfau, Michael, et al., 2005a: Embedding Journalists in Military Combat Units: How Embedding Alters Television News Stories, in: *Mass Communication & Society* 8, 3, 179-195.

Pfau, Michael, et al., 2005b: Embedded Reporting During the Invasion and Occupation of Iraq: How the Embedding of Journalists Affect Television News Reports, in: *Journal of Broadcasting and Electronic Media* 49, 4, 468-487.

Philpott, Simon, 2005: A Controversy of Faces: Images from Bali and Abu Ghraib, in: *Journal for Cultural Research* 9, 3, 227-244.

Pias, Claus, 2005: Poststrukturalistische Medientheorien, in: Stefan Weber (Hg.): Theorien der Medien, Konstanz: UVK, 277-293.

Pieterse, Jan Nederveen, 2007: Global Multiculture, Flexible Acculturation, in: *Globalizations* 4, 1, 65-79.

Pietiläinen, Jukka, 2006: Foreign News and Foreign Trade. What Kind of Relationship?, in: *International Communication Gazette* 68, 3, 217-228.

Pintak, Lawrence, und Jeremy Ginges, 2008: The Mission of Arab Journalism: Creating Change in a Time of Turmoil, in: *Harvard International Journal of Press/Politics* 13, 3, 193-227.

PIPA/Knowledge Networks Poll, 2003: Misperceptions, the Media and the Iraq War, 02.10.03, Program on International Policy Attitudes, University of Maryland.

Plasser, Fritz, 2005: From Hard to Soft News Standards? How Political Journalists in Different Media Systems Evaluate the Shifting Quality of News, in: *Harvard International Journal of Press/Politics* 10, 2, 47-68.

Poku, Nana, 1998: Constructivism and Third World Research, in: *International Relations* 14, 2, 35-45.

Polat, R. Karakaya, 2005: The Internet and Political Participation. Exploring the Explanatory Links, in: *European Journal of Communication* 20, 4, 435-459.

Polgreen, Lydia, 2006: Nigeria Counts 100 Deaths over Danish Caricatures, in: *Washington Post*, 24.02.06.

Poller, Nidra, 2005: Myth, Fact, and the Al-Dura Affair, in: *Commentary* 120, 2, 23-30.

Pollis, Adamantia, 1996: The Social Construction of Ethnicity and Nationality: The Case of Cyprus, in: *Nationalism & Ethnic Politics* 2, 1, 67-90.

Porpora, Douglas V., und Alexander Nikolaev, 2008: Moral Muting in US Newspaper Op-Eds Debating the Attack on Iraq, in: *Discourse & Communication* 2, 2, 165-184.

Post, Robert, 2007: Religion and Freedom of Speech: Portraits of Muhammad, in: *Constellations* 14, 1, 72-90.

Pouliot, Vincent, 2004: The Essence of Constructivism, in: *Journal of International Relations and Development* 7, 319-336.

Pouliot, Vincent, 2007: ›Sobjectivism‹: Toward a Constructivist Methodology, in: *International Studies Quarterly* 51, 359-384.

Powers, Shawn, 2008: Examining the Danish Cartoon Affair: Mediatized Cross-Cultural Tensions?, in: *Media, War & Conflict* 1, 3, 339-359.

Poynting, Scott, und Victoria Mason, 2007: The Resistible Rise of Islamophobia: Anti-Muslim Racism in the UK and Australia before 11 September 2001, in: *Journal of Sociology* 43, 61-86.

Price, Monroe C., 2002: Media and Sovereignty. The Global Information Revolution and its Challenge to State Power, Cambridge: MIT Press.

Price, Richard, und Christian Reus-Smit, 1998: Dangerous Liasions? Critical International Theory and Constructivism, in: *European Journal of International Relations* 4, 3, 259-294.

Prittwitz, Volker von, 1996: Verständigung über die Verständigung, in: *Zeitschrift für Internationale Beziehungen* 1, 2, 133-147.

Prozorov, Sergei, 2004: Three Theses on ›Governance‹ and the Political, in: *Journal of International Relations and Development* 7, 267-293.

Puchala, Donald, 2002: Harold Lasswell's Legacy and 21st Century International Relations, in: ders. (Hg.): Visions of International Relations, Columbia: University of South Carolina Press, 142-156.

Puchala, Donald, 2005: World Hegemony and the United Nations, in: *International Studies Review* 7, 571-584.

Puppis, Manuel, 2007: Einführung in die Medienpolitik, Konstanz: UVK.

Qvortrup, Lars, 2006: Understanding New Digital Media. Medium Theory or Complexity Theory?, in: *European Journal of Communication* 21, 3, 345-356.

Rabinow, Paul, 1997: Introduction, in: Michel Foucault: Essential Works of Foucault 1954-1984, Vol. I: Ethics, Subjectivity, and Truth, New York: The New Press, X-XLV.

Raboy, Marc, 2004: The WSIS and its Legacy for Global Governance, in: *International Communication Gazette* 66, 3/4, 225-232.

Radsch, Coutney, 2007: Speaking Truth to Power. The Changing Role of Journalism in Egypt. Paper presented at the 48th Annual ISA Convention, Chicago.

Rahman, Mai Abdul, 2006: American Muslims React to the Danish Cartoons, in: *Washington Report on Middle East Affairs* 25, 3, 65-66.

Rai, Ajai K., 2003: Dominant European Powers and the US at Odds: The Transatlantic Media Divide, in: *Strategic Analysis: A Monthly Journal of the IDSA* 27, 2 [*www.ciaonet.org/olj/sa/sa_apr03/sa_apr03raa01.html*; letzter Zugriff: 15.11.09].

Ramsay, Clay, 2005: In Search of Anti-Americanism in European Politics, in: Bernd Gäbler et al. (Hg.): The Media-Public Opinion Nexus in German-American Relations, AICGS German-American Issues 05, Johns Hopkins University, Baltimore, 24-30.

Rantanen, Terhi, 2005: Giddens and the ›G‹-Word. An Interview with Anthony Giddens, in: *Global Media & Communication* 1, 1, 63-77.

Rantanen, Terhi, 2006: A Man behind Scapes. An Interview with Arjun Appandurai, in: *Global Media & Communication* 2, 1, 7-19.

Raskin, Jonathan D., und Robert A. Neimeyer, 2003: Coherent Constructivism. A Response to Mackay, in: *Theory & Psychology* 13, 3, 397-409.

Rawson, Hugh, 2003: The Road to Freedom, in: *American Heritage* 54, 3, 12.

Regan, Patrick M., 2000: Substituting Policies During U.S. Interventions in Internal Conflicts, in: *Journal of Conflict Resolution* 44, 1, 90-106.

Reich, Robert, 2006: Logging-off on China, in: TomPiane.com, 22.02.06 [*www.tompaine.com/articles/2006/02/22/logging_off_on_china.php*; letzter Zugriff: 08.02.09].

Reich, Kersten, et al., 2005: Medien und Konstruktivismus. Eine Einführung in die Simulation als Kommunikation, Münster: Waxmann.

Reus-Smith, Christian, 2001: Constructivism, in: Scott Burchill (Hg.): Theories of International Relations, 2. Aufl., Houndsmills: Palgrave, 209-230.

Reuters 2005 = ›Reuters und Journalistenverband: USA behindern Arbeit im Irak‹, Reuters Agenturmeldung, 29.05.05.

Reuters 2009 = ›Baidu Sees New Ad System Boosting Q3 Sales‹, Reuters Agenturmeldung, 24.07.09.

Ricchiardi, Sherry, und Melissa Cirilo, 2004: Missed Signals, in: *American Journalism Review* 26, 4, 22-29.

Richardson, James L., 1997: Contending Liberalisms: Past and Present, in: *European Journal of International Relations* 3, 1, 5-33.

Richardson, John E., und Leon Barkho, 2009: Reporting Israel/Palestine, in: *Journalism Studies* 10, 5, 594-622.

Riegert, Kristina, 2002: Kampen om det kommunikativa rummet? Informationskrigföring under Kosovokonflikten 1999, Stockholm: Styrelsen för Psykologiskt Försvar, Rapport 191.

Ringmar, Erik, 1997: Alexander Wendt: A Social Scientist Struggling with History, in: Iver B. Neumann und Ole Wæver (Hg.): Masters in the Making, London etc.: Routledge, 269-289.

Risse, Thomas, 1999: Identitäten und Kommunikationsprozesse in der internationalen Politik – Sozialkonstruktivistische Perspektiven zum Wandel in der Außenpolitik, in: Monika Medick-Krakau (Hg.): Außenpolitischer Wandel in theoretischer und vergleichender Perspektive: Die USA und die Bundesrepublik Deutschland, Baden-Baden: Nomos, 33-57.

Risse, Thomas, 2000: »Let's Argue!« Communicative Action in World Politics, in: *International Organization* 54, 1, 1-39.

Risse, Thomas, 2003: Konstruktivismus, Rationalismus und Theorien Internationaler Beziehungen – warum empirisch nichts so heiß gegessen wird, wie es theoretisch gekocht wurde, in: Gunther Hellmann, Klaus Dieter Wolf und Michael Zürn (Hg.): Die neuen Internationalen Beziehungen, Baden-Baden: Nomos, 99-132.

Risse, Thomas, 2004: We Did Much Better! Warum es auch ›auf amerikanisch‹ sein musste, in: *Zeitschrift für Internationale Beziehungen* 11, 2, 287-292.

Risse, Thomas, 2007a: Global Governance und kommunikatives Handeln, in: Peter Niesen und Benjamin Herborth (Hg.): Anarchie der kommunikativen Freiheit. Jürgen Habermas und die Theorie der internationalen Politik, Frankfurt a.M.: Suhrkamp, 57-86.

Risse, Thomas, 2007b: Politische Theorie und Internationale Beziehungen. Zum Dialog zwischen zwei Subdisziplinen der Politikwissenschaft, in: Hubertus Buchstein und Gerhard Göhler (Hg.): Politische Theorie und Politikwissenschaft, Wiesbaden: VS-Verlag, 105-125.

Risse, Thomas, 2010: A Community of Europeans? Transnational Identities and Public Spheres, Ithaca/NY: Cornell University Press.

Risse, Thomas, und Antje Wiener, 1999: ›Something Rotten‹ and the Social Construction of Social Constructivism. A Comment on Comments, in: *Journal of European Public Policy* 6, 5, 775-782.

Risse-Kappen, Thomas, 1994: Ideas Do Not Float Freely: Transnational Coalitions, Domestic Structures, and the End of the Cold War, in: *International Organization* 48, 2, 185-214.

Risse-Kappen, Thomas, 1995: Reden ist nicht billig. Zur Debatte um Kommunikation und Rationalität, in: *Zeitschrift für Internationale Beziehungen* 2, 1, 171-184.

Risse-Kappen, Thomas, 1996: Konfliktprävention durch Theorie?, in: *Internationale Politik* [*www. internationalepolitik.de/ip/archiv/jahrgang 1996/august1996/konfliktpravention-durch-theorie-.html*; letzter Zugriff: 15.08.09].

Rittberger, Volker, Bernhard Mogler, und Michael Zürn, 1997: Vereinte Nationen und Weltordnung. Zivilisierung der internationalen Politik, Opladen: Leske + Budrich.

Rivard, Jacques A., 1996: Real-Time TV's Impact on World Affairs (Book Review), in: *Nieman Reports* 50, 2, 91-92.

Robel, Stefan, 1999: ›Bringing Society Back In‹. Gesellschaftsorientierte Theorien internationaler Hegemonie als ›missing link‹ zwischen Außenpolitikforschung und Theorien Internationaler Beziehungen. Tagungspapier präsentiert auf der Sektionstagung »Internationale Politik« der DVPW, Februar, Arnoldshain.

Robel, Stefan, 2001: Hegemonie in den Internationalen Beziehungen: Lehren aus dem Scheitern der »Theorie Hegemonialer Stabilität«, Dresdner Arbeitspapiere Internationale Beziehungen, Nr. 2.

Robel, Stefan, und Daniel Ristau, 2008: US-amerikanische Hegemonie und das »Neue Europa«. Der Irak-Krieg, die transatlantischen Beziehungen und der Fall Polen, in: Alexander Brand und Stefan Robel (Hg.): Internationale Beziehungen – Aktuelle Forschungsfelder, Wissensorganisation und Berufsorientierung, Dresden: TUDpress, 175-211.

Robel, Stefan, und Jakob Lempp, 2004: Regionale Entwicklung und US-amerikanische Hegemonie. Der Fall Lateinamerika, in: Alexander Brand und Nicolaus von der Goltz (Hg.): Herausforderung Entwicklung, Münster: LIT, 39-64.

Robertson, Lori, 2004: Images of War, in: *American Journalism Review*, Oktober/November [*www.ajr.org/Article.asp?id=3759*; letzter Zugriff: 29.12.08].

Robinson, Michael J., 1976: Public Affairs Television and the Growth of Political Malaise, in: *American Political Science Review* 70, 2, 409-432.

Robinson, Piers, 2000a: World Politics and Media Power: Problems of Research Design, in: *Media, Culture & Society* 22, 2, 227-232.

Robinson, Piers, 2000b: Research Note: The News Media and Intervention, in: *European Journal of Communication* 15, 3, 405-414.

Robinson, Piers, 2001: Theorizing the Influence of Media on World Politics, in: *European Journal of Communication* 16, 4, 523-544.

Robinson, Piers, 2002: The CNN Effect. The Myth of News, Foreign Policy and Intervention, London/New York: Routledge.

Robinson, Piers, Peter Goddard, und Katy Parry, 2009: U.K. Media and Media Management during the 2003 Invasion of Iraq, in: *American Behavioral Scientist* 52, 5, 678-688.

Rogers, Everett, 1995: Diffusion of Innovations, 4. Aufl., New York: The Free Press.

Rogerson, Kenneth, 2005: Lots of Questions, a Few Good Answers. A Look at Current Research on the Internet and Politics, in: *Political Communication* 22, 2, 237-244.

Rolshausen, Claus, 1997: Macht und Herrschaft, Münster: Westfälisches Dampfboot.

Rolston, Bill, und Greg McLaughlin, 2004: All News is Local: Covering the War in Iraq in Northern Ireland's Daily Newspapers, in: *Journalism Studies* 5, 2, 191-202.

Rose, Jürgen, 2007: Die Medienkrieger – Strategische Manipulation von Medien durch das US-Militär, in: ÖSFK (Hg.): Gute Medien – Böser Krieg? Medien am schmalen Grat zwischen Cheerleadern des Militärs und Friedensjournalismus, Münster/Wien: LIT, 91-106.

Rosefielde, Steven, und D. Quinn Mills, 2007: Masters of Illusion. American Leadership in the Media Age, Cambridge: Cambridge University Press.

Rosenau, James N., 2007: People Count! Networked Individuals in Global Politics, Boulder: Paradigm Publishers.

Ross, Andrew A. G., 2006: Coming in from the Cold: Constructivism and Emotions, in: *European Journal of International Relations* 12, 2, 197-222.

Rostbøll, Christian F., 2009: Autonomy, Respect, and Arrogance in the Danish Cartoon Controversy, in: *Political Theory* 37, 5, 623-648.

Rousseau, David, und Rocio Garcia-Retamero, 2007: Identity, Power, and Threat Perception. A Cross-National Experimental Study, in: *Journal of Conflict Resolution* 51, 5, 744-771.

Rovira Kaltwasser, Cristóbal, 2004: Der Beitrag der Dependencia-Schule für das heutige Verständnis der Globalisierung, in: Alexander Brand und Nicolaus von der Goltz (Hg.): Herausforderung Entwicklung, Münster: LIT, 22-38.

Roy, Ravi, et al. (Hg.), 2007: Neoliberalism. National and Regional Experiments with Global Ideas, London etc.: Routledge.

Rudolf, Peter, 1999: *New Grand Strategy?* Zur Entwicklung des außenpolitischen Diskurses in den USA, in: Monika Medick-Krakau (Hg.): Außenpolitischer Wandel in theoretischer und vergleichender Perspektive: Die USA und die Bundesrepublik Deutschland, Baden-Baden: Nomos, 61-95.

Rudolf, Peter, 2005: The Myth of the ›German Way‹: German Foreign Policy and Transatlantic Relations, in: *Survival* 47, 1, 133-152.

Ruf, Werner, 2007: Herrschender Diskurs – Herrschende News, in: ÖSFK (Hg.): Gute Medien – Böser Krieg? Medien am schmalen Grat zwischen Cheerleadern des Militärs und Friedensjournalismus, Münster/Wien: LIT, 75-88.

Ruggie, John G., 1998a: What Makes the World Hang Together? Neo-Utilitarianism and the Constructivist Challenge, in: *International Organization* 52, 4, 855-885.

Ruggie, John G., 1998b: Epistemology, Ontology, and the Study of International Regimes, in: ders.: Constructing the World Polity. Essays on International Institutionalization, London u.a.: Routledge, 85-101.

Ruggie, John G., 2004: Reconstituting the Global Public Domain – Issues, Actors, and Practices, in: *European Journal of International Relations* 10, 4, 499-531.

Rühland, Jürgen, 2004: Theoriediskurs auf hohem Niveau. Mit eurozentrischer Schieflage?, in: *Zeitschrift für Internationale Beziehungen* 11, 2, 307-312.

Ruhrmann, Georg, Denise Sommer, und Heike Uhlemann, 2006: TV-Nachrichtenberichterstattung über Migranten, in: Rainer Geißler und Horst Pöttker (Hg.): Integration durch Massenmedien: Medien und Migration im internationalen Vergleich, Bielefeld: transcript, 45-74.

Ruigrok, Nel, 2008: Journalism of Attachment and Objectivity: Dutch Journalists and the Bosnian War, in: *Media, War & Conflict* 1, 3, 293-313.

Ruigrok, Nel, und Wouter van Attefeldt, 2007: Global Angling with a Local Angle: How U.S., British, and Dutch Newspapers Frame Global and Local Terrorist Attacks, in: *Harvard International Journal of Press/Politics* 12, 1, 68-90.

Ruloff, Dieter, und Marc Holitscher, 2003: Internet – herrschaftsfreie Spielräume?, in: *Neue Zürcher Zeitung*, 12.12.03.

Rusciano, Frank L., 2003: Framing World Opinion in the Elite Press, in: Pippa Norris, Montague Kern und Marion Just (Hg.): Framing Terrorism. The News Media, Government and the Public, New York/London: Routledge, 159-182.

Ruß-Mohl, Stephan, 2006: Aus Mangel an Vorstellungsvermögen, in: *Neue Zürcher Zeitung*, 06.10.06, 29.

Ryan, Michael, 2003: Zero One, Zulu Time. Embedded and Missing the Story, in: *TomPaine.com*, 19.03.03 [*http://tompaine.com/feature.cfm/ ID/7438/view/print*; letzter Zugriff: 21.03.03].

Rytövuori-Apunen, Helena, 2005: Forget ›Post-Positivist‹ IR! The Legacy of IR Theory as the Locus for a Pragmatist Turn, in: *Cooperation and Conflict* 40, 2, 147-177.

Sabato, Larry, 1991: Feeding Frenzy. How Attack Journalism Has Transformed American Politics, New York: Free Press.

Sakr, Naomi, 2008: Diversity and Diaspora. Arab Communities and Satellite Communication in Europe, in: *Global Media & Communication* 4, 3, 277-300.

Sandbothe, Mike, 2003: Vorwort, in: Siegfried J. Schmidt: Geschichten & Diskurse. Abschied vom Konstruktivismus, Hamburg: Rowohlt, 7-22.

Sarcinelli, Ulrich, 1998: Politikvermittlung und Demokratie in der Mediengesellschaft, Opladen: Westdeutscher Verlag.

Sarcinelli, Ulrich, 2003: Demokratie unter Kommunikationsstress, in: *Aus Politik und Zeitgeschichte*, B43, 39-46.

Saretzki, Thomas, 1996: Wie unterscheiden sich Argumentieren und Verhandeln?, in: Volker von Prittwitz (Hg.): Verhandeln und Argumentieren, Opladen: Westdeutscher Verlag, 19-39.

Sárvári, Katalin, 2008: From the Art of Seeing to the Diplomatic Art. Persuasion through Paradigm Change in International Relations, in: *Journal of International Relations and Development* 11, 1, 29-54.

Saunders, Robert A., 2008: The Ummah as Nation: A Reappraisal in the Wake of the ›Cartoon Affair‹, in: *Nations & Nationalism* 14, 2, 303-321.

Saxer, Ulrich, 2006: Informieren ohne Sicherheitsnetz, in: *Neue Zürcher Zeitung*, 20.01.06, 31.

Schaber, Thomas, und Cornelia Ulbert, 1994: Reflexivität in den Internationalen Beziehungen, in: *Zeitschrift für Internationale Beziehungen* 1, 1, 139-169.

Schäfer, Peter, 2002: Wachstum im Krieg, in: Goedart Palm und Florian Rötzer (Hg.): Medien – Terror – Krieg. Zum Kriegsparadigma des 21. Jahrhunderts, Hannover: Heise, 190-200.

Schattenmann, Marc, 2002: Frieden und Sicherheit, in: Dietmar Herz et al. (Hg.): Die Vereinten Nationen. Entwicklung, Aktivitäten, Perspektiven, Frankfurt a.M.: Fischer, 48-95.

Schechter, Danny, 2003: Amrozi's Final March, in: *ColdType.net*, 07.08.03 [*www.coldtype.net/Assets/danny/DS.August7.pdf*; letzter Zugriff: 01.10.09].

Schechter, Danny, 2004a: Selling the Iraq War. The Media Management Strategies We Never Saw, in: Yahya Kamalipour et al. (Hg.): War, Media, and Propaganda. A Global Perspective, Lanham: Rowman & Littlefield, 25-32.

Schechter, Danny, 2004b: From Florida to Fallujah. What the News Coverage Covers Up [*www. mediachannel.org/views/dissector/affalert288.shtml*; letzter Zugriff: 30.11.04].

Schenk, Susann, 2009: Das Islambild im internationalen Fernsehen. Ein Vergleich der Nachrichtensender Al Jazeera English, BBC World und CNN International, Berlin: Frank & Timme.

Schicha, Christian, 2002: »War on America« – Medienberichterstattung und symbolische Politikinszenierungen nach den Terroranschlägen in den USA, in: Ulrich Albrecht und Jörg Becker (Hg.): Medien zwischen Krieg und Frieden, Baden-Baden: Nomos, 123-133.

Schicha, Christian, und Carsten Brosda (Hg.), 2002a: Medien und Terrorismus. Reaktionen auf den 11. September 2001, Münster: LIT.

Schicha, Christian, und Carsten Brosda, 2002b: Medien, Terrorismus und der 11. September 2001 – Eine Einleitung, in: dies. (Hg.): Medien und Terrorismus. Reaktionen auf den 11. September 2001, Münster: LIT, 7-24.

Schieder, Siegfried, 2003: Neuer Liberalismus, in: ders. und Manuela Spindler (Hg.): Theorien der Internationalen Beziehungen, Opladen: Leske + Budrich, 169-189.

Schieder, Siegfried, und Manuela Spindler (Hg.), 2003: Theorien der Internationalen Beziehungen, Opladen: Leske + Budrich.

Schiller, Dan, 2007: How to Think about Information, Urbana/Chicago: University of Illinois Press.

Schimmelfennig, Frank, 2001: The Community Trap. Liberal Norms, Rhetorical Action, and the Eastern Enlargement of the European Union, in: *International Organization* 55, 1, 47-80.

Schimmelfennig, Frank, 2005: Strategic Calculation and International Socialization, in: Jeffrey T. Checkel (Hg.): International Institutions and Socialization in Europe, Cambridge: Cambridge University Press, 31-62.

Schleifer, Ron, 2003: Democracies, Limited War and Psychological Operations, in: *Review of International Affairs* 2, 3, 41-53.

Schmalz-Bruns, Rainer, 1995: Die Theorie kommunikativen Handelns – eine Flaschenpost, in: *Zeitschrift für Internationale Beziehungen* 2, 2, 347-370.

Schmidt, Brian, 2002: On the History and Historiography of International Relations, in: Walter Carlsnaes et al. (Hg.): Handbook of International Relations, London u.a.: SAGE, 3-22.

Schmidt, Siegfried J., 1995: Sprache, Kultur und Wirklichkeitskonstruktion(en), in: Hans-Rudi Fischer (Hg.): Die Wirklichkeit des Konstruktivismus, Heidelberg: Carl Auer Verlag, 239-251.

Schmidt, Siegfried J., 2003: Geschichten & Diskurse. Abschied vom Konstruktivismus, Hamburg: Rowohlt.

Schmidt, Siegmar, 2008: The Reluctant Ally: German Domestic Politics and the War against Saddam Hussein, in: Davis Bobrow (Hg.): Hegemony Constrained. Evasion, Modification, and Resistance to American Foreign Policy, Pittsburgh: University of Pittsburgh Press, 41-61.

Schneider, Gerald, 1994: Rational Choice und kommunikatives Handeln. Eine Replik auf Harald Müller, in: *Zeitschrift für Internationale Beziehungen* 1, 2, 357-366.

Schneider, Gerald, 2007: Wer hat Angst vor John Nash? Zum Stellenwert des Rational-Choice-Ansatzes in Deutschland und Frankreich, Manuskript.

Scholten-Reichlin, Heike, und Otfried Jarren, 2001: Medienpolitik und Medienethik, in: Otfried Jarren und Heinz Bonfadelli (Hg.): Einführung in die Publizistikwissenschaft, Bern: Haupt, 231-255.

Schörnig, Niklas, 2003: Neorealismus, in: Siegfried Schieder und Manuela Spindler (Hg.): Theorien der Internationalen Beziehungen, Opladen: Leske + Budrich, 61-87.

Schrage, Dominik, 1999: Was ist ein Diskurs? Zu Michel Foucaults Versprechen, ›mehr‹ ans Licht zu bringen, in: Hannelore Bublitz et al. (Hg.): Das Wuchern der Diskurse. Perspektiven der Diskursanalyse Foucaults, Frankfurt/M: Campus, 63-74.

Schrøder, Kim Christian, und Louise Phillips, 2007: Complexifying Media Power: A Study of the Interplay between Media and Audience Discourses on Politics, in: *Media, Culture & Society* 29, 6, 890-915.

Schulz, Winfried, et al., 2005: Voters in a Changing Media Environment: A Data-Based Retrospective on Consequences of Media Change in Germany, in: *European Journal of Communication* 20, 1, 55-88.

Schwab-Trapp, Michael, 2006: Diskurs als soziologisches Konzept. Bausteine für eine soziologisch orientierte Diskursanalyse, in: Reiner Keller et al. (Hg.): Handbuch Sozialwissenschaftliche Diskursanalyse, Band 1: Theorien und Methoden, 2., aktualisierte Aufl., Wiesbaden: VS-Verlag, 263-285.

Searle, John S., 1995: The Construction of Social Reality, New York: Free Press.

Seaton, John, 2003: Understanding not Empathy, in: Daya Kishan Thussu und Des Freedman (Hg.): War and the Media. Reporting Conflict 24/7, London: SAGE, 45-54.

Seel, Martin, 2005: Wie phänomenal ist die Welt?, in: *Merkur* 59, 784-793.

Seeßlen, Georg, und Markus Metz, 2002: Krieg der Bilder – Bilder des Krieges, Berlin: Edition Tiamat.

Segbers, Klaus, und Katja Mielke, 2002: Konkurrenzen auf dem Deutungsmarkt. Politische und wissenschaftliche Zugriffe auf Osteuropa. Arbeitspapiere des Osteuropa-Instituts der FU Berlin, Nr. 41.

Sehm-Patomäki, Katarina, und Marko Ulvila (Hg.), 2007: Global Political Parties, London: Zed Books.

Seib, Philip, 2000: Politics of the Fourth Estate. The Interplay of Media and Politics in Foreign Policy, in: *Harvard International Review* 23, 3, 60-63.

Seib, Philip, 2003: Weaving the Web. The Internet's Effect on International News Coverage and International Relations, in: *Millennium – Journal of International Studies* 32, 3, 617-641.

Seib, Philip, 2004: Beyond the Front Lines. How the News Media Cover a World Shaped by War, Houndsmills: Palgrave.

Seib, Philip, 2006: The Communications Bridge across the North-South Divide: Information, Democratization, Globalization. Paper prepared for the 47th Annual ISA Convention, San Diego.

Seier, Andrea, 1999: Kategorien der Entzifferung: Macht und Diskurs als Analyseraster, in: Hannelore Bublitz et al. (Hg.): Das Wuchern der Diskurse. Perspektiven der Diskursanalyse Foucaults, Frankfurt/M: Campus, 75-86.

Selby, Jan, 2007: Engaging Foucault: Discourse, Liberal Governance and the Limits of Foucauldian IR, in: *International Relations* 21, 3, 324-345.

Semati, Mehdi, 2004a: Introduction, in: ders. (Hg.): New Frontiers in International Communication Theory, Lanham: Rowman & Littlefield, 1-16.

Semati, Mehdi (Hg.), 2004b: New Frontiers in International Communication Theory, Lanham: Rowman & Littlefield.

Sending, Ole Jacob, 2002: Constitution, Choice and Change: Problems with the ›Logic of Appropriateness‹ and its Use in Constructivist Theory, in: *European Journal of International Relations* 8, 4, 443-470.

Servaes, Jan, 2007: Harnessing the UN System into a Common Approach on Communication Development, in: *International Communication Gazette* 69, 6, 483-507.

Shadid, Anthony, 2003: Iraqi Council Halts Arab TV Network's News Broadcasts, in: *Washington Post*, 25.11.03, A24.

Shanker, Thom, und Eric Schmitt, 2004: Pentagon Weighs Use of Deception in a Broad Arena, in: *The New York Times*, 13.12.04.

Shannon, Vaughn P., 2005: Wendt's Violation of the Constructivist Project: Agency and Why a World State is *Not* Inevitable, in: *European Journal of International Relations* 11, 4, 581-587.

Shapiro, Michael J., 1992: Reading the Postmodern Polity. Political Theory as Textual Practice, Minneapolis: University of Minnesota Press.

Shapiro, Michael J., 2005: The Discursive Spaces of Global Politics, in: *Journal of Environmental Policy & Planning* 7, 3, 227-238.

Sharman, J.C., 2008: Power and Discourse in Policy Diffusion: Anti-Money Laundering in Developing States, in: *International Studies Quarterly* 52, 635-656.

Shaw, Karena, 2003: Whose Knowledge for What Politics?, in: *Review of International Studies* 29, 199-221.

Shaw, Karena, 2004: Knowledge, Foundations, Politics, in: *International Studies Review* 6, 7-20.

Shea, Jamie, 2000: Die Kosovo-Krise und die Medien: Reflexionen eines NATO-Sprechers, in: *Sicherheit und Frieden*, 3, 208-217.

Shehata, Adam, 2007: Facing the Muhammad Cartoons: Official Dominance and Event-Driven News in Swedish and American Elite Press, in: *Harvard International Journal of Press/Politics* 12, 4, 131-153.

Shohat, Ella, 1994: The Media's War, in: Susan Jeffords und Lauren Rabinovitz (Hg.): Seeing through the Media. The Persian Gulf War, New Brunswick: Rutgers, 147-154.

Shrivastava, Meenal, und Nathalie Hyde-Clark, 2004: International Media Regime and News Management: Implications for African States, in: *Politikon* 31, 2, 201-218.

Siedschlag, Alexander, 1997: Neorealismus, Neoliberalismus und postinternationale Politik, Opladen: Westdeutscher Verlag.

Sil, Rudra, 2000: The Foundations of Eclecticism. The Epistemological Status of Agency, Culture, and Structure in Social Theory, in: *Journal of Theoretical Politics* 12, 3, 353-387.

Simhandl, Katrin, 2007: Der Diskurs der EU-Institutionen über die Kategorien ›Zigeuner‹ und ›Roma‹. Die Erschließung eines politischen Raumes über die Konzepte von ›Antidiskriminierung‹ und ›sozialem Einschluss‹, Baden-Baden: Nomos.

Simmons, Beth A., und Lisa L. Martin, 2002: International Organization and Institutions, in: Walter Carlsnaes et al. (Hg.): Handbook of International Relations, London etc.: SAGE, 192-211.

Simons, Jon, 1995: Foucault & the Political, London etc.: Routledge.

Sinclair, John, 2003: ›The Hollywood of Latin America‹. Miami as Regional Center in Television Trade, in: *Television & New Media* 4, 3, 211-229.

Sinclair, John, und Mark Harrison, 2000: Globalisation and Television in Asia: The Cases of India and China, Manuskript.

Sinclair, John, und Stuart Cunningham, 2000: Go with the Flow. Diasporas and the Media, in: *Television & New Media* 1, 1, 11-31.

Singer, David J., 1961: The Level-of-Analysis Problem in International Relations, in: *World Politics* 14, 1, 77-92.

Singer, Peter W., 2004: Corporate Warriors. The Rise of the Privatized Military Industry, Ithaca: Cornell University Press.

Singhal, Arvind, und James W. Dearing, 2006: Communication of Innovations. A Journey with Ev Rogers, Thousand Oaks: Sage.

Singh, J.P., 1999: Leapfrogging Development: The Political Economy of Telecommunications Restructuring, Albany: SUNY Press.

Singh, J.P., 2008: Negotiation and the Global Information Economy, Cambridge: Cambridge University Press.

Siochrú, Sean, 2004: Global Institutions and the Democratization of Media, in: Pradip N. Thomas und Zaharom Naim (Hg.): Who Owns the Media? Global Trends and Local Resistances, London: Zed, 23-42.

Siochrú, Sean, et al., 2002: Global Media Governance. A Beginner's Guide, Lanham: Rowman & Littlefield.

Sjöstedt, Roxanna, 2007: The Discursive Origins of a Doctrine: Norms, Identity, and Securitization under Harry S. Truman & George W. Bush, in: *Foreign Policy Analysis* 3, 3, 233-254.

Smith, Karen, 2003: A ›Mixed Media‹ Approach to International Relations, in: *Politikon* 30, 1, 83-96.

Smith, Mark J., 1998: Social Science in Question, London u.a.: SAGE.

Smith, Steve, 1996: Positivism and Beyond, in: ders., Ken Booth und Marysia Zalewski (Hg.): International Theory: Positivism and Beyond, Cambridge: Cambridge University Press, 11-44.

Smith, Steve, 1997: Epistemology, Postmodernism and International Relations Theory. A Reply to Østerud, in: *Journal of Peace Research* 34, 3, 330-336.

Smith, Steve, 1998: New Approaches to International Theory, in: John Baylis und Steve Smith (Hg.): The Globalization of World Politics. An Introduction to International Relations, Oxford: Oxford University Press, 165-190.

Smith, Steve, 1999: Social Constructivisms and European Studies: A Reflectivist Critique, in: *Journal of European Public Policy* 6, 4, 82-91.

Smith, Steve, 2000a: The Discipline of International Relations: Still an American Social Science?, in: *British Journal of Politics and International Relations* 2, 3, 374-402.

Smith, Steve, 2000b: Wendt's World, in: *Review of International Studies* 26, 151-163.

Smith, Steve, 2001: Foreign Policy Is What States Make of It, in: Vendulka Kubalkova (Hg.): Foreign Policy in a Constructed World, Armonk: M.E. Sharpe, 38-55.

Smith, Steve, 2002: The United States and the Discipline of International Relations: ›Hegemonic Country, Hegemonic Discipline‹, in: *International Studies Review* 4, 2, 67-85.

Smith, Steve, 2004: Singing Our World Into Existence: International Relations Theory and September 11, in: *International Studies Quarterly* 48, 499-515.

Smith-Spark, Laura, 2007: US Military Takes Iraq War to YouTube, in: *BBC News*, 15.04.07.

Snow, Nancy, 2004: From Bombs and Bullets to Hearts and Minds. U.S. Public Diplomacy in an Age of Propaganda, in: Yahya Kamalipour et al. (Hg.): War, Media, and Propaganda. A Global Perspective, Lanham: Rowman & Littlefield, 17-24.

Sola, Natividad Fernández, und Michael Smith (Hg.), 2009: Perceptions and Policy in Transatlantic Relations. Prospective Visions from the US and Europe, London/New York: Routledge.

Solomon, Norman, und Reese Erlich, 2003: Angriffsziel Irak. Wie die Medien uns den Krieg verkaufen, München: Goldmann.

Song, Yonghoi, 2007: Internet News Media and Issue Development, in: *new media & society* 9, 1, 71-92.

Sørensen, Georg, 2008: The Case for Combining Material Forces and Ideas in the Study of IR, in: *European Journal of International Relations* 14, 1, 5-32.

Soroka, Stuart, 2003: Media, Public Opinion, and Foreign Policy, in: *Harvard International Journal of Press/Politics* 8, 1, 27-48.

Sosale, Sujatha, 2010: Rallying Around the Flag. Journalistic Constructions of a National Mediascape in a Global Era, in: *The International Communication Gazette* 72, 3, 211-227.

Sparks, Colin, 2005: The Problem of Globalization, in: *Global Media & Communication* 1, 1, 20-23.

Sparks, Colin, 2007a: Globalization, Development and the Mass Media, London u.a.: Sage.

Sparks, Colin, 2007b: What's Wrong With Globalization?, in: *Global Media & Communication* 3, 2, 133-155.

Spencer, Graham, 2005: The Media and Peace. From Vietnam to the War on Terror, Houndsmills: Palgrave.

SpiegelOnline 2004 = ›Falludscha-Exzess soll geplant gewesen sein‹, in: *SpiegelOnline*, 02.04.04.

Spiro, Shlomo, 2001: Medien und Terrorismus. Eine klare Strategie wird benötigt, in: *Internationale Politik* 56, 12, 19-24.

Splichal, Slavko, 2009: ›New‹ Media, ›Old‹ Theories: Does the (National) Public Melt into the Air of Global Governance?, in: *European Journal of Communication* 24, 4, 391-405.

Sportlive.at 2007 = ›Hicke: 2007 war ein schwieriges Jahr!‹, 22.11.07 [*www.sportlive.at/artikel_showartikel.php?aid=0000045226*; letzter Zugriff: 27.11.07].

Sprinz, Detlef F., 2003: Internationale Regime und Institutionen, in: Gunther Hellmann, Klaus Dieter Wolf und Michael Zürn (Hg.): Die neuen Internationalen Beziehungen. Forschungsstand und Perspektiven in Deutschland, Baden-Baden: Nomos, 251-273.

Sreberny-Mohammadi, Annabelle, et al., 1980: A New Look at Foreign News Coverage: External Dependence of National Interests?, in: *African Studies Review* 24, 99-112.

Sreberny-Mohammadi, Annabelle, Kaarle Nordenstreng und Robert L. Stevenson, 1984: The *World of the News* Study, in: *Journal of Communication* 34, 1, 120-142.

Stahl, Bernhard, 2006: Frankreichs Identität und außenpolitische Krisen. Verhalten und Diskurse im Kosovo-Krieg und der Uruguay-Runde des GATT, Baden-Baden: Nomos.

Stam, Robert, 1992: Mobilizing Fictions. The Gulf War, the Media and the Recruitment of the Spectator, in: *Public Culture* 4, 2, 101-126.

Stanton, Richard, 2007: All News is Local. The Failure of Media to Reflect World Events in a Globalized Age, Jefferson: McFarland & Co.

Steans, Jill, und Lloyd Pettiford, 2005a: Social Constructivism, in: dies: Introduction to International Relations. Perspectives and Themes, 2. Aufl., London etc.: Pearson, 181-202.

Steans, Jill, und Lloyd Pettiford (Hg.), 2005b: Introduction to International Relations. Perspectives and Themes, 2. Aufl., London etc.: Pearson.

Steele, Brent J., 2007: Liberalism-Idealism: A Constructivist Critique, in: *International Studies Review* 9, 1, 23-52.

Stein, Laura, 2009: Social Movement Web Use in Theory and Practice. A Content Analysis of US Movement Websites, in: *new media & society* 11, 5, 749-771.

Steinmueller, W. Edward, 2001: ICTs and the Possibilities for Leapfrogging of Developing Countries, in: *International Labour Review* 140, 2, 193-210.

Stelter, Brian, 2009: Can CNN, the Go-to Site, Get You to Stay?, in: *The New York Times*, 18.01.09.

Sterling-Folker, Jennifer, 2000: Competing Paradigms or Birds of a Feather? Constructivism and Neoliberal Institutionalism Compared, in: *International Studies Quarterly* 44, 97-119.

Stevenson, Robert, 1988: Communication, Development and the Third World, Lanham: University of America Press.

Stevenson, Robert, 1994: Global News Flow, in: ders.: Global Communication in the 21st Century, New York: Longman.

Stone, Gerald S., und Zhiwen Xiao 2007: Anointing a New Enemy. The Rise of Anti-China Coverage after the UdSSR's Demise, in: *International Communication Gazette* 69, 1, 91-108.

Storin, Matthew V., 2002: While America Slept. Coverage of Terrorism from 1993 to September 11, 2001, Working Paper 2002-7, Joan Shorenstein Center on the Press, Politics and Public Policy, Harvard University.

Strange, Susan, 1992: States, Firms, and Diplomacy, in: *International Affairs* 68, 1, 1-15.

Stritzel, Holger, 2007: Towards a Theory of Securitization: Copenhagen and Beyond, in: *European Journal of International Relations* 13, 3, 357-383.

Strohmeier, Gerd, 2004: Politik und Massenmedien. Eine Einführung, Baden-Baden: Nomos.

Strömbäck, Jesper, 2008: Four Phases of Mediatization: An Analysis of the Mediatization of Politics, in: *Harvard International Journal of Press/Politics* 13, 3, 228-246.

Strömbäck, Jesper, et al., 2008: Framing the Mohammad Cartoons Issue. A Cross-Cultural Comparison of Swedish and US Press, in: *Global Media & Communication* 4, 2, 117-138.

Suganami, Hidemi, 2002: On Wendt's Philosophy: A Critique, in: *Review of International Studies* 28, 23-37.

Sullivan, Kevin, 2006: E-Mail, Blogs, Text Messages Propel Anger over Images, in: *Washington Post*, 09.02.06, A14.

Szabo, Stephen, 2004: Parting Ways: The Crisis in German-American Relations, Washington: Brookings.

Szukala, Andrea, 2003: Medien und öffentliche Meinung im Irakkrieg, in: *Aus Politik und Zeitgeschichte*, B24-25, 25-34.

Szukala, Andrea, 2005: Informationsoperationen und die Fusion militärischer und medialer Instrumente in den USA. Der Versuch einer militärischen Antwort auf die neuen Bedrohungen, in: *Medien- und Kommunikationswissenschaft* 53, 2/3, 222-240.

Tai, Zixue, 2000: Media of the World and the World of Media. A Cross-National Study of the Rankings of the ›Top 10 World Events‹ From 1988 to 1998, in: *International Communication Gazette* 62, 5, 331-353.

Tatham, Steve, 2006: Losing Arab Hearts and Minds. The Coalition, Al-Jazeera and Muslim Public Opinion, London: Hurst.

Taylor, Philip M., 1997: Global Communications, International Affairs and the Media since 1945, London: Routledge.

Taylor, Philip M., 2003: ›We Know Where You Are‹: Psychological Operations Media during *Enduring Freedom*, in: Daya Kishan Thussu und Des Freedman (Hg.): War and the Media. Reporting Conflict 24/7, London: SAGE, 101-114.

Tenscher, Jens, und Henrike Viehrig (Hg.), 2007: Politische Kommunikation in den internationalen Beziehungen, Münster: LIT.

Tenscher, Jens, und Henrike Viehrig, 2009: Internationale politische Kommunikation. Annäherungen an eine transdisziplinäre Forschungsperspektive, in: *Zeitschrift für Politikwissenschaft* 19, 4, 553-580.

Teti, Andrea, 2007: Bridging the Gap: IR, Middle East Studies and the Disciplinary Politics of the Area Studies Controversy, in: *European Journal of International Relations* 13, 1, 117-145.

Teti, Andrea, 2008: Conference Review:»The Cultural Politics of ›Terror‹ in the Middle East«, in: *Media, War & Conflict* 1, 2, 248-252.

Teti, Andrea, und Nikola Hynek, 2006: Saving Identity from Postmodernism? Disciplining Constructivism and Governing the ›International‹, Manuskript.

Thussu, Daya Kishan, 2000a: International Communication. Continuity and Change, London: Arnold.

Thussu, Daya Kishan, 2000b: Legitimizing ›Humanitarian Intervention‹? CNN, NATO and the Kosovo Crisis, in: *European Journal of Communication* 15, 3, 345-361.

Thussu, Daya Kishan, 2003: Live TV and Bloodless Deaths: War, Infotainment and 24/7 News, in: ders. und Des Freedman (Hg.): War and the Media. Reporting Conflict 24/7, London et al.: SAGE, 117-132.

Thussu, Daya Kishan, 2004: Murdoch's War: A Transnational Perspective, in: Yahya Kamalipour et al. (Hg.): War, Media, and Propaganda. A Global Perspective, Lanham: Rowman & Littlefield, 93-100.

Thussu, Daya Kishan, 2006: Televising the »War on Terrorism«: The Myths of Morality, in: Anandam P. Kavoori und Todd Fraley (Hg.): Media, Terrorism, and Theory. A Reader, Lanham: Rowman & Littlefield, 3-18.

Thussu, Daya Kishan, 2007: ›Murdochization‹ of News? The Case of Star TV in India, in: *Media, Culture & Society* 29, 4, 593-611.

Thussu, Daya Kishan, und Des Freedman (Hg.), 2003: War and the Media. Reporting Conflict 24/7, London et al.: SAGE.

Tickner, Arlene, 2003: Seeing IR Differently: Notes from the Third World, in: *Millennium – Journal of International Studies* 32, 2, 295-324.

Tickner, Arlene, und Ole Wæver (Hg.), 2009: International Relations Scholarship around the World: Worlding Beyond the West: 1 (Geocultural Epistemologies), London etc.: Taylor & Francis.

Tickner, J. Ann, 2006: On the Frontlines or Sidelines of Knowledge and Power? Feminist Practices of Responsible Scholarship, in: *International Studies Review* 8, 3, 383-395.

Time 2006 = ›When Cultures Collide‹, in: *Time Magazine*, 13.02.06, 48-49.

Tittel, Silke, 2009: Die Wahrheit zuerst, in: *prmagazin* 40, 9, 57-60.

Todorov, Alexander, und Anesu N. Mandisodza, 2004: The Multilateral Public That Perceives Itself as Unilateral, in: *Public Opinion Quarterly* 68, 3, 323-348.

Transatlantic Trends 2007 = Transatlantic Trends, Key Findings, Studie des German Marshall Fund [*www.gmfus.org/trends/immigration/trends/doc/2007_german_key.pdf*; letzter Zugriff: 23.09.08].

Truscott, Lucian W., 2003: Using the News as a Weapon, in: *The New York Times*, 25.03.03.

Tsfati, Yarif, und Joseph N. Cappella, 2003: Do People Watch What They Do Not Trust? Exploring the Association between News Media Skepticism and Exposure, in: *Communication Research* 30, 5, 504-529.

Tuomela, Raimo, 1997: Kommunikatives Handeln und kooperative Ziele, in: *Analyse & Kritik* 19, 153-172.

Ulbert, Cornelia, 2003: Sozialkonstruktivismus, in: Siegfried Schieder und Manuela Spindler (Hg.), 2003: Theorien der Internationalen Beziehungen, Opladen: Leske + Budrich, 391-420.

Ulbert, Cornelia, 2006: »Wissensunternehmer« und Argumentationsprozesse bei der Formulierung der ILO-Konvention zu den schlimmsten Formen von Kinderarbeit, in: dies. und Christoph Weller (Hg.): Konstruktivistische Analysen der internationalen Politik, Wiesbaden: VS-Verlag, 247-282.

Ungar, Sanford J., 2005: Pitch Imperfect. The Trouble at the Voice of America, in: *Foreign Affairs* 84, 3, 7-13.

Urlacher, Brian, 2009: Wolfowitz Conjecture: A Research Note on Civil War and News Coverage, in: *International Studies Perspectives* 10, 186-197.

van Dijk, Teun, 2007: Discourse & Communication. A New Journal to Bridge Two Fields, in: *Discourse & Communication* 1, 1, 5-7.

van Elteren, Mel, 2006: Rethinking Americanization Abroad. Toward a Critical Alternative to Prevailing Paradigms, in: *Journal of American Culture* 29, 3, 345-367.

van Ham, Peter, 2010: Social Power in International Politics, London: Routledge.

Vasterman, Peter, 2005: Media-Hype: Self-Reinforcing News Waves, Journalistic Standards and the Construction of Social Problems, in: *European Journal of Communication* 20, 4, 508-530.

Vasquez, John A., 1997: War Endings: What Science and Constructivism Can Tell Us, in: *Millennium – Journal of International Studies* 26, 3, 651-678.

Vickers, Adrian, 2005: A Paradise Bombed, in: *Griffith Review*, 1 [*www.griffithreview.com/edition-1/60-essay/548.html*; letzter Zugriff: 01.10.09].

Victor, Barbara, 2005: Beten im Oval Office. Christlicher Fundamentalismus in den USA und die internationale Politik, München: Pendo Verlag.

Viehrig, Henrike, 2008: Die Agendaverdichtung der Regierung Bush als Auftakt zum Irakkrieg 2003, in: Matthias Fifka und Daniel Gossel (Hg.): Mediendemokratie in den USA: Politische Kommunikation und Politikvermittlung am Beginn des 21. Jahrhunderts, Trier: WVT, 135-150.

Virilio, Paul, 1994: Krieg und Kino. Logistik der Wahrnehmung, Frankfurt a.M.: Fischer.

Virilio, Paul, 1997: Krieg und Fernsehen, Frankfurt a.M.: Fischer.

Virilio, Paul, und Sylvère Lothringer, 1997: Pure War, New York: Semiotext(e).

Vise, David A., 2006: Think Again: Google, in: *Foreign Policy Online* [*www.foreignpolicy.com/story/cms.php?story_id=3425*; letzter Zugriff: 06.06.06].

Volkmer, Ingrid, 2003: The Global Network Society and the Global Public Sphere, in: *development* 46, 1, 9-16.

Volkmer, Ingrid, 2008: Conflict-Related Media Events and Cultures of Proximity, in: *Media, War & Conflict* 1, 1, 90-98.

Vowe, Gerhard, 2002: Politische Kommunikation. Ein historischer und systematischer Überblick. IMKW-Diskussionsbeiträge Nr. 8, Technische Universität Ilmenau.

Vowe, Gerhard, und Marco Dohle, 2007: Politische Kommunikation im Umbruch. Neue Forschung zu Akteuren, Medieninhalten und Wirkungen, in: *Politische Vierteljahresschrift* 48, 2, 338-359.

Wade, Robert Hunter, 2002: Bridging the Digital Divide: New Route to Development or New Form of Dependency?, in: *Global Governance* 8, 443-466.

Wæver, Ole, 1996: The Rise and Fall of the Inter-Paradigm Debate, in: Steve Smith, Ken Booth und Marysia Zalewski (Hg.): International Theory: Positivism and Beyond, Cambridge: Cambridge University Press, 149-185.

Wæver, Ole, 1997: Figures of International Thought: Introducing Persons Instead of Paradigms, in: Iver B. Neumann und Ole Wæver (Hg.): Masters in the Making, London etc.: Routledge, 1-37.

Wæver, Ole, 1998: The Sociology of a Not so International Discipline: American and European Developments in International Relations, in: *International Organization* 52, 4, 687-727.

Wæver, Ole, 1999: Does the English School's Via Media Equal the Constructivist Middle Ground? Paper presented at the 24th Annual Conference of the BISA, Manchester [*www.ukc.ac.uk/politics/English school/waever99.htm*; letzter Zugriff: 20.03.02].

Wæver, Ole, 2004: Discursive Approaches, in: Thomas Diez und Antje Wiener (Hg.): European Integration Theories, Oxford: Oxford University Press, 197-215.

Wæver, Ole, 2005: European Integration and Security: Analysing French and German Discourses on State, Nation, and Europe, in: David Howarth und Jacob Torfing (Hg.): Discourse Theory in European Politics: Identity Policy and Governance, Houndsmills: Palgrave, 33-67.

Wæver, Ole, und Arlene Tickner, 2009: Geocultural Epistemologies, in: dies. (Hg.): International Relations Scholarship around the World: Worlding Beyond the West: 1 (Geocultural Epistemologies), London etc.: Taylor & Francis, 1-31.

Walker, Stephen G., (Hg.), 1987: Role Theory and Foreign Policy Analysis, Durham: Duke University Press.

Wall, Melissa, 2010: In the Battle(field): The US Military, Blogging and the Struggle for Authority, in: *Media, Culture & Society* 32, 5, 863-872.

Walt, Stephen, 2005: The Relationship between Theory and Policy in International Relations, in: *Annual Review of Political Science* 8, 23-48.

Waltz, Kenneth, 1979: Theory of International Politics, New York: McGraw-Hill.

Waltz, Kenneth, 1996: International Politics is Not Foreign Policy, in: *Security Studies* 6, 1, 54-57.

Waltz, Kenneth, 2000: Structural Realism after the Cold War, in: *International Security* 25, 1, 5-41.

Waltz, Mitzi, 2005: Alternative and Activist Media, Edinburgh: Edinburgh University Press, 89-108.

Watts, Jonathan, 2006: Backlash as Google Shores up Great Firewall of China, in: *The Guardian*, 25.01.06.

Weaver, David, und G. Cleveland Wilhoit, 1996: The American Journalist in the 1990s. U.S. News People at the End of an Era, Mahwah: Erlbaum.

Weber, Martin, 2005: The Critical Social Theory of the Frankfurt School, and the ›Social Turn‹ in IR, in: *Review of International Studies* 31, 195-209.

Weber, Stefan, 2002: Was heißt ›Medien konstruieren Wirklichkeit‹?, in: *MedienImpulse*, Juni, 11-16 [*www.mediamanual.at/mediamanual/themen/pdf/diverse/40_Weber.pdf*; letzter Zugriff: 01.10.07].

Weber, Stefan, 2003: Konstruktivistische Medientheorien, in: ders. (Hg.): Theorien der Medien, Konstanz: UVK, 180-201.

Webster, Frank, 2003: Information Warfare in an Age of Globalization, in: Daya Kishan Thussu und Des Freedman (Hg.): War and the Media. Reporting Conflict 24/7, London: SAGE, 57-69.

Weichert, Stephan A., 2006: Die Krise als Medienereignis: Der 11. September im deutschen Fernsehen, Köln: Halem.

Weimann, Gabriel, 2004: www.terror.net: How Modern Terrorism Uses the Internet, Washington: United States Institute of Peace, Special Report No 116.

Weimann, Gabriel, 2008: The Psychology of Mass-mediated Terrorism, in: *American Behavioral Scientist* 52, 1, 69-86.

Weiss, Thomas G., 2009: What Happened to the Idea of World Government, in: *International Studies Quarterly* 53, 2, 253-272.

Weller, Christoph, 1999: Kollektive Identitäten in der internationalen Politik. Anmerkungen zur Konzeptualisierung eines modischen Begriffs, in: Walter Reese-Schäfer (Hg.): Identität und Interesse. Der Diskurs der Identitätsforschung, Opladen: Leske + Budrich, 249-277.

Weller, Christoph, 2000: Die öffentliche Meinung in der Außenpolitik, Opladen: Westdeutscher Verlag.

Weller, Christoph, 2002: Die massenmediale Konstruktion der Terroranschläge am 11. September 2001, INEF-Report 63/2002, Duisburg.

Weller, Christoph, 2003: Die Welt, der Diskurs und Global Governance. Zur Konstruktion eines hegemonialen Diskurses, in: *Zeitschrift für Internationale Beziehungen* 10, 2, 365-382.

Weller, Christoph, 2003/04: Internationale Politik und Konstruktivismus, in: *WeltTrends*, 41, 107-123.

Weller, Christoph, 2006: Perspektiven eines reflexiven Konstruktivismus für die Internationalen Beziehungen, in: ders. und Cornelia Ulbert (Hg.): Konstruktivistische Analysen der internationalen Politik, Wiesbaden: VS-Verlag, 35-64.

Wendt, Alexander, 1987: The Agent-Structure Problem in International Relations Theory, in: *International Organization* 41, 3, 335-370.

Wendt, Alexander, 1991: Bridging the Theory/Meta-Theory Gap in International Relations, in: *Review of International Studies* 17, 383-392.

Wendt, Alexander, 1992: Anarchy is What States Make of it. The Social Construction of Power Politics, in: *International Organization* 46, 2, 391-425.

Wendt, Alexander, 1994: Collective Identity Formation and the International State, in: *American Political Science Review* 88, 2, 384-396.

Wendt, Alexander, 1995: Constructing International Politics, in: *International Security* 20, 1, 71-81.

Wendt, Alexander, 1996: Identity and Structural Change in International Politics, in: Yosef Lapid und Friedrich Kratochwil (Hg.): The Return of Culture and Identity in IR Theory, Boulder: Lynne Rienner, 47-64.

Wendt, Alexander, 1998: On Constitution and Causation in International Relations, in: *Review of International Studies* 24, 101-117.

Wendt, Alexander, 1999: Social Theory of International Politics, Cambridge: Cambridge University Press.

Wendt, Alexander, 2001: What Is International Relations For? Notes Toward a Postcritical View, in: Richard W. Jones (Hg.): Critical Theory & World Politics, Boulder: Lynne Rienner, 205-224.

Wendt, Alexander, 2003: Why a World State is Inevitable, in: *European Journal of International Relations* 9, 4, 491-542.

Wendt, Alexander, 2005: Agency, Teleology and the World State: A Reply to Shannon, in: *European Journal of International Relations* 11, 4, 589-598.

Wendt, Alexander, und Ian Shapiro, 1992: The Difference that Realism Makes: Social Science and the Politics of Consent, in: *Politics & Society* 20, 2, 197-223.

Wendt, Alexander, und Raymond Duvall, 1989: Institutions and International Order, in: Ernst-Otto Czempiel und James N. Rosenau (Hg.): Global Changes and Theoretical Challenges, Lexington: Lexington Books, 51-73.

Wendt, Alexander, und Raymond Duvall, 2008: Sovereignty and the UFO, in: *Political Theory* 36, 4, 607-633.

Werthes, Sascha, et al., 2002: Die Terrorkrise als Medienereignis?, in: Christian Schicha und Carsten Brosda (Hg.), 2002a: Medien und Terrorismus. Reaktionen auf den 11. September 2001, Münster: LIT, 80-93.

Wessler, Hartmut, und Manuel Adolphsen, 2008: Contra-flow From the Arab World? How Arab Television Coverage of the 2003 Iraq War Was Used and Framed on Western International News Channels, in: *Media, Culture & Society* 30, 4, 439-461.

Western, Jon, 2005: Selling Intervention and War. The Presidency, the Media, and the American Public, Baltimore: Johns Hopkins University Press.

Wheeler, Mark, 2005: Supranational Regulation. Television and the European Union, in: *European Journal of Communication* 19, 3, 349-369.

White, Mimi, 1994: Site Unseen. An Analysis of CNN's War in the Gulf, in: Susan Jeffords und Lauren Rabinovitz (Hg.): Seeing through the Media. The Persian Gulf War, New Brunswick: Rutgers, 121-141.

White, Josh, und Bradley Graham, 2005: Military Says It Paid Iraq Papers for News, in: *Washington Post*, 03.12.05, A01.

Whitlock, Craig, 2008: Al Quaeda's Growing Online Offensive, in: *Washington Post*, 24.06.08, A01.

Wiener, Antje, 2003a: Constructivism. The Limits of Bridging Gaps, in: *Journal of International Relations and Development* 6, 3, 252-275.

Wiener, Antje, 2003b: Die Wende zum Dialog: Konstruktivistische Brückenstationen und ihre Zukunft, in: Gunther Hellmann, Klaus Dieter Wolf und Michael Zürn (Hg.): Die neuen Internationalen Beziehungen. Forschungsstand und Perspektiven in Deutschland, Baden-Baden: Nomos, 133-159.

Wight, Colin, 1999: They Shoot Dead Horses, Don't They? Locating Agency in the Agent-Structure Problematique, in: *European Journal of International Relations* 5, 1, 109-142.

Wight, Colin, 2002: Philosophy of Social Science and International Relations, in: Walter Carlsnaes et al. (Hg.): Handbook of International Relations, London etc.: SAGE, 23-51.

Wight, Colin, 2007: Inside the Epistemological Cave All Bets Are Off, in: *Journal of International Relations and Development* 10, 1, 40-56.

Wilke, Jürgen, 1996: Internationalisierung der Massenmedien. Auswirkungen auf die internationale Politik, in: *Internationale Politik* 51, 11, 3-10.

Willaschek, Marcus, 2005: Realismus – die vermittelte Unmittelbarkeit unseres Zugangs zur Welt, in: *Merkur* 59, 762-772.

Williams, Bruce A., 2003: The New Media Environment, Internet Chatrooms, and Public Discourse After 9/11, in: Daya Kishan Thussu und Des Freedman (Hg.): War and the Media. Reporting Conflict 24/7, London: SAGE, 176-189.

Williams, M.J., 2007: Theory Meets Practice. Facets of Power in the »War on Terror«, in: Felix Berenskoetter und ders. (Hg.): Power in World Politics, London etc.: Routledge, 265-276.

Williams, Andrew Paul, und Lynda Lee Kaid, 2009: Framing the New EU: U.S. Media Portrayals of the 2004 European Union Expansion and Parliamentary Elections, in: *Journal of Political Marketing* 8, 1, 70-79.

Willnat, Lars, et al., 2006: Media Use, Anti-Americanism and International Support for the Iraq War, in: *The International Communication Gazette* 68, 5/6, 533-550.

Wilzewski, Jürgen, 1999: Triumph der Legislative, Frankfurt a.M.: Campus.

Wimmel, Andreas, 2004: Transnationale Diskurse. Zur Analyse politischer Kommunikation in der europäischen Medienöffentlichkeit, in: *Zeitschrift für Internationale Beziehungen* 11, 1, 7-26.

Winch, Peter, 1974: Die Idee der Sozialwissenschaft und ihr Verhältnis zur Philosophie, Frankfurt a.M.: Suhrkamp.

Winkelmann, Ulrike, 2009: Sanft gebettet von General Mama, in: *taz – die Tageszeitung*, 09.07.09, 13.

Winseck, Dwayne, 2008: Information Operations ›Blowback‹: Communication, Propaganda and Surveillance in the War on Terror, in: *International Communication Gazette* 70, 6, 419-441.

Wodak, Ruth, et al., 1998: Zur diskursiven Konstruktion nationaler Identität, Frankfurt a.M.: Suhrkamp.

Wohlforth, William Curti, 1993: The Elusive Balance: Power and Perceptions during the Cold War, Ithaca: Cornell University Press.

Wojcieszak, Magdalena E., 2007: Al Jazeera. A Challenge to Traditional Framing Research, in: *International Communication Gazette* 69, 2, 115-128.

Wolf, Reinhard, 2003: Zum praktischen Mehrwert aktueller Theoriebeiträge, in: *Zeitschrift für Internationale Beziehungen* 10, 1, 111-142.

Wolfers, Arnold, 1962: Discord and Collaboration. Essays on International Politics, Baltimore: Johns Hopkins University Press.

Wolfsfeld, Gadi, 1997: Media and Political Conflict. News from the Middle East, Cambridge: Cambridge University Press.

Wolfgram, Mark A., 2008: Democracy and Propaganda: NATO's War in Kosovo, in: *European Journal of Communication* 23, 2, 153-171.

Wolling, Jens, 1999: Politikverdrossenheit durch Massenmedien? Opladen: Westdeutscher Verlag.

Wong, Kokkeong, 2000: Book Review zu Singh: Leapfrogging Development, in: *Journal of Communication* 50, 2, 170-171.

World Public Opinion, 2003: ›U.S. Public Impatient with Iraq Reconstruction‹, PIPA/Knowledge Networks Poll, November.

World Public Opinion, 2004: ›U.S. Public Rejects Nearly All Forms of Torture or Coercion Even in Face of Possible Terrorist Attack‹, PIPA/Knowledge Networks Poll, Juli.

WP 2003 = ›Editorial: Losing the Media War‹, in: *Washington Post*, 01.12.03, A22.

Wu, H. Denis, 1998: Investigating the Determinants if International News Flow, in: *International Communication Gazette* 60, 6, 493-512.

Wu, H. Denis, 2000: Systemic Determinants of International News Coverage: A Comparison of 38 Countries, in: *Journal of Communication* 50, 2, 110-130.

Wu, H. Denis, 2003: Homogeneity around the World? Comparing the Systemic Determinants of International News Flow Between Developed and Developing Countries, in: *International Communication Gazette* 65, 1, 9-24.

Wu, H. Denis, und John M. Hamilton, 2004: US Foreign Correspondents: Changes and Continuity at the Turn of the Century, in: *International Communication Gazette* 66, 6, 517-532.

Wunsch-Vincent, Sacha, 2003: The Digital Trade Agenda of the U.S.: Parallel Tracks of Bilateral, Regional and Multilateral Liberalization, in: *Aussenwirtschaft* 58, 7-46.

Wylie, Gillian, 2001: International Relations' Via Media: Still Under Construction, in: *International Studies Review* 2, 3, 123-126.

Xia, Guang, 2003: Globalization at Odds with Americanization, in: *Current Sociology* 51, 6, 709-718.

Yang, Guobin, 2003: The Internet and the Rise of a Transnational Chinese Cultural Sphere, in: *Media, Culture & Society* 25, 469-490.

Yee, Albert S., 1997: Thick Rationality and the Missing ›Brute Fact‹: The Limits of Rationalist Incorporations of Norms and Ideas, in: *The Journal of Politics* 59, 4, 1001-1039.

Young, Oran, 2003: Determining Regime Effectiveness: A Commentary on the Oslo-Potsdam Solution, in: Global Environmental Politics 3, 3, 97-104.

Young, Oran (Hg.), 1999: The Effectiveness of International Environmental Regimes. Causal Connections and Behavioral Mechanisms, Cambridge: MIT Press.

Young, Sally, 2008: The Broadcast Political Interview and Strategies Used by Politicians: How the Australian Prime Minister Promoted the Iraq War, in: *Media, Culture & Society* 30, 5, 623-640.

Youngs, Gillian, 2007: Global Political Economy in the Information Age. Power and Inequality, London etc.: Routledge.

Zacher, Mark W., und Richard A. Matthew, 1995: Liberal International Theory: Common Threads, Divergent Strands, in: Charles W. Kegley (Hg.): Controversies in International Relations Theory, New York: Wadsworth, 107-150.

Zaharna, R.S., 2004: From Propaganda to Public Diplomacy in the Information Age, in: Yahya Kamalipour et al. (Hg.): War, Media, and Propaganda. A Global Perspective, Lanham: Rowman & Littlefield, 219-226.

Zaharna, R.S., 2005: Al Jazeera and American Public Diplomacy: A Dance of Intercultural (Mis-)Communication, in: Mohammed Zayani (Hg.): The Al-Jazeera Phenomenon, Boulder: Paradigm, 183-202.

Zaharna, R.S., 2007: The Soft Power Differential: Network Communication and Mass Communication in Public Diplomacy, in: *The Hague Journal of Diplomacy* 2, 3, 213-228.

Zalewski, Marysia, 1996: ›All these Theories yet the Bodies Keep Piling up‹: Theory, Theorists, Theorising, in: Steve Smith, Ken Booth und Marysia Zalewski (Hg.): International Theory: Positivism and Beyond, Cambridge: Cambridge University Press, 340-353.

Zangl, Bernhard, und Michael Zürn, 1996: Argumentatives Handeln bei internationalen Verhandlungen. Moderate Anmerkungen zur postrealistischen Debatte, in: *Zeitschrift für Internationale Beziehungen* 3, 2, 341-266.

Zayani, Mohammed, 2005: Introduction: Al Jazeera and the Vicissitudes of the New Arab Mediascape, in: ders. (Hg.): The Al-Jazeera Phenomenon, Boulder: Paradigm, 1-46.

Zehfuß, Maja, 1998: Sprachlosigkeit schränkt ein. Zur Bedeutung von Sprache in konstruktivistischen Theorien, in: *Zeitschrift für Internationale Beziehungen* 5, 1, 109-137.

Zehfuss, Maja, 2001: Constructivism and Identity: A Dangerous Liaison, in: *European Journal of International Relations* 7, 3, 315-348.

Zehfuss, Maja, 2002: Constructivism in International Relations. The Politics of Reality, Cambridge: Cambridge University Press.

Zehfuss, Maja, 2003: Forget September 11, in: *Third World Quarterly* 24, 3, 513-528.

Zemni, Sami, 2004: Post-Positivism and Constructivism: Any Promises for Middle East Studies? A Short Essay, in: *Journal of Mediterranean Studies* 14, 1/2, 289-309.

Zey, Mary (Hg.), 1992: Decision-Making. Alternatives to Rational Choice Models, Newbury Park: SAGE.

Zhao, Yuezhi, 2004: The State, the Market, and Media Control in China, in: Pradip N. Thomas und Zaharom Naim (Hg.): Who Owns the Media? Global Trends and Local Resistances, London: Zed Books, 179-212.

Zürn, Michael, 1994: We Can Do Much Better! Aber muß es auf amerikanisch sein?, in: *Zeitschrift für Internationale Beziehungen* 1, 1, 91-114.

Zürn, Michael, 2003: Die Entwicklung der Internationalen Beziehungen im deutschsprachigen Raum nach 1989, in: Gunther Hellmann, Klaus Dieter Wolf und Michael Zürn (Hg.): Die neuen Internationalen Beziehungen. Forschungsstand und Perspektiven in Deutschland, Baden-Baden: Nomos, 21-46.

Edition Politik

LUCYNA DAROWSKA
Widerstand und Biografie
Die widerständige Praxis
der Prager Journalistin Milena Jesenská
gegen den Nationalsozialismus

März 2012, ca. 482 Seiten, kart., ca. 39,80 €,
ISBN 978-3-8376-1783-2

PETER ENGELHARD
Die Ökonomen der SPD
Eine Geschichte sozialdemokratischer
Wirtschaftspolitik in 45 Porträts

2010, 148 Seiten, kart., zahlr. Abb., 16,80 €,
ISBN 978-3-8376-1531-9

HENRIQUE RICARDO OTTEN,
MANFRED SICKING (HG.)
Kritik und Leidenschaft
Vom Umgang mit politischen Ideen
(unter Mitarbeit von Julia Schmidt)

2011, 310 Seiten, kart., 29,80 €,
ISBN 978-3-8376-1590-6

Leseproben, weitere Informationen und Bestellmöglichkeiten
finden Sie unter www.transcript-verlag.de